Helga Peskoller

BergDenken

Eine Kulturgeschichte der Höhe

2 Studien

Werner Eichbauer Verlag

Dieses Buch wurde vom Bundesministerium
für Wissenschaft und Verkehr gefördert

BergDenken/Helga Peskoller – Wien:
Werner Eichbauer Verlag, 1997
2. Auflage 1998
ISBN 3-901699-04-X

Dieses Werk einschließlich seiner Teile ist
urheberrechtlich geschützt. Jede Verwertung ist
ohne die Zustimmung des Verlags unzulässig.
Das gilt insbesondere für Vervielfältigungen,
Übersetzungen, Mikroverfilmungen und die
Einspeicherung und Verarbeitung in
elektronischen Systemen.

Copyright © 1997

Alle Rechte beim
Werner Eichbauer Verlag
Wien

Coverfoto: Helmut Eberhöfer

Schrift: Times
Druck: Novographic, Wien
Bindung: G. G., Hollabrunn

VORWORT

Am Anfang war für mich der Berg; die Erfahrungen mit ihm sind für diese Arbeit grundlegend. Mein erster Dank gilt Mutter und Vater. Vor dem Wort das Bild – Helmut Eberhöfer.

Dann kam die Schrift und mit ihr das Kreuz mit der Technik: Michael Stark, Charly Stark, Anton Feurstein und Andreas Dworschak.

Texte gelesen und Korrekturen eingearbeitet haben: Manuela Schwärzler, Martin Sexl und Günther Bösch.

Fragen, Kritik und Anregungen waren unverzichtbar: Dorli Wieser, Christoph Wulf, Claudia von Werlhof, Hartmut Böhme, Dietmar Kamper, Werner Ernst, Franz Baur, Michael Larcher, Peter Stöger, Gunter Gebauer, Dietmar Larcher, Dieter Lenzen, Reinhold Scherer, StudentInnen in diversen Lehrveranstaltungen und vor allem die KletterpartnerInnen.

Sichergeglaubtes erneut zu bedenken forderte mich vor allem mein Sohn Mathias heraus.

Erfreulich die Zufälle, welche unerwartet zu Dialogen mit mir unbekannten Menschen, Bildern und Texten führten. Die Ausdauer, am Thema zu bleiben, ist der alpinen Literatur zuzuschreiben. In ihrer Konkretheit und Dichte fasziniert sie mich jetzt noch. Jürgen Penner stellte mir seine Sammlung an ausgewählten Bergbüchern zur Verfügung.

Dem Institut für Erziehungswissenschaften in Innsbruck sehe ich mich zu Dank verpflichtet: Man befürwortete eine Freistellung; durch die Gewährung eines Habilitationsstipendiums seitens des FWF sowie einer Förderung über die Auslandsabteilung der hiesigen Universität ist u. a. ein Forschungsaufenthalt am Interdisziplinären Zentrum für Historische Anthropologie in Berlin möglich geworden.

Ich hoffe, daß im Gegenzug das Berührtsein mit dieser Arbeit auch etwas bewirkt.

Nach Fertigstellung der Habilitationsschrift, die für die vorliegende Buchfassung geringfügig abgeändert wurde, gab es finanzielle Unterstützung durch die Kulturabteilung im Amt der Tiroler Landesregierung, den ÖAV, AVS, DAV, die Stadt Hall in Tirol, Innsbruck sowie den Universitätsbund Innsbruck.

Topo

Einleitende Ausschau		7
Studie 1:	Übern Grund	19
	Übergang	49
Studie 2:	Übern Berg	53
1. Teil:	Zeit(W)orte	57
2. Teil:	Spurensicherung	161
3. Teil:	Abstieg	183
	Aufstieg	207
	Gipfel	293
Literatur		330
Abbildungsverzeichnis		339
Personenverzeichnis		340

Einleitende Ausschau

Einstieg 9

Intensität 9
Berggeburt 9
Aufstieg des Menschen 9
Alpines Material 9
BergDenken – DenkBerge 10

Epistemologische Gratwanderung 11

Erziehungswissenschaften am Berg gedacht 11
Historische Anthropologie 11
Material und Raum 12
Mimesis 12
Heterologe Grenzen des Homogenen 12
Beschreibungsdichte 12
Setzungsanalyse 12
Sprachloses Erfahren 13
Paradoxe Grundfiguren 13
Performationen 13
Ausgesetztes Subjekt 13
Bewegung und Zeit 13

Rückkehr 14

Aufbau und Abtragung 14
Studie 1 15
Studie 2 15

Anmerkungen 17

Einleitende Ausschau

Einstieg

Intensität

Mit einer einfachen Methode versetzt uns die Natur in Erstaunen: Sie arbeitet im Großformat.[1] Großformen der festen Erdoberfläche sind Gebirge. Aber der Berg entkommt, ohne daß er sich rührt. Das ist in erster Linie ein Problem des Denkens.

Viele Berge haben Wände. Durch die Wand sieht sich Marlen Haushofers Erzählerin gezwungen, ein ganz neues Leben zu beginnen. Die Wand ist für sie ein Ding, weder tot noch lebendig.[2] Berge und Wände verstellen Menschen den Horizont; einigen intensivieren sie das Leben. Das gilt auch für mich.

Folgende Arbeit entstand aus der Freude über diese Form der Verdichtung.

Berggeburt

Im südanatolischen Catal Hüyük fand man aus der Zeit um 5750 v. Tonfiguren weiblicher Gottheiten. In hockender Stellung bringen sie das Verhältnis von Fruchtbarkeit und Kosmos zum Ausdruck. In dieser engen Verbindung zur Erde liegt Schwere, aber auch Erhabenheit und Würde. In den Gebärenden klingt ein doppeltes Verhältnis an: Höhle und Höhe, Berg und Thron.[3] Die Höhle ist das Innen des Berges, Gebären hat mit Bergen zu tun. Gebären heißt ertragen, bringen, aushalten. Es leitet sich von „bher(a)" ab, das sich regen, sich bewegen, sich heben bedeutet.[4]

Man muß nicht viel über die Entstehung von Hochgebirgen wissen, um die Wiederkehr des Gleichen zu sehen. Das Hochgebirge geht wie der Atem aus Bewegungen hervor, senkt und hebt sich. Ähnlich ergreift die Frucht unter der schützenden Decke mit der Zeit Raum, sie wächst und dehnt sich aus. Im Berg und bei der Geburt drückt sich eine räumliche wie zeitliche Erhebung aus. Raum und Zeit fallen in eins.

Erst als die mächtige kosmische Göttin verschwindet, wandelt sich das Urbild des Throns zu frühen Herrschersitzen, die als Thronkulte in die Höhe steigen. Die Höhe wird von der Tiefe und von ihrem Innen getrennt und zur Tabuzone. Außer *Moses* durfte niemand den Tempelbezirk Jahwes betreten; niemand hatte die Erlaubnis, in das dem Zeus geweihte Lykaion auf der Spitze des Olymp einzutreten; und die Zikkurate Mesopotamiens sind so angelegt, daß man nur über Treppen und Rampen hinauf zum Heiligtum gelangen konnte. Im Thronen kommt eine Besetzung der Höhe zum Ausdruck, die besessen wird. Das Besessene wird um den Preis der vergessenen Geboren- und Geborgenheit geheiligt. Der Ursprung als Geburt wandelt sich zum Abstraktum.

Aufstieg des Menschen

Mit der Zusammensetzung der zwei Worte – Berg und steigen – bringt sich der Mensch hervor. Er steigt auf Berge, und aus Bergen wird etwas anderes. Die Zusammensetzung markiert einen qualitativen Sprung als epistemologischen Bruch: Sakrales wird profan.

Betrachtet man bergsteigerische Unternehmen auf ihren allgemeinen geschichtlichen Zusammenhang hin, fallen sie zeitlich in einen Rahmen neuer Geistigkeit: den Humanismus als Menschheits- und Daseinsforschung.

Unter „Berg" vermerkt der Duden eine größere Erhebung im Gelände; „steigen" bedeutet sich aufwärts, in die Höhe bewegen. Eine Bergbesteigung ist jedoch erst geglückt, wenn auch der Abstieg gelingt.

Bergsteigen ist demnach eine Bewegung zwischen unterschiedlichen Höhen, um zum Grund zurückzukehren. Ausgang und Ende ist der Grund. Somit ist das Bergsteigen eine Methode, ein Weg, zum Grund zurückzukehren.

Der Mensch ist vergänglich und noch dazu eine junge Erfindung. Er ist, wie Foucault zu bemerken wagte, nicht das älteste und dauerhafteste Problem, das sich dem menschlichen Wissen stellt.

Mit dem Aufstieg des Menschen zum Thema tritt die Höhe in die Mitte des Interesses. Im Höhersteigen schiebt sich der Mensch zu seinem Innenraum vor und beginnt, sich im Überschreiten zu ergründen.

Die Höhe denken heißt den Menschen denken, der vor sich selbst zurücktritt. Im Zurücktreten wird nicht nur die Annahme eines universalen Menschen aufgelöst, die Abstraktion überführt sich selbst als herrschende Denkform, die ins Leere strebt.*

Das Denken des Menschen leert sich in den Höhen der Berge. In der Leere entfaltet sich ein Raum, in dem wieder zu denken ist. Es ist ein Denken, das erinnert und wahrnimmt, wovon seit der Schwelle zur Neuzeit systematisch abgesehen wurde: von der konkret stofflichen Materie. Sie ist in der Abstraktion aufgegangen.[5]

Alpines Material

Diese Arbeit basiert auf Bergtexten unterschiedlichster Art. Auf der Suche, wo das Bergsteigen erstmals explizit als Begriff auftaucht, stößt man aber nicht auf Bergtexte, sondern auf Reisebeschreibungen.[6]

---

* Als leerer oder nackter Name bleibt das Wort „Mensch" in dieser Arbeit erhalten.

Ein früher alpiner Materialfundus ist der leidenschaftliche Brief Gesners an seinen Freund Vogel aus dem 16. Jahrhundert. Gesner führt eine Reihe von Argumenten ins Treffen, die das Bergsteigen als eine besondere Tätigkeit beschreiben. Belege zum frühen Bergsteigen finden sich reichlich.[7]

Ein merkwürdiger Zufall ließ den historisch vermutlich ersten Text, der das Bergsteigen definitiv als eine selbständige Übung faßt, an dem Ort entstehen, wo ich lebe:

Hippolyt Guarinoni (1571–1654) wirkte als Arzt in Hall in Tirol; er sieht im „Bürgsteigen" eine mannigfaltige Förderung von Leib und Gemüt.[8] Diese programmatische Schrift fand, im Gegensatz zu seiner Darstellung über den Aufstieg durch das Wattental, meines Wissens keine Aufnahme in die Alpinliteratur. Kriterien, nach denen ein Text zur alpinen Literatur zählt, werden im allgemeinen nicht angegeben. Man gewinnt den Eindruck, als erfinde beinahe jedes Bergbuch das Bergsteigen neu. Quellen werden nicht exakt benannt, und ein intertextuelles Verweissystem scheint allein durch den Berg gegeben zu sein. Das tut dem Anwachsen der alpinen Literatur keinen Abbruch: Landschaftsmonographien, Gebietsführer und Erlebnisbücher sind die wichtigsten Sparten.

Ähnlich unscharf wie die Bezeichnung „Reiseliteratur" ist der Gattungsbegriff „Alpinliteratur". Man kann sogar von einer „Sektenliteratur" sprechen, wenn darunter eine Bekenntnisliteratur von Begeisterten für überzeugte Bergsteiger verstanden wird.[9]

BERGDENKEN – DENKBERGE

Praktiken, sich gezielt im Gelände fortzubewegen, setzen früh ein.[10] Das Bergsteigen ist eine, seine Diskursivierung die andere Seite. Wie die Haut den menschlichen Körper schützt, zieht sich die Sprache wie eine Verhüllung über den Berg. Im doppelten Verlauf der Zeichen ver- und entbergen sie das Verhüllte.[11]

Die Interaktion, die sich wie eine dritte Haut daraus ergibt, wird zum Selbstgespräch des Menschen. Der Mensch sucht nach Wahrheit, obgleich sie ihm unerträglich ist. Unmittelbare Schau macht blind. Die Selbstentgrenzung läßt die eigene Begrenztheit erfahren. Bergsteiger verkörpern paradoxe Eindrücke im Extrem. Sie besteigen Berge wirklich, begreifen und betreten sie unmittelbar.

Seit alters her wird Gott in der Höhe verortet. Bergsteiger wollen dorthin gelangen, wo die Erde den Himmel berührt. Aber die Berührung ist ambivalent: Bereits Augustinus hat Berge in gute und schlechte eingeteilt. Er spricht von Erdgeschwüren und von himmlischen Bergen. Bergsteiger können sich ihres Gegenstandes bzw. des moralischen Wertes ihres Tuns nicht sicher sein. Ein tiefer Zweifel durchzieht alpine Unternehmen.

Als Petrarca 1336 den Gipfel des Mont Ventoux erreicht, ist er nur für kurze Zeit zufrieden. Nach der Aussicht kommt der Zweifel als Sorge um das eigene Heil. In Reinhard Karls Gipfelbuch von 1980 steigert sich der Zweifel und erfaßt ihn immer tiefer.

Mit dem Gipfel kommt Wahrheit als Klarheit und Unterschiedenheit. Das Bild der Morgenröte bietet sich an. Augustinus schreibt, wenn er von „montes excelsis" spricht, von Bergen, „die Gott erleuchtet: sie empfangen als erste die Klarheit, damit sie von ihnen dann in die Täler dringe".[12] Das ist, wie wir aus den Psalmen wissen, nicht neu, wirkt aber nachhaltig: Die Aufklärung des 18. Jahrhunderts wird als „siècle des lumières" bekannt.

Bergsteiger gehen entschlossen dem Licht entgegen. Petrarca war einer der ersten, der über das Dämmern der Bergerkenntnis berichtete.

Erlebten Hannibals Krieger die Alpen noch als Scheußlichkeit und langweilte sich Julius Caesar bei seinem Übergang nach Gallien[13], so entsteht ab dem 14. Jahrhundert eine neugierige Haltung zum Berg. Der Berg wird zu einem paradigmatischen Ort ästhetischer Wahrnehmung und allgemeiner Erkenntnis. Petrarca steht an der Schwelle zur Neuzeit.

Reinhard Karl, mit dem die Arbeit endet, überschreitet und verläßt die Moderne. Beide Texte, durch die Zeit getrennt, haben etwas gemeinsam: An der vertikalen Raumachse wird das Verhältnis des Menschen zur Natur und zu sich selbst verhandelt. Das menschliche Selbstverhältnis drückt sich durch die Brechung der Höhe in Reflexion aus.

Vom Berg, insbesondere wenn er mit Schnee und Eis bedeckt ist, reflektiert das Licht sogar nachts. Saussure, ein Mensch der Aufklärung, drängte in die Höhe. Die Aufklärung wollte den Menschen beleuchten; heute ist der Mensch überbelichtet.

Dante beginnt seine jenseitige Wanderschaft mit einem Abstieg in das dunkle Feuer des Infernos. Die Geschichte des Abstiegs erhellt die Hölle derart, daß sie kartographiert werden könnte. Das Licht allein bestimmt die Klarheit imKonkreten nicht. Dante verbleibt aber nicht am Höllengrund. Er unternimmt, wie Petrarca, den langen, mühseligen Weg nach oben. Hinter den zunächst vereinzelten Aufstiegen beginnt sich Allgemeines anzuzeigen: der Mythos des Fortschreitens.[14]

Die frühen Bergsteiger schreiten wie Pilger voran. Die Pilger haben sich ihre Wanderschaft als Aufstieg zum Berg des Herrn vorgestellt; Bergsteiger machen mit dieser Vorstellung Ernst: Sie setzen sie um und buchstabieren mit dem Leib die Höhe.

Bergsteigen verläßt den Ort. Die Höhe ist für den menschlichen Körper schwerer zu bewältigen als die Weite. In die Höhe bewegt man sich langsamer, die Erfahrungen prägen sich stärker ein. Fernsicht stellt sich erst mit der Höhe ein. Das Bergsteigen läßt den Prozeß der Abstraktion als Erreichen von Höhe skizzieren. Die Abstraktion macht höhensüchtig.

Der aktuelle Befund, von dem mein Nachdenken ausgeht, spricht harte Worte: Sportkletterer von heute wollen keinen Körper mehr, der wiegt, damit das Ziel, die Schwerkraft zu überwinden, endlich erreicht wird.

Es geht ums Ganze: Mit der Materie soll das Gewicht der Welt abgeschafft werden. Noch haben die Sportkletterer Probleme mit der eigenen Schwere. Das bringen ihre Trainingsmethoden und die Bezeichnungen der Routennamen zu Tage: Energiekrise und stay hungry.[15]

Über das Bergsteigen schreiben heißt, Schichten von Welterfahrung und Wirklichkeitsauffassung abzutragen. In der Thematisierung der Höhenerfahrung faltet sich ein kultur-, mentalitäts- und wissenschaftsgeschichtliches Umfeld aus, in dem alte Fragen erneut gestellt werden: Wie hat sich der Mensch als Subjekt herausgebildet?

Diese Schrift geht der Herausbildung des menschlichen Subjekts in der Natur nach. Mit dem 14. Jahrhundert beginnt sich die Subjektwerdung im Abstrahieren zu konkretisieren, und mit Saussures Besteigung des Mont Blanc 1787 erreicht die Selbstermächtigung des Menschen seinen ersten Höhepunkt.

Das Ziel ist der Gipfel, aber der Gipfel gibt nach allen Seiten hin die Möglichkeit, abzustürzen. Oben kann der Mensch verschnaufen, bekommt Überblick, aber sicher ist er deswegen nicht. Zwar ist mittlerweile jeder Gipfel genau vermessen und benannt, aber wirklich oben ist man nie. Daran ändert auch nicht, daß der Körper bis zum Äußersten diszipliniert wird. Der Prozeß der Zivilisierung endet nicht auf dem Gipfel, sondern geht über ihn hinaus. Beim Hinaustreten ins Immaterielle hört die Formung des Menschen nicht auf.

EPISTEMOLOGISCHE GRATWANDERUNG

ERZIEHUNGSWISSENSCHAFTEN AM BERG GEDACHT[16]

Berge sind nicht nur Gegenstand der Erziehungswissenschaften. Zum erziehungswissenschaftlichen Gegenstand werden sie in Vermittlungsproblemen des BergDenkens.

Das Wort „BergDenken" setzt eine Vermittlung zwischen Berg und Denken als Losung an den Anfang. Zu lösen ist die Darstellung des Menschen in seinen Erfahrungen mit einem extremen Phänomen, dessen Intensität sich, wie er selbst, nicht in Worten erschöpft.

Der Mensch, der auf Berge steigt, äußert seinen Umgang mit dem Grund. Das Forschen über den Grund führt zu Grundlagen. Sie verweisen über die räumliche Trennung auf den unerreichbaren Grund. Die räumliche Trennung schließt eine zeitliche Dimension ein.

Die erziehungswissenschaftliche Disziplin hat somit einen strukturellen und einen historischen Ansatz aufeinander zu beziehen. In den Bezugnahmen kommt eine Reflexivität zum Ausdruck, die die Disziplin selbst thematisiert. BergDenken ist mein Kürzel, um zur Erziehung als wissenschaftliche Disziplin Abstand und Zugänge zu gewinnen.

Der Abstand läßt einsehen, worin sie gründet: im Herstellen von Normalität. Bergsteigen, vor allem extremes, verstößt mehrfach gegen Normalität.

Im BergDenken war über die erziehungswissenschaftliche Disziplin hinauszugehen. In der Überschreitung erweitert sich das Verständnis über sie zu einer Kulturwissenschaft.

Kultur nennt sich der Vollendungsprozeß des Menschen, der zugleich ein Vorgang permanenter Umstrukturierung, Differenzierung und Verfeinerung dessen ist, was ihn von der Natur trennt. Die Trennung vollendet sich in der Unverbesserlichkeit des Menschen, die erzogen werden soll.

Der Mensch steht als Subjekt und Objekt im Mittelpunkt seiner Selbstschöpfung. In der Schöpfung des Menschen erschöpft sich die Erziehungswissenschaft. An die Stelle des Menschen tritt die Historische Anthropologie. Sie rekonstruiert die menschliche Selbst(er)schöpfung und dokumentiert so die Auflösung einer Disziplin.

HISTORISCHE ANTHROPOLOGIE

Berge sind nicht Gegenstand e i n e r Disziplin; Berge verbinden Disziplinen. Die Sorgfalt des Kletterers erinnert an die erzieherischen Topoi der Sorge.

11

BergDenken verwendet keine Methode, sondern beschreitet sie. Es ist transdisziplinär und reflexiv. Durch Komplexität gezeichnet, vermeidet das BergDenken eine Verengung auf die Rationalität kleiner exklusiver Systeme zugunsten einer offenen Struktur pädagogischen Wissens.[17]

In Bergtexten bringt sich der Mensch mit dem Berg zur Sprache. Das Bergsteigen vergegenwärtigt die Verfaßtheit des auf- und absteigenden Menschen.

In der Stille des Steigens hört sich der Mensch atmen. Aus dem Bergsteigen ist Menschliches zu hören, zu ordnen und theoretisch zu fundieren.

Am Berg erfährt der Mensch seine Grenzen, jedoch den Menschen vom Berg aus begrenzend zu definieren, erscheint problematisch. Der Berg setzt Grenzen, aber die Grenzen fordern den Menschen zur Entgrenzung heraus.

Das Denken des Menschen ist bewegt und nicht zu beruhigen. Es orientiert sich an der Frage, wie sich menschliche Identität zu anthropologischer Differenz verhält.

In diesem Verhältnis drückt sich eine methodische Ungewißheit aus, da der, der den Weg der Erkenntnis beschreitet, selbst Teil des Erkenntnisvorgangs ist.

Der eigene Körper wird zum Methodenhorizont, folglich kann das Reflektieren auf Methoden, die Methodologie, nicht abstrakt sein. Sie ist selbst, ohne Absicht vom Körper, weniger Terminologie als sinnlich und leidenschaftlich.

In diesem Sinne handelt es sich um eine epistemologische Gratwanderung. Sie schlägt sich in der folgenden Ordnung nieder und erinnert den Zusammenhang von Bergen und Gebären, d. h. sie bleibt zwischen Material und Bewegung, Raum und Zeit eingespannt.

Die alpine Epistemologie ist eine Doppellektüre. Sie liest von unten nach oben und von oben nach unten.

MATERIAL UND RAUM
Mimesis
In der Historischen Anthropologie ist für mich nicht, wie sonst üblich, die Zeit,[18] sondern der Raum im Vordergrund. Der Raum ist gegenwärtig schwerer als die Zeit zu fassen. Vom Raum her erschließt sich das Denken: Der Berg eröffnet den Raum und spannt die Höhe auf. Damit der Gegenstand nicht unbegriffen entkommt, muß die Annäherung langsam und vorsichtig erfolgen. Ähnlich dem Klettern ist das Denken des Berges eine mimetische Bewegung: Anschmiegen an den Gegenstand, ohne ihn zu zerstören. In der Bewegung drückt sich das Denken aus. Der Ausdruck gewinnt durch den Verlust an Theoretisierbarkeit.[19]

Heterologe Grenzen des Homogenen
Je differenter der Fels, desto leichter fällt das Höhersteigen. Homogenität ist abstrakt, eine glatte Wand weist die mimetische Bewegung des Körpers zurück. Erst die heterologe Grenze des Homogenen sichert Orientierung und Halt. Wo der Fels brüchig und uneben wird, Sprünge, Risse und Spalten aufweist, wird er begehbar. Die leibhafte Erfahrung ist wortwörtlich zu nehmen. Das Denken des Berges verlangt nach einem Denken in Differenzen und Relationen. BergDenken ist nicht auf der Suche nach einer einheitlichen Theorie. Es akzeptiert entgrenzende Grenzziehungen des Wissens: Weder Dialektik noch Usurpation, sondern ein von sich selbst Zurücktreten ist angebracht.

In einer Wand zurückzusteigen bereitet mitunter größere Schwierigkeiten, als einfach weiterzusteigen. Das Scheitern bedeutet eine stärkere Einprägung des Heterogenen. Der scheinbar selbe Weg stellt sich im Aufstieg und Abstieg anders dar. Abwärtssteigen ist ein selbstreflexiver Vorgang mit einer besonderen Perspektive: Die Einsicht in den Abgrund ist allgegenwärtig. Mit dem Unscharfwerden einer universalen Logik nimmt im Gegenzug die Genauigkeit in der Wahrnehmung der Empirie zu. Der Abstraktion steht die Fülle des Besonderen gegenüber. Im Vorzug des Materials geht es um die wissenschaftliche Erkenntnis des Individuellen.

Beschreibungsdichte
Dem Individuellen bin ich mit einer dichten Beschreibung begegnet.[20] In seine selbstgesponnenen Bedeutungen verstrickt, war das Menschliche zu entschichten. Das Wissen, daß Kontexte Konstruktionen und Fakten Fiktionen sind, erleichtert das Denken der Höhe nicht, aber es legt ein grundlegendes Problem frei: seine Darstellbarkeit. Je abstrakter das Denken, desto mehr muß Anschaulichkeit konstruiert werden. Der Berg verlangt nach Anschaulichkeit, aber sie ist unmittelbar. Um sich dieser Unmittelbarkeit anzunähern, sind Dekonstruktionen nötig.

Setzungsanalyse
Eine Art der Dekonstruktion ist die Setzungsanalyse.[21] Sie zersetzt die Sprache und trifft das Subjekt. Das Subjekt geht aus einem Setzungsakt hervor, dem weitere Festsetzungen folgen. Es gibt sich als das erste aus und tut so, als läge es allem zugrunde. Das Subjekt hat historisch den Sieg gegen die Natur davongetragen und unterwirft sich seinerseits der Trennung von der Natur. In dieser Anthropozentrik bildet sich eine grundlegende Entstellung der Geschichte heraus: Mit dem Subjekt revidiert sich die Geschichte.

Sprachloses Erfahren

Die Setzungsanalyse ist Methode und Methodologie, da sie im Subjekt den Menschen und sein Wissen – ausgedrückt in sprachlichen Setzungsakten – kritisch mitdenkt.

Bergsteigen aber ist nicht nur Sprache, sondern in erster Linie Erfahrung. Wie ehemals die Pilger, erfahren auch die Bergsteiger den Raum auf eine spezifische Weise. Der rote Faden, der durch die Arbeit führt, ist die Frage, wie sich Erfahrung thematisieren läßt und thematisiert wird.

Die Erfahrung des Bergsteigens ist eindrücklich. Durch die Höhe gibt sie die Tiefe und mit ihr die Sicht auf den Grund frei. Bergsteigen ist ein Grunderlebnis, in dem Wirklichkeit wiedergewonnen wird. Extremes Bergsteigen verschärft dieses Erleben und wird leidenschaftlich betrieben. Extremerfahrungen am Berg überwältigen die sprachliche Vernunft und sind im Kern sprachlos.[22]

Paradoxe Grundfiguren

Sprachlosigkeit forciert das Wissenwollen. Es reflektiert ein Tun, das selbst leidend-leidenschaftlich ist. Zwei Passionsgeschichten greifen ineinander: In der Passion des Bergsteigens begegnet uns ein Denken, das im Höhersteigen von der Materie abstrahiert und am eigenen Abstraktwerden leidet, was bedeutet, daß in der Selbstermächtigung des Menschen auch seine Ohnmacht liegt.

Mit dem Wissen über den Menschen nimmt das Nichtwissen des Menschen zu. In dieser Paradoxie hat die anthropologische Reflexion etwas schier Unüberwindliches vor sich: einen Gegenstand, der methodisch denkt, und ein Objekt, das auch Subjekt ist. Den Knoten der Leidenschaft zieht die Logik der Vernunft zusammen; Vernunftkritik allein löst ihn nicht. Was bleibt, ist, diese Passionsgeschichte so weit wie möglich auszudenken.

Performationen

Die Setzungsanalyse ist ein struktureller Ansatz. Sie legt durch Studie 1 eine zielsichere Spur zum Problem des Grundes. In einem zweiten Schritt ist diese Spur historiographisch zu befestigen. Das gelingt nur über Materialfülle. Die Befestigung ist, was hier nicht theoretisiert, aber wirksam ist, ersessen. Im Sitzen verfestigen sich Zusammenhänge, das Material erodiert und sediert.

Das hat Unbeweglichkeit zur Folge. Bergsteigen ist eine Wirklichkeit, sitzendes Nachdenken eine Gegenwirklichkeit. In der Differenz zweier Praktiken beginnt sich der Gegenstand umzuformen und das Wissen über ihn zu formalisieren. Er wird starr und verflüssigt, körperhaft und körperlos zugleich. Das Schreiben paßt sich in gegenläufiger Bewegung dem Bergsteigen und Klettern an: Aus einem repräsentativen wird ein performativ-präsentes Schreiben.

Ausgesetztes Subjekt

BergDenken ist ein Denken in Bildern. Bergeshöhen zählen zu den frühen Bildungsstätten der Zivilisierung.[23]

Wie die Höhe ihre Fremdheit verliert, ist hier Gegenstand: Er markiert ein Wiederfremdwerden. Die Anstrengung, den Gegenstand zu entfremden, bezieht den forschenden Menschen mit ein. Wenn ein weit gefaßter Begriff von Kultur angenommen wird – Kultur entsteht und zeigt sich da, wo man auf das Fremde trifft –, dann ist mit dem Verlust an Fremdheit ein Kulturverlust verbunden. In ihn ist der Mensch als sein Betreiber eingeschlossen. Die Zersetzung des Menschlichen ist aber nicht nur kulturpessimistisch zu beklagen oder fortschrittsgläubig zu übergehen, sondern zunächst hinzunehmen.[24]

Die Bergforschung erkennt in der Zersetzung eine spezielle Form der Berührung und des Berührtseins. Zwar treibt das Bergsteigen die Zersetzung voran, wie es ihr im Einsatz aller Sinne entgegenwirkt, aber diese Paradoxie ist nicht der Punkt. Im extremen Hängen am Fels überholt sich das Kalkül und damit die List des Subjekts. Das Subjekt setzt aus. In der Ausgesetztheit, als einer Leere der Vernunft, verbirgt sich eine Kraft, die der wissenschaftlichen Rede entsagt.

Dennoch meine ich, das Herantasten bis zur Entsagung lohnt sich.

BEWEGUNG UND ZEIT

Die einfache Frage, wie man von der Gegenwart in die Vergangenheit und wieder zurück kommt, erfährt in der Vergegenwärtigung eine Antwort. Die Vergegenwärtigung beschreibt eine doppelte zeitliche Bewegung, die auf eine dreifache Historizität hinausläuft.[25]

In der Vervielfachung des Zeitlichen ist kein fester Standpunkt mehr zulässig. Die Zunahme an Reflexivität verlangt daher zwangsläufig, Erfahrungen zu thematisieren, die einen Raumverlust anzeigen.

Über den Berg als Raum kam der Mensch hervor. In seinen Bergbesteigungen spricht sich ein Menschhaftes aus. Der geschichtliche Prozeß ist einer der menschlichen Inhaftierung, die am Ende vom Menschen nur mehr Abstraktes übrigläßt: Äußerste zeitliche Bewegung korrespondiert mit äußerster räumlicher Unbeweglichkeit.

Gegen dieses Paradoxon tritt der extreme Kletterer an: In den auffallend langsamen Bewegungen teilt sich eine ungeheure Beweglichkeit des Körpers mit. Der Extreme konturiert in einer Verkehrung, d. h. von innen her die Grenze des Menschhaften. Sein Tun übersteigt die menschliche Vorstellungskraft und gelingt gerade deshalb, weil er sich bis zum Äußersten an das Stoffliche hält. Der alte Knoten von Eros und Logos verfestigt sich im Fels; seine Beweglichkeit ist erstarrt.

In der Erstarrung bewegt sich der Extreme weiter, aber anders, fremd. Die Höhe ist, wie der Mensch für das Denken, eine Zerreißprobe für die Geschichte geworden: Kulturgeschichte zerfällt in Kulturschichten.

Die Erkenntnisse, die hier vorgelegt werden, verdanken sich somit, das ist entscheidend, nicht einer Metaphysik, sondern – im Gegenteil – einem konsequenten Nachfolgen des Physischen.

RÜCKKEHR

AUFBAU UND ABTRAGUNG

Der Aufbau dieser Arbeit gleicht stofflich wie strukturell dem Gegenstand seiner Forschung. Wie bei Bergen ist auch hier nach Alter, Materialzusammensetzung, Genese und dem Grad der Metamorphose zu unterscheiden. Der Großteil der Berge, von denen folgend die Rede ist, gehört den Alpen an. Es hat sich eingebürgert, bergsteigerische als „alpine" Unternehmen zu bezeichnen. Wie z. B. die Anden oder der Himalaya sind auch die Alpen dem Hochgebirge zuzurechnen. Das Hochgebirge vollständig zu definieren gelingt nicht,[26] aber man nimmt unmittelbar wahr, daß es die dritte Dimension auf der Erdoberfläche am stärksten verkörpert. Es prägt das Relief der Erdkruste. In den Alpen – sie liegen uns am nächsten und sind am besten erforscht – konzentriert sich eine große Formenvielfalt auf engem Raum.

Im Werden der Alpen sind zwei Abschnitte zu unterscheiden, die sich gegenläufig verhalten: ein sehr langer, in dem sich die alpinen Sedimentgesteine abgelagert haben, und ein zweiter, ungleich kürzerer, der die Alpen zum Gebirge formt. Überwiegt in der ersten Bewegung die Tendenz zum Absinken, so ist es in der zweiten die Faltung und Heraushebung. Ohne im Detail auf diese komplizierten Vorgänge, die bis heute nicht abgeschlossen sind, einzugehen, sind zwei Dinge festzuhalten: Aufgefaltet kann nur werden, was ursprünglich abgelegt war; und alles, was herausgehoben wird, unterliegt sofort der Abtragung.

Ganz ähnlich verhält es sich mit der Ordnung vorliegender Arbeit. Sie ist in zwei Studien geschieden, die für sich gelesen werden können. In ihrer Anordnung und Aufeinanderfolge verdichtet sich die Struktur eines alpinen Wissens. Durch das Aufschieben von Antworten gerät das Wissen unter Druck. Dieser bewirkt eine Bewegung des Denkens in verschiedene Richtungen, es bricht, verschiebt und verwirft sich, läuft wieder zusammen und wandelt sich um. Von diesem Prozeß, der die Arbeit charakterisiert, sind die Leserin und der Leser nicht ausgeschlossen, im Gegenteil, sie werden aufgefordert, ihm zu folgen. Die Entscheidung für den Berg beinhaltet zugleich eine Entscheidung für das Material und den Raum. Der Gegenstand muß schrittweise ergangen werden. Im Weg, der dabei zurückgelegt wird, zeitigt sich die Erkenntnis, daß Inhalt und Methode nicht trennbar sind.

Wie am Berg treten auch für das Denken Gefahren auf: Verirrungen, Verstiegenheiten, Verausgabungen. Unser Blick ist durch Klarheit getrübt; je näher wir dem Gegenstand kommen, desto unklarer und geheimnisvoller wird er. Alles, was entfernt ist und uns nichts angeht, kann in Klarheit belassen werden.

Der Berg ist mir sehr nahe. Diese Nähe habe ich den LeserInnen zugemutet, es überwiegt die Auseinandersetzung am Detail. Das nimmt der Arbeit die Eleganz einer großzügigen Linienführung.

Stellt man sich das wissenschaftliche Spektrum von seinen Extremen her vor, dann wäre diese Arbeit der Kontrapunkt zu einer physikalischen Formel. In ihr ist jede Spur von Material ausgelöscht, sie überzeugt durch den hohen Abstraktionsgrad.

Genau das Umgekehrte liegt hier vor. Es ist, als überquerte man einen Gletscherbruch, aber nicht, um ihn möglichst rasch hinter sich zu bringen, sondern um in ihm zu verweilen und seine Eigenheiten bis in jeden Winkel zu studieren. Steht man dann auf einem Grat, um den Gletscher aus einer höheren Warte einzusehen, dann zeigt sich ein Weg, aber nicht in Form einer einzigen Spur, sondern es sind viele sich verzweigende Spuren, die in unökonomischer Weise auf der Suche nach sich selbst sind.[27] Darin drückt sich eine Leidenschaft aus, die hartnäckig an dem festhält, wovon sie ausgegangen ist: von der Frage nach dem Grund.

Studie 1

In zwei Versuchen erarbeitet Studie 1 eine erste Antwort: Was immer man sprachlich über den Grund herausfindet, man befindet sich über ihm. Der erste Versuch wendet sich dem Warum zu: Reinhold Messner wurde gefragt, warum er sich freiwillig lebensgefährlichen Stituationen aussetze. Aus dieser Frage spricht ein Vorwurf, der ein unüberwindliches Hindernis für das Wissen darstellt. Nicht der Grund kann sich zeigen, sondern an seine Stelle treten Begründungen, die über den Grund hinweggehen. In den Begründungen wird Normalität durchgesetzt, und sie verlangt die Anerkennung nur einer Vernunft: der rationalen.

Das extreme Bergsteigen befindet sich zumindest halbseitig jenseits der rationalen Vernunft. Wissen über dieses Phänomen läßt sich daher nur in Erfahrung bringen, wenn hinter die Einseitigkeit des logischen Denkens gekommen wird. Der erste Schritt besteht darin, Gründe anzugeben, weshalb ab einem bestimmten historischen Zeitpunkt der Mensch zur Vernunft verpflichtet wird.

Die Vernunft verpflichtet zu einem Leben, das nicht gewagt werden darf. Vor dem 17. Jahrhundert konzentrierten sich die Machtprozeduren auf das Sterben und auf den Tod, nachher verlagerten sie sich auf das Leben. Das Leben sollte bewirtschaftet und allgemein reguliert werden; individuelles Leben freiwillig zu riskieren bedeutete eine Mißachtung gesellschaftlicher Machttechniken. Die Natur gibt Freiräume. Extreme Bergsteiger bewegen sich vornehmlich in der Natur und beteuern, so auch Messner, daß sie vielleicht mehr als andere Menschen am Leben hängen, obwohl sie nicht danach trachten, es nur zu sichern.

In einem zweiten Schritt wird diese Widersprüchlichkeit erneut aufgegriffen: Ende des vorigen Jahrhunderts taucht die Frage nach den Beweggründen des Bergsteigens vermehrt in einschlägigen Artikeln auf. Sie ist begleitet von der Klage über das Anwachsen der Zahl an Bergunfällen. Erste Unfallstatistiken sind neben ausführlichen Debatten über alpine Ausrüstung und richtiges Verhalten am Berg die Folge. Unterm Strich konstituiert sich durch die Bündelung unterschiedlicher Diskurse das, was wir auch heute noch unter Bergsteigen verstehen: ein im Kern paradoxes Selbstdisziplinierungsverfahren, das auf die Vervollkommnung des Körpers setzt, aber zugleich an seiner Unbegründbarkeit scheitert.

In einem dritten Schritt mache ich die Probe aufs Exempel: Ein Berliner Bankier verunglückte 1892 an der Grivola tödlich. Sein Tod wird über einen längeren Zeitraum in der alpinen Fachpresse diskutiert. Die Versicherungsgesellschaft des Verunfallten sucht nach guten Gründen, ihn der Tat schuldig zu sprechen, um den Zahlungsverpflichtungen an die Hinterbliebenen zu entgehen. Ich verfolge dieses zivilgerichtliche Begründungsverfahren nach dem Gesichtspunkt der Rechtsherstellung. In diesen drei Schritten der öffentlichen Diskussion verschiebt sich die Frage nach dem Grund des Bergsteigens.

Studie 2

Die Thematik von Studie 1 vertieft Studie 2. Hinter den rationalen Begründungsversuchen werden Motivschichten freigelegt, die zeitlich früher liegen. In stofflicher Kleinarbeit ist der Werdegang einzelner Motive zu rekonstruieren – z. B. die schöne Aussicht zu genießen oder den Leib an den Unebenheiten des Geländes zu schulen – und geschichtlich zu verankern. Dabei hatte ich zur Kenntnis zu nehmen, daß Metaphern nicht nur heuristischen Wert haben, sondern historisch sind. Der Mythos des Fortschritts stellt den abendländischen Menschen als einen vor, der stetig aufsteigt.

Die Kulturgeschichte bewegt sich im Menschen auf einen abstrakten Denkhimmel zu. Aber im Unterschied zur Weite gibt es in der Höhe einen Punkt, wo die Materie der Erde auf die Nichtmaterie des Himmels trifft: die Spitze des Berges. Seit dem 15. Jahrhundert reißen die Gipfelbesteigungen nicht mehr ab; die Selbstermächtigung des Menschen ist unaufhaltsam. Der Hinweis liegt im Detail der Bergberichte, das Subjekt stellt sich als verletzlich heraus. In der direkten Konfrontation mit der Bergnatur erweist sich der Subjektstatus des Menschen von Anfang an bedroht: Im menschlichen Aufstieg äußert sich sein Abstieg.

Diese Einsicht beschränkt sich nicht auf das Bergsteigen, sondern schließt das wissenschaftliche Denken mit ein. Wissenschaftliches Denken geht von einem tragfähigen Subjekt-Objekt-Verhältnis aus, d. h. der Gegenstand wird durch den Menschen als gesichert angenommen. Aber es verhält sich genau umgekehrt: Der Mensch ist ein ungesichertes Subjekt und in seiner ausgesetzten Lage nicht befähigt, den Gegenstand zu bestimmen.

Studie 2 besteht aus drei Teilen, die in sich mehrfach gegliedert sind. Die „Zeit(W)orte" des 1. Teils benennen den Gegenstand immer umfassender und präziser, wodurch er am Ende verlorengeht. Anhand von neun Texten – Dante bis Saussure – skizziere ich, gebrochen an drei Einschüben, welche Zusammenhänge als Umstände und Konstellationen figurieren, Besetzungsakte der Höhe. Der Aufstieg naturwissenschaftlichen Denkens löst den Berg in Linien und Punkte auf. Aus einem stofflichen Zusammenhang wird eine numerische Zusammensetzung.

Zusammengesetzt ist auch die alpine Geschichtsschreibung. Die Erstbesteigung des Mont Blanc am 8. August 1786 ist ein Präzedenzfall: Sie gilt allgemein als offizielle Geburtsstunde des Alpinismus. Daran beginne ich zu zweifeln und arbeite mich an Positivitäten heran – mit dem Ergebnis, daß eine ungewisse Geistgeburt kolonialistischer Prägung zurückbleibt.

Der 2. Teil heißt „Spurensicherung". Sie markiert ein langsames Zurücktreten alpiner Texte. Im Zurücktreten wird das Allgemeine im Besonderen theoretisierbar. Das Öffnen für Theorie und Systematik halte ich in Momentaufnahmen fest. Sie ordnen sich in der Bewegtheit von Analysestandpunkt und -resultat zu einer Erkenntnisspur. In ihr vergegenwärtigt sich der Denkraum des Forschers. Darin kommt die eigene Begrenztheit zum Ausdruck, die dort beginnt, wo der Körper nicht mehr zu denken ist. Um die Grenze des Denkbaren möglichst hinauszuschieben, wird der Versuch eines KörperDenkens unternommen. Bestandteile sind u. a. spiegelbildliches Erkennen, Leidenschaft und Selbstfremdheit.

Im 3. Teil verbindet sich der erste mit dem zweiten. In der Verbindung schiebt sich der Berg erneut auf und wird gefaltet: Aus der Natur formen sich Schichten einer Natur des Geistes.

Johann Jakob Scheuchzer gestand nicht nur, daß in der wilden Einsamkeit des Hochgebirges größere Belustigung und mehr Eifer zur Aufmerkung zu spüren sei als zu Füßen von Aristoteles, Epikur und Cartesius, er wollte auch das Verhalten am Berg geregelt wissen: gemächlich aufsteigen, stehend ausruhen, hurtig absteigen.[28]

An diese Vorschrift hält sich der 3. Teil beinahe. Er orientiert sich an einem ganz normalen Ablauf einer Bergfahrt, nur in umgekehrter Reihenfolge: Abstieg, Aufstieg, Gipfel. Diese Umkehrung gründet im Zentrum eines Zirkels und in dem Text, den ich für das Verständnis der Bergtopik vorangestellt habe. In Dantes „Göttlicher Komödie" beginnt der Heilspfad der Seele dort, wo heutige Sportkletterer wieder mit ihrer Körperakrobatik anfangen: im Abstieg.

Ein Kreis schließt sich in der Selbstbeobachtung einer extremen Bergsteigerseele: Reinhard Karls Sehnsucht scheint nur noch auf den Gipfel gerichtet, von dem er sich Begrenzung verspricht; in der Tat gewährt der Gipfel keine Zeit zum Atmen.

ANMERKUNGEN

1 Vgl. Bachelard 1994, 132
2 Vgl. Haushofer 1990, 150
3 Vgl. Eickhoff 1993, 30
4 Vgl. ebd. 29
5 Bergtexte liegen besonders nahe an der Materie, ihr Gegenstand – der Berg – ist extrem stofflich. Berge denken ist daher eine Form des Gegendenkens. Es versucht, Abstraktes zu entleiben, wodurch das ihm zugrunde liegende Stoffliche wieder hervortritt.
Die Wahrnehmungswelt des Naturphilosophen Lukrez ist taktil. Sein Denken gründet in den Sinnen. Er wußte, daß das Fundament des Menschen einreißt, sobald er nicht mehr seiner leiblich-sinnlichen Wahrnehmung vertraut. Durch sie bleiben Seele, Körper und Geist lebendig miteinander verbunden, ein Trennen hieße sterben (vgl. H. Böhme 1993, 433). Wenn der Mensch in die Höhe steigt, tauscht er sich aus und feiert ein Fest der Sinne. Seine Erkenntnis wird ein Mahl. Außerdem schafft er, indem er sich erhebt, einen Freiraum. Diesen erstreitet er seinem flüchtigen Dasein durch harte Selbsterhaltungsarbeit, um dann wieder, wie Lukrez sagt, zum Allgemeinen der Materie zurückzukehren. In ihre Stofflichkeit bettet sich das herausgehobene menschliche Individuum differenzlos ein, und der Kreis von Werden und Vergehen schließt sich (vgl. ebd. 420).
6 Es handelt sich um die Reisebeschreibung des bayrischen Hofpredigers Jakob Rebus vom Jahre 1575: „Bei Pratovecchio (an den Apenninen) fangt das grobe, unmilde Gebirge an, über das der Pilger steigen muß. Was für ein Schnaufen und Rasten es allda gegeben hat, kann jeder erwägen, der da wisse, was es um Bergsteigen für eine sanfte Kurzweil sei. Das Kloster Camaldoli vergleicht sich mit den Alben, wie es auf unsern deutschen Gebirg pflegt zu haben." (zit. n. Schottenloher in Stolz 1928, 2. Teil, 46)
7 So hebt Stolz ohne eine genauere Angabe zur Familie der Wolkensteiner hervor, daß Wolkenstein nicht nur die Gefahren und Mühen der Jagd auf Gemsen und Steinböcke erwähnte, sondern daß er dem Tiroler Volke eine allgemeine Fähigkeit zum „Steigen und Jagen" zubilligte (vgl. ebd., 1. Teil, 34). Einer der ersten, der das Hochgebirge als eine Welt besonderer Eigenart aufsuchen und kennenlernen wollte, war Kaiser Maximilian. In seinem um 1500 verfaßten Bericht über die Ersteigung eines Stubaier Firngipfels klingt ein Gefühl der Freude am Gehen und Steigen nach. Im Theuerdanck werden wir erstmals in die Kunst, das Felsklettern bildlich darzustellen, eingeweiht (vgl. Abb. 7a, b, c). In einem Rechnungsbuch der landesfürstlichen Kammer zu Innsbruck aus dem Jahre 1473, Fol. 180, ist vermerkt: „Einem genant Hensl Vischer umb gelbe Blümble, die er meinem gnedigen Herrn (dem Herzog Siegmund) vom Pirg (Gebirg) herabgepracht hat, geben 1 Pfund Perner" (zit. in Stolz 1928, 1.Teil, 34). Aus einer Urkunde des Jahres 1330 aus der Gegend des Klosters St. Michael an der Etsch geht hervor, daß bei einer Adlerjagd ein Unfall geschehen sei, weshalb man einen Mann mittels Seils die Felswand hinuntergelassen habe (vgl. ebd. 34f). Für die Zeit vor 768 wird ähnliches berichtet (vgl. Studie 2, 3. Teil: Abstieg; vgl. aber auch 1. Teil: Einschub 1).
8 Da diesem Text innerhalb der Materialien zum Berg eine Sonderstellung zukommt, sei er hier ausnahmsweise bereits zitiert:

„Das Bürg ist das allerherrlichste Ort der Übung ... Erstlich, das sich durch das Bürgsteigen der Leib auff manifaltige Weiß übet, sintemal die Weg nicht einerley, sonder allezeit anderst und anderster, bald über Wasen, dann über Stöck, wider über Stein und Felsen, zuweilen durch die Stauden und Geströß, öffters durch Wälder, unversehens und im höhen Gebürg über ein Schnee, behend durch Wasserbäch, zuweilen neben See und Weyern, in höchsten Jöchern nit selten mit Händen und Füßen in dem Geschröff herumb, auß wellichem Unterschied geschiht, daß die Füß, die Tiecher (d. h. Schenkel) und der Leib sich anderst und anderst üben und sich dem Gebürg nach wenden müssen. Zum andern, das über die manigfaltige Übung sich auch das Gemüth in sollicher verwunderlicher Varietet und Manigfaltigkeit des Gebürgs, auß angeborener Natur weit mehrers als ob der Ebene erfreut, und gleichsam ihme die Wahl wehe thut, zu wellichem Bürg Lust es sich wenden solle [...]"
(Guarinoni, zit. in Stolz 1928, 2. Teil, 45).

9 Auf diverse Schwierigkeiten im Umgang mit alpiner Literatur weise ich gegebenenfalls hin (vgl. insbes. die Vorbemerkung zu Studie 1 und 2 sowie Studie 2, 1. Teil: Einschub 2 und 3). Die wenigsten von mir verwendeten Bücher waren im normalen Buchhandel erhältlich. Selbst in Innsbruck, der „Alpenstadt", gibt es keinen Bücherladen, der eine repräsentative Auswahl alpiner Literatur führt. Man tut so, als ob diese Literaturgattung ohnehin nicht gefragt sei. Auch Bergsteiger beteuern, daß sie kaum oder überhaupt keine Erlebnisbücher lesen. Um so verwunderlicher, daß in Bergbüchern immer wieder steht, man sei gerade über alpine Literatur zum Bergsteigen gekommen; außerdem sind Neuerscheinungen in Windeseile vergriffen (z. B. Seitz 1987, Zak/Güllich 1987, Perfahl 1984a, Ziak 1981). Ob man sich schämt, „Heimatliteratur" zu lesen, und Bergbücher daher im geheimen verschlingt, ob diese Bücher ungelesen im Regal verstauben oder ob sich der potentielle Leserkreis außerhalb unserer Bergregion befindet, kann hier nicht entschieden werden. Tatsache ist, daß sich die Suche nach Bergbüchern abenteuerlich gestaltet: Raubkopien, lange Reisen und Wege, komplizierte Entlehnmodi in Fachbibliotheken alpiner Vereine, teure Antiquariate und schließlich das Angewiesensein auf zufällige Begegnungen mit privaten

17

Sammlern. Alpine Bücher scheint man eher hinterm Laden zu handeln – wie ehedem erotische Literatur. Deshalb habe ich den Literaturbegriff hier zum „Material" erweitert. Interessant die Streuungen alpiner Textstellen durch wissenschaftliche Disziplinen und aufschlußreich die Kontexte, in denen Alpines vorkommt: z. B. unter dem Titel „Barbaren, Ketzer und Artisten" (vgl. Borst 1990) oder in einem Unterkapitel, „Das Patriarchat als Bewußtseinszerstörung", in dem Reinhold Messner als Beispiel dient (vgl. von Braun 1988, 298ff).

10 Man erinnere die Zeichnungen an den Felsen um Capo di Ponte, im Val Camonica oder rund um den Monte Bego (vgl. Perfahl 1984a, 11f). In den Hallstätter Gräberfeldern wurden um 500 v. vierzackige Steigeisen gefunden, und Herkules soll der Sage nach die Pyrenäen sowie die Alpen als erster überschritten haben (vgl. Studie 2, 1. Teil: Einschub 1). Historisch gesichert ist der Kriegszug Kyros' des Jüngeren, der bei seinem Rückmarsch unter der Führung Xenophons das Hochland von Armenien 401 v. überwunden hat.
Alexander der Große überquert wenig später mit rund 40.000 Mann den Taurus und dringt über das Hindukuschgebirge bis zum Himalaya vor. Hannibals Alpenüberquerung bleibt über das alpine Schrifttum in besonders lebhafter Erinnerung, und Anerkennung wird der Ätnabesteigung Kaiser Hadrians gezollt, der um 126 n. in der Absicht, den Sonnenaufgang zu sehen, in die Höhe stieg (vgl. ebd.).

11 Das Sprechen über den Berg ist eine Verpackungskunst zum Berg.

12 Zit. in Woźniakowski 1987, 75

13 Caesar soll sich die Zeit mit grammatikalischen Abhandlungen vertrieben haben (vgl. „Die Alpen" 1929, VIII).

14 Vgl. Sting 1991

15 Siehe das Video „stay hungry", hergestellt von der Autorin als Vorstudie zur vorliegenden Arbeit.

16 Mein Bemühen um Erkenntnis in der Erziehungswissenschaft richtet sich insbesondere an den Forschungen des Interdisziplinären Zentrums für Historische Anthropologie in Berlin aus.

17 Vgl. u. a. Lenzen 1991 und Oelkers/Tenorth 1991

18 Vgl. insbes. Lenzen 1989 und Rathmayr 1994

19 Vgl. die Bedeutungsvielfalt von Mimesis bei Gebauer/Wulf 1992

20 Vgl. u. a. Geertz 1994

21 Vgl. Ernst 1991; 1993a, b, c und 1994a

22 Vgl. Sexl 1995

23 Das Wandern um Gottes willen zwang um die Jahrtausendwende nicht nur die Kartäuser zur Mobilität. Auch Benediktiner, Zisterzienser und Prämonstratenser überwanden den Schrecken der Berge und blieben. Ordensleute und Mönche kultivierten die Bergwildnis, befriedeten sie und begannen von der Höhe aus zu bilden und aufzuzeichnen. Die Grundsätze dieser Orden entsprachen ohnehin in idealer Weise den alpinen Lebensbedingungen: harte Zucht, Rodungsarbeit und die Sorge um den Nachbarn. So überrascht es nicht, daß gerade in der Alpenregion von der Höhe aus das europäische Geschick mitentschieden wurde (vgl. Borst 1990, 492).
Berge sind produktive Stätten zur Ausbildung transalternativer Wahrnehmungs- und Erkenntnismodelle. Sie reizen zum Vorstoß in bislang unbekanntes Terrain. Durch den Vorstoß zerfallen alte Mythen wie Bilder vom Berg, und man wirft immer wieder neue auf ihn. Der Berg ist Produktionsstätte für Projektionen. Dem Kletterer von heute sind die alten Felswände vor allem Anlaß zu Projekten. Die Utopie ist von der Weite in die Höhe geklettert, im Aufstieg hat sie sich zur Topographie gewandelt. In der Projektion und Bezeichnung verliert die Fremde ihr Fremdsein und entfremdet sich ihrer selbst.

24 Vgl. Flusser 1994, 23ff

25 Vgl. Lenzen 1991, insbes. 119f

26 Vgl. Rathjens 1982, 15f

27 Ich habe die Entscheidung getroffen, den Vorgang des Erkennens möglichst nicht durch Überarbeitung zu annullieren. Trotz Redundanzen und Regressionen soll das Prozeßhafte des Denkens in dieser Schrift bewahrt bleiben (vgl. Lenzen 1989, 22ff).
Umständliche Suchbewegungen erwirkten Verschiebungen des Titels. Eingestiegen bin ich mit: „Stadt – Natur – Wissen. Eine sozialwissenschaftliche Studie zu einem kriegerischen Verhältnis und seinen Techniken". Die Stadt sollte als Kontrapunkt das Wissen um die Natur fördern. Diese Gegenüberstellung hat sich im Fortschreiten der Arbeit erübrigt: Natur zeigte sich als das Thema, Natur als Grund. Ihn zu denken vergegenwärtigt Getrenntsein und drückte sich in einem nächsten Titel aus: „Natur – 4 Studien einer Abweichung". In der Abweichung hat sich der Berg als der Gegenstand meiner Forschung herauskristallisiert. Natur verkehrt sich über den Berg und der Berg durch den Menschen zu einer Geschichte der Abstraktion. Abstraktion als Abweichung vom Naturkonkreten. Alpines Wissen fußt in einem „BergDenken"; „Kulturschichten der fremden Höhe" wandelten sich in „Eine Kulturgeschichte der Höhe" und sind Ergebnis einer Anstrengung zur Wiedergewinnung von Wirklichkeit über das Extrem.

28 Vgl. „Die Alpen" 1929, IX

Übern Grund

Abb. 1

Studie
1

Übern Grund

Einleitung 23
    Das Eis ist gebrochen 23
    Natur – Grund 23
    Recht – Norm 23
    Annähern als Abweichen 23
    Der Kreuzungspunkt 23
    Schatten 23
    Grund-Begriffe 23
    Grenzüberschreitungen 23

Vorbemerkung 24

Erster Versuch 24
    Zur Vorgeschichte einer Frage 24
        Was ist jenseits der Grenze? 25
        Aber warum … 25
    Leben machen 26
        Paradoxon extremes Bergsteigen 27
        Die eine Vernunft: Begründung statt Grund 30

Zweiter Versuch 31
    Der Fall Brock: *Was ist geschehen?* 31
        Wie war es wirklich? 31
        Wer hat recht? 33
    Recht als gesetzte Norm 34

Resümee: *Eine erste Antwort auf eine offene Frage* 36

Anmerkungen 37

Übern Grund

Einleitung

Das Eis ist gebrochen,

nachdem ich mich von Kindesbeinen an praktisch und über 15 Jahre theoretisch mit dem Bergsteigen befaßt habe.[1] Der Berg ist Teil der Natur. Es lag nahe, über den Berg Natur zum Thema zu machen. Studie 1 ist der Einstieg und soll einen ersten Einblick in mein Denken, in die Konzeption, Arbeitsweise und Methode geben.

Natur – Grund

Was auf den ersten Blick exotisch anmutet, als Erziehungswissenschaftlerin über Berge zu forschen, zeigt auf den zweiten Blick durchaus Vertrautes: Auf Berge gelangt man durch Steigen, und über das Bergsteigen stößt man auf Gründe der Disziplin. Studie 1 arbeitet sich zu Grundbegriffen der Erziehungswissenschaft vor: Disziplinierung als Normalisierung. Im Normalfall geht die Norm dem, was Fall wird, voran. Die Norm als moralische Setzung duldet nicht das Extrem. Das schrittweise Explizieren der Normalität liest sich als ein Prozeß der Institutionalisierung: vom Berg über das Bergsteigen zum Alpinismus. Meine Vorarbeiten haben zur These – die Natur ist der Grund[2] – geführt. Der Grund ist Grund des Nachdenkens.

Recht – Norm

Das Bergsteigen, zumindest in seiner extremen Ausprägung, hat etwas Anstößiges. Trotz Vorkehrungen kann das Risiko, die Gefahr bis hin zum Tod nicht ausgeschaltet werden. Bergunfälle verweisen darauf ständig. Somit widerspricht dieses Tun der allgemeinen Verpflichtung zum Leben. Studie 1 verfolgt den Umgang mit diesem Paradoxon: etwas begründen zu wollen, was nicht zu legitimieren ist. Anders formuliert: Ich gehe davon aus, daß der Natur-Grund geordnet ist. Jedes Ding hat seinen Ort, und jeder Ort hat seine Dinge.[3] In der Diskursivierung verlieren sich die Dinge und der Ort. Aus der einfachen Fortbewegung Bergsteigen wird ein komplizierter Gegenstand der Verrechtlichung.

Annähern als Abweichen

Aufgrund seiner Gefährlichkeit ist das Bergsteigen ein Abweichen von der Norm. Ich will zur Natur forschen,[4] aber jede Annäherung an die Natur hat sich bislang als ein Von-ihr-Abkommen herausgestellt. Wie paßt das zusammen? Das Bergsteigen als Abweichung hat/wird Methode, die mit sinnlichem Denken zu tun hat. Um an die Grenze des Wissens im Verhältnis von Natur und Mensch/Pädagogik zu treffen, gehe ich setzungsanalytisch vor.[5]

Nicht dieses Anliegen ist originär, sondern die Methode und das Material, mit welchem zu Grunde gegangen wird. Bislang ist meines Wissens das gut archivierte und dokumentierte Phänomen Bergsteigen/Alpinismus nicht Gegenstand historisch-anthropologischer Forschung gewesen. Dazu setzt diese Arbeit einen ersten Schritt.

Der Kreuzungspunkt

Die Konzeption der Arbeit ist ein Kreuz mit zwei gleich langen Linien. Die Vertikale hat ebenso wie die Horizontale an je einem Ende eine Studie.[6]

Das gibt zwei Studien plus den Kreuzungspunkt: Er soll zur Frage antworten, ob ein Forschen über das Bergsteigen Auskünfte zur Natur als Grund bereithält.

Schatten

Dem Kreuz ist ein langes Bedenken im Zwischen vorausgegangen: Erinnern & Atmen, Sitzen & Schreiben, Denken & Gehen; Lieben & Arbeiten, Sprechen & Schweigen; Essen & Wissen; Schlafen & Sterben. Sie sind Schichten auf dem Grund, welcher wie Haut vorzustellen ist.

Grund-Begriffe

Sie sind Punkte auf den zwei Achsen und gehen jeweils aus dem empirischen Material der zwei Studien hervor: Abstraktion,[7] Gravitation, Subjekt-Objekt und Funktion, Inhalt und Form, Macht und Denk-Gewalt.

Grenzüberschreitungen

Die Alpen werden im 18. Jahrhundert nahezu schubartig zu einem beliebten Reiseziel und Experimentierfeld.[8] Die Erstbesteigung des Mont Blanc erfolgt am 8. August 1786 und gilt als offizielle Geburtsstunde des Alpinismus.[9]

Fast zeitgleich setzt die Aufklärung den Menschen ins Zentrum der Wissenschaft, worum sich künftig alles dreht. Der Alpinismus bringt anschaulich zum Ausdruck, wie hoch der Mensch steigen kann und sich befähigt, in unbekannte Naturräume vorzustoßen, welche bislang gemieden wurden. Es gibt keine Schranken mehr, der Mensch und vor allem das Wissen hat überall vor- und einzudringen.

Die Technik leistet diesen Eroberungen gute Dienste. Mit ihr im Verbund entwickelt der Alpinismus einen spezifischen Umgang mit der Natur, wie das auch die Wissenschaft, Literatur und Malerei tun. Der Alpinismus fällt in eine Zeit, in der das Verhältnis zur Natur als ein gestörtes bereits Geschichte hat.[10]

In seinem heutigen Profil geht der Alpinismus auf die zweite Hälfte des 19. Jahrhunderts zurück.[11] Hier ist mir erstmals eine Anhäufung von Selbstbegründungen aufgefallen. Man reflektiert auf die Triebfedern und Motive des alpinen Tuns und ist um eine begriffliche Fassung in Form von Klassifizierungen bemüht. Das Bergsteigen verwandelt sich in eine statistische Größe. Angelpunkt sind die Unfälle, welchen meine Aufmerksamkeit gehört. Durch sie wird das Bergsteigen zu einem Problem der Rechtfertigung und damit indirekt zu einem für die Normalität. Der Alpinismus zeigt damit auf eindrucksvolle Weise Allgemeines an.

VORBEMERKUNG

1. Zu Beginn meiner Forschungen verspürte ich Widerwillen und Abwehr, was mit altem Material zu tun hatte, das neu zu sichten und zu bearbeiten war.[12] Gleichzeitig war ich mit meinen Beweggründen, über den Berg nachzudenken, konfrontiert. Sie lagen in der Absicht, Getrenntes zu verbinden, verborgen.[13]

Dem Auseinandergebrochenen unterstellte ich ein ursprüngliches in- und miteinander Verbundensein, einen „vorlaufenden Zusammenhang". Wann immer mein Denken zum Berg ansetzte, war die Frage nach dem Grund vorherrschend. Sie verzweigte sich in andere Themen oder führte zum Abbruch.[14] Das Aussichtslose meiner damaligen Bemühungen nehme ich erneut zum Ausgang.

2. Mit einer Rekonstruktion dessen, was ich bislang unter der Warum-Frage erarbeitet habe, beginne ich. Die Frage nach dem Grund des (extremen) Bergsteigens führt, soviel vorweg, zur Frage nach dessen Rechtfertigung. Welche Fragen aber bewirken, daß sich die Grenzen des Nachdenkens verschieben? Worauf verweisen Grenzverschiebungen? Läßt sich Zuverlässiges darüber sagen, was/wieviel mich vom Grund trennt? Und: Was ist aus dem Grund geworden?

3. Thesen:
a) Die Frage nach dem Grund ist eine Frage nach dem Ursprung, und diesem weicht man aus (➤ Negativität).
b) Das Ausweichen führt zu immer neuen Erfahrungen des Getrenntseins vom Grund und in der Folge zur Errichtung eines zweiten Grundes in Form eines Netzes von Begründungen übern Grund* (➤ Positivitäten).

c) In diesem zweiten Grund richtet sich der Mensch als erster ein und tut so, als gäbe es nur diesen (➤ ICH-Setzung/Anthropozentrik).
d) Bislang bin ich nicht über den zweiten Grund hinausgekommen, sondern immer tiefer in ihn hinein. Daher richtet sich die Grund-Frage auf einen Ausweg, um nicht immer wieder nur auf den Menschen zu treffen (➤ Natur als Grund/Nichtsetzung bzw. setzungsloser Zustand).

Im ersten Versuch von Studie 1 wird die oberste Schicht der Grundfrage abgetragen; der zweite Versuch führt da weiter, wo der erste endet.

4. Zu den Quellen: In Studie 1 halte ich mich vorwiegend an den Altbestand verschiedener Alpenvereinsbibliotheken: „Mittheilungen des Deutschen und Oesterreichischen Alpenvereins" (M), die „Zeitschrift des Deutschen und Oesterreichischen Alpenvereins" (Z), das „Jahrbuch des Oesterreichischen Alpenvereins" (J) und das „Jahrbuch des Schweizer Alpenclubs" (J. d. S.A.C.). Alle vier erscheinen regelmäßig bis heute (mit z. T. abgeändertem Titel), sind auflagenstarke Fachzeitschriften, lückenlos vorhanden und genießen eine gewisse Popularität; die Kontinuität (seit ca. 1865) ist unabdingbar für einen historiographischen und strukturellen Ansatz.

Fallweise greife ich auf eigenes Erhebungsmaterial zurück: Es ist im Hauptband (= Hb) meiner Dissertation, insbesondere aber in den zwei Materialbänden (= Ma/Mb) angesammelt und bislang zuwenig ausgewertet worden.

ERSTER VERSUCH

ZUR VORGESCHICHTE EINER FRAGE

Am 28. Oktober 1984 bin ich mit einer einfachen Frage – warum Extrembergsteigen? – in die Dissertation eingestiegen. In einem ersten Brainstorming sind jene Themen aufgetaucht, welche später wiederkehren.[15] Sie lassen sich in zivilisationskritischer Absicht als Suche nach einem verlorenen Rest zusammenfassen. Weshalb ich diesem Rest nicht gleich nachgegangen bin, ist mehrfach begründet.[16] Mein Vertrauen in die Warum-Frage blieb ungebrochen. Wenn mich etwas auf den Grund der Dinge bringen würde, dann dieses Warum. Wider Erwarten setzte aber eine Fliehkraft im Denken ein. Je mehr psychologische und psychoanalytische Erklärungsansätze, desto rascher verflüchtigte sich der Grund.[17] Empirische Erhebungen endeten in dürftigen Versuchen, dem extremen Tun und seinen AkteurInnen Krankhaftes nachzuweisen.[18] Alles hat sich um Identität gedreht, welche herzustellen

---
* Vgl. Anm. 106

den Extremen nicht zu gelingen schien.[19] Der Kampf ums Identsein zog sich auch für mich über eineinhalb Jahre, wo ich weder auf Berge stieg, noch mich sonstwie im Thema gefestigt habe. Im Winter 85/86 hatte ich ernsthafte Probleme zu begründen, weshalb auch das Bergsteigen erziehungswissenschaftlicher Forschungsgegenstand sein kann.[20]

Am 6. Jänner 1986 reagierte ich mit einer Frage auf dieses Begründungsproblem: „Was interessiert die Laien am Thema, und wie reden und berichten sie darüber?"[21]

Kurz danach entstand ein Teilkonzept, in dem die Frage zur Feststellung wird: „Motive des Extrembergsteigens – Suche nach Grenzerfahrungen."[22] Drei Monate später ändert sich der Untertitel: „Hintergründe einer Freizeitkultur."[23] Dazwischen liegen eine Einladung nach Chamonix,[24] ein Interview mit einem extremen Kletterer,[25] „Die Lust am Aufstieg"[26] und der methodische Versuch, den emotionalen Gehalt aus Zeitungsberichten über das Klettern herauszufiltern.[27] Von außen gesehen tat sich viel, aber ich hatte den Eindruck, nicht wirklich weiterzukommen. Die Motive oder besser Motivationen mehrten sich und wanderten von einem Theoriekontext in den nächsten, ohne einen Denkraum zu schaffen, in dem ich das Material aufeinander beziehen konnte.

Dieser Nomadismus hat mich auf etwas aufmerksam gemacht: Die Suche nach Gründen hat mit Abweichungen zu tun. Hans-Peter Duerr bewirkte eine erste markante Zäsur.[28]

Was ist jenseits der Grenze?
Diese Frage eröffnete eine Möglichkeit, dem extremen Bergsteigen näherzukommen, ohne es abzuwerten. Nach Duerrs Denkmodell ist das Überschreiten der Grenze zwischen Zivilisation und Wildnis mit Erkenntnis verbunden. Mich interessierte, wie dieses Überschreiten erlebt wird, und ich befragte einen extremen Bergsteiger:

> „Ja, in der Nacht, da stehst du um ein Uhr auf und brichst in die Nacht hinaus. Und was da an Empfindlichkeit und Zurückwollen in den Schlaf aufkommt und andererseits die Faszination von dem Dunkel um dich herum, das du noch verstärkst, indem du dich warm anziehst, meistens viel wärmer, als nötig wäre. Und dann tust du dir vielleicht noch eine Kappe drüber, damit alles das, was eine Verbindung mit außen hat, möglichst klein ist, damit du dich möglichst schützt vor dem, was außen ist. Und dann bewegst du dich im Dunkeln. Das ist eine ganz besondere Erfahrung, die eine ganz andere Qualität hat wie dann, wenn's Tag wird, wenn du schon acht, neun Stunden unterwegs bist, wenn irgendwo der Gleichlauf schon drinnen ist, der Rhythmus. Und dann die Müdigkeit und auch die Angst bereits überwunden ist, vielleicht durch das Abklettern der Angst. Wo gewissermaßen der fremde Lebensraum schon wieder etwas Vertrautes kriegt ..."[29]

Jenseits der Grenze ist das, wohin man zunächst nicht will. Dort ist es lebensfeindlich, man schützt sich. Angst kommt auf. Schließlich tritt man doch hinaus. Zwischen dem Selbstverständlichen und dem, was einem wieder vertraut werden kann, liegt ein Übergang. Der Übergang wird als Grenzüberschreitung erlebt und erschüttert das ICH.[30] Es wird sich selbst fremd, identitätslos, weil entgrenzt. War das der Grund, weshalb diese „Suche nach Grenzerfahrungen" in die Nähe des Abnormen rückt, so daß auch das Forschen darüber einen ins Abseits drängt? „Andere Wissenschaftler machen mit dem ‚Draußen' noch kürzeren Prozeß", schreibt Duerr, sich auf Devereux beziehend, „indem sie sagen, daß es jenseits der Grenze gar nichts gibt oder zumindest nichts, was für einen Wissenschaftler von Bedeutung sein könnte."[31]

Das, was an der Grenze und jenseits von ihr geschieht, wird zur Projektion, weil man selbst nie dort war. Die Projektion scheint zudem berechtigt oder als solche gar nicht erkannt, weil das Überschreiten bzw. Auflösen von Grenzen als Anzeichen seelischer Krankheit gilt. Kurzum, die Projektion ist das Normale, die reale Erfahrung die Abweichung.

Die Projektion sorgt für Scheinsicherheit: Sie hält Trennungen aufrecht und verfestigt sie. Genaugenommen wird in der Projektion das Getrenntsein vorausgesetzt. Dadurch schützt sie ein Tabu: Trennungen sind immer auch Gewaltakte. Im Grunde sind die Dinge miteinander verbunden und wollen es auch bleiben.[32] Projektionen zurücknehmen geht mit Erkenntnis Hand in Hand, dabei wird Angst frei, welche an das Leugnen der Gewalt und an das Vermeiden von Erfahrungen mit dem anderen gebunden war.[33]

„Aber warum ...",
fragt die Fotografin Herlinde Koelbl den Extrembergsteiger Reinhold Messner in einem „Club 2", „begeben Sie sich eigentlich immer freiwillig in Situationen, wo Sie ganz bewußt den Tod in Kauf nehmen?"[34]

Diese Frage, aus der ein massiver Vorwurf spricht, war die zweite Zäsur in meinem Denken. Ist die Projektion immer auch ein Verdrängen des Fremden, verdeckt ein Vorwurf diese Verdrängung. Was aber mußte so heftig abgewehrt werden? Frau Koebel sagt es selbst: der Tod. Er ist zum bedrohlichsten Anderen geworden.[35] Messner verteidigt sich und gesteht:

> „Ich will nicht sterben. Ich glaube sogar, daß die meisten Alpinisten mehr oder gleichviel am Leben hängen wie alle anderen Leute auch ..."[36]

Wieso fühlt sich Frau Koelbl so sicher in ihrer Frage?[37] Oder umgekehrt, weshalb wird Messners Standpunkt erst rechtens durch Begründung?

Unbestritten ist, daß Frau Koelbl für ein Allgemeines und Messner für das Besondere steht. Sie braucht ihren Vorwurf nicht zu begründen, er ist vorbegründet. Um dieses Vorbegründetsein zu verstehen, mußte ich in der Geschichte weiter zurück. Michel Foucaults „Wille zum Wissen"[38] gibt Anhaltspunkte.

LEBEN MACHEN

Das Recht über Leben und Tod war lange Zeit ein Privileg der souveränen Macht. „Es leitete sich von der alten p a t r i a p o t e s t a s her, die dem römischen Familienvater das Recht einräumte, über das Leben seiner Kinder wie über das seiner Sklaven zu ‚verfügen': er hatte es ihnen ‚gegeben', er konnte es ihnen wieder entziehen."[39] Später wurde dieses Recht indirekter ausgeübt bzw. in erheblich abgeschwächter Form. Der Souverän durfte nur im Falle der Bedrohung dieses Recht geltend machen. „So verstanden ist das Recht über Leben und Tod kein absolutes Privileg mehr: es ist bedingt durch die Verteidigung des Souveräns und seines Überlebens."[40]

Worin bestand nun die Macht, welche sich in diesem Recht ausdrückt? Sie war ein „Zugriffsrecht auf die Dinge, die Zeiten, die Körper und schließlich das Leben; sie gipfelte in dem Vorrecht, sich des Lebens zu bemächtigen, um es auszulöschen".[41]

Das hat sich seit der Neuzeit geändert. Die „Abschöpfung" (i. S. des Entziehens von Produkten, Gütern, Diensten, Arbeit und Blut) wurde zu einem Element unter anderen. Jetzt besteht die Macht vielmehr darin, möglichst viele „Kräfte hervorzubringen, wachsen lassen und zu ordnen, anstatt sie zu hemmen, zu beugen oder zu vernichten".[42]

Diese Anreizung zu Produktivität erfolgt über die Verstärkung, Kontrolle, Überwachung, Steigerung und Organisation des Körpers/der Körper. Aus dem Recht über Leben und Tod ist eine Lebensmacht geworden, die nun „das Leben in ihre Hand nimmt, um es zu steigern und zu vervielfältigen, um es im einzelnen zu kontrollieren und im gesamten zu regulieren".[43]

Fortan werden im Namen des Lebens, welches um jeden Preis durch jeden einzelnen aufrechtzuerhalten ist, Kriege geführt. Die Todesstrafe aber kann nur mehr gerechtfertigt werden, wenn man die Unverbesserlichkeit des Verbrechers nachweist bzw. durch den Schutz, den man der Gesellschaft sichern muß. „Rechtens tötet man diejenigen, die für die anderen eine Art biologische Gefahr darstellen."[44]

Die Machtprozeduren, welche sich früher auf das Sterben und den Tod konzentrierten, verlagern sich nun auf das Leben. Der Augenblick des Todes wird zur Grenze für diesen Zugriff auf das Leben und entzieht sich ihm; „er wird zum geheimsten, zum ‚privatesten' Punkt der Existenz".[45] Foucault meint daher, daß die Disqualifizierung des Todes und die Sorgfalt, mit der man ihm ausweicht, weniger mit einer neuen Angst zusammenhängt, die ihn für uns unerträglich macht, sondern mit dem Verlust an Machttechniken.

Wie sich die Bio-Macht seit dem 17. Jahrhundert konkret ausgebildet hat, wird hier nicht erörtert. Uns interessiert, daß sich nach und nach alle jene Techniken behauptet haben, die der vollständigen Durchsetzung des „Lebens" verhelfen und dasselbe zu einer berechenbaren Größe machen.

Etwas Besonderes war der Selbstmord. „Er ließ am Rande und in den Ritzen der Macht über das Leben das individuelle und private Recht zum Sterben sichtbar werden. Dieses hartnäckige Sterbenwollen, das so fremd war und doch so regelmäßig und beständig auftrat ..."[46] Der Selbstmord wurde zum Paradoxon bzw. zu einem der ersten Rätsel einer Gesellschaft, die sich in ihrer politischen Macht der Verwaltung des Lebens verschrieben hat.

Schlägt in der Frage, warum sich Messner „eigentlich immer freiwillig" lebensgefährlichen Situationen aussetze, nicht der Verdacht auf Freitod durch? Genau darauf reagiert Messner und sagt von sich, daß er vielleicht mehr als andere Menschen am Leben hänge. Er übe gewissermaßen im Bergsteigen, sein Leben zu erhalten. Damit ist Messner aus dem Schneider. Er gehört dazu – aber wozu? Nebenbei hört man aus Messners Antwort Interessantes über das extreme Bergsteigen: Es ist von Machtprozeduren durchsetzt, die äußerst effizient sind, denn man muß schon sehr viele Kräfte zur Verfügung haben, um den Strapazen einer schwierigen Kletterroute oder gar der Besteigung eines Achttausenders gewachsen zu sein. Das setzt ein jahrelanges Formieren und Verausgaben des eigenen Körpers voraus, mehr noch, die Selbstverständlichkeit umfassender Disziplinierung. Extremes Bergsteigen wird zum Prototyp für das durchschlagende Wirksamwerden eines Zwangs zum „Leben" bis hin zur vollständigen Durchdringung jeder Fingerspitze.⁴⁷ Damit wäre die Sache erledigt, wenn nicht doch ein Rest bliebe. Zum einen stellt sich die Frage, wozu Messner gehört, wenn er sich im Dienste des Lebens wähnt. Zum anderen beinhaltet das Steigen auf Berge immer das Risiko, herunterzufallen. Das läßt sich nicht wegdiskutieren, und die extremen Formen erhöhen diese Gefahr.

Paradoxon extremes Bergsteigen

Nach alledem liegt es nahe, das extreme Bergsteigen als etwas höchst Ambivalentes einzuschätzen. Einerseits übt es in das Leben ein wie sonst kaum etwas; andererseits findet es an Orten statt, wo alles auf einen Schlag zunichte sein kann. (Vielleicht erscheint das Leben gerade dadurch so wertvoll.) Dieses Tun hält sich in der Nähe einer seltsamen Grenze auf, wohin die rationale Vernunft nicht reicht. Alle Versuche, das extreme Bergsteigen zu erklären, häufen zugleich ein Unwissen darüber an. Nichtsdestoweniger, oder gerade deshalb fordert dieses Tun unser Denken heraus, genauer den Willen, mehr zu wissen. In der Alpinliteratur setzt die Frage nach dem Warum des Bergsteigens früh ein:

> „Es muss in der That einem vollkommen Unbetheiligten auffallen, wenn er während der Saison fast täglich in seiner Zeitung die Nachricht liest, dass auf diesem und jenem Berge schon wieder der oder jener durch einen grausen Sturz um's Leben gekommen ist, und er wird – nicht sich, er ist darüber längst im Klaren, sondern vielleicht irgendeinem ihm bekannten Touristen die Frage vorlegen, wozu denn eigentlich ein solch gewagtes Spiel mit Menschenleben diene, und ob sich denn das dabei Erreichte mit den gebrachten Opfern in irgendein Verhältniss bringen lasse; dabei nimmt in diesen Kreisen auch die Ansicht überhand, dass das Bergsteigen und insbesondere das Unternehmen schwieriger Hochtouren eine Art Lotteriespiel sei, bei welchem jeder der daran Betheiligten sein Leben einsetzen müsse und es nur einem glücklichen Zufall zu verdanken habe, wenn er dasselbe nicht verliert."⁴⁸

> „Die Gefahren der Alpen und die allerdings nicht unbeträchtliche Zahl ihrer Opfer, bieten dem Gegner die Hauptwaffe und veranlassen ihn zu fragen: Zu welchem Zweck klettert der Alpinist auf die Berge, ernste Schwierigkeiten überwindend, Gefahren trotzend, Mühsale, Entbehrungen und Unbequemlichkeiten ertragend? Welcher Nutzen wurde dadurch schon erzielt? Kurz, wozu braucht man den Alpinismus? Diese Fragen stellt sich der Haufe der Uneingeweihten, welcher nicht zu begreifen versteht, dass ein Anderer dahin geht, wohin er selbst nicht gehen will oder kann."⁴⁹

Lassen wir noch einen dritten zu Wort kommen:

> „Was soll der Mensch da oben? Die Frage hat ihr gutes Recht. Sie wird auch nicht gelöst und abgethan durch den allgemeinen Hinweis auf die grossartige Aussicht, welche bei klarem Himmel und reiner Luft ein Alpengipfel bietet. Einmal wird die Aussicht nicht immer durch die Höhe des Gipfels bedingt. Und dann steht der kurze, oft nur minutenlange Genuss selbst der glänzendsten Aussicht nicht allemal im Verhältniss zu dem Aufwand persönlicher Kraftleistung, noch weniger zu der Grösse der Gefahren, die das Hochgebirge dem Auf- und Abstieg oft in den Weg stellt. Ich verstehe es, dass die öffentliche Meinung, auch wenn sie durch alpine Katastrophen nicht aufgeregt ist, uns Alpinisten und unseren Sport noch nicht recht begreifen kann, so lange man ihr immer nur mit der schönen Aussicht kommt, und selbst diese und das Ringen nach ihr bei der Wandelbarkeit der Witterung in den oberen Regionen als ein Greifen nach einem ungewissen Gut zugestehen muss."⁵⁰

Worum geht es in dieser Zitatauswahl? Zunächst tauchen neue Fragen auf: Zu welchem Zweck? Welcher Nutzen wird erzielt? Wozu braucht man den Alpinismus? Diese Fragen zielen darauf ab, das Bergsteigen in eine Zweck-Mittel-Relation zu bringen (Verhältnis: Einsatz – Opfer – Ertrag).

Wenn das Bergsteigen instrumentalisiert ist, wird es scheinbar verständlich. Wer versteht? Es wird unterschieden zwischen dem „Haufe der Uneingeweihten" (das sind die Fragenden) und denen, die sich auskennen (z. B. der Autor oder die Touristen). Weitere Anhaltspunkte finden sich (gewagtes Spiel, Entbehrungen, Unbequemlichkeiten ertragend …) und der Hinweis auf ein Motiv (die schöne Aussicht), welches als nicht hinreichend gilt.

Vertraut erscheint bereits der Zusammenhang zwischen der Warum-Frage und der Gefährlichkeit des Tuns, welche sich in den Unfällen und alpinen Katastrophen ausdrückt. Gerade dadurch bekommt die Frage – Was soll der Mensch da oben? – „ihr gutes Recht". Hofmann weiß um die Pflicht, leben zu müssen, und akzeptiert sie, indem er vorwegdenkt, daß alles, was dem Leben zuwiderläuft, unrechtens ist, d. h. sich erst ins Recht setzen muß. Und das geschieht in ausführlicher Weise.⁵¹

Überblickt man die Alpinliteratur aus dem vorigen Jahrhundert, dann fallen i. w. drei Arten, sich ins Recht zu setzen, auf: reflexive Aufsätze zum Warum, leidenschaftliche Erlebnisberichte und Darstellungen alpiner Unglücksfälle.⁵²

Ein Herr Gustav Becker aus Karlsruhe ist 16 Jahre später als Hofmann bemüht, das Bergsteigen ins rechte Licht zu rücken, indem er zu definieren versucht:

> „,Unfälle' nennt man die traurigen Ereignisse, welche namentlich in den Sommermonaten aus den Alpenländern uns gemeldet werden."[53]

Aber, so fragt sich der Autor,

> „verdienen sie wirklich diesen Namen? Mit dem Worte ‚Unfall' ist der Begriff des Unerwarteten, Nichtvoraussehbaren verbunden".[54]

Genau das „trifft bei der überwältigenden Mehrzahl dieser Ereignisse nicht zu", meint er, denn „jeder sachkundige Bergsteiger könnte ihren Eintritt voraussagen". Er schlägt vor,

> „statt von Hochalpenunfällen zu sprechen, die Unglücksfälle aufzuzählen, in denen Leute durch eigene Fahrlässigkeit beim Bergsteigen zu Schaden, ja zu Tode gekommen sind. Wohlgemerkt beim Bergsteigen, d. h. das Bergsteigen als Selbstzweck und die damit verbundenen Fährlichkeiten müssen die Ursache gewesen sein."[55]

Becker verlangt, die einen von den anderen zu unterscheiden, damit nicht falsche Tatsachen „dem Alpinismus aufs Konto gesetzt werden".[56] Durch die Abgrenzung rückt er dem näher, was Bergsteigen ist bzw. für ihn sein soll: etwas Eigenständiges, ein „Selbstzweck".

Nun nimmt *Becker* eine Analyse vor, in der die Begleitumstände des jeweiligen Unfallgeschehens eruiert werden:

> „Der Tod eines jungen Suldeners beim Holzfällen, der Absturz des Bergführers Lindner an den Churfirsten beim Wegemachen und eines Wildheuers am Glärnisch, jenes 14jährigen Knaben beim Schafsuchen am Rublihorn, die Jagdunfälle am Guggermüll bei Splügen und an der Isenfluh im Berner Oberlande, der an dem Malermeister F. Müller bei der Pfandlscharte vermutlich begangene Raubmord, die Blitzschläge, welche in die Piz Languard-Hütte und in die Braunschweigerhütte niedergegangen sind …"[57]

Dann zählt der Autor eine weitere Kategorie von Unfällen auf, welche sehr häufig vorzukommen scheinen, aber keine echten Hochalpenunfälle sind, auch wenn sie sich im Hochgebirge zugetragen haben:

> „Infolge Erschöpfung ist in St. Moritz ein 40 Jahre alter Herr gestorben, nachdem er verschiedene gewöhnliche Paßübergänge ausgeführt hatte. Auf dem Wege zur Tschiervahütte wurde ein Tourist vom Schlage getroffen. (...) Ebensowenig wie diese Vorkommnisse zählen bei den Unfällen der Bergsteiger die zahlreichen Abstürze der Blumen- namentliche Edelweißsucher mit. Auf dem Wöster im Lechtale, am Hohlicht bei Zermatt, am Widderfeld, am Säntis, am Brünnelistock, bei Windisch-Matrei, bei Les Plans, im Fextale, im Sellraintale und im Erstfeldertale, bei Imst, bei Gösting und am Mont Pleurer haben sich derartige Unfälle ereignet, zwölf meist noch junge Leute sind dabei ums Leben gekommen."[58]

Im Gegensatz dazu stellt sich Becker unter wirklichen Bergunfällen jene vor, bei denen das Bergsteigen und nichts anderes die Ursache ist:

> „... also nur dann, wenn zu dem Schwächeanfall noch ein besonderes alpines Moment, wie Ausgleiten auf Schnee, Absturz von Fels, dazutritt und letzteres, nicht der Schwächeanfall, Herzschlag u. dgl., die Todesursache geworden ist."[59]

Was bewirkt der Text mit diesen Aufzählungen? Bergsteigen wird Ergebnis einer Operation. Es konstituiert sich als das Innen von Ausschlüssen. Der Hinweis auf Begleitumstände ist hier Reduktion, in der sich das Neue verbirgt. Nur aus der Negation ist über Motive zu hören. Bergsteigen heißt nicht Blumenpflücken, auch nicht Überschreiten von gewöhnlichen Pässen oder Schafsuchen, Wegemachen, Jagen usw. Richtiges Bergsteigen ist Beschränkung auf und Begründung in sich selbst. Beckers Versuch ist nicht der erste und nicht der letzte, alpines Tun als Selbstzweck zu definieren. Aber er fügt sich in jene Bemühungen ein, Grundlagen für eine genauere Statistik zu schaffen, welche durch Errechenbarkeit den Eindruck erweckt, Bergsteigen sei berechenbar. Abschließend verweist Becker auf eine vorbildliche Bearbeitung des Definitionsproblems in den Jahrbüchern des Schweizer Alpenclubs. Ich habe mich in der Bibliothek von Pontresina/Oberengadin umgesehen und folgende Entdeckung gemacht: Seit 1891 unterscheidet man die alpinen Unglücksfälle in solche, die im Hochgebirge, im Mittelgebirge und – ab 1901 – im Winter vorkommen. Bereits in der Einleitung wird falschen Zuordnungen vorgebeugt:

> „Von den in der Literatur als alpine Unglücksfälle verzeichneten Vorkommnissen des Jahres 1895 nehmen wir, wie gewöhnlich, die Unfälle aus, welche keinen tödlichen Ausgang genommen haben; ferner die Todesfälle auf der Gemsjagd, beim Edelweißsuchen, beim Hüttenräumen durch Führer im Früh- und Spätjahr und dergleichen. Ebenso verzichten wir darauf, einige mysteriöse Fälle in unsere Tabelle aufzunehmen, so: die ungenannte Touristin, die im Juni oder Juli auf dem Pilatus umgekommen sein soll; der deutsche Tourist, der bei der

Bergung einer Leiche auf dem Großen St. Bernhard abgestürzt sein soll, und endlich die Frau Rohr aus Gohlis bei Leipzig, die verschollen war und deren Leichnam im Oktober auf dem Wetterhorn (!) gefunden wurde."⁶⁰

Für das Jahr 1895 blieben immerhin 19 richtige Unglücksfälle übrig, von denen ich einen herausgreife:

> „24. August. Dent du Géant. Emile Rey, ein Führer von Weltruf, hatte mit Mr. A. C. Roberts die Dent du Géant allein erstiegen und war auf dem Rückweg um 4 Uhr am Fuß des Gipfels angelangt. Um bei dem drohenden Wetterumschlag schneller vorwärts zu kommen, wurde auf Vorschlag Reys das Seil abgelegt. Um 4 Uhr 30 Min. waren sie am oberen Ende des Felscouloirs angelangt, welches an der Nordwestseite des Gipfels etwa 600 Fuß tief zu einem Firnfeld abfällt. In demselben sind einige kurze Kamine zu passieren; Rey ging voran, einen fast leeren Sack und das Seil auf dem Rücken, Mr. Roberts wartete auf der Höhe eines dieser Kamine, während Rey, Gesicht auswärts, in demselben abstieg. Nahe dem Fuß des Kamins machte Rey einen ganz kleinen Sprung, oder ließ sich fallen, auf einen schmalen, etwas nassen Felsen, der leicht geneigt und mit kleinem Geröll bedeckt war. Auf diesem glitt er aus, strauchelte einige Fuß weit auf dem vereisten Hang, auf dem er vergeblich versuchte, die Eisaxt einzuschlagen; diese entglitt vielmehr seinen Händen und er stürzte in drei großen Sprüngen das ganze Couloir hinunter auf den Firn, wo er bewegungslos liegen blieb. Mr. Roberts kletterte bis in eine Entfernung von etwa 200 Fuß nach und rief ihn ohne Resultat an. Ein zweiter Versuch, sich von einer anderen Seite zu nähern, wurde durch Eintreten von Nebel und Schneefall verhindert. Es gelang Mr. Roberts, die Hütte am Col du Géant zu finden, von wo er am folgenden Tag bei fortdauerndem schlechtem Wetter Bericht nach Courmayeur schickte. Eine von hier ausgehende Karawane von Führern und Tägern holte den Leichnam, der tödliche Wunden an Schädel und Rückgrat zeigte."⁶¹

Dieser Fall legt drei weitere Aspekte frei, die zunehmend wichtig werden: Zum einen diskutiert man in den letzten zwanzig Jahren des vergangenen Jahrhunderts immer heftiger die Frage, ob das Gehen mit Führern notwendig ist. Immer mehr Touristen wollen führerlos in die Berge. Doch darum geht es jetzt nicht.⁶²

Zum anderen wird durch die genaue Rekonstruktion des Unfallhergangs deutlich, wie ernst man die Sache nimmt, auch um etwaigen Schuldfragen begegnen zu können. Und schließlich erreicht man durch die präzise Schilderung noch etwas: Auch der Laie rückt so der alpinen Realität näher, und er kann sich ein deutlicheres Bild von dem machen, wie es dort oben zugeht. Das mag mehr Wissen über das Bergsteigen vermitteln als ein akademisches Reflektieren auf Motive.

Ein Jahr vorher kommentiert Herr Dr. Walther Schultze aus Halle an der Saale „die alpinen Unglücksfälle des Jahres 1893".⁶³ Er vergleicht diese Bilanzierung mit der eines Kaufmanns oder eines Feldherrn, indem er zwei Dinge zueinander ins Verhältnis bringt: das erreichte Resultat als Gewinn, der sich im Verzeichnis der Neutouren ablesen läßt, und die gebrachten Opfer, der Verlust, welcher aus der Liste der Unglücksfälle hervorgeht.

„Nichts", so der Autor, „erweckt derart einen lauten Widerhall in außeralpinen Kreisen wie ein Unglücksfall." Da werden „jedesmal aufdringliche Stimmen laut", die von „zweckloser Tollkühnheit, sinnlosen Bravourleistungen, epidemischer Verirrung, unvernünftigem Uebermuth, frevelhafter Abentheuerlichkeit" sprechen, so daß die „menschliche Theilnahme an den Unglücklichen fast ausgelöscht sei" und daß „der unbesiegelte Widerwillen" jede Form von „Mitleid hinwegscheuche".⁶⁴ Auch er reagiert auf die „urtheilunfähigen Laienelemente" und die fachunkundige Presse mit einer kritischen Untersuchung der Unglücksfälle,

> „um mit der Zeit die Stufe des Wissens zu erreichen, die uns befähigt, jene feine Grenze, die das Erlaubte vom Waghalsigen scheidet, schliesslich doch einmal endgültig festzustellen, was bisher trotz ernsten Strebens der alpinen Theorie noch nicht gelungen ist".⁶⁵

Für 1893 scheiden von den insgesamt 49 tödlichen Unfällen 40 Prozent aus, weil sie „nicht mit dem Bergsteigen als solchem in ursächlichem Zusammenhange stehen". Dann schlüsselt Schultze genau nach der Ursache auf und beginnt die Unfälle einem Klassifizierungssystem einzugliedern. Auffallend ist, daß von den verbleibenden 29 echten Unglücksfällen 11 nicht genau geklärt sind. Es handelt sich dabei um Vermißte bzw. um Unfälle, wo der „Hergang unbekannt" ist, da entweder alle zu Tode kamen und kein Zeuge vorhanden ist oder weil Alleingeher am Werk waren. Gerade gegen Alleingänger wurde (und wird auch heute noch) am meisten gewettert. Allein zu steigen erscheint äußerst verantwortungslos. Außerdem entsteht ein Problem mit dem Wissen. Ein Alleingeher kann alles und nichts erzählen, man muß ihm glauben. Im Falle eines Unglücks erfragt man gar nichts, und genau das will man vermeiden. Es geht um Wissen, das den schlechten Ruf des Bergsteigens wenden soll. Schultze tut alles, damit das menschliche Versagen in den jeweiligen Unfällen als Ursache hervortritt, wodurch das Bergsteigen nicht mehr so gefährlich wäre. Um diese Annahme zu untermauern, zieht er Zahlen heran. Von den etwa 6000 Hochtouren, die 1893 ausgeführt wurden,[66] verzeichnete man 29 Tote, die auf tatsächliche Alpinunfälle entfallen, davon zehn führerlose Touristen. Der Autor zieht daraus folgenden Schluß:

> „Es wird dadurch bewiesen, dass die so häufig gehörte und geäusserte Anschauung, die alpinen Unglücksfälle bewegten sich, entsprechend der Zunahme der Anzahl der Hochtouren, in steter progressiver Steigerung, erfreulicher Weise nicht richtig ist."[67]

Schultze sammelt Beispiele, wo Bergführer die Hauptschuldigen für Unfälle sind. Er zählt die Fehler der Führerlosen auf und kommt zu folgendem Ergebnis:

> „Es steht nach unserer Meinung zweifellos fest, dass im Vorjahre der Alpensport nicht bei den Führerlosen, dies Wort nach dem Sprachgebrauch der anerkannten alpinen Terminologie verstanden, am meisten Opfer gefordert hat, sondern bei Anfängern in leichten Bergen."[68]

Schultze kritisiert die Werbung für das Bergsteigen durch alpine Vereine, ohne einen Befähigungsausweis zu verlangen, und zieht ein Resümee:

> „Aufs klarste ergiebt die Zusammenstellung der Unglücksfälle, wie laienhaft die Anschauung von dem grossen Risiko bei schweren Touren ist. Gerade die beiden Gebiete, die unstreitig am meisten schwierig zugängliche Gipfel enthalten, die Dolomiten und das Dauphiné, sind an den Unglücksfällen des Vorjahres überhaupt nicht betheiligt. So paradox es auch klingt, richtig verstanden trifft es wirklich zu: die schwersten Touren sind die sichersten."[69]

Zu den Gefahren im Vergleich von Fels und Eis:

> „Die Unglücksfälle von 1893 zeigen weiter aufs klarste, dass für den Anfänger die Gefahr im Fels viel grösser ist, als im Eise. Wenn man im Eis nicht ganz hirnverbrannt vorgeht (...) ist hier von Gefahr kaum die Rede."[70]

Ein zunehmendes Problem sind die Wintertouren, welche im Kommen sind. Sie haben 1893 sieben Opfer, das sind insgesamt bereits 20 Prozent, gefordert.

Der Autor bemerkt dazu:

> „Natürlich wäre es unrecht, Wintertouen bedingungslos zu verurteilen; aber man muss sich bei ihnen stets gegenwärtig halten, dass das, was im Sommer harmlos ist, im Winter gefährlich sein kann, und dass man deshalb stets weit intensivere Vorsichtsmassregeln zu treffen hat."[71]

Zu diesen Vorsichtsregeln gehört vor allem die richtige Ausrüstung.[72] Als Perspektive setzt Schultze auf Aufklärung.

> „Das beste und einzig praktische Mittel, die Zahl der alpinen Unglücksfälle zu vermindern, besteht darin, dass durch unablässigen Hinweis in der Presse den mit den Alpen noch nicht oder wenig Vertrauten eine zutreffende Vorstellung von den Gefahren, denen sie im Hochgebirge begegnen können, gegeben wird."[73]

Die eine Vernunft: Begründung statt Grund

Über Unfälle könnte noch sehr viel mehr berichtet werden. Wir sind aber an einem Punkt angelangt, der sich mit dem Ausgang trifft. Hieß es 1880, daß „das Bergsteigen und insbesondere das Unternehmen schwieriger Hochtouren eine Art Lotteriespiel sei", so wird knapp 15 Jahre später festgestellt: „Die schwersten Touren sind die sichersten." Dazwischen breitet sich eine aufgeregte wie facettenreiche Diskussion, in der u. a. eine Reihe von Vorurteilen und Unterstellungen auftauchen, denen man unterschiedlich begegnet.

Einprägsam ist die Methode der Rekonstruktion: Schilderung eines Unfallgeschehens in allen Einzelheiten. Das Begründen derjenigen Seite, die am erklärungsbedürftigsten ist und bleibt – Risiko, Gefahr, Tod –, wird zum Angelpunkt des Alpinismus. Man verankert die Ideologie Alpinismus an einer Stelle, die sie zugleich am stärksten in Frage stellt. Somit hat alles, was wir über ihn sagen, etwas Zwiespältiges. Durch die Art, Unfälle zu bearbeiten, wird ein „Grund" gesetzt, auf dem sich der Alpinismus begründet entwickelt. Im Begründen verliert sich bzw. vergißt man die Frage nach dem Grund.

Ich habe versucht, das Vorfeld von Begründungen auszufalten, um zu zeigen, wie sie anfangen und worauf sie abzielen. Teil der Begründung ist die Definition. Definitionen konstituieren nicht das Tun – das gibt es auch ohne sie –, sondern ein bestimmtes Sprechen über das Tun. Es bemächtigt sich der Praktik und stellt diese auf einer anderen Ebene neu und als „ein Ganzes" her. In der Diskursivierung erzeugt sich etwas aus sich selbst heraus, und nichts scheint ihr mehr zuwider, aber gleichzeitig Anreiz zu sein, als die Tatsache, daß es Lücken oder gar einen Ausgangspunkt gibt, welcher sich einer Sprache der Vernunft entzieht.

Dadurch entsteht ein endloses Sprechen ohne Grund. Anstelle des Grundes treten Begründungen für e i n e Vernunft; oder anders formuliert: Zugrunde liegt eine a n d e r e Vernunft. Somit gehen Begründungen über den Grund hinweg.[74]

ZWEITER VERSUCH

Bei meinen Recherchen bin ich auf einen Versicherungsstreit gestoßen. Das hat mich überrascht, denn dieser Streit kann als Indikator dafür gewertet werden, daß das Bergsteigen zum Ausgang des vorigen Jahrhunderts, so angefeindet es war, doch eine gewisse gesellschaftliche Akzeptanz zu verbuchen hatte. Die Versuche, sich eine Berechtigung zu verschaffen, trugen offenbar Früchte. Um die Jahrhundertwende nahm die Zahl der Bergbegeisterten rasch zu, und so erhöhte sich auch der Kundenstock bzw. die Nachfrage für Versicherungen. Das Risiko wurde von seiten der Versicherungsgesellschaften weniger drastisch eingeschätzt als die lebenserhaltenden oder gesundheitsfördernden Aspekte des alpinen Tuns. Dennoch gab es Probleme mit den Bergsteigern.

Ein Fall sei herausgegriffen. Er ist gut dokumentiert, die alpine Presse hat ihn lange genug verfolgt, um ein Exempel zu statuieren.

DER FALL BROCK: *Was ist geschehen?*

Die Geschichte beginnt mit einer Unfallmeldung aus dem Jahr 1892:

> „Wie aus St. Moritz gemeldet wird, ist am 18. August der Bankier Brock aus Berlin mit 2 Führern bei Besteigung der Grivola (im Gebiet des Gran Paradiso, HP) verunglückt. Man konnte die Spuren bis auf den Gipfel verfolgen. Die Leichen des Touristen und der beiden Führer (F. Bich und P. Adrein) fand man auf der Cogneseite und man nimmt an, dass eine Steinlawine die Ursache des Unglücks sei."[75]

Vier Nummern später wird dieser Unglücksfall noch einmal aufgegriffen und genauer dargestellt.

> „Zum Unglücksfall an der Grivola. Aus einer eingehenden, kürzlich erschienen Besprechung in der Rivista Mensile sei Folgendes hervorgehoben: Herr Brock mit seinen Führern F. Bich und L. Proment hat den schwierigen Aufstieg von Valsavaranche aus glücklich ausgeführt, seine Karte hat er auf dem Gipfel niedergelegt. Die Leichen, um deren Auffindung sich vor Allen der Pfarrer von Cogne, L. Gading, und die Führer Croux, Berthollier und Proment Verdienste erwarben, entdeckte man in dem Bergschrund auf der Cogne-Seite an dem unteren Ende des grossen Couloirs. Wahrscheinlich ist die Partie beim Traversieren über das Couloir, das unvermeidlich ist, von einer Lawine fortgerissen worden. Dass durch jenes Couloir von Zeit zu Zeit Lawinen abgehen, ist sicher. Die andere Annahme, man habe fehlerhafter Weise das Couloir selbst zum Abstieg benützt, erscheint mir unhaltbar, da – wie ich aus eigener Erfahrung weiss – Bich den Berg und die Gefährlichkeit des Couloirs genau kannte. Somit ist nach meinem Urtheil ein eigenes Verschulden eines der Theilnehmer ziemlich ausgeschlossen. Auch eine besondere Lehre wird man aus dem Unglücksfall nicht ziehen können, denn dass man Berge, bei denen man ein Couloir innerhalb weniger Minuten passieren muss, durch das ab und zu aber nicht häufig Lawinen gehen, dass man diese Berge ganz meidet, wird wohl kein verständiger Alpinist verlangen. Diese drei Opfer des Bergsports also haben einen Vorwurf nicht verdient, Friede und Ehre ihrem Andenken."[76]

Was diesem Bericht zu entnehmen ist, läßt sich auf einen einfachen Nenner bringen. Das Verhalten von drei tödlich verunglückten Bergsteigern ist aus irgendeinem Grund unter Verdacht geraten. Die Frage nach dem Verschulden taucht auf, aber die Vorwürfe werden entschärft, die Betroffenen in Schutz genommen. Man will den Alpinismus nicht in Mißkredit bringen. Der Autor rekurriert auf seine Sachkenntnisse. Er wisse aus Erfahrung, daß einer der Führer den Berg genau kannte; und falls man eine Lehre aus dem tragischen Vorfall ziehen will, dann sei man schlecht beraten, denn es bliebe nur übrig, auf solche Berge nicht hinaufzusteigen. Zwei Jahre lang findet sich keinerlei Information mehr. 1895 taucht der Unfall erneut in der alpinen Fachpresse auf, allerdings in einem anderen Kontext, der überschrieben ist mit: „Eine für Alpenreisende wichtige gerichtliche Entscheidung".[77]

Wie war es wirklich?

Zuerst wird aufgerollt, worum es geht. Dann erfährt man, daß der Unglücksfall Brock vor dem Berliner Civilgericht gelandet ist.

Das kam so: Die Hinterbliebenen forderten von der Allgemeinen Versicherungsgesellschaft Victoria mit Sitz in Berlin die Auszahlung der Versicherungssumme in der Höhe von 30.000 Mark. Die Versicherungsgesellschaft aber weigerte sich, diesen Betrag auszubezahlen, und wurde geklagt. Die Gesellschaft verwies auf ihre Satzungen und machte für sich geltend, daß der Anspruch auf die Versicherungssumme entfalle, wenn „Unglücksfälle auf Gletschertouren oder infolge muthwilliger Handlungen oder grober Fahrlässigkeit" eintreten. Ihre Argumentation beginnt mit der Schilderung des Unfallhergangs, bzw. mit dem Fundort der Leiche, was für die Versicherung von ausschlaggebender Bedeutung ist:

> „Der Leichnam sei auf dem Tragogletscher am Fusse der Grivola gefunden worden, Brock sei daher auf einer Gletschertour umgekommen."[78]

Ganz sicher ist man sich nicht und baut mit „gesetztem Fall" anderen Auslegungen vor:

> „Wäre B. aber auch – wie behauptet wurde – nicht auf dem Gletscher, sondern in einem Couloir verunglückt, so sei das Unglück ebenfalls als bei einer Gletschertour passiert anzusehen, denn jede Tour in den Grajischen Alpen sei eine Gletschertour, da sie unbedingt über Gletscher führe und ohne das Betreten solcher nicht ausgeführt werden könne. Das Durchschreiten eines Couloirs sei stets ein Theil einer Gletschertour, denn an ein Couloir schliesse sich stets ein Gletscher ..."[79]

Das Mittel, zu dem man greift, ist Verallgemeinern und Vereinheitlichen (jede, unbedingt, stets). Es erweckt den Eindruck des „So-war-es-und-nicht-anders". Man sieht von der konkreten Situation, welche immer mehrgesichtig ist, ab (kein Platz in der Natur ist so wie der andere, nicht einmal Steine sind gleich), d. h. man abstrahiert. Was daraus entsteht, ist eine Konstruktion, die einen geschlossenen Zusammenhang herstellt, aus verschiedenen Teilen zusammengesetzt und immer auf dieselbe Art ablaufend, so wie es Maschinen tun.

Deren kausaler Logik ist nicht zu entgehen, was auch für die Versicherungsgesellschaft gilt. Sie unterstellt Brock weiters:

> „B., welcher nebst seinen Begleitern durch Steinstürze umgekommen, habe auch seinen Tod muthwillig und infolge grober Fahrlässigkeit verschuldet. Bei allen Hochgebirgstouren bestände für den Wanderer die stete Gefahr, von Steinstürzen oder Steinschlägen getroffen zu werden, welche Gefahr sich bei besonders brüchigem Gestein noch erhöhe. Die Ursache dieser Thatsache liege darin, dass zu Eis gefrorenes Wasser von einem Berge Felsstücke lossprenge, oder dass letztere durch Schmelzwasser in die Tiefe gerissen würden. Diese Gefahr sei am grössten nachtmittags zur Zeit der intensivsten Einwirkung der Tageswärme."[80]

Man beruft sich auf Erkenntnisse der Naturwissenschaften, genauer auf die Physik bzw. auf die Mechanik. Sie gilt als verläßliche Wissenschaft, da sie ihr Wissen über Experimente gewinnt. Auf ihre Wahrheit kann gebaut werden, wobei die Kategorie der Zeit entscheidend ist. Gegenüber ihr hat sich Brock völlig falsch verhalten. Im Resümee werden All-Sätze auf besondere Weise mit Naturgesetzen verknüpft:

> „Bei dem Unternehmen des B. hätten sich nun alle Umstände, welche die Gefahr der Steinschläge erhöhen, vereinigt, da B. im Hochsommer zur Zeit der größten Tageserwärmung auf der durch Steinschläge berüchtigten Grivola in das Felscouloir derselben eingetreten wäre."[81]

Aufgrund der Verkettung von Fehlern wird ein Schluß gezogen, der sich wiederum über diese Fehler begründet:

> „Dadurch habe er sich in eine Gefahr begeben, welche, wenn auch vielleicht vom Standpunkte des Hochalpenwanderers, jedenfalls aber im Rahmen des Unfallversicherungsvertrages, welcher für das Aufhören der wirthschaftlichen Existenz des Versicherten infolge eines Unfalles, d. h. eines denselben zufällig treffenden Ereignisses, die vertragsmässige Entschädigung zu bieten bestimmt ist, als grobe Fahrlässigkeit bezeichnet werden müsste."[82]

Man räumt ein, daß es noch einen anderen Standpunkt als den eigenen gibt, hängt aber sofort eine Definition von Unfall an, welcher ein Ereignis ist, das einen zufällig trifft. Angesichts der ständigen und generellen Gefährlichkeit von Gletschern und speziell des Couloirs ist hier die Zufälligkeit nicht gegeben, im Gegenteil. Das Überleben in dieser riskanten Gegend sei Zufall, das Zutodekommen nahezu vorauszusehen und vorprogrammiert. So gereicht auch das Faktum, daß sich Brock zwei Führer nahm, um bei seinem Unternehmen sicherzugehen, demselben nicht zur Milderung. Es verkehrt sich zusätzlich in einen Nachteil:

> „... Der Umstand, dass der Verunglückte von zwei Führern begleitet gewesen sei, könne nicht hiergegen ins Gewicht fallen, da derselbe, als Mitglied des D. u. Oe. Alpenvereins und als geübter und trainierter Bergsteiger mit allen Gefahren des Gebirges bekannt, nicht auf die Beobachtung der von den Führern getroffenen Dispositionen angewiesen war."[83]

Aus der Beschreibung geht hervor, daß die Natur etwas sei, das vollständig zu fassen ist wie ein Ding. Wissen ist die Voraussetzung für Beherrschbarkeit. Und Wissen wird Brock nachgesagt, wodurch er nicht auf die Entscheidung anderer angewiesen wäre. Durch seine Kompetenz ist er selbst verantwortlich für das, was geschehen ist. Abschließend verdichtet sich die Verallgemeinerung im Schuldspruch:

> „In dem Besteigen eines etwa 4000 m hohen Berges sei auch eine muthwillige Handlung und in dem geschilderten Verhalten eine grobe Fahrlässigkeit des B. zu finden."[84]

Erwartungsgemäß kommt eine Entgegensetzung. Die dritte Civilkammer des Berliner Landesgerichtes I erhob in enger Zusammenarbeit mit dem italienischen Civil- und Criminalgericht zu Aosta eingehend den Sachverhalt. Das geschah mittels Einvernahmen.

Befragt wurden der Hotelbesitzer B e r t o l i n i, der Advokat D a s t e l l e y sowie die drei Führer

Laurent, Alessis Proment und Julien Bertolier. Sie hatten „die Auffindung der Leichen der Verunglückten unternommen und auch bewerkstelligt".[85] Die Aussagen mußten mit einem Eid bestätigt werden, das Landesgericht erachtet daraufhin für

> „festgestellt, dass der Unglücksfall nicht auf dem Tragogletscher, sondern in einem vor demselben zu passirenden Felscouloir, wo die Leichen unter einem Steinhaufen und einer Schicht frischgefallenen Schnees aufgefunden wurden, eingetreten ist".[86]

Damit hat man gegenüber der Versicherungsgesellschaft einen anderen Ausgangspunkt gesetzt. „Es ist nun", so führt der Gerichtshof aus, „zu untersuchen, ob der Versicherte demnach bei einer Gletschertour umgekommen ist."[87]

Wer hat recht?
Durch die Verschiebung der Ausgangsannahme stellt sich der Gerichtshof zwischen beide Parteien und legt das Augenmerk auf ein Drittes:

> „Die Auslegung der Kläger, dass nur der auf einem Gletscher eingetretene Unfall als bei einer Gletschertour eingetreten anzusehen sei, ist offenbar zu eng. Andererseits ist die Auslegung der Verklagten in der von ihr behaupteten Allgemeinheit, dass jede Tour, bei welcher Gletscher passirt werden müssen, eine Gletschertour sei, zu weit; jedenfalls wäre im vorliegenden Falle diese Auslegung nur dann überhaupt möglich, wenn festgestellt wäre, dass das in Frage stehende Felscouloir die natürliche Verbindung zweier Gletscher bildet."[88]

Der Gerichtshof interessiert sich für die Richtigkeit der Zusammensetzung zwischen dem Teil und dem Ganzen und stellt fest, daß hierfür die Beweisaufnahme nichts ergeben habe, ja sogar falsch sei, und sie

> „widerspricht (....) der Thatsache, dass in zahlreichen Fällen, wie z. B. im Gebiete der Dolomiten, sich Felscouloirs ohne irgend welchen Zusammenhang mit einem Gletscher finden. Aber auch das Vorhandensein eines solchen Zusammenhanges allein könnte noch nicht genügen, um jeden auf der zwei Gletscher verbindenden Strecke eingetretenen Unfall als bei einer Gletschertour erfolgt anzusehen. Es müsste noch hinzukommen, dass die Verbindungsstrecke eine so kurze ist, dass dadurch klar der natürliche Zusammenhang der beiden Gletscher angedeutet ist. Jedenfalls ist dann, wenn vom Abstieg eines Gletschers bis zur Besteigung des nächsten Gletschers eine längere Wegstrecke zu passiren ist, diese nicht Theil einer Gletschertour, sondern als eine selbstständige Tour anzusehen."[89]

Wie ist man hier in der Argumentation verfahren? Zunächst hat man sich ein Beispiel gesucht, das die Verallgemeinerung durchbricht (Dolomiten). Dadurch wird das Allgemeine als Allgemeingültiges in Zweifel gezogen.

Der Zweifel wird dadurch verstärkt, daß man immer mehr ins Detail geht, bis sich der Blick auf die Verbindung zwischen dem Teil und dem Ganzen verengt, wodurch aus der Verbindung selbst ein Ganzes wird, das eigenen Gesetz(t)mäßigkeiten unterliegt.

> „Der Gerichtshof ist bei der Beurtheilung der Sache aber von dem Standpunkt ausgegangen, dass nur solche Unfälle als bei Gletschertouren erfolgt anzusehen seien, welche durch die besonderen Gefahren der Besteigung eines Gletschers im Gegensatz zur Besteigung eines anderen Berges hervorgerufen sind. – Steinstürze, welche, wie im vorliegenden Falle, der Katastrophe zu Grunde liegen, sind nun unzweifelhaft nicht als besondere Gefahren einer Gletscherbesteigung anzusehen. Die Erfahrung lehrt, dass Steinschläge oder Steinstürze zu den alltäglichen Erscheinungen des Hochgebirges gehören, und dass auf Strecken, die man als Promenadewege bezeichnen könnte, Personen durch Steinstürze verunglückt sind."[90]

Über das Gegenbeispiel kommt man zu einem anderen Allgemeinen, das sich von dem der Versicherungsgesellschaft wesentlich in einem Punkt unterscheidet:

Der Gerichtshof stützt sich auf das Alltägliche, welches die Erfahrung lehrt. Das Alltägliche ist nicht weiter in Frage zu stellen. Es ist das, was normalerweise vorkommt. Das Alltägliche ist eine Selbstverständlichkeit. Man kann auch sagen, daß der Verweis auf physikalische Gesetze (Versicherungsgesellschaft) hier ersetzt wurde durch den Verweis auf die Normalität. Die Norm als moralische Setzung wird analog gesetzt mit dem Naturgesetz als formale Setzung (Axiome).

Das Verunfallen durch Steinschläge oder -stürze kann daher nicht als einschlägiges, weil unspezifisches Moment für den Tathergang gewertet werden.

> „Der fernere Einwand der Verklagten, B. habe seinen Tod durch grobe Fahrlässigkeit selbst verschuldet, ist unbegründet. Aus dem Umstande, dass die Gefahr von Steinschlägen im Hochgebirge eine stetige ist, kann mit der Verklagten noch nicht gefolgert werden, dass jede Hochgebirgstour als eine grobe Fahrlässigkeit anzusehen ist. Eine solche Annahme stände im schroffen Gegensatz zu den allgemeinen Anschauungen und denen des reisenden Publicums."[91]

Dem Vorwurf der Fahrlässigkeit begegnet man mit der Berufung auf eine Doxa, die nicht näher begründet wird, und auf eine Mehrheit von anderen, die sachverständig sind. Denn, so die Folgerung, wenn diese Gefahren wirklich so groß und unausweichlich wären, begäbe sich das „reisende Publicum" nicht dorthin. Wäre es anders, brächte man das Publikum (i. S. von Öffentlichkeit) in Mißkredit. (Nebenbei bemerkt sind diese Leute potentielle Versicherungsnehmer.)

Das Allgemeine ist die Norm, und die Norm ist das Allgemeine.[92] Die Voraussetzung des Rechts als Gesetz ist das, was scheinbar schon immer da war, daher nicht näher erklärt werden muß und auch in diesem Fall nicht mehr begründet wird. Selbst der entscheidende Zeitfaktor wird angesichts des Hinweisens auf die Norm hinfällig. Das Engagieren von Führern fällt Brock nun positiv ins Gewicht:

> „Weiter kann auch darin, dass B. zu einer ungünstigen Zeit, in welcher sich die gedachte Gefahr infolge Einwirkung der Tageswärme noch erhöht, seine Tour begonnen hat, eine grobe Fahrlässigkeit nicht erblickt werden. B. hat damit, dass er in Begleitung zweier Führer seine Tour antrat, alle Vorsichtsmassregeln getroffen, welche geeignet und auch genügend erscheinen müssen, den Gefahren seiner Wanderung vorzubeugen. Ob er selbst die ihm drohenden Gefahren gekannt und gewusst hat, dass sich dieselben infolge der späten Tageszeit noch erhöhen, kann nicht erheblich ins Gewicht fallen, da er annehmen durfte, dass geprüfte Alpenführer mit allen einschlägigen Verhältnissen so vertraut sein würden, dass sie sich nicht auf eine Tour einlassen würden, die menschlicher Voraussicht nach ein unglückliches Ende nehmen würde."[93]

Hier wird eine weitere Norm vorausgesetzt, auf die die Argumentation aufbaut. Kein Mensch will sein Leben unnötig in Gefahr bringen. Das gilt als normal, und Brock ist normal, weil er alle Vorkehrungen getroffen hat. Zum Schluß wird der Vorwurf der „muthwilligen Handlung" aufgelöst:

> „Mit dem Einwande der groben Fahrlässigkeit fällt auch der des Muthwillens, denn es kann nicht angenommen werden, dass die Besteigung eines jeden Berges, der wie die Grivola gegen 4000 m hoch ist, sich als eine muthwillige Handlung charakterisiere."[94]

Die Berliner Versicherungsgesellschaft hat sich mit ihrer Art, zu verallgemeinern, nichts Gutes angetan:

> „Nach alledem erkannte der Gerichtshof dahin: ‚Die verklagte Gesellschaft wird verurtheilt, an die Kläger 30.000 M. nebst 5 Procent Zinsen seit dem 28. November 1892 (dem Tage der Klagebehändigung) zu zahlen und die Processkosten zu tragen.'"[95]

Die hiergegen eingelegte Berufung wurde vom Kammergericht zurückgewiesen.

RECHT ALS GESETZTE NORM

Die Wahrheit des Diskurses, so könnte man mit Foucault sagen, hängt wesentlich von der Verbindung des Sprechenden mit dem, wovon er spricht, ab.[96] Die Versicherungsgesellschaft ist in der Argumentation unbeweglich. Das kommt daher, daß sie schlußendlich ein Ergebnis erzielen will, das ihre Voraus-Setzung wiederholt. Der Unfallhergang wird nach der Satzung rekonstruiert, und alles, was dem nicht dienlich ist, kommt nicht zur Sprache.

Worin aber besteht die Satzung? Darüber sind wir gleich zu Beginn in Kenntnis gesetzt worden: „Unglücksfälle auf Gletschertouren ..." Warum die Eingrenzung auf Gletschertouren vorgenommen wurde, darüber lassen sich nur Vermutungen anstellen.[97]

Faktum ist, daß die Satzung eine Setzung ist bzw. zur Voraus-Setzung wird, auf die sich die Beweisführung einschwört, bis sie letztlich in einer unglaubwürdigen Verallgemeinerung endet. Es ist wirklich nicht jede Besteigung „eines etwa 4000 m hohen Berges" bereits eine „muthwillige Handlung", denn es gibt zahllose viel niedrigere Gipfel, die um vieles schwieriger zu erreichen sind; aber auch 4000er, auf die man relativ problemlos hinaufsteigen kann. Daß es am Berg einen gewissen Mut und Willen braucht, kann angenommen werden; das Zusammensetzen zur „muthwilligen Handlung" aber unterstellt etwas anderes.

Wenden wir uns noch einmal der Satzung „Gletschertour" zu. Sie steht zum einen für Gefahr, und zum anderen verweist sie auf die Kenntnis und die Einstellung derer, die die Satzung vorgenommen haben. Diese zwei Aspekte werden in der „Gletschertour" zu etwas Neuem zusammengesetzt. Die Gletschertour wird zum Objekt der Untersuchung, zum Einsatz für das „Wahrheitsspiel".

Alle Indizien (Umstände, Verhalten), welche nachweisen, daß die Satzung richtig ist, werden zusammengetragen und funktionalisiert. Das geschieht über einen Abstraktionsvorgang, der sich auf Allgemeines (Physik, Publikum) bezieht und vom Besonderen (körperliche Verfaßtheit, Ausrüstung, Geomorphologie, Witterung) absieht. Ersteres erscheint unantastbar, objektiv. Verlieren wir nicht aus dem Auge, was dem Objekt vorausgegangen ist.

Das Objekt ist eine Satzung (= Setzung), die von jemandem gemacht wurde, in diesem Fall von Juristen, welche ihre Wertung in diese Setzung gelegt haben, Subjekte dieser Setzung sind. Denn das Subjekt geht dem Objekt immer voraus; es konstituiert es. Oder umgekehrt, das Objekt ist immer vom Subjekt geprägt und abhängig.

Genau das geht im Wort „Gletschertour" verloren. Es wird zu einem neutralen Begriff, für den in der weiteren Argumentation nahezu x-beliebige Inhalte eingesetzt werden können, je nach Nutzen und Zweck. Dabei hat jeder Gletscher seinen fixen Ort. Er kann nicht transportiert werden, er ist da, wo er ist. In der Wahrheit, die nur mehr zwischen den Worten aufsteigt, wird er etwas Disponibles. Auf den Gletscher (bzw. die Gletschertour) ist kein Verlaß, er hat seinen angestammten Ort verlassen und ist zur reinen Form geworden, einer formalen Form, Platzhalter für das Recht.[98]

Aber das Recht hat sich als etwas Willkürliches herausgestellt, das nur die Satzung zu bestätigen sucht. Das Recht hat viel weniger mit dem zu tun, ob etwas gerecht, richtig oder falsch ist, als mit dem, was vorher in es hineingelegt wurde. Kurzum, das Recht ist merkwürdig plastikhaft. Es begründet sich durch die vorausgesetzten Normen und die eingesetzten Mittel, so wie Normen und Mittel umgekehrt das Recht begründen.

Wenn man den besagten Unglücksfall Brock zu Ende verfolgt, bestätigt sich der Verdacht:

„Unfallversicherung. In Nr. 4 dieser Blätter haben wir über eine Entscheidung des Deutschen Reichsgerichtes gegen eine Unfallversicherungs-Gesellschaft berichtet. Heute theilt man uns aus Berlin mit, dass die betroffene Gesellschaft (Allgemeine Versicherungs-Gesellschaft ‚Victoria') ihre Satzungen dahin geändert hat, dass nunmehr anstatt Gletschertour das Wort ‚Hochtouren' eingefügt wurde. Die Versicherungssumme wird also dann nicht ausbezahlt, wenn der Unfall sich bei einer Hochtour überhaupt ereignete."[99]

Die Versicherungsgesellschaft hat aus dem Fall gelernt und die Konsequenzen gezogen. Sie hat die Satzung geändert, d. h. allgemeiner gefaßt. Aus Gletschertouren sind Hochtouren geworden, und es stellt sich die Frage, wer sich dann noch versichern läßt. Dieselbe Frage hat sich die alpine Fachpresse gestellt:

„Es wird demnach Sache aller Naturfreunde sein, welche sich oder ihren Angehörigen für den Fall eines Unglückes die Wohlthat einer Versicherungsgesellschaft sichern wollen, die Satzungen der in Frage kommenden Gesellschaft strenge zu prüfen und allen jenen, welche Bestimmungen wie die oben genannte Gesellschaften haben, gewissenhaft auszuweichen."[100]

Unter „Allerlei" bekommen wir zwei Nummern später noch eine Klarstellung. Die Sache mit dem Bergsteigen, genauer mit der damit verbundenen Gefahr, ist und bleibt außerhalb des Allgemeinen, kurz ein Sonder-Fall:

„Unfallversicherung. Zu der Notiz in Nr. 6 erhalten wir von einem Fachmann nachstehende Erläuterung: ‚Keine Unfallversicherungsgesellschaft schliesst in ihren allgemeinen Versicherungsbedingungen die Versicherung gegen die Gefahren von Hochgebirgs- oder Gletschertouren ein. Diese gelten als mit besonderer Gefahr verbundene Wagnisse, für welche man sich durch Entrichtung einer besonderen Prämie decken muss, wenn man Anspruch auf Entschädigung erheben will. Mit dem generellen Einschluss dieses Risicos wäre dem bergsteigenden Publicum auch gar nicht gedient, denn selbstverständlich müsste hierfür die Prämie für das ganze Jahr berechnet werden, während die bergsteigerische Thätigkeit in den meisten Fällen nur während einiger Monate ausgeübt wird. (...) Die solchen Versicherungen zu Grunde gelegten Bedingungen umfassen dann die gesammte bergsteigerische Thätigkeit und verlangen nur die Begleitung concessionirter Bergführer bei Besteigung pfadloser Hochgipfel. Wer also sich und seinen Angehörigen die Wohlthat einer Versicherungssumme sichern will, für den Fall, dass ihm während der Hochgebirgstour ein Unfall zustossen sollte, der verlange ausdrücklich Deckung gegen die Gefahren des Hochgebirges. Diese wird am besten beim Antritt der Reise genommen und für deren Dauer abgeschlossen."[101]

Damit bricht die Berichterstattung im Fall Brock ab,[102] nicht aber die allgemeinen Überlegungen und Anstrengungen in bezug auf Sicherheit und Versicherung. Diverse Alpenvereine entwickeln Richtlinien und bemühen sich um Regelungen mit Versicherungsgesellschaften. Die Verrechtlichung des Bergsteigens und die Institutionalisierung des Alpinismus schreitet fort und findet in „Haftpflicht und Versicherungsschutz des Bergsteigers"[103] einen vorläufigen Abschluß.

Heute sind die strikten Regelungsversuche vor allem in das Sportklettern eingegangen. Man könnte es sogar von der Gegenseite betrachten: Das Sportklettern ist erst ab dem Zeitpunkt aufgekommen, als man sich an eine Regulierung des Bergsteigens gewöhnt hat.[104] Einem Sportkletterer sitzen die Definitionen sozusagen „im Genick", und die Regeln samt Terminologie müssen in Fleisch und Blut übergegangen sein, sonst behindern sie das Tun.[105]

RESÜMEE:
Eine erste Antwort auf eine offene Frage

Ganz zu Beginn stand die Frage nach dem Warum des extremen Bergsteigens; sie führte nicht weit. Eingefroren im Begriff der Identität brachte sie erst die Frage nach der Grenze in Fluß. Der entscheidende Sprung aber war Frau Koelbls Vorwurf an Messner. Hier fing das Warum zu erodieren an. Ich wußte, daß mit Messners Begründungen etwas nicht stimmte. Dieser Verdacht führte zum Tod als Ausgeschlossenem und zum Leben als Eingeschlossensein. Und genau an dieser Stelle steht die offen gebliebene Frage: Er (R. Messner) gehört wieder dazu – aber wozu? Der zweite Versuch endet im Recht als gesetzte Norm (in Analogie zu naturwissenschaftlichen Gesetzen). Dazwischen liegt die Anstrengung, Unfälle zu analysieren und zu klassifizieren, um das Bergsteigen in ein vorschriftsmäßiges Verhalten zu überführen.

Ziehen wir den Faden zusammen, so ergibt sich die Antwort: R. Messner gehört zur Norm. Aber zu welcher? Zur gesetzten. Wer setzt sie? Der Mensch, ein Ich. Worin besteht die Setzung? Im konkreten Fall darin, daß es nur das eine oder das andere gibt (Leben oder Tod). Normal ist zu trennen, was zusammengehört, und so darüber zu sprechen, als sei dies wirklich so (Sprache ist dichotom). Sich an der Grenze aufzuhalten, dort, wo Leben und Tod sich einander zuneigen, widerspricht der Norm.

Wenn man an dieser Grenze verkehrt, muß man sich erst wieder ins Recht setzen. Dabei kommt man auf alles mögliche, aber nicht auf den Grund. Die Norm ersetzt den Grund oder, anders ausgedrückt, die Norm liegt über dem Grund.[106]

ANMERKUNGEN

1 Auf der Bettelwurfhütte im Karwendel aufgewachsen; seit den ersten ernsten Klettereien als 14jährige dieser Fortbewegungsart treugeblieben: in immer steilere und höhere Wände, Sommer wie Winter, in den Ost- und Westalpen, in Seilschaft und allein. Dazwischen Diplomarbeiten, Lehrveranstaltungen, Publikationen, Dissertation, Video.

2 Ich habe mir eine so seltsame Sache wie das Bergsteigen ausgesucht, um in einem ganz bestimmten historischen Moment die Frage nach dem Grund zu stellen. Dies liegt nahe, denn das Bergsteigen fängt zumeist unten am (Tal-)Grund oder Boden an, um sich nach oben fortzusetzen und dann wieder zum Grund zurückzukehren. Ein Sturz in den „Abgrund" kann fatale Folgen haben. BergsteigerInnen sind daher stets bemüht, „einen festen Grund" unter den Füßen zu spüren. Dieser dingfeste Grund scheint sich sehr von dem zu unterscheiden, was in der deutschen Sprache seit der spätmittelalterlichen Mystik als „Grund" bezeichnet wird. Mit Recht bemerkt das Herkunftswörterbuch:

> „Die Bedeutungen von ‚Grund' schillern, wie bereits in den älteren Sprachzuständen, im heutigen Sprachgebrauch außerordentlich stark: ‚Erde, Erdboden'; ‚Boden, unterste Fläche', ‚Unterlage, Grundlage, Fundament'; ‚Ursprung; Berechtigung; Ursache'; ‚Grundstück, Land(-besitz)'; ‚Boden eines Gewässers, Meeresboden, Tiefe'; ‚Tal'; ‚Innerstes, Wesen'." (Duden Band 7: Etymologie. Herkunftswörterbuch der deutschen Sprache. Mannheim 1963, 239)

In dieser schillernden Bedeutungsvielfalt spiegeln sich die Grund- und Begründungsversuche der abendländischen Wissenschaft, die als „Philosophie" Dinge (Feuer, Wasser, Luft, Erde), das Sein, Gott, das Subjekt, die Sprache usw. als Grund setzte. Eine kurze Replik läßt den historischen Ort der „Grundbegriffe" als unterschiedliche Begriffe vom Grund erkennen. Der „Grund" ist das „Tragende", die Erde, der Boden, das Fundament. Diese Sprechweise erinnert an die antike Naturphilosophie, die in der Schule des Aristoteles unter dem Aspekt der „arché" systematisiert wurde. Nach Theophrast suchten die ersten (Natur-)Philosophen die arché, das Gleichbleibende und Tragende in der wandelbaren Welt der Erscheinungen. Die religiöse Tradition der spätmittelalterlichen Mystik sah in Gott einen „festen Grund", während der neuzeitliche Rationalismus mit Descartes den nicht mehr bezweifelbaren (Wahrheits-)Grund der Erkenntnis im denkenden Subjekt zu finden glaubte. Die äußere Begründung der Erkenntnis in Gott wendet sich mit der anthropologischen Neubegründung der Wissenssuche in der Renaissance nach innen. Die Sprechweise der Deutschen Mystik (innerer Grund: ‚grunt der sele'; äußerer Grund: Gott, der jedoch auch in innerer Erfahrung gesucht wurde) hat über Böhme das Denken des Deutschen Idealismus über den Einheitsgrund des Wissens beeinflußt.

Wenn in dieser Arbeit von der Natur als Grund gesprochen wird, so wird von der These ausgegangen, daß der Grund erst über das Bergsteigen zu suchen ist. Mit der Methode des Bergsteigens wird die Frage nach der Natur und die Frage nach dem Grund gestellt. Es geht um ein sinnliches Denken, das die Natur und den Grund vermittels der Erkenntnis des Bergsteigens sucht.

(Zum Grund in Mystik und Philosophie vgl. den Artikel „Grund" von K. Bendszeit 1974, Spalte 902–910. Die Suche nach dem Grund als arché findet sich unter anderem historisch dargestellt bei Adolf Lumpe 1955, 104–116.)

3 In der räumlichen Ordnung drückt sich ein struktureller Ansatz aus. Die harmlose Bemerkung – jedes Ding hat seinen Ort – beinhaltet weitreichende Konsequenzen. In ihr liegt eines der Ziele dieser Arbeit. Eine Haltung zu den Dingen üben, die ihnen nicht Gewalt antut, sich ihrer nicht bemächtigt, da ich mit Werner Ernst überein gehe, daß die Dinge bereits Gegebenheiten sind. Materie ist nie geistlos, und die Dinge sind keine Objekte (Ernst bezeichnet die herrschende Denkungsart als anthropologischen „Festsetzungspositivismus"; 1991, 291).

4 Zunächst gehe ich von einer „Vorbegrifflichkeit" aus, d. h. von dem, was ich tatsächlich in der Natur vorfinde, was nahe liegt. Ich möchte in ihr und zu ihr arbeiten, weil Natur nicht beliebig ist. Sie ist fest gebunden an Ort und Zeit. Sie ist konkret, es findet in ihr statt, was ist. Was ist? Eine Gleichzeitigkeit von sonst Getrenntem, Vielfalt, ein ständiger Wandel, ein Pulsieren. Natur ist Leben. Als Leben ist sie mit allem und durch alles verbunden, was Natur zu einem Unthema macht. Sie ist Grund für und der Themen, nicht ein Thema unter anderen: Natur und Geburt, Natur und Tod, Natur und Wahrheit, Natur und Bewegung, als Kraft, Masse, Einheit und Vielheit, Natur und Erotik, Natur als Kunst, Natur als Nichts, die Leere, der Kosmos; Natur und Angst, der Schrecken der Natur, Natur ist gewaltig, nicht Gewalt; Natur als Freiheit durch Disziplin (i. S. einer stillen Ordnung). Natur ist auch das, wo ich mich hingezogen fühle, was ich liebe (ich kann nur erkennen, was ich liebe), was mir widerfährt. Natur ist aber auch das, wovon ich mich immer wieder am weitesten entfernt und am stärksten abgtrennt fühle. Natur ist das eine und das andere. Natur ist für mich kein Begriff, höchstens ein Verhältnis, oder wie Claudia von Werlhof sagt: „Wenn man von Natur ausgeht, läßt man nichts aus und befindet sich immer im Mittelpunkt des jeweiligen Problems. Hier laufen alle Fäden zusammen, hier ist der Dreh- und Wendepunkt der Erkenntnis" (1991, 178). Warum ist die Natur als Grund in den Geisteswissenschaften – auch und gerade in den Erziehungswissenschaften – kaum oder kein Thema?

5 Die Analyse von Setzungen, wie ich sie im folgenden durchführe, geht auf Werner Ernst zurück. Er

hat sie in den letzten Jahren ausgearbeitet und angewandt. Aus Diskussionen hat sich für Ernst die Bezeichnung „Setzungsanalyse" ergeben. Auf Anhieb fühlte ich mich zu diesem Verfahren hingezogen, was mit dem Ausgangspunkt zusammenhängt: Die vorfindliche Welt ist eine geteilte und getrennte (vgl. Deleuze/Foucault 1977, Heidegger 1957). Eine Rekonstruktion der Trennungen könnte, so die Annahme, zeigen, was und wie etwas zusammenhängt (ohne gesetzt zu sein). Dieses Gewebe könnte der Grund sein. Da sich Trennungen (teile und herrsche) auch und vor allem in der Sprache niederschlagen, ist der erste Schritt eine Begriffsanalyse. Über die Etymologie faltet sich die Wortbedeutung eines Begriffs aus. Im Mittelpunkt der Setzungsanalyse steht das Begriffpaar Subjekt und Objekt. Das Objekt als Gegenstand ist ein Entgegengesetztes. Aber wem ist es entgegengesetzt? Was war vorher da? Das Subjekt als das Daruntergelegte. Das Subjekt ist somit die erste, das Objekt die zweite Setzung, die alles weitere bestimmt. Wer ist dieses Subjekt? Es ist der Mensch. Er hat sich als Erster anstelle der Natur gesetzt (natura naturans: das, was sich aus sich selbst hervorbringt), obwohl er selbst dieser Natur nur hinzugehört und aus ihr hervorgegangen ist, ohne sie gemacht zu haben. Von diesem ersten Setzungsakt denkt man ohne Skrupel im Subjekt-Objekt-Verhältnis weiter und baut auf dieser Perversion Erkenntnisse auf. Wenn man sich nun auf die Natur einläßt, kommt man nicht um eine Konfrontation mit Voraussetzungen herum. Die Setzungsanalyse stellt Fragen an den Satz, an eine Feststellung, an Begriffe, welche das, was befragt wird, angreift und auseinanderbrechen läßt. Die einzelnen Teile verweisen dann auf die Art und Weise, wie sie zusammengesetzt waren. Mit Hilfe des Wortfeldes der Setzung (voraussetzen, ersetzen, besetzen, freisetzen, einsetzen, umsetzen ...) kann ein Satz zerlegt werden. Woher kommt was? Von wo aus spricht etwas? Dabei stößt man auf eine Reihe von Beschädigungen i. S. von Verstelltsein, Unterstellungen, Entstellungen. Die Erkenntnis der Entstelltheit ist zu verarbeiten, um den Ort wieder zu sehen, von dem ein Ding herkommt. Es wurde vom Ort freigesetzt, hat damit seinen Eigenwert verloren und vagabundiert orientierungslos. Der Gegenstand hat seinen Stand verloren. Es geht darum, den angestammten Ort wiederzufinden. Durch die Gesetztheiten hindurch ist ein Ort zu erinnern, von dem aus erst wieder gedacht werden kann (vgl. den Umgang mit der „Negativität" bei Adorno 1980). Ich habe mir aus den vielen Bausteinen, die Ernst (1991, 1993 a, b, c und insbes. 1994a) vorgelegt hat, eine modifizierte Setzungsanalyse erarbeitet.

6   Vier Studien waren geplant, zwei sind es geworden. Sie nehmen den Dissens zwischen Hermeneutik und Ästhetik auf und pendeln zwischen einem Denken von innen und einem Denken des Außen (vgl. Kamper 1987, o. S. und Kamper 1986, 24–23). Gedankengeschichte: Im Sommer 1994, bei einer Wanderung durch das Fanestal, kam mir die Grundfigur des Kreuzes als Raster in den Sinn. Beim Rückweg vom Hahnensee nach St. Moritz war klar, es ging um Abweichung von der Natur in Form von Studien. Studien erinnern an Skizzen, an Beobachtung, Beschreibung, an ein Bild. Das Thema Natur war sehr viel länger schon ausgebrütet: bei einer Schitour auf das Hocheck im Ridnauntal.

7   In die Abstraktion werde ich die Begriffe Analyse (i. S. von Auflösung), Definition (Begrenzung), Komplexität (Umschlungensein), Kritik (entscheidende Beurteilung), Reflexion (Zurückbeugung/ doppelte Brechung), Vertrag („sich vertragen" als ein Nichtberühren), die Geschwindigkeit und mit ihr den Aufbrauch einschließen.
Was aber heißt abstrahieren? Etymologisch bedeutet es „das Wesentliche vom Zufälligen ab- und herleiten, verallgemeinern, zum Begriff erheben", aber auch etwas „wegziehen, fortschleppen, gewaltsam trennen, abziehen, abhalten, ausräumen und von etwas absehen, absondern, loslösen". Wovon wird abgesehen und losgelöst? Vom Besonderen, vom Konkreten, vom Material i. S. von Materie. Wohin wird fortgeschleppt und weggezogen, was zuvor mit Gewalt voneinander getrennt wurde? An einen anderen Ort. Die Dinge verlieren ihren angestammten Ort und müssen woanders hin, wo sie vorher nicht waren. Sie werden mobil, disponibel, flexibel gemacht (vgl. Ernst 1993a, 195ff). Wer sieht und wer räumt ab? Derjenige, der sich Platz machen will, Platz für sich selbst, der Mensch. Er setzt sich und die Dinge um sich herum für sich ein, ersetzt sie durch andere, was eine neue Zusammensetzung anstatt eines vorgängigen Zusammenhangs ergibt. In dieser Ich-Setzung besteht der vermeintliche Erkenntnisprozeß. Überall trifft der Mensch nur noch auf sich.
Anschauliche Beispiele für die Abstraktion: Autobahnen, Eisenbahnschienen und Fluglinien (siehe „Auf geht's", Video 1991).

8   Goethe vermerkt in einer Eintragung seiner zweiten Alpen-Reise vom 27. Oktober 1779, daß es in Mode gekommen sei, die „Merkwürdigkeiten der Savoyer Eisgebirge" zu besichtigen; am 5. November notiert er aus Chamonix, daß er einen zuverlässigen Führer gefunden habe, der seit 28 Jahren Fremde ins Gebirge geleite (Goethe, zit. in Großklaus 1983, 178). Seit ca. 1750 setzt eine Welle von Reisebeschreibungen ein, Maler und Wissenschaftler suchen das Hochgebirge auf (u. a. J. J. Scheuchzer, A. v. Haller, Caspar Wolf, J. U. Schellenberg, H. B. de Saussure). Nicht zu vergessen ist J. J. Rousseau mit seinem „Discours sur les Sciences et les Arts" und „Julie ou La nouvelle Héloise".
Gleichzeitig kommen die Frühalpinisten: 1741 starten die Engländer Pococke und Wyndham eine Chamonix-Expedition. Sie nehmen weitere sechs Herren und fünf Diener mit und steigen in einem dreistündigen Fußmarsch vom „noch unbekannten Bergnest Chamonix auf den Montanvert, zu den Ausläufern der Mont-Blanc-Gletscher", was in

der Folge „zum unverzichtbaren Standard des Touristenausfluges" wurde. William Windham hat seine Expedition im berühmt gewordenen „Account of the Glacieres of the Alps in Savoy" 1744 veröffentlicht. Seltsam erscheint, daß dieser nicht, wie damals üblich, das ästhetische Erlebnis der Gletscherwelt betont, sondern „was ihn weit mehr interessierte als die Domestizierung wilder Natur durch den bewundernden Blick, war eine andere Art ihrer Unterwerfung, nämlich die der naturbeobachtenden Erschließung" (Wagner 1983, 239). Der Naturraum der Alpen wird kolonialisiert (vgl. dazu den Periodisierungsversuch von Großklaus 1983, 173ff).

Vereinzelt gab es Alpenreisende schon früher, so „Eine Schweizerreise eines Gelehrten im XVI. Jahrhundert" von Johannes Stumpf, Hochmeister des Johanniter-Ordens in Bubikon (bei Zürich). Sie führt uns in das Wallis, über den Furka und Grimsel, bis St. Moritz im Engadin.

> „Das land ist gerings herumb an allen orten umbzogen und beschlossen mit wunderhohen und grausamen gebirgen, die sich merteils auff ein guote Teutsche meyl hoch gegen wulcken und lüfften aufrichtend, also das derselbigen bergen vil zuo allen zeyten stätigklich mit Glettscher, Firn oder schnee bedeckt sind, deßhalb man gemeinlich an allen orten, wo man dareyn oder darauß wandeln wil, hohe berg, rauhe velsen und gefährliche wäg ersteygen muoß, dann gmeinlich alle päß und eyngäng ires lands von natur und höhe deß wilden gebirgs also wunderbarlich bevestiget sind ..." (Stumpf, zit. n. Meyer von Konau, J.d.SAC 1883, 436).

9 Was wurde geboren? Zunächst die Idee, auf dem Mont Blanc zu stehen. Obwohl bekannt war, daß vorher auch eine Menge Berge erstiegen wurden, ist diese Besteigung entscheidend. Man hat darauf hingefiebert und mit allen Mitteln gekämpft. Eine erneute Überprüfung von Originaldokumenten ergab, daß dieser Gipfelsieg in einer Fälschung seinen Ausgang nahm (vgl. Grimm 1987, 109). Warum dieses ganze Getue? Es handelt sich um den höchsten Punkt Europas. Wer da oben steht, steht ganz oben. Und was kam dort zur Welt? Der Alpinismus. Die Alpen waren vorher auch da, Hirten, Jäger, Gelehrte u. a. stiegen schon lange vorher in ihnen herum. Mit dem 8. 8. 1786 wurde etwas in den Anfang gesetzt, woraus sich eine glanzvolle Geschichte entwickeln soll: die Alpingeschichte.

Der Alpinismus beginnt mit einem willkürlichen Setzungsakt: anthropozentrisch (der Berg wird zu einem großen Thema, seit bestimmte Menschen auf bestimmte Art auf ihn steigen), patriarchal (der erste Mensch war ein Mann), eurozentrisch (auf dem Dach Europas mußte man stehen), logozentrisch (um Geschichte neu zu s c h r e i b e n) und kolonialistisch (Alpinismus meint auch Bergsteigen im Himalaya). Alpinismus ist wie alle Ismen Ideologie.

10 Vgl. dazu u. a. Merchant 1987, von Braun 1988, Böhme 1988, Horkheimer/Adorno 1992, von Werlhof 1991, Herrmann 1994; Spezifisches zum Alpinismus: Stephen 1942, Gußfeldt 1886, Whymper 1872, Lammer 1922 u. v. a. nach ihnen wie: Meyer 1932, Ertl 1952, Buhl 1974, Habeler 1979, Messner 1981, Zak/Güllich 1987, Güllich 1993; Zak 1995; zur Illustration der Naturfeindlichkeit ein Beispiel:

> „Das Matterhorn war ein hartnäckiger Feind, wehrte sich lange, theilte manchen Schlag aus, und als es endlich (...) besiegt wurde, da nahm es als heimtückischer Gegner, der überwunden, aber nicht zermalmt ist, fürchterliche Rache."
> (Whymper 1922, 495)

11 An dieser Stelle erscheint eine *Begriffsklärung* nötig. Bergsteigen und Alpinismus ist nicht dasselbe, wie z. B. bei Toni Hiebeler (vgl. 1977, 41f). Ebenso nicht einverstanden bin ich mit der Neutralisierung im Brockhaus: „Bergsteigen" gilt als sportliche Betätigung im Alpinismus (vgl. Bd. 2, 553); die Technik des Bergsteigens gliedert man in Gehen, Klettern und Eistechnik (vgl. ebd.). Unter „Alpinismus": Bergwandern und Bergsteigen in den Alpen und Hochgebirgen der ganzen Erde (vgl. Bd. 1, 380). Gehen wir die Sache anders an, einfacher. Was steckt im Wort Bergsteigen? Zunächst der Berg. Er sagt, wo etwas stattfindet. Dann das Steigen, es spricht sich über das Wie aus. Berg-steigen ist somit nichts anderes als eine Bezeichnung für eine bestimmte Art der Fortbewegung. Laut Duden ist unter „Berg" jede größere Erhebung im Gelände zu verstehen (vgl. Bd. 1, 353) und unter „Steigen" ein „sich aufwärts, in die Höhe Bewegen" (Bd. 6, 2487). Somit wäre Bergsteigen eine bestimmte Art, auf ein höheres Niveau zu gelangen bzw. sich zwischen verschiedenen Niveaus (Abstraktionsgraden) zu bewegen – *Bergsteigen als Methode*.

Ich verwende Bergsteigen und Alpinismus nicht ident, wenngleich es vom Bergsteigen zum Alpinismus ein kleiner Schritt ist. Der *Alpinismus* ist *ein System* gesellschaftlicher (Welt-)Anschauung, bedingt und geprägt durch spezifische Gruppeninteressen (z. B. Alpenvereine), Verhaltensnormen, Denkweisen und Wertungen (Alpinliteratur, alpine Lehrbücher, Vereinsnachrichten usw.).

Ausgezogen bin ich nicht, um den Alpinismus zu erforschen, sondern um das Bergsteigen zu verstehen. Abweichungen davon registriere ich als Marken eines fortschreitenden Institutionalisierungsvorgangs (vgl. bereits Modlmayr 1893, 182 und Kürsteiner 1900, 278ff).

Bergsteigen ist Tun und Handeln, welches ausschließlich in der Natur stattfindet (im Gegensatz zu Formen des Sportkletterns an Kunstwänden oder dem Wettkampfklettern in Trainingshallen). Bergsteigen ist daher ideales Forschungsmilieu für eine Studie zur Natur (vgl. z. B. den schönen Artikel eines anonymen Schreibers „Ueber die Freude an der Natur und am Bergsteigen". In: Z 1881, 323–326).

12 Vgl. Peskoller 1988, insbes. der zweite Materialband (= Mb)

13 „Ich wollte mit der Dissertation meine beiden Hälften, die auseinandergefallen waren, Kopf und Körper, Leidenschaft und Abstraktion, Tun und Denken, Berg und Uni in mir selbst aussöhnen, um Lebendigkeit, kurzum, meine Liebe zu erhalten." (ebd. Hauptband = Hb 166)

14 Vgl. ebd. 172, 177f

15 Zu diesen Themen gehört: Natur, Grenze, Angst; Körper, Sinne, Leidenschaft; Motive, Gründe, Legitimation; Gefahr, Herausforderung, Leben-Tod; Ausrüstung und Unfälle; Identität, Sprache, Erlebnis (vgl. dazu Ma 46–49, 55–59, 65–67, insbes. 72, 203, 208; 73, 83, 85–86, 90, 101–105, 106, 232–233; sowie die Übersicht in bezug auf den Verlauf und die Verrückungen von Themen Ma 38–94, 251–157, 264, 324).

16 Mir fehlten „richtige" Theorien, Zeit und ausreichendes Vertrauen ins Eigene. Die damalige Bearbeitung war ein Zusammentragen von sehr viel Material und Details sowie gleichzeitigem Ringen um Bezüge, Zusammenhänge, Ordnung und Einordnung. Das ergab eine fragile Oberfläche, die mit den jetzigen Fragen zu Sprüngen und zum Einbruch ins Eis führte.

17 Die Warum-Frage hat etwas Obszönes: Sie beinhaltet vieles, das sprachlich schwer zu fassen ist und sich einer Klassifikation und Erklärung entzieht. Zu vermuten ist, daß sich das, was erklärt und aufgeklärt wird, gerade als etwas erweist, worum es nicht geht. Oder anders ausgedrückt: Etwas, das besonders erhellt und ausgeleuchtet wird, erzeugt ringsum nur noch größere Dunkelheit (Scheinwerfereffekt). Im Dunkeln liegen die (Körper-)Praktiken, in grellem Licht ist das Sprechen über dieselben. Anders gesagt: Es handelt sich um den Widerstreit von implizitem und explizitem Wissen. Das Warum treibt die Diskursivierung an, wodurch sich Wissen über etwas mehrt, aber im gleichen Maß etwas anderes verdeckt, auf das sich das Wissen bezieht und beruft. Noch eines ist denkbar: Durch die Versprachlichung treten jene Lücken hervor, welche noch nicht der Sprache überführt sind. Sie heizen das Sprechen wiederum an, und so entsteht ein endloser Vorgang des Füllens und zugleich Leerens (vgl. Foucault, WzW, 1986, 69–93 und 27–48).

18 Vgl. Hb 177, 178, 187–194, 196; Ma 126–127, 327–328.
Auffällig ist, daß sich psycholog./psychoanalyt. Theoriestücke rasch vermengt haben mit methodischen und methodologischen Überlegungen (vgl. Ma 87–94, 97–98, 153, 164–168, 173–176, insbes. 184, 199–200, 218–219, 229–230, 277–288; vgl. Mb 12–73 und Ma 210–217; über erste Interpretationsversuche siehe Ma 106, 177–183, 188–189, 192–199, 209, 218–219).

19 Mittlerweile traue ich dem Begriff der Identität nicht mehr. Er läßt sich auf die Formel $1 + 1 = 1$ oder $A = B$ zurückführen. Das bedeutet ein Angleichen und Ähnlichsein, bis man selbst oder der andere ausgelöscht ist.
Als Gegensatz dazu stellt man sich die Differenz als $A \neq B$ vor. Man tut so, als hätte das eine mit dem anderen nun gar nichts mehr gemein. Die „Identität" und ihr Gegensatz, die „Differenz", erwecken den Anschein, als gebe es sonst nichts, von wo aus etwas zu denken sei (das ausgeschlossene Dritte).

20 Es kam mir unbedeutend vor, unpolitisch und nicht gesellschaftsverändernd im Vergleich zu Arbeiten, die damals am Institut gemacht wurden (Jugendarbeit, Didaktik und Schulversuche, Identität und Sprache, Begleitung und Evaluation von Projekten, Handlungsforschung, Sozialisation im ländlichen Raum usw.).

21 Damit wollte ich zum einen eine Entschärfung des Legitimationszwangs herbeiführen (Integration); zum anderen war da die Überlegung, daß man Vorurteile und Projektionen am ehesten auflösen kann, wenn man versucht, sich auf den Standpunkt des anderen einzulassen, um zu verstehen (vgl. Mb 177–187). Außerdem hatte ich das Gefühl, daß beim Thema Extrembergsteigen den Außenstehenden mehr Macht und Bedeutung zukommt als den Betroffenen selbst. Das war unüblich, denn normalerweise haben die Experten das Sagen. Nicht hier, irgend etwas stellte sie ins Abseits. Hing das damit zusammen, daß sie etwas taten, was sich irgendwo außerhalb befand, und sie dadurch eben extrem waren, draußen? Aber wo und was ist der Ort, wo sie sich befinden?

22 Die Verschiebung auf eine Feststellung (Motiv) steht für Beweis und Nachweis, wie sich in der Folge herausstellt. Die Grenz-Erfahrungen verlangen nach einer Rechtfertigung ebenso wie die Suche danach (Sucht). Beides ist verdächtig. Anstatt dem Weshalb dieser Verdächtigkeit nachzugehen, verfiel ich wieder einem alten Muster: die Psyche zu zerlegen (z. B. Borderline-Störungen, Narzißmus, Ödipuskomplex ...). Wieder war es die Identität, welche letztlich hergestellt werden sollte. In diesem freudlosen Denkgefängnis saß ich drei Monate fest.

23 Es war in einem Dissertantenkolloquium bei Frau Prof. Wieser, wo ich das ausgeklügelte Konzept in sieben Kapiteln vorstellte. Aus dem Untertitel spricht das Bemühen herauszufinden, was alles ins Thema hineinspielen könnte (Hintergründe, Kultur). Es war der Versuch, ein Analysefeld aufzubauen. Die zwei Pole sind, auf den ersten Blick kraß getrennt, Arbeit gegen Freizeit; der Impuls kam aus der Alpinliteratur:

„Viel zu früh in der Nacht weckte uns dann der Hüttenwirt. Um 2 Uhr morgens bewegte ich mich mehr wie ein Schlafwandler auf dem Gletscher, zu irgendeiner Nordwand. Beim ersten Lichtstrahl war dann alle Müdigkeit vergessen. Das Morgenrot, die differenzierten Purpurtöne und das noch dunkle Blau der Nacht wurden von dem starken Gelb der Mor-

gensonne zerrissen. Aller Kleinmut war abgelegt, mit Steigeisen und Pickel legen wir eine 1000 Meter hohe Spur in den bis dahin nur von Wind und Eis berührten Schnee. Tausend Meter sind etwa viertausend steile Schritte, fünfzigtausend Herzschläge und vielleicht die Hälfte Atemzüge. (...) Diese letzten Schritte, ja, die tun richtig gut. Und dann ist man oben. Zeit zum Atmen, Zeit zum Sehen, Zeit zum Staunen. Der lange Schatten des Gipfels, der die Dunkelheit der kommenden Nacht anzeigt.

Die Nacht verbringen wir nach Abstieg von Gipfel und Hütte wieder auf der Autobahn, wir bewegen uns nicht mehr in Kilometern, sondern in Schlaf und Rastphasen (...). Wir rasen durch die Nacht, damit wir von ihr noch etwas abbekommen. Rasen, damit ich heute wieder pünktlich unter dem Auto liegen kann. Gegen 4 Uhr morgens erreiche ich zerschlagen mein Bett. Schnell noch 3 Stunden schlafen, dann ist die Freiheit wieder zu Ende.

Montag(morgen) wurde ein grausamer Tag: Todmüde, Lehrling, und der Herrschaft der Gesellen ausgeliefert. Oft schlief ich unter dem Auto liegend mit dem Schraubenschlüssel in der Hand ein. Manchmal band ich mir die Hände am Auspuff fest, damit es nach Arbeit aussah (...) Die ganze Woche brauche ich dazu, um mich von der Wochenend-Freiheitstortur zu erholen. Die Gedanken sind nur Pläne für das nächste Wochenende; für den nächsten Berg, die nächste Reise." (Karl o. J., 31f)

R. Karl arbeitet nur für das Klettern. Nicht in dieser, aber in zahlreichen anderen Textstellen kommen verschlüsselt oder direkt Hinweise über schwierige Beziehungen zu anderen vor. Mich begannen Interaktionen zu interessieren: z. B. zwischen SeilpartnerInnen, Mensch und Berg, Natur und Frau. Extremsituationen sind emotional stark aufgeladene Reizsituationen. Wie gehen BergsteigerInnen damit um? Wie verhält sich die „Kommunikation der Gefühle"? Wissend, daß Gefühle einem geschichtlichen Wandel unterliegen. Ich erhoffte eine Verbindung zwischen psychologischen/psychoanalytischen und kulturwissenschaftlichen Ansätzen. Erinnern trat in den Vordergrund: Ich begann, ein wissenschaftliches Tagebuch anzulegen, in dem 1985 u. a. zu lesen war: „In der Angst findet der Mensch zu sich selbst" (Kierkegaard). Der Schlüssel zum Verstehen des Bergsteigens könnte in der Existenzphilosophie liegen (vor allem Camus' Sisyphos, Bersteigen als nutzlose Tätigkeit, in der man nicht zur Ruhe oder zum Ziel kommt).

24 Im Juli 1986 fand das erste „Rassemblement mondial des femmes alpinistes" statt. Ich frage mich, was ich dort zu suchen hatte, denn durch das Nachdenken war ich völlig aus der Übung gekommen. Die Einladung brachte Briefkontakte mit Bergsteigerinnen, die mehr oder weniger meinten, daß nur die Praktik zähle. Das war ent- und ermutigend – ich fing wieder an zu klettern. Bei diesem Treffen kletterten über sechzig Frauen für 14 Tage durch alle möglichen Routen auf und rund um den Mont Blanc. Es war das 200-Jahr-Jubiläum seiner Erstbesteigung, und die Frauen aus dreißig verschiedenen Ländern waren in internationalen Seilschaften unterwegs. Zwischendurch, wenn das Wetter schlecht war, saß ich in der Bibliothek der E.N.S.A. (École nationale de Ski et d'Alpinisme) und recherchierte zur Besteigung des höchsten Berges Europas, insbesondere die Frauenbegehungen (vgl. dazu Hb 207 ff).

25 Ingo K. war der erste Interviewpartner. Er machte mich auf die Intensität des extremen Kletterns aufmerksam. Daran dachte ich nicht, es war wohl zu selbstverständlich. Mitten im Gespräch wußte ich für einen Moment nicht mehr, ob er sich in der Wand befindet, von der er erzählt, oder doch noch vor mir im Stuhl saß. Das Sprechen hat erschreckend ähnlich das Tun nachgeahmt, so als gäbe es keinen Unterschied mehr. Das lag daran, daß der Körper zur Sprache wurde, oder umgekehrt, die Sprache wurde selbst zu einem Körper. Dieses Erlebnis hat mich nachhaltig beeindruckt. Mehr: Ich habe erst viel später herausgefunden, daß das ein Schlüssel zum Verstehen des Extrembergsteigens ist. Das Verhältnis von Körper und Sprache, von Tun und Denken fällt im Extremen immer wieder in eins (eine durchaus aufregende wie perverse Erfahrung angesichts der alltäglichen Erfahrungen, welche eine ständige Spaltung in sich haben und voraussetzen).

26 Dieses Buch trägt den Untertitel „Was den Bergsteiger in die Höhe treibt" und wurde von Aufmuth überarbeitet als „Psychologie des Bergsteigens" 1988 herausgegeben. Aufmuth unterscheidet zwischen „Bergsteigen als Breitenbewegung" und „Extremformen der Bergleidenschaft" (Lebendigkeitshunger, Risiko, Sexualität, Aggression, Askese, Einsamkeit bis hin zum Wahnsinn). Der Autor baut auf Eriksons Identitätskonzept auf, das keine Sicht auf soziokulturelle Zusammenhänge erlaubt. Somit bleibt Aufmuths Analyse trotz der Fülle von Quellen unbefriedigend. Es erklärt zuviel und befragt zuwenig. Dadurch entsteht eine Geschlossenheit des Argumentierens, es bleiben weder Brüche noch Zweifel. Bergsteigen beginnt im Ich und endet in ihm (es ist noch dazu ein höchst defizitäres).

27 Vgl. Hb 189; es geht hier um Porträts von extremen Bergsteigerinnen, Ma 114–122, und um einen ganz normalen Zeitungsartikel aus den „Vorarlberger Nachrichten" über „Claudia immer im Grenzbereich" (Ma 109–113, siehe Zusammenfassung Ma 123–125). Entscheidend ist, daß ich durch diese Darstellungen das erstemal auf die Wichtigkeit von Metaphern aufmerksam wurde und den Versuch unternommen habe, sehr nah am Text eine Metaphernanalyse vorzunehmen. Das hat sich als sehr aufwendig erwiesen, denn die Bedeutungsgehalte, die in diesen emotionalisierten Berichten mitschwingen, sind widersprüchlich und weitläufig.

41

28 *Duerrs* Entwurf habe ich abgeändert und auf das Bergsteigen angewendet. Das ergab ein Dreieck mit drei Punkten an jedem Ende und drei Linien zwischen diesen Eckpunkten, macht sechs Teile, nach denen ich das Bergsteigen bzw. die Alpinliteratur und das empirische Erhebungsmaterial ordnen und zuordnen konnte. Es handelt sich um den Aufbruch (Ausgangspunkt, Voraussetzung), den Weg in die „Wildnis" als Unterwegssein (Erfahrung, Erlebnis, Widerfahrenes); oben am Grat/Gipfel (Grenze und Entscheidung zwischen Ordnung und Chaos); Zurückgehen, Heimkehren (setzen lassen, erinnern, reflektieren), Zurücksein (umstellen, Normalität). Zwischen dem Zurücksein und dem erneuten Aufbruch liegt die „Basis" als Alltag, die längste Stecke des Dreiecks. Da hält sich das Ich am meisten auf. Ihm ist das Forschungsinteresse mindestens so stark zuzuwenden wie dem „Rest".

Die Frage ist: Wie verhält es sich mit der Integration unserer Erfahrungen des Extremen? In halber Höhe habe ich durch das Dreieck eine strichlierte Linie gezogen. Sie markiert das Niveau der „Hütte" (das ist zunächst autobiographisch zu verstehen (vgl. Hb 21–28) – als eine Art brüchiger Grenzlinie (Vorort) zwischen Zivilisation und Wildnis (vgl. die Grafik zum Theoriemodell in Ma 59; weitere Überlegungen dazu Ma 58, 71–72, und die vorläufige Zusammenfassung in Ma 208).

29 Zit. aus Mb 104; im Original steht diese Textpassage im Dialekt. Ich habe sie in eine verständliche Umgangssprache übersetzt, da es hier ausschließlich um die Aussage geht (die Grenze ist ein Über-Gang, eine Über-Schreitung). Das gesamte Interview ist in Mb 103–114 nachzulesen; Interpretationsversuch in Ma 183.

30 Das ICH ist hier im Sinne von Christina von Braun verwendet. Sie unterscheidet ein großes „ICH" von einem kleinen „ich". Beide gehören unterschiedlichen Formen des Bewußtseins an. Das kleine „ich" hängt von der „spiegelbildlichen Vorstellungswelt" ab, welche die Sterblichkeit und Unvollständigkeit des Menschen ebenso anerkennt wie das „Wissen um die Geschlechtszugehörigkeit und die Abhängigkeit vom anderen, Kenntnis der Natur und Unterwerfung unter ihre Gewalt". Wohingegen das Bewußtsein in der „projektiven Vorstellungswelt" etwas ganz anderes bedeutet: „Befreiung aus der Abhängigkeit vom anderen; Verdrängung des Wissens um die Sterblichkeit, Überwindung der Natur" (von Braun 1988, 91). Die Autorin befaßt sich auch mit Reinhold Messner und bezeichnet seine Flucht als eine, die nicht gelingt. „Die patriarchalische ‚Naturbezwingung' produziert das, wovon sie sich angeblich zu befreien versucht: die Bewußtlosigkeit, die Macht der Mutter – um heute wieder bei der Mutter Natur Zuflucht vor der anderen Mutter, der Mutter Zivilisation, zu suchen" (ebd. 302).

31 Duerr 1978, 110

32 Vgl. Ernst 1993 a, insbes.196ff

33 Vgl. dazu Devereux 1992.
Die Angst bezieht sich gleichermaßen auf das Ungekannte außen als auch auf das Unbewußte innen. Das andere ist einem fremd, das Fremde ist das, was anders ist. Man entkommt ihm nicht, wie man sich selbst dabei nicht entrinnt. „Die Wahrnehmung des Fremden", so Mario Erdheim, „ist so eng mit der eigenen Lebensgeschichte verknüpft, daß man vom Fremden nicht sprechen kann, ohne von sich selbst zu sprechen" (1984, VIII).
Ich war Wissenschaftlerin und Extrembergsteigerin in einem, was für das Forschen Vor- und Nachteile hat, i. S. von Erfahrung, aber auch Projektion, der ich vermittels Selbst-Befragung nachzugehen hatte (z. B. Ma 17, 28, 241–247).

34 Dieser „Club 2" wurde am 20. Mai 1986 in ORF 2 ausgestrahlt, unter dem Motto: „Helden und Selbstdarsteller"; eingeladen waren Herr Röder, Autor und ehemaliger KZ-Häftling; Wilfried, Popstar; Frau Kayserling, Yogalehrerin; Frau Koelbl, Photographin (Männergesichter beim Orgasmus geknipst, Schmerz und Lust wird zum selben; Vergleich mit Bildern von Extrembergsteigern während oder gleich nach einer außergewöhnlichen Anstrengung); Reinhold Messner und Thomas Bubendorfer, Extrembergsteiger, Autoren. Die Diskussion hat Adolf Holl geleitet. Einige Sätze daraus: „Ich bin der letzte lebende Widerspruch", „Maß nehmen durch die Auseinandersetzung am Berg", „Ohne dem Tod gegenüber zu sein, kann man nicht spielen", „Aus dem Alltag austreten, seine Alltagsidentität hinter sich lassen und an das Unbegrenzte stoßen" (Messner); „Jede Kultur versucht ein Ganzes zu schaffen, um geerdet und gehimmelt zu sein" (Kayserling). Nachhaltig beeindruckt hat mich die Konfrontation Koelbl-Messner, mit dem Kern „Aber warum …". Das war die Ritze an der Oberfläche meiner Frage nach dem Warum. Das Warum hat also zumindest zwei Schichten. Welche abzutragen ist, hängt u. a. vom Unterton bzw. vom Kontext ab, mit und in dem sie gestellt wird. Frau Koelbl war ungeduldig, vorwurfsvoll, zwingend. Messner steigt mit einer Rechtfertigung ein. Was gibt er als Begründung an? Das Lebenwollen. Aber hätte er nicht auch anders sprechen können? Messner hat in seinen Büchern bereits eine Reihe von anderen Gründen vorgebracht. Ich war anfangs auf das Sammeln seiner und der Motive anderer aus. Durch diese Messner-Antwort mußte ich die Spur in eine ganz andere Richtung verlassen, welche offensichtlich dem Inhalt vorgelagert ist und diesen verstellt. Zuerst war Studie 1 zu schreiben. Sie befaßt sich mit dem Zur-Form-Werden des Bergsteigens, um dann den alten (für mich viel aufregenderen) Faden nach Motiven erneut aufzugreifen (Motivschichten in Studie 2). Weshalb aber sind Inhalt und Form getrennt? Dieser Frage folge ich von dem Ort aus, den ich für eine Schlüsselstelle halte: die Differenz zwischen einer Laien- und ExpertInnendiskussion, welche ich als teilnehmende Beobachterin am 13.

und 29. Jänner 1987 organisiert habe (Laien siehe Mb 177–187; Auswertungsversuche Ma 193–198 und Vorarbeiten dazu in Ma 213–219; ExpertInnen Mb 190–202; erste Auswertung Ma 188–189; Feinanalyse 192–193; sowie Teile im Hb 200, 211–213, 222–223, 225–226; Laien ebd. 221). Der gemeinsame Bezugspunkt war die Einspielung eines Ausschnittes aus der besagten „Club 2"-Diskussion.
Die Reaktion darauf unterschied sich zwischen Laien und ExpertInnen grundlegend, woraus sich drei Fragen ergaben: Welche Rolle spielt die Erfahrung in bezug auf die Trennung zwischen Inhalt und Form? Was und wie spricht man über Erlebnisse am Berg? An welchen Stellen versagt das Sprechen bzw. geht es in ein anderes Sprechen über? Mittels dieser Fragen hoffe ich, der Inhalt-Form-Trennung näher zu kommen.

35 Vgl. u. a. Ariès 1976; Hortleder/Gebauer 1986

36 Mb 178

37 Vgl. die Darstellung des „Geständnisdiskurses" (Foucault 1986, Band 1, 69–100); Foucault meint, daß „die Herrschaft nicht mehr bei dem (liegt), der spricht (dieser ist der Gezwungene), sondern bei dem, der lauscht und schweigt; nicht mehr bei dem, der weiß und antwortet, sondern bei dem, der fragt und nicht als Wissender gilt. Und schließlich erzielt dieser Wahrheitsdiskurs seine Wirkung nicht bei dem, der ihn empfängt, sondern bei dem, dem man ihn entreißt." (ebd. 81)

38 WzW; Band 1 von „Sexualität und Wahrheit", Foucault 1986

39 Ebd. 161

40 Ebd.

41 Ebd. 162

42 Ebd. 163

43 Ebd.

44 Ebd. 165

45 Ebd.

46 Ebd. 165f

47 Theoretische Grundlage: „Überwachen und Strafen" (Foucault 1977) sowie „Der Gebrauch der Lüste" (Bd. 2 zu Sexualität und Wahrheit, Foucault 1986).
Bei der umfassenden Disziplinierung des eigenen Körpers bis in jede Fingerspitze (Klettern) handelt es sich um eine von zwei Hauptformen zur Durchsetzung der Macht zum Leben, und beide sind durch ein Bündel von Zwischenbeziehungen miteinander verbunden. Es ist der „Körper als Maschine", um den sich alles dreht:

> „Seine Dressur, die Steigerung seiner Fähigkeiten, die Ausnutzung seiner Kräfte, das parallele Anwachsen seiner Nützlichkeit und seiner Gelehrigkeit, seine Integration in wirksame und ökonomische Kontrollsysteme."
> (WzW, 166)

Diese Machtprozeduren nennt Foucault „Disziplinen". Sie stellen eine „politische Anatomie des menschlichen Körpers" dar (ebd. 166; vgl. auch Elias 1976, inbes. 2. Bd. 312–454). Im Gegensatz zu Foucault werde ich mich nicht in erster Linie mit den „kleinen Leuten" befassen. Ich wende mich der Avantgarde in Sachen souveräner Selbstbeherrschung zu: den Sportkletterern. Dazu suche ich Orte auf, wo mit ungebrochener Ausdauer der eigene Körper bearbeitet und gemartert wird: in den Trainingskammern und Klettergärten.

> „Fünfzig, einundfünfzig, zweiundfünfzig, dreiundfünfzig, jeder Klimmzug wird zur stupiden Tortur. Die stereotype Bewegung blockiert den Verstand und wird zum eingekratzten Instinkt. (...) Ein Satz hängen, ein Satz Klimmzüge an der großen Leiste, einen an der kleinen Leiste, gewinkelt halten und mit Gewichten gleich das Spiel von vorne: strecken, drücken, zerren, schieben, hängen, dehnen, beugen, hanteln, hangeln ... Der Schein der Abwechslung trügt, es ist die bohrende Langeweile." (Müller 1986, 71)

Jeder Körperteil ist speziellen Bewegungen und jede Bewegung spezifischen Trainingsgeräten zugeordnet. Der Körper, aufgegliedert in seine Einzelfunktionen und instrumentell codiert, wird überdies in ein enges Zeitgitter gespannt. Es besteht aus unterschiedlichen Perioden und Intervallen. In der Wiederholung liegt der Erfolg. Zusammengepreßt auf nicht einmal zwei Meter, ermöglicht z. B. der bewährte Klimmzugbalken „Modell Alpinreferat-Scherer" eine Unzahl von Bewegungsvariationen, wobei jede einzelne genau genormt ist.

> „... Diese 1cm-Rundleiste hat gegenüber der geraden Leiste den Vorteil, daß die einzelnen Finger besser belastet werden, und daß man die Leiste in alle Richtungen (Zug und Druck) belasten kann. Dadurch können auch Züge vom Fels besser nachgeahmt werden."
> (Renzler/Scherer 1989, 35)

Jeder Finger wird isoliert trainiert, d. h. jedem Finger ist der richtige Millimeter Polyester oder Holz zugeordnet, um schließlich nach der neuen Zusammensetzung noch kräftiger, produktiver zu sein.

48 Böhm 1880, 230

49 Fiorio/Ratti 1888 zit. in Modlmayr 1893, 182

50 Hofmann 1887, 246f

51 Zunächst verweist Hofmann auf die Gleichschaltung von Körper und Geist beim Bergsteigen:

> „Es dürfte kaum ein Sport sein, der den äusseren und inneren Menschen so gleichzeitig und so gleichgradig engagirt, als der, eine Alpenspitze zu gewinnen. Eine Alpenspitze erheischt Körper und Geist." (ebd. 247)

Er ist davon überzeugt, daß das Bergsteigen Sport ist, was zur damaligen Zeit nicht selbstverständlich war (vgl. die kontroversielle Diskussion bei Böhm 1880, 234f, Modlmayr 1893, 183; 1902, 280; Eckardt 1903, 81ff, 106f, 119), aber daß es auch mehr als Sport ist. „Gleichwohl findet dieses Mehr, dessen Inhalt aufzudecken wir versuchen wollen, wer es sucht" (Hofmann 1887, 246). Nun zählt Hofmann eine Reihe von Motiven auf: die „Verschmelzung des Realen und Idealen" (Ethik, Moral), die „freigewählte Selbstzucht", um als Mensch zu erstarken (Zivilisierung); die „Aus- und Durchbildung kraftvoller Individualitäten", um einen „mittleren Ertrag für den Staat" zu erzielen (Ökonomie); die Schärfung des „Natursinn(s)", welcher das „ästhetische Interesse und Wohlgefallen" befriedigt (Kunst durch die Natur); der „Sammelfleiss und Forschertrieb" findet im Hochgebirge „eine unerschöpfliche Fundgrube" (Wissenschaft) und Gesundheitsgründe, welche eng mit den psychischen Motiven zusammengebunden werden:

„Die erhöhte Wallung des Blutes und der dadurch gesteigerte Stoffwechsel, die Kräftigung der Muskeln, Nerven und Lunge, die Stählung des Mannesmuths und der Willensenergie, die Uebung in der Geistesgegenwart, Umsicht, Ruhe und Besonnenheit ..." (ebd. 249)

Immer mehr Mediziner ergreifen das Wort und beginnen ein spezifisches Sprechen über das Bergsteigen (z. B. Baumgärtner 1895). Das Bergsteigen wird daraufhin untersucht, inwieweit es zur Gesundheitsförderung beitragen kann, d. h. es wird zu einem Mittel. Mediziner werden zum Erstellen von Unfallstatistiken und deren Auswertung herangezogen (z. B. Kürsteiner 1900). Schrittweise bahnt sich ein Ineinandergreifen und Überlagern verschiedener Diskurse an: hygienisch-medizinischer, psychologischer, theologischer und pädagogischer (miteinander im Moralisieren verbunden). Gehen wir noch einmal zum ersten Zitat zurück, wo die Gleichschaltung von Körper und Geist die Hoffnung aufkommen ließ, es handle sich um ein Verbundensein von beiden, was wenige Seiten später in sein Gegenteil verkehrt wird. *Hofmann* spricht davon, daß überall „der Geist mit der Materie um die Herrschaft" ringe (1887, 250), wobei die Materie den Kampf verloren hat und zur „todten Materie" geworden ist (ebd. 251).

„Kräftige Geister sind in die Höhe strebende Geister. Der rohe Widerstand der Matereie kann sie so wenig entmuthigen und physisch ermatten, dass er vielmehr gerade ihre Kraft concentrirt und jeden Fuss breit neu gewonnenen Terrains als einen Sieg der freien, kraftbewußten Persönlichkeit empfinden läßt."
(ebd. 251)

Kurzum, Hofmann macht aus dem Bergsteigen etwas, das viel mehr mit Kultur* als mit Natur zu tun hat:

„Sich Wissen herunterholen für den Geist und Freude für das Herz, in dem einen und in dem anderen Fall sich einen Born erschliessen, der das Leben mit einem reichen Inhalt füllt." (ebd. 250)

Das Leben ist nicht etwas, das einfach da ist; es ist eine Form, die man erst ausfüllen muß. Der Inhalt ist abhanden gekommen, und man kann ihn über das Bergsteigen wiederfinden (das Zusammenziehen von Ziel und Mittel ergibt das „Umsetzen", wobei Ziel und Mittel unabhängig voneinander entstanden sind und eigentlich nichts miteinander zu tun haben).

52 Die Fallanalyse alpiner Unglücke beginnt, soweit meine Recherchen stimmen, im deutschsprachigen Raum mit der Übersetzung und Kommentierung eines Artikels von „Leslie Stephen's Ansichten über die Gefahren des Alpenwanderers" (Ersterscheinung im „Alpine Journal", Bd. II, No. 14, Juni 1866; vorgebracht in: J.d.S.A.C. 1866 von Th. Beck). Danach folgt eine Ausrüstungsempfehlung. Die zweite Erwähnung eines Unfalls findet sich bei von Coaz: „Fund eines menschlichen Gerippes im Rheinwald-Gletscher" (J.d.S.A.C. 1868, 646, vgl. auch 697); später hören wir, daß ein J. A. G. Marshall am Mont Blanc umgekommen sei (J.d.S.A.C. 1877) und von anderen Unglücksfällen (J.d.S.A.C 1869, 183; 1879, 241 und 631). Die erste Unfallmeldung in den „Mittheilungen des Deutschen und Oesterreichischen Alpenvereins" findet sich 1875; ein Mr. Brunker ist in Grindelwald ums Leben gekommen (M 1875, 212). Erst ab Ende der 80er Jahre des vorigen Jahrhunderts bis etwa 1905 nehmen die Unfallbeschreibungen schlagartig zu und verändern sich in der Darstellung. Waren es zu Beginn ausführliche Beschreibungen des Unfallhergangs, so werden es dann eher Kurznotizen, an die allgemeine Überlegungen und später vor allem Unfallstatistiken angehängt sind. Ich greife Beispiele heraus. Im J.d.S.A.C. von 1883/84 ist „Der Tod des Grafen de La Baume" von J. M. Ludwig genauestens beschrieben worden (536–543). Er beinhaltet eine Rekonstruktion des Unglücks, eine Schilderung der Umstände, welche auf der Befragung von Beteiligten und einem Aktenstudium der amtlichen Untersuchungen beruht; die Darstellung des (vergeblichen) Rettungsversuchs, aber auch Gedanken, was aus dem Fall zu lernen ist, und die Schuldfrage. Sie sehe ich beim „Tod des Grafen" erstmals dezidiert auftauchen. Warum der Bericht so ausführlich ausfällt, mag dreifach begründet sein: Es handelt sich um den „ersten Unfall, der in der Berninagruppe einem von Führern begleiteten Bergsteiger das Leben kostete", die Begleitumstände waren „ganz ausnahmsweise", und die erfolgten Veröffentlichungen sind „theils lückenhaft, theils unrichtig". So sah sich Herr Ludwig, vermutlich Jurist und Clubmitglied, herausgefordert, dieser Sache auf den Grund zu gehen. Das Ergebnis dieser Nachforschungen schlägt sich in einer Analyse des Unfalls nieder. Sie fängt am Vortag des Unglücks auf der Boval-

---

* Eine Beobachtung am Rande: Bei uns zulande hat es sich eingebürgert, Berichte über das Bergsteigen nicht im Sportteil, sondern zwischen Politik und Kultur abzudrucken: z. B. „Winterbesteigung in der Civetta" („TT" vom 12. Jänner 1988, S. 5) oder „Den patagonischen Stürmen getrotzt" („TT" vom 1./2. Juni 1988, S. 2); siehe auch den Ort für die wöchentlichen Tourenvorschläge.

hütte an und endet mit einer Ablehnung der Konsequenzen, die darin bestanden, daß man die zwei am Unfall direkt beteiligten Bergführer aus dem St. Moritzer Führerverein ausgeschlossen hat. Dazwischen breitet sich das Drama aus. Man erfährt, wann und mit wem nachts von der Hütte aufgebrochen wurde, welchen Weg man genommen und um welche Zeit man die erste Rast eingelegt hat:

„Da der Graf Nichts essen wollte, brachen die Drei schon nach etwa 10 Minuten wieder auf und stiegen auf der östlichen Seite der oben erwähnten senkrechten Spalte in die Höhe. Etwa eine halbe Stunde später, als sie auf hartem, mäßig ansteigendem Firn in gutem Tempo bergan schritten, fühlte Schocher plötzlich, daß er sinke. Während des Fallens wurde er zu seinem Befremden vom Seile weder aufgehalten noch gezerrt. Wie er daher wieder Boden unter sich spürte, fühlte er erst unwillkürlich nach, ob das Seil noch um den Leib gebunden sei. Dann drehte er sich um: seine Gefährten waren verschwunden, das Seil verlor sich im Schnee. Rasch geht er dem Seile entlang zurück, mit Mühe wälzt er einen gewaltigen Schneeblock auf die Seite und findet bald unter losem Schnee die Füße des Grafen mit nach oben gewandten Sohlen. Während er die Beine des Grafen ausgräbt, hört er die Stimme des anderen Führers und findet dessen Kopf dicht neben den Knieen des Grafen; er macht das Gesicht seines Kameraden so weit frei, daß er athmen kann, und gräbt dann mit Aufwendung aller Kraft den Grafen aus – zu spät, er athmet nicht mehr. Schocher rieb ihn, versuchte ihm Cognac einzugießen, aber das Leben kehrte nicht wieder..." (J.d.S.A.C. 1883/84, 538)

Nun wandte sich der Führer seinem Kollegen zu, der zum Glück „nur ungefährliche Quetschwunden" hatte. Sie fanden sich „auf dem Grund einer gewaltigen Querspalte" mit überhängenden Seitenwänden vor und überlegten, wie sie da herauskämen. Man mußte „ein Stück weit westlich gehen", um sich aus der Spalte zu befreien. Sie riefen um Hilfe und wurden von Berninabergsteigern gehört, die, so schnell sie konnten, zu Hilfe eilten. Das war nicht unkompliziert, denn vorerst mußten die Führer ihre Gäste in Sicherheit bringen. Schlußendlich kehrt man gemeinsam auf die Bovalhütte zurück.

Am darauffolgenden Tag machten sich fast alle Führer des Tales auf, übernachteten in der Hütte, um anderntags „die Leiche auf einer Feldtragbahre zu Thal" zu tragen (ebd. 540). Nach dem ersten Schock versucht man die Ursache des Unfalls zu ergründen und „mit ihr die Lehren zu erfahren, die jeder solche Fall für uns enthält" (ebd. 540). Es werden die Voraussetzungen und Vorkehrungen geprüft:

„De La Baume war ein mittelgroßer, etwas corpulenter Mann, der sich kurz vor seinem Tode auf dem P. Palü und dem P. Rosegg als guter Bergsteiger gezeigt hatte. Schocher ist ein kräftiger, blühender Dreißiger mit offenem, gutmüthigem Auge, in Hochtouren ziemlich erfahren. Arpagaus, ein schlanker, gewandter Kletterer in den besten Jahren, hatte schon mit Ingenieur Held die Berninagruppe nach allen Richtungen hin kennen gelernt. Das Seil, das die Drei verband, mißt 15m, hätte also auch für Vier genügt." (ebd. 540)

Somit trifft in bezug auf die körperliche Verfaßtheit und Bergerfahrung keinen eine Schuld, die Ausrüstung war auch in Ordnung.

Der nächste Analyseschritt besteht in der Untersuchung der konkreten Unfallstelle bzw. der Schneebeschaffenheit:

„Die verrätherische Decke, die auf beiden Seiten längs der Spaltenränder abbrach, war nach Schocher 60 m lang und 15 m breit, die Tiefe der Spalte 24 m. Groß schätzt die Länge 30 m, die Breite 9 m, die Tiefe 18 m. Die eingestürzte Decke zerfiel in größere und kleinere Blöcke und Tafeln, woraus Schocher schloß, daß sie mindestens 1 m dick gewesen sei; sie bestand zuoberst aus hartkörnigem Firn, unter welchem eine etwa fingerdicke Eisschichte und unter dieser fest zusammen gefügter Schnee folgte, welcher die Hauptmasse bildete." (ebd. 541).

Der Autor findet „nur in der Beschaffenheit der Firndecke eine Erklärung" für diese Tragik. Die unmittelbare Todesursache wird mit Erstickung angegeben, da die „äußere Besichtigung keine Spur einer Verletzung" zeigte. Eine gewisse Schuld trifft die Führer nur bezüglich der Wiederbelebungsversuche:

„Hätten also die Führer die künstliche Athmung, die von Jedermann so leicht gelernt werden kann, gekannt, so wäre vielleicht das scheinbar erloschene Leben wieder zurückgekehrt." (ebd. 542)

Daraufhin hat man den „Pontresiner Führern im letztverflossenen Winter über die erste Hilfe bei Unglücksfällen im Gebirg einige Vorträge gehalten" (ebd. 542).

Eine Frage bleibt noch:

„Wie hätte der Sturz in die Spalte vermieden werden können? Das wäre z. B. geschehen, wenn der vorausgehende Führer auf dem gesamten Weg, auch da, wo er keine Spalten vermuthete, mit dem Stock seiner Eisaxt die Dicke des Firns geprüft hätte." (ebd. 542)

Daß das der Führer nicht gemacht hat, „wird ihm Niemand verargen", weil das nie ein Führer tut, das ist Theorie. Daß die zwei Bergführer den Sturz überstanden und sich aus der Spalte befreien konnten, der Graf aber zu Tode kam, obwohl alle drei auf dieselbe Weise stürzten, bleiben „nun sehr seltene Ereignisse" (ebd. 243). Der Autor resümiert den Unfall als ein Zusammentreffen von „zwei ganz außerordentlichen Zufällen, welche das

Unglück veranlaßten, und die Führer trifft nach meiner Ansicht keine Schuld" (ebd. 243).

Vorliegende Unfallbeschreibung ist genau, sachlich und bereitet Kategorien vor, um Unfälle klassifizieren zu können und in einem Analyseraster unterzubringen. Außerdem gehört dieser Bericht zu den wenigen ersten und zugleich letzen, die so ausführlich ausfallen. Was ihm folgt, sind Aufzählungen mit zunehmend quantifzierendem Charakter. Durch die Angabe von Häufigkeiten sollte die Größe der Gefahr herausgefunden werden. Ziel der Systematisierung war die Unfallverhütung, und als Methode diente die Erfassung typischer Unfallsituationen, wobei man sich an das Typische erst Schritt für Schritt herantasten mußte. Ein recht großes Panorama von Unfallursachen gibt die Pfeiffer'sche Statistik vor, welche meines Wissens die erste Statistik im engeren Sinn ist. Sie erfaßt den Zeitraum von 1859–1887. Diese Statistik weist eine ständige Zunahme der Unglücksfälle von Periode zu Periode und zählt sieben Gründe dafür auf (vgl. M 1887, 225–230). Die Berichterstattung über das konkrete Unglück sowie die allgemeinen Überlegungen dazu vervielfachen sich (u. a. „Zur Kritik neuerer alpiner Unglücksfälle", M 1888, 263–268; „Zur Verhütung von Unfällen", M 1888, 179; „Zur Beurtheilung alpiner Unglücksfälle", M 1895, 113, 125, 174). Der Matterhorn-Unfall der Erstbegeher hat eine ganz Lawine von Literatur ausgelöst, welche um eines kreist: Wie kann der sehr unscharfe Begriff der „Gefahr" präzisiert und definiert werden? (Vgl. bereits Böhm 1880, 242f.) Im Jahr 1885 erscheint das erste Lehrbuch über die Gefahren der Alpen von Emil Zsigmondy. Es wurde ein Standardwerk im Erfassen des Komplexes alpiner Gefahren und deren Bewältigung mittels konkreter Strategien. Als erster aber versuchte Edward Whymper die alpinen Gefahren einer Einteilung zu unterziehen. In seinem 1871 veröffentlichten „Scrambles amongst the alps" (in der deutschen Erstausgabe unter dem Titel: „Berg- und Gletscherfahrten") unterscheidet Whymper positive und negative Gefahren. Erstere seien unvermeidlich, weil sie unerwartet und unvorhersehbar aufträten; ihnen rechnet er nur den Steinfall zu. Er aber habe, so Whymper, keine so große Bedeutung. Die negativen Gefahren umschreibt er als schlummernde Fährnisse, die erst durch das menschliche Handeln schadenstiftende Ereignisse auslösen (z. B. ein versteckter Schrund); die dritte Kategorie fällt unter menschliche Unvorsichtigkeit, welche den schärfsten Tadel verdient. Darunter fällt z. B. das „Überschreiten der obern mit Schnee bedeckten Teile von Gletschern, ohne das Seil zu gebrauchen" oder die „Nichtbeachtung der Beweglichkeit des frischen Schnees" (Whymper 1982, 136f, 282ff, 297ff). Man will Herr über die alpinen Gefahren werden, indem man Kasuistik betreibt. Denn nur der konkrete Fall läßt eine Vielfalt von Faktoren aufscheinen, die in ihrer Differenzierung einen Gefahrenkatalog abgeben. Es entstehen zunächst einfache Auflistungen, wer wo umgekommen ist (M 1891, 247; M 1892, 143, 153; M 1893, 202, 214; M 1894, 164, 202, 215, 240, 241; M 1895, 30 usw.). Dann werden zusätzlich Rubriken gemacht, in dem das Land, wo der Unfall geschehen ist, ausgewiesen wird (Oesterreich-Ungarn, Schweiz, Italien), das Datum sowie der Ort bzw. die Art der alpinen Betätigung (Felstour: leichte, schwierige; Schnee- und Eistour ebenso nach Schwierigkeit unterschieden; „Eigentliche Hochtouren" und „Touren, die selbst dann gemacht werden, wenn d. Alpinismus nicht existierte"). Die Differenzierung in „mit Führer" und „ohne Führer, aber nicht allein" und „Allein" gibt eine weitere Spalte ab. Schließlich sind noch die Ursachen aufgezählt: Unmittelbare Veranlassung (bekannt, unbekannt, Lawine, Steinfall, Absturz, Schlecht-Wetter, Tour zu früh nach Schneefall unternommen) und Gefahr (subjektiv, objektiv – diese Unterscheidung wurde übrigens später sehr in Zweifel gezogen; hat sich aber in der Alltagssprache der Bergsteiger bis heute erhalten). Besondere Umstände, wie z. B. „Die unmittelbare Veranlassung des Absturzes war ungenügende Statur" oder „Zum Bergsteigen ungenügend ausgerüstet", werden in Fußnoten erläutert. Diese Klassifzierung hat sich mit einigen Modifzierungen bis heute gehalten (vgl. M 1895, 31; genaue Zuordnung von Person des Verunglückten und Berg/Wand fällt weg, hingegen wird die Angabe der Verletzungen genauer; seit 1986 wird unter „Alpinsparten und Tätigkeiten" übrigens auch das Gleitschirmfliegen geführt).

Bei allem Zahlenmaterial dominiert aberdie Moral. Mit ihr soll das Verhalten am Berg in eine Norm gebracht werden (Verhaltenskodex), die möglichst nicht abweicht von dem, was alpine Lehrbücher aussprechen. Man beschwört zum einen die Bergsteiger, alle erdenklichen Vorsichtsmaßnahmen und Sicherheitsregeln zu befolgen, und zum anderen arbeitet man am Fall akribisch das jeweilige Vergehen als Abweichung von der Norm heraus (vgl. dazu sämtliche Einzelfälle wie auch die „Auswüchse", J.d.S.A.C. 1900, 280, 287). Die Ausrüstung gewinnt dabei eine immer größere Bedeutung, was u. a. am Ort festzustellen ist, an dem sie aufscheint – unmittelbar vor oder nach den Unfallbeschreibungen.

Damit wird eine Verbindung institutionalisiert, die sich in etwa so lesen läßt: Wenn man die richtige Ausrüstung kauft und benützt, dann kann man Unfällen entgegenwirken. So verdreifachen sich beispielsweise die Abhandlungen über die „Fußbekleidung" im Zeitraum von 1882–1890; die meisten Artikel handeln jedoch von der „Verproviantierung" und von den „Medikamenten und der Hygiene" (zu Proviant allg.: M 1888, 94, 121, 134, 147; M 1889, 39; speziell: M 1886, 163, 179; M 1887, 159; M 1889, 72 usw.).

53 Becker 1903, 84
54 Ebd.
55 Ebd.
56 Ebd. 85

57 Ebd.
58 Ebd.
59 Ebd.
60 J.d.S.A.C. 1896, 347
61 IN: J.d.S.A.C. 1896, 349f; zit. aus R.M. XIV, 296
62 Vgl. die kontroversielle Debatte zum führerlosen Gehen bei Modlmayr 1893, 206–208; Beck 1866, 562–565; Lammer 1884, 284; Böhm 1885, 86, 180
63 Vgl. M 1894, 66-69, 81–83, mit Nachträgen auf Seite 101, 112, 124
64 Schultze 1894, 66
65 Ebd.
66 Die Richtigkeit der Zahl wird übrigens angezweifelt und mit 15.000 (!) angegeben (vgl. M 1894, 124).
67 vgl. Schultze 1894, 82 (im Original gesperrt)
68 Ebd. (im Original gesperrt)
69 Ebd.
70 Ebd. 82
71 Ebd. 83
72 „… daß bei 5 Unglücksfällen die ganz ungenügende Ausrüstung eine Rolle spielte" (ebd. 82).
73 Ebd. 83 (im Original gesperrt)
74 Man kann sagen, daß Begründungen Gründe vor- und angeben bzw. einen Grund festsetzen. Eine Begründung verweist auf die Nichterreichbarkeit einer anderen Vernunft. Genau das stachelt das Machen eines Grundes (= Setzen) an. Somit ist die Frage nach dem Warum in erster Linie ein Mittel, um die Diskursivierung in Gang zu setzen, d. h. ein Sprechen über etwas, bis es dadurch zu etwas geworden ist, was es vorher nicht war. Das Sprechen herrscht und mit ihm die Logik, daß es nur das gibt, was sagbar ist. Nun hat sich aber im (extremen) Bergsteigen etwas eingeschlossen, das sich dem Sprechen entzieht.
75 M 1892, 227
76 Ebd. 274
77 M 1895, 50
78 Ebd.
79 Ebd.
80 Ebd.
81 Ebd.
82 Ebd.
83 Ebd.
84 Ebd.
85 Ebd.
86 Ebd.
87 Ebd.
88 Ebd.
89 Ebd.
90 Ebd.
91 Ebd.
92 Vgl. den Umgang mit dem Allgemeinen bei Ernst 1993 c, insbes. 1ff
93 M 1895, 50
94 Ebd.
95 Ebd.
96 WzW, 80f.
97 Die Westalpen sind in Mode gekommen und mit ihnen lange, großzügige Bergfahrten, welche aufgrund ihrer Höhe meist über Gletscher führen. Zugleich steigt die Zahl der Unfallmeldungen in den Fachzeitschriften (vom Mont Blanc werden über 15 Unfälle mit tödlichem Ausgang gemeldet und zwar im Zeitraum von 1885–1903; in derselben Zeit gibt es 9 Unfälle aus dem Monte-Rosa-Gebiet zu verzeichnen, wohingegen mehr als 30 (!) aus der Raxalpe – ein Mittelgebirge zwischen Niederösterreich und Steiermark – aufscheinen). Obige Gründe mögen teilweise erklären, warum auf „Gletschertour" eingegrenzt wird. Eine weitere Erklärung ergibt die Bezugnahme auf die Kunden und die geographische Lage der Versicherungsgesellschaft. Die Kunden der damaligen Zeit waren selten arme, sondern vermögende Leute, wie der Bankier G. Brock im fortgeschrittenem Alter. Es ist anzunehmen, daß ein solches Publikum weniger in schwierigen Felswänden herumkraxelt als vielmehr die ausgedehnten Bergfahrten bevorzugt, welche Kondition, aber nicht so sehr Akrobatik abverlangen. Daß man in Berlin, weitab von den Alpen, mit „gefährliche Berge" hohe Berge meint, die vergletschert sind, ist denkbar. Dazu kommt, daß sämtliche Belehrungen durch Experten von damals gerade Eis und Schnee als besonders unberechenbar einstufen („objektive Gefahren").
98 Vgl. Ernst 1993 b
99 M 1985, 70. Der Begriff der Hochtour erscheint nicht unbedingt verläßlich (vgl. die Problematisierung bei Kürsteiner 1900, 282 ff und viel später bei Nef 1987, 114).
100 M 1895, 70
101 Ein C. W. P., zit. in: M 1895, 97
102 Es folgen nur noch ein kurzer Kommentar, eine Richtigstellung und der Abschluß:

> „[…] Den in Nr. 4 der ‚Mittheilungen' besprochenen Fall der ‚Victoria' anlangend, so hat sich diese Gesellschaft augenscheinlich in ihren Bedingungen ungenau ausgedrückt und musste hierfür büssen. Wenn die ‚Victoria' jetzt eine präcisere Fassung wählt, so ist dies ihr gutes Recht, denn es kann ihr nicht zugemuthet werden, in ihre generellen Bedingungen eine Specialität einzuschliessen, welche die Versicherung für Nichtbergsteiger sowohl wie für Bergsteiger ganz nutzlos vertheuern würde, indem deren Effect für Ersteren gar nicht und für Letzteren, wie gesagt, nur für kurze Zeit in Betracht kommt." (M 1895, 97)

Außerdem läßt die Versicherungsgesellschaft mitteilen, daß die „Entscheidung nicht vom Deutschen Reichsgericht erlassen ist, vielmehr der Process bei demselben noch schwebt" und daß „seit dem 1. August 1893 in den Unfallversicherungsbedingungen nur die ‚gefährlichen‘, d. h. nur in Begleitung von zwei Führern erlaubten Hochgebirgstouren von der Versicherung ausgeschlossen werden". (M 1895, 97)

In der nächsten Nummer wird berichtet:

> „[...] Nunmehr hat das deutsche Reichsgericht das erstrichterliche Urtheil bestätigt und somit die Versicherungsgesellschaft ‚Victoria‘ zur Auszahlung der vollen Versicherungsumme verhalten." (M 1895, 176)

103 Vgl. Nef 1987

104 Vgl. dazu die Diskussion in „Der 7. Grad" von R. Messner 1973, insbes 9–20.

105 In der Terminologie des Sportkletterns versteht man unter

> *„Rotpunkt (RP): Eine Route wird ohne Sturz und ohne Benützung eines Sicherheitspunktes zur Fortbewegung erfolgreich geklettert. Rotkreis: nach einem Sturz wird der Kletterer zum letzten ‚no hand‘ heruntergelassen, beginnt dann wieder zu klettern und meistert die Kletterei dann ohne Benützung eines Sicherheitspunktes zur Fortbewegung. Rotkreuz: Rotpunkt von oben gesichert. No hand rest: Wandstelle, an der der Kletterer stehen kann, ohne die Hände als Halt zu benützen (no hand).*

> *Run out: Anstrengende Kletterei vom letzten Sicherungspunkt bis zum Standplatz. Crux: Schlüsselstelle. Definiert: bestimmte Griffe und Tritte dürfen beim Bouldern (= seilfreies Klettern an großen Steinen, HP) verwendet werden. Foot hook: der Kletterer benützt die Ferse eines Beines, um über seinem Kopf den Fuß unterzubringen und auf diese Weise den Klettervorgang zu unterstützen."*

(Mayr 1986, 40)

Die Liste von Begriffen ist lang, ebenso die Literaturverweise bzgl. des Streits um diese Begriffe (z. B. „Rotkreis? Rotpunkt!" In: Rotpunkt 1987 Heft 4, 15).

106 Am Ende des ersten Versuchs hieß es, daß die Begründungen über d e n Grund hinweggehen, jetzt liegen die Normen über d e m Grund. Im Titel fällt beides zusammen. Das „Übern Grund" ist zwar umgangssprachlich, trifft jedoch diesen zweifachen Sinngehalt:

Das Bergsteigen/Klettern findet über dem Grund statt (räumlich gedacht i. S. einer materiellen Dimension), und es muß sich gerade deshalb begründen, d. h. einen oder den Grund angeben (Berechtigung i. S. einer moralischen Dimension). Der Ausgang war die Frage nach dem „Warum", eine Frage nach der „causa formalis". Die erste Annäherung an die Natur als Grund hat etwas Statisches.

Übergang

- Dissidenz 51
- Motiv- als Kulturschichten 51
- Verschiebungen 51
  - 1. teil 51
  - 3 Einschübe 51
  - 2. Teil 51
  - 3. teil 51
- Denkfigur Zirkel 51
- Übern Berg 52
- Anmerkungen 52

ÜBERGANG

DISSIDENZ

In Studie 1 suchte ich nach Motiven für extremes Bergsteigen; mit den Motiven kam die Frage nach dem Grund. Begründungen gehen über den Grund hinweg, die Norm liegt über dem Grund – das Resümee der beiden Versuche. Damit ist die Frage nach dem Grund nicht aufgehoben, sondern stellt sich als eine heraus, die die Grenze des Erkennens verschiebt bzw. das Erkennen selbst problematisiert. Die Frage nach dem Grund hat eine große Wirkung, verhält sich aber gegenüber Erklärungen resistent. Sie gehört einer Form des Wissens an, auf die explizites Wissen aufbaut, das sich selbst aber nicht zu erkennen gibt.[1]

Mit der Natur verhält es sich nicht anders. „Die Natur ist der Grund" war die Eingangsthese. Über das extreme Bergsteigen soll Wissen über die Natur als Grund erworben werden.

Studie 1 bringt einiges zutage, enttäuscht aber die ursprüngliche Absicht. Die Grund-Frage erweist sich als eine der Dissidenz. Natur und Grund sind nicht (mehr) zusammenzudenken, ihr Zusammenhang liegt darin, voneinander abzuweichen. So ist den Abweichungen nachzugehen.

MOTIV- ALS KULTURSCHICHTEN

Abweichen heißt anders denken, anders zu denken bedeutet abtragen. Erst in der Abtragung erscheint der Gegenstand: die Höhe. Aus der Höhe mutet vieles fremd an. Abtragen ordnet im Ahnen des Fremden. Wider Erwarten wiederholen sich die Themen: zur Ambivalenz der Vernunft und zum Verhältnis von Leben und Tod. So beantwortet die Vernunft Gefährdungen des Lebens durch Aufrüsten der Körper mittels Technik(en). In dieser Antwort wandelt sich die Gefahr zum Risiko, das zu berechnen ist.

Extremes Bergsteigen bejaht das Risiko. Risken gehören zur Fortbewegungsart in der Höhe, machen diese aber nicht schon aus. Es gibt noch anderes. Die Motivsuche gestaltet sich so zum Suchmotiv einer Kultur, die jenseits einer Selbstvergessenheit im Tun in ihrem Wissen über das Warum in Richtung Gründe ohne Grund fortschreitet: hin zum Abgrund.

Der Abgrund erfordert ein abgründiges Denken. In ihm zeigt sich die Geschichte unserer Kultur vielfach geschichtet, gefaltet und verdeckt. Die Vorstellung einer zuverlässig erzählten Geschichte zerfällt zugunsten von Konstellationen.

VERSCHIEBUNGEN

1. TEIL

Im 1. Teil von Studie 2 wird Hintergrundwissen aufbereitet, um auch den nichtalpinen Leser schrittweise an den Berg heranzuführen.

Das Muster ist einfach: Einschlägige Bergtexte werden so kommentiert, daß möglichst viele Aspekte über den Gegenstand der Forschung zur Sprache kommen. Der Zeitraum umfaßt fünf Jahrhunderte und skizziert – historiographisch – die Herausbildung eines alpinen Subjekts.

3 EINSCHÜBE

Drei Einschübe durchbrechen die Textreihe früher Alpenbegeisterung. Einschub 1 blendet alpine Ereignisse vor dem 14. Jahrhundert ein; Einschub 2 erinnert an das, was sich zwischen Dante und Saussure alpingeschichtlich ereignet hat. Einschub 3 liefert eine Fallstudie zur alpinen Geschichtsschreibung, deren Zuverlässigkeit überprüft werden soll; nichts bietet sich dafür mehr an als die (Vor-)Geschichte der Erstbesteigung des höchsten Berges Europas.

2. TEIL

Der 2. Teil erfüllt eine andere Aufgabe: Er verbindet wie eine Klammer den 1. mit dem 3. Teil. Theoretisches Wissen soll vorsichtig dem Material angenähert werden.

Zwischen Material und Wissen eröffnet sich ein Dialog, der als Spur zu lesen und zu sichern ist. In dieser Prozeßhaftigkeit sucht die Wissenschaft nach sich selbst. Implizierte Prämissen treten fragmentarisch zutage, gerade weil sich das Material immer wieder einer Theoretisierung entzieht und „sprachlos" bleibt.

3. TEIL

Der 3. Teil besteht wiederum aus drei Teilen: Abstieg, Aufstieg, Gipfel. In ihnen geht das MaterialWissen mit der Spurensicherung eine Verbindung ein und bringt ein Denken des Berges als Realität und Metapher hervor.

Liegt eine philosophische Betrachtung des Abstiegs nahe, so fordert der Aufstieg eine der Wissensbildung, der Natur- als Kulturgeschichte, während der Gipfel unter dem Gesichtspunkt des Seelischen bearbeitet ist.

Der Aufstieg dominiert Abstieg und Gipfel, wobei letzterer wohl die größten Rätsel aufgibt.

DENKFIGUR ZIRKEL

Ist das Bergsteigen eine Methode, sich entlang verschiedener Höhenniveaus auf- und abzubewegen, so gilt dasselbe für das Denken der Höhe. Die Höhe zu denken verlangt eine Bewegung durch verschiedene Abstraktionsgrade, ohne abzustürzen oder abzuheben. Es ist ein Denken, das nie jenseits des Körpers geschieht.

Kehren wir zum Gipfel zurück. Lange habe ich nach einer Denkfigur gesucht, die das BergDenken veranschaulicht. Im Zirkel habe ich sie gefunden. An der Stelle, wo beide Schenkel zusammentreffen, ist der Gipfel vorzustellen. Dort ist der Drehpunkt, die beweglichste Stelle, Umkehr, Ende und Anfang. Es ist auch jener Ort, wo man den Zirkel hält. Ein anonymer Maler hat eine Miniatur in der Bildtradition des 13. Jahrhunderts hergestellt, in der Gott die Welt mit dem Zirkel konstruiert.[2]

In einem Holzschnitt von Peter Vischer d. Ä. aus dem Jahre 1504 dagegen hält ein Astronom den Zirkel, der Himmel ist zur Kugel geworden und mit einem Projektionsnetz von Längen- und Breitengraden überzogen.[3] Wenige Jahre vorher erscheint Sebastian Brants „Narrenschiff". Bereits in der Vorrede wird die Absicht kundgetan: „Zu nutz vnd heylsamer ler". 1494 in Basel erschienen, kann dieser pädagogische Ratgeber einen durchschlagenden Erfolg verbuchen und sich einer nachhaltigen Wirkung erfreuen. Der 66. Holzschnitt greift das Zirkelthema auf: Ein Narr hält einen Zirkel. Im Hintergrund des Bildes verbirgt sich ein zweiter Narr. Er holt zu einem Schlage aus, während er mit dem Zeigefinger seiner Rechten warnend den Rücken des Zirkel-Narren berührt. Unter dem Bild steht der Text: „Wer ausmißt Himmel, Erd und Meere / Und darin sucht Lust, Freud und Lehre, / der schau, daß er dem Narren wehre."[4]

Aus dem Buch der Weisheit wissen wir, daß die Konstruktion der Welt nur Gott vorbehalten ist: „Du aber hast alles nach Maß, Zahl und Gewicht geordnet."[5] Seit dem 14. Jahrhundert – mit wenigen Ausnahmen bereits früher – beginnt der Mensch die Stelle einzunehmen, an der Gott wirkt. Petrarca besteigt 1336 den Gipfel des Mont Ventoux; Saussure wird 1787 auf dem Gipfel des Mont Blanc experimentieren und ihn genau vermessen.

Zurück zur Figur des Zirkels. Womit ist die Einstichstelle des Zirkels vergleichbar? Es ist jene Stelle, um die sich alles dreht. Sie ist das Zentrum und von Anfang an da. Ich habe diesen imaginären Ort mit dem Tod in Verbindung gebracht, um den sich das Leben dreht. Die Drehung beschreibt eine kreisförmige Bewegung. In der fortschreitenden Bewegung drückt sich „Werden und Vergehen" aus. Was dabei entsteht, ist eine Grund-Fläche. Den kreisenden Schenkel assoziiere ich mit dem Aufstieg. An seinem Ende ist der Gipfel. Ihm gegenüber liegt der O-Punkt, in dem alles gründet. Zu diesem Grund – Anfang und Ende – leitet der Abstieg.

ÜBERN BERG

„Übern Grund" verläuft Studie 1; Studie 2 geht „Übern Berg". Sie meint so ein Doppeltes: Man geht über den Berg, um ihn hinter sich zu bringen bzw. hinter sich zu lassen, und man spricht über ihn, weil man nicht mit ihm spricht. Das sind menschliche Errettungsversuche angesichts des Berges, der den Menschen um vieles übersteigt. Zu guter Letzt hängt das überspannte Subjekt im Überhang und baumelt über dem Abgrund. Seine Lage ist abgründig unbestimmbar. Die Abbildungen 2a–c veranschaulichen Etappen dieser Unbestimmbarkeit.

ANMERKUNGEN

[1] Zur Unterscheidung von implizitem und explizitem Wissen vgl. Sexl 1995, inbes. 6f

[2] Vgl. Abb. 4 in Böhme 1988, 18

[3] Vgl. Abb. 5 ebd. 19

[4] Brant 1993, 236

[5] Buch der Weisheit 11,21

Studie 2

Abb. 2a

Abb. 2b

Abb. 2c

Übern Berg

1. Teil: Zeit(w)orte*

Vorbemerkung 57

Heilspfad der Seele
(Dante Alighieri) 58

Ein zwiespältiger Ort
(Francesco Petrarca) 59

Mühselig-bedrängende Übergänge
(Felix Faber) 61

Von wunderhoch-grausamen Gebirgen
(Johannes Stumpf) 62

Ein Reich zur Ergötzung der Sinne
(Conrad Gesner) 63

Einschub 1: *Von der Scheußlichkeit der Alpen* 65
    Exkurs: Berge sind Bildungsstätten bedrohter Zivilisierung 66

Belehrung aus zweiter Hand
(Josias Simler) 67

Inmitten von Daten und Drachen
(Johann Jakob Scheuchzer) 68

Erhabene Welt
(Albrecht von Haller) 69

Einschub 2: *Zwischen Dante und Saussure* 70
    Zusammenhänge 70
    Abweichungen als Parameter zur Formierung von Wissen 70
    Quellen 71
        A. Bergsteigerisches 71
        B. Wissenschaftliches 75
        C. Künstlerisches und AlpinLiterarisches 78
            Abbildungen 81
    Zwischenbemerkung 87
        a) Verdichten 87
        b) Ein neues Ganzes 87
        c) Abstrahieren – Individualisieren 87
        d) Bilden 87
        D. Rechtliches 89
        E. Technisches 89
        F. Bergtote 90
    Resümee:
    Zur Verflechtung von Diskursen als Besetzungsakte der Höhe 91

---

* Der Titel zeigt an, wie sich Zeit und Ort um das Wort drehen und sich über die Schrift verändern (HistorioTopoGraphie).

EINSCHUB 3: *Zur Erstbesteigung des Mont Blanc –
ein Fall alpiner Geschichtsschreibung* 92
Positivitäten sind ungewiß 92
Geburtsmetapher 92
Eine Tat wird zur Tatsache 92
Texte: A–E 94
  ZUR STUNDE NULL 95
  DER VERLUST DES UTOPISCHEN 96
  DIE NATUR ALS MASS DES KÖRPERS 96
  INSTRUMENTE LINIEREN DEN BERG 97
Texte: F–G 97
  AUSRÜSTUNG BESTIMMT ALPINES VERHALTEN 101
  INTERAKTION: ZUM HANDELN ÜBERREDEN 101
  SPEKULATIONEN ZU MOTIVATION UND GIPFELSIEG 102
Bild und Zeugnis: H–I 103
  ZUR ENDGÜLTIGEN KLÄRUNG DER VATERSCHAFT 104
  DER VATERSCHAFT WIRD NACHDRUCK VERLIEHEN 105

Resümee:
Besetzte Höhen verweisen auf besessene Anthropozentrik 105

IM ORGANISIERTEN LEHRSAAL DER NATUR
(Horace-Bénédict de Saussure) 107

Zur Vorgeschichte 108
Mannschaft und Ausrüstung 108
Der Vergleich 109
1. Messen, um Identität herzustellen 109
 a) Vorbereitung 109
 b) Versöhnung 109
 c) Sehen 109
 d) Zielpunkt Gipfel 110
 e) Organisation des Ganzen 110
 f) Erfolg durch Moralisieren 111
 g) Verzeitlichung/Enträumlichung 112
 h) Ausschluß: der Bruch als Störung 113
2. Ein anderes Messen? 114
 a) Die Windung 115
 b) Schweben und Hängen 115
 c) Rückkehr unbeschädigter Körper 116
 d) Licht und Schatten 116
 e) Durchbrechung 117

ANMERKUNGEN 118

1. Teil: Zeit(w)orte

Vorbemerkung

1. Trotz unterschiedlichster Höhe und Form (Pyramide, Kegel, Turm, Horn usw.), verschiedener Beschaffenheit und Struktur (Kalk, Schiefer, Granit, Tuff usw.), spezifischem Standort und ebensolcher Geschichte, sind und bleiben Berge ein überwältigendes Gegenüber.[1] Ich gehe zweifellos mit Recht davon aus, daß Berge etwas sehr Stoffliches sind. Genau das ist in einer Zeit, in der sich Materielles in Immaterielles verflüchtigt, von großem Interesse und beinhaltet eine erste allgemeine Frage: Wie bringt man diese massige Materie innerhalb eines bestimmten Abschnitts der Geschichte in eine sprachliche und bildliche Ordnung? Da der Versprachlichung ein praktischer Umgang mit den Dingen vorangeht, steckt in der obigen Frage noch eine zweite: In welcher Weise geschieht die Auseinandersetzung mit etwas, das einem fremd ist?

2. Der Berg ist nicht ein beliebiger Gegenstand der Untersuchung. Er zeigt in seiner Vielfalt, Dichte und Fülle eine Körperhaftigkeit, die unübersehbar, sogar zwingend ist. Das schlägt sich in der Bedeutung nieder, die den Bergen „vorgeschichtlich" zugedacht war: heilige Orte, Tabuzonen für die Menschen, wichtige Kult- und Opferstätten.[2]

Am Anfang war also der Berg (und nicht der Mensch), d. h. der Berg als Göttinnen- und Götter-Berg (und nicht als Gegenstand). Dann aber kehrt es sich um, der Gipfel wird zur Basis eines Neubeginns, der Berg zum Mittel und Abstraktum. Auf ihm beginnt ein Siegeszug der Belehrung und Neuschöpfung durch das Wort; anstelle magisch-kultischer Praktiken zieht die Schrift und damit Logos und Gesetz ein. Der Berg als heiliger Ort verkehrt sich in einen profanen, der er- und verklärt wird.[3] Uns interessiert hier in erster Linie, wodurch und wie der Berg Gegenstand alpiner Literatur wird.

a) Welches Wissen sammelt sich mit dem Wissen über den Berg? (Und was gerät zugleich in Vergessenheit?) Was geschieht mit diesem Wissen? Wie wirkt es sich aus? Was macht das Wissen aus dem Berg?
b) Wie weist das Berg-Wissen auf das Subjekt zurück?
c) Was läßt sich über das S-O-Verhältnis aussagen? Kann S und O klar unterschieden werden? Sind diese zwei Positionen für das Erkennen brauchbar?

Im Interesse bringt sich das S-O-Verhältnis zum Ausdruck. Ziele, Normen, Werte, Zweck, Mittel, Ressourcen, Planung usw. ist das, was zwischen S und O liegt. Das Interesse regelt somit das S-O-Verhältnis, formt beide mit und um. Gleichzeitig gibt dieses Verhältnis Auskunft über das, was stillschweigend vorausgesetzt wird.

3. Ich habe kein Ziel im üblichen Sinn, aber Ansprüche: Wie ist denkend dem „Gegenstand" Berg angemessen zu begegnen? Der Berg kann so steil und wuchtig sein, daß für ihn weniger die Gefahr, verlorenzugehen, besteht als für den/die ForscherIn.

Selbst wenn der Fokus auf der Versprachlichung und nicht auf der Materialität des Berges liegt, besteht das Risiko der Überwältigung. Es handelt sich um eine Gratwanderung: Man läßt sich vom Gegenstand überwältigen, ohne in völlige Sprachlosigkeit zu fallen. Die Arbeit an diesem Verhältnis zum Gegenüber ist unabschließbar; sie schließt das eigene Brüchigwerden ein.

4. Die Gewaltigkeit des Gegenstandes stellt das Subjekt in Frage. Es gilt Selbstsorge zu üben. Sich auf den Gegenstand einzulassen, mehr noch, sich dem Berg hinzugeben, wirft grundlegende Probleme für das Unternehmen Wissenschaft auf. Die Axiome des Denkens werden ebenso erschüttert wie die Organisation des Wissens. Dieser Gegenstand ist ein Faszinosum: Er läßt einen nicht mehr los, zieht in seinen Bann, stößt aber auch ab und erschreckt einen. Selbstverständlich gäbe es Kunstgriffe:

- Die Größe des Gegenstandes wie die Gefahr des Überwältigtwerdens leugnen (Verharmlosen, Bezähmen, Entwerten, Befrieden, Normieren)
- Aufplustern des Subjekts (Kampf, Abstraktion, Ideologie)
- Perversion des Verhältnisses (Berg = Subjekt; Mensch = Objekt). Ändert sich dadurch am Anthropozentrismus etwas?
- Verdrängen des Problems, indem so getan wird, als ob die Alpingeschichte neutral, d. h. eine harmlose Aneinanderreihung von Tatsächlichem sei (ohne die Tat in der Sache zu benennen)

Was passiert, wenn man sich der Möglichkeit einer Subjektzersetzung nicht entzieht?

5. Anders als in Studie 1 verwende ich hier Literatur, die eher geläufig ist und heute noch gelesen wird. Die Auswahl war dennoch nicht einfach. Es gibt kein eindeutiges Kriterium, um festzustellen, welche Bergbücher zu den gelesenen gehören und welche nicht. Aus diesem Grund habe ich eine Reihe von Merkmalen miteinander kombiniert.

Berücksichtigt wurden Auflagenstärke und -anzahl, Querverweise innerhalb des alpinen Schrifttums, Rezensionen in alpinen Fachzeitschriften, der Bestand in diversen AV-Bibliotheken und der UB Innsbruck, das Vorkommen älterer und alter Bücher in aktuellen Katalogen von Antiquariaten, der Bekanntheitsgrad einzelner Bücher bei mir bekannten Alpinisten sowie Liebhabern von Alpinliteratur (was ich durch Gespräche herausgefunden habe) und meine eigenen Erfahrungen im Umgang mit dieser Literaturgattung. Daraus ergab sich eine nicht nur willkürliche Auswahl alpiner Werke, die sowohl für BergsteigerInnen als auch für WissenschaftlerInnen reizvoll erscheinen.

HEILSPFAD DER SEELE
(Dante Alighieri)

Vielleicht ist es vermessen, Dante Alighieri als Vorreiter der späteren Alpinisten zu bezeichnen, aber einige Textstellen in seinem Werk „Divina Commedia" (Die Göttliche Komödie) legen solche Überlegungen nahe. 1265 in Florenz geboren, genoß Dante eine gründliche Ausbildung und schlug mit 30 Jahren eine politische Laufbahn ein; nachdem er geheiratet und mit seiner Gemahlin Gemma, aus dem Adelsgeschlecht der Donati, mindestens vier Kinder gezeugt hatte, wurde er schließlich mit dem Bannfluch der Stadt belegt und mußte ins Asyl, nach Verona, Padua, Lucca und Ravenna, wo er 1321 starb.

In seiner „Divina Commedia" versucht Dante das geographische, theologische, kosmologische, physikalische und politische Wissen seiner Zeit weiterzugeben. Darüber hinaus vermittelt uns dieses monumentale Epos – in die drei Abschnitte Hölle, Läuterungsberg und Paradies gegliedert – frühe Kenntnisse vom Berg an der Wende vom 13. zum 14. Jahrhundert. In der Gestalt eines Wanderers, der sein Heil sucht, klettert Dante zuerst hinab zur Hölle. Es begleitet ihn der Dichter Vergil, der hier als eine Art Bergführer fungiert und die Vernunft, Wissenschaft und Philosophie verkörpert. Die Hölle (Inferno) ist in das Innere eines Berges verlegt, und der tiefste Punkt, der Erdmittelpunkt, ist der schaurige Aufenthaltsort Luzifers. Zu ihm steigen sie trichterförmig durch neun Kreise hinunter. Dieser Abstieg erinnert an ein ausgewachsenes alpines Unternehmen. Gefährliche, wilde Felsabstürze sind zu passieren, man muß an Felsplatten und zackigen Felsrippen vorbei. Auffallend ist, daß Dante neben einer Reihe von Allegorien und mythischen Bildern, die typisch für das Mittelalter sind, auch realistische Beobachtungen einschließt, was über seine Zeit hinausweist.[4]

„Es war der Ort, wo wir vom Strand zu steigen
Gekommen waren, felsig und ob dessen
Der dort war, jedem Auge voller Grauen.
Wie jener Felssturz, der in der Flanke
Diesseits von Trient einst die Etsch getroffen
Durch Erderschütterung oder schwache Stütze,
Daß von des Berges Gipfel, wo er anfing,
Zur Ebene so der Felsen steil geworden,
Daß kaum ein Weg zum Abstieg noch verblieben,
So war der Weg, der dort zum Abgrund führte."
(Inferno II, 1–10)[5]

Konkrete Ortsangaben kommen immer wieder vor[6] und lassen ebenso wie die genauen Situationsbeschreibungen typisch alpiner Gegebenheiten und die gutgemeinten Ratschläge seines „Bergführers" darauf schließen, daß der Autor selbst erlebt hat, was er schildert:

„So hat er (Vergil, HP), während er mich aufgehoben
Auf einen Fels, schon eine andere Klippe
Erspäht und sagte: Dort mußt du dich halten,
Doch prüfe, ob sie dich auch tragen werde."
(Inferno XXIV, 27–30)

Von der Hölle gelangen Dante und sein Begleiter über eine Schlucht zur südlichen Erdhälfte. Aus den Fluten des Meeres erhebt sich ein steiler Kegel, der Läuterungsberg (Fegefeuer, Purgatorio). Er wird über neun Terrassen erklommen.

„Wir steigen auf durch eine Felsspalte,
Die sich auf beiden Seiten leicht bewegte
Wie Wellen, die sich nahen und fliehen.
‚Hier muß man dringend etwas Kunst gebrauchen',
Begann mein Führer da, ‚sich anzupassen
Bald da, bald dort den ausgebognen Wänden'!"
(Purgatorio X, 7–12)[7]

Neben dem praktischen Verhalten im alpinen Gelände und der Langwierigkeit des Aufstiegs hören wir aber auch vom Reiz der Bergnatur:

„Da hat mein Geist, der erst noch eng gebunden,
Sich ausgeweitet, neuen Blicken offen.
Und meine Augen kehrten zu dem Berge
Der nach dem Himmel auf am höchsten steigt.
Die Sonne hinter uns in roten Gluten
Hat einen Schatten vor mir hergeworfen."
(Purgatorio III, 12–17)

„Gedenk, o Leser, wenn dich in den Alpen
Ein Nebel überkam, durch den du sahest
Nicht anders als durch seine Haut ein Maulwurf;
Wie wenn die dichten, feuchten Nebelschwaden
Sich zu zerstreuen beginnen und die Scheibe
Der Sonne allmählich sie durchdringet;
Dann wird es deinem Geiste leicht gelingen,
Dir vorzustellen, wie ich dort erblickte
Die Sonne wieder, schon im Untergehen."
(Purgatorio XVII, 19)

Im Berg scheinen Erde und Himmel, Welt und Überwelt miteinander zu verschmelzen. Wo der Berg sein Ende hat, da hört auch die Pilgerreise als Bergfahrt auf. Die Mühseligkeiten und Anstrengungen des Anstiegs, welche zugleich Verzicht und Entsagung verlangen, haben den Pilger für den Himmel (Paradiso) vorbereitet. Nun werden Dante und sein Begleiter in eine andere Logik aufgenommen, ihr menschliches Erkenntnisvermögen hat beim Übertritt in den Himmel ausgedient. Beatrice,[8] Sinnbild für den Glauben und die Gnade, führt hier den Pilger weiter.

Erst der Glaube an die Erlösung macht den Menschen – durch den Sündenfall gebrochen – heil, d. h. fähig zur unmittelbaren Gottesschau als höchstem Ziel und größter Sehnsucht des Menschen. Der Berg ist hier Metapher für diese Wanderschaft der Seele. Als Realität erscheint er, den damals üblichen Vorstellungen entsprechend, als etwas kaum Faßbares, Undurchschaubares, Bedrohliches, dessen höchste Regionen weder begeh- noch beschreibbar sind. Daher ruft der Umgang mit dem Berg Angst, Zweifel und Zagen hervor;[9] der „Bergsteiger" Dante zögert und ist kein Held.

Die „Göttliche Komödie" unterscheidet sich in der Länge von älteren, ebenso religiös motivierten Texten. Sie umfaßt insgesamt 100 Gesänge (34, 33, 33) und ist in drei Büchern gesammelt. Mit *Dante* geht die mittelalterliche Geisteswelt in ihrer ungebrochenen Geschlossenheit (Vereinigung von Glauben und Wissen) in Italien zu Ende.

EIN ZWIESPÄLTIGER ORT
(Francesco Petrarca)

„Den höchsten Berg unserer Gegend, der nicht unverdienterweise der windige (ventosus) genannt wird, habe ich gestern bestiegen, lediglich aus Verlangen, die namhafte Höhe des Ortes kennen zu lernen."
(zit. in „Frühe Zeugnisse" = FZ 1986, 34)[10]

Damit beginnt Francesco Petrarca, erster „Erzvater des Alpinismus"[11], seinen Bergbericht.[12]

Die Textstelle setzt uns über zweierlei in Kenntnis:

Zum einen erfahren wir etwas über den Berg, er ist der höchste in Petrarcas unmittelbarer Umgebung, somit stark dem Winde ausgesetzt;[13] zum anderen hören wir etwas über das Motiv der Besteigung.[14]

Wie Dante möchte auch sein Schüler Petrarca den Gipfel erreichen. Aber was ihn leitet bzw. durch ihn problematisiert wird, ist anderes. Petrarca schneidet einschlägig alpinistische Fragen wie z. B. die Partnerwahl an, die ihm schwerfällt:

„Da ich mir aber die Wahl eines Reisegefährten überlegte, schien kaum irgendeiner meiner Freunde allseitig passend dafür; so sehr ist auch unter Nahestehenden jene genaueste Übereinstimmung des Gemütes und der Lebensweise eine seltene; der eine mir säumiger, der andere wachsamer, der eine langsamer, der andere schneller, der eine trauriger, der andere fröhlicher, der eine dummer, der andere klüger, als ich wünschte; bei dem einen schreckte mich die Schweigsamkeit, beim anderen die Geschwätzigkeit, beim einen seines Leibes Gewicht und Fette, beim anderen die Magerkeit und Schwäche; hier war die kühle Gleichgültigkeit, dort die allzu hitzige Tätigkeit zu bedenken – kurz, was man zu Hause geduldig hinnimmt – denn die Liebe erträgt ja alles, und die Freundschaft weigert sich keiner Last – dasselbe wird auf der Reise oftmals erdrückend." (ebd. 35)[15]

Nach längerem Hin und Her entscheidet sich der Dichter und Philosoph für die Mitnahme seines jüngeren Bruders, der sich darüber sehr freut. Im Anschluß werden wir über die einzelnen Etappen der Bergtour unterrichtet. Petrarca beschreibt den Aufbruch,[16] daß er „etliche dienende Leute" (meines Wissens zwei) mitnimmt und der Berg „nicht ohne große Schwierigkeiten" zu besteigen sei. Sie gründen darin, daß es sich um „eine steile und kaum zugängliche Masse felsigen Terrains" handelt.[17]

Der Autor trennt zwischen Natur und Mensch:

„Der Tag war lang, die Luft mild; die Gemüter waren entschlossen, die Körper stark und geübt im Marschieren; nur die Natur des Ortes schuf uns Hindernisse." (ebd. 36)

Die Natur ist einfach da, sie schafft keine Hindernisse, außer man hat mit ihr etwas Bestimmtes vor, das ihr Dasein als widerständig empfinden läßt. Man will hinauf, und so wundert es nicht, daß selbst die Mahnungen eines alten Hirten den Trupp nicht von seinem Vorhaben abbringen können.[18] Schließlich gibt der Einheimische nach und weist ihnen den Weg.[19]

Bald ist der tatsächliche Einstieg erreicht, und man bereitet sich auf größere Schwierigkeiten vor:

„Bei jenem (Felsen, HP) ließen wir zurück, was uns an Gewändern und Gerät lästig war; gürteten und schürzten uns nun lediglich für die Bergbesteigung und stiegen wohlgemut und hitzig empor." (ebd.)

Diese Textstelle verrät, daß Petrarca kein geübter Bergsteiger war. Er geht die Sache zu schnell an, die Folgen stellen sich prompt ein:

„Aber, wie es zu gehen pflegt – auf mächtige Anstrengung folgt plötzliche Ermüdung. Wir machten also nicht weit von da auf einem Felsen halt; von dort rückten wir wiederum vorwärts, aber langsamer, und ich insbesondere fing schon an, den Gebirgspfad mit bescheidenerem Schritt zu beschreiten." (ebd.)

Petrarca macht weitere Fehler eines Unerfahrenen. Im Unterschied zu seinem Bruder, der „auf einem abschüssigen Pfad mitten über die Joche des Berges zur Höhe empor(strebte)", wendet sich der Dichter als „weicherer Steiger" in der Hoffnung, „von der anderen Seite leichter emporzukommen", mehr „den Schluchten zu". Die Rechnung geht nicht auf, es vermehrt sich nur die Anstrengung:

> „Dieser Vorwand sollte die Entschuldigung meiner Trägheit sein; während die anderen schon hoch auf der Höhe standen, irrte ich noch durch die Täler, ohne daß irgendwo ein sanfterer Aufweg sich auftat; nur mein Weg ward verlängert und die unnötige Arbeit erschwert. Indessen, da ich mißmutig mich meines Irrtums ärgerte, beschloß ich, geradewegs die Höhe zu erstreben, erreichte auch wirklich müd und mit zitternden Knien meinen Bruder, der sich mit langem Ausruhen erquickt hatte, und wir gingen ein Stück weit gleichen Schrittes." (ebd. 37)

Der Gleichschritt hält nicht an, und Petrarca verfällt wieder in seine vorige Gehweise:

> „Kaum aber hatten wir jene Höhe verlassen, so vergaß ich meine frühere Erfahrung und kam wieder mehr zur Tiefe hinab – und indem ich etliche Täler durchwandelt und die leichten langen Wege einhielt, bereitete ich mir selber große Schwierigkeit, denn ich schob die Mühsal des Emporsteigens zwar hinaus, aber durch des Menschen Ingenium wird die Natur der Dinge nicht verändert, und niemals wird es möglich werden, daß einer durch Abwärtssteigen in die Höhe gelange." (ebd.)[20]

Diese Einsicht ist so simpel wie richtig und beinhaltet noch etwas anderes. Zur Orientierung in unübersichtlichem Gelände empfiehlt es sich, einen Kamm oder eine Kuppe zu besteigen. Obwohl Schluchten, Gräben und Täler einem das bisweilen unheimliche Gefühl des Ausgesetztseins ersparen, eignen sie sich nicht zur Orientierung. Petrarca zieht die Konsequenz aus seinem Verhalten in Form einer Metapher. Er vergleicht den realen Bergweg mit dem Pfad der Seligkeit, die Bewegungen des Körpers mit denen der Seele.[21] Obschon letztere unsichtbar vor sich gehen, ist in beiden Fällen der Qual und Anstrengung nicht auszuweichen. Man nimmt sie also besser gleich auf sich.[22] Wie Dante verlegt auch Petrarca die Erlösung der Seele auf den „Gipfel der Seligkeit", hoch über das Tal. Endlich nähert sich die Gruppe dem materiellen Gipfel des Mont Ventoux.[23]

> „Auf seinem Scheitel streckt sich eine kleine Ebene, dort hielten wir ermüdet Rast." (ebd. 39)

Während der Gipfelrast befällt Petrarca eine Schaulust:

> „Zuerst denn, von ungewohntem Zug der Luft und dem freien Schauspiel ergriffen, stand ich wie ein Staunender; – ich schaue zurück: da lagerten die Wolken zu meinen Füßen. Schon erschien mir minder fabelhaft der Athos und Olympus, da ich das, was ich von jenen gehört und gelesen hatte, an einem minder berühmten Berge erschaue. Hernach wende ich den Strahl des Auges nach der italienischen Seite, wohin sich am meisten die Seele neigt: starr und schneebedeckt und ganz in meiner Nähe erschienen mir die Alpen, durch welche einst jener wildeste Feind des römischen Namens sich einen Durchgang bahnte und, wenn der Sage zu glauben, mit Essig die Felsen sprengte; – und doch sind sie ein Beträchtliches von hier entfernt." (ebd.)

Diese Beschreibung, der noch weitere folgen,[24] unterscheidet sich von den bisherigen Schilderungen: Der Berg wird aus der Sicht dessen gezeigt, der mit ihm körperlich umzugehen hat, an ihm handeln muß (abschüssiger Pfad, steile, kaum zugängliche Masse, windig usw.). Die Gipfelsicht scheint von den konkreten Handlungszwängen losgelöst zu sein. Sie erinnert den Betrachter an Gehörtes und Gelesenes, weist ihn als jemanden aus, der ein historisches Bewußtsein entfaltet. Aber es wird Zeit, den Abstieg anzutreten. Vorher zieht Petrarca „ein erprobtes Werklein" hervor, das „ich allezeit zu Handen führe, klein von Umfang, aber unsäglich süß von Inhalt".[25] Es handelt sich um die „Bekenntnisse" des Augustinus.[26] Willkürlich greift er eine Passage heraus, und, „wie ich die Augen auf das Blatt senkte, stund geschrieben: (...) Da gehen die Menschen, die Höhe der Berge zu bewundern und die Fluten des Meeres, die Strömungen der Flüsse, des Ozeans Umkreis und der Gestirne Bahnen, und verlieren dabei sich selber."[27] Die Lektüre macht ihn sehr betroffen, er zürnt sich selbst, da er den irdischen Dingen anstelle des erhabeneren Geistes so viel bewundernde Beachtung geschenkt hat. Er zieht sich in sich selbst zurück. Petrarca bewältigt den Konflikt zwischen Sinne/Materie/äußerem Blick und Ent-Sinnlichung/Geist/innerem Blick mit Schweigen.[28]

Nach dem Abstieg, der ohne Komplikationen verläuft, kehrt Petrarca unter „großer Erregung des Herzens" in der „gastlichen Hütte des Hirten" ein, wo „die Diener mit Herbeischaffung der Abendmahlzeit beschäftigt sind". Er selbst begibt sich „in einen angelegenen Teil des kleinen Hauses", um das Erlebte „eiligst und aus frischem Gedächtnis zu schreiben, damit nicht, wenn ich's verschiebe, durch Änderung des Ortes auch die Gedanken ein ander Gewand erhalten und der Eindruck sich abschwäche".[29]

Petrarca ist um Intensität und authentische Wiedergabe bemüht, und er hat aus dem alpinen Unterfangen gelernt – er will nichts aufschieben. Seine Darstellungsweise nimmt vorweg, was in alpiner Literatur wiederkehrt.[30] In Petrarcas ungestümem Verlangen, die „Höhe des Ortes kennen zu lernen", schwingt noch eine andere Hoffnung mit. Er wollte, daß seine Gedanken, „die so lange schweifend und unstet sind, endlich ihre Ruhe finden und nach nutzlosem, vielfältigem Umhergeschleudertsein sich dem einen Guten, Wahren, Sicheren und Bleibenden zuwenden mögen".[31] Dies ist gerade auf dem Gipfel des Berges nicht eingetreten, wo er seinen Blick von einem Ort zum anderen wandern läßt. Nicht zufällig greift Petrarca irgendwann zu Augustinus, um sich vom Denken und der Sinneslust abzuwenden. Dasselbe tut er – mit einer Ausnahme – während des Anstiegs nicht. Hier scheinen die Sinne im Tun gebunden und die Gedanken durch die Anstrengung gezähmt. Der so ersehnte innerliche Friede stellt sich offensichtlich erst dann ein, wenn die Konzentration auf das jeweilige Tun gerichtet ist. Selbstvergessen fallen Denken und Handeln zusammen, Körper und Geist sind aufeinander bezogen. Erst in diesem Zusammenwirken mag die Seele Schritt um Schritt Erlösung finden.

MÜHSELIG-BEDRÄNGENDE ÜBERGÄNGE
(Felix Faber)

Im Mittelalter machten sich Tausende Menschen zu einem fernab gelegenen Reiseziel – nach Italien, Spanien oder sogar ins Heilige Land – auf.[32] Wenige hielten ihre Reise schriftlich fest. Vermerkt wurden meist flüchtig jene Orte und Städte, in denen man nächtigte. Eine Ausnahme ist der Dominikanerpater Felix Faber (1441–1502) von Ulm, der seine zweite Pilgerfahrt ausführlich beschreibt. Vom 13. April 1483 bis zum 29. Jänner 1484 reist er ins Heilige Land und beginnt mit seinen Aufzeichnungen bereits am ersten Tag. Seine abenteuerlichen Schilderungen haben den Reiz von persönlich Erlebtem, sind zwar in den topographischen Aussagen nicht immer verläßlich, vermitteln aber eindrücklich damalige Reisebedingungen:

> „Am 16. (April) verließ ich allein in aller Frühe Reutte und erreichte die Rätischen Alpen. Der Eintritt in dieselben und der steile Anstieg ist bei Regenwetter sehr schlecht und grundlos kotig. Mein Weg war sehr schlecht, am Tage vorher hatte es nämlich geregnet, und in der darauffolgenden Nacht über den Kot noch geschneit, so daß ich die Pfützen und die tiefen Löcher nicht wahrnehmen konnte. Das Pferd, das ich an der Hand emporführte, sank bei jedem Schritte bis zum Bauch in den Schlamm und ich ebenfalls bis über die Knie. Wo Gruben waren, sanken wir noch tiefer ein. Nachdem ich die Sperrfestung der Rätischen Alpen, welche Ehrenstein genannt wird, passiert hatte, kam ich endlich doch bis zum Anstieg des Fernpasses (montis Fericii)." (zit. in FZ 1986, 60f)

Faber berichtet noch von einem zweiten Paß:

> „Am 18. Tag stieg ich von Matrei höher ins Gebirge und kam über ein Bergjoch, das Brenner genannt wird, wo ich unter heftiger Kälte zu leiden hatte. Hier fehlt es selbst in der Sommerszeit nicht an Schnee, Reif und Eis. Von diesem Joche stieg ich auf der anderen Seite einen langen Weg hinab und gelangte in die Stadt Sterzing (Stertzingen), wo ich im Gasthause meine Herren mit anderen Adeligen und ihren Dienern antraf." (ebd. 62)

Bei seiner Rückreise erlebt Faber im Höhlenstein- und im Pustertal eine bisher ungekannte, seine Kräfte übersteigende Anstrengung. In der Darstellung derselben erfahren wir von einer Reihe anderer Abenteuer, die er bereits erfolgreich bestehen konnte:

> „Nachdem wir diese Verschanzung hinter uns hatten, kamen wir in ein sehr arges Gebiet, wo wir auf den Pferden bis zum Leibe in den Schnee einsanken, und wer abstieg, wurde bis zum Rücken voll Schnee. Denn der Schnee war nur auf der Oberfläche ein bißchen durch die Kälte erhärtet, so daß die Pferde bald mit dem einen, bald mit dem anderen, bald mit den vorderen, bald mit den hinteren Füßen einbrachen, daher kam es mit den Pferden zu einer solchen Schinderei, daß wir nicht mehr hofften, sie anders als krumm oder sonst unbrauchbar zu erhalten. Wir waren sicher in größter Gefahr und alles, was ich bis zu dieser Bedrängnis durchgemacht hatte, schien mir eine Kleinigkeit zu sein. Ich war wahrhaftig entsetzt, und die Geisteskräfte verließen mich, und gleich, als wäre nun meiner Reise ein unüberwindliches Hindernis gesetzt, sagte ich verzweifelnd zu mir: O armer F. F. F. (Frater Felix Faber), ich konnte den tiefsten Abgrund des Meeres befahren und bis zu den Sternen aufwallende Wogen mit kleinem Fahrzeug durcheilen, ich habe das weite Ufer des ganzen Mittelmeeres unter tausend Klippen und klingenden Felsen durchzogen, habe rauhe Berge bestiegen und gefährliche Täler durchwandert, dunkle Höhlen durchkrochen, die Aufenthaltsorte wilder Tiere durchsucht und die heimliche Dunkelheit der Wälder und Haine; habe Städte um Städte durchwandert, und was viel fürchterlicher ist, ich bin bis zu den Toten hinabgestiegen und in die schattige Wohnung der Unterwelt eingetreten, habe die Eingeweide der Erde mit meinen Augen gesehen, und jetzt, an der Grenze des ersehnten Heimatlandes stehend, bannen mich Schneemassen fest wie den tapferen Schwa-

benfürsten Brennus (nach dem der Brennerpaß benannt worden sein soll, HP), der nach siegreicher Unterwerfung ferner Länder auf der beutereichen Rückkehr in den Schneemassen dieser Alpen mit all den Seinen zugrunde ging. Wie kann ich Unglücklicher mich im hohen Schwung von des Berges Höhe in jenes ersehnte Heimatland bringen? [...] Soll nicht irgendwoher Hilfe kommen nach all den erduldeten Mühen, allen den bestandenen Schrecken und überwundenen Hindernissen! Ich darf in diesem dunklen Tal voll Schnee nicht ohne Vorwurf von Unbesonnenheit zurückbleiben!
Endlich kamen wir nach Überschreitung gefährlicher Wasserstürze in einen kleinen Ort, der Niederdorf heißt. Nach sehr großen Schwierigkeiten kamen wir an, die Pferde konnten hier nach den ungeheuren Anstrengungen verschnaufen und wir auch." (ebd. 270–72)

Schnee- und Wassermassen erschweren das Weiterkommen:

„Augsburger Kaufleute stiegen auf eigenem Wege ins Gebirge, ich aber und Johannes Müller stiegen vom Grunde aus gerader Richtung auf der Reichsstraße zur Brennerhöhe empor. Das war infolge der uns entgegenströmenden Wassermassen mit großen Mühseligkeiten verbunden, denn wegen der Schneeschmelze strömte uns auch auf der neuen Straße, die der Herzog von Österreich im Jahre vorher hatte anlegen lassen, reichliches Gewässer entgegen. Auf dem alten Wege wären wir auf keinen Fall weitergekommen, denn ein wahrer Wildbach schoß durch ihn unter wunderlichem Geräusch der angebrandeten Steine und Felsen herab. An diesem Tage ritten wir über viele, künstlich und mit Fleiß vom Fürsten Sigismund unter großem Aufwande neu angelegte Wege, wie er solche in dem ganzen ihm gehörigen Berggebiete, zu seinem bleibenden hohen Gedächtnis, gebaut hatte." (ebd. 74f)

Besondere Lawinengefahr herrschte während der Schneeschmelze im Wipptal.

„In diesem Gebirgsgebiete sind mächtig hohe Bergspitzen, und im Winter, vor allem zur Zeit der Schneeschmelze, ist der Übergang sehr gefährlich, weil von den höheren Bergen die Schneemassen losbrechen und im Abstürzen zu ungeheuren Lawinen wachsen, die mit solcher Kraft und solchem Getöse zu Tal gehen, als würden die Berge mit Gewalt auseinandergerissen. Alles, was einer solchen Lawine in den Weg kommt, reißt sie mit fort; Felsen hebt sie aus ihrem Lager, entwurzelt Bäume, erfaßt Häuser, reißt sie mit sich, und überschüttet manchmal ganze Orte." (ebd. 75f)

Erfreuliches notiert der Autor über das Inntal:

„Gegen Mittag aber stiegen wir von diesen Gebirgsgegenden gegen das weite Tal des Inn (Inis) nieder. Das Tal ist lieblich und erfreulich und gar fruchtbar. Von den Bergen niederschauend, sahen wir drunten zwei Städte, nämlich Innsbruck und Hall (Halla), und große stadtähnliche Dörfer und mitten durch das Tal den schiffbaren Lauf des Inn." (ebd. 77)[33]

Es fällt auf, daß Faber – mit Ausnahme des „Wettrach" (Wetterstein) – keine Berge beim Namen nennt, sich gar nicht mit ihnen befaßt. Es geht ihm nur um Pässe, Jöcher, Übergänge und Täler – also um das, was zur damaligen Zeit begehbar und bekannt war.

VON WUNDERHOCH-GRAUSAMEN GEBIRGEN
(Johannes Stumpf)

Ähnlich wie Faber, nur später und ohne ein so großes Reiseziel, begibt sich Johannes Stumpf[34] in der Schweiz immer wieder auf Wanderschaft:

„Darfür gadt man über Joch, ein überauß hoch gebirg, in die Alp und zuo dem See Engstlen genennt, und fürter ins Haßletal an die Aar. Disen wilden wäg bin ich selbs gangen im jar 1544." (zit. nach Meyer von Knonau im J. d. S.A.C 1883, 429f)[35]

In einem weiteren Kapitel gibt der Chronist eine schöne Naturbeschreibung obigen Joch-Passes:

„Es ist ein wunderhoch gebirg; doch fart man darüber mit saumrossen. Gleych nebend den obristen spitzen und velsen dises gebirgs ligt der Engstlisee, empfacht über die velsen herab das wasser auß dem firn und schnee, ist lauter und schön, hatt doch kein visch, mag auch keinen, ob man sy gleych etwan dareyn gethon, behalten, von wegen seiner wilde, und daß er winterszeyt mit yß und schnee zelang bedeckt und summerszeyt zevil kalt ist. Auff Engstlen ligt ein Alp, darinn man in mitten des summers vom monat Junio biß in Augsten etwan auff zwen oder dritthalben monat die küe erhaltet; dann selten ist es lenger bloß von schnee. In diser Alp laufft ein brunn oder wässerlein auß einem velsen herauß in ein grueben, darinn man das vych trencket." (ebd. 430)

Nun befaßt sich der Autor langatmig mit den seltsamen Eigenschaften dieses periodisch fließenden Quells und resümiert mit Gott, der Sorge trage, sogar in „disem grausamen Alpgebirg", daß die Besucher sich zu wundern haben. Ausführlich redet er über die gewaltigen Gebirge des Wallis. Wir erfahren, daß es sich um ein eng eingeschnittenes Tal mit vielen Nebentälern handelt, das umschlossen ist von sehr hohen Bergen, die ständig mit Schnee, Firn oder Gletscher bedeckt sind. Dort ist es nicht gerade bequem zu leben, denn wenn man den Ort wechseln will, muß man über Berge, rauhe Felsen, Pässe und gefährliche Wege.

Schon allein der Anblick erweckt ein Grauen.³⁶ Dessen ungeachtet ist aber das Talgelände fruchtbar. Es gibt Getreide, Obst, Baumfrüchte, viel Wald und sogar Bergwerke. Stumpf ist neugierig und erkundigt sich bezüglich der Art des Anbaus und der Zeit der Ernte.³⁷ Er merkt an, daß sogar Weine hier gedeihen und haltbar sind. Über die Bewohner sagt er, daß sie ein starkes, streitbares Volk seien, das doch bereits den Römern zu schaffen gemacht hätte. Sie seien außerdem arbeitsam, besonders abgehärtet gegen Hitze und Kälte und sehr an Bildung interessiert. Die jungen Knaben hat man schon seit langem zu einer Lehre oder einer Schulausbildung angehalten, will doch jeder einen Gelehrten in der Familie haben.³⁸ Daneben beschreibt der Chronist die eigentümliche Bauart der Häuser in den sich drängenden Dörfern. Stumpf ist bis nach Graubünden gekommen und hat ein umfangreiches Wissen zusammengetragen. Dieses Wissen, das er sich mehr oder weniger alles ergangen hat, finden wir in Form von Notizen, Skizzen, kleinen naturkundlichen Messungen, verschriftlichten Gesprächen mit den Bewohnern, genauen Beobachtungen ihres Alltags. Stumpf richtete seine ganze Aufmerksamkeit auf das, was er vorfand.

Die Berge waren für ihn etwas „wunderhohes, grausames" und die Überschreitung der Joche ein gefährliches Wagnis. Detaillierte Beschreibungen alpiner Situationen fehlen, um so mehr erstaunt die Geschicktheit, mit der Stumpf Kultur, Geschichte, Erd-und Ortsbeschreibungen miteinander verbindet. Außerdem überrascht sein sachlich-deskriptiver Stil. Es entsteht der Eindruck, das Gehen habe ihn erfreut, und er habe sich an den präzisen Aufzeichnungen gestärkt. Im Unterschied zu Faber waren für Stumpf diese Gebirgsgegenden nicht Durchzugsorte oder gar ein notwendiges Übel, um zum Ziel zu kommen. Sie waren vielmehr Beweggrund und Gegenstand der Reise.

EIN REICH ZUR ERGÖTZUNG DER SINNE
(Conrad Gesner)

Im folgenden steht ein 2132 m hoher Berg am Vierwaldstätter See im Mittelpunkt. Es ist der sagenumwobene Pilatus. Mehrere Jahrhunderte war die Sage verbreitet gewesen,

> „der Berg Pilatus sei nach dem Landpfleger von Judäa benannt, weil dessen Leichnam in den See versenkt worden, der dort oben liegt. Wehe dem, hieß es, der durch Geschrei, oder durch einen Steinwurf ins Wasser die Stille des Ortes störe, wo der unbarmherzige Richter Christi endlich seine letzte Ruhe gefunden! Gefährliche Unwetter entstünden als Folge solchen Frevels." (Ziak 1956, 35)

Conrad Gesner erinnert die Sage etwas anders:

> „Er (der See oder besser Sumpf des Pilatus, CG) nimmt den Grund eines kleinen Tälchens ein, hat vielleicht zwölf Manneslängen und man sagt, daß in ihm Pilatus und in einem kleineren Seelein in der Nähe seine Frau ertrunken sei. [...] Wenn jemand absichtlich etwas in den See wirft, so sagt man, daß die ganze Gegend durch Unwetter und Überschwemmungen gefährdet sei." (zit. in FZ 1986, 147)³⁹

Der erste Versuch (1387), ihn zu ersteigen, ging für sechs junge Geistliche aus Luzern unglücklich aus. Als sie in die Stadt zurückkehrten, steckte man sie kurzerhand ins Gefängnis, da selbst die Kirchenbehörden von Luzern – dem Aberglauben des Volkes zugeneigt – ein Verbot für die Pilatusbesteigung aussprachen.⁴⁰ Rund 150 Jahre später (1518) versuchten sich vier Wissenschaftler am Berg.⁴¹ Als sich 1555 schließlich der Naturforscher Conrad Gesner⁴² den Berg vornahm, bezog er zum Pilatusmythos Stellung:

Er bezweifelt, daß Pilatus je an diesem Ort gewesen und nach seinem Tod soviel Macht gehabt haben soll.⁴³ Der Gelehrte zog mit vier Begleitern los, wobei er einen Führer mitnahm.⁴⁴ Sein Bericht enthält bereits Bekanntes, aber auch Neues.⁴⁵ Gesners Motive zur Bergbesteigung können wir aus einem 14 Jahre vorher geschriebenen Brief an seinen Freund erschließen:⁴⁶

> „Ich habe mir vorgenommen, sehr geehrter Vogel, fortan, so lange mir Gott das Leben gibt, jährlich mehrere oder wenigstens einen Berg zu besteigen, wenn die Pflanzen in Blüte sind, teils um diese kennenzulernen, teils um den Körper auf eine ehrenwerte Weise zu üben und den Geist zu ergötzen. Denn welche Lust ist es, und nicht wahr, welches Vergnügen für den ergriffenen Geist, die gewaltige Masse der Gebirge wie ein Schauspiel zu bewundern und das Haupt gleichsam in die Wolken zu erheben. Ich weiß nicht, wie es zugeht, dass durch diese unbegreiflichen Höhen das Gemüt erschüttert und hingerissen wird zur Betrachtung des erhabenen Baumeisters." (Gesner im B, zit. in FZ 1986, 136)⁴⁷

Gesner hält sich an seinen Vorsatz, führt eine Reihe botanischer Untersuchungen im Gebirge durch, wendet sich aber auch – und das ist neu – eingehend dem menschlichen Körper zu. Ihn interessiert die körperliche, seelische und geistige Wirkung des Berges auf den Menschen.⁴⁸ Die Mannigfaltigkeit der Natur beansprucht die Sinne. Im Unterschied zu Petrarca kann Gesner, 200 Jahre später, die Lust und das Vergnügen am „irdischen Paradies" uneingeschränkt zulassen. Mehr noch, er macht dies sogar zur Grundlage des Bergsteigens, wenn er von der „angenehmsten Ergötzung der Sinne" spricht.⁴⁹ Gesner fächert die verschiedenen Sinne durch einen Exkurs in seinem Bericht auf; nach dem Tastsinn[50] das Sehen:

„Die Augen aber werden durch den wunderbaren und ungewohnten Anblick der Berge, Joche, Felsen, Wälder, Täler, Bäche, Quellen und Matten erfreut, weil mit prächtigen Farben alles grünt und blüht und weil, was die Gestalt derjenigen Dinge betrifft, die vor das Auge treten, das Ansehen der Felsen, Klüfte und Schluchten und der anderen Gegenstände wunderbar und seltsam ist und sowohl nach Gestalt als nach Größe und Höhe bewundernswert. Wenn du die Schärfe der Augen anstrengen, den Blick schweifen lassen und weit und breit hinaus und herumschauen willst, so fehlt es dir nicht an Warten und Felszinnen, auf deren Gipfeln du schon in den Wolken zu schweben scheinst. Wenn du dagegen vorziehst, den Blick auf das Nähere zu richten, so hast du grünende Wiesen und Wälder vor dir, ja du kannst sie durchwandern; wenn du dich aber noch mehr beschränkst, siehst du dunkle Täler, schattige Klüfte und finstere Höhlen. Dazu steht auf den höchsten Bergjochen die ganze Halbkugel unseres Himmels frei den Blicken offen und den Aufgang und Untergang der Gestirne kannst du leicht und ohne Hindernis beobachten, und die Sonne siehst du viel später untergehen und viel früher aufgehen." (BB, ebd. 142f)

Dem Sehen gibt Gesner besonders viel Raum und faßt darunter Unterschiedliches.[51] Sehen heißt vor allem Staunen und Betrachten, aber auch genaues Beobachten, Denken und Erklären:

„Hier (in den Bergen, HP) entspringen die reichen Quellen der Gewässer, die hinreichen, um die Erde zu tränken. Oft sind Seen auf den Berggipfeln, wie wenn die Natur ihr Spiel treiben würde und Freude daran hätte, das Wasser aus den tiefsten Brunnenschächten von weither emporzuheben." (B, ebd. 138)

Gesner kann einiges noch nicht erklären, z. B. wie Seen in Gipfelregionen entstehen. Er wendet sich den beiden anderen Elementen, Luft und Feuer, zu.

„Man kann im weiten Umkreis die Luft ausbreiten sehen, die genährt und vermehrt wird durch die unmerkliche Verdunstung der Berggewässer. Sie ist zuweilen in weiten Höhlen eingeschlossen und bringt Erdbeben hervor, die an einigen Orten dauernd sind." (ebd. 139)

Für die Entstehung der Berge und ihren Fortbestand macht er das feurige Innenleben der Berge verantwortlich.

„Im Berg ist auch Feuer, dessen Wirken, wie das eines Schmiedes, Metalle erzeugt. Anderswo zeugen heilkräftige warme Quellen von dem Dasein eines Feuers, besonders an mehreren Orten unserer Schweiz. Es kommt vor, daß Flammen hervorbrechen, wie am Ätna, am Vesuv und an einem Berg in Grenoble. An anderen Orten aber ist das Feuer wenn es sich auch nicht kundtut, im Erdinneren verborgen. Warum sinken die Berge in der langen Reihe der Jahrhunderte nicht zusammen, warum werden sie nicht aufgezehrt, weder durch Stürme, denen sie ständig preisgegeben sind, noch durch Regen und Wildwasser? Ohne Zweifel ist das Feuer die Ursache für die Entstehung der Berge wie auch für ihre Dauer." (ebd.)

Die „gewaltige Masse der Gebirge" wird von der Erde als eine „riesenhafte Bürde" getragen,[52] wodurch „die Natur sich gleichsam offenbaren und eine Probe ihrer Kraft geben will, indem sie ein solches Gewicht hebt, das dazu noch beständig mit gewaltigem Druck abwärts zieht".[53] Gesner erkennt bereits die Wirkung der Schwerkraft und schreibt über das Geheimnis der Gletscher.

„Ewig bleibt da (in den Gipfeln der Hochgebirge, HP) der Schnee; und der weiche Stoff, der sogar bei Berührung der Finger zerfließt, weist selbst die Angriffe der Sonnenglut ab. Er weicht auch nicht der Zeit, sondern gefriert nur immer mehr zu härtestem Eis und dauerndem Kristall." (ebd. 138)

Angesichts dieser durch Sattheit, Vielfalt und Fülle ausgezeichneten Natur[54] sieht der Gelehrte in jenem einen „Feind der Natur", der „die erhabenen Berge nicht einer eingehenden Betrachtung würdig erachtet".[55]

Dem Sehen, das sich zu einem umfassenden Wissen formiert, folgen das Gehör,[56] der Geruchs-[57]und der Geschmackssinn.[58] Weshalb habe ich Gesners psychologischem Abriß über die Wahrnehmung soviel Aufmerksamkeit geschenkt?

Er selbst gibt darauf eine Antwort, die ich sowohl praktisch als auch erkenntnistheoretisch für wichtig halte:[59] Es geht um ein freudvolles Denken als eine Art zusammenfassenden sechsten Sinn, der aus und in der Natur entsteht und sich an ihr vergnügt. Die Natur, insbesondere die Bergnatur, ist Grund für ein sinnlich/sinnvolles Denken.

Wenden wir uns noch einmal Gesners alpiner Tat zu. Er beschreibt sie, wie auch schon Petrarca, chronologisch: Die Bergreise beginnt mit dem Ausgangspunkt,[60] führt über den Ein-[61] und Aufstieg[62] zum Gipfel hinauf[63] und wieder retour.[64] Dabei fallen einige Bemerkungen bezüglich Proviant,[65] Nachtlager[66] und Ausrüstung:

„… und bald stiegen wir dreifüßig, das heißt gestützt auf unsere Stöcke, die sogenannten Alpenstöcke, welche man am unteren Ende meist mit einer eisernen Spitze versieht." (BB, ebd. 147)[67]

Wie man sonst bekleidet war, geht aus dem Bericht nicht hervor.

Ein fiktiver Dialog gegen Ende von Gesners Ausführungen bringt einen neuen Aspekt, das Erinnern und Erzählen, ins Spiel:

> „‚Aber das Gehen selbst und die Müdigkeit sind mühsam und beschwerlich. Es erwachsen auch Gefahren aus der Schwierigkeit der Wege und der Abgründe. Die Annehmlichkeiten einer guten Tafel und eines guten Bettes mangeln, – das mag sein, aber angenehm ist es, sich nachher an Mühen und Gefahren zu erinnern; es macht Freude, das alles im Geist wieder aufleben zu lassen und es seinen Freunden zu erzählen." (ebd. 145f)[68]

Gesners Beschreibung ist eine subtile Übermittlung von Wissen. Wir bekommen Einblick in die Lebensbedingungen, in das Natur- bzw. Bergverständnis, können uns die Gegend ungefähr vorstellen und erfahren außerdem noch eine Menge über Naturkunde, Medizin, Pädagogik und Wahrnehmungspsychologie. Gesner bemüht sich um Zusammenhänge und scheint vor allem die unermeßliche Natur zu lieben. An einer Stelle spricht er von der „Gewalt aller Elemente und der ganzen Natur",[69] was ihn, den Forscher und Gottgläubigen, sogar zur Akzeptanz dessen bringt, was man gemeinhin Aberglauben nennt.[70] Gesners Diskursivierung der Natur, des Berges und des Bergsteigens ist durchwegs geprägt von positiven Erfahrungen und voll der Bewunderung.[71] Er versucht weder die Einheimischen zu bekehren noch zu entwerten,[72] sondern stellt seine minutiösen Natur- und Selbstbeobachtungen neben den Mythos um den Berg. Mit ihm wird Naturbetrachtung zur Gottesschau.

EINSCHUB 1:
Von der Scheußlichkeit der Alpen

Spätestens hier könnte die Frage auftauchen, ob die alpine Geschichtsschreibung tatsächlich mit Dante anfängt und ob vorher nichts war. Bisher bin ich einer Wurzel des Alpinismus ausgewichen: dem Krieg. Auch oder gerade weil die Alpingeschichte mehr als genug davon zu berichten weiß, habe ich diesen Aspekt aufgeschoben.[73] Im kriegerischen Geschehen ist die Bergwelt negativ besetzt. Eine kleine Auswahl von Höhenfeindlichkeit bei den Römern gibt uns Franz: „Der Geschichtsschreiber Livius prägte das Wort von ihrer Scheußlichkeit (foeditas Alpium), der Lyriker Horaz nannte die Tiroler Berge schreckeinflößend (Alpes tremendae), und dasselbe Wort verwendete der Dichter Claudianus für einen Schweizer Paß (tremenda via). Gleichfalls nur Abstoßendes fand der Dichter Silius Italicus an den Alpen."[74] Was sahen nun diese in den Bergen? Simler gibt Italicus' berühmte Verse wieder:

> „Hier blinkt Alles von Frost; von dem Hagel und Eise der Urzeit, Starren beständig bedeckt die ätherischen Gipfel, und Phoebus, Trifft er die Ragenden auch mit den Strahlen des Morgens, / vermag doch / Nicht den verhärteten Reif an der flammenden Hitze zu schmelzen. / Wie sich des Tartarus Schlund, und das Reich voll bleichen Entsetzens / Tief zu dem Pfuhle der Nacht, zu den untersten Schatten hinabsenkt / Unter der oberen Welt, so weit nach oben erhebt sich / Hier das Gebirg', und verdunkelt den Tag mit geworfenen Schatten. / Niemals blühet der Lenz; es verschönt kein Sommer die Fluren; Ewig bewohnt, und allein, scheusäliger Winter die rauhen / Felsenhöhen umher; mit Gewalt zieht er von allen / Seiten das dunkle Gewölk, und den Regen und Hagel zusammen. / Jeder entfesselte Sturm und die Herrschaft wilder Orkane / Hat in den Alpen Sitz. Es erblickt voll Schwindels das Auge / Wie sich der Firn in die Wolken verliert. Kein Athos und Taurus / Übereinander getürmt, kein Pelion über dem Ossa/ Reichen hinauf; kein Mimas, Rhodope, Hämos und Othrys." (zit. in Simler 1984, 61)

Ähnlich über die Alpen denken auch andere.[75] Eine alpine „Großtat" fehlt in nahezu keinem Geschichtsbuch des Alpinismus: Hannibals Raubzug, die berühmteste aller Alpenüberquerungen. Im Herbst des Jahres 218 v. zieht er mit einem Heer von 50.000 Mann, 6000 Reitern und 37 Elefanten (die Angaben schwanken etwas)[76] über Teile der Pyrenäen und der Alpen, „vermutlich über den Mont Cenis, möglicherweise auch über den Mont Genèvre oder den Kleinen St. Bernhard".[77] Hannibal will die römische Republik, von Spanien kommend, über den Norden her angreifen, und man nimmt an, daß eine Reihe von technischen Maßnahmen getroffen werden mußten, um diese verlustreiche Unternehmung zu Ende zu führen. Die „Pioniere" sollen beispielsweise „im Weg stehende Felsen unter Zuhilfenahme von Feuer auseinandergesprengt (haben). Dazu mußten Bäume gefällt, das Hindernis geschichtet und angezündet werden."[78]

Obschon es sich um einen Blitzkrieg handelte, der vermutlich nicht länger als 15 Tage gedauert hat, löste diese Alpenüberquerung ein Dauerinteresse bei Strategen und Gelehrten aus. Die daraus gewonnen Erkenntnisse waren Grundlage für den Ausbau der zahllosen Römerstraßen über die Kämme der Alpen.[79] Dem Karthager wird sein Vorhaben jedoch nicht leicht gemacht, die Bergvölker wehren sich,[80] und seine Krieger fürchten sich vor den Alpen, so daß sie Hannibal motivieren muß:

> „Ich wundere mich, welch ein Schrecken plötzlich eure sonst so furchtlosen Herzen ergriffen hat! Nachdem ihr bei weitem den grössten Teil

des Weges zurückgelegt seht, die Pyrenäen mitten durch die wildesten Völkerstämme überstiegen, den Rhein, einen so großen Strom, trotz der Gegenwehr so vieler tausend Gallier übersetzt und die Alpen vor Augen habt – vor den Toren der Feinde steht ihr ermattet und stille? Für was anderes haltet ihr die Alpen als – für hohe Berge? Gesetzt, sie wären höher als der Rücken der Pyrenäen: fürwahr kein Land stößt in den Himmel und ist dem menschlichen Geschlechte unersteigbar! Die Alpen aber werden bewohnt, bebaut; erzeugen und ernähren lebendige Geschöpfe; sie sind für wenige gangbar, aber auch für Heere nicht unwegsam. Auch diese Gesandten, die ihr da seht, sind nicht Eingeborene Italiens, sondern eingewanderte Anbauer, und sie haben eben diese Alpen oft in großen Zügen mit Weib und Kind als Wandervölker überstiegen. Und einem bewaffneten Krieger, der nichts als seine Kriegsgeräte bei sich trägt, was ist diesem unwegsam oder unübersteigbar?" (zit. n. Livius in Perfahl 1984b, 30f)

Das Überreden hilft nur kurze Zeit, denn als die Krieger die Alpen aus nächster Nähe sehen, erschrecken sie laut Livius von neuem:

„... die Höhe der Berge, die beinahe in den Himmel reichenden Schneemassen, die an den Felsen hängenden unförmigen Hütten, die vor Kälte zusammengeschrumpften Rinder und Lasttiere, die struppigen und schmutzigen Menschen, die ganz – belebte und unbelebte – von Frost starrende Natur, kurz die ganze über alle Beschreibung scheußliche Erscheinung." (zit. ebd. 31)

Von der Häßlichkeit der Alpen hörten wir bereits; neu bei Livius ist das Erkennen, der Abstieg sei bisweilen schwieriger als der Aufstieg,[81] „was auch Polibios bestätigt:

‚Denn da (...) die Örtlichkeit von Natur aus eng und steil war, so bildete der frischgefallene Schnee überall eine dichte Decke, sodaß niemand die Wegspur erkennen oder bei einem Fehltritt schon auf den Füßen halten konnte; wer das Gleichgewicht verlor, stürzte augenblicklich in den Abgrund.'

Darin liegt gewöhnlich die Gefahr eines steilen Abstiegs von hohen Bergen, besonders wenn er über Schnee genommen werden muß", resümiert Simler.[82]

Unser Wissen über Hannibals Gewalttour beziehen wir aus den Berichten von Polybios und Livius. Was den Mythos einer Erstbesteigung betrifft, stellt Coolidge richtig, „Hannibal habe nie daran gedacht, einen neuen Weg zu suchen, sondern er beabsichtigte, die leichteste Route zu wählen, wobei er den Ratschlägen der Eingeborenen folgte. Wenn die Geschichte der Alpen mit der Traversierung durch Hannibal beginnt, so ist es, weil uns keine Nachrichten über die vorher von den einheimischen Völkerschaften benützten Übergänge überliefert sind".[83] Die Aufzeichnungen über Kriegshandlungen in den Alpen nehmen kein Ende;[84] die Kriegsgeschehnisse bilden die Semantik der alpinen Sprache mit aus.[85]

Exkurs: Berge sind Bildungsstätten bedrohter Zivilisierung

Greifen wir aus den vielen Einzeldaten zwei heraus. Bei Walter Schmidkunz fehlt die Erwähnung des Jahres 529; ein Zeitpunkt, der für die europäische Geistesgeschichte bedeutsam ist. Benedict von Nursia gründet sein Kloster auf dem hohen Monte Cassino. Dieser Klostergründung folgt die Entstehung einer Reihe weiterer Benediktiner-Abteien. Sie sind fast alle auf 800 bis 1200 m gelegen und kümmern sich nicht nur um Rodung und Urbarmachung. In diesen hochgelegenen Klöstern kommen Alpenbewohner verschiedener ethnischer und sozialer Herkunft zusammen; im Osten durch die Slawenmission und in den Bistümern Konstanz und Chur durch verdichtete Pfarreingliederung. In dieser alpinen Integration wird christlich-lateinische Lehre mit Bildung verbunden, deren wichtigste Träger die Mönche sind.

Um die Mitte des 8. Jahrhunderts entstehen weitere Klöster in den Hochalpen, die sich teils dem romanischen Klerus, teils dem germanischen Adel verdanken: Le Monêtiers, Luzern, Dissentis, Pfäfers, Füssen, Müstair, Scharnitz, Zell am See, Innichen und andere.[86]

Das zweite Ereignis steht auch in Schmidkunz' Auflistung: 563 zerstört ein gewaltiger Bergsturz im Rhônetal mehrere Bergdörfer, was eine allgemeine Reizbarkeit der Bevölkerung bewirkt. Unmittelbar darauf folgend vermerkt der Bischof Marius von Avenches dieses Ereignis in seiner Chronik; noch Jahrzehnte später erwähnt der Bischof Gregor von Tours dasselbe Geschehen. Lassen wir uns dieses ausführlicher berichten: Im Wallis, so berichtet seine Frankengeschichte, in der Nähe von Saint Maurice, lag an einem mächtigen Berg die Burg „Tauredunum". Sie hatte etliche Gehöfte; ihr Name kommt von einer vorrömischen keltischen Siedlung. Im Jahr 563 konnte man 60 Tage lang ein seltsames Dröhnen vom Berg hören, der schließlich in die Tiefe brach. Er riß Menschen (samt Hausrat), Häuser und Kirchen hinab.

Das hatte zur Folge, daß das tief eingeschnittene Rhônetal abgesperrt war, der Fluß sich staute und die Ufer im Oberlauf verwüstete. Plötzlich durchbrach der Fluß den Damm, die Flutwellen kamen über das Unterwallis, seine ahnungslosen Bewohner, ihr Vieh, ihre Mühlen, Kirchen und deren Diener. Das Wasser trat über die Ufer des Genfer Sees und über die Mauern der Stadt Genf, wodurch viele Menschen getötet wurden. Wo es zuvor gesicherte Zustände, Viehzucht und ein Netz von Pfarrkirchen und Klöstern gab, herrschte mit einem Schlag das Chaos. Die Zerstörung der zivilisierten Ordnung, hervorgerufen durch den Bergsturz, mag auf die romanischen Zeitgenossen wie ein Schock gewirkt haben. Die Nachricht drang über 500 km weiter bis nach Tours. Dort weiß der ortsansässige Bischof die Bergtragödie fortzusetzen: 30 Mönche durchwühlten die aufgerissene Bergflanke nach Erz und Eisen. Man fand, wonach man suchte; aber während dieser Wühlarbeit begann der Berg abermals zu dröhnen, was die Mönche nicht hinderte, weiterzugraben. Der Restberg stürzte ein und begrub alle Mönche unter sich; man hat sie nie mehr gefunden.

In diesen exemplarischen Geschichten werden Jahreszahlen lebendig, die darauf hinweisen, daß die der Bergwildnis abgerungene Zivilisation ständig bedroht und dadurch eine Kontinuität der Bildung nicht gesichert war.

Als Folge dieser Naturkatastrophen drangen ländliche, halbheidnische Völker immer wieder in die alpinen Randzonen ein. Die provinzial-römischen Christen fürchteten um ihre urbane Geborgenheit und wurden hinter den bröckelnden Grenzen zusehends nervös.[87]

Alpines Leben bildet sich in der Höhe, formt aber auch seine unteren Randzonen mit aus, was die beiden Beispiele veranschaulichen.

BELEHRUNG AUS ZWEITER HAND
(Josias Simler)

Dem „Begründer der alpinen Wissenschaft"[88] ist in den „Alpinen Klassikern" ein ganzer Band gewidmet. Die Rede ist von einem „stillen, fleißigen Gelehrten", der, wie er selbst von sich sagt, „nur ein zwanzig Meilen langes Tal" kennt, welches als Glarnerland identifiziert wurde. Obwohl er die Grenzen seiner Vaterstadt Zürich kaum überschritt, hat er das alpine Standardwerk verfaßt, das bis ins 18. Jahrhundert Gültigkeit hatte. Durch das 1574 erschienene Werk „De alpibus Commentarius" blieb der Theologe der Nachwelt als Alpinist erhalten. Das erste Lexikon der Alpen, eine alpine Enzyklopädie in lateinischer Sprache, lag vor, verfaßt von einem Autor, der, kränklich und körperlich zu schwach, um mit den Bergen in unmittelbare Berührung zu kommen, sein Wissen aus zweiter Hand bezog.[89] Man kann ihn zu Recht den ersten alpinen Theoretiker nennen.[90] Das Kapitel XIV ist vielleicht das anschaulichste und befaßt sich mit den Schwierigkeiten und Gefahren der Reisewege in den Alpen. Josias Simler[91] überlegt, wie diese zu bewältigen sind. Wir haben es hier mit einem, vielleicht sogar überhaupt mit dem ersten „Lehrbuch" alpiner Gefahren zu tun. Es ist voll gutgemeinter Ratschläge und empfiehlt eine fachgerechte Ausrüstung. Zuallererst sind da die Steigeisen, welche einen vor dem Absturz bewahren sollen:

> „Die Schwierigkeit der Wege wird durch Abstürze und steile Böschungen noch vermehrt, besonders dann, wenn die Straßen vereist sind. Dem suchen Reisende sowie Hirten und Jäger, die gewohnt sind, das Gebirge zu durchstreifen, auf verschiedene Weise abzuhelfen. Um an vereisten, schlüpfrigen Stellen sicher treten zu können, pflegen sie eiserne, mit drei spitzen Zacken versehene Sohlen (soleas ferreas), ähnlich den Hufeisen der Pferde zu befestigen. Andere bringen an Riemen, wie man sie zur Befestigung der Sporen unter den Füßen benützt, spitze Eisen an, auch andere Mittel sind noch gebräuchlich, um ein Ausgleiten zu verhüten und Trittsicherheit zu erzielen." (zit. in Senger 1945, 28)

Des weiteren leistet der uns bereits bekannte Alpenstock gute Dienste:

> „In einzelnen Gegenden bedient man sich beim Auf- und Abstieg über steile Hänge und bei Schnee mit eiserner Spitze versehener Stöcke. Man nennt sie Backel (von baculus), sie werden mit Vorliebe von den Hirten gebraucht. Bisweilen schneiden Hirten und Jäger an jähen, fast senkrechten Hängen, wo zudem keinerlei Steig ist, Äste von den Bäumen, meist von Fichten, setzen sich darauf und lassen sich herabgleiten, gleich als wenn sie reiten würden." (ebd.)

Etwas komplizierter gestaltet sich das Befahren steiler Strecken. Simler schlägt vor, den „schwerbeladenen Karren (...) mit Hilfe dicker Stricke und vermittels Winden und Flaschenzügen hinab (zu lassen)".[92]

Wenn eisige Wegstrecken oder sogar Gletscher zu überwinden sind, ist Vorsicht geboten. Die Spalten, mit Schnee bedeckt, sind besonders gefährlich. Am besten nimmt man sich einen Führer – was damals ohnehin üblich gewesen zu sein scheint – und seilt sich an:

> „Außerdem hat das alte Eis, das man des öftern zu überschreiten gezwungen ist, tiefe Spalten, von drei bis vier Fuß Breite, oft von mehr; wer hineinfällt, ist zweifellos verloren. Es kommt auch öfters vor, daß solche Spalten durch den frischgefallenen oder vom Winde angehäuften Schnee verborgen sind, deshalb pflegen die Reisenden, die die Alpen überqueren, Leute, die die gefährlichen Stellen kennen, als Führer zu mieten. Diese legen ein Seil an, an das sie auch einige der ihnen folgenden Reisenden anbinden. Der vorangehende Führer prüft den Weg mit einem langen Stocke und sucht behutsam nach

den vom Schnee bedeckten Spalten. Wenn er unversehens in eine solche hineinfällt, unterstützen ihn die mit ihm durch das Seil verbundenen Gefährten und ziehen ihn wieder heraus. Wenn die Spalten nicht vom Schnee verdeckt sind, ist die Gefahr geringer, man muß sie dann mit einem Sprunge übersetzen, denn hier gibt es keinerlei Brücken, es sei denn, daß die Leute an derartigen Örtlichkeiten, was aber selten der Fall ist, einen Transport von Tragtieren begleiten und Balken mit sich führen, mittelst derer sie einen Steg für die Tiere herstellen." (ebd.)

Etwas verharmlosend erscheint Simlers Beschreibung einer Spaltenbergung; das „Ertrinken im Schnee" dagegen wirkt leicht übertrieben:

> „Die Schneelage erreicht in den Alpen tatsächlich an vielen Stellen eine derartige Höhe, daß Tier und Mensch zugrunde gehen, wenn sie darin versinken, es ist dies keine geringere Gefahr, als wenn sie im Wasser ertrinken würden." (ebd. 29)[93]

Im Anschluß daran hören wir von Schneestangen aus Holz, welche die Einheimischen in den Schnee rammen, um den Weg zu finden. Aber Simler mißtraut der Sache und meint, daß „sie dies meist sehr nachlässig (handhaben), um die Reisenden, die den Weg nicht kennen, zu zwingen, ihre Dienste in Anspruch zu nehmen".[94] Dennoch sind die in der Nähe der Pässe wohnenden Leute von der Obrigkeit her verpflichtet, den Weg instandzuhalten, was mit viel Mühe und Gefahr verbunden ist.[95]

Wer z. B. als Handelstreibender bei einem plötzlichen Wettersturz einmal in diese Lage kommen sollte, kann sich auf folgende Weise vor dem Versinken im tiefen Schnee retten:

> „Sie verwenden kleine, dünne Brettchen oder Holzreifen, wie man sie zum Faßbinden braucht, stellen mit Schnüren ein netzartiges Gitter, dessen Durchmesser ein Fuß beträgt und binden sie unter die Sohle. Auf diese Art wird die Spur des Trittes vergrößert, so daß man nicht einsinkt und nicht tief in den Schnee fällt." (ebd. 30)[96]

Es ist die Rede von einem Vorläufer unserer Schier, dem Schneeschuh.[97] Simler setzt also, wie viele nach ihm, auf die Anwendung und Verbesserung von technischen Hilfsmitteln, um sich in der Natur so sicher wie möglich bewegen zu können. Nicht uninteressant sind Simlers Ausführungen über die „Löuwinen", die Lawinen.[98] Es fällt auf, daß sich der Papieralpinist nicht über den Berg selbst äußert und auch keinerlei Naturschilderungen wiedergibt. Ihm geht es um Systematik und nicht um Erlebnis. Er beginnt zu sammeln und aufzulisten, welche Situationen im Gebirge eintreten können und wie man sich sinnvollerweise dabei verhalten soll. Es entsteht eine Art „kleine Gerätekunde" für Reisende, eine Aufzählung unentbehrlicher Ausrüstung: Steigeisen, Alpenstange mit eiserner Spitze, ein Seil, Schneeschuhe u. ä. m.

INMITTEN VON DATEN UND DRACHEN
(Johann Jakob Scheuchzer)

Der Züricher Stadtarzt Johann Jakob Scheuchzer (1672–1733) gilt als handfester Praktiker. Auch er wollte das Wissen um die Alpen erweitern, geht dabei aber anders vor. Zunächst studierte er die Werke seiner Vorgänger, machte sich aber dann selbst auf in die Natur, begleitet von Studenten. Was er dorthin mitnahm, war ein Novum in der Alpingeschichte: ein Barometer, um stets Höhenmessungen durchführen zu können.

> „Und pflege ich, wie auß bisherigen meinen Bergreisen zu ersehen, disen Götzen (Barometer) aufzustellen an allen Ohrten, wo ich hin komme, und bin ich der versicherten Hoffnung, daß mit der Zeit, durch Mittel dises Instruments, in Erfahrung werde gebracht werden die ganze Unebenheit der außeren Erde, so in Berg und Thal abgetheilet, oder eine von den höchsten Alpspitzen bis zu denen Meeren sich senkende, abhaldige, vilfaltig unterbrochene Fläche, vorstellet." (zit. in Senger 1945, 32)

Scheuchzers naturwissenschaftliche Beobachtungen mittels mathematischer und physikalischer Instrumente brachten ihm den Ruf ein, Mitbegründer der Physischen Geographie zu sein. Dieser humorvolle und erfinderische Forscher kann auch als einer der ersten Alpin-Soziologen bezeichnet werden. In seinem Hauptwerk „Naturgeschichte des Schweitzerlandes" (Zürich, 1706) geht es um eine Art „Theorie du Milieu", in der er „von der Schweizeren Leibs- und Gemüts Beschaffenheit, Lebensart, Sitten" spricht.[99] Interessant ist, wie Scheuchzer zu seinem Wissen kommt. Er hat 1697 (!) einen Fragebogen mit nicht weniger als 189 Fragen und dem Ziel entwickelt, etwas zur Erforschung der natürlichen Wunder im Schweizerland beizutragen. Diese „Charta invitatoria" (Einladungsbrief) verteilte er an Hirten, Sennen, Jäger, Pfarrherren und Gelehrte, an Leute also, die mit den Bergen zu tun haben. Das Ergebnis ist laut Senger im Vergleich zum betriebenen Aufwand nicht besonders erquicklich; vielleicht wollte Scheuchzer zuviel wissen. Das naturwissenschaftliche Korrespondenz- und Auskunftsbüro dagegen, welches er gemeinsam mit seinem Bruder betrieb, florierte. In der Züricher Staatsbibliothek sind Briefe und Anfragen in nahezu fünfzig Bänden erhalten.

Zurück zur schriftlichen Befragung: Worüber wollte Scheuchzer mehr Informationen? Zunächst über die Alpenluft:[100] Er wollte wissen, „wie hell / dünn / oder dick die Luft seye"; des weiteren, in Anlehung an die Pilatussage, nimmt ihn wunder, ob Gewitter „auss Einwerffung der Steinen / in die Windlöcher / Klüften oder SEE" entstehen können. Selbst die Struktur des Schnees war ihm bereits als eine aufgefallen, die sich permanent wandelt. Er fragt: „Sol man Achtung geben auf die verschiedene / als Stern- oder Rosenförmige Gestalt des Schnees?" Lawinenforschung betreibt Scheuchzer prophylaktisch: „Wie sie ab- oder außzuweichen?"

Der Gesundheit bzw. Heilkunde ist weiteres Nachfragen gewidmet: „Zu was vor Nutzen in den Haushaltungen/oder Arzney [...] könne (man) sich des Gletschers bedienen?" Scheuchzer ahnt, daß die Gesundheit mit der Gastronomie korrespondiert, und erkundigt sich, „ob es Wahr (sei) / dass die Reisenden durch hohe und mit Schnee bedeckte Alpen grösseren Appetit haben?" Oder „ob die Einwohner / so wol Frömde als Heimische / des Schweitzerlands differieren an der Natur / Farb / Gesundheit Lebhaftigkeit etc. nachdem sie die Berg oder Ebenen bewohnen / nur von Milchspeisen / oder anderen delicaten Sachen leben?"[101]

Etwas seltsam wirken die Fragen bezüglich der alpinen Landschaft. Sie verweisen auf Unkenntnis und auf krampfhaftes Bemühen, diese zu klassifizieren:

> „Ob das Land eben oder bergicht", „ob die Berg hin und wider zerstreuet / oder wie continuierliche Joch an einander halten". „Wie hoch die Berge seyenn, ob man auß gewüsser Erfahrung könn sagen / daß bey Manns Gedenken die Berg in der Höhe zu oder abgenommen", „ob die Gipfel der Bergen beständig mit Schnee bedeckt", „ob die Gipfel der Bergen seyen oben zugespitzt". (ebd. 34)[102]

Dann stellt er eine Reihe von Fragen zu abergläubischen Vorstellungen:

> „Was man gewahre von allerhand feurigen Luft-Geschichten / als von den so genanten feuermännlenen / Irrwischen / Irrlichteren (igne fatno) / von der streiffenden oder lächzenden Flamm / (lambente) schießenden oder fliegenden Dracken / (Draconibus volantibus) springenden / oder tanzenden Geißen / (capris faltantibus) fallenden oder schießenden Sternen (stelles cadentibus) Feuerbalken / oder brünnenden Spießen und Pfeilen (trabers, und lancers ardentibus) fliegenden Feurkuglen (globi ignitis) Scraal (fulmine) Donner (tonitru) Blitz (fulgure) Wetterleucht / flammenden oder brünnenden Himmel (coelo flammante, vel ardente) und was man von jedem dieser Dinge halte?"

> „Ob es See oder Weyer gebe deren Fisch ein gewüße Sympathie haben mit ihren Besitzern / gleich dem von dem Weyer des Klosters St. Moritz im Walliser Land /... daß so einer aus denselben Fischen tot gefunden werde / bald darauf auch einer auß den conventualen dahin sterbe?"

> „Ob es nicht auch Güggel- oder Hahnen Eyer gebe / und wie sie gestaltet?" „Ob es auch geflügelte Drachen gebe / mit oder ohne für (Feuer) von was vor Größe / Farb und Gestalt sie seyen / schüpficht oder knopficht / was sie dem Menschen oder Vielh vor Schaden thüind mit Wegstälung der Milch etc.?" „Ob nicht hin und wider angetroffen werden einiche Reliquien oder überbleibseln von der Sündfluth oder anderen dergleichen Überschwemmungen." (ebd. 34 und 36)[103]

Im Kapitel „Von der Bergreisen Lust / Nutzbarkeit und Kommlichkeit" gibt der Autor Ratschläge für „Reisen über hohe Gebirge". Wichtig erscheint Scheuchzer vor allem als Methodiker und als jemand, der durch seine zahlreichen Fragen einen Eindruck vom damaligen Wissensdurst, aber auch vom Nichtwissen vermittelt. Genauer gesagt, Scheuchzer liefert gerade durch diese Fragestellungen ein einmaliges Dokument von einem spezifischen Wissen, das im Umbruch ist. Das Nebeneinander von Aberglauben und Experiment, von morphologischen Skizzen und mythischen Bildern läßt noch nicht abschätzen, welche Art von Wissen sich letztlich durchsetzen wird.

ERHABENE WELT
(Albrecht von Haller)

Eine „Jugendsünde" hat in der Alpinliteratur überlebt und unter der damaligen Bildungselite großen Anklag gefunden. Gemeint sind „Die Alpen", ein 490 Verse umfassendes Gedicht des Albrecht von Haller.[104] In ihm hat er seine zahlreichen Alpenreisen[105] in Stimmungen verarbeitet und 1732, vierundzwanzigjährig, als den „Versuch Schweizerischer Gedichte" herausgegeben.[106] Ich gebe hier, kommentarlos, einige Verse wieder, wohl wissend, daß sie sich heute nicht ganz einfach lesen. Hallers Verdienst scheint darin zu liegen, daß seine „Alpen" mit dem barocken Lebens- und Schreibstil brechen: Naturschilderung, Beschreibung der Landschaft, der Sitten und Bräuche ihrer Bewohner liefern ein Zeitdokument, auszugsweise wiedergegeben:

Zwar die Natur bedeckt dein hartes Land mit Steinen,
Allein dein Pflug geht durch, und deine Saat errinnt,
Sie warf die Alpen auf, dich von der Welt zu zäunen
Weil sich die Menschen selbst die größten Plagen sind;
Dein Trank ist reine Fluth, und Milch die reichsten Speisen,
Doch Lust und Hunger legt auch Eicheln Würze zu;
Der Berge tiefer Schacht giebt dir nur schwirrend Eisen,
Wie sehr wünscht Peru nicht, so arm zu seyn als du!
Denn wo die Freyheit herrscht, wird alle Mühe minder,

Die Felsen selbst beblümt, und Borcas gelinder.
Denn hier, wo Gotthards Haupt die Wolken übersteiget,
Und der erhabnern Welt die Sonne näher scheint,
Hat, was die Erde sonst an Seltenheit gezeuget,
Die spielende Natur in wenig Land's vereint;
Wahr ist's daß Lybien uns noch mehr Neues giebet,
Und jeden Tag sein Sand ein frisches Unthier sieht;
Allein der Himmel hat dies Land noch mehr geliebet,
Wo nichts, was nöthig, fehlt, und nur was nutzet, blüht;
Der Berge wachsend Eis, der Felsen steile Wände,
Sind selbst zum Nutzen da, und tränken das Gelände.
Wenn Titans erster Strahl der Gipfel Schnee vergüldet,
Und sein verklärter Blick die Nebel unterdrückt,
So wird, was die Natur, am prächtigsten gebildet,
Mit immer neuer Lust von einem Berg erblickt;
Durch den zerfahrnen Dunst von einer dünnen Wolke,
Eröffnet sich zugleich der Schauplatz einer Welt,
Ein weiter Aufenthalt von mehr als einem Volke,
Zeigt alles auf einmal, was sein Bezirk enthält;
Ein sanfter Schwindel schließt die allzu schwachen Augen,
Die den zu breiten Kreis nicht durchzustrahlen taugen.
Ein angenehm Gemisch von Bergen, Fels und Seen,
Fällt nach und nach erbleicht, doch deutlich ins Gesicht,
Die blaue Ferne schließt ein Kranz begränzter Höhen,
Worauf ein schwarzer Wald die letzten Strahlen bricht;
Bald zeigt ein nah Gebürg die sanft erhobnen Hügel,
Wovon ein laut Geblöck im Thale wiederhallt;
Bald scheint ein breiter See – ein Meilen langer Spiegel,
Auf dessen glatter Fluth ein zitternd Feuer wallt;
Bald aber öffnet sich ein Strich von grünen Thälern,
Die, hin und her gekrümmt, sich im Entfernen schmälern.
Dort senkt ein kahler Berg die glatten Wände nieder,
Die ein verjährtes Eis dem Himmel gleich gethürmt,
Sein frostiger Krystall schickt alle Strahlen wieder,
Den die gestiegene Hitz im Krebs umsonst bestürmt.
Nicht fern vom Eise streckt, voll futterreicher Weide,
Ein fruchtbares Gebürg den breiten Rücken her;
Sein sanfter Abhang glänzt von reifendem Getreide,
Und seine Hügel sind von hundert Heerden schwer.
Den nahen Gegenstand von unterschiednen Zonen
Trennt nur ein enges Thal, wo kühle Schatten wohnen.
Hier zeigt ein steiler Berg die mauergleichen Spitzen,
Ein Waldstrom eilt hindurch, und stürzet Fall auf Fall.
Der dickbeschäumte Fluß dringt durch der Felsen Ritzen,
Und schießt mit gäher Kraft weit über ihren Wall.
Das dünne Wasser theilt des tiefen Falles Eile,
In der verdickten Luft schwebt ein bewegtes Grau,
Ein Regenbogen strahlt durch die zerstäubten Theile,
Und das entfernte Thal trinkt ein beständig's Thau.
Ein Wandrer sieht erstaunt im Himmel Ströme fließen,
Die aus den Wolken fliehn und sich in Wolken gießen.
Doch wer den edlern Sinn, den Kunst und Weisheit schärfen,
Durchs weite Reich der Welt, empor zur Wahrheit schwingt;
Der wird an keinen Ort gelehrte Blicke werfen,
Wo nicht ein Wunder ihn zum Stehn und Forschen zwingt.
Macht durch der Weisheit Licht die Gruft der Erde heiter,
Die Silberblumen trägt, und Gold den Bächen schenkt;
Durchsucht den holden Bau der buntgeschmückten Kräuter,
Die ein verliebter West mit frühen Perlen tränkt;
Ihr werdet alles schön, und doch verschieden finden,
Und den zu reichen Schatz stets graben, nie ergründen.

(zit. in Senger 1945, 40)

EINSCHUB 2:
Zwischen Dante und Saussure

Zusammenhänge

Das alpine Schrifttum schlägt oben genannte Auswahl als sehr bedeutsam vor.[107] Doch vieles blieb außer acht. Dieser Einschub entstand in der Absicht, Herausgehobenes seinem Zusammenhang zurückzugeben. Dieses Anliegen bestimmte die Form: Bereits Bearbeitetes ist kursiv gedruckt und weist den Weg durch die Fülle von Einzeldaten. Diese habe ich nicht reduziert, aber Kontexte gewechselt. Durch ein mehrfaches Wiederholen von ähnlichen Ereignissen schärft sich der Blick für das Verhältnis zwischen den Daten.

Abweichungen als Parameter zur Formierung von Wissen

Die Daten gehen langsam in Formationen von Taten – religiöse, kriegerische, bergsteigerische, (natur)wissenschaftliche, literarische, künstlerische, technische, rechtliche – über. Im Übergang tritt ein Problem auf, das aufs erste ein Erkennen verhindert. Ereignisse und Motive lassen keine klare Zuordnung und Kategorisierung zu.

So habe ich z. B. sehr lange überlegt, ob die angezweifelte Erstbesteigung des Popocatepetl im Jahr 1519 zu „bergsteigerischen", „kriegerischen" oder „wissenschaftlichen" Taten zählt. Denn die Besteigung hat Diego de Ordaz mit zwei Soldaten aus dem Gefolge von Cortez unternommen, wobei ein Indio mitgenommen wurde. Man wollte, wie Montezuma bereits 1502, ein Geheimnis lüften: Warum raucht der Berg? Oder 1492, als der Söldnerführer Antoine de Ville mit Gefährten den sehr schwierigen Mont Aiguilles besteigt. Sie verwenden Seile und Leitern, errichten auf dem Gipfel eine kleine Hütte, schießen Gemsen ab, taufen den Berg, lassen eine Messe lesen, stellen drei Kreuze auf und warten auf dem Gipfel so lange, bis sie der Bescheid erreicht, daß ihre Anwesenheit auf dem Berg von einem Notar offiziell bestätigt wurde.

In diesem Beispiel verbindet sich Kriegerisches mit Technischem, Religiösem und Rechtlichem. Einheimische lassen sich 1601 vom Klosterrichter Chr. Mayr und vom Anwalt Adam Rainer aus Schnals eine Überschreitung des Ötztaler Hochjochs beurkunden. War das in erster Linie ein bergsteigerisches Unternehmen oder eines für das eigene Recht?

1683 erwähnt man in der Beschreibung einer Bergtour aus den Siebenbürger Karpathen eine Reihe von damals noch nicht selbstverständlichen Gegenständen: Steigeisen, Wegmarkierung, Steinmann, Wurfanker und sogar ein Gipfelbuch. Worauf ist hier der Akzent zu setzen? Auf das Gipfelbuch, das die Besteigung bzw. den Besteiger beglaubigt, auf die Erwähnung der Steigeisen und des Wurfankers, der die bergsteigerische Leistung vorantreibt? Auf das Faktum, daß eine bestimmte geographische Berglandschaft unter dem Blickwinkel ihrer Durchwanderung thematisiert wird? 1606 zeichnet man erstmals den Mont-Blanc-Gletscher in einer Karte als „Montagne Maudit" ein. Ist dieses kartographische Ereignis in erster Linie ein natur-, kulturwissenschaftlicher oder ein rechtlicher Akt des Wissens?[108]

Diese Beispiele, deren Reihe noch lange fortgesetzt werden könnte, bereiteten mir Kopfzerbrechen, bis ich in ihrer Abweichung von der Eindeutigkeit etwas anderes sehen konnte: einen strukturellen Zusammenhang, der sich historisch gewandelt hat.

Zwar finden weiterhin Kriegshandlungen auf Pässen und Bergen statt,[109] nehmen aber zugunsten „reiner Bergbesteigungen" bzw. in Verbindung mit (natur)wissenschaftlichen Vorhaben ab. Beides breitet sich auch im außeralpinen Raum aus, gibt sich aber als „Alpin"-Geschichte aus. Die Verschriftlichung von alpinen Taten, verbunden mit kartographischen Techniken, steigt rapide an.

Ich werde den Eindruck nicht los, daß die Kriegsführung übergeht in eine, die sich zusehends im Kopf abspielt oder am eigenen Körper ausgetragen wird. Indizien finden sich sowohl im Gebrauch der Sprache als auch im Zusammenwirken von Erlebnis und rechtlichen, technischen und wissenschaftlichen „Fakten".

Quellen

Für die folgende Materialausfaltung, welche breit angelegt, dennoch lückenhaft und nicht in jedem Detail überprüft ist, habe ich drei Quellen herangezogen: die „Alpine Geschichte in Einzeldaten" von Walter Schmidkunz (1931).[110]

Ohne jedes Zitat mit Anführungszeichen zu markieren, habe ich mich streng an Schmidkunz gehalten, auch um hier eine Art „Bergsteigersprache" wiederzugeben. Als Zitate hervorgehoben sind jedoch die zahlreichen Bemerkungen darüber, wann wer was zum erstenmal gemacht hat.

Fallweise habe ich Jost Perfahls „Kleine Chronik des Alpinismus" (1984a) und seine „schönsten Bergsteigergeschichten der Welt" (1984b) herangezogen. Was die Form angeht, so ist nach längerem Überlegen eine Mischform aus Auflistung und Vertextung zustande gekommen. Leitend war die Vorstellung, einen alpingeschichtlich wenig informierten Leser vor mir zu haben. Eine Zwischenbetrachtung und ein Resümee am Schluß konzentrieren jene Gedanken, die sich ausschließlich aus der Sichtung des alpinen Materials ergeben.

A. BERGSTEIGERISCHES

1300   5 Jahre nachdem Dante im Winter den Prato al Saglio besteigt, erfolgt 1316 die erste Besteigung des Passes Lueg. Ein Jahr später reist Moricos von Pordenone ins Morgenland und kommt dabei auch ins Armenische Hochland. Ähnliche Strapazen, über Gebirge zu gehen, nahm Minoritenpriester Marignola 1332/42 in Kauf, als er als erster (?) auf dem Landweg durch Zentralasien nach China gelangt. 1336 besteigt der Francesco Petrarca, den Mont Ventoux. 1360 sind Begehungen des Lötschenpasses erwähnt; 1374 soll der Pfarrherr von Luzern mit einigen Bürgern den Pilatussee besucht haben. 1383 finden etliche Begehungen des Futschölpasses in der Silvretta statt, weil Galtür in Tirol nach Ardez im Engadin eingepfarrt war. 1388 ersteigt Bonifacio Rotario aus Asti die Rocciamelone (3537 m) bei Susa, den vermeintlich höchsten Alpengipfel, und bringt ein kleines Votivtriptychon auf den Gipfel. Schmidkunz schreibt in diesem Zusammenhang von der „ersten Besteigung eines Firngipfels in den Alpen".[111]

1400   (Gegen-)Papst Johannes XXIII. reist im Winter 1414 über den Arlberg zum Konzil nach Konstanz. Nach Chamonix gelangt im Jahre 1443 der Bischof von Genf auf seiner Visitationsreise. 1449 soll Ludwig Sforza il Moro von Rovara über den Monte Moro (Monte-Rosa-Stock) gezogen sein, um in die Schweiz zu kommen. Um 1450 soll angeblich der Piz Linard durch Jäger erstiegen worden sein. 1462 flieht der bergbegeisterte Papst Pius II. vor der Pest auf den Monte Amiata (1734 m), seine Begleiter erreichen den Gipfel. Savoyische Söldner überschreiten 1476 den Col de Fenêtre (2786 m). Am 15. Feber (!) desselben Jahres überschreitet die Herzogin Jolanthe von Savoyen den Mont Cenis. Mit einem Fragezeichen versehen ist das Jahr 1490, in dem Kaiser Maximilian I. auf der Martinswand angeblich seine Abenteuer bestand. 1492 dagegen scheint ein gesichertes Datum für eine alpintechnische Großtat des Söldnerführers Antoine de Ville zu sein, der „mit dem Kammerherrn Julien de Beaupré und 7 Gefährten im Auftrage König Karls VIII. v. Frankreich mit Hilfe

1500 von Seilen und Leitern den Mont Aiguille (Mont inaccessible, 2097 m), eines der ‚Sieben Wunder der Dauphiné' (erklettert), der erst 1834 wieder erstiegen wird. Dreitägiges Biwak auf dem Gipfel in kleiner Hütte. (Erste Kletterei mit Verwendung künstlicher Hilfsmittel.) Der auf dem Gipfel am 20. 6. niedergeschriebene Bericht wird als die ‚magna charta des Alpinismus' bezeichnet".[112] 1494 unternimmt der spätere Kardinal Petrus Bembus (1470–1547) noch als Student von Catania aus eine Ätnabesteigung und beschreibt seine Eindrücke in einer kleinen Schrift „De Aetna Dialogus". Kurz vor ihm soll der Mönch Ugone auf demselben Gipfel gewesen sein. Für ca. 1500 ist gesichert, daß Kaiser Maximilian I. als erster einen Eisgipfel im Stubai bestieg, den er als „höchstes Gepirg in Europia" bezeichnet.[113] 1502 schickt Montezuma, der große Aztekenherrscher, eine Expedition von 10 Leuten mit dem Auftrag, die vulkanischen Phänomene zu studieren, auf den Popocatepetl (5440 m); dabei verunglücken 8 seiner Leute. 1511 wagt sich Leonardo da Vinci auf den Monboso (Monte Bo, 2556 m) im Monte-Rosa-Stock. Bald danach besucht er angeblich den Monte della Disgrazia (3678 m), die Bernina (4050 m) – nicht bekannt ist allerdings, bis zu welcher Höhe – und die Tri Signori (3356 m). Vermutet wird, daß er auch den Col d'Olen (2871 m) im Monte-Rosa-Gebiet 1516 erstiegen und dort diese Jahrzahl in einen Stein gemeißelt habe.[114] 1518 ersteigt Joachim von Watt mit 3 Gelehrten vermutlich den Gnepfstein/Pilatus. 1519 erfolgt die „erste Ersteigung des Popocatepetl (5440 m) durch Diego de Ordaz mit zwei Soldaten aus dem Gefolge des Cortez und einem Indio, der wie Montezuma das Geheimnis des Rauches ergründen wollte. E. Böse bezweifelt das Erreichen des Gipfels und nimmt an, daß Ordaz nur bis zu den ersten Fumarolen gelangt sei. Ebenfalls 1519 (oder 1522?) soll Francisco Montaño mit Begleitern den Popocatepetl erstiegen haben."[115] Angezweifelt wird, ob der vertriebene Herzog Ulrich von Württemberg 1520 den Pilatus erstiegen hat. Mit Sicherheit ist dagegen anzunehmen, daß 1533 Philotheo den Ätna bestiegen hat, da er eine ganz genaue Beschreibung des Kraters wiedergibt. 1540 wiederholt er mit mehreren Begleitern die Besteigung, verbringt eine Nacht auf dem Gipfel und unternimmt den gefährlichen Abstieg in den Krater (1545 abermalige Besteigung).[116] „Einem Grenzschauprotokoll zufolge scheint die Hohe Fürlegg (3244 m) und der Keeskogel (3298 m) in der Venedigergruppe bestiegen und das Unter- und Obersulzbachtörl betreten worden zu sein."[117] Das war im Jahr 1533. 1536 erstiegen „die Geistlichen Peter Kunz, Pfarrer von Erlenbach, Chorherr Chr. Danmaker, Gymnasiallehrer Joh. Telorus und Magister Joh. Müller von Rhellikon (...) z. T. botanisierend das Stockhorn (2192 m) am Thuner See". Um 1537 besteigt der Statthalter der Molukken, Antonio Galvano, den ungefähr 1800 m hohen, auf der Insel Ternate gelegenen tätigen Vulkan Gumong Api. Auf etwas sehr Unheimliches läßt sich ein spanischer Mönch, Blas de Castillo, 1538 ein: Er „besteigt den Vulkan Massaya in Nicaragua und läßt sich (um Gold zu finden) an Ketten bis in die Sohle des brodelnden Kraters hinab".[118] Franc. de Orellana überschreitet die Cordilleren nach Osten hin (Brasilien) und befährt 154o den Amazonas bis zur Mündung. 1540 besteigt vermutlich Peter Apianus den Wendelstein. 1541 beschreibt Conrad Gesner in einem Brief an seinen Freund Vogel die Schönheit der Berge: „De admiratione montium". Im selben Jahr biwakiert Fazellus mit mehreren Begleitern auf dem Ätna, kurz unterhalb des Gipfels. Ca. 1550 wird der Puy de Dôme in der Auvergne bestiegen. 1552 klettern Katharina Botsch und Regina von Brandis auf die Laugenspitze (2433 m), die Schmidkunz als den ältesten „Damenberg" bezeichnet.[119] Der Monte Baldo (2200 m) wird von italienischen Botanikern bestiegen. Noch vor 1555 ersteigt Joh. Du Choul den Mont Pilat (1424 m) südlich von Lyon und beschreibt den Berg und seine Reise. Das Jahr 1555 kennen wir bereits, es ist der Zeitpunkt, zu dem Conrad Gesner „mit drei Begleitern und einem Stadtboten" den Pilatus ersteigt.[120] Die Verschriftlichung mit dem Titel „Descriptio Montis Fracti, sive Montis Pilati" wird für Schmidkunz zur „erste(n)? alpine(n) Monographie".[121] Dann geht es Schlag auf Schlag: 1557 oder 58 besteigt Benedict Marti (Aretius) den Riesen (2366 m); der Stadtpfarrer von Chur Johann Fabricius (Montanus) besteigt mit dem Arzt Beeli und dem Rektor Pontisella im Juni den Calanda (2808 m); Renward Cysat wiederholt mit verschiedenen Begleitern die Besteigung des „Pilatus (1560, 65, 72, 75, 85?) und hinterläßt mehrere Beschreibungen des Berges".[122] Botaniker ersteigen 1565 den „Monte Roen (2115 m) (Wendelgebiet)", und wieder ein Botaniker (und Pharmazeut), Franc. Calzolari, besteigt den Monte Baldo und veröffentlicht seine „Viaggio di Monte Baldo", welche Schmidkunz die „älteste ostalpine Bergmonographie" nennt.[123] 1568 wiederholt Jakob von Brymont-Payrsberg die Besteigung der Laugenspitze; 1573 ersteigt Charles de l'Ecluse (Clusius) gleich mehrere Gipfel in der Steiermark sowie in Niederösterreich. Insgesamt soll er vier- bis fünfmal den Schneeberg bei Wien (2075 m), aber auch den Ötscher, den Wechsel und den Dürrenstein besucht haben. 1573/76 bereist der Bergbotaniker Leonhard Rauhwolf den Orient bis nach Innerasien. André Thevet, ein französischer Geograph, besteigt vor 1575 den Pic du Midi in den Pyrenäen. Hans Gg. Ernstinger soll um ca. 1579 verschiedene Berge der Innsbrucker Umgebung wie die Frau Hitt, den Patscherkofel, die Waldrastspitze bestiegen haben. Der Basler Arzt Felix Platter besteigt vermutlich 1580 den Pilatus. Sein Motiv war, den See zu ergründen. 1582 war die Erstbesteigung des Pic von Teneriffa durch Ritter Edmund Scory. 1585 begibt sich eine offizielle Ratskommission unter der Führung des Leutpriesters von Luzern Mag. Joh. Müller auf den Pilatus, um endgültig die Mysterien des Pilatussees zu klären. Am 6. September 1591 macht sich eine Karawane zum Ötscher (1893 m) auf: Es sind dies Richard Strein, Herr von Friedeck, der Prior von Gaming, der Bannerherr Christoph Schallenberger, ein junger Arzt namens Johann Michael und 11 Träger. Veranlaßt wurde dieses Unternehmen von Kaiser Rudolf II.; man untersuchte vor allem die Ötscherhöhlen.

1600 1605 überschreitet der portugiesische Jesuitenpater Benedikt Goes den Pamir. 1609 steigt der Arzt Hippolyt Guarinoni mit Georg Thaler, Simon Colbanus und Heinrich Altherr vom Voldertal aus über die Mölserscharte zu einem „im höchsten Gebürg liegenden See, [...] Wattensee genennt" auf. Ein Jahr später sind dieser Tour einige Kapitel in seinem in Ingolstadt erschienen Werk „Die Greuel der Verwüstung menschlichen Geschlechts" gewidmet. Darin preist er die gute Wirkung der Berge auf das leibliche und seelische Wohl des Menschen, begründet dies und schildert den Aufstieg ins Wattental. 1615 besteigt der spätere Lyzealprofessor David Fröhlich als 15jähriger mit zwei Schulfreunden die Lomnitzerspitze (2634 m) in der Hohen Tatra und erwähnt in seiner Beschreibung, daß die Besteigung fast schon Mode bei den Kesmarker Professoren und Studenten ist. Ein Jahr danach soll die Erstbesteigung des 2560 m hohen Galdhöpig (Jötunheimen), des zweithöchsten Berges Norwegens, stattgefunden haben. 1624 reist der Jesuit Andrada mit Marquez von Indien über Srinagar über die „obersten Höhen der Berge" des Himalaya-Karakorum nach Tibet.[124] Zwei Jahre später unternimmt ein junger Geistlicher aus Mailand, Valerianus Castiglioni, eine Reise ins Gebiet des Monviso und zu den Poquellen. Im Zuge dieser Fahrt ersteigt er bei den Fiorenzaseen eine Höhe von ca. 2300 m. Er berichtet darüber in seiner 1627 erschienenen „Relazione di Monviso". Der kurfürstliche Leibarzt und Botaniker Dr. Christian Mentzel aus Berlin ersteigt im Mai 1654 von Mittenwald aus allein (!) die Westliche Karwendelspitze (2385 m). Am 5. August 1659 steigt König Emanuele II. von Italien auf die Rocciamelone (3537 m). 1661 führt eine lange Reise den Jesuiten Gruber und d'Orville von China durch Tibet über die nepalischen Pässe des Himalaya nach Indien. Georg Buchholz, „ein für seine Zeit sehr eifriger Bergsteiger, der die gesamten Karpathen bereist hat und eine Reihe von Werken darüber schrieb",[125] hält sich 1664 in der Tatra auf und erklimmt die Schlagendorfer Spitze (2453 m). Bei einer Besteigung des Olymp im Jahre 1669 erkälten sich einige Gefährten des Sultans Mehemed IV. so sehr, daß sie sterben; der Sultan selbst soll für längere Zeit krank gewesen sein. Erfolgreich verlief 1670 die Ersteigung des Widdersteins im Allgäu (2536 m) durch den Pfarrer von Schröcken. Christian Gryphius gelangt im selben Jahr auf die Schneekoppe im Riesengebirge und veröffentlicht „seine Beschreibung des von ihm selbst erstiegenen Riesengebirges". 1685 soll eine Bergtour auf Spitzbergen durchgeführt worden sein. P. A. Arnold von Aosta versucht 1688 den vergessenen Übergang über den Col du Géant (Mont-Blanc-Gebiet) wieder zu eröffnen. Joh. W. Frh. von Balvasor berichtet 1689 über die Verwendung von Skiern bei den krainischen Bauern. Das soll nach Schmidkunz das „früheste Vorkommen von Skiern in Mitteleuropa bzw. den Alpenländern" gewesen sein.[126] Für das Jahr 1692 wird die erste Besteigung des Dobratsch vermeldet, wobei nicht ganz sicher ist, ob es sich tatsächlich um das erste Mal handelt.

1700 Um ca. 1700 ersteigt Jon Klos (Lienhard) Zadrell, Pfarrer von Levin und Davos, angeblich den Piz Linard (3414 m) und soll am Gipfel ein Paar Steigeisen gefunden haben. 1702–11 unternimmt der Schweizer Arzt und Naturforscher *Johann Jakob Scheuchzer,* zum Teil von Freunden und Studenten begleitet, hauptsächlich zum Zwecke von Höhenmessungen *neun* große Alpenreisen. 1704 wird auf der Westlichen Karwendelspitze vom Oberjäger A. Schöttl ein Kreuz aufgestellt. 1707 besteigt der Gelehrte Rudolf von Rosenroth den Piz Beverin (3000 m). 1712 überschreiten zwei Bauern aus Interlaken – wahrscheinlich über den Bergpaß – den Grenzkamm zwischen dem Lötschen- und dem Gasterntal. Zur selben Zeit soll ein gewisser Dr. Klaus die Gletscher des Berner Oberlandes von Grindelwald zur Grimsel überschritten haben. 1717 besteigt Dr. M. A. Capeller den Pilatus (was er 1725 und 27 wiederholt) und veröffentlicht 1767 seine „Pilati montis historia". In den Jahren 1721–48 erscheinen Gedichte von Barthold Heinrich Brockes mit dem Titel „Irdisches Vergnügen in Gott", die die Natur in den Alpenregionen beschreiben. 1729 erscheint *von Hallers* Lehrgedicht „Die Alpen". Zwischen 1729 und 31 überschreitet der Holländer van de Putte auf der Reise von Indien nach Tibet und China den Himalaya (Tang-la). 1730 ersteigt *von Haller* das Stockhorn (2192 m) und 1733 den Riesen. M. Ribel überschreitet den Col du Géant im Jahr 1737. In den folgenden drei Jahren überqueren Orazio della Penna (S. J.) und elf Ordensbrüder die tibetanischen Pässe (ca. 5000 m). Interessant ist Pfarrer Nikolaus Sererhards Erstbesteigung der Schesaplana (2967 m) vor 1740. Er beschreibt diese Tour in der „Einfalten Delineation von 3 Bündten" (1742 entstanden, 1871 gedruckt), die „älteste reine Bergfahrtenschilderung aus den Ostalpen".[127] Außerdem besteigt der Pfarrer den Tschingel (2545 m) und den Bilan (2379 m) im Rhätikon. Wieder ein Botaniker, Jean Franç. Séguier, steigt 1741 – wie schon andere vor ihm – auf den Monte Bondone bei Trient. Im arktischen Teil der Hudsonbai erreicht Chr. Middleton eine Bergspitze. 1742 gelingt es dem Lausanner Theologen M. Polier de Bottens mit dem Schulmeister von Kandersteg, an nur einem Tag (17. 8.) über den Bündnergrat von Kandersteg nach Lauterbrunnen zu gehen. 1760 überschreitet der Jesuit d'Espinaha den Mustaghpaß (5508 m) im Karakorum, und Frau Marschall Pfyffer besteigt in Begleitung mehrerer Damen den Pilatus. 1765 unternimmt Kaiser Josef II. einen Ausflug zum Alpeiner Ferner im Stubai. 1767 umwandert *Saussure* den Montblanc. 1770 besteigt James Cook einen Gipfel auf der Südinsel von Neuseeland, „von dem aus er den Inselcharakter des Landes erkennt".[128] Der Geologe F. Sonnenschmidt steigt im selben Jahr auf den Ixtaccihuatl (5280 m) in Mexiko. 1772 besucht Professor Josef Walcher den Vernagtferner (Rofensee) im hintersten Ötztal. 1773 wird die erste Besteigung des Krivan (2496 m) in der Hohen Tatra durch Andreas Czirbesz bekannt. 1777 unternehmen der Duke of Hamilton und Mr. Grenville, Begleiter des Dr. J. Moore, der Savoyen bereist und beschreibt, einen „spontanen, unvorbereiteten um l00 Jahre verfrühten Versuch auf die Aiguille du Dru".[129] Der „Saussure der Ostalpen", Belsazar Hacquet, besteigt eine Reihe von Bergen; u. a. versucht er sich allein am Triglav, ersteigt aber dann nur den Kleinen (2725 m), geht auf verschiedene Berge in Istrien, auf den Krainer Schneeberg, auf den gefährlichen Goljak (1496 m) usw. Schmidkunz bezeichnet ihn als den „erfahrensten u. bedeutendsten ostalpinen Touristen des 18. Jahrh.".[130] Am 26. 8. 1778 gelingt dem Wundarzt Millonitzer aus Althammer, der sich mit zwei Gemsjägern und zwei Bergknappen zusammengetan hat, die Erstbesteigung des Triglav. B. Hacquet besucht 1779 die Pasterze und regt zur Glocknerbesteigung an. Im selben Jahr reist Goethe das zweitemal in die Schweiz und besteigt die Dôle im Jura bei Genf, den Obersteinberg bei Lauterbrunnen sowie den unteren Grindelwaldgletscher und geht auf die große Scheidegg. 1780 durchwandern die Pfarrer J. B. Catani und Lucius Pool den Rätikon und die Silvretta. Am 14. 7. desselben Jahres versucht Sonnini vergeblich, den Olymp zu besteigen. 1781 und 83 ersteigen die zwei

Prättigauer Pfarrherren L. Pool und J. B. Catani die Sulzfluh, Scheienfluh, das Rätschenhorn und Madrishorn im Rätikon und untersuchen die Sulzfluhhöhlen. Am 7. 8. 1781 ersteigt *Saussure* mit P. Balmat die Tête Nord des Fours (2761 m). 1782 steht Hacquet zum zweitenmal auf dem Triglav, und Pater Placidus a Spescha ersteigt den Piz Cristallina (3129 m), den Scopi (3200 m) am Lukmanier und den Stockgron (3418 m) im Tödimassiv. 1782/83 unternimmt Hacquet eine große Reise durch die Ostalpen, wo er eine Reihe von Pässen und Gipfeln besteigt. 1783 bereist der Botaniker F. v. P. Schrank die Berchtesgadener Alpen und ersteigt u. a. das Seehorn (2250 m) in der Wimbachgruppe, den Schneibstein (2275 m), Reinersberg (2214 m), das Hochgschirr (2261 m) und die Watzmannscharte (2100 m). Im selben Jahr überschreiten vier Bergknappen vom Bergwerk Trachsellauener (Berner Oberland) den vergletscherten Petersgrat (3208 m) von Lauterbrunnen nach Lötschen und zurück. Drei Einheimische starten einen zweiten Versuch, den Mont Blanc zu ersteigen. Auch Bourrit, Dr. Paccard und 3 Führer erreichen den Gipfel 2 Monate später (17./18. 9. 1783) nicht; sie kommen nur bis zur „Jonction". Der Wirt von Abondance und ein Jäger sollen bis zum Col de Géant gekommen sein. 1784 geht Georg Forster über die Chaibarpässe von Indien nach Kabul, Kandahar, Astrachan. Im selben Jahr besteigt De Lamanon mit Bouvier die La Fraise in der Nähe des Passes Mont Cenis. Bourrit startet gemeinsam mit Führern den nun vierten Versuch, auf den Mont Blanc zu gelangen. Dem folgen weitere von Dr. Paccard (9. 9. 84), aber von der Seite von St. Gervais. Zugleich macht Hacquet erneut Ostalpenreisen, vom Lungau über das Fuschertörl bis ins Inntal und zurück zu den Radstätter Tauern nach Kärnten. Dabei kommt er „als erster zur Erkenntnis", daß eine „Dreigliederung der Alpen" angemessen ist.[131] Das Jahr 1785 bringt die Ersteigung des Titlis durch Dr. Feierabend, die Engelberger Mönche Dopler und Stocker und mehrere Führer. Pater Palcidus a Spescha gelangt auf den Piz Serengia und den Badus. Dr. Paccard besteigt den Mt. Buet und die Aiguilles du Goûter. Saussure und Bourrit versuchen sich zum fünftenmal am Mont Blanc – wieder vergeblich.

B. WISSENSCHAFTLICHES

1400 Auf dem sonst so bedeutenden Kartenwerk des Fra Mauro fehlen die Alpen um 1450 noch gänzlich. 1480/84 erwähnt *Felix Faber*, der bekanntlich mehrfach über die Alpen reist, das Gebirge „Wettrach", womit der Wetterstein bei Garmisch-Partenkirchen gemeint ist. 1495/97 stellt Konrad Türst eine Landkarte der Schweiz her. Auf ihr ist nur ein Berggipfel angegeben, der „Mont Jubert" (= Mont Giove, 3010 m) sowie der Crispalt, eine Kette zwischen dem Vorderrhein, Reuß und Lindt.

1500 Um 1528 bereist der „älteste Topograph der Alpen", Ägidius Tschudi, einen großen Teil der Schweiz und überschreitet u. a. den Theodulpaß. Nachdem 1538 „De Prima ac vera Alpina Rhaetia" in Basel erscheint, hören wir 1544 von der Cosmographia universalis, „die erste ausführliche Beschreibung der Gletscher und ihrer Phänomene", von Sebastian Münster. *Johann Stumpfs* „Schweizer Chronik" erscheint 1548, und um 1550 wird bekannt, daß vier Schweizer Topographen den Theodulpaß überschritten haben sollen. 1561 macht der Arzt Wolfgang Latz (Lazius, 1504–1566) die erste kartographische Aufnahme Österreichs. Dabei entstehen 12 Karten, die die „erste vollständige Spezialaufnahme der gesamten Ostalpen (enthalten)".[132] Das große Werk heißt „Typi chorographici prov. Austriae". Apianus (Philipp Bienewitz) zeichnet 1566 die erste Karte Bayerns, welche sehr genau ist. 1572 beschreibt Campell in seiner „Raetiae alpestris descriptio" u. a. die Übergänge über den Berninapaß, Bernelapaß, Fermunt, Finsterpaß und den Futschölpaß in der „Saffreta" (Silvretta). 1573 errichtet der belgische Hofbotaniker Charles de l'Ecluse (Clusius) gemeinsam mit Dr. med. Eichholz im Auftrag von Kaiser Maximilian II. in Wien den „ersten Alpenpflanzengarten".[133] 1574 erscheint *Josias Simlers* „Vallesiae et Alpium descriptio" (mit „De Alpibus commentarius"). Das ist eine große Alpenmonographie, die auch „die erste theoretische Abhandlung über das Bergsteigen enthält, in dem eingehend vom Gebrauch von Schneereifen, Seil, Schneebrillen usw. die Rede ist".[134] Der Arzt Dr. Thomas Schöpf (1520–77) verfaßt 1576 eine mit genauen Karten versehene Monographie des Berner Oberlandes: „Delineatio chorographica ..." Es handelt sich um die „erste Detailbeschreibung einer Hochgebirgslandschaft",[135] in der u. a. folgende Gipfel aufscheinen: Jungfrau, Schreckhorn, Finsteraarhorn, Oldenhorn, Wetterhorn, Wildstrubel. Bereits 1594 wird auf dem Tauernhof oberhalb von Kitzbühel „die älteste bekannte alpine Wetterbeobachtungs- und Wettermeldestation eingerichtet".[136] 1595 erscheint die „Descriptio montis Baldi" von Johannes Ponas, und vier Jahre später erhalten wir „erste dokumentarische Nachrichten über das Anwachsen des Vernagtferners" als „Fuggersche Korrespondenzen".[137]

1600 Für 1606 ist die „erste (?) Erwähnung des Felber Tauernhauses" ebenso zu vermerken wie die „erste Einzeichnung der Montblanc-Gletscher in eine Karte der ‚Montagne Maudite'".[138] 1611 erscheint Burklechners Karte von Tirol, 1622 die Karte von Salzburg und Berchtesgaden (vermutlich von Setznagel). 1634 erscheint H. C. Gygers Karte und 1642 Merians berühmte Topographie der Schweiz. In der Holzwurm'schen Karte von Kärnten (1649) ist „zum erstenmal der ‚Glöckner mons' (Großglockner) so bezeichnet".[139] Um 1650 unterscheidet der bedeutende Geograph Bernhard Barenius „als erster zwischen ‚Bergen' und ‚Gebirgen' (‚juga') [...]. Athanas. Kircher, der gelehrte Jesuit, prägt kurz nachher als erster den Begriff ‚Bergkette' = ‚catena montium'".[140] 1659 mißt Otto v. Guericke barometrisch die Höhe des Brockens. 1666 stellt der Tiroler Pfarrer Gg. Matth. Vischer eine zwölfblättrige Karte von Österreich in dem Maßstab 1:144.000 her. 1680 wird das Matterhorn (M. Servino) erstmals auf einer Karte dargestellt. „Die französischen Gelehrten Regnard, de Fercourt und Corberon dringen in Skandinavien bis Lappland vor, entdecken den großen Alpensee Torne Träst, besteigen einen Berg, den sie Metavara nennen und benutzen als erste Mitteleuropäer Skier", das war 1681.[141] 1683 werden „Steigeisen, Gipfelbuch, Steinmann, alpine Markierung, Wurfanker usw. in der Beschreibung einer Bergtour in den Siebenbürger Karpathen im ‚Dacianischen Simplicisissimus' bzw. in der ‚Peregrinatio Scepusiensis'" erwähnt.[142] 1685 wird „in einem Briefe Burnets (?) zum erstenmal der Berg ‚Maudit', der Verfluchte (Montblanc), erwähnt".[143] Ein Jahr später mißt J. Caswell die Höhe des Snowdon in Wales baro- und geometrisch. 1695 stellt Th. Vidalik Beobachtungen an den Gletschern Islands an.

1700 In diesem Jahr vermißt der Franzose Dominique Cessini den Puy de Dôme und den Canigon in den Pyrenäen, auf dessen Gipfel ein Signal errichtet wird. Dieses Ereignis bezeichnet Schmidkunz als „erste systematische trigonometrische Messungen".[144] Nun folgt eines dem anderen. Noch im selben Jahr besteigt der Botaniker Joh. Pitton de Tournefort (1676–1708) mit dem Naturforscher Gundelsheimer aus Ansbach den Ararat „bis zur Schneegrenze".[145] 1701–10 bereist der bernische Staatsgeometer Samuel Bodmer die bernischen Hochalpen und überschreitet u. a. den Tschingelpaß (2824 m) von Lauterbrunnen und Kandersteg aus. J. H. Hottinger beschreibt 1703 in seiner „Montium glacialium helvet. descriptio" u. a. „als erster die Bänderstruktur der Gletscher".[146] 1703–07 unternimmt *Johann Jakob Scheuchzer* „sechs seiner großen Alpenreisen". Er bereist „als erster die Schweiz mit mathematischen und physikalischen Instrumenten" und nimmt „die ersten barometrischen Höhenmessungen in der Schweiz (Gotthard, Furka, Engelberger Joch usw.)" vor, überschreitet außerdem zahlreiche leichtere Berge, u. a. gleich dreimal den Pilatus.[147] 1706 erscheinen Scheuchzers „Naturgeschichten des Schweizerlandes", später die „Itinera alpina" und andere Werke. Wenige Jahre später (1712) erscheint Scheuchzers Schweizer Karte, die erst zu Beginn des 19. Jahrhunderts (Meyer) als überholt gilt. Parallel zu den wissenschaftlichen Bemühungen findet 1718 eine Prozession zum „Steinernen Tisch" (2883 m, dort, wo jetzt die Karlsruher Hütte steht) „zur Abwehr des drohenden Ausbruches des Gurgler Eissees"[148] statt; man hat eine eingemeißelte Jahreszahl gefunden. Ca. 1720 gilt der Titlis (3239 m) anstelle des „Gotthard" nunmehr als „höchster Gipfel der Erde (ab 1745: Chimborazzo)".[149] Der Franziskaner Louis Feuillée mißt 1724 die Höhe des Pic de Teyde (Teneriffa) trigonometrisch (2213 Toisen); 1752 gibt es durch Dr. Heberden neue Messungen, ebenso 1771 durch Borda und Puigré. Noch vor 1729 mißt Ric. Fatio die Höhe des Mont Blanc von Genf aus trigonometrisch mit 12800 engl. Fuß = 3901 m + Höhe von Genf 375 m = 4276 m. 1736/44 gibt es die „erste Gebirgsreise der Franzosen Bouguer, La Condamine, Godin, Jussieu und der Spanier Ulloa und Juan Jorge in den nördlichen Anden zu Zwecken der Erdmessung" (erste wissenschaftliche Gebirgsreise großen Stils), wobei u. a. der Corazon (4837 m) und der Pichincha (4787 m) bestiegen wurden.[150] Damit sind *von Hallers* „Alpen" von 1729 zeitlich bereits überschritten. Einige wenige Daten noch: 1736/44 ersteigen Condamine und Bouguer in Ecuador in einem ersten Versuch den Chimborazzo bis zu einer Höhe von 4745 m. Dem folgen „Experimente über die Lokalattraktion (Ablenkung des Lotes durch Bergmassen)", die die „erste trigonometrische Höhenmessung in Amerika" sein sollen.[151] Außerdem sei ein „längerer Aufenthalt in einer Hütte am Gipfel des Pichincha" gut überstanden worden und die „Durchführung der sog. peruanischen Graduierung – wobei die Anden überquert werden, um den Marañon hinunterzufahren" erfolgreich gewesen.[152] 1745 reist eine Genfer Gesellschaft unter der Führung von Pierre Martel – laut Schmidkunz ein „Gletscherforscher" – nach Chamonix. Dort soll die „Entdeckung der Arvayronquelle, Höhenmessungen, Feststellung: Montblanc der Höchste Eisberg Europas" stattgefunden haben, die im „Bericht: Account of the glaciers in Savoy. London 1744" festgehalten sind.[153] Dem folgen im Jahr 1751 die Reise Needhams ins südliche Savoyen und in die Dauphiné. Vermessen wurde der Mont Tourne (1683 Toisen), welcher als „höchster Alpengipfel angesehen wurde".[154] Im selben Jahr erscheint ein Buch über die „Helvetischen Eisberge" von Pfarrer Altmann. Ein Jahr später (1752) will es General F. L. Pfyffer genau wissen: Er untersucht das „Mondloch am Pilatus und beschreibt seine Reise in der ‚Promenade au Mont Pilate' (1759), die auch interessante Belehrungen über bergsteigerische Ausrüstung und Technik enthält".[155] Noch vor 1753 soll aufgrund der „Nachrichten über Island" (1753 erschienen) von Horrebrus der Vulkan Hekla auf Island von zwei isländischen Studenten (Eggert und Bjarni) erstiegen worden sein. 1758 bereist der berühmte Botaniker Scopoli die Steiner Alpen, ersteigt den schwierigen Storžič (2134 m), 1759 den Grintouc (2569 m). 1762 und 63 folgt ein anderer Botaniker, Freiherr von Wulfen, seinen Spuren. 1760 schreibt Gottlieb Sigmund Gruner, der das Hochgebirge selbst nicht gesehen hat, ein dreibändiges Werk mit dem Titel: „Die Eisgebirge des Schweizerlandes". Graf Ernst Hoyos und Prof. Fab. Zankl vermessen 1764 den Schneeberg bei Wien trigonometrisch (= 1143 Wiener Klafter + 2 Fuß). 1765 entsteht das große Relief der mittleren Schweiz aus Wachs (ca. 1:13.000, etwa 7x4,5 m) durch den General F. L. Pfyffer. Es soll das „älteste Alpenrelief" sein „(abgesehen von den Grenzdarstellungen von 1492)".[156] Ca. 1767 soll ein Hirtenknabe einen Steinmann auf dem Hochvogel im Allgäu für trigonometrische Zwecke verwendet haben, und Gabriel Walser, Pfarrer von Bermegg und „eifriger Kartograph, Verfasser einer Geographie der Schweizer Alpen, gibt dort an: ‚Ich habe die höchsten Berge und Alpen manchmal mit Leib- und Lebensgefahr bestiegen, (vermutlich Falkuis, Piz Rosatsch u. a.)";[157] 1770 besteigen die Brüder De Luc den Mont Buet und nehmen barometrische Messungen vor. Auf Veranlassung des französischen Gesandten P. M. Hennin unternimmt Besson als erster am Glacier des Bois bei Chamonix Messungen zur Bewegung des Gletschereises. James Cook besteigt einen Gipfel in Neuseeland, von wo aus er erst den Inselcharakter des Landes erkennt. 1772 erscheint Borgonios und Stagnonis vorzügliche „Karte von Savoyen und Piemont". 1773 stellt A. C. Bordier „als erster die Theorie der Gletscherbewegung" auf, was eine ständige Beobachtung der Gletscher anreg. Im gleichen Jahr veröffentlicht M. Th. Bourrit seine „Description des glacieres du Duché de Savoye"; Walchers „Nachrichten von den Eisbergen in Tirol" erscheinen ebenfalls 1773. Es soll außerdem die letzte Hexenverbrennung in Tirol (Landeck) stattgefunden haben. 1773/1835 „entdeckt" Dr. John Cullock das schottische Hochland, indem er es durchsteigt. Vor 1774 bestimmt Prof. Cesare Bonesana Beccaria trigonometrisch die Höhe des Monte Rosa, und 1774 entsteht der „in seiner Art einzig dastehende" Atlas Tyroliensis von Peter Anich und Blasius Hueber, zwei einfachen Bauern. Er umfaßt 23 Blätter, aus „den Zillertalern [...] sind beispielsweise bezeichnet: Feldkopf, Gigelitz, Floitenturm, Greiner, Weißzint, Hochfeilspitze, Gfrorwand usw.".[158] 1775 kommt Goethe zum erstenmal in die Schweiz und macht die Rigi- und Gotthardtour. 1776 wird das „erste (?) Gipfelpanorama" vom Buet aus angefertigt, gezeichnet von Bourrit, angeregt von Saussure. 1777 mißt Sir Georg Shuckburgh u. a. die Höhe des Mont Blanc und kommt auf 14.432 engl. Fuß. Im selben Jahr besteigt Goethe im Winter (!) den Brocken, ein Unternehmen, das man nicht für möglich gehalten hat. Am 8. 8. 1779 führt Millonitzer B. Hacquet auf den Triglav, wo mit einem Barometer die Höhe festgestellt wird. 1779/96 erscheinen Saussures „Voyages dans les Alpes", 1781 wird auf dem oberbayr. Peißenberg (940 m) „die erste bayrische" meterologische Beobachtungsstation errichtet.[159]

C. KÜNSTLERISCHES UND ALPINLITERARISCHES[160]

1303–1313 Giotto di Bondone malt den Freskenzyklus „Joachims Traum" (vgl. Abb. 3).[161]

1310 Zug Heinrich VII. mit Gemahlin über den Mont Cenis (vgl. Abb. 2c und 4).[162]

1311 Dante Alighieri ersteigt den Prato al Saglio (im Winter); seine „Divina Commedia" entsteht.[163]

1336 Francesco Petrarca richtet ein Sendschreiben an den Cardinal Colonna, die „Besteigung des Mont Ventoux betreffend".

um 1340 malt Ambrogio Lorenzetti das Fresko „Das gute Regiment auf dem Lande".

1414 Gegenpapst Johannes XXIII. reist im Winter über den Arlberg; im Konstanzer Konzilienbuch ist ein Holzschnitt enthalten: „Wie Papst Johannes auf dem Arlenberg in dem Schnee lag".[164]

1444 Konrad Witz malt das Ölbild „Petri Fischzug" für den Genfer Altar.[165]

1481 Albert von Bonstetten verfaßt die älteste bekannte Beschreibung der Schweizer Berge: „Beschreibung des oberen Deutschland".

1483/84 Felix Faber bereist auf seiner Pilgerfahrt zum Heiligen Land auch Nord- und Südtirol und notiert seine Erfahrungen mit den Bergen in sein Tagebuch.

1492 Antoine de Ville erklettert mit Gefährten den für „unersteiglich" gehaltenen Mont Aiguilles. Er verfaßt ein Schriftstück, das zur „Magna Charta des Alpinismus" wird.[166]

1494 Der italienische Humanist und spätere Kardinal Pietro Bembo besteigt den Ätna, was er in „De Aetna Dialogus" wiedergibt.[167]

1505–1507 Albrecht Dürer ist ein zweites Mal nach Italien unterwegs; es entstehen eine Reihe von Werken, in denen alpine Motive als Hintergrund auftauchen.[168]

um 1500 Jörg Kölderer fertigt vermutlich „eine der ersten Darstellungen des Bergsteigens in den Alpen" an;[169] außerdem zeichnet Kölderer die Jagd im Gebirge (vgl. Abb. 5).

1506–1509 Albrecht Altdorfer schafft eine Reihe von Radierungen wie z. B. „Alpine Landschaften".[170]

1511 Leonardo da Vinci ersteigt den Monboso und besucht später weitere Berge (vgl. Abb. 6).[171]

1513 Diebold Schilling fertigt eine bemerkenswerte kolorierte Bleistiftzeichnung an: „Eidgenössische Söldner ziehen über das Gebirge nach Hause", Luzerner Bilderchronik.[172]

1517 Die allegorische Selbstbiographie Kaiser Maximilians I. erscheint als „Theuerdanck" in Nürnberg (vgl. Abb. 7a, b, c).[173]

1532 Albrecht Dürer malt als „erster ein ausgesprochenes Landschaftsbild" (vgl. Abb. 8).[174]

1536 Joh. Müller veröffentlicht das Hexameterpoem „Stockhornias" über seine Bergfahrten.

1538 „De Prima ac vera Alpina Rhaetia" von Ägidius Tschudi erscheint; es ist die „erste Alpenmonographie"[175] (vgl. Abb. 9).

1541 Conrad Gesner schreibt „De admiratione montium" (Brief an Vogel); es ist der „erste große Hymnus auf die Schönheit der Berge".[176]

1548 Johannes Stumpf veröffentlicht die „Schweizer Chronick"(vgl. Abb. 10).

1541–1544 Sebastian Münsters „Cosmographia Universalis" erscheint in Basel; es ist die „erste große deutsch geschriebene Weltkunde".[177]

um 1550 Im Gipfelfelsen des „Riesen" am Thuner See sollen folgende Worte eingemeißelt sein: „Die Liebe zu den Bergen ist die beste."[178]

1555 Conrad Gesner verfaßt die „wahrscheinlich erste Alpenmonographie";[179] es handelt sich um die „Descriptio Montis Fracti sive Montis Pilati". In der „Historia ..." von Olaus Magnus werden Steigeisen, Felle und Schier als Fortbewegungsmittel dargestellt (vgl. Abb. 11a, b).

1550 Joh. Du Choul ersteigt den Mont Pilat (1424 m) südlich von Lyon und beschreibt den Berg und seine Reise.

ab 1560 Renward Cysat besteigt wiederholt mit verschiedenen Begleitern den Pilatus und hinterläßt mehrere Beschreibungen des Berges.

1574 Die „erste große Alpenmonographie", „Vallesiae (et Alpium) descriptio" von Josias Simler erscheint.[180]

1576	Thomas Schöpf schreibt „Delineatio chorographica", die „erste Detailbeschreibung einer Hochgebirgslandschaft".[181]
1581	Michel de Montaigne beschreibt die Rückreise von Italien nach Frankreich über den Mont Cenis (vgl. Abb. 12).[182]
1595	Johannes Ponas „Descriptio montis Baldi" (Monte Baldo) erscheint.
1605	Der Pfarrer von Thun, Hans Rudolf Rebmann, schreibt einen 18.000 Verse langen Dialog: „Gastmahl und Gespräch zwischen Stockhorn und Niesen" – in seiner barocken Weltbetrachtung ein Kuriosum der Alpinliteratur.[183]
1608	Josias Simlers „Res publica Helvetiorum" erscheint, wobei die über 3000 m hohen Berge, die Glarus umgeben, nicht höher sind als die Weinberge rund um Basel.[184]
1609	Der Haller Arzt Hippolyt Guarinoni beschreibt seinen mühsamen Aufstieg ins Wattental.[185]
1670	Christian Gryphius besteigt die Schneekoppe im Riesengebirge und veröffentlicht die „Beschreibung des von ihm selbst erstiegenen Riesengebirges".[186]
1678	Athanasius Kircher, ein Jesuitenpater, stellt schematisiert den Vesuv dar (vgl. Abb. 15).[187]
1706	Johann Jakob Scheuchzers „Naturgeschichte des Schweitzerlandes" erscheint.[188]
1721–1748	Barthold Heinrich Brockes Gedichte „Irdisches Vergnügen in Gott" werden veröffentlicht.[189]
1723	Scheuchzers großes Werk „Itinera Helvetiae alpinas regiones fakta annis 1702–11" erscheint (vgl. Abb. 13, 14).[190]
1729	Albrecht von Haller schreibt sein Lehrgedicht „Die Alpen" (gedruckt wird es erst 1732).
vor 1740	Pfarrer Nikolaus Sererhard aus Seewies (Prättigau) besteigt mit zwei Begleitern die Schesaplana. Diese Bergfahrt findet ihren Niederschlag in „Einfalte Delineation aller Gemeinden dreyer Pündten" (1742 verfaßt, 1872 gedruckt).[191]
1754	J.-B. Micheli du Crest zeichnet „das wohl erste Panorama der Alpen" (vgl. Abb. 17).[192]
1760	Das Monumentalwerk „Die Eisberge des Schweizerlandes" von Sigmund Gruner erscheint und ist mit einer Radierung von Adrian Zingg nach Gabriel Walser versehen (vgl. Abb. 16).[193]
1761	Jean-Jacques Rousseaus Roman „Julie oder die neue Heloise" erscheint.[194]
1766–1785	Der Generalleutnant Franz Ludwig Pfyffer (Luzern) fertigt sein großes Relief der Urschweiz an.[195]
1774	Der „Atlas Tyroliensis" von Peter Anich und Blasius Hueber erscheint.[196]
1775	Goethe notiert die Besteigung des Rigi auf seiner ersten Schweizer Reise in sein Gedenkheftchen.[197]
1776	C. Wolfs „Merkwürdige Prospekte aus den Schweizer-Gebürgen und derselben Beschreibung" erscheinen.[198]
1777	Der „Saussure der Ostalpen", Arzt und Naturforscher Belsazar Hacquet, erreicht den Kleinen Triglav und verfaßt einen Bericht.[199]
1778	Die Erstbesteigung des großen Triglav gelingt durch den Arzt Lorenz Millonitzer, der eine knappe Notiz hinterläßt.[200]
1779	Jean André de Luc und Marc Théodore Bourrit: Gipfelpanorama von 360° (vgl. Abb. 18).
1779	Goethe berichtet vom Höhepunkt seiner zweiten Reise in die Schweiz, der Besteigung des St. Gotthard (vgl. Abb. 19).[201]
1779/96	Saussures „Voyages dans les Alpes" erscheinen.
1781/83	Bourrits „Description des Alpes Pennines et Rhaetiennes" (1781) und die „Nouvelle description" (1783) erscheinen.
1783	Sam. Wyttenbachs „Reisen durch die merkwürdigen Alpen des Schweizerlandes" erscheinen.[202]
1783/84	Reisen K. E. v. Molls in das Zillertal (Zemmgrund bis zum Schwarzsee und Floite) kulminieren in der Schilderung eines Sonnenaufgangs im Gebirge – „das erste gedruckte Denkmal alpinen Entzückens".[203]
1784	Storrs „Alpenreise" erscheint (1788 als Buch).[204]
1784	Ein 64 Seiten starkes Büchlein erscheint mit dem Titel „Die Alpen im Allgöw" (Allgäu); der Verfasser dieser „schwärmerische(n) Schilderung einer Reise in die Oytalgegend" ist unbekannt.[205]
1787	Horace-Bénédict de Saussure besteigt den Mont Blanc (vgl. Abb. 2b).

Abb. 3

Abb. 4

Abb. 5

Abb. 6

Abb. 7a

Abb. 7b

Abb. 8

Abb. 7c

Abb. 9

Abb. 10

Abb. 11a

Abb. 11b

Abb. 12

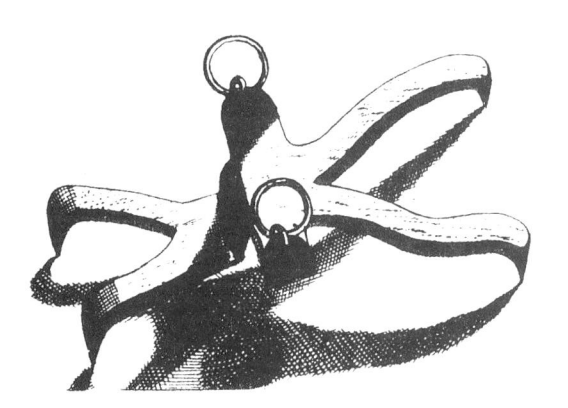

Abb. 13

Abb. 14

Abb. 15

Abb. 16

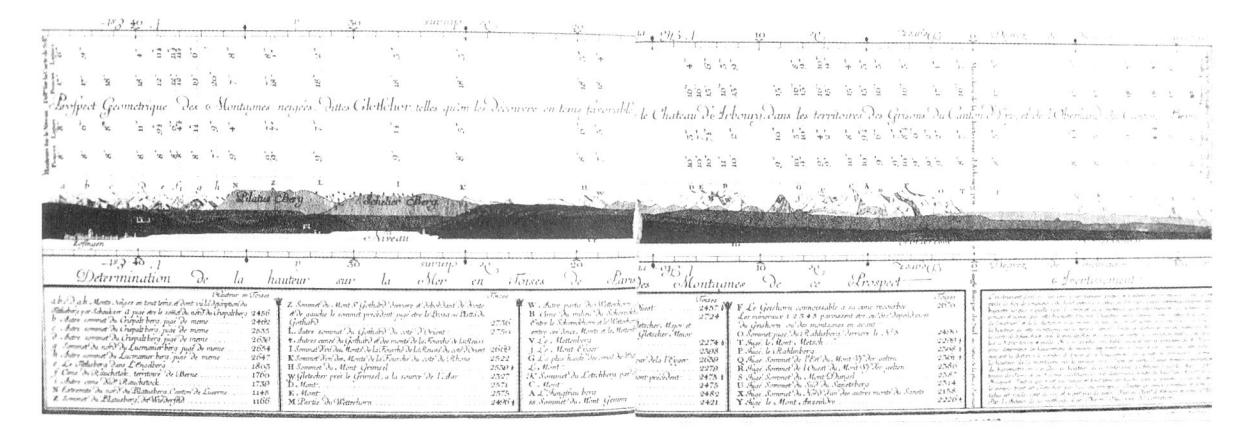

Abb. 17

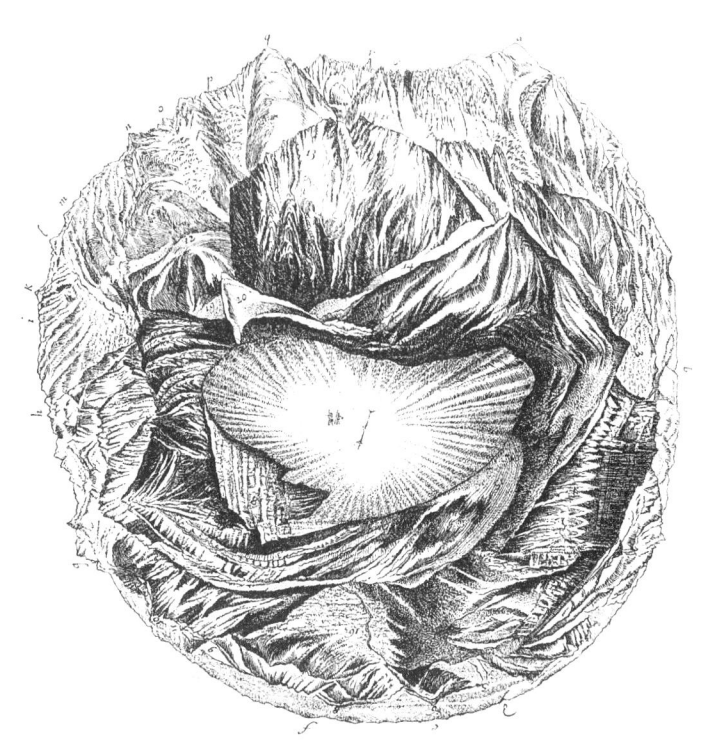

Abb. 18

Abb. 19

Zwischenbemerkung

a) Verdichten

Mit dem Fortschreiten in die Ferne (vorwiegend Pilgerreisen durch Geistliche) geht das Steigen in die Höhe und ein Vorrücken in das Innere der Berge einher. Das Höhersteigen scheint das Erleben zu vertiefen. Die Zeit verkürzt den Raum: In wenigen Stunden erreicht man im alpinen Hochgebirge den ewigen Schnee, wofür man in der Horizontalen Wochen und Monate unterwegs wäre.

Der Raum rafft die Zeit: Schnell durchschreitet man in der Höhe alle Klimazonen der Erde, im Sommer hat man zugleich den Winter. Dieser Verdichtung der Erfahrung entspricht eine Ökonomisierung des Lebens, die in der Minimierung der Mittel eine Maximierung der Wirkung erzielen will.

b) Ein neues Ganzes

Alpine Beschreibungen und Berichte unterschiedlichster Art nehmen zu. Sie bringen ein Ich hervor, das sich angesichts der Fremdheit des Ortes, auf den es trifft, und der ungewohnten Taten seiner selbst nicht sicher ist. Das Schreiben und Reflektieren mag eine Form sein, dieses Selbst zu stärken, indem es immer wieder hergestellt wird. So wachsen Mensch, Berg und Schrift zu einem neuen Ganzen zusammen, so als wäre ihr Zusammenhang ein „natürlicher".

c) Abstrahieren – Individualisieren

Berge, Taten und Berichte erhalten Namen und Bezeichnungen. Anstelle der großen anonymen Kriegsheere haben wir es jetzt immer mehr mit identifizierbaren Einzelpersonen zu tun, die neben Kaiser, Könige, Feldherren treten. Es handelt sich vorwiegend um Geistliche, aber auch zunehmend um Naturforscher, insbesondere Botaniker, Geographen bzw. Kartographen oder Ärzte; unter ihnen finden sich aber auch Lehrer, Künstler sowie vereinzelt Jäger und Einheimische. Über ihre ein- weil erstmaligen Leistungen tragen sie sich via Schrift in das kulturelle Gedächtnis ein. Dasselbe geschieht synchron mit den Bergen. Auch sie unterliegen der Individualisierung. Jahr um Jahr mehren sich die Besteigungen und mit ihnen die Namen samt der begrifflichen Erfassung ihrer Einzelteile („Gletscher", „Schneegrenze", „Pasterzen" etc).

Aus der Begriffsgeschichte spricht das Fortschreiten von Teilung und Neuzusammensetzung: Zuerst wird um 1650 definiert, was ein „Berg" ist ; dem folgt die Klärung dessen, was man unter „Gebirge" zu verstehen hat; bis schließlich die „Bergkette" bestimmt werden kann. Zugrunde liegen baro-, geo- und trigonometrische Messungen, die ab Mitte/Ende des 17. Jahrhunderts um sich greifen und eine Abstrahierung dessen, was der Berg in seiner Materialität ist, zur Folge haben. Über Namen, Ziffern und Zahlen wird der Einzelberg aus seinem stofflichen Zusammenhang gelöst, verzeichnet und wieder integriert, d. h. zur „Bergkette" geordnet. Dadurch eröffnet sich eine Skala, in die neu eingegliedert werden kann, was man in der Natur vorfindet.

Die Skala erweitert sich beständig mit dem Wissen, das seinerseits über den Vergleich angespornt wird (das „höchste Geprig in Europia", der „älteste Damenberg", die „älteste ostalpine Bergmonographie" usw.). Je mehr man weiß – das Wissen wächst durch die kleinste Abweichung auf der Skala an –, desto mehr muß Wissen formalisiert werden, um eine Übersicht zu wahren.

Diese Formalisierung macht aus der Natur etwas anderes: Die Natur (hier der Berg) wird Geist. Oder anders gesagt: Das Wissen ersetzt die Materie; die Materie als Konkretum tritt hinter das Wissen a¹s Abstraktum zurück. Der Berg als Körper schrumpft mit dem Wissen zur entkörperten Sprache bzw. Schrift; allerdings nicht ohne in diesem Schrumpfen eine neue Empirie hervorzubringen.

d) Bilden

Die Bilder fangen in ihren konkreten Inhalten Unterschiedliches ein und sind nicht auf einen gemeinsamen Nenner zu bringen. Vielmehr falten sie die Bergmotivik aus und stellen neue Fragen an das Bergsteigen.

Da ist zunächst der zusammengekauerte Joachim, melancholisch versunken harrt er der Eingebung im Traum.

Im Gegenzug zeigt sich die gezielte Auf- und Abwärtsbewegung des Trosses von Heinrich VII. Der Aufstieg kann mittels Pferden bewältigt werden, die Aufsteigenden verraten einen Gestus der Hoffnung und Erwartung. Beim Absteigen ist man auf die eigenen Füße angewiesen und scheint ermattet. Heinrich hängt sich förmlich an das Zaumzeug seines ebenso erschöpften Pferdes.

Im 16. Jahrhundert tauchen besonders viele Bergdarstellungen auf. Da ist zunächst Leonardo da Vincis Große Alpinlandschaft als dramatisches Geschehen, das sich den physischen und optischen Erscheinungen der Hochgebirgswelt zuwendet.

Anders der Tiroler Künstler Jörg Kölderer: Sein Blick richtet sich auf die konkrete Tat der Menschen in den Bergen bzw. in der Felswand. Jäger erlegen Gemsen mit langen Alpenstangen; oberhalb der Bildmitte macht sich ein einzelner

Mensch an den Abstieg. Er hängt an einem Seil und seilt sich über eine steile Wandstufe ab.

Die nächsten drei Bildchen, Ausschnitte aus Maximilians „Theuerdanck", sind ebenso an der Praxis orientiert. Sie zeigen den Helden in Gefahrensituationen und können als erste alpine Lehrschrift gelesen werden. Theuerdanck besteht die alpinen Gefahren, da er richtig ausgerüstet ist. Mit den Steigeisen an den Füßen und mittels einer sehr langen Alpenstange bewegt er sich dem felsigen Gelände angemessen. Außerdem ist er geistesgegenwärtig und entgeht dadurch der Lawine, die ins Tal donnert. Die Moral aus diesen Geschichten: Nicht der Mutigste und Kräftigste gewinnt im Kampf gegen die Berge, sondern derjenige, der sich am besten ihren spezifischen Bedingungen anzupassen weiß.

Dürer blickt wiederum ganz anders auf sein „Arco": Er nimmt den Berg wie einen heiligen Stuhl in seine Betrachtung auf, sitzt an seinem Fuß und läßt ihn aus der Distanz wirken.

Ägidius Tschudis Karte hat aus den Bergen schablonenhafte Maulwurfshügel gemacht. Die Schrift ist in die Bergdarstellung eingezogen und verbindet die Einzelteile zu einem Ganzen.

Tschudi ordnet und bezeichnet reale Berge, Stumpf macht dasselbe mit den Alpindrachen. Das Imaginäre wird in die wissenschaftliche Forschung einbezogen; man tut so, als wäre über die Wissenschaft selbst der Drache eine berechenbare Wirklichkeit, an ihm scheitert die Quantifizierung nicht. In „wirklichkeitsgetreuer" Abbildung und zu Typen geordnet, werden selbst Ungeheuer unterscheidbar. Imaginäres scheint sich mit der Wissenschaft zu vertragen, das numerische Verfahren und die detailreiche Darstellung verbinden beides.

Handfesten alpinen Alltag zeigt Olaus Magnus: Kinder werden zur Taufe getragen, ein Schlitten passiert einen Steilhang in Schnee und Eis. Diese Szenen stehen im Kontrast zu Montaignes Tragsessel. Er bringt die Herrschaft ins Bergbild. Der Herr ist bestuhlt und wird von zwei sich abmühenden Trägern über einen Paß getragen. Sie scheinen im Übersetzen geübt, schreiten mit kräftigen Schritten voran, während der Herr regungslos im Tragstuhl verharrt. Von körperlichen Strapazen und Gefahren entbunden, ersitzt er sich den Übergang.

In Kirchers Bild öffnet sich das Innere des Berges. Von seinem Grund steigen Feuer und Rauch empor. Der Blick wandert in den Schlund des qualmenden Berges und gewährt Einsicht in ein Geheimnis. Der durchdringende Blick erhebt das Mysterium zum Gegenstand wissenschaftlicher Betrachtung.

Scheuchzers Bergdrache sprüht kein Feuer. Er wirkt freundlich, obwohl sein Auftauchen den Forscher erschreckt. Der Drache steht für die Berge, die im Bild fehlen. Aber für den Darsteller ist das Gegenüber akzeptabel, er selbst scheint mit seiner eigenen Projektion ausgesöhnt. Im „Draco Montanus" drückt sich die gängige Form des Umgangs mit den Bergen aus: Berge sind Vorstellungen, Berge sind Projekte.

Um Berg-Projekte erfolgreich anzugehen, bedarf es entsprechender Vorbereitungen. Der Körper wird nachgerüstet; Scheuchzer stellt das Steigeisen vor. Es sichert das Vorankommen im unwirtlichen Gelände. Denn nach und nach kommen die Gletscher in den Blickfang der Gelehrten.

Neben der alpinen Tat dominiert der distanzierte Blick auf die Berge. Erste Panoramabilder entstehen. Die Berge werden aufgrund ihrer Höhe in eine Skala eingetragen, die in Buchstaben- und Zahlenkombinationen eine neue Orientierung gewährt. Jeder Berg ist nur in der Bezugnahme auf einen anderen zu finden.

Im Unterschied dazu die Darstellung von Gabriel Walser: Der Bernina-Gletscher ist zerklüftet, der Kegelberg durch viele kleine Eistürmchen, die sich um den Bergfuß scharen, verstellt. Nur eine wagemutige Annäherung an den Berg verrät Beschaffenheit und Eigenleben.

Ganz anders das Gipfelpanorama Bourrits: Im Zentrum der Darstellung steht nicht der Berg, sondern die Magnetnadel, welche die Richtung angibt. Knapp daneben zwei winzige Gestalten, d. h. der Mensch gestaltet sich seine Ordnung der Dinge.

Der Mensch ist das Maß aller Dinge, da er die Dinge mit seinen eigenen Maßen mißt. Dem Menschen entgeht die Welt nicht; im Winkel von 360° formiert er seine Sicht auf die Welt des Hochgebirges. Es wirkt wie eine große Vision, die an den Rändern genau verzeichnet ist. Ihre Begrenzung ist die Schrift; das Bild der Bergwelt durchlaufen Zahlen.

Goethes Scheideblick vom Gotthard erzielt eine andere Wirkung. Die zwei Gestalten im Vordergrund des Bildes verbreiten eine melancholische Grundstimmung. Man steht an einer Schwelle. Ein Übergang ist zu nehmen – ein Blick zurück oder nach vorne? Das Fremde hat etwas Unbestimmbares; der Blick schweift in die Weite und verliert sich in ihr.

In der konkreten Tat findet der Blick wieder Halt. Saussures Besteigung des Mont Blanc zeigt jene Männer, die sich, mit Lasten bepackt, mittels Alpenstangen und gutem Schuhwerk in einer Reihe nach oben bewegen. Das Voransteigen vermittelt dem Betrachter Sicherheit. Der Blick trifft die Männer, entschlossen, den Aufstieg zum höchsten Berg Europas zu wagen.

D. Rechtliches

1318 Gründung eines Hospizes in Leuk an der Gemmi
1331 Erste urkundliche Erwähnung des Hospizes auf dem St. Gotthard
1340 Gründung des Hospizes am Mont Genèvre durch den Grafen von Briançon
1366 Erste urkundliche Erwähnung des Balmhorns (als Balenhoren), des Gasterntals und von Leuk (Lyech)
1384 Erste urkundliche Erwähnung des Rigi als „Riginen"
1386 Heinrich das Findelkind gründet das Hospiz St. Christoph am Arlberg und rettet in 7 Jahren 50 Menschen.
1426 Calanda (Galandn), Pizalun (Bizilonenkopf), Piz Beverin (Piz Buffrin), Spitz Pafryn [1456] werden erwähnt.
1433 Erste Erwähnung des Pilatus unter diesem Namen
1447 Gründung des Hospizes in Matrei am Brenner
1469 Gründung des Hospizes in Gastein
1480/84 *Felix Fabri-Schmid* (F. Faber, HP), der mehrmals über die Alpen reist (Brenner-Val Sugana), erwähnt das Gebirge „Wettrach" = Wetterstein.
1481 Erstmalige Erwähnung des Rigi als Mons Regina
1523 In einer Grenzbeschreibung findet sich „die Pastertzen" angegeben.
1533 Einem Grenzbeschauprotokoll zufolge sind die Hohe Fürlegg (3244 m) und der Keeskogel (3298 m) in der Venedigergruppe bestiegen und das Unter- und Obersulzbachtörl betreten worden.
1548 Erste Erwähnung des Bietschhorns
1572 Erste Erwähnung des Piz Linard (3414 m)
1581 Erste (?) Erwähnung des Montblanc als „Les Glaciers" und erste Erwähnung des Mont Cervin = Matterhorn
1583 Erste urkundliche Erwähnung des Großglockners als „der Glogger"
1585 Eine offizielle Ratskommission begibt sich auf den Pilatus, um endlich die Mysterien des Pilatussees zu klären (unter Führung des Leutpriesters von Luzern Mag. Johann Müller).
1589 Erste Erwähnung der Kapelle auf dem Gipfel der Hohen Salve
um 1600 In den Alpen sind nach Coolidge bis 1600 in der Literatur 47 Alpengipfel (d. h. bedeutendere Hochalpenberge) benannt und bekannt, von denen 12 als nachweisbar erstiegen gelten. 20 Gletscherpässe sind vor dieser Zeit begangen worden.
1601 Beurkundete Überschreitung des Ötztaler Hochjochs durch Einheimische, den Klosterrichter Chr. Mayr und den „Anwalt" Adam Rainer von Schnals. (Viehnachschau im Rofental)
1606 Erste (?) Erwähnung des Felber Tauernhauses
1644 (Zweite) Erwähnung des Matterhorns als Monte Silvio
1649 In der Holzwurm'schen Karte von Kärnten ist zum erstenmal der „Glöckner mons" (Großglockner) so bezeichnet.
1677 Eine Transportordnung wird für die Benutzung von Sänften und Tragstühlen beim Übergang über den Gemmipaß (2329 m) erlassen: „Wenn ein Herr oder Frau, Manns- oder Weibsperson ... mehr als gewöhnlich schwer ist, so soll man 12 Mann nehmen."
1682 Erste Erwähnung des Matterhorns unter diesem Namen
1685 In einem Briefe Burnets (?) wird zum erstenmal der Berg „Maudit", der Verfluchte (Mont Blanc), erwähnt.
1734 Urkundliche Erwähnung des Steinernen Meeres, auch „Verlorene Weide" genannt
1773 Letzte Hexenverbrennung in Tirol (Landeck)
1780 Eine von einem Werdenfelser Förster angefertigte Revierkarte trägt den Vermerk: „Vom Anger übers blath (Platt) ufn Zugspitz ... 4 Stundt". Perfahl schließt daraus, daß die Zugspitze schon lange vor Naus (21. 8. 1820) durch Einheimische erstiegen wurde.

E. Technisches
(Ausrüstung, Hüttenbau, Straßenbau, Wege etc.)

1314 Der Bozner Bürger Heinrich Kunter baut eine Straße durch die Eisackschlucht (Klausen-Bozen), den sog. „Kunterweg": bis dahin ging der Brennerweg über den Ritten.
1319 Beginn des Baus einer Straße über den Arlberg und der Straße Inntal-Achensee-Achental-Bayern
1350 Die „Kaiserstraße" wird von Klausen bis Bozen angelegt.
1374 Erbauung eines Hospizes auf der Bündner Seite des Lukmaniers
1387 Ausbau des Saumweges über den Septimerpaß (2311 m)
1392 Diese Jahreszahl findet sich in einem Mauerstein des Fleißwirtshauses bei Heiligenblut eingemeißelt.

1399/1404 Bürger von Cividale bauen die Predilstraße neu.
1440 Am Dachbalken einer Almhütte am Steinernen Meer findet sich eben diese Jahreszahl.
1471/73 Bau der Via mala („Fya mala", 1473)
1480 Durch den Markgrafen von Soluzzo wurde unterhalb des Colle della Traversata (2950 m) in der Gegend des Monte Biso zur Verkehrserleichterung „der erste Alpentunnel (75 m lang) erbaut, 1907 wieder eröffnet".[206]
1492 Bau der Kesselbergstraße (Kochel-Walchensee)
1562 Gründung des Radstädter Tauern-Hauses und Bau des Krimler Tauern-Hauses (1631 m)
1574 „Vallesiae et Alpium descriptio" (mit De Alpibus commentarius") von *Josias Simler*, der selbst nie im Hochgebirge war, erscheint. Große Alpenmonographie, die auch „die erste theoretische Abhandlung über das Bergsteigen enthält, in dem eingehend vom Gebrauch von Schneereifen, Seil, Schneebrille usw. die Rede ist".
1594 Auf dem Tauernhof oberhalb von Kitzbühel wird „die älteste bekannte alpine Wetterbeobachtungs- und Wettermeldestation" eingerichtet.
1599 In der Beschreibung eines Übergangs über den Splügen werden ortskundige Führer, die mit Eishauen ausgerüstet sind, erwähnt.
1616 Bau der Soleleitung Reichenhall–Traunstein
um 1616 Marcus Sitticus, Erzbischof von Salzburg, läßt für die von ihm eingesetzten Heger der Steinböcke im Zillertal, z. B. in der Gegend des Floitenturmes (2732 m), Unterkunftshütten errichten.
1624 Bau des Servitenklosters Maria Waldrast im Stubai (1641 m)
1647 Erbauung eines Rasthauses am Paß Lueg durch den Erzbischof Paris Lodron von Salzburg
1654 Erbauung der Hampelbaude im Riesengebirge
1683 Erwähnung von Steigeisen, Gipfelbuch, Steinmann, alpiner Markierung, Wurfanker usw. in der Beschreibung einer Bergtour in den Siebenbürger Karpathen im „Dacianischen Simplicissimus" bzw. in der „Peregrinatio Scepusiensis"
1691 Ausbau des alten Weges über den Mont Cenis (1930 m)
um 1700 Jon Klos (Lienhard) Zadrell, Pfarrer von Levin und Davos, ersteigt angeblich den Piz Linard (3414 m) und findet auf dem Gipfel ein Paar Steigeisen.
1704 Errichtung eines Kreuzes auf der Westlichen Karwendelspitze durch den Oberjäger A. Schöttl
1717 Der Fahrweg über die Radstädter Tauern wird zur Straße ausgebaut.
1718 Erbauung der Teufelsbrücke an der Gotthardstraße durch Abt Gerold von Einsiedeln
1736 Die erste Unterkunftshütte, „das Wolkenhäuschen" auf dem Brocken, wird eingerichtet.
1752 General Pfyffer untersucht das Mondmilchloch am Pilatus und beschreibt seine Reise in der „Promenade au Mont Pilate" (1759), die auch interessante Belehrungen über bergsteigerische Ausrüstung und Technik enthält.
1781 Auf dem oberbayr. Peißenberg (940 m) wird „die erste bayrische" meteorologische Beobachtungsstation errichtet.

F. BERGTOTE

1478 „Sog. Irniser Krieg der Eidgenossen unter Führung Uris gegen Mailand findet im November und Dezember im Gotthardgebiet (Bellinzona) statt; 60 Mann kommen in einer Lawine in der Val Tremola um; am 28. 12. Kampf bei Giornico-Irnis südlich des Gotthard: 600 Schweizer schlagen mit Hilfe von Steinlawinen, künstlicher Straßenvereisung etc. 15.000 Mailänder vernichtend."
1499 Die „Nürnberger Kompagnie" unter Willibald Pirkheimer und eine österreichische Truppe unter Jak. v. Sonnenberg überschreiten während des Kriegszugs gegen das Engadin aus dem Val Fraële den Passo di Scala und den Casanapaß (2692 m). Es gibt ein Lawinenunglück.
1502 8 Ausgesandte verunglücken auf dem Popocatepetl.
1595 Gletscherausbruch im Val de Bagnes (140 Tote)
1618 Die Stadt Plurs (Plurium) im Bergell bei Chiavenna wird durch einen Bergsturz des Monte Conto völlig verschüttet, wobei über 2000 Menschen ums Leben kommen (15. 8. oder 4. 9.?).
1636 Durch den Abbruch des Biesgletschers wird Randa (bei Zermatt) zerstört; 36 Tote.
1669 Ein Teil von Salzburg wird durch einen Felssturz vom Mönchsberg zerstört; über 300 Tote (15. 7.).

1706　Ein englischer Lord verunglückt tödlich in einer Spalte am Murettogletscher (Bernina).

1715　Einer von drei deutschen Reisenden, die die Gletscher bei Grindelwald besichtigen, verunglückt tödlich durch einen Sturz in eine Spalte.

1724　Fund eines vor 23 Jahren in einer Spalte des Hochjochferners Verunglückten

Resümee: Zur Verflechtung von Diskursen als Besetzungsakte der Höhe

Auch hier Überschneidungen. Die Errichtung der ältesten alpinen Wetterstation von 1594 habe ich beispielsweise sowohl dem „Technischen" als auch dem „Wissenschaftlichen" zugeordnet. Theoriegeleitetes Wissen ist im praktischen Umgang mit technischen Instrumenten nötig, um vernünftige Ergebnisse zu erzielen; aber auch die Wartung dieser Stationen ist für den wissenschaftlichen Erfolg ausschlaggebend. Dagegen sind die geographischen Werke und topographischen Karten fast ausnahmslos der Rubrik „Wissenschaftliches" eingegliedert, obwohl gerade der Karte eine doppelte Funktion zukommt: Als Urkunde hat sie auch mit dem Recht zu tun, und für ihre Herstellung bedarf es einer Reihe technischer Verfahren. Die Namensgebung bedeutet immer auch Abgrenzung und Grenzziehung. Die topographische Karte bekundet eine Geschichte des Expandierens, d. h. eine Geschichte von Herrschaft und Gewalt.

Aus den Zuordnungsproblemen tritt nach und nach eine Figur hervor, die nicht zu vereinheitlichen ist, aber dennoch eine Reihe von unterschiedlichsten Diskursfeldern durchläuft. Dadurch wird das „Bergsteigen" zu einem „geordneten Wissen", das kunstvoll historisches, geographisches, naturwissenschaftliches, medizinisches, literarisches, ästhetisches und biographisches Sprechen zueinander in Beziehung setzt und ineinander verflicht.

Im Detail: Die Gründung bzw. Errichtung von Hospizen, Kapellen, Wallfahrtsorten und Klöstern nimmt zu. Dasselbe gilt für weltliche Unterkunftsstätten (Almhütte, Jagdhaus, Rasthaus, Wirtshaus) und Meßstationen (wissenschaftliche Wetterbeobachtungs- und Meldestation). Die praktische Auseinandersetzung mit dem Berg wird rechtens (urkundliche Erwähnungen, in Stein gemeißelte oder in Holz geritzte/gebrannte Jahreszahlen usw). Parallel zum Ausbau von fixen Stützpunkten in den Bergen werden Saumwege angelegt, Straßen gebaut, eine Soleleitung installiert und der erste Alpentunnel für Reisende geöffnet (1480). Alles scheint in Bewegung zu geraten und sich irgendwie auf den Weg zu machen. Im Zuge der Mobilität hören wir 1677 von einer Transportordnung. Sie soll jene rechtlich schützen, die andere über steile Pässe tragen. In räumliche Veränderungen interveniert die Zeit als beschleunigte. So vermerkt beispielsweise 1780 ein Förster auf einer Revierskizze, daß er nur vier Gehstunden auf die Zugspitze benötigt habe.

Die Verzeitlichung des Berges korrespondiert mit dessen Benennung, und die Bergnamen ändern sich: So nannte man z. B. das Matterhorn 1581 noch Mont Cervin, 1644 Monte Silvio, bis es schließlich 1682 zu dem wurde, als was wir es heute noch bezeichnen. Die Ersetzung des (Aber-)Glaubens durch den Logos, man denke an die Besteigungsgeschichte des Pilatus, schreitet voran und damit die Ausdifferenzierung der Ausrüstung durch die Technik (1574 wird der Gebrauch von Schneereifen, Seil und Schneebrille vorgeschlagen; 1599 stattet man Bergführer mit Eisenhauen aus; 1683 ist von einem Wurfanker die Rede, von Markierungen, Steinmann, Gipfelbuch sowie den bereits bekannten Steigeisen, die um 1700 jemand auf dem Gipfel des Piz Linard vergessen hat). Den technischen Fortschritt dokumentieren insbesondere Bergbilder, die ein Inventar alpiner Gerätschaften abgeben.

All diese Fakten erwecken den Eindruck, daß der Mensch zwischen dem 14. und 18. Jahrhundert direkt und immer rascher auf etwas zuschreitet bzw. zu etwas aufsteigt. Dem Fortschreiten ist jedes Mittel recht, um voranzukommen. Doch welches ist das Ziel? Angesichts der Verhältnisse, die hier behandelt werden (Krieg/Bergsteigen, Bergsteigen/Recht, Wissenschaft/Recht, Recht/Technik), drängt sich als erste Antwort die Expansion auf. Der physischen Ausdehnung durch Besatzungen folgt eine imaginäre und symbolische Bergbesetzung. Im Verbund mit Technik, Recht und Wissenschaft schafft sie die Grundlage, auf eine neue Art in die Höhe zu steigen.

Im Zuge der Versprachlichung und Archivierung werden nun auch Mißerfolge, alpine Ereignisse mit tödlichem Ausgang erzählt. Neu daran ist die Aufnahme des Einzelfalls in die Zählung. Bislang hörten wir von Hunderten und mehr Toten – durch Kriege und Einfälle, Lawinen, Bergstürze oder Gletscherausbrüche verursacht. Zwar ist bei Schmidkunz bereits für das Jahr 914 ein Einzelfall bekannt: „Briccius, ein dänischer Söldnerführer, der in Rom ein Fläschchen mit dem hl. Blut erhalten hatte, findet auf der Reise in die Heimat (über die Hohen Tauern!) im oberen Mölltal in einer Lawine den Tod."[207] Eine Fortsetzung solcher Einzelfälle wird erst für den Beginn des 18. Jahrhunderts bekannt. Ein englischer Lord soll 1706 am Murettogletscher plötzlich in eine Gletscherspalte gestürzt und darin umgekommen sein. Dieser Unfall liest sich anders als frühere, dessen Opfer der Willkür der Natur ausgeliefert waren. Dieser Lord suchte den Gletscher freiwillig auf, wo ihm das Unglück zustieß. Er muß für seinen Tod selbst haften.

Der Tod beginnt über die Frage von Recht und Verantwortung eine neue Verbindung mit dem Leben einzugehen. Es gibt verschiedene Todesarten, eine davon ist der „Bergtod". Dieser spezifische Tod bildet sich erst über die Statistik heraus. Der Tod am Berg reiht sich durch die Registrierung des Einzelfalls in den Prozeß der Individualisierung ein.

Oder anders formuliert: Die Besprechung von Bergunfällen mit tödlichem Ausgang ist seit dem 18. Jahrhundert fester Bestandteil einer fortschreitenden Zivilisierung. Die Verflechtung unterschiedlicher Diskursfelder hat gezeigt, daß nichts näher liegt, als auf die Vervollkommnung der Technik zu setzen, die das Leben sichert. Mittels der Technik ist man nicht nur dem Tod gegenüber besser gewappnet, sie schafft zugleich eine solide Basis, um das Bergsteigen selbst zu legitimieren und voranzutreiben. Als weiterer Beweggrund wird das Erforschen der Natur angegeben. Die Wissenschaft ist auf Abgrenzungen angewiesen. Abgrenzen heißt formalisieren, und in Akten der Formalisierung drückt sich aus, wie die Besetzung der Höhe vorgenommen wurde.

EINSCHUB 3:
Zur Erstbesteigung des Mont Blanc – ein Fall alpiner Geschichtsschreibung

Positivitäten sind ungewiß

„Mit der Erstbesteigung des Mont Blanc am 8. August 1786 läuten die beiden Franzosen Michel Gabriel Paccard und Jacques Balmat offiziell die Geburtsstunde des Alpinismus ein." Dieser Satz findet sich immer wieder am Beginn alpingeschichtlicher Darstellungen.[208] Er drückt eine selbstverständliche Gewißheit aus; die Aussage dieses Satzes gilt als zuverlässig. Was aber ist daran zuverlässig? Was geschieht, wenn man genau diese Gewißheiten anzweifelt?

Es gibt gute Gründe, den Status der Gewißheit nicht hinzunehmen. Einer davon liegt in der Divergenz, was die Beschreibung dieser Erstbesteigung anlangt. Aber sie ist kein Einzelfall, an ihr wird nur deutlich, daß Feststellungen weniger feststehen, als sie dies vorgeben.

Im folgenden erschüttert sich Festgestelltes selbst. Es bekommt Risse und läßt das dahinter Vorausgesetzte hervortreten. Nur soviel vorweg: Je mehr man sich Feststellungen nähert, desto stärker zerbröckeln sie von innen her. Was eindeutig schien, erweist sich als mehrdeutig; was einleuchtend war, wird unverständlich. Die Feststellung verliert zusehends das, wofür sie sich hält: als Positivität positiv, d. h. gewiß zu sein.[209]

Geburtsmetapher

Die Suche nach dem Ursprung spielt im Alpinismus eine wichtige Rolle. „Wo ist der Anfang" heißt immer auch „welches sind die Quellen" und vor allem „wer ist der Urheber".[210] Wer glaubt, es gäbe nur einen Anfang, irrt.[211] Selbst wenn in alpingeschichtlichen Werken der „eigentliche Alpinismus" mehrheitlich mit obigem Ereignis seinen Ausgang nimmt, so schafft das keine Klarheit. Das hängt damit zusammen, daß für die Geburtsstunde nach einem Vater gesucht wird. Nur indirekt erfahren wir etwas über das Kind, das zur Welt gekommen sein soll, überhaupt nichts über die Mutter.

Im Zuge des pervertierten Geburtsgeschehens kommt es zu einer nahezu verzweifelten Suche nach dem Zeuger der alpinen Idee. Ihn auszuforschen und glaubhaft zu machen, treibt die Geschichtsschreibung an, welche um die Frage kreist, wer als erster den Mont Blanc entdeckte (als wäre dieser nicht schon immer da gewesen), um ihn dann zu ersteigen. Die „alpine Geburt" ist kein natürlich-freudiges, sondern ein konfliktreiches, mehrdeutig unabschließbares, ja gespenstisches Ereignis. Das Gespenstische wurzelt in der Trennung von Geistigem und Körperlichem, was zwischen den Zeilen und in den kontroversen Darstellungen der Fußnoten nachzulesen ist.

Eine Tat wird zur Tatsache

Scheinbar geht es um den Mont Blanc, tatsächlich aber darum, Erster auf dem Mont Blanc zu sein. Welches Material man auch heranzieht, einen ausgewiesenermaßen „Ersten" finden wir nicht. Wohl aber das vermutlich erste einschlägige Schriftstück über den Berg von Pièrre Martel[212], dem zu entnehmen ist, daß man mit Fachleuten[213] und mittels sehr viel Technik[214] im August 1742 von Genf aus dem Mont Blanc zu Leibe rückte.[215]

Rébuffat nennt diese Reise den „Siegeszug des Barometers".[216] Es ging um einiges. Man wollte endlich herausfinden, welcher Gipfel nun der höchste des Gletschergebietes, ja vielleicht der Alpen überhaupt ist; gleichzeitig nahm man eine Umbenennung vor.[217] Dennoch hielt Martel den Mont Blanc „wegen des Eises, das seine Oberfläche fast überall bedeckt", für „vollkommen unbesteigbar".[218] Mit welchen Taten lassen andere alpine Geschichtsschreiber die Vorgeschichte des Mont Blanc anfangen? In Übereinstimmung mit dem Engländer Keenlyside, der die Entdeckung des Berges den beiden Abenteurern Wyndham und Pococke zuschreibt,[219] bezeichnet Egger das Unternehmen von 1741 als „erste Entdeckungsfahrt" und eine Art „Wendepunkt".[220] Für Egger bleibt Prinz von Sulzbach der erste.[221] Bis 1760 verstummen die alpinen Schreiber wieder. Dann taucht eine zentrale Figur, Horace-Bénédict de Saussure, Professor für Philosophie und Naturgeschichte aus Genf, in der alpinen Literatur auf.[222] Er sieht den Mont Blanc und ist mit einem Schlag „von diesem Berg gefesselt".[223] Dieses Gefesseltsein scheint eine relativ gerade Linie bis zur Geburt fortzuschreiben, die genau 26 Jahre später erfolgt. Wie aber ist Saussure vorgegangen? Zunächst bringt er den Berg in eine Zweck-Mittel-Relation. Er setzt eine Belohnung für denjenigen aus, der einen Zugang zum Gipfel erkundet. Bezahlt werden auch jene Tage, welche man erfolglos am Berg verbringt.[224] Der erste, der es versucht, ohne Erfolg zu haben, ist „Peter Simond, ein guter Bergsteiger".[225] Erst 15 Jahre später werden weitere Versuche bekannt, deren unterschiedliche Darstellungen voneinander abweichen.[226] Grube z. B. läßt zuerst „vier kühne Führer aus Chamouny über den Berg La Côte" losmarschieren, wo sie „die ersten Hindernisse (überwanden) und dann in ein enges Schneethal (kamen), von deren Wänden die Sonnenstrahlen dermaßen zurückgeworfen wurden, daß bei völliger Windstille eine erstickende Hitze entstand. Ermattet und erschöpft kehrten sie um."[227] Nun wird es wieder ruhig um den Mont Blanc.[228] 1783 haben sich dann erneut drei Bergführer aus Chamonix auf den Berg gewagt.[229] Den Kräftigsten unter ihnen aber befällt ein unüberwindbares Schlafbedürfnis; man will ihn nicht allein zurücklassen und entschließt sich, vorzeitig umzukehren.[230] Einer der Führer soll später Saussure den etwas seltsamen Ratschlag erteilt haben, künftig keine Verpflegung mehr mitzunehmen.[231]

Die weiteren Geschehnisse sind nicht nachvollziehbar, die Berichterstattung ist lückenhaft. Gerüchte kursieren; Grube etwa schreibt: „Zwei Gemsjäger aus dem Dorf Grüe (sollen) über verschiedene Felsenkämme bis nahe an die Spitze vorgedrungen sein, ohne von der gefürchteten Hitze belästigt worden zu sein."[232] Das gibt Anlaß zu Hoffnung. Ein weiterer vom Berg Ergriffener, Marc Théodore Bourrit, begibt sich „sogleich zu den beiden", und „noch am selben Abend brachen sie auf und erreichten in der Morgendämmerung den Fuß der Felsennadel, welche erklettert werden sollte. Bourrit und einer der Führer waren jedoch vor Kälte und Anstrengung schon so matt geworden, daß sie zurückbleiben mußten, während die beiden anderen bis an den Fuß der höchsten Spitze kamen, sie jedoch nicht zu erreichen vermochten, da eingestürzte Eismassen ihnen den Weg verlegten."[233] Im September desselben Jahres bricht erstmals ein eigenartiges Gespann gemeinsam auf: Bourrit und Paccard, der Dritte im Bund derer, die vom Mont Blanc angetan sind. Man nimmt drei Führer mit, aber „wir sind nur bis auf den sehr zerschrundeten Gletscher vorgerückt".[234] Paccard läßt nicht unerwähnt, daß „Herr Bourrit es nicht gewagt (hat), den Fuß aufs Eis zu setzen".[235] Im Jahre 1784 habe vor allem Paccard dann den Mont Blanc im Gehen systematisch erkundet,[236] nachdem er ihn seit Sommer 1783 vom gegenüberliegenden Brévent und von Planpraz aus bereits „unter ständige Beobachtung" genommen habe.[237] Aber auch Bourrit gibt nicht auf,[238] und Saussure „gibt Pierre Balmat und Marie Couttet den Auftrag, den Montblanc zu beobachten und einen Versuch Saussures vorzubereiten".[239]

Im regnerischen und kalten Sommer des Jahres 1785[240] allerdings schreckt man vor „einer Montblancfahrt zurück, doch als sich der Herbst anließ, rüstete Bourrit sich zu einer dritten Expedition, auf der ihn sein Sohn und Saussure begleiten wollten", notiert Grube.[241] Man zog am 11. September 1785 los,[242] sorgte vor und ließ die Führer eine kleine Unterkunft, „die erste hochalpine Schutzhütte in den Alpen", errichten.[243] „Angesichts dieser Gefahren und Schwierigkeiten"[244] erreichen auch sie den Gipfel nicht. Man tritt den nicht weniger riskanten Abstieg an,[245] hat vorher hygro-, baro- und thermometrische Messungen durchgeführt, „4 oder 5 Pflanzen einsammeln lassen" und nahm „mehr als 40 Pfund Steine" mit.[246] Später erinnert man sich der Natur in eindrucksvollen Schilderungen;[247] die Reisegefährten machen sich jedoch wechselseitig für das Scheitern verantwortlich.[248]

Ein Jahr später, im „Jahr der Erfüllung",[249] geht es wieder nicht auf Anhieb. „Noch einmal", berichtet Grube, „thaten sich im Juni des Jahres Thalbewohner zusammen, um auf der Westseite des Montblancgipfels den ihm nahe stehenden Dôme du Goûter zu erreichen und von dort aus den Gipfel zu gewinnen. Doch auch hier stellten sich ihnen unüberwindliche Hindernisse entgegen."[250] Das Wetter verschlechtert sich, man gibt auf, läßt aber „in der Eile des Rückzugs"[251] Jacques Balmat, einen „24jährigen Bauern und Kristallsucher", zurück.[252] Er schlägt sich allein weiter[253], richtet sich ein Nachtlager ein[254] und muß immer wieder gegen die Kälte ankämpfen, was seine Kräfte erschöpft.[255] Andertags gelangt er, vermutlich nach einem weiteren vergeblichen Anstiegsversuch, ohne größere Beeinträchtigungen ins Dorf.[256]

Wenig später, am 7. August 1786, bricht Jacques Balmat erneut auf.[257] Dieses Mal gelingt das Vorhaben, er wird gemeinsam mit Michel-Gabriel Paccard den Gipfel betreten. Unentscheidbar bleibt, wer von beiden die treibende Kraft war. Grube weiß, daß Balmat nach seinem letzten Versuch im Juni auf das Krankenlager sank, „und dem Dr. Paccard, der ihn behandelte, vertraute er sein Geheimniß des entdeckten Weges an mit dem Versprechen, er wolle ihn, wenn er wiederhergestellt sei, selber auf den Gipfel des Montblanc führen".[258] Anders die Version vom 12. Mai 1787 im „Journal de Lausanne", in dem Paccard ein „Zeugnis" von Balmat, das dieser am 18. Oktober 1786 abzulegen hatte, veröffentlicht: „[...] nachdem ich gehört hatte, dass Herr Dr. Paccard einen neuen Versuch auf den Montblanc plante als Fortsetzung seiner bisherigen, und da ich wusste, dass ein Führer abwesend war, stellte ich mich ihm vor, um ihm meine Dienste anzubieten."[259] Dieser widersprüchliche Anfang hat System und macht Geschichte, die bis in die allerjüngste Vergangenheit alpine Gemüter erhitzt.[260] Für das Selbstverständnis des Alpinismus ist es nicht ohne Belang, wer von beiden der Wichtigere war. Die Grenze zwischen Herr und Führer soll scharf gezogen, die Hierarchie von oben und unten einsichtig werden. Ist Paccard, gebildeter Arzt und Notarssohn, der Herr und Balmat, Bauer und Kristallsucher, sein Führer, oder ist Paccard Herr und Führer in einer Person, Balmat nur sein Diener bzw. Träger? Entsprechend dem eigenen sozialen Status wird die eine oder andere Variante von verschiedenen Autoren favorisiert.[261] Nach Grimm bleibt die historische Wahrheitstreue anläßlich des 200. Geburtstags des Alpinismus zumindest ein Gebot.[262] Unerwähnt bleibt dabei, daß die „Wahrheit", d. h. das Bestimmen eines Ersten, nach Kriterien der Zugehörigkeit zu einer bestimmten Klasse geschieht.

Wenden wir unsere Aufmerksamkeit nun dem Verlauf des „Tages der Geburt" zu. Man stelle sich zuerst die Bedingungen auf dem Mont Blanc vor. Der Berg ist über 4800 Meter hoch, auf ihm sind, auch wenn die Sonne scheint, niedrige Temperaturen; selbst bei blitzblauem Himmel ist es nicht windstill; man findet auf dem Gipfel des Mont Blanc wenig Platz, obwohl es sich um eine Kuppe und nicht um einen Spitz handelt; diese Kuppe fällt beidseitig steil ins Tal ab. Alles ist mit Eis und Schnee überzogen, nichts wächst, es gibt weder Wasser noch Tiere. Wir befinden uns an einem ganz und gar lebensfeindlichen Ort. Die Geburt ist eine Ent-Ortung, die in einem zeitlosen Raum bzw. in einer raumlosen Zeit geschieht. Die Gipfel-Geburt ist ein Abstraktum. Am Ende der Materialität angelangt, am Übergang zum Immateriellen, genau an dem Nicht-Mehr oder Noch-Nicht soll ein neuer Anfang sein. In diesem schmalen Grenzsaum schieben sich zwei Menschen himmelwärts, um das Unmögliche zu verwirklichen.

Unter denkbar schlechten Voraussetzungen kommt schließlich ein Kind zur Welt, das Alpinismus heißt; geboren durch zwei Männer, abgeschieden und vaterseelenallein. Man haucht einer Sache Leben ein; der Alpinismus entsteht am äußersten Rand der Materie als Geist-Geburt. Wie das genau vor sich ging, scheint niemand mehr so recht zu wissen: Man ist spät dran, hat sich beim Aufstieg vertan und ist sich für Momente nicht mehr sicher, ob man überhaupt bis ganz nach oben steigen soll.

Hören wir die Originalberichte vom Gipfel:

A „Angekommen um 6 Uhr 23 Minuten des Abends – wieder fort um 6 Uhr 57 Minuten. Sie sind 34 Minuten oben geblieben." (Paccards Tagebuch, zit. in Egger 1943, 84)

Weniger knapp fällt ein Augenzeugenbericht aus. Adolf von Gersdorf, ein Gelehrter aus Görlitz/Schlesien, beobachtet das bedeutsame Ereignis mit dem Fernrohr von Chamonix aus und notiert unmittelbar danach in sein Tagebuch:

B „(Sie) waren mit anbrechendem Tage ausgegangen, hatten einigemal kleine Schwierigkeiten wegen der Spalten und Glätte gefunden, waren langsam gestiegen und hatten zuletzt alle 100 Schritte geruht, waren durch das tiefe Einsinken in den frischen Schnee ziemlich ermüdet worden, und hatten dieserhalb im Vorausgehen einander öfters abgewechselt, und von der dünnen Luft keine üble Wirkung verspürt, sondern sich vielmehr außerordentlich wohl befunden und waren mit Alpenstöcken, Eissporen und Nägeln in den Schuhen versehen gewesen und hatten Gamaschen angehabt. Sie hatten aber heftigen Westwind oben gehabt und bey –6 Gr. Reaumur sich die Hände bald erfroren. Des Herrn Doctors rechte Hand war alles öftern Waschens mit Schnee ungeachtet noch an den Fingern unempfindlich. Der mitgenommene Braten war fest gefroren und nicht zum essen gewesen. Sie glaubten, die Sonne oben untergehen gesehen zu haben, worinnen sie sich aber nach meinen gestrigen genauen Beobachtungen geirret hatten. Beym Hinuntergehen sind sie in der Nacht etlichemal in verschneyten Spalten bis an den halben Leib eingesunken, durch die gleich quer gehaltenen Alpenstöcke aber allemal glücklich herausgekommen. Über breite sichtbare Spalten sind sie auf den quer übergelegten Stöcken auf allen Vieren gekrochen. (...) Der Herr Doctor hat oben den Hut verloren. Er hatte ein rotes Schnupftuch an einem Stock gebunden oben hineingesteckt, so wir doch weder gestern noch heute gesehen hatten." (von Gersdorf, zit. in Keenlyside 1976, 13)

Saussure kommt sofort, nachdem er von der Erstbesteigung gehört hat, nach Chamonix, startet selbst einen erfolglosen Versuch und verfaßt 13 Tage später ein Dokument, das auf Gesprächen mit Paccard beruht:

> C „Am 7. August um 9 Uhr abends biwakierten Paccard und Balmat etwa 250 Meter unter dem Gipfel der Montagne de la Côte. Außer Brot, Fleisch und Decken führten sie wissenschaftliche Instrumente, Feder, Tinte und Notizbuch und lange Alpenstöcke mit. Am folgenden Morgen las der Arzt seine Instrumente ab, und um 4.15 Uhr brachen sie auf. Sie besaßen weder Leiter noch Seil, und die Spalten der Jonction, eines Felds von geborstenen Eisblöcken, wo der Taconna- und der Bossons-Gletscher zusammenstoßen, bereiteten ihnen Mühe. Die Nacht war warm gewesen, und viermal brach der eine oder andere von ihnen durch die Schneedecke ein. Jedesmal warfen sie sich mit waagrecht gehaltenem Stock nach vorne, und krochen wieder heraus. Während sie aufstiegen, nahm der Nordwind an Stärke zu. Die Überquerung des Grand Plateau war mühsam für die beladenen Männer; sie sanken durch den Bruchharst in den tiefen weichen Schnee ein. Ungefähr um 3 Uhr nachmittags weigerte sich Balmat weiterzugehen. Wahrscheinlich erschrak er, als er entdeckte, daß Paccard eine neue Route einschlug und nicht die schon früher von den Führern benutzte. Trotz der späten Stunde, dem kalten Wind und der noch vor ihnen liegenden Strecke gab Paccard nicht nach und brachte seinen Träger dazu, mit ihm weiterzugehen. Die untere Strecke des ‚ancien passage‘ über steiles Eis war das letzte eigentliche Hindernis. Der Doctor führte und schlug mit seinem Stock Stufen. Es blieben ihnen immer noch etwa 350 Meter über einen leichten, aber windausgesetzten Schneegrat. Von Zeit zu Zeit hielten sie an, damit Dr. Paccard den Fels näher betrachten und Gesteinsproben sammeln konnte. Um 18.12 Uhr wurden sie vom Tal aus gesehen: Dr. Paccard stieg gerade auf. Balmat im Zickzack links von ihm. Sie gingen so rasch, daß es aussah wie ein Wettlauf. Um 18.23 Uhr standen sie auf dem Gipfel. Alle Instrumente wurden abgelesen, dann suchten sie einen geschützten Platz. Da sie keinen zu finden vermochten, begannen sie den Abstieg im Dunkeln. Der Vollmond half ihnen bis zur Montagne de la Côte, wo sie biwakierten. Beide hatten leichte Erfrierungen an einer Hand erlitten, der Doctor war zudem schneeblind. Er traf am nächsten Vormittag um 8 Uhr in seinem Vaterhaus ein und ging zu Bett." (Saussure, zit. in Keenlyside 1976, 12f)

Keenlyside gibt seine Sicht der Erstbesteigung wieder:

> D „Über Jahre hinweg beobachtete Michel-Gabriel Paccard, der inzwischen Arzt geworden war, den Mont Blanc durch ein Teleskop von Chamonix und vom Brévent aus und unternahm eine Reihe von Erkundungsvorstößen. So fand er eine neue, eigene Route über den Taconna-Gletscher zum Grand Plateau, dann über den ‚ancien passage‘ zwischen den Felsrücken der Rochers Rouges hindurch. Am 8. August 1786 erreichte er über diese Route den Gipfel (4807 m) in Begleitung von Jacques Balmat." (Keenlyside 1976, 12)

Zugleich bedauert er, daß Paccard so wenig Anhaltspunkte für ein Nachvollziehen der Besteigung gab:

> „Unglücklicherweise hinterließ Paccard außer seinen Barometer- und Thermometer-Angaben (die sich im Britischen Museum befinden) und einer denkbar kurzen Eintragung in seinem Notizbuch (heute im Alpine Club) keinen schriftlichen Bericht über seine Besteigung. Ebenso unglücklich ist, daß Balmat mehreren Personen zu verschiedenen Zeiten verschieden lautende Berichte erzählte, die nicht in Übereinstimmung zu bringen sind und mehr Erfindungen als Tatsachen enthalten." (ebd.)

Grube verfaßt sein Wissen über diesen denkwürdigen Tag eher knapp:

> E „Am Nachmittag des 7. August 1786 verließen die beiden Männer die Prieuré von Chamouny, vor Einbruch der Nacht erreichten sie die Höhe des Berges La Côte und übernachteten in der von Bourrit erbauten noch wohl erhaltenen Hütte. Das Wetter war günstig. Am 8. August mit Tagesanbruch setzen sie ihren Marsch fort und kamen um 6 1/2 Abends wirklich auf dem domartig gerundeten Gipfel des Montblanc an. Ein halbe Stunde verweilten sie oben, dann stiegen sie mit Lebensgefahr aber ohne zu stürzen von der luftigen Höhe herab, vom hellen Mondschein begünstigt und um 9 Uhr Morgens am folgenden Tage des 9. August trafen sie wieder in der Prieuré ein. Ihre Gesichter waren geschwollen und tief geröthet; Dr. Paccard war schneeblind geworden und konnte erst nach einigen Tagen wieder ordentlich sehen. Ihre Ankunft auf dem Gipfel des Montblanc hatte man von Chamouny aus mit dem Fernrohr gesehen." (Grube 1875, 36)

Was erzählen diese Texte über den Mont Blanc, den Gegenstand der Forschung?

Zur Stunde Null

So unterschiedlich diese Berichte ausfallen, eines haben sie gemein: das Bemühen, den genauen Zeitpunkt der Ankunft auf dem Gipfel zu vermerken. Der Grad an Übereinstimmung ist überraschend hoch und läßt keinen Zweifel an der Richtigkeit des Anfangs aufkommen. Die exakte Zeitangabe verleiht der Vorstellung Nachdruck, etwas Bedeutsames sei eingetreten, etwas, das aus der Geschichte nicht mehr zu streichen und selbst neue Geschichte ist. Man hat ein jahrhundertealtes Provisorium hinter sich gelassen und ist an diesem besagten 8. August 1786 endlich und endgültig ins Licht gekommen. Am späten Nachmittag, gegen halb sieben Uhr, ist aus dem Präalpinismus der Alpinismus hervorgegangen. Das unvergeßliche Ereignis läutet, wie Grüner anfangs erwähnt, die offizielle Geburtsstunde des Alpinismus ein. Die Geburt hat stattgefunden, aber nur zur Hälfte, wie es scheint. Größeres steht noch in Aussicht. Dent schreibt vom „ersten erfolgreichen Ansturm im Jahre 1786" durch Balmat und Paccard, spricht aber vom „Triumph Saussures" im nächsten Jahr.[263]

Senger bestimmt drei „Marksteine" des Alpinismus und nennt „den Mont-Blanc mit Saussure als Ausgangspunkt des wissenschaftlichen Alpinismus".[264] Gabriele Seitz spricht genausowenig Paccard/Balmat die entscheidende Wende zu, sondern „Saussure, dessen Portrait heute den Schweizer Zwanzigfrankenschein ziert, hat dank seiner Beharrlichkeit den Grundstein zum modernen Alpinismus gelegt".[265]

Die Stunde Null zerfällt in zwei asymmetrische Teile: Der größere und gewichtigere wird erst 1787 zur Welt kommen. Wie bereits 1786 fehlt die Mutter, an deren Stelle der große Vater, Horace-Bénédict de Saussure, ein Wissenschaftler von Rang und Namen, tritt. Durch ihn erhält der Alpinismus den rechten Grund, er fußt nicht in erster Linie im Bergsteigen oder in der Natur, sondern in der Natur-Wissenschaft. In ihr liegt vorrangig die Legitimität des Alpinismus; Grund und Begründung sind eins geworden.

Der Verlust des Utopischen

Text A hat nur eine einzige Ortsangabe: „oben". Sie ist vage, dennoch weiß jeder, daß damit der Gipfel gemeint ist. Dasselbe gilt für Text B, wo man auch „oben" heftigen Westwind verspürt und die Sonne untergehen sieht. Obwohl spezifische Ortsbezeichnungen fehlen, formt sich ein Bild, das genau dann entsteht, wenn man kaum Anhaltspunkte hat. Der Autor sieht nur Spalten: verschneit und zugedeckt strukturieren sie das Unbekannte, das glatt vorgestellt wird, so als könnten die Augen nur die Oberfläche dieser Fremde berühren.

Das eigene Tun ersetzt die Idee der Utopie und läßt sie mittels des Körpers real werden. Oder umgekehrt: Der fremde Ort als unbestimmbarer schreibt sich in den eigenen Leib wie auf einer Karte ein. Schritt für Schritt verleibt man sich diesen Ort ein, die Utopie wird zum Topos, der zu einem gehört. Saussures Text (C) gibt der Einverleibung Namen, Subjektives wird objektiviert und berichtbar. Der Ort wird zergliedert: Montagne de la Côte, Jonction, Taconna-und Bossons-Gletscher, Grand Plateau, „ancien passage"; Text D fügt noch den Felsrücken der Rochers Rouges hinzu. Es entsteht der Eindruck, der Mont Blanc sei immer schon bezeichnet und Menschenort gewesen. Nur wer die Vorgeschichte erinnert, weiß, daß jede Stelle zunächst mühsam ergangen werden mußte und zugleich Grenzen früherer Versuche markiert. Mit der Zeit bleibt nur eine Reihe von Namen, ohne die der Mont Blanc nicht wäre, was er heute ist. Die Namen modellieren den Berg als definierte Vorstellung. Entlang konkreter Namen können die einzelnen Schnittstellen – Mensch/Berg – gefunden werden, wodurch man den Berg unterteilt und dann wieder als imaginäres Ganzes aufbaut. Die Topographie verspeist die Utopie, verwandelt lebensfeind-liche Orte in von Menschen eroberte und vermutet im Verlust des Anderen einen Gewinn des Selbst. Man dehnt sich aus, während „es" sich auf den Rest an Unbenanntem zusammenzieht, der – wie sich leicht zeigen ließe – bis zu der Stelle schrumpft, an der sich der Urheber selbst als fremd empfindet. Wo einem alles gleicht, ist jede Orientierung verloren; wo das Andere zum Eigenen wird, hat sich das Eigene verspielt.

Die Natur als Mass des Körpers

Sie „hatten zuletzt alle 100 Schritte geruht", heißt es in Text B. Erwähnung finden die „Spalten und Glätte", weil sie den Bergsteigern ebenso wie das Gehen im frischen Schnee, das ein Abwechseln im Spuren erzwingt, Schwierigkeiten bereiten. Die „dünne Luft" wird betont, um die Überraschung darüber auszudrücken. Man erwartet, mit Übelkeit zu reagieren, fühlt sich aber im Gegenteil außerordentlich wohl. Heftiger Westwind und niedrige Temperaturen erklären den unglücklichen Umstand, daß man sich beinahe die Hände erfroren hätte. Die Spalten kommen noch einmal vor, um über die gute Technik zu informieren, die man sich angeeignet hat. Mit ihrer Hilfe können die Spalten überlistet werden. Wo der eigene Körper nicht ausreicht, hilft die Ausrüstung nach. Die Alpenstange wird quer über die Spalten gelegt oder – wie in Text C – waagrecht nach vorne gehalten, um sich aus den Spalten zu befreien. Dort wird die Schneeart, die das Weiterkommen behindert, genauer bestimmt. Es handelt sich um „Bruchharst".

Die „Jonction" bekommt Konturen, entpuppt sich als Feld von geborstenen Eisblöcken, dort wo die beiden Gletscher zusammenstoßen und ihnen Mühe machen. Der Nordwind nimmt an Stärke zu, was für die beladenen Männer ein zusätzliches Hindernis bedeutet. Aber sie geben trotz später

Stunde, kaltem Wind und der Länge der Strecke, die noch vor ihnen liegt, nicht auf. Tapfer und durch Überreden seines Trägers gelingt es Paccard, das steile Eis, letztes eigentliches Hindernis, zu überwinden. Dennoch gilt es noch einen dem Wind ausgesetzten Schneegrat zu bewältigen. Was das bedeutet, wissen wir bereits: Der Wind kühlt den menschlichen Körper empfindlich aus. Schließlich sucht man einen windgeschützen Platz, um die mitgebrachten wissenschaftlichen Instrumente einzusetzen. Obwohl den beiden beim Abstieg im Dunkeln der Vollmond hilft, müssen sie biwakieren.

Ähnliches berichtet Text E. Die beiden Texte C und E enden damit, daß der Körper, insbesondere der Paccards, stark in Mitleidenschaft gezogen wird. Die Natur hat sich im geröteten, geschwollenen Gesicht, in den Erfrierungen der Hand geäußert und durch Schneeblindheit, so als gäbe es den Leib nur mehr im Defekt und als schmerzlichen Rest.

INSTRUMENTE LINIEREN DEN BERG

Sonne, Wind und Kälte speichern sich qualvoll im Leib, die Ausdehnung des Gebirgskörpers halten Gerätschaften fest. Keenlyside bedauert, daß Paccard eigentlich nur Barometer- und Thermometer-Angaben hinterließ. Saussure staffelt in Text C den Berg in Meter. Am 7. August soll man etwa 250 Meter unter dem Gipfel der Montagne de la Côte gewesen sein.[266] Es lagen noch etwa 350 Meter bis zum tatsächlich höchsten Punkt vor ihnen. Diese Abstände können nicht mit bloßem Auge gemessen werden, weshalb man wissenschaftliche Instrumente ebenso wie Feder, Tinte und Notizblock mitführt. Vom Berg trägt man Gesteinsproben ab, um Struktur und Schichtung festzustellen.

Nach und nach überzieht ein Netz von neuen Informationen den Berg. Zwar sagt der gefrorene Braten, den sie mitgenommen haben, einiges über die Temperaturverhältnisse in großer Höhe aus (in Text B und C wird nicht auf dieses Detail verzichtet); präziser sind dagegen die „–6 Gr. Reaumur". Einen weiteren Fortschritt bezeichnen die Zeitmarken: 9 Uhr abends, 4.15 Uhr morgens, 3 Uhr nachmittags, 18.12, 18.23, wieder 8 Uhr morgens anderntags. Damit ist die Sache strukturiert. Die räumliche Höhenmessung und die zeitliche Längenzählung splittern die Materie „Berg" auf und fügen sie in einem neuen Zeit-Raum-Gitter sorgfältig zusammen.

Der Transfer von der Körperempfindung zur Ent-Körperung mittels des Numerischen ist gelungen.[267] Dem konkreten Erleben steht ein abstraktes Wiederbeleben der Materie gegenüber. Daten, die für sich allein stehen, zeichnen dem Eingeweihten ein exaktes Bild vielschichtiger Bergwirklichkeit, die man sich jederzeit vorstellen kann. Qualitäten erfordern einen persönlichen Körper, Quantitäten haben sich vom Leib emanzipiert, lassen ihn hinter sich und lösen selbst den massigen Bergleib in ein durchwegs verständliches Zeichensystem auf. Der Höhenfahrt instrumenteller Vernunft korrespondiert eine Talfahrt sinnlicher Wahrnehmung.

F 7. August 1786, ein Montagnachmittag: Der 1,84 m große Dr. Paccard stiefelt mit seiner 2,5 m langen Alpenstange, angetan mit Gamaschen, Barometer und Schlafdecke, durch Chamonix. Über dem Weiler Le Mont trifft er sich mit Balmat und übernachtet über Mont Corbeau auf 2329 m. Um 4 Uhr morgens brechen die beiden an einem klaren aber etwas zu warmen Tage auf. Allein für den zerrissenen Eisbruch der „Jonction" brauchen sie 5 Stunden. Sie „steigen über schroffe Schnee- und Eiswände hinauf", kriechen auf ihren beiden parallel nebeneinander gelegten Bergstöcken über die Spalten, rutschen aus und brechen einige Male ein. Besonders schwer fallen ihnen die Spalten knapp unter den Felsen der Grands Mulets. Nach einer Stapferei durch „ziemlich weichen, frisch gefallenen Schnee" machen die beiden am Fuß der Petits Montées Mittagsrast. Ein toter Schmetterling und einige Insekten liegen auf der Schneeoberfläche. Dr. Paccard liest Thermometer und Barometer ab, rechnet um: 3350 m. Als sie aufbrechen und der Doktor von der Route zum Dôme du Goûter nach links abzweigt, protestiert Balmat zum erstenmal. „Er wollte nicht dem Weg folgen, den wir bei unserem letzten Versuch eingeschlagen hatten, sondern zielte geradewegs auf das Plateau zu", erklärte Balmat später an Eidesstatt. Der Träger will umkehren, beruft sich plötzlich darauf, was er seiner Frau versprochen hat, aber Paccard hält das für pure Ausreden und geht einfach weiter.

In den steilen Schneehang der Grandes Montées treten sie Stufen, umgehen eine lange Querspalte und stehen dann als erste auf dem Grand Plateau. Saussure, Kenner der Tatsachen, schreibt: „Wenn ich mir vorstelle, wie Dr. Paccard und Jacques Balmat als die ‚ersten Menschen' in dieser Wüstenei ankommen, der Tag zu Ende geht, nirgends ein Schutz und nicht einmal die Gewißheit, daß Menschen in den Regionen, welche die beiden zu erreichen hoffen, überhaupt leben können, bewundere ich die Stärke ihres Geistes und ihren Mut."
Über der Eiswüste des Grand Plateau steht endlich die ganze Nordflanke des Gipfels da, frei einsehbar, nur 1 km entfernt. „Wir sind da", sagt der Doktor, mustert gründlich die von Gesteinspartien aufgerissene Eismasse und überlegt eine Weile. Prüft, verwirft, dann entscheidet er:

Wir gehen über die Eisterrasse an den Rochers Rouges. Balmat, nein, der will nicht. Er glaubt nicht, daß da ein Mensch durchkommen kann. Er hat kein Vertrauen, keinen Mut – und protestiert. „Er bezeichnete mir selbst seinen neuen Weg", bestätigt er später im geschraubten Schreibstil, „doch zweifelte ich am Erfolg seiner Unternehmung."

3 Uhr nachmittags. Nirgends auch nur die Andeutung einer Biwakmöglichkeit. Statt dessen eine Schinderei: Der Schnee trägt nicht. Bei jedem Schritt brechen die beiden durch die angefrorene Kruste. Einen Kilometer lang! Balmat spurt, Paccard schleppt das Barometer. Da kommt es nach Saussure zu einer weiteren Krise. „(Balmat) erklärte", vermerkte der Augenzeuge Baron von Gersdorf, „er könne nicht mehr weiter." Paccard übernimmt nun selbst einen Teil der Trägerlast und spurt voran. Denn umkehren? Nein, jetzt nicht mehr! „Ich erkläre", bestätigte Balmat, „daß ich ohne den regelmäßigen Gang, den er innehielt, niemals unser Ziel erreicht hätte; daß er nicht aufgehört hat, mich zu ermutigen; daß er meine Arbeit geteilt hat ..."

Der später als Ancienne Passage bezeichnete Eiskorridor ist das Fragezeichen der Route, ausgesetzt, steil. Unterhalb riesige Spalten, deren Mäuler nur zu warten scheinen. Paccard geht voraus, ohne Seil, ohne Eispickel, kratzt Tritte mit der Eisenspitze seines Bergstockes. Einundeinhalb Stunden später entdeckt man sie durchs Fernrohr an den oberen Felsen der Rochers Rouges. 5 Uhr nachmittags, ein schneidender Wind bläst. Der Doktor notiert Luftdruck und Temperatur und untersucht die Felsen. Balmat hält Ausschau nach einem geschützten Platz für die Nacht. Nichts, wieder nichts! Soll man da noch bis zum Gipfel weitergehen? 360 Höhenmeter und kein Biwakplatz. Dr. Paccard entscheidet: Ja! Aber Balmat zögert, bleibt zurück. Da schreit der Arzt ihn an. „Er rief, und ich folgte", bekundete später Balmat, „im selben Augenblick sah ich etwas Schwarzes über meinen Kopf fliegen: Es war sein Hut." Des Doktors fest angebundener Hut. Sie steigen weiter, rasten alle 100 Schritt, dann 50, 25 und zuletzt 14.

„Wir kamen zu einem kleinen Felsen, hinter dem ich Schutz vor dem Winde suchte ..., während Herr Paccard sich mit Steinen belud", schrieb Balmat. Von diesen Felsen der Petits Mulets brauchen sie bis zum Gipfel dann nur noch 11 Minuten – elf Minuten für 120 Höhenmeter, und das nach 14 Stunden Aufstieg. Der Doktor rennt „über den letzten steilen, aber ziemlich festen Hang" geradewegs zum Gipfel, Balmat umgeht dieses Stück in einem großen Bogen nach links, muß sich beeilen und kommt „beinahe" gleichzeitig mit Paccard am Gipfel an. „6 Uhr 23 Minuten (Abends)", notiert Baron Gersdorf drunten am Fernrohr in Chamonix.

„Die Fernsicht war nicht klar, geballter Dunst schien einen Ring um den ganzen Horizont zu bilden", überliefert Saussure. Doch bleibt für die Aussicht gar keine Zeit. Paccard pflanzt schnell sein rotes Taschentuch an einem Stock in den tiefen, weichen Gipfelschnee, mißt Luftdruck und Temperatur, bestimmt das Himmelsblau und hantiert mit dem Kompaß. Beißender Wind zwingt die beiden zu ständiger Bewegung; die Kälte von –7,5 Grad Celsius ist hier kaum zu ertragen, die Schreibtinte in der Rocktasche gefroren und der mitgeführte Braten ein einziger Eisblock. Nein, da bleibt keine Zeit für das Studium der Aussicht.

Als die Sonne den Horizont zu erreichen beginnt, laufen sie gegen den Mont Blanc du Courmayeur hinunter, suchen nach einem Biwakplatz. Aber da ist nichts. Nicht die geringste Deckung gegen den eisigen Wind. Also wieder hinauf zum Hauptgipfel. 18 Uhr 57, 10 Minuten vor Sonnenuntergang. Sechs Minuten später sind sie schon 225 m tiefer bei den Petits Rochers Rouges.

„Dann sind wir in aller Hast wieder abgestiegen", vermerkt lakonisch das Zeugnis von Balmat. Soweit möglich halten sie sich an die Aufstiegsspuren. Wie sie die steile und schwierige Ancienne Passage heruntergekommen sind ohne Seil, ohne Pickel, das weiß niemand. Im Wettlauf mit der einbrechenden Nacht rennen sie über das Grand Plateau, überwinden im Mondlicht die zerissene Jonction, brechen zumindest viermal unangeseilt in Spalten. Mit ihren langen Bergstöcken fangen sie sich aber immer wieder ab. Nur das Quecksilberbarometer geht dabei endgültig zu Bruch.

Um Mitternacht erreichen sie an der Montagne de la Côte wieder festen Boden. Sie lassen sich zwischen die Granitbrocken fallen – die später als Gite de Balmat bekannt geworden sind –, und entdecken, daß jeder eine Hand erfroren hat. Sie reiben diese Gliedmaßen, bis das Blut wieder zirkuliert, verkriechen sich unter ihre Decken und schlafen Seite an Seite. Fest und tief. Am Morgen aber erwachen beide mit Gletscherbrand und mit entzündeten Augen. Der Doktor kann gar nichts mehr sehen, Balmat muß ihn wie einen Blinden bergabwärts führen. Trotz dieser bösen Folgen kommen beide sicher und in erstaunlich kurzer Zeit ins Tal. Und ins Bett! (Grimm 1987, 107f)

G Am Montag, den 7. August, übernachten die beiden Chamoniarden auf der Montagne de la Côte. Ihre Ausrüstung besteht aus einer Decke. Verpflegung, einem Thermometer, einem Kompaß und einem Barometer samt Stativ – eine unglaubliche Belastung für zwei Personen! Um vier Uhr früh brechen sie von ihrem Biwak auf. Balmat trägt fast alles alleine, denn er will die ausgesetzte Prämie mit keinem anderen Führer oder Träger teilen. Paccard hingegen hat keinerlei finanzielle Interessen.

Und so beginnt ein schöner Tag. Der Arzt und der Kristallsucher steigen zum Glacier des Bossons auf und überqueren ihn in Richtung Grands Mulets: je mehr sie sich den Felsen nähern, desto zahlreicher und gefährlicher werden die Gletscherspalten. „Bis zu viermal gab der Schnee unter unseren Füßen nach", berichtet Paccard Saussure einige Tage nach der Besteigung, „doch ein Unglück konnten wir dadurch verhindern, daß wir uns sofort auf unsere Stöcke nach vorne warfen. Dann legten wir unsere beiden Stöcke parallel nebeneinander und rutschten auf ihnen entlang. bis wir die Spalte überwunden hatten."

Wegen der schlechten Verhältnisse auf dem Gletscher kommen die beiden Alpinisten nur langsam voran. „Erst gegen Mittag passierten wir die letzten Felsen." Von hier geht es im Direktanstieg weiter: den Nordgrat des Dôme du Goûter, den die Führer im Juni benutzt hatten, rechts liegen lassend gelangen sie zu einer „Fläche": dem Petit Plateau. Hier liegt viel Neuschnee, der das Fortkommen stark erschwert. Balmat, der schwer zu schleppen hat und die Bedingungen eher negtiv beurteilt, will umkehren; plötzlich fällt ihm ein, daß er ein krankes Kind zu Hause hat. Der Arzt besteht darauf, daß sie weiterlaufen und spricht Balmat Mut zu: „Ich verschaffte ihm Erleichterung, indem ich ihm von Zeit zu Zeit einen Teil der Lasten abnahm, die er für mich zu tragen hatte." Sie überwinden eine weitere Stufe und erreichen ein „ausgedehntes Firnfeld" (das Grand Plateau), das sie unter großer Anstrengung überqueren. Nach dem Tiefschnee macht ihnen hier jetzt der Harsch zu schaffen: Balmat, der seit Anbeginn vorausgeht, bricht bei jedem Schritt ein, und die schwere Last zehrt an seinen Kräften. Paccard: „Er sagte mir, er könne nicht mehr weiter, es sei denn, ich ginge ab und zu voraus, um zu spuren." Vermutlich geht es jedem der beiden darum, die eigenen Kraftreserven soweit wie möglich zu schonen, um bis zum Gipfel durchhalten zu können.

Von diesem Zeitpunkt an wechseln sich Balmat und Paccard beim Spuren ab, wobei der Kristallsucher freilich immer noch die Hauptlast zu tragen hat. Vom Grand Plateau aus wenden sie sich nach links und steigen über das Schneeband zwischen den beiden Felsriegeln der Rochers Rouges empor. Nur mühsam geht es voran, denn die Steigung beträgt hier 40 Grad, und sie müssen mit Hilfe ihrer Stöcke Stufen hauen. Erst um 17 Uhr erreichen sie den oberen Teil des Schneebandes, der den Übergang zur Kuppe des Montblanc bildet. „Nachdem wir bisher ziemlich in östlicher Richtung gegangen waren, wandten wir uns jetzt wieder nach Süden, um den letzten Hang zu erklimmen. Ein unangenehmer, eiskalter Wind nahm uns fast den Atem." Einen Augenblick zögert Paccard: Soll man angesichts der vorgerückten Stunde tatsächlich noch weitergehen oder lieber umkehren?

Die beiden Männer sind hungrig, durstig, am Ende ihrer Kräfte. Der Gipfel scheint so nah und doch so weit. Aber das Wetter bleibt schön, und so machen sie weiter. Von Chamonix aus verfolgt man ihren Aufstieg mit dem Fernglas. Um 17.45 Uhr brechen sie von den Petits Rochers Rouges (4577 m) auf, als ein starker Windstoß von Courmayeur her den Hut des Arztes fortweht. Doch ab jetzt haben die beiden praktisch kein Hindernis, keine technische Schwierigkeit mehr zu überwinden. Der Schnee „trägt", man braucht nur zu laufen. Freilich, in der dünnen Luft erfordert jeder Schritt eine übermenschliche Anstrengung.

Im Schutze der Petits Mulets (4690 m) legen die beiden Männer eine kurze Verschnaufpause ein, aber die Kälte ist so schneidend, daß sie nicht lange verweilen können. Nur noch 120 Meter, aber die haben es in sich! Und doch schaffen sie das letzte Stück in nur elf Minuten – ein Beweis für ihre ungeheure Zähigkeit. „Die Kälte konnten wir nur dadurch ertragen, daß wir ständig weitergingen." Von Chamonix aus sind alle Fernrohre auf die beiden Gipfelstürmer gerichtet, gespannt verfolgt man, wie sie sich Schritt für Schritt dem höchsten Punkt entgegenarbeiten. Paccard nimmt die letzten Meter im Direktanstieg. Balmat weicht leicht nach links aus, um einen Steilhang zu umgehen, dann beginnt er zu laufen, und so erreicht er den Gipfel im selben Augenblick wie der Doktor.

8. August 1786, 18.23 Uhr: die Geburtsstunde eines neuen Zeitalters. Weder Paccard noch Balmat sprechen je darüber, was sie in diesem Moment empfanden, das entspricht nicht dem verschlossenen Charakter der Chamoniarden. Doch wer diesen Menschenschlag kennt, wird erahnen können, was die beiden fühlten.

Sie hatten den Gipfel erreicht, die Mühsal war überwunden, sie brauchten nicht mehr in gebückter Haltung bergan zu schreiten, konnten sich zu voller Größe aufrichten. Tiefe Befriedigung erfüllte sie in diesem Moment, und das zu Recht: Hatten sie doch eine harte Bewährungsprobe siegreich bestanden. Vielleicht schauten sie sich an, für den Bruchteil eines Augenblicks und – ihrem harten und rauhen Charakter zum Trotz – mit einem Lächeln in den Augen. Auch ohne etwas zu sagen, verspürten sie doch eine Freundschaft zueinander, die auf gegenseitiger Achtung beruhte. Damals seilte man sich noch nicht an, es fehlte also jene materielle Verbindung zwischen den Bergsteigern, die zum Entstehen von Freundschaften ganz erheblich beiträgt. Doch das war in dieser Situation ohne Belang. Nebeneinander, unangeseilt, hatten die beiden Männer den langen und gefahrvollen Aufstieg bewältigt und sich doch gemeinsam den Ausblick in die unendliche Weite ertrotzt.

Selbst die höchsten Gipfel um sie herum scheinen wie zusammengeschrumpft, von ihrer Position aus überragen sie alles. Doch die schneidende Kälte und der Nordwind lassen nicht zu, daß sie noch länger verweilen, um den Weitblick zu genießen. Sie hätten mehr warmes Zeug mitnehmen und dafür auf das Barometer verzichten sollen. Die Tinte in der Tasche des Doktors ist gefroren, ebenso der Braten, den Balmat im Rucksack hat.

Jetzt sinnt jeder darüber nach, was ihn eigentlich hier hinaufgetrieben hat. Balmat denkt an die von Saussure ausgesetzte Belohnung, Paccard macht sich an seine Versuche: Als erstes liest er den Barometerstand ab, das ist das Wichtigste für ihn und das hat vor ihm noch niemand getan. Auch notiert er die Richtung der Kompaßnadel und beobachtet das Blau des Himmels. Die Temperatur beträgt sechs Grad unter Null. Da es schon spät ist, wollen die beiden Männer bei den Felsen des Montblanc de Courmayeur biwakieren, hier aber finden sie keine geschützte Stelle, und so bleibt ihnen nichts anderes übrig, als den Rückzug anzutreten. In manchen Fällen wäre es besser, die Menschen blieben oben auf ihren Bergen und stiegen nicht wieder zur Erde hinab. In der Folge soll es nämlich zu einer bedauerlichen Kontroverse zwischen den beiden Montblanc-Bezwingern kommen, die aus Eifersucht entsteht und von interessierten Neidern noch geschürt wird. In Wirklichkeit hätte damals keiner alleine den Gipfel erreicht, beide Männer waren aufeinander angewiesen, und deshalb gebührt ihnen der Ruhm auch zu gleichen Teilen.

Um 18.58 Uhr, zehn Minuten vor Sonnenuntergang, beginnen die beiden ihren Abstieg. Sie beeilen sich und erreichen in sechs Minuten die Petits Rochers Rouges; auf dem Schneeband zwischen den Grands Rochers Rouges müssen sie sehr aufpassen, denn der Hang ist steil, und kämen sie ins Rutschen, wäre es um sie geschehen.

Als sie die Gletscherspalte im unteren Teil des Schneebandes überqueren, bricht die Dämmerung herein, und als sie das Grand Plateau hinter sich gelassen haben, ist es völlig dunkel. Aber immerhin haben sie eine mondklare Nacht und können – mehr schlecht als recht – den Abstieg fortsetzen: Sie folgen ihren Aufstiegsspuren, die wegen der großen Kälte inzwischen hart geworden sind; auch die Schneebrücken halten jetzt. Beim Abfahren geht das Barometer kaputt, doch Paccard tröstet sich mit dem Gedanken, daß es nicht beim Aufstieg passiert ist. Balmat freilich wäre das wahrscheinlich lieber gewesen, denn dann hätte er auf dem Hinweg weniger zu schleppen gehabt.

Zwischen 11 Uhr und Mitternacht erreichen sie schließlich ihren Unterstand auf der Montagne de la Côte. 14,5 Stunden für den Aufstieg, aber nur knapp vier Stunden für den Abstieg: eine phänomenale Gesamtleistung, wie sie nur zwei so außergewöhnliche Männer zustande bringen konnten!

Jetzt gönnen sie sich eine kurze Nachtruhe unter dem großen Felsen. Als Paccard im Morgengrauen erwacht, ist er nahezu blind. Die intensive Strahlung auf dem Gletscher hat ihm beim Aufstieg die Augen geblendet, und durch den Verlust seines breitkrempigen Huts ist ihr Zustand noch schlimmer geworden.

In aller Frühe brechen die beiden von der Montagne de la Côte auf. Während des Abstiegs führt Balmat seinen Gefährten an der Hand. Um acht Uhr morgens sind der Arzt und der Kristallsucher wieder zurück in Prieuré – erschöpft, aber glücklich.

Paccard verfaßt einen Bericht über seine Reise, den er in einem Subskriptionsprospekt ankündigt. Bedauerlicherweise unterschlägt er in diesem den Namen Balmats.

(Rébuffat 1988, 78, 80, 82)

Grimms und Rebuffats Schilderungen wiederholen – trotz Abweichungen – bereits bekannte Strukturierungsmomente. Das Zeitraster wird feinmaschiger (Montagnachmittag, 4 Uhr früh, Mittagsrast, Verschnaufpause, noch 11 Minuten, nach 14 Stunden Aufstieg, 10 Minuten vor Sonnenuntergang, 6 Minuten später, 18.58 Uhr, zwischen 11 Uhr und Mitternacht), das topographische Netz dichter (Weiler Le Mont, Mont Corbeau, Felsen der Grandes Mulets, am Fuß der Petits Montées, Route zum Dôme du Goûter, Nordflanke des Gipfels, Felsriegel des Rochers Rouges, Petits Mulets, Petits Rochers Rouges, die „Fläche" als Petit Plateau, das „ausgedehnte Firnfeld" als Grand Plateau, 40 Grad steiles Schneeband, Nordgrat des Dôme du Goûter, Montblanc du Courmayeur, Grands Rochers Rouges, Gite de Balmat; 2329 m, 3350 m, 1 km, 100 Schritt, dann 50, 25 und zuletzt 14, 360 Höhenmeter, 4577 m, 4690 m, nur noch 120 Meter, 225 m tiefer). Beobachtet werden die beiden durch ein Fernrohr bzw. Fernglas von Chamonix aus.

Paccard selbst hat – wie aus Text D hervorgeht – den Mont Blanc über Jahre hinweg durch ein Teleskop von Chamonix und vom Brévent aus studiert. Außerdem soll Paccard das große Barometer auf den höchsten Berg Europas geschleppt haben, wo er als erster den Barometerstand ablesen wird. Vorher notiert er immer wieder Temperatur und Luftdruck, rechnet um und untersucht die Felsen. Beim Abstieg jedoch bricht das Quecksilberbarometer endgültig, so Text F, was Rébuffat bestätigt. Rébuffat – nicht Wissenschaftler, sondern Bergführer – kann sich die Bemerkung nicht verkneifen, ob es bei der herrschenden Kälte nicht klüger gewesen wäre, mehr warmes Zeug anstelle dieses monströsen Meßgeräts mitzunehmen. Zudem glaubt er zu wissen, daß Balmat es lieber gehabt hätte, wenn das Barometer bereits beim Hinweg kaputtgegangen wäre, damit er weniger tragen hätte müssen. Wer nun wirklich dieses empfindliche Instrument hinaufbefördert hat, bleibt offen und reiht sich in die Kette kleinerer und größerer Ungereimtheiten und Widersprüche ein. Gewiß ist dagegen der Verlust des Doktorhuts, den Text B, F und G berücksichtigen.

AUSRÜSTUNG BESTIMMT ALPINES VERHALTEN

In den Texten (außer A, D und E) wird eine Reihe von spezifischen Gegenständen angeführt, die für das Gelingen der Unternehmung unentbehrlich erscheinen. Besonders wichtig ist die Alpenstange, deren genaue Länge (2 1/2 m) Text F kennt. Die Schuhe sind mit Eissporen und Nägeln besetzt; man hat Gamaschen, Schlafdecken, Hut, Schnupftuch und Stöcke, aber weder Leiter, Seil noch Eispickel mit; der Bergstock ist mit einer Eisenspitze versehen, damit Tritte in Schnee und Eis gekratzt werden können. Zusätzlich führt man Schreibzeug, Kompaß, Barometer, Thermometer und Proviant (der nichts taugt, da er wie die Schreibtinte zu Eis gefriert) mit. Unerwähnt bleibt, wo diese Utensilien und Gerätschaften verstaut und auf welche Weise die Gesteinsproben transportiert werden; der Rucksack ist zu dieser Zeit jedenfalls noch nicht in Gebrauch.

Umfangreich fällt die Beschreibung des alpinen Verhaltens aus. Am Tag vorher geht man bis zu dem Punkt, an dem die technischen Schwierigkeiten beginnen, und biwakiert wie geplant. Frühmorgens bricht man auf, um den Tag zu nützen und der größten Hitze zu entgehen. Man weiß die Alpenstöcke zu handhaben, stellt sich auf ihre Hilfe ein, um nicht auf ewig in einer Gletscherspalte zu verschwinden. Der Tag ist schön, die Nacht zu warm, man bricht etliche Male durch die Schneedecke. Das ermüdet, ist aber unvermeidbar, da keine „Schneereifen" verwendet werden. Erst vor Ort fällt die Entscheidung für eine Route, die nicht im vorhinein studiert und erkundet wurde.

Die Zeit ist nicht anzuhalten, man muß sich beeilen, man zweifelt, entschließt sich aber kurzerhand, den Aufstieg doch bis zum Gipfel fortzusetzen. Man sieht sich zur Absicherung nach möglichen Biwakstellen um – aber erfolglos. Die Route ist stark dem Wind ausgesetzt, jedes Stehenbleiben kühlt den Körper aus und mindert seine Leistungsfähigkeit. Weitergehen bedeutet alles, man sucht einen entsprechenden Rhythmus, wird dennoch immer langsamer. Der Doctor führt und schlägt Stufen mit seinem Stock, so Text C. Kurz vor dem Ziel scheinen Ehrgeiz und Leidenschaft beide in die Höhe zu treiben, nachdem man zuvor – wie Text G vermutlich zu Recht anmerkt – die Kräfte für das Finale geschont hat. Auch hier Taktik, jeder möchte dem anderen die schwere Spurarbeit überlassen. Paccard schlägt den direkten Weg zum Gipfel ein, Balmat geht im Zickzack bzw. in einem großen Bogen nach links (bei Text F), um (beinahe) gleichzeitig oben zu sein. Der Wettlauf ist zu Ende, man steht ganz oben. Man will zwar, da es schon spät ist, kurz unterhalb des Gipfels ein Biwak einrichten, für das sich keine geschützte Stelle finden läßt. Nachdem Paccard rasch seine Messungen und Beobachtungen durchgeführt hat, tritt man den Abstieg an. Nur Rébuffat glaubt, daß sie den Weitblick und die höchsten Gipfel rundherum, die wie zusammengeschrumpft erscheinen, genießen konnten. Sicherheitshalber verfolgt man beim Hinuntergehen – soweit es möglich ist – die Aufstiegsspuren. Durch die Kälte halten sogar die Schneebrücken, die relativ sicher passiert werden können. Man läßt sich im Unterstand der Montagne de la Côte nieder, wo man bereits beim Aufstieg nächtigte. Anderntags erwacht Paccard schneeblind. Von Balmat geführt, kommen beide morgens im Tal an.

INTERAKTION: ZUM HANDELN ÜBERREDEN

Paccard und Balmat wollen offensichtlich, wenn auch von unterschiedlichen Motiven geleitet, dasselbe. Gemeinsam nehmen sie ihr Ziel in Angriff. An einer Stelle treten Differenzen auf; Balmat protestiert, als Paccard einen anderen Weg als beim letztenmal einschlägt. Außerdem verzögert man sich. Paccard bringt, so Text C, seinen Träger dazu, mit ihm weiterzugehen. In Text F spitzt sich die Situation zu. Paccard entscheidet sich weiterzugehen, Balmat zögert und bleibt zurück. Da schreit ihn der Arzt an, woraufhin ihm Balmat doch folgt.

Bereits vorher kam es zu einem ähnlichen Zwischenfall. Balmat glaubt nicht, daß irgend jemand über die Eisterrasse an den Rochers Rouges durchkommen kann. Irgendwie lenkt Balmat wieder ein und gibt nach. Der Verfasser von Text G erklärt, daß Balmat umkehren will, weil er schwer zu schleppen habe und die Bedingungen negativ beurteile. Zu guter Letzt falle ihm noch sein krankes Kind zu Hause ein, bei dem er gerade sein möchte. Aber der Arzt will nichts davon hören, spricht ihm Mut zu und nimmt ihm von Zeit zu Zeit die schwere Last ab. Er besteht darauf, weiterzugehen.

Das Spuren und Tragen hat so an Balmats Kräften gezehrt, daß Paccard vorauszugehen beginnt. Es wird nicht lange diskutiert, man muß rasch und entschlossen handeln, wobei sich Paccard durchsetzt und Balmat im nachhinein dessen Bestimmtheit zu bezeugen hat. Unbestritten bleibt nach Rébuffat, daß Balmat nach wie vor die Hauptlast trage. Spätestens beim Rückweg ins Tal, als Paccard durch die starke Sonneneinstrahlung des Vortages kurzfristig erblindet, ist Balmat der unentbehrliche Helfer; ähnlich wird es vermutlich schon oben am Berg gewesen sein, als Paccards Hand beinahe erfroren wäre.

SPEKULATIONEN ZU MOTIVATION UND GIPFELSIEG

In Text A sprechen die Leerstellen. Nichts außer den Zeitangaben scheint wichtig zu sein. Notiert werden genau jene 34 Minuten, die man oben verbringt. Paccard, dem Verfasser, ist einzig der Aufenthalt auf dem Gipfel einer Bemerkung würdig. In 34 Minuten kann man einiges, aber eben nicht alles tun. Er hat sich einige wissenschaftliche Untersuchungen vorgenommen, die Zeit ist knapp, er kann weniger und nicht so exakt wie erhofft arbeiten. Die Präzisierung der Zeit ist somit auch eine Rechtfertigung. Paccard geht es nicht um den Weg, sondern darum, den Gipfel zu betreten.

Vergleichsweise lang ist der Aufenthalt am Gipfel in Text B festgehalten, wobei die Grenze zwischen Aufstieg und Obensein verschwimmt. Was mit freiem Auge, ohne Meßgeräte gesehen und bestätigt wird, zählt nicht. Von Gersdorf, der von unten mit dem Fernrohr alles beobachtet und selbst noch Untersuchungen anstellt, bezweifelt die Aussagen der Gipfelsieger und meint, sie hätten sich geirrt. Das bewaffnete Auge und der experimentelle Standort im Tal seien zuverlässiger. Das Oben ist wie ein Jenseits, eine Fremde und scheint anderen Gesetzen zu unterliegen, die sich mit den gewohnten nicht decken. Vielleicht aber schätzt man nur die Fähigkeit der Forscher, die sich in die Höhe begeben, nicht hoch genug ein. Text C würdigt den Gipfelsieg mit genau einem Satz. Der darauffolgende bezieht sich nur mehr zur Hälfte auf den höchsten Punkt. Nachdem man von allen Instrumenten abgelesen hat, ist man bereits wieder mit dem Absteigen beschäftigt. Saussure, der Autor, der sich selbst seit Jahren den Mont Blanc vorgenommen hat, scheint in erster Linie an der Aufstiegsroute interessiert zu sein. Knapp ist die Notiz in Text E. Text F dagegen weiß einiges über den Gipfel zu erzählen: Man war offensichtlich zweimal auf ihm; man mußte erneut über den Gipfel den Abstieg antreten, nachdem man keinen geeigneten Biwakplatz gefunden hatte. Der Dunst verhindert die Fernsicht. Für die Aussicht bleibt ohnehin keine Zeit, man pflanzt schnell ein rotes Taschentuch, an einem Stock befestigt, in den Gipfelschnee. Der Akt bedeutet: Dieser Ort wurde von Menschen betreten. Paccard mißt Luftdruck und Temperatur, bestimmt das Blau des Himmels und hantiert mit seinem Kompaß. Text G erweitert Paccards Leistung, denn er habe die Richtung, in welche die Kompaßnadel weist, notiert. Außerdem mutmaßt Rébuffat über die unterschiedliche Motivation der Besteiger: Balmat soll oben an die von Saussure ausgesetzte Belohnung gedacht haben; Paccard habe vielmehr wegen seiner Versuche als Wissenschaftler geehrt werden wollen. Um den Moment, in dem beide den Gipfel erreichen, wird ein Mythos der Entrücktheit und des Erhabenen aufgebaut. Rébuffat glaubt zu wissen, daß weder Balmat noch Paccard je über den Augenblick gesprochen hätten, der als Geburtsstunde eines neuen Zeitalters gilt. Das Wesentliche bleibt ungesagt. Aber gerade das Schweigen lasse erahnen, was beide damals fühlten; schließlich hatten sie doch eine harte Bewährungsprobe siegreich bestanden. Rébuffat zeichnet das Bild von einer freundschaftlichen Bindung zwischen den beiden. Da fehlt nur mehr das Seil, heutiges materielles Symbol der Bergsteiger-Verbindung. Auch ohne dieses freundschaftsstiftende Seil habe man einen gemeinsamen Augenblick am Gipfel erlebt, der unendlichen Weite getrotzt und den gefahrvollen Abstieg bewältigt. Die Darstellung des Abstiegs, bei dem Balmat seinen Gefährten an der Hand führt, fügt sich in das Bild einer Bergkameradschaft ein. Unten komme es aber zu einer bedauerlichen Kontroverse. Paccard, so Rébuffat, soll in seinem Subskriptionsprospekt Balmats Namen unterschlagen haben.[268]

Die Darstellung dieser Unstimmigkeiten erweckt den Anschein, als handle es sich beim Gipfel um den Himmel, die Erde jedoch komme der Hölle gleich, in der das Böse regiert. Im Gegensatz zu Rébuffat, der darauf hinweist, daß keiner ohne den anderen das Ziel erreicht hätte, zieht Grimm Balmats Zeugnis zur Beweisführung gegen denselben bzw. zu Paccards Gunsten heran. Er will das Geschichtsbild im 1. Kapitel des Alpinismus zurechtrücken, was ihm über die Entwertung Balmats zu glücken scheint.

In Text E ist Balmat gleichwertig, in D nur der Begleiter von Paccard, der alles vorbereitet haben soll. Die Verfasser von Text B und C erwähnen immer wieder den „Doctor", nur selten aber den Kristallsucher, so als wäre er nur dessen Schatten. Über deren Motivation zerbrechen sich diese Autoren nicht den Kopf. Es scheint klar zu sein, daß der Gipfel des Mont Blanc jetzt – kurz vor der Französischen Revolution, die ebenso das Licht der Aufklärung gegen die dunkle Unvernuft siegen läßt – erobert werden muß. Der höchste Berg Europas, auf den das Licht, ohne Schatten zu werfen, fällt, da kein umliegender Berg ihn überragt, verdeckt oder verdunkelt, wird zum Signum für

I ZEUGNIS JACQUES BALMATS VOM 18. OKTOBER 1786
(veröffentlicht durch Dr. Paccard im „Journal de Lausanne" vom 12. Mai 1787)

Ich unterzeichneter Jacques Balmat, Sohn des J. F. Balmat von der Ortschaft Les Pérlins, Gemeinde Chamonix, bezeuge allen die es angeht: nachdem ich gehört hatte, dass Herr Dr. Paccard einen neuen Versuch auf den Montblanc plante als Fortsetzung seiner bisherigen, und da ich wusste, dass sein Führer abwesend war, stellte ich mich ihm vor, um ihm meine Dienste anzubieten.

Da er die Absicht hatte, den Weg auf der Seite der Montagne de la Côte zu nehmen, welche Route wir am verflossenen 8. Juni vom Mont Blanc aus (scilicet vom Dôme aus) als unmöglich erachtet hatten, zweifelte ich am Erfolg seiner Unternehmung: aber er sagte mir, dass er diese Gegend seit drei Jahren mit dem Fernrohr studiert habe.

Ich erkläre, dass ich ohne den regelmässigen Gang, den er innehielt, niemals unser Ziel erreicht hätte; dass er nicht aufgehört hat, mich zu ermutigen; dass er meine Arbeit geteilt hat, indem er sich manchmal selbst mit einem Teil der Last, die er mich tragen hiess, belud; dass

Abb. 20

Herr Paccard, trotz meinem Wunsche wieder abzusteigen, da ich versprochen hatte, meiner Frau und meinem Kind, die ich krank zurückgelassen hatte (letzteres ist am 8. April [Druckfehler für 8. August] gestorben), beizustehen, meine Vorstellungen für Ausflüchte nahm. Er wollte nicht dem Weg folgen, den wir bei unserem letzten Versuch (d. h. am 8. Juni über den Dôme) eingeschlagen hatten, sondern zielte geradewegs auf das Plateau zu, das oben am Bossonsgletscher liegt. Er bezeichnete mir selbst seinen neuen Weg, in dem er mir auf einem Steilhang voranging, der am Fuss des Grossen Mont Blanc sich befindet. Da er mir immer gesagt hatte, dass wir auf diesem Berg übernachten werden, hiess er mich nach einem Lagerplatz Ausschau halten, sobald wir oben am Hang angekommen waren, während er noch etwas höher gestiegen war, um Felsen zu untersuchen; da sich keiner fand, beschloss er, noch am gleichen Abend den Gipfel, das Ziel unserer Forschungen, zu besteigen; er rief mich, ich folgte ihm. Im selben Augenblick sah ich etwas Schwarzes über meinen Kopf fliegen, es war sein Hut, den der Wind mit solcher Gewalt entführte, dass wir ihn nicht mehr zu Gesicht bekamen.

Der Herr Doktor fuhr fort, mit grosser Leichtigkeit weiterzusteigen: wir kamen zu einem kleinen Felsen, hinter dem ich Schutz vor dem Winde suchte, während Herr Paccard ihn untersuchte und hielt mich links, um einen steilen Schneehang zu meiden, während der genannte Herr Paccard ihn mutig überwand, um direkt auf den Gipfel des Mont Blanc zu gelangen. Der Umweg, den ich machte, verspätete mich ein wenig, und ich war genötigt, zu rennen, um gleichzeitig mit ihm auf dem genannten Gipfel zu sein.

Er machte dort Versuche und Beobachtungen, welche er aufschrieb, er liess dort ein Zeichen zurück, und dann sind wir in aller Hast wieder abgestiegen, abwechselnd in unseren Spuren und auf der Suche nach ihnen. Wir sind auf der Montagne de la Côte, wo Herr Paccard selbst schlief, auf der dem Gletscher zugekehrten Seite angekommen.

Er hat mich verköstigt, er hat mich bezahlt und mir das Geld ausgehändigt, das ihm für mich übergeben worden war.

Zur Beglaubigung habe ich, in Gegenwart der unten verzeichneten Zeugen, das Gegenwärtige im Dorfe Chamonix am 18. Oktober 1786 unterschrieben:

Jacques Balmat

Gegengezeichnet: Joseph Pot und Joseph-Marie Crussa, aufgebotene und eigens gerufene Zeugen. (Das Ganze, wie landesüblich auf Stempelpapier.)

(zit. in Egger 1943, 99f)

ein Programm, das bis heute sein Recht beansprucht. Der Mont Blanc weist eine Geschichte auf, die gerade durch die vielen Aufklärungsversuche schillernd und ungeklärt, ja nahezu bizarr, widersprüchlich und mehrdeutig bleibt.

Die Geschichte der Erstbesteigung des Mont Blanc ist eine der Aufklärung in der Aufklärung. Sie verdeckt und verdunkelt das, was aufgeklärt werden soll: die Positivitäten als vorausgesetzte Gewißheiten.

ZUR ENDGÜLTIGEN KLÄRUNG DER VATERSCHAFT

Das eidesstattliche Zeugnis Balmats, von zwei eigens berufenen Zeugen auf Stempelpapier gegengezeichnet, soll dem Streit um die Vaterschaft ein Ende bereiten. Es ist durch Dr. Paccard veröffentlicht und läßt keinen Zweifel zu. Paccard bezeichnet Balmat den Weg, indem er Balmat vorangeht; ohne den regelmäßigen Gang und den Zuspruch Paccards hätte man nie das Ziel erreicht. Er scheint dem Unternehmen mehr als gewachsen, mit großer Leichtigkeit fährt er fort weiterzusteigen. Außerdem habe er Balmat verköstigt, bezahlt, über alles informiert und sogar einen Teil der Last getragen. Damit ist das Recht auf den Berg eindeutig Paccard zugesprochen, die Verhältnisse scheinen geklärt. Balmat ist endgültig zum Träger degradiert, denn nur der Führer beherrscht den regelmäßigen Schritt und die Orientierung. Als einer, der nur seine Dienste anbietet, hat er zu gehorchen und zu beglaubigen, was sein Herr verlangt. Das „Er" steht einem „Ich" gegenüber, das unter dem Diktat eines der Schrift und des Rechts Kundigen klein beigibt. Im Zuge dieser Beweisführung ist der Gegenstand selbst verlorengegangen.

Über den Mont Blanc erfahren wir nichts, über den Besteiger desselben sehr viel. Paccard hat den Berg ersetzt, tritt an seine Stelle. Diese Ersetzung als logische Konsequenz der Darstellung des Tuns am Berg hat – wie gezeigt wurde – seine Vorgeschichte. Über den Berg wurde ein immer dichteres Netz spezieller Codes gestülpt, ein „Aufstand der Zeichen" findet statt, d. h. der Berg gibt seinen sicheren Stand allmählich ab. In der Vorgeschichte hat er sich noch kräftig zur Wehr gesetzt; von nun an gerät nicht nur sein Status als Subjekt, sondern auch der als Objekt ins Wanken.

Nicht um den Mont Blanc dreht sich die alpine Geschichtsschreibung, sondern um Menschen, widersprüchliche Figuren, die sich am Berg zu schaffen machen. Künftig stehen ihre Hinterlassenschaften als mehrfach untersuchte Quellen im Mittelpunkt des Interesses: Der Mont Blanc ist nur Schauplatz, Bühne für die Selbstdarstellung des Menschen. Jetzt herrscht die Schrift. Nach den Regeln der deutschen Sprache steht das Größere, Bedeutendere an erster Stelle. Überfliegen wir die Texte von A bis H, so sticht unmißverständlich ins Auge, daß mit Ausnahme von Text G und Balmats Zeugnis keiner mit Balmat anfängt. Text A spricht sogar von der 3. Person Plural, so als gehörte auch der Autor (Paccard) selbst nicht dazu; Text B erwähnt keine Namen, dafür zweimal den „Herrn Doctor"; ansonsten wird hier der Eindruck einer gemeinsamen Sache erweckt. Text C favorisiert eindeutig Paccard, mit dem der Bericht beginnt. Balmat wird viel seltener (7:3) und als derjenige, der sich verweigert, zögert und ermutigt werden muß, erwähnt.

Alles das leistet Paccard. Text D erwähnt erstmals den Vor- und Zunamen Paccards, beginnt mit ihm und schließt mit Balmat, in dessen Begleitung er sich befindet. Text E spricht von den „beiden Männern", erwähnt Bourrit und Paccard, Balmat dagegen nie. Der 1,84 m große Paccard bezeichnet den Auftakt des Textes F, in dem – wie mehrfach berichtet – Balmat als der Träger vorkommt, der wenig Entscheidendes zum Gelingen beizutragen hat. Auch im Untertitel des Bildes (H) ist Paccard vor Balmat gereiht; es gibt keinen Zweifel darüber, wer der Herr und wer der Diener ist. Seltsamerweise sind beide beim Abstieg dargestellt, wo Paccards Hut fehlen müßte. In Balmats Zeugnis kommt Paccard erwartungsgemäß häufig und vorzüglich als „Herr Paccard" und „Er" vor. Nur Text G scheint anders organisiert zu sein. Er beginnt mit Balmat und endet mit Balmat; dazwischen ist von den beiden Chamoniaden, den beiden Alpinisten, Gipfelstürmern und Montblanc-Bezwingern die Rede. Rébuffat weiß, daß der Gipfelsieg nur im Zusammenwirken beider Männer zustande kommen konnte.

Große Taten sind Männersache, der Alpinismus auch. Das „Haupt des Patriarchen", wie der Mont Blanc vielfach bezeichnet wird, birgt in sich weitere Patriarchen. Winzige Menschen behaupten sich auf ihm, überwinden ihn und setzen sich an seine Stelle. Es entbrannte ein schriftlicher Kampf um die Frage, wer diese Menschen sind.[269] Diese Auseinandersetzungen – nicht selten unter der Gürtellinie geführt – scheinen nötig gewesen zu sein, um der Sache die entsprechende Bedeutung beizumessen.

Wer auch immer als Sieger hervorgeht, es sind Männer. Außer Balmats Gattin, die in Zusammenhang mit dem kranken Kind erwähnt wird, kommen Frauen nicht vor. Die Kindesmutter ist nur da, um ignoriert zu werden bzw. als „Ausrede" zu gelten. Genau an der Stelle, wo sich Balmat vor dem Weitergehen fürchtet, erinnert er sich an daheim und an sein Versprechen, bald zurück zu sein. Paccard, der Arzt, vergißt in seinem Eifer den Berufseid und will nur mehr hinauf. Gerade an diesem „Konflikt" wird die Wende eingeleitet. Paccard, der Geführte, wird nun selbst zum Führer. Er wächst an Balmats Zwiespalt über sich hinaus und etabliert sich als der doppelte „Herr". Balmats zurückgelassene Frau und ihr Kind werden zur günstigen Gelegenheit, die Vaterschaft nur am Berg anzutreten; so als ersetze diese durch die domartig gerundete Form des Berges die Frau als Allgemeines. Mit diesem Allgemeinen gepaart, dessen Glanz die Besteiger anzieht, wird man selbst zu etwas unvergänglich Allgemeinem.

Der Alpinismus ist zur Welt gekommen, die große Idee, die künftig alles zusammenhält; hoch oben, weitab vom Alltag der Menschen, wird die Idee ins Tal getragen wie eine Trophäe.

DER VATERSCHAFT WIRD NACHDRUCK VERLIEHEN

Die zweite Besteigung des Mont Blanc ereignet sich am 5. Juli 1787 – wieder durch Jaques Balmat. Insgesamt geht er dreimal auf den Gipfel. Paccard und Saussure gelingt es kein zweites Mal, Bourrit nie, nach oben zu gelangen.

Balmat kann – wie es scheint – seine eigenen „Bezeugungen" nicht auf sich ruhen lassen: Er geht mit zwei anderen Führern, Jean-Michel Cachat und Alexis Tournier, Richtung Mont Blanc. Sie übernachten zwar auch in der Hütte auf der Montagne de la Côte, brechen aber viel früher auf. Bereits um 1 Uhr 30 ziehen sie los und brauchen 3 1/2 Stunden bis zu den Grands Mulets, weitere 5 1/2 Stunden bis zum Grand Plateau, nachmittags um 3 Uhr stehen sie am höchsten Punkt. Allerdings hat Balmat dieses Mal „seinen" Weg genommen, der kein leichter ist, wie spätere Katastrophen zeigen. Somit hat er sich rehabilitiert.[270] Paccard verfolgt vom Tal aus das Geschehen und macht eine knappe Notiz in sein Tagebuch. Balmats Wiederholung wird auch sonst im alpinen Schrifttum kaum registriert.

Die Berichterstattung hat mehrere Funktionen: die Bezeugung der Tat, die Feststellung der Vaterschaft, die Ersetzung des Berges durch den Mann, die erfolgreiche Einleitung des Geburtsaktes, das Herausstreichen der wissenschaftlichen Bedeutsamkeit des Bergsteigens, die Fragmentierung des Gegenstandes Berg, die klare Grenzziehung zwischen Herr und Diener (die Heroisierung Paccards und Entwertung Balmats), das Festhalten eines Nullpunktes als offizieller Beginn des Alpinismus, die Umwandlung einer Tat in eine Tatsache. Die Realisierung des Ziels funktioniert u. a. über Mittel, die auf ständige Verbesserung hin angelegt sind. Man weiß immer genauer, wie man sich vor der Natur schützen kann: z. B. daß man die Augen verdecken, den Hut festbinden, noch früher aufbrechen muß; niedere Temperaturen sind abzuwarten, damit man nicht im aufgeweichten Schnee versinkt und Kraft vergeudet. Jeder Bericht dient auch der Perfektionierung der eingesetzten Mittel. Die alpinen Informationen wandeln den Berg zu einem Bildungsgut. Das Andere, Nichtmenschliche aber wird exiliert. Der Berg wird zu etwas um- und ausgebildet, das ihn zu einem Teil der Geschichte des Menschen macht. Die Natur ist (männlicher) Geist geworden, der nicht müde wird, sich selbst nachzuweisen.

Resümee: Besetzte Höhen verweisen auf besessene Anthropozentrik

1 Was hat mich veranlaßt, auf die Geschichte der Mont-Blanc-Besteigung so ausführlich einzugehen? In ihr stecken Erkenntnisse allgemeiner Art. Beim genauen Hinsehen weichen die einzelnen Quellen stark voneinander ab, sie haben mit Willkür und Herrschaft zu tun, da sie weitgehend verschweigen, wovon sie ausgehen und was sie im voraus annehmen. An ihnen wird deutlich, was Werner Ernst mit „anthropozentrischem Festsetzungspositivismus" meint, der eine „Egologik" des Subjekts begründet.[271]

Zwischen Berg und „Ichs", die ihn ersteigen, schiebt sich ein immer dichteres Netz von Zeichen. Diese Zeichen reflektieren zwar den Berg; zum Zentrum, von dem aus man alles weitere festlegt, wird aber der Bergsteiger. Somit ist jede Voraussetzung bereits eine Bestimmung des Subjekts. Der „menschlichen Festsetzung" geht die Ich-Setzung voran und setzt sich in ihr fort. Im Zuge einer praktischen Auseinandersetzung mit der Natur setzt sich das Ich um den Preis der Ver-Objektivierung der Natur durch. Der Berg als das Fremde interessiert nur als etwas, das immer restloser vom System des Subjekts vereinnahmt wird.

Die konkrete Mont-Blanc-Geschichte veranschaulicht Ernsts theoretische Überlegungen durch empirisches Material. Diese Geschichte verdeutlicht den Prozeß der schrittweisen Eliminierung des Berges und gibt Auskunft, wie diese Abstraktifizierung auf ihren Gegenstand und das bergsteigende Forschersubjekt rückwirkt. Unter den beteiligten Subjekten ist von Freude über die Bergbesteigung kaum zu hören. Nach dem Gipfelsieg entbrannte ein bis heute nicht beigelegter Streit.

Die Selbstermächtigung des Subjekts geht – und hier weiche ich aufgrund der konkreten Befunde von Ernst ab – mit einer Selbst-Zersetzung einher. Der Mensch wiederholt selbstzerstörerisch an sich, was er mit dem Gegenstand seiner Zielsetzung getan hat. Beim Bergsteigen zählen Tat und Technik, im Tal setzt sich das alpine Subjekt über Argument und Taktik durch.[272] Nach dem Reißen des Bandes zwischen sich und der Natur/Materie, macht sich der Mensch selbst zum permanent Zerrissenen. „Hadern", schreibt Ernst, „ist selber eine Form der Fixierung noch an der Subjektzentriertheit von Objekt-Setzungen."[273]

Subjektzentriertheit und Objekt-Setzung gehören zusammen, sind symbiotische Herrschaftsakte, die auf einer Gemeinsamkeit beruhen. Sie spiegeln Positivitäten vor, die an die Stelle von Tatsachen treten und die Erforschung derselben be- oder verhindern.

2 Die Rekonstruktion dieser Ersteigungsgeschichte hatte u. a. auch den Sinn, die Tat in der Sache zu erinnern, um dadurch womöglich erneut zu den verstellten Dingen zu gelangen. Ernst weist darauf hin, daß die Dinge, die dabei neu ans Licht kommen, erst durchgestanden werden müssen. Das „Sich-Abarbeiten" an den herrschenden Positivitäten, die weder „gewiß" noch „positiv" oder „einleuchtend" sind, ist eine Frage der Kraftausdauer. Außerdem wird man kopfüber in sie hineingezogen, als gäbe es keine „Alterität". Darin liegt die Negativität der Positivitäten: Das VoraussetzungsDenken ist totalitär und umschließt Vergangenes, Gegenwärtiges und Zukünftiges. Ihm entrinnen zu wollen, ist im wahrsten Sinne des Wortes „aussichtslos", denn man verliert mit der Negativität die Perspektive und das Ich. Herrschaftliches Denken läßt das Ich unangetastet bzw. stützt und sichert es ab: ein gesichertes Ich, das sich in Projekten vorausentwirft, d. h. auch gerade in der Zukunft seinen Forbestand selbst-reflexiv garantiert.

Da hilft kein naives Zurück, der „Aufstieg in den Denkhimmel, der mitten auf der Erde erfolgt ist und alles Gesellschaftliche in Bann schlug, kann nicht einfach zurückgeschritten werden, weil mit diesem Aufstieg das Band mit der Subjektnatur durchgeschnitten wurde."[274] Es ist, als stünde man mitten in einer Wand und das Seil ist abgezogen – was tun?

3 Der Aufstieg als Fortschritt des Subjekts: Die Mont-Blanc-Geschichte ist eine aufklärerische und Signum für die Selbstzeugung des Subjekts, das sich zuerst über das Ziel bestimmt. Genau betrachtet geht es um die Abspaltung von Ziel und Mittel, denn das Mittel zeichnet sich im Gegensatz zum Ziel durch Gegenwärtigkeit aus.[275] Dort, wo man noch nicht angelangt ist, jenseits vom Jetzt, im Künftigen liegt das Ziel. Aus der Abtrennung von Mittel und Ziel formt sich der ideologische Fortschrittsgedanke und -glaube. Das Ziel wird in der Helligkeit vorgestellt, auf die hin sich alles orientiert. Die methodische Leistung besteht darin, den Weg zum Ziel zu finden, aus der Finsternis der Unvernunft zu steigen. Auf die ständige Verbesserung der Mittel kommt es an; damit ist man voll und ganz beschäftigt. Die Mittel – materiell oder immateriell – werden immer mehr perfektioniert. Das Ziel hingegen ragt über die eingesetzten Mittel hinaus, scheint von diesen unberührt und über sie erhaben. Das Ziel ist der herrschenden Ideologie verpflichtet: Ohne Zukunft scheint alles verloren, trotz drohender Katastrophen bietet sie den einzig möglichen Ausweg. In der Zufahrt zum Ausweg bleiben vom Ort gelöste, formale Topologien.[276]

Was bedeutet schon eine „ancienne passage" für den Berg? Nichts. Die Bezeichnung (interessant die Parallele zum „ancienne régime") dient nur dem, der die Stelle überwinden will, um selbst endlich ganz oben zu sein. Für dieses Vorhaben scheint die Ent-ortung nötig. Orte werden durch W-orte ersetzt und sind unverrückbare Indizien menschlicher Spuren. Die Orte blitzen höchstens noch durch das alpinistische Verhalten, das mit jedem Bericht spezifischer und umfänglicher wird. Die Materie selbst ist Funktionsträger geworden. Man erzählt über den Spaltensturz, um im nächsten Atemzug die famose Alpenstangentechnik zu beschreiben, mit der man sich selbst rettet. Zukunft und Entortung korrespondieren untergründig mit der Methode, die sich zum Ziel vorarbeitet.

Die Abspaltung von Ziel und Mittel bzw. Inhalt und Methode ist für den Aufstieg notwendig. Wäre man nur mit dem Gipfel beschäftigt, fiele man bestimmt in die nächste Gletscherspalte oder vom Grat. Ab dem Zeitpunkt allerdings, wo das Ziel real eingeholt wird, fallen Methode und Ziel in Form einer Synthetisierung zusammen. Im Tal wird beobachtet und analysiert, welches die Schwächen des Wegs/der Methode sind; man verbessert sie unermüdlich, währenddessen das Ziel wieder in die Ferne rückt, noch weiter weg, noch höher hinauf und nur über noch schwierigere Anstiege und ganz gezielte Forschungsprogramme erreichbar wird.

4 Ich habe das Ziel verfolgt, Positivitäten als Ungewißheiten zu entlarven, d. h. hinter die Positivitäten zu kommen und sogar über die Erkenntnisschranke der Ich-Setzung hinwegzusteigen. Das ist nicht geglückt: Diese Setzungen haben sich immer undurchdringlicher vor mir aufgebaut. Anstatt etwas über den Mont Blanc in Erfahrung zu bringen, verfing ich mich immer heftiger in einer Topik, die den Berg verdrängt. Zahlreiche Erörterungen verweisen auf das „Verlustiggehen" des Berges. Für die Darstellung des Sachverhaltes gilt: Unterstellung, Entstellung, Verstellungen und Vorstellungen. Dem Überschuß an Gegenständlichem, der nicht bewältigt werden kann, entspricht ein Überschuß an Diskursivierung, die das Konkrete verallgemeinert. Man will auf das Ereignis nicht mehr warten.[277] Es ist an der Zeit, dem Ziel entgegenzueilen: Kurz unter dem Gipfel findet ein Wettlauf zwischen Paccard/Balmat statt. Noch vor 1789, bevor im Tal das aufklärerische Subjekt in jeder Hinsicht siegt, findet der große Testfall auf dem Mont Blanc erfolgreich statt.

5 Diese historische Detailanalyse beginnt mit der Feststellung über die Erstbesteigung des Mont Blanc am 8. August 1786 durch Michel Gabriel Paccard und Jaques Balmat. Mit der Zeit haben sich Erkenntnisse gebündelt, die Auskunft über den Alpinismus geben. Meine Zweifel an diesem Satz lösten zwei Fragen aus, die mich geleitet haben. Sie weisen zunächst in unterschiedliche Richtungen: Läßt sich ergründen, worin diese Positivitäten als vermeintliche Gewißheiten bestehen, und läßt sich empirisch nachvollziehen, wie sie zustande kamen? Suchte Frage 1 nach dem Inhalt, im Sinne von Gehalt, Zusammenhang, bemühte sich Frage 2 um die Transparenz der Methode in Form einer Spurensicherung des Erkennens. Das Enträtseln des merkwürdigen Verhältnisses von Inhalt und Methode stand als methodologisches Problem an und somit die konkrete Darstellung dessen, was das VoraussetzungsDenken mit Denkgewalt meint.[278]

6 Die Rekonstruktion der Geschichte um die Besteigung des Mont Blanc läßt das hervortreten, was der Eingangssatz impliziert. Von folgendem Stand der Dinge ist auszugehen:

1. Der Alpinismus entsteht über Mittel.
2. Ein Mittel ist die Bestimmung der Erstmaligkeit.
3. Den Alpinismus konstituiert ein spezifisches Tun.
4. Dieses Tun wird über die Zielsetzung veranlaßt.
5. In der Zielsetzung abstrahiert man vom Ort.
6. Ein Abstraktionsvorgang ist die Synthetisierung des Raumes durch exakte Zeitangaben.
7. Der Alpinismus spricht von sich und läßt von sich sprechen.
8. Zur Diskursivierung des Alpinismus gehören: Personennamen, Zählen der Beteiligten, Festellen ihrer Nationalität.
9. Der Alpinismus ist autorisiert, Offizielles von Inoffiziellem zu unterscheiden.
10. Der Alpinismus ist eine Geistgeburt.

Der Ursprung, nach dem eingangs gesucht wurde, erweist sich als gespenstischer Anfang, der überall, sogar in einer „Eiswüste", gesetzt werden kann. Somit ist der Alpinismus nichts anderes als ein Setzungsakt, der sich einer Willkür verdankt und zu einem System formalisiert. Im System des Alpinismus wird die vertikale Raumachse Schritt um Schritt vom Menschen besetzt, d. h. die Höhe ist konstituierender Faktor der Anthropozentrik. Der Raum verliert zugleich an Räumlichkeit, der Mensch richtet den Raum in sich ein. Dieser Innen-Raum wird als Seele vorgestellt.

Das Subjekt konzentriert sich nur mehr auf sich selbst und definiert sich über das, was es selbst hervorbringt. Das Subjekt ist ego-logisch, d. h. es ist selbstreferentiell und versteht nur mehr sich selbst. Im Subjekt ist das Band zwischen Geist und Körper gerissen.

IM ORGANISIERTEN LEHRSAAL DER NATUR
(Horace-Bénédict de Saussure)

Als ein Zeitgenosse Rousseaus, Humboldts, Kants, Linnés und Goethes – von Hans Blumenberg aber nicht in seine „Legitimität der Neuzeit" aufgenommen – ist *Saussure* (1740–1799) fester Bestandteil der Alpingeschichte.[279] Er ist eine ihrer strahlendsten Figuren, und nicht wenige Autoren schreiben, ihm die Existenz des Alpinismus zu verdanken. Saussure, in Genf zu Hause, wird in seiner Jugend u. a. von Haller angeregt.[280] Gerade zwanzigjährig, verliebt er sich 1760 in den Mont Blanc. Fünf Jahre später erfindet James Watt in England die Dampfmaschine, das Erobern und zum Verschwinden-Bringen des Fremden wird erleichtert und forciert.[281] Saussures Leben dreht sich um den Mont Blanc, er umrundet ihn mehrere Male und verdankt ihm seine Berühmtheit. In vier Bänden kommt „Voyages dans les Alpes" als französische Ausgabe (1779–96) heraus. In diesem umfangreichen Werk sind „die Ergebnisse seiner unermüdlichen Forschungsreisen, auf denen er seit 1760 die ganzen Schweizeralpen, besonders aber die nur seinen einheimischen Führern bekannten Eisregionen der westlichen Walliser Alpen durchstreifte" gebündelt.[282] Der „gelehrte Philosophie- und Physikprofessor" kann „die Alpenforschung des 18. Jahrhunderts, die mit Scheuchzer begonnen hatte, würdig abschließen"[283] und legt u. a. „ein erstaunliches geologisches Material" vor. Neben den wissenschaftlichen Materialien nimmt die „Beschreibung von Aufstiegen und den sie begleitenden Gefühlen einen bescheidenen Raum" ein.[284] Saussure war sachlich, weitgehend emotionslos in der Darlegung seines kalkulierten Vorgehens.[285] Kritisch vermerkt Egger, daß es „eigentlich merkwürdig (sei), daß er, der dazu in besonderem Maße befähigt war, auf dem Gebiete der Glaziologie in der Hauptsache versagt hat".[286]

Dessen ungeachtet wurde Saussure insbesondere in den Medien geehrt, „sogar die Zeitungspoeten verherrlichten ihn", einer habe sogar ernstlich vorgeschlagen, „man solle dem Montblanc den Namen ,Mont-Saussure' geben. Das ist nicht geschehen, am nächsten Tag erschien in derselben Zeitung eine anonyme Antwort, die darauf aufmerksam machte, daß Saussure zu spät gekommen sei und der Montblanc korrekterweise Mont-Paccard heißen müßte."[287]

Zur Vorgeschichte

Saussure informiert sich bei Paccard über dessen Erstbesteigung und vermerkt am 22. 9. 1786 in seinem Notizbuch:

> „... der Doctor sagt, dass er oben grosse Hagelkörner halb im Schnee eingebettet fand, dass Neuschnee viel gefährlicher für die Augen sei als alter und dass er die Ursache für mehr als einen Misserfolg war. (...) Nach Überqueren des Gletschers liess er den schwarzen Felsenkamm, auf dem meine zweite Hütte steht, weit links liegen und schwenkte zum Fusse des Dôme du Goûter hinüber, den sie hier ,Gros Mont' nennen. Er hielt sich nahe an seiner Basis, sie immer zur Rechten lassend, nach langem Aufstieg befand er sich auf einer grossen Ebene oder wenigstens einer nur sanft geneigten Schneefläche, und, sich nach links wendend, erreichte er eine Art Schneehang, der sich zwischen zwei steilen aperen Felswänden hinaufzieht (...). Auf dem Gipfel indessen war der Schnee weich und es war leicht, den Barometer so tief als wünschbar hineinzustecken." (zit. in Egger 1943, 89)

Die Einleitung von Saussures „Bericht über die Besteigung des Montblanc (3. August 1787)" erwähnt mit einem Satz, daß Paccard und sein Führer Balmat „auf die Spitze des Montblanc gelangt sind, welche man bisher für unersteiglich gehalten hatte".[288] Mit diesem Satz hebt Saussure noch einmal die Besonderheit des Ereignisses hervor, dem er selbst ein weiteres hinzusetzen will. Schon am darauffolgenden Tag vernahm er von der Erstbesteigung und reiste ohne Verzug nach Chamonix, „um womöglich ihren Fußstapfen zu folgen", was nicht gelang, denn der Einbruch von Schlechtwetter hat die Spuren verwischt und „hieß mich für selbige Jahreszeit auf mein Vorhaben Verzicht tun".[289] Wieder beauftragt er Balmat, „von Anfang (des) Heumonats (= Juli, HP) an den Berg aus(zu)kundschaften und mir den Zeitpunkt bekannt (zu) machen, wo sich der Winterschnee genugsam würde gesetzt und den Zugang gestattet haben"[290].

Balmat versucht den Aufstieg zunächst vergeblich und schreibt Saussure, „daß man zu Anfang (des) Heumonats auf den Gipfel kommen könne", woraufhin dieser nach Chamonix reist und auf dem Weg Balmat trifft, der ihm entgegengeht, um seine zweite Besteigung (5. 7. 1787) zu verkünden. Als sie jedoch gemeinsam am Fuße des Mont Blanc eintreffen, regnet es, und die schlechte Witterung hält vier Wochen an. Aber Saussure ist hartnäckig: „[...] ich war entschlossen, eher das Ende der Jahreszeit abzuwarten, als einen günstigen Augenblick mir entwischen zu lassen."[291]

Mannschaft und Ausrüstung

Am 1. August ist es auch für Saussure soweit, er stellt sein Team zusammen, das aus 18 Führern und seinem Bediensteten besteht.[292] Man hat Saussures physikalische Instrumente und Gerätschaften zu tragen; ein Großteil wird erst auf dem Gipfel ausgepackt und in Gebrauch genommen: Meßtisch, Siedethermometer, Cyanometer, mehrere Barometer und Thermometer, Elektrometer, Verdunstungskiste, selbst erfundene Haarhygrometer, Gasballons, Kompaß, Winkelmaß usw.[293] Was die Mannschaft angeht, hebt Saussure Balmat nicht extra hervor. Grube hingegen schreibt: „Der Hauptführer war natürlich Jacques Balmat du Montblanc."[294]

Egger bezweifelt das: „Es scheint demnach, dass Balmat sich vor den anderen in keiner Weise auszeichnete, weder durch Schneid noch durch besondere Einsicht." An anderer Stelle meint er: „Wieder wurden drei Mann unter der Führung Cachats (also nicht Balmats!) eine Stunde früher fortgeschickt, um an der steilen Schlüsselstelle des Weges Stufen zu schlagen."[295]

Die nichtwissenschaftliche Ausrüstung wird in der mir vorliegenden Fassung des Saussure-Berichts nicht erwähnt; Egger hingegen gibt umfassend Auskunft:

> „... ausser dem geräumigen Zelt mit seinen Stangen kamen dazu das Feldbett mit seiner Matratze, Leintüchern, Decke und einem grünen Vorhang samt Gestell, 2 Strohsäcke, Leder- und andere Säcke, ein Tischchen, Kochtopf, Blasebalg und Kohlen, Pfanne, 2 Tassen, Handtücher, Feuerzeug, Fackeln und Kerzen, eine 4 m lange Leiter, Geländerstangen, Seile, Äxte, Schneeschaufeln, 2 Überröcke, ein Rock zum Wechseln, 2 Westen, 1 Flanelleibchen, 2 Nachthemden, 3 Paar genagelte Schuhe, Pantoffeln, 2 Paar Eissporen, grosse und kleine Gamaschen, Pelzhandschuhe, 2 Kravatten, schwarze Schleier, Sonnenschirm mit Futteral, Schreibzeug und Tinte, 2 Uhren; und als Proviant für ihn und den Diener: Brot, Brötchen, Pastete, Suppenwürfel, Fleisch, Wein und Kirschwasser ..." (Egger 1943)

Das ist in der Tat eine stattliche Last, die auf die Führer verteilt die Kosten der Unternehmung erheblich anhob, „obschon die Führer nur mit 6 Franken im Tag entlehnt wurden".[296] Kein Wunder, daß Saussure immer wieder Mühe hatte, die Mannschaft in Schwung zu bringen, besonders morgens, denn sie fürchteten die Kälte und das Bepacktwerden wie ein Tragtier, das Gewicht noch dazu nicht immer gerecht verteilt. „Ein Führer war so schwach, dass er in Begleitung eines anderen wieder abstieg."[297]

Der Vergleich

Nichts fällt in Saussures Bericht mehr auf als die häufige Verwendung unterschiedlichster Vergleiche. Es liegt daher nahe, dem Vergleich genauer nachzugehen und seine Implikationen herauszuarbeiten.

1. Messen, um Identität herzustellen

Alles scheint heute nach Identität zu suchen, obwohl die Differenz so ins Auge springt. Das jedoch heizt die Bemühung um Identes nur an. Die Gleich-Setzung beruht auf einer Grenzziehung zwischen Ich und Nicht-Ich, die asymmetrisch zugunsten des ersteren ausfällt. Dazu ist eine Reihe von Mechanismen nötig. Eine Form ist die Ausschließung. Mit dem Ausschluß des Anderen läuft das Gleiche nicht Gefahr, auch anders zu sein. Aber gerade diese Nichtgefährdung ist eine Bedrohung, denn in sie ist ein Setzungsakt eingraviert, der als Konstruktion jederzeit zum Einsturz gebracht werden kann. Der Gegen-Satz tut, als hätte er mit dem Satz, aus dem er als Entgegnung hervorgegangen ist, nichts mehr zu tun. Satz und Gegensatz gehören aber zusammen.[298] Das zu leugnen erleichtert, von Identität zu sprechen, verfällt aber gleichzeitig einem „schizogenen Weltbild".[299]

Dieses Weltbild geht immer schon von der Spaltung und Grenzziehung aus, mehr noch, es konstituiert sich über sie. Das Schizogene ist normal, die Täuschung ist richtig. Denn man versteht sich darauf, eine Seite einer Sache sehr genau zu beleuchten, wodurch der Eindruck entsteht, man könnte das genausogut und jederzeit auch mit der anderen tun; was aber nicht geschieht und nicht geschehen kann. Denn das Ausschließen hat mit dem Ausgeschlossenen etwas gemacht. Da nichts ohne Wirkung bleibt, lassen sich auch die Folgen des Ausschlusses nicht ohne weiteres rückgängig machen.

Der Zugriff auf die Identität war ein Unterschlagen des Zusammenhangs dessen, was sich davon unterscheidet, aber auch, wie sich das Idente selbst wandelt. Die Täuschung löst anderes auf. Es geht um die Durchsetzung der e i n e n Form als politisches Programm wie auch im Denken: Teile und herrsche bzw. analysiere und beweise! Dabei könnte die Analyse auch ganz anders, z. B als Auflösung von Zusammenhängen, die nur Zusammen-Setzungen sind, verstanden werden. Bei Saussure gibt es sowohl für das eine als auch für das andere Ansatzpunkte, wobei das Trennen überwiegt, das aber nur gelingen kann, wenn ein Maß des Vergleichs zugrundeliegt. Ein zuverlässiges Maß ist die Quantifizierung, um die sich Saussure in erster Linie kümmert.

a) Vorbereitung: Als der Einbruch von Schlechtwetter Saussures Plan 1786 vereitelt, legt er seine Hände nicht in den Schoß, sondern reist in die Provence, um „an dem Ufer des Meeres Versuche anzustellen, welche mit den auf dem Montblanc vorzunehmenden könnten verglichen werden".[300] Wie verhält sich der Gipfel des Mont Blanc zur Meereshöhe? Daten und Berechnungen folgen Experimenten und ergeben ein erstes Bild von Ziffern, die Differentes vergleichbar machen.

b) Versöhnung: Saussures ältester Sohn wollte unbedingt auf den Mont Blanc mitkommen, „allein die väterliche Besorgnis, er möchte noch nicht genug erstarkt und zu dergleichen Wanderungen abgehärtet sein, hieß ihn diesen Wunsch aufgeben".[301] Aber Saussure jun. bekam eine andere, wichtigere Aufgabe übertragen, er „blieb also im Prieuré und wartete daselbst mit aller Sorgfalt solchen Beobachtungen ab, die denjenigen, so ich auf dem Gipfel vornahm, sollten entgegen gehalten werden".[302]

Saussure will möglichst viele Teilmessungen vornehmen; der Messung am Meer fügt er eine der Zwischenhöhe am Berg hinzu, damit sich Stufe um Stufe ein Resultat aufbaut, das Ursache und Wirkung besser erklären und zwischen dem Unvergleichbaren vermitteln kann. Diese Vermittlung beruht auf vorangegangenen Setzungsakten und erzeugt in weiterer Folge einen „synthetischen Zusammenhang". Saussure untersucht nicht alles an einem Ort, Teil um Teil wird zu einem Netz von Ergebnissen zusammengeführt. In Textform gebracht suggeriert dieses Netz eine Ganzheit mit Anfang und Schluß. Über den Sohn sollen die Beobachtungen im Tal und die am Gipfel synthetisiert werden.

c) Sehen bestätigt die Synthetisierung: Als Saussure den Gipfel erreicht, genießt er das Schauspiel und sieht sich in seinen Vorarbeiten bestätigt.

> „Ich traute meinen Augen kaum, ja es kam mir wie ein Traum vor als ich jene prachtvollen Gipfel, die so furchtbare Aiguille du Midi, l'Argentière und den Géant zu meinen Füßen erblickte, deren Fuß sogar vor einem so mühseligen und gefährlichen Zugang für mich gewe-

sen war. Nun konnte ich ihre Verhältnisse, ihren Zusammenhang, ihren Bau einsehen, und ein einzelner Blick räumte Zweifel aus dem Weg, die durch jahrelange Arbeiten nicht hatten behoben werden können." (zit. in „Entdeckung der Alpen" 1934, 187)

d) Zielpunkt Gipfel: Egger baut einen weiteren Gegensatz zwischen Paccard und Saussure auf, der darin besteht, daß für Saussure nur der Gipfel zählt.

„Die Unternehmung (...) hatte einen ganz anderen Charakter als die vorwärtsstürmende Draufgängerei des Bergsteigers Paccard. Ihm lag daran, bequem und gemächlich zu reisen und möglichst viel Zeit auf dem Gipfel für seine Untersuchungen zur Verfügung zu haben." (Egger 1943, 47)

Saussure verbringt genau 4 1/2 Stunden auf dem höchsten Punkt und nimmt sehr viele – seines Erachtens immer noch zu wenige – Beobachtungen und Messungen vor.

Der Gipfel ist zweifellos der liebste Platz des Naturforschers; beim Aufstieg entdeckt Saussure aber auch einiges:

„In dem Felsen, an welchem wir unser Zelt aufschlugen, hatte sich ein Rasen von blühender Silene acaulis (Zwergsilene – nelkenartig) entwickelt, die höchst hinaufsteigende Blüthenpflanze, die ich am Montblanc traf; die Meereshöhe betrug nämlich 10,680 Fuß (...) Vom Thierleben bemerkten wir nichts, als beim Hinaufsteigen zwei Schmetterlinge, eine graue Phaläne (Nachtschmetterling) und einen Tagfalter, ich glaube es war ein Myrtil; er überflog den äußersten Abhang des Montblanc etwa 600 Fuß unter dem Gipfel. Sie waren wohl beide durch Winde hinaufgeführt worden." (zit. in Grube 1875, 44f)

Die Pflanze steigt auf, das Tier soll durch den Wind hinaufgetragen worden sein; er selbst bewegt sich aus eigenen Kräften dem Himmel entgegen. Erwartungsgemäß beschreibt der Gipfelsieger ausführlich den Ort, der ihm so viel Ehre und Anerkennung einbringen wird.

„Die Kuppe des Montblanc bietet keine Ebene, sie ist der verlängerte auf dem höchsten Punkte fast ebene Grat. Nach Süden ist der Abhang sehr sanft, etwa 15 bis 20 Grad; nach Norden 45 bis 50 Grad, also ziemlich steil. Dieser Grat ist sehr schmal und auf seiner Spitze fast schneidend, so daß kaum zwei Personen nebeneinander gehen können; aber er rundet sich nach der Ostseite hin ab, während er nach Westen hin ein vorspringendes Dach bildet, das gegen Norden abfällt. Der ganze Gipfel ist mit Schnee bedeckt und der nackte Fels springt nicht hervor. Der Schnee ist schieferig, fest, an einzelnen Stellen mit Glatteis überzogen; nicht ohne Mühe stößt man den Stock hinein. Die Abhänge des Gipfels sind mit einer Kruste gefrorenen Schnees bedeckt, die unter den Füßen leicht bricht." (zit. ebd. 44)

Man hört den Geologen: Der Schnee ist also „schieferig"; vermutlich hat es sich um Büßerschnee gehandelt; es geht ihm um den „ganzen Gipfel", der für einen Gesteinsforscher leider nichts Interessantes bietet, da er restlos mit Schnee bedeckt ist. Doch Saussure sieht etwas Besonderes:

„Östlich vom Gipfel stehen ganz nahe beieinander zwei kleine Felsen, beide Granit, wie alles Gestein des Montblanc. Der grössere von beiden mußte vor Kurzem vom Blitze getroffen sein, denn wir fanden seine Trümmer nach allen Seiten hin auf dem frischen Schnee zerstreut." (zit. ebd. 44f)

Saussure schaut und erklärt, was er sieht. Der erste Blick nach der Ankunft am Ort der Sehnsucht gilt dem Ausgangspunkt:

„Meine ersten Blicke fielen auf Chamonix, wo ich wußte, daß meine Frau und ihre Schwestern mit den Augen am Teleskop hingen und jeden meiner Schritte mit freilich allzu großer, aber darum nicht weniger angsthaften Unruhe verfolgten; es war eine ungemein schmeichelhafte Empfindung für mich, da ich die Fahne wehen sah, welche sie mir aufzupflanzen versprachen, sobald meine Ankunft auf der Spitze wäre bemerkt und ihre Besorgnisse dadurch zum wenigsten in etwas wären gehoben worden." (zit. in „Entdeckung der Alpen" 1934, 186)

Paccard bringt seine Fahne – ein auf einen Stock gebundenes Schnupftuch – selbst auf dem Gipfel an. Nach Gersdorfs Augenzeugenbericht konnte man die Fahne in Chamonix nicht sehen. Saussures Gipfelsieg wird auch im Tal gefeiert, was seine Eitelkeit nährt und die drei Frauen, die ihm mit bewaffnetem Auge zusehen, für ihre Ängste um ihn belohnen soll. Danach kann sich Saussure der Aussicht erfreuen:

„Freilich entzog ein leichter Dunst, der in der niedrigen Gegend der Luft schwebte, meinen Blicken die tiefsten und entlegensten Gegenstände, zum Beispiel die Ebenen von Frankreich und der Lombardei; allein dieser Verlust schmerzte mich so sehr nicht [...]" (zit. ebd.)

e) Organisation des Ganzen: Saussure hatte sich lange auf diese Expedition vorbereitet. Bereits 1760 setzte er für die Erkundung des Weges einen Preis aus; in der Zwischenzeit untersuchte er umliegende Berge und Gletscher. Er stellte sich ihren Aufbau vor und studierte die mineralische „Zusammensetzung". Er wollte endlich auf den Mont Blanc, denn von seinem Gipfel kann der Rest überblickt und eingesehen werden:

„Was ich bereits gesehen hatte und noch mit der größten Deutlichkeit sah, war das Ganze von allen den erhabenen Spitzen, deren Organisation ich schon längst zu kennen gewünscht hätte." (zit. ebd. 186f)

Im Begriff der „Organisation" wird deutlich, daß sich Saussure das „Ganze" als etwas vorstellt, das aus zahlreichen Teilen besteht, die einem Plan gemäß zusammengesetzt sind. Da in seinem Bericht mit keinem Wort Gott vorkommt, muß angenommen werden, daß für Saussure die Organisiertheit der Berge auf etwas anderes verweist. Sie ist wie selbstverständlich in ihnen, was oben auf dem Gipfel genau erkannt wird. Saussure sieht das, was er durch jahrelanges Arbeiten simuliert hat: das Aneinanderreihen der Einzelteile zu einem Wissen, das sich in einem plausiblen Verweis- und Ordnungssystem organisiert. In der Simulation wird die Wirklichkeit als System hergestellt, das vom Gipfel aus wiederzuerkennen Saussure so glücklich macht. Die vorausgesetzte Konstruktion erweist sich auf dem Gipfel des Mont Blanc als Hyper-Konstruktion. An die Stelle von Gott ist ein Wissen getreten, das den Glauben durch Axiome ersetzt hat. Daraus entsteht eine Art neue Metaphysik: der unhinterfragte Glaube an die Teile, die ein Ganzes ergeben, das Ergebnis und Ziel der Organisation ist. Der abgetrennte Einzelteil bildet die Voraussetzung für ein organisiertes Ganzes.

Aus dem „Ganzen" treten die „erhabenen Spitzen" hervor. Es ist nicht so schlimm, wenn man eine dieser Spitzen verwechselt, solange sie alle in die numerische Synthetisierung einbezogen sind.

„Sogleich fällt ihm der Gipfel des Weisshorns auf, den er mit Kompass und Winkelmass abmisst, aber fälschlich als den des Schreckhorns betrachtet [...]." (Egger 1943, 50)

Etwas überspitzt könnte man sagen, daß Saussure aufklärt, indem er verdeckt; er mißt und bestimmt, während das Gemessene in eine neue Unbestimmtheit fällt. Das eine ist nicht unabhängig vom anderen.

f) Erfolg durch Moralisieren: Bevor Saussure den Gipfel betreten kann, ist eine Reihe von Hindernissen zu bewältigen; selbst die Führer machen ihm Schwierigkeiten. Nur durch Kalkül und Überredungskunst bringt er sie dazu, sich nach seinen Wünschen zu richten.

„Meine Führer wünschten, daß wir bei einem von den einzelstehenden auf dieser Reise vorkommenden Felsen die Nacht zubringen möchten; allein da die höchsten noch immer 600 oder 700 Klafter niedriger als der Gipfel sind, so wollte ich mich höher erheben. Zu diesem Ende mußte man seine Lagerstätte mitten in diesen Eisgefilden nehmen; es ward mir aber schwer, meine Reisegefährten dazu zu überreden. Sie stellten sich vor, es müsse die Nacht in diesen hohen Schnee-Regionen unausstehlich kalt sein und glaubten im Ernst, daselbst umzukommen. Endlich verdeutete ich ihnen, mein festes Vorhaben wäre, mich dahin zu begeben, und zwar mit denjenigen von ihnen, auf die ich mich verlassen könnte; wir würden tief in den Schnee hineingraben, die ausgegrabene Höhle mit dem Tuch von dem Zelte überdecken, da würden wir uns alle zusammen eingeschlossen halten, und auf diese Weise könnte uns die Kälte, so grimmig solche immer sein möchte, nichts anhaben. Diese Einrichtung gefiel, sie gab ihnen den Mut wieder und wir rückten fort." (zit. in „Entdeckung der Alpen" 1934, 182)

Neben der Quantifizierung kommt ein anderes Vergleichssystem zum Tragen. Saussure will sein „festes Vorhaben" durchsetzen, und zwar mit denen, auf die er sich verlassen kann. Dadurch ist die Grenze zu den anderen, auf die er sich nicht verlassen kann, gezogen. Die Unzuverlässigen sind hier die Ängstlichen, die auf die Signale ihres Körpers hören. Das sieht Saussures Plan nicht vor. Die Unzuverlässigen sind unmoralisch, d. h. sie fügen sich seinem Ziel nicht. Saussure erzeugt Druck unter den Männern. Jeder ist auf eine angemessene Entlohnung angewiesen. Der moralische Fingerzeig kann existenziell gefährden. Schließlich lenken die Führer ein und beginnen gehorsam, eine Höhle in den Schnee zu graben.

„Diese Leute voll Leibesstärke, welchen sonst ein Marsch von sieben und acht Stunden, wie wir zurückgelegt hatten, nichts anzuhaben vermag, hatten noch keine fünf bis sechs Schaufeln Schnee weggeschafft, als sie sich in der Unmöglichkeit befanden fortzufahren: sie mußten sich von einem Augenblick zum anderen erholen. Einer aus ihnen war rückwärts gekehrt, um in einem Fäßchen Wasser zu holen, das wir in einem Spalt erblickt hatten; ihn befiel im Hingehen eine Übelkeit, er kam ohne Wasser zurück und brachte das Übrige des Abends in den beschwerlichsten Beklemmungen zu." (zit. in „Entdeckung der Alpen" 1934, 183)

Es war in erster Linie die Höhe, die ihnen zusetzte, weiß Saussure; er gibt sie genau an: „[...] von 1455 Klaftern über dem Prieuré und von 1995 Klafter über dem Meer, 90 Klafter höher als der Gipfel von [...]."[303]

Die Moral findet für alles Erklärungen. Saussure bedenkt nicht, daß – zusätzlich zur Höhe – der Körper durch einen sieben- bis achtstündigen Marsch, die schwere Last, den Mangel an Trinkbarem und geplagt von der Angst umzukommen, sehr stark beeinträchtigt wird. Er will so hoch wie möglich hinauf, um am nächsten Tag nur mehr eine kurze Strecke zum Gipfel zurücklegen zu müssen. Es ist ihm wichtig, weniger müde auf dem Gipfel anzukommen als Paccard, der nur mehr das Nötigste an Beobachtungen bewerkstelligen konnte. Das Moralisieren verdeckt in diesem Fall den Ehrgeiz und die Verbissenheit, mit der Saussure sein Ziel verfolgt.

g) Verzeitlichung/Enträumlichung: Saussure vergleicht die Höhe des zweiten Nachtlagers am Mont Blanc mit der durch Alexander von Humboldt festgelegten Höhe des Pic Teneriffa, der 90 Klafter über dem Gipfel des Mont Blanc liege. Über das Klafter-Maß können weit voneinander entfernte Örtlichkeiten zusammengezogen werden; das Allgemeine überformt die Wahrnehmung des Besonderen zu einer Vorstellung des Ähnlichen. Dasselbe Nachtlager wird aber noch anders bestimmt: „Das Barometer war bloß auf 17 Zoll 10.29/32 Linien."³⁰⁴ Der Ort wird durch Linien umgewandelt; dasselbe geschieht mit dem Gipfel:

> „Dann lag Saussure natürlich die exakte Höhenbestimmung am Herzen: mit je zwei Ablesungen um 12 und 2 Uhr an zwei Barometern und drei Thermometern setzte er sie nach der Methode Trembley im Mittel auf 4833,5 m fest, und als weiteres Mittel aus fünf verschiedenen, etwas willkürlich zusammengestellten Formeln (darunter zwei trigonometrischen!) auf 4775 m, was er als die richtige Zahl ansah. Nach modernen Formeln berechnet* würden seine eigenen zwei Ablesungen mit Chamonix verglichen im Durchschnitt 4801,7 m ergeben." (Egger 1943, 51)

Die Zeit, die man zum Aufsteigen braucht, ist etwas anderes als die Verzeitlichung eines Ortes, der – wie der zeitliche Fortschritt als Gerade – in einer Linie verläuft. Dazu sind spezielle Formeln nötig, Abstraktionsvorgänge, die über bestimmte Mittel zu einem „Mittel" führen. Mehrere Barometer und Thermometer zugleich ermöglichen es, den Durchschnitt rechnerisch festzusetzen, der als die „richtige Zahl" angesehen wird. Saussure kommt den Ergebnissen heutiger Höhenmessung verblüffend nahe, seine Methode der Gleich-Setzung ist erfolgreich. Aber nicht nur der Bergkörper und sein Haupt werden in ein anderes, menschlich festgelegtes verwandelt; auch der menschliche Körper erfährt diese Transkription:

---

* $Z_2 - Z_1 = 18400 \, (1 + 0.00367 \, \frac{t_1 + t_2}{2}) \, (\log p_1 - \log p_2)$

$Z_2 - Z_1$ = gesuchte Höhendifferenz in m
t_1 = Temperatur in °C an der unteren, t_2 an der oberen Station
p_1 = Luftdruck (auf 0° reduziert) in mm an der unteren,
p_2 an der oberen Station (Egger 1943, 51)

> „Wenn man bedenkt, daß die Quecksilbersäule des Barometers nur auf 16 Zoll 1 Linie stand, also die Luft nur die Hälfte ihrer gewöhnlichen Sichtigkeit hatte, so wird man's begreiflich finden, daß die Lungen mit öfteren Atemzügen nachhelfen mußten. Diese ihre Arbeit beschleunigte auch den Blutumlauf und die Arterien hatten am Druck der äußeren Luft kein Gegengewicht mehr. Wir waren Alle so zu sagen im Fieber und selbst nach 4 Stunden unseres Aufenthaltes auf dem Gipfel machte mein Puls noch 100 Schläge in der Minute, der von Peter Balmat 98, der von meinem Diener 112, während ihre Pulsschläge in der Tiefe 49 (P. Balmat) 60 (mein Diener) und 72 der meinige betrugen." (zit. in Grube 1875, 43)

Saussure ist auf den „Druck" konzentriert, vergleicht ihn mit der Tiefe und zieht daraus physiologische Schlüsse. Die Physik im Verbund mit der Medizin – d. h. der Körper wird in der Höhe ein Versuchsfeld, in dem sich verschiedene Sprechweisen kreuzen. Der Körper wird beschriftet, um in der Höhe verglichen werden zu können; das Ergebnis nennt Saussure „Fieber".

Der Druck, der mit zunehmender Höhe nachläßt, muß vom Körper kompensiert werden. Diese „innere" Belastung drückt Saussure folgendermaßen aus:

> „Wenn ich gänzlich still blieb, verspürte ich nur leichte Übelkeiten und eine geringe Neigung zum Brechen, allein bei einiger Anstrengung oder bei etwelche Augenblicke fortgesetzter Aufmerksamkeit, besonders aber bei Biegung meines Körpers und dadurch verursachtem Zusammenpressen der Brust, mußte ich ausruhen und während zwo oder drei Minuten Luft schöpfen." (zit. in „Entdeckung der Alpen" 1934, 187f)

Man muß ruhig sein und darf sich nicht bewegen, um der Übelkeit zu entgehen. Die Erstarrung läßt die Höhe ertragen. Das empfindet Saussure auf dem Gipfel. Obensein bedeutet zum Stillstand gezwungen, nicht mehr dynamisch zu sein. Hält man sich nicht an diese Notwendigkeit, erleidet man große körperliche Schmerzen und gefährdet sich. Jegliches Noch-mehr-Wollen raubt einem die Luft, die oben anders und weniger reichlich vorhanden ist. Der Gipfelsieg ist zwar die Utopie des Bergsteigers, ein längerer Aufenthalt in derselben bringt das Leben aber in Gefahr. Das Absteigen empfindet der Körper als Erleichterung, der innere Druck läßt nach, während der äußere wieder stärker wird. Saussure und seine Mannschaft nehmen eine zusätzliche Linie wahr: die der senkrechten Abstürze.

> „Der Weg vom Felsen bis zur ersten Schnee-Ebene hinab war indessen wegen seinem steilen Abhang sehr ermüdend; dazu kam noch, daß

die unter unseren Füßen befindlichen Abstürze so lebhaft von der Sonne beschienen wurden, daß man wirklich einen guten Kopf haben mußte, um ohne Schwindel in selbigen hinabzublicken." (zit. ebd. 188f)

Die Abstürze sind gebündelte, aufgestellte Geraden, ohne Absatz oder Übergang. Sie haben keine Differenz, sie sind einförmig. Gerade das erzeugt Angst, die sich zum Schwindel steigert. Angesichts dieser homogenen Fels-Identität verspürt man noch gravierender die eigene Andersartigkeit. Man ist der fremden Identität ausgesetzt, was das Denken erschüttert. Der Mensch hat keinen Platz im Identen, ihm schwindelt vor dieser Tatsache. Sein Denken verfinstert sich oder verschwindet kurzzeitig. Unter Umständen fällt man ins Koma. Das Entsetzen, sich nicht mehr setzen zu können, selbst entortet zu sein, wird als unerbittliche Gewalt empfunden, die einem den Verstand raubt. Die Entortung wirkt wie ein Taumel, der den Unverstand entriegelt und das Verhalten außer Kontrolle bringt. Der Mensch erträgt die Vertikale nur sehr begrenzt. 100 Jahre später ist die Senkrechte kein Problem mehr, sondern Anziehungspunkt. Der Abgrund wird zum neuen Ausgang, man richtet sich in ihm ein. Saussure jedoch ist froh, daß er festen Boden unter den Füßen verspürt:

> „Wir mußten über eine Schneefläche von 50 Graden im Abhang hinunter steigen, um einen Schrund zu vermeiden, der während unserer Reise entstanden war. Um halb zehn Uhr landeten wir endlich auf dem Berg La Côte mit derjenigen Zufriedenheit, die man billig spürt, wenn man sich auf festem Boden befindet, und nun nicht mehr zu besorgen hat, daß selbiger unter jedem Fußtritt einstürze." (zit. ebd. 189)

Schnee und Eis sind etwas Lebendiges, ändern und bewegen sich; das tut zwar auch der Fels, aber unvergleichlich langsamer und auf eine andere Art. In nur zwei Tagen hat sich ein Schrund gebildet, der nun umgangen werden muß. Der Abhang ist sehr steil, und wieder ist es Angst, die sich als tiefe Zufriedenheit äußert, nachdem das Schlimmste überwunden scheint. Die Zeit ist ein vertrautes Maß, um Angst, Gefährliches und Fremdes zu begrenzen. Im Verzeitlichen wie in der Enträumlichung wird Nichtidentes bewältigt, indem es dem Eigenen zugeordnet oder von ihm ausgeschlossen wird. Auf dem Berg La Côte fühlt man sich in Sicherheit. Alles, was hinter einem liegt, gehört wieder der Wildnis an; was bleibt, sind die Erinnerung und vor allem exakte Zahlen. Über sie wird der Mont Blanc Schritt für Schritt der Zivilisation zugeschlagen. Mit den Zahlen wird im Tal weitergearbeitet, sie überleben sogar die Bergsteiger. Der Mensch, der sich mit ihnen beschäftigt, kann zumindest vorübergehend an dieser Unsterblichkeit teilnehmen. Der Verzeitlichung durch Enträumlichung entspricht auch das Umgekehrte. An der Unendlichkeit nimmt das Subjekt über die Aufhebung der Grenze von Ort und Zeit teil. Die alte Metaphysik hat sich zur Selbst-Entbindung modelliert. Saussure hat die zweite Hälfte des Alpinismus zur Welt gebracht und seine Ergebnisse unfallfrei ins Tal gebracht:

> „Es feierten aber nicht blos menschlicher Muth und fester Wille, menschliche Ausdauer und Beharrlichkeit einen Triumph, auch die Wissenschaft hatte einen ihrer schönsten Siege erfochten." (Grube 1875, 46)

In Chamonix läuten die Kirchenglocken die glückliche Rückkehr der Karawane ein. Das große Dankesfest erfreut diejenigen, die von oben kommen. Die Wissenschaft hat sich ihr zweites Hochgebirge geschaffen; Saussure ist daran maßgeblich beteiligt:

> „Mit seinem wissenschaftlichen Ernst, seinen wirklich alpinistischen Leistungen und seiner zurückhaltenden, sachlichen Liebe zur Alpenlandschaft, steht er einsam wie die Hochgebirgsgipfel selber." (zit. in „Entdeckung der Alpen" 1934, 153)

Saussure wird zum Ideal, das, durch seine „sachliche Liebe" selbst zu grandioser Versteinerung aufgestiegen, eins mit dem geworden ist, was er erforscht hat. Der Gegenstand ist in das Forschersubjekt eingegangen. Vorher aber mußte der Forscher seinen Standort verlassen und zu seinem Gegenstand hinaufsteigen. Mobilmachung auf beiden Seiten: Der reale Berg ist dort geblieben, wo er immer war, Saussure ist dorthin zurückgekehrt, wo er immer war. Dennoch hat sich etwas Entscheidendes verändert. Der Berg wird nach Saussures Rückkehr anders wahrgenommen, er ist von einem realen zu einem hyperrealen Berg avanciert und gehört weit mehr zum Menschen. Der Berg als Beweis für das menschliche Denken und seine Fähigkeiten. Der Berg wird zum Platzhalter für Positivitäten, d. h. für das, was dem Menschen als gewiß gilt. Bergsteigen forciert die Ausformung positivistischen Denkens und zugleich die Inthronisation eines autonomen Subjekts.

h) Ausschluß: der Bruch als Störung. Was nicht in das Konzept paßt, wird links liegen gelassen, vermerkt Saussure nach einem Gespräch mit Paccard:

> „Ich orientierte mich über seinen Weg vollkommen. Nach Überqueren des Gletschers liess er den schwarzen Felsenkamm (...) weit links liegen und schwenkte zum Fusse des Dôme du Goûter hinüber [...]." (zit. in Egger 1943, 89)

Es kommen weitere Textstellen vor, in denen etwas neben oder hinter sich gelassen wird. Der

Aufstieg bei Saussure liest sich wie eine Addition von Weglassungen, um zur Hauptsache zu kommen. Was zählt, ist das Haupt, der Gipfel bzw. der Umstand, daß man auf ihm stehen kann, um dort exakt zu arbeiten. Rastplätze und Biwaks sind kleine Vorgipfel.

Beim zweiten Nachtlager hatte Saussure, wie wir wissen, Schwierigkeiten mit seinen Führern. Sie wollten weiter unten nächtigen. Aber Saussure konnte sie überzeugen, allerdings fürchteten sie die Kälte der Nacht:

> „Immer in voreiliger Besorgnis der Kälte machten meine Führer so genau alle Fugen des Gezelts zu, daß ich viel von der Wärme und der durch unsere Ausatmung verdorbenen Luft auszustehen hatte. Ich war in der Nacht genötigt, mich hinauszubegeben, um nur atmen zu können." (zit. in „Entdeckung der Alpen" 1934, 184f)

Draußen beobachtet Saussure Mond und Jupiter und berichtet, „einzig die Gestirne der ersten und zweiten Größe konnten unterschieden werden".[305] Dann aber geschieht etwas Unvorhersehbares: Eine Lawine donnert mit großem Getöse zu Tal. Saussure schreibt über dieses Ereignis:

> „[...] wurden aber durch das Getöse einer großen Schneelawine aufgestört, welche einen Teil des Abhangs bedeckte, den wir am folgenden Morgen zu erklimmen hatten. Bei Anbruch des Tages stand das Thermometer auf drei Grad unterm Gefrierpunkt." (zit. ebd. 185)

Die Schneelawine bricht mit der Stille der Nacht, durchkreuzt die geplante Wegwahl und ist der exakten Beobachtung nicht zugänglich. Urplötzlich bricht sie los, überschwemmt das Gelände. Sofort wird die Wucht des Ereignisses, das Saussure offensichtlich sprachlos macht, mit einer Thermometermessung „ruhiggestellt". Die Lawine steht für das, wovon man sich lossagen und befreien möchte: vom Unberechenbaren, Eigengesetzlichen, Wilden.

Die Messung der Höhe ist verglichen mit dem Gepolter einer Lawine ein Kinkerlitzchen. Ebenfalls in bezug auf die Gefährlichkeit nimmt sich diese Messung lächerlich aus. Gefahr zählt für Saussure nur als etwas, dem man Herr werden kann. Das andere bleibt ausgespart oder fast unerwähnt. Da der Mond so hell „fackelte", müßte eine präzisere Beschreibung des Schneeabgangs möglich gewesen sein; vielleicht aber ließ der Schrecken sogar das wachsame Auge Saussures erblinden. Tatsache ist, daß wir keine genauere Darstellung des Lawinenabgangs erhalten; sie wird – wie vieles von der Wegbeschreibung – einfach weggelassen.

Das Programm abstrahiert vom Tatsächlichen, es hat dem Programm zu weichen. Dabei überzeugt Saussures Exaktheit; seine Präzisierungen, von denen man glaubt, daß sie das Ganze berücksichtigen, klammern sich an wenigen Teilen fest. Die Präzision, die mittels unterschiedlicher Instrumente hergestellt wird, scheint zum Wissenschaftler zu gehören. In Verbindung mit den Instrumenten wird der berechtigte Verdacht ausgeschaltet, die physikalische Messung sei nur eine Art von Projektion oder eine Sonderform des Animismus.

In unserem Jahrhundert wird die Lawine bis ins Detail erforscht und analysiert. Was aber nach wie vor ein Problem darstellt, ist die Unberechenbarkeit des Menschen, mit erkannter Lawinengefahr umzugehen. Erkenntnis schützt nicht vor Vernichtung. Lawinen werden nie berechenbar, weil sie sich unter Sonnen-, Regen- und Windeinwirkung ständig verändern. Auch Gletscherspalten gehören in den sensiblen Bereich von niemals ausreichendem Wissen und alpiner Sicherheit. Bereits Saussure hatte vor ihnen Angst und war gleichzeitig fasziniert:

> „Dieser Gletscher ist beschwerlich und gefahrvoll, es durchschneiden denselben breite, tiefe und unordentlich fortlaufende Schründe, worüber man öfters nicht anders als auf Schneebrücken gelangen kann (...) Diese Schneelasten sind streckenweise durch ungeheure und prächtige Spälte zerschnitten. Ihre scharfen und glatten Abschnitte zeigen, daß der Schnee in horizontalliegenden Schichten aufgehäuft ist, deren jede mit der Dauer eines Jahres übereinkommt. So breit diese Schründe immer sind, kann man doch nirgends auf ihren Grund hinabschauen." (zit. ebd. 181f)

Spalten und Schründe sind „unordentlich". Sie entziehen sich der Systematisierung und Kontrolle. An ihnen ist erkennbar, daß der Schnee horizontal geschichtet ist; auf den Grund zu blicken geht nicht. Er verschließt sich dem Betrachter. Bereits Sererhard legte sich vergeblich auf den Eisrand, um den Grund zu erspähen. Aber der Grund hält sich hinter den Krümmungen der Spalten im Eis verborgen.

Je höher man steigt, desto tiefer kann man ins Tal sehen, was nicht heißt, daß man gleichzeitig Einsicht in das bekommt, was der Höhe zugrunde liegt. Die Spalten und Schründe sind reale Brüche in der identen Schnee- oder Eisdecke. Sie sind Störungen des Gleichen, erinnern aber als solche an das Andere, an den Grund, der unsichtbar ist. Gletscherspalten sind die Differenz im Identen, in diese eingelassen, nicht davon getrennt und mit dem Grund in Verbindung.

2. Ein anderes Messen?

Auf der Suche nach Alteritäten habe ich in Saussures Bericht Ansätze gefunden, die ein Messen vorstellen, das Identität und Differenz miteinander verbindet. Es handelt sich um kurze, für

Saussures Vorhaben relativ unbedeutende Textstellen, die leicht überlesen werden. Sie gehen halbherzig in die Beschreibung ein, da sie mit einem Mangel behaftet scheinen.

a) Die Windung: Saussure zeichnet einmal den ganzen Weg,

> „Hat man diese Felsen erreicht, so läßt man solche fortan zur Seite liegen, um schlängelnd in einem mit Schnee angefüllten, von Nord nach Süd von zuunterst bis an den höchsten Gipfel fortlaufenden Tale aufwärts zu steigen" (zit. ebd. 182),

läßt aber auch eines nicht unbemerkt:

> „Vom Prieuré in Chamonix bis auf die Spitze des Montblanc sind es kaum zwo und eine viertel Stunde Wegs in gerader Linie; gleichwohl hat man wegen den schlimmen Stellen, den Umwegen, welche man nehmen muß und der beträchtlichen Höhe von 1920 Klaftern, die zu erklimmen ist, noch immer aufs wenigste 18 Stunden gebraucht." (zit. ebd. 180)

Keine Frage, die direkte Linie wäre ideal, aber die bergige Realität verstellt sie; die Höhe verzögert das Vorankommen:

> „Man muß mit solcher Mühe und in so viel Krümmungen über diesen Gletscher gehen, daß wir drei Stunden gebrauchten, von der Höhe von La Côte bis zunächst an besagte einzelstehende Reihe Flühe zu gelangen, obschon es in gerader Linie nicht mehr als etwa eine Viertelstunde ausmacht." (zit. ebd. 181f)

Das Feilschen um Zeit läßt den malerischen Weg, der sich nach oben schlängelt, unattraktiv erscheinen. Dabei erlebt man gerade an den Krümmungen und Windungen das, was dieses „Dazwischen" ausmacht: Gemeint ist nicht nur zwischen oben und unten, sondern die Freude an der Entdeckung, daß die Differenz im Identen und umgekehrt, das Differente auch ident ist. Im vielen Auf und Ab, Hin und Her, beim Abweichen von der direkten Linie begegnet einem das Schauspiel des Verschiedenen im Selben. An Übergängen verbindet sich das eine mit dem anderen, keines passiert auf Kosten des jeweils anderen. Die spezielle Gangart, die die Serpentine vorgibt, hat überdies noch den Vorteil, Maß zu halten, im Rhythmus bleiben zu können, nicht gleich außer Atem zu geraten. Im Einschlagen der Geraden läuft der Körper insbesondere in der Höhe ständig Gefahr, überfordert zu sein, sich zu schnell zu verausgaben. Die gerade Linie paßt nicht ins Gebirge. Die Umwege sind sicherer, bringen die Verbindung von oben und unten nicht so schnell zum Reißen. Das Band hält wie der Atem, und damit erhöht sich die Chance in der Unwegsamkeit zu überleben. Der Berg ist die Differenz zur Ebene, sitzt ihr auf und ist nicht unabhängig oder jenseits von ihr. In der Horizontalen rasen Züge und andere Transportmittel von einem Ort zum anderen, leben vom Auf- und Abbruch und davon, nie anzukommen. In die Horizontale werden durch die Geschwindigkeit aus Orten Nichtorte; die Orte der Vertikale werden wegen der Langsamkeit als solche erkannt. Auch hier der Reiz, den Raum im Direktanstieg zu reduzieren. Nur der Körper spielt nicht ganz mit. Trotz Training und perfekter Ausrüstung braucht der menschliche Körper ein bis drei Tage, um sich auf den Gipfel des Mont Blanc hochzubewegen; diese Strecke von 2,5 Kilometern wäre eine Kleinigkeit auf der Ebene. Wenn der Mensch heil hinauf- und herunterkommen will, muß er irgendwie Gefallen an den unökonomischen Windungen finden. Sie weichen von der Gewöhnung an die Linie, von der Art und Weise, wie man sich einer Ebene entlang bewegt, ab. Von der Horizontalen nicht abgespalten, werden die Windungen aus ihr hochgeschoben und gefaltet. Die Vertikale beinhaltet die Horizontale. Ausgenommenes ist immer auch Eingenommenes und umgekehrt.

Dasselbe gilt für den Gletscher. Wir wissen, daß die Spalten immer an und nicht außerhalb von ihm sind. Gletscher und Spalten gehören zusammen. Je größer das Gefälle, über das das Eis fließt, desto mehr Spalten gibt es normalerweise. Sie brechen aus dem Gletscher heraus, sind Ausdruck seiner inneren Spannung, verursacht durch die Lage des Grunds. Der Gegensatz von Identität und Differenz ist für den Berg und sein Eis irrelevant. Im Meer liegt die Welle auf der glatten, identen Oberfläche, die unterschiedliche Ausformungen hat, aber nicht außerhalb des Wassers existiert. Selbst die Falten und Bewegungen an den Rändern fallen nicht aus dem Meer, dem Gletscher oder Berg heraus. Sie kommen aus ihm und gehören zu ihm.[306]

b) Schweben und Hängen: Schneebrücken verbinden Einschnitte am Gletscher, wodurch Gletscherspalten überwindbar werden; sie sind aber nicht immer zuverlässig:

> „[...] worüber man öfters nicht anders als auf Schneebrücken gelangen kann, die vielmals ziemlich dünn sind und über Abgründen schweben. Einer von meinen Führern war in Gefahr, daselbst umzukommen: Er war den Abend vorher mit zwei andern gegangen, den Ort unsers Durchzugs auszuspähen. Zum Glück hatten sie die Vorsicht gebraucht, sich mit Stricken einen an den andern festzubinden. Auf der Mitte einer breiten und tiefen Spalte brach der Schnee unter seinen Füßen, und er blieb zwischen seinen zwei Gefährten hängen. Wir kamen ganz nahe an der Öffnung vorbei, welche unter ihm entstanden war, und Entsetzen befiel mich beim Anblick der Gefahr, die ihm gedroht hatte." (zit. ebd. 181)

Über Getrenntes, das zusammengefügt ist, kann man zwar gehen; eine kleine Unachtsamkeit aber genügt, wenn die Verbindung zu „dünn" ist, und man ist vom Absturz bedroht. Vermutlich fällt man nicht bis auf den Grund, sondern bleibt irgendwo zwischen den Spalten hängen. Der Umsicht der zwei Wegsucher verdankt der eine sein Leben. Da er mit „Stricken" an den anderen „festgebunden" war, mußte er diese Schreckenssekunde nicht allein durchstehen. Er hat den Stand verloren, ist gefallen. Die Verbindung hat ihn gerettet. Es gab einen menschlichen Zusammenhang im Schweben über dem Abgrund, der Halt gab. Der Strick ist eine menschliche Erfindung, um Ausnahmesituationen an Fels und Eis bewältigbar zu machen. Darin kommt zum Ausdruck, daß der Mensch nur am Rande und fallweise in diese extremen Regionen paßt. Dieser Schwebezustand verlangt nach einem Denken, das von der Andersheit im Selben weiß, auch in sich selbst und vorsichtig mit den Zwischenräumen als lebenserhaltenden wie gefährdenden Verbindungen umgeht.

c) Rückkehr unbeschädigter Körper

> „Ich hatte große Freude, sie alle gesund und unbeschädigt mit bestbeschaffenen Augen und Gesicht zurückzuführen. Der schwarze Flor, womit ich mich versehen hatte, und womit wir alle das Gesicht umhüllten, hatte uns vollkommen geschützt, da hingegen unsere Vorgänger fast erblindet und mit versengten und von dem Zurückstrahlen des Schnees bis aufs Blut aufgesprungenem Gesichte zurückgekommen waren." (zit. ebd. 189f)

Man traf Vorkehrungen, um die zarte Verbindung zwischen Mensch und Natur in der Höhe nicht zu durchschneiden, was half. Alle kamen wohlbehalten zurück. Saussure band sich wie die anderen einen Trauerflor vor das Gesicht. Die genaue Planung hat sich verdient gemacht. Saussure hatte an beinahe alles gedacht. Er stieg perfekt vorbereitet in das Abenteuer ein, hatte nur mehr ein geringes Restrisiko zu tragen. Seine Führer waren sehr gute Bergsteiger und vorsichtige, mit dem Berg vertraute Menschen. So glückte das Unterfangen, wenngleich eine Reihe von Zufällen mitspielte, die kaum zur Sprache kommen. Saussure erwähnt mit keinem Wort, wieviel er vom schmerzlichen Lehrgeld anderer profitiert hat. Die Gefährdungen der Vorgänger sind stillschweigend und selbstverständlich in die Planung eingegangen, und Saussure schreibt sich den Erfolg zu, „alle gesund und unbeschädigt" ins Tal gebracht zu haben. Das gibt natürlich Anlaß zur Freude, so daß die Frage, ob sich der Aufwand überhaupt lohnt, gar nicht gestellt wird. Der Erfolg macht eine kritische Reflexion unnötig, er scheint Saussure recht zu geben. Saussures Methode, möglichst alles zu berechnen, bestätigt sich selbst. Wenn ein Unfall mit Folgen passiert wäre, müßte das Recht in der Recht-Fertigung erst hergestellt werden. Eine Prämisse bleibt: Das Recht ist vom Menschen gesetzt und somit selbstreflexiv, versteht und begreift sich aus sich selbst heraus; es ist eine weitere Variante des „Metaphysischen".

d) Licht und Schatten: Saussure schwärmt immer wieder vom hellen Licht der Höhe im Kontrast zu den dunklen Felsen:

> „Von der Mittes dieses Schneefeldes, welches zwischen dem obersten Gipfel des Montblanc gegen Mittag, desselben hohen Abstufungen gegen Osten und dem Dôme du Goûter gegen Westen eingeschlossen ist, erblickt man weiters wenig mehr als Lasten von Schnee, die durchaus rein und von blendender Weiße sind, auf den hohen Spitzen aber äußerst sonderbar gegen die fast scnwarze Farbe des Himmels dieser erhabenen Gegenden abstechen." (zit. ebd. 184)

Das Eis weckt ab der zweiten Hälfte des 18. Jahrhundert ein besonderes Interesse.[307] Die Helligkeit verkörpert das neue Wissen. Sie entfaltet im Bild, was die Aufklärung als Programm formuliert.[308] In der Höhe ist das Licht anders, weniger trüb und leuchtender.

Die weißen Flächen reflektieren die Sonnenstrahlen, und es scheint, als verdopple sich dort die Illumination. Aber nicht nur der Tag ist heller als an anderen Orten, sogar die Nacht spendet Licht, das blendet:

> „Der Mond fackelte im schönsten Glanz an der Mitte eines Himmels schwarz wie Ebenholz; auch Jupiter ging ganz strahlend hinter der höchsten östlichen Spitze des Montblanc auf, und das durch all diese schneeichte Einfassung zurückgeworfene Licht war so blendend, daß einzig die Gestirne [...]." (zit. ebd. 185)

Am Berg ist einem das Licht sicher, vorausgesetzt, es fällt weder Nebel noch Schlechtwetter ein. Man wartet den entsprechenden Zeitpunkt ab. Am Berg, beispielsweise dort, wo Schnee und Gletscher sind, muß die Trennung in Licht und Dunkelheit nicht gemacht werden. Der Mond spiegelt sich auf den dunklen Flächen, so wie tagsüber die umliegenden Spitzen und Felsnadeln das Sonnenlicht reflektieren. Alles ist in Helligkeit getaucht, nichts trübt das Sehen. Man kann sogar nachts aufbrechen und findet sich zurecht. Auch Licht und Schatten können als Verschiedenes im Gleichen oder als ein Gleiches im Verschiedenen empfunden werden. Beides gehört zusammen, auch wenn Saussures Darstellung die Grenze betont, so als wären die schwarzen Felsen nur da, um das Licht zu unterstreichen. Das

Dunkle als Mittel für das Helle, abgespalten um das eine – Licht und Belichtung, Erhellen und Aufklären – stärker hervortreten zu lassen.

e) Durchbrechung: Die Bergfahrten Saussures dienen „mit anderen der systematischen Erforschung des geologischen Aufbaus der Granitzacken der Aiguilles im Massiv des Montblanc".[309] Egger schildert Saussures Erkenntnisse genauer:

> „Form, Lage und Neigungen des Montblancgipfels werden bestimmt und gemessen, die vertikale Schichtung der Grate und Nadeln beobachtet. Er unterscheidet kritallineische Urgesteine von den ‚zweiten Gebirgen', den Kalkformationen der Vorberge und des Jura, und leitet daraus seine Theorie von der Durchbrechung einer granitischen Grundmasse durch die ursprüngliche horizontale Sedimentdecke der Erdoberfläche und zwar schreibt er das einem ‚Refoulement', einer durch den plötzlichen Rückzug des Meeres erfolgten Katastrophe, zu. Darin wird er noch bestärkt durch die Untersuchung von Gesteinsproben der nächstgelegenen Felsen vom Montblanc de Courmayeur." (Egger 1943, 50)

Die horizontale ist mit der vertikalen Schichtung eine untrennbare Verbindung eingegangen, auch wenn Saussures Erklärungen noch bruchstückhaft und seine Fundstücke unzureichend sind. Er weiß um die starken Bewegungen des Gebirges, die in verschiedene Richtungen wirken und dennoch e i n Gebirge hervorbringen. Das eine schließt das andere nicht aus. Schübe von unten und innen können das Oben festigen, das Verschieben der Ränder kann das Zentrum stabilisieren und umgekehrt. So lebendig sich Saussure auch das Werden dieses Berges vorstellt, seltsam gegensätzlich klingt seine Begegnung mit den konkreten Felsspitzen beim Aufstieg.

> „Kein lebendes Wesen, auch nicht die geringste Spur von Wachstum wird hier ferners bemerkt: Frost und Schweigen haben da ihren Sitz aufgeschlagen." (zit. in „Entdeckung der Alpen" 1934, 184)

Saussure hört die Natur nicht mehr sprechen. Für ihn sind Frost, Schnee und Fels tot, obwohl bei Sonneneinstrahlung einiges in Bewegung gerät. Vielleicht hat sich Saussure für diese Beobachtungen zuwenig Zeit genommen.

Die Betonung der toten Natur schafft jedenfalls ein Bild von der Wildnis, das mehr die Kühnheit des Menschen, der sich trotzdem in ihr bewegt, hervorhebt, als dem gerecht zu werden, was Natur alles ist.

> „Beim Gedanken, wie zuerst Dr. Paccard und Jacques Balmat gegen die Neige des Tags in diesen Wildnissen anlangten, indem sie ohne Obdach und fern von aller Hülfe sich befanden, unkundig, wo sie die Nacht zubringen würden, ja wie sie sogar keine Gewißheit hatten, ob auch Menschen an dergleichen Orten, wohin sie zielten, ausdauern könnten, und wie sie bei alledem unverzagt ihren Weg verfolgten, konnte ich mich nicht enthalten, ihre Geistesstärke und ihren Mut zu bewundern." (zit. ebd.)

Die Wildnis in dieser Textstelle wirkt bedrohlich auf den Menschen. Er ist unkundig, ohne Hilfe, hat keine Gewißheit, kein Dach über dem Kopf und verzagt dennoch nicht.

Saussure spricht Paccard und Balmat seine Bewunderung aus. Diese sind obdachlos in der Natur. Saussure hat sehr viel mehr vorgesorgt. Er ist ein Vermittler zwischen Natur und Wissenschaft und setzt das Wissen um Natur zur Naturwissenschaft zusammen. Der Mensch liegt dem, was die Naturwissenschaft an Wissen über die Natur hervorbringt, immer schon zugrunde.

Saussure hat die Schwelle von beidem überschritten; das Maßnehmen an der Natur wird durch die Maßnahmen des Menschen ersetzt. Der aufgeklärte Mensch setzt sich selbst als Maß, hinter das nicht zu denken ist.

ANMERKUNGEN

1 Das ist bereits eine Setzung. Ein Gegenüber verlangt nach etwas, das vorher da war. Die Frage, ob der Mensch, der dieses Gegenüber bestimmt, vor dem Berg da war, ist absurd. Dennoch wird mit dieser Absurdität „ganz normal" gearbeitet. Das ist auch mein Ausgang, der Berg ist zunächst Gegenstand der Untersuchung.

2 Ich greife willkürlich einige wenige Beispiele heraus. Sehr früh soll der riesige Raum Chinas durch fünf heilige Berge gegliedert worden sein. Der K'un-Lun war der Wohnsitz der großen Feengöttin, die Toten- und Lebensgöttin zugleich war. Wer ihn erstieg, erlangte Unsterblichkeit (vgl. Mann 1988, 152f). Die Bjelucha ist mit über 4500 m der höchste Berg des russischen Altai und galt bis ins 19. Jahrhundert den „mandschurischen und mongolischen Völkern (als) eine Säule des Himmels, der regelmäßig Opfer dargebracht wurden" (Dyhrenfurth 1983, 186). Ähnliches ist vom Fudschijama, dem heiligsten aller Berge für die Japaner, zu berichten. Auf ihm leben die mächtigen und unsichtbaren Geister, aber auch die Toten, die man um Hilfe anflehen kann. Die Kelten verehrten die Berge, wie aus Weihinschriften hervorgeht, aus existentiellen Gründen, weil die Talsohlen für eine Besiedlung wegen Versumpfung nicht in Frage kamen (vgl. Mann 1988, 72ff). Die Indios verehrten z. B. die Berge, die Wasser spendeten, als Gottheiten. Das galt für den Nevado Alpamayo in der Cordillera Blanca ebenso wie für den Yayamari und die leuchtenden Schneegipfel des Popocatepetl und des Ixtaccihuatl, welche von den ins Hochtal Mexikos eingewanderten Azteken verehrt wurden. Man hatte nicht die Vorstellung, daß auf den Bergen Götter wohnen, sondern daß die Götter selbst zu Bergen geworden sind (vgl. Grüner 1991, 6).

Man gab sich nicht damit zufrieden, Berge Götterberge sein zu lassen, sondern versuchte, selbst künstliche Berge zu errichten. Die Sumerer bauten eine Art Stufentürme; der ägyptische König Cheops ließ in langer, mühsamer Arbeit sein 147 m hohes Grab in Form einer Pyramide erbauen, die dem Volk eine Art „Einheit" von „göttlicher und menschlicher Seele, von König und Fixpunkt des Weltalls" sein sollte (Mann 1988, 107).

Die alpine Literatur blendet ein Zweifaches aus: die Umkehrung des Berges in seine „Negativform" (Gebärmutter) als Ursprung und die Beschäftigung mit dem, worin die Kulthandlungen und magischen Praktiken an diesen und auch in jenen Opferstätten bestanden. Im Inneren des Berges, der Grube, Grotte und Höhle, fand man zahlreiche Statuetten von Erdgöttinnen und Vegetationsmüttern, die für die materielle und geistige Initiation zuständig waren (vgl. u. a. Duerr 1985, 40ff). Das Wiedererkennen des Berges, der sich als ganze Gestalt nach oben und unten spiegelt, erinnert, worin der sichtbare Teil gründet und ruht. Im Vergessen der Tätigkeiten, die den ursächlichen Zusammenhang als festen Halt im Kosmos gewährten, setzt sich Schritt für Schritt ein Umgang und Tun durch, das Gefahr läuft, seinen Halt zu verlieren. Vielleicht ist es sogar auf Haltloses angelegt, wie beim Bergsteigen, dessen Praktiken hier interessieren. Vorerst aber zurück zu den heiligen Bergen. Reinhold Messner überliefert, daß der Kailash als Mittelpunkt eines großen Ringes gilt, der von den Weltteilen gebildet wird und aus deren Zentrum sich das Universum erhebt:

„Der Kailash, auch Meru, Tisé und Kang-ringpotsche genannt, stellt nach der asiatischen Mythologie die Achse der Erde dar, um die herum der Kosmos entstanden ist. Für die Hindus, die vom Süden kommend quer über den Himalaya steigen, um zu diesem isolierten Schneeberg auf dem tibetanischen Hochland zu pilgern, war er das Symbol Schiwas, des indischen Gottes der Zeugungskraft, ein gigantischer Phallus (Lingam) aus Fels und Eis. Für die Buddhisten, die wochenlange Strapazen auf sich nahmen, um diesen Berg zu umwandern, bedeutete er ein Naturheiligtum, ein Juwel aus Schnee und Eis." (1994, 135)

Die höchste Erhebung im Himalaya, dem „Schneehaus der Götter", wie es aus dem Sanskrit zu übersetzen ist, ist die Chomolungma, „Göttin-Mutter der Erde", aus der ein Mount Everest wurde (nach dem Vermessungsoffizier Sir Everest). Ein weiterer unberührbarer Gipfel steht nördlich von Pokhara in Nepal. Es ist der 6997 m hohe Machhapuchhare mit der Form eines Fischschwanzes. Ähnlich zweigipflig ist der Parnaß, Sitz der neuen Musen für die Griechen der Antike, Ort der Inspiration. Der Dichter nahm den Gesang der Musen auf und wiederholte ihn aus der Erinnerung. Dasselbe gilt für den Helikon, von dem der griechische Dichter Hesiod berichtet. Er soll sich schafehütend dort aufgehalten haben, während ihm die Musen vorsangen:

„Mit den Helikonischen Musen laßt uns beginnen zu singen,
die den großen gotterfüllten Helikonberg bewohnen. [...]
Diese nun lehrten einst den Hesiod schönen Gesang,
als er Schafe weidete am gotterfüllten Helikon."
(Theogonie 1–23, zit. in Klarer 1991, 4)

Klarer spricht davon, daß der Berg in der Literatur von Anbeginn an ein „Wunschplatz" von „projizierten Utopien" ist, in denen Hoffnungen, Sehnsüchte und Ziele wie im Paradies beheimatet sind (1991, 4). Als ein durchaus paradiesischer Ort erscheint u. a. der Olymp, Hauptwohnsitz der Götter:

„Weder von Winden wird er erschüttert noch auch von Regen je benetzt, noch auch naht Schnee ihm, sondern Himmelsheiteres ist durchaus ausgebreitet, wolkenlos, und ein weißer Glanz läuft darüber hin. Auf ihm erfreuen sich die seligen Götter alle Tage."
(Odyssee 6, 42ff, zit. in ebd.)

118

3 Eine Spur zu dieser Verkehrung begegnet uns am Berg Ararat. Auf seinem Gipfel läßt sich die Arche Noah nieder, und von hier nimmt die Menschheit ihren neuen Ausgang, d. h. daß der Anfang (arché) als Ursprung und Grund nicht unten, sondern oben ist.

> „Am siebzehnten Tag des siebten Monats setzte die Arche im Gebirge Ararats auf. Das Wasser nahm immer mehr ab, bis zum zehnten Monat. Am ersten Tag des zehnten Monats wurden die Berggipfel sichtbar. [...] Am siebenundzwanzigsten Tag des zweiten Monats war die Erde trocken. Da sprach Gott zu Noah: Kommt heraus aus der Arche, du, deine Frau, deine Söhne und die Frauen deiner Söhne. Bring mit dir alle Tiere heraus, alle Wesen aus Fleisch, die Vögel, das Vieh und alle Kriechtiere, die sich auf der Erde regen. Auf der Erde soll es von ihnen wimmeln; sie sollen fruchtbar sein und sich auf der Erde vermehren. [...] Dann baute Noah dem Herrn einen Altar, nahm von allen reinen Tieren und von allen reinen Vögeln und brachte auf dem Altar ein Brandopfer dar."   (Genesis 8, 4-5, 14-17, 20)

Von der Höhe kommt sowohl das gereinigte als auch die Schrift als bereinigtes Leben. Als Moses zum erstenmal auf den Berg Sinai steigt, ist er allein. Niemand kann bezeugen, daß ihm Jahwe begegnet sei. Als er aber zum zweitenmal vom Berg kommt, ist es anders. Er bringt Gesetzestafeln mit, „die mit dem Finger Gottes geschrieben sind". Von nun an ist die Schrift mit dem Glauben unauslöschlich verbunden, „sie ist der Gottesbeweis selbst" (von Braun 1988, 85).
Aber um welchen Gott handelt es sich? Es ist einer, der nicht für alle sichtbar, noch hör-, greif- oder faßbar ist. Also ein unsinnlicher, ein einziger und einer, der sich via Schrift kundtut. „Drei Dinge (...) zeichnen die ‚Religionen des Buches' aus und sind ihnen als einzigen unter allen Religionen eigen": die Berufung auf die Schrift und die Schöpfung durch das Wort, der Monotheismus und die „Bedeutung des Glaubens, durch den die unsichtbare Wahrheit zur eigentlichen Wahrheit erhoben wird" (ebd.).
Es geht um den schriftlich beweisbaren Einen, der seine Gebote in der Höhe, zwischen Himmel und Erde, vermittelt. Moses war bereit, morgens auf den Berg zu steigen, wie ihm Jahwe befohlen hat, ohne Begleiter:

> „Da sprach der Herr zu Mose: Geh hinunter, und schärf dem Volk ein, sie sollen nicht neugierig sein und nicht versuchen, zum Herrn vorzudringen; sonst müßten viele von ihnen umkommen [...]. Mose entgegnete dem Herrn: Das Volk kann nicht auf den Sinai steigen. Denn du selbst hast uns eingeschärft: Zieh eine Grenze um den Berg, und erklär ihn für heilig!"   (Exodus 19, 21-22, 23)

Waren die Berge zunächst etwas Heiliges, werden sie jetzt zu etwas Heiligem „erklärt". Sie sind heilig im Interesse dessen, was oben geschieht: die Vermittlung einer göttlichen Botschaft. Oder anders ausgedrückt: das Besondere wird zum Mittel für das Allgemeine und verliert dadurch seinen Eigenwert. Die Zuerkennung des Heiligseins erfolgt durch Gott, vermittels des Menschen. Ähnliches begegnet uns in der Bergpredigt des Neuen Testaments. Auch hier kommt es auf einem Berg zur Belehrung:

> „Als Jesus die Menge Leute sah, stieg er auf einen Berg. Er setzte sich, und seine Jünger traten zu ihm. Dann begann er zu reden und belehrte sie."   (Matthäus 5, 1)

Im weiteren wird der Berg zu einem Ort der Verklärung:

> „Sechs Tage danach nahm Jesus Petrus, Jakobus und dessen Bruder Johannes beiseite und führte sie auf einen hohen Berg. Und er wurde vor ihren Augen verwandelt; sein Gesicht leuchtete wie die Sonne, und seine Kleider wurden blendend weiß wie Licht. Da erschienen plötzlich vor ihren Augen Mose und Elija und redeten mit Jesu. Und Petrus sagte zu ihm: Herr, es ist gut, daß wir hier sind. Wenn du willst, werde ich hier drei Hütten bauen, eine für dich, eine für Mose und eine für Elija. Noch während er redete, warf eine leuchtende Wolke ihren Schatten auf sie, und aus der Wolke rief eine Stimme: Das ist mein geliebter Sohn, an dem ich Gefallen gefunden habe; auf ihn sollt ihr hören. [...] Während sie den Berg hiabstiegen, gebot ihnen Jesus: Erzählt niemand von dem, was ihr gesehen habt, bis der Menschensohn von den Toten auferstanden ist."   (Matthäus 17, 1-5, 9)

In dieser Textstelle geht es sowohl um das Schweigen als auch um das Reden. Es darf nicht jeder sprechen, aber wer es tut, ist in ein internes Verweissystem von Sprechen und Bestätigtwerden eingebunden, wobei kein Zweifel darüber herrscht, wer Urheber bzw. letzte Instanz der Wahrheit ist: Gott als Vater. Es ist derselbe Vatergott, den Jesus im Gebet auf dem Ölberg, wiederum einem „Berg", in der Hoffnung anruft, daß er diesen Kelch von ihm nehmen möge (vgl. Lukas 23, 42), und den er später, beladen mit dem Kreuz und voller Qual auf der „Schädelhöhe, die auf hebräisch Golgota heißt", angekommen (Johannes 19, 17), um Vergebung für diejenigen bittet, die nicht wissen, was sie tun (vgl. Lukas 23, 34).
Auch Franz von Assisi soll seine Wundmale in der Einsamkeit der Berge empfangen haben, so wie viele Tempel, Klöster, Kirchen und Kapellen auf Anhöhen errichtet wurden (Parthenon, Poseidontempel, Meteoraklöster, Abtei Montecassino, Beginn des Benediktinerordens usw.). Der Berg als entrückter Ort für Leid, Schmerz, Er- und Verklärung und Erlösung.

4 Dante soll um 1311 im Alter von 46 Jahren im Winter den Prato al Saglio (1347 m) im Apennin erstiegen haben (vgl. Ziak 1956, 346) und „danach

noch weitere Berge seiner Heimat, darunter den Monte Falterone im Apennin (1654 m), sowie die höchste Erhebung der Insel Ischia, den Vulkan Monte Epomeo (1789 m) [...]. Allein verweilte er hier auf dem Gipfel; am Kraterrand verbrachte er die Nacht und erlebte begeistert den Sonnenaufgang. Dante bewies damit eine für das Mittelalter alles andere als typische Naturverbundenheit" (Dyhrenfurth 1983, 193). Daß dieser große Dichter die Hölle als trostlose Einöde in einen Berg verlegt hat, sei nicht von Zufall, denn „so hat er wohl auch, wie seine Zeitgenossen, die Berge gesehen" (ebd. 12).

5   Diese Textpassage hört sich in einer anderen Übersetzung folgendermaßen an:

   „Wo wir zur Tiefe lenkten, war die Stätte
   So steinig und durch anderes so gestaltet,
   Daß jedem Blick davor geschaudert hätte.
   Wie bei Trient der Bergrutsch sich entfaltet,
   Der von der Seite in die Etsch sich drückte,
   Ob der Erdstoß oder Fall ihn losgespaltet,
   Sodaß vom Gipfel, wo er talwärts rückte,
   Dem Kletterer nur mit Not zum ebenen Lande
   Durch den Schutt und Steingeröll ein Abstieg glückte:
   So ging es hier hinab am Felsenrande."
   (Inferno XII, 1–10; zit. in. Klarer 1991, 5)

6   Z. B.

   „Indessen waren wir zum Berg gekommen;
   Dort fanden wir jedoch so steil die Felsen,
   Daß sie dem Fuß keinen Aufstieg boten.
   Zwischen Tubia und Lerici die schroffsten,
   Ödesten Stützen sind noch eine Treppe,
   Bequem und offen im Vergleich zu diesem."
   (Purgartorio III, 46–51)

   „Man kann San Leo zwingen und den Gipfel
   Bismatovas, nach Noli niedersteigen
   Mit Füßen, hier indessen muß man fliegen."
   (Purgatorio IV, 25–27)

7   Die Übersetzung bei Klarer erscheint mir passender, Felsplatte statt Felsspalte, „die sich auf beiden Seiten leicht bewegte".

8   Beatrice ist jene Frau in Dantes Leben, die sein dichterisches Schaffen weitgehend beeinflußt hat. Als Neunjähriger sieht er sie das erstemal; nach neun Jahren erwidert sie seinen Gruß, und damit entflammt eine reine, ideale Liebe in ihm, die ihn zeitlebens beflügelt. Beatrice stirbt bereits mit 24 Jahren, nach Dantes Angaben im Juni 1290. Sie wird zur Führerin seiner selbst hin zu Gott.

9   Ein Ausschnitt:

   „So war ich schwer zu Schlaf zu jener Stunde,
   Da ich den wahren Weg verlassen hatte.
   Doch als ich dort zum Fuß eines Hügels
   War am Ende jenes Tales,
   Das mir das Herz so sehr mit Angst gepeinigt,
   Blickt' ich nach oben und sah seine Schultern
   Schon von Strahlen des Gestirns bekleidet,
   Das uns auf jedem Pfade richtig führet.
   Darauf ward meine Angst ein wenig stiller,
   Die mir im See des Herzens angestanden,
   Die Nacht, die ich verbracht in solchen Qualen."
   (Inferno I, 11–21)

10 Die Besteigung wurde vermutlich am 26. April 1336 ausgeführt, ein Ereignis, das in der Alpinliteratur als „Geburt der alpinen Idee" (Perfahl 1984a, 24), „Geburtsstunde des modernen Alpinismus" (Ziak 1956, 30) oder „Geburtstag des Bergsportes" (Schmidkunz 1931, 323) bezeichnet wird.

11 Ziak 1956, 30; die beiden anderen Erzväter sind Conrad Gesner und Albrecht von Haller; Senger hält es für übertrieben, Petrarca als „Vater" oder „geistigen Vater des Alpinismus" (vgl. Schmidkunz 1931, 323) zu sehen (vgl. Senger 1945, 7); er schlägt seinerseits H.-B. de Saussure zumindest als Vater des „wissenschaftlichen Alpinismus" vor (ebd. 305).

12 Es handelt sich um ein „Sendschreiben" an den „Cardinal Giovanni Colonna", die „Besteigung des Mont Ventoux betreffend". Es ist als „erster Brief" in der 24bändigen Brief- und Essaysammlung „De Rebus Familiaribus" im IV. Band enthalten. Petrarca fühlt sich dem Cardinal sehr verbunden, er nennt ihn „Vater" und wendet sich in seinem Bericht immer wieder direkt an ihn, z. B.:

   „Ich eröffnete meinem jüngeren Bruder, den du wohl kennst, die Sache." (zit. in Petrarca, FZ 1986, 35)

   „[...] kam mir zu Sinn, das Buch der Bekenntnisse des Augustinus, das mir deine Güte einst verehrt und dessen ich mich zur Erinnerung an den Geber bediene, aufzuschlagen." (ebd. 41)

   „Wie oft, meinst du, hab' ich an jenem Tage talwärts steigend [...]" (ebd. 42)

   „[...]dir diesen eiligst [...] zu schreiben." (ebd. 43)

   Am Ende des Sendschreibens vertraut sich der Dichter Petrarca seinem Cardinal ganz an; es entsteht der Eindruck, als suche er bei ihm Zuflucht:

   „Betrachte es nun, geliebter Vater; nichts an mir soll deinen Augen verborgen bleiben – mein ganzes Leben wie meine einzelnen Gedanken teile ich dir sorgsam mit; bitte zu Gott für sie [...] Leb wohl!" (ebd.)

13 Der Mont Ventoux steht als Eckpfeiler der Alpen sehr exponiert, mißt 1912 m und gilt als Wahrzeichen der Provence, wo sich Petrarca einige Jahre seines Lebens aufhielt. Heute ist der vormals gescheute Gipfel ein Tummelplatz für Touristen; auf seinem Gipfel stehen Hotel, Wallfahrtskirche, Observatorium und anderes. Vor Petrarca mag es höchstens einigen Hirten eingefallen sein, diesen Aussichtspunkt zu besteigen.

14 Das Verlangen nach der Höhe ist nicht plötzlich aufgetreten, es hat sich nach und nach gesteigert:

> „Seit langen Jahren lag mir diese Wanderung im Sinn; denn von Jugend an bin ich in diesen Gegenden, wie du weißt, vom Schicksal, das die Dinge des Menschen umtreibt, umhergetrieben worden. Jener Berg, weit und breit sichtbar, stund mir fast allzeit vor Augen, allmählich ward mein Verlangen ungestüm, und ich schritt zur Ausführung." (ebd. 34)

Alle Mahnungen wurden in den Wind geschlagen, und es „wuchs bei uns", so Petrarca, „wie ja der Jugend Sinn stets ungläubig ist für Warnungen – aus der Schwierigkeit das Verlangen." (ebd. 36)
Eine Sehnsucht, selbst in der Höhe zu sein und nach dem, was sich oben eröffnet, „dessen Anblick zulieb ich heraufgestiegen". (ebd. 40)
Besonders motivierend für Petrarca war die Lektüre der römischen Geschichte bei Livius am Tag vorher. Dort war er

> „auf jene Stelle gestoßen, wo Philipp, der König von Makedonien, der mit dem römischen Volke Krieg führte, den Berg Hämus in Thessalien besteigt, von dessen Gipfel zwei Meere, das Adriatische und der Pontus Euxinus, sichtbar sein sollen: Ob dies nun richtig oder unrichtig ist, hab' ich nicht in Erfahrung gebracht [...], soviel aber weiß ich: wenn der Hämus so in meiner Nähe läge wie der Mont Ventoux, würde ich die Sache nicht lange im unklaren lassen. Um nun – jenes dahingestellt, auf besagten Mont Ventoux zurückzukommen, so schien mir, was bei einem greisen König nicht zu tadeln, auch bei einem jungen für sich lebenden Manne zu entschuldigen ist." (ebd. 34f)

Petrarca war bei der Ersteigung des Berges 32jährig, durchaus kein Sportsmann und eher eine sehr empfindsame Natur.

15 Was die Quellen angeht, so habe ich mich im folgenden an die klassische Übersetzung Viktor von Scheffels gehalten, welche als zweite Sonderausgabe 1936 bei der Gesellschaft Alpiner Bücherfreunde e.V. in München erschienen ist und in „Frühe Zeugnisse" nahezu identisch – abgesehen von orthographischen Korrekturen – abgedruckt wurde (FZ 1986, 34–43).
Scheffel hat diesen „Sendbrief" in „seine schöne Schilderung, in den provencialischen Reisebrief: ‚Ein Tag an der Quelle der Vaucluse'" eingefügt (1936, 21; FZ 1986, 24). Es gibt auch spätere Übersetzungen, auf die beispielsweise Senger zurückgreift.
Walter Schmidkunz, der für die FZ 1986 einen Kurzkommentar (23–24) zu Petrarca verfaßte, ist der Meinung, daß die deutsche Übersetzung dem lateinischen Original nicht ganz getreu folge:
„Über einige Sätze und Abschnitte ist Scheffel bewußt und absichtlich hinweggegangen. Wir glauben aber, ihm ohne Zusätze und Besserwissen folgen zu sollen. Denn die Absicht der Wiedergabe ist lediglich, zu erfreuen und an den großen Tag und den großen Mann, der sich damit den Dingen, die wir lieben, unlösbar verband, zu erinnern." (ebd. 24).

16 „Am bestimmten Tag zogen wir von Hause ab und kamen gegen Abend nach Maloncenes (Malausana). Dieser Ort liegt an den Abhängen des Berges gegen Norden; dort verweilten wir einen Tag, und heute endlich besteigen wir [...]" (ebd. 35f)

17 Ebd. 36

18 Dieser Hirte versuchte „mit vielen Worten uns von der Besteigung abzubringen und sagte, er sei vor schier fünfzig Jahren in demselben Drang jugendlichen Feuers auf die höchste Höhe emporgestiegen, habe aber nichts mit zurückgebracht als Reue und Mühsal, Leib und Gewand zerrissen von Steinen und Gedörn, und es sei niemals weder vorher noch nachher erhört worden, daß einer ähnliches gewagt". (ebd.)

19 „Da nun der Alte merkte, daß er nichts bei uns ausrichte, ging er ein Stück weit mit und bezeichnete uns mit dem Finger einen zwischen Felsen emporziehenden steilen Fußpfad [...]" (ebd.)

20 Petrarca litt unter Wiederholungszwang:

> „[...] nicht ohne Lachen meines Bruders stieß mir solches während weniger Stunden drei- oder mehrmal zu." (ebd. 37)

21 Nachdem er „in einem Tale halt" gemacht hat, verliert er sich in einem inneren Monolog:

> „Was dir heute bei Besteigung dieses Berges so oftmals widerfahren, wisse, daß dies auch dir wie vielen anderen auf dem Wege zum seligen Leben widerfährt, aber es wird darum von den Menschen nicht hoch angeschlagen, weil des Körpers Bewegungen einem jeden offenkundig sind, die der Seele aber unsichtbar und verborgen. Siehe nun, auch die Seligkeit steht auf erhabener Höhe; ein schmaler Pfad führt zu ihr hin, viele Hügel ragen dazwischen, und von Tugend zu Tugend muß mit fürsichtigen Schritten gewandelt werden. Auf dem Gipfel ist das Ende und Ziel unseres Lebens, auf ihn ist unsre Wallfahrt gerichtet." (ebd. 37f)

In den „Wanderschaften der Seele" (vgl. Dante) steckt das Wort „Berg" im Sinne von Verbergen, Verborgenheit, einem Aufbewahrt- oder Verstecktsein an diesem undurchschaubaren Ort.

22 „Und wenn du nun entschieden empor verlangst, was hält dich zurück? Nichts anderes als, daß der Weg durch die Freuden der Erde und ihre Niederungen ein ebnerer und beim ersten Anblick zweckmäßigerer erscheint. Aber nach langem Herumirren oder unter der Last übel hinausgeschobener Arbeit bleibt dir doch nichts übrig, als geradeweges zum Gipfel der Seligkeit emporzusteigen oder aber in den Tälern deiner Sünden ermattet niederzusinken und – was Gott verhüten möge, wenn Finsternis und Schatten des Todes dich dort überraschten, ewige Nacht in ewiger Qual zu verbringen." (ebd. 38)

²³ Petrarca wundert sich darüber, daß „die Leute im Gebirg" den „obersten Gipfel (...) ‚das Söhnlein' (filiolum)" heißen, und er meint, daß dieser Gipfelaufbau „in Wahrheit eher wie der Vater aller benachbarten Berge aus(schaut)". (ebd. 38f)

²⁴ U. a.:

> „[...]die Sonne neigte sich, der Schatten des Berges wuchs mächtig und gemahnte mich gleichsam, aufzuwachen. Da wandte ich mich rückwärts und schaute nach Westen. Jener Grenzwall zwischen Frankreich und Spanien, die Gipfel der Pyrenäen, werden von dort aus nicht gesehen – nicht als ob ein fremder Gegenstand dazwischen stünde, sondern nur wegen der Unzulänglichkeit des menschlichen Auges." (ebd. 41)

²⁵ Ebd. 41

²⁶ Die „Bekenntnisse" stehen in der Tradition der Scholastik, der sich Petrarca unter anderem zugehörig fühlt. In ihm regt sich bereits der Humanismus, welcher sich in der Freude am Sehen und genauen Beobachten ausdrückt. In Petrarca ist ein naturwissenschaftliches Interesse entflammt, er erkundigt sich nach „irdischen Dingen". Aber ebenso zieht es ihn in eine Innerlichkeit und Weltabgewandtheit. Beide Kräfte arbeiten gegeneinander, was sich in einer starken Gedankentätigkeit bemerkbar macht und in einem Suchen:

> „Dort, in geflügelten Gedanken von Körperlichem auf Unkörperliches übergehend." (ebd. 37)

> „Hernach kam ein neuer Gedanke über meinen Geist und führte ihn vom Raum zur Zeit." (ebd. 39)

Einmal erinnert er sich, dann wieder stellt er philosophische oder theologische Überlegungen an; ein andermal spricht er mit sich selbst oder reflektiert die Situation. Dieses Ringen um einen klaren Standort fällt auf dem Gipfel zugunsten der Scholastik aus und vermittelt mir den Eindruck, als handle es sich mehr um eine moralische Verpflichtung und weniger um die Konsequenz seiner tatsächlichen Erkenntnis:

> „Wie oft, meinst du, hab' ich an jenem Tage talabwärts steigend und rückwärts gewendet den Gipfel des Berges betrachtet, aber seine Höhe schien mir kaum mehr die Höhe einer Stube, verglichen mit der Höhe menschlicher Kontemplation, wenn dieselbe nicht in den Schmutz irdischer Niedrigkeit getaucht ist." (ebd. 42f)

Etwas kryptisch und durcheinandergeraten drückt sich Petrarca in einer anderen Textstelle aus:

> „Jetzt aber steht mir noch viel zweideutig und lästig Geschäft bevor, was ich zu lieben pflegte, lieb' ich nicht mehr – aber, um nicht zu lügen, ich liebe es noch, aber ehrbar und in Betrübnis. Dies ist die Wahrheit: ich liebe, was nicht zu lieben mir lieb wäre, was zu hassen ich wünschte, ich liebe es zwar, aber wider meinen Willen, gezwungen, traurig und klagend [...]"
> (ebd. 40)

Auch wenn es mir hier nicht gelingt, sein Bezugsfeld zu verstehen, lese ich obige Passage als eine, die Petrarcas Zerrissenheit mitteilt.

²⁷ Ebd. 41f

²⁸
> „Dann aber, sattsam zufrieden, den Berg gesehen zu haben, wandte ich den inneren Blick in mich selber zurück, und von jener Stunde an war keiner, der mich reden hörte, bis wir in der Tiefe unten wieder anlangten. [...] Der Rest meines Gehens war Schweigen; ich bedachte, wie arm an Rat die Sterblichen, wie sie ihr edelst Teil vernachlässigend sich über so vieles verbreiten und an leerem Schauspiel ereiteln, wie sie das, was im Innern zu finden ist, äusserlich suchen, und ich bewunderte die edle Anlage unsers Geistes, der nur leider aus freiem Willen entartet, von seinem primitiven Gehalt abgewichen ist und das, was ihm Gott zu seiner Ehre verliehen, ins Gegenteil verwandelt hat." (ebd. 42)

Auffallend ist dabei eine gewisse Abgehobenheit im Sinne einer Abspaltung von Körper und Geist (ebd. 43).

²⁹ Ebd.

³⁰ Die Selbstbeschreibungen als Selbsterkenntnisse und -reflexionen; das Verinnerlichen, der wiederholte Gebrauch von Metaphern, um über etwas zu reden, was noch in der Schwebe ist oder nur geahnt wird; die Lust an der Fernsicht, am Panorama; die Anstrengung und Qual beim Aufstieg, die Selbstüberwindung; die Markierung des Weges in spezifische Abschnitte, die Beschreibung gefährlicher Passagen in Form von Schlüsselstellen usw.

³¹ Ebd. 43

³² Vgl. dazu die Überlegungen bei Sting (1991, insbes. 24–35, 53–69). Er schreibt den Pilgerreisen und Kreuzzügen eine mehrfache Bedeutung zu; in erster Linie dienen sie aber dem Umfunktionieren des „heiligen Pilgerns" in die unermüdliche Einübung des Heils einer weltlichen Gesellschaft über das Wirksamwerden eines christlichen Imaginären, das sich durch die Schrift kundtut. Ihr zu folgen heißt, zugleich in den „Mythos des Fortschreitens", der bis heute wirksamen Vorstellung von einer beständigen Entwicklung hin zum Besseren, einzuwilligen.

³³ Ein paar Worte zur Quelle: Das Original von Fabers Aufzeichnungen, in dem dieses Kapitel nur einen Bruchteil ausmacht, wurde 1840 in der Stadtbibliothek von Ulm nach langem Verschollensein durch C. D. Hassler wieder aufgefunden und 1843 in drei Bänden in lateinischer Originalsprache veröffentlicht.

Josef Graber hat in den „Schlern-Schriften" von 1923 eine deutsche Fassung vorgelegt (Universitäts-Verlag Wagner, ersch. in Innsbruck und München). Faber fehlt allerdings u. a. im Standardwerk alpiner Geschichtsschreibung von Ziak 1956.

34 (1500–1578); 1500 in Bruchsal geboren, Unterricht an verschiedenen Schulen oberrheinischer Städte, schließlich Hochschule in Heidelberg; 1520 trat er zu Speier in den Johanniter-Orden ein. Zwei Jahre später erhielt er den Auftrag, das Johanniter-Haus in Bubikon bei Zürich zu verwalten. Während seines Aufenthalts heiratet er Regula Brennwald. Ihr Vater hat eine umfangreiche helvetische Chronik verfaßt, die Stumpf weiterführt. Im Mittelpunkt steht die Beschreibung der Alpenvölker, wie er selbst in einer seiner Vorrede bemerkt:

„So ich nun etliche jar här mich im läsen der alten und frömbder landen historien belustiget und in sölichem bey den urältisten geschicht und weltbeschreybern der alten Alpenvölckeren, als der Helvetiern, Lepontiern, Rhetiern (diser zeyt die loblich Eydgenoschafft genennt), so manigfaltige meldung befand: und daß auch söliche Alpvölcker von so gar langen zeyten här biß auff heutigen tag nit allein iren alten erdboden noch bewonend, sonder auch ir alte mannheit, auch irer vorderen dapfferkeit noch nie hingelegt habend, darzuo inen der gnädig Gott biß auff dise zeyt groß gnad, hilff, schutz, schirm und wohlthaat beweyßt, do hab ich hertzlichs beturen empfangen, das sölicher Alpländer und völcker alter, art, wesen, sitten, gelegenheit und chronickwirdige thaaten also verligen und denen, so frömbder sprachen nit geübt, noch der alten Lateinischen buecher verstendig sind, verhalten seyn söltinad."
(Stumpf, zit. in Knonau im J. d. SAC 1883, 421f)
Man könnte Stumpf als einen der (möglicherweise sogar als den) ersten alpinen Ethnologen bezeichnen.

35 Ich halte mich an Meyer von Knonaus Wiedergabe im Jahrbuch des S.A.C. aus dem Jahr 1883, die auch in den FZ 1986, 150–157, herangezogen wurde. Karl Ziak erwähnt Stumpf nur einmal, indem er einen „Tracken" abbildet, wie sie in seiner „Chronick" verschiedentlich zu finden sind (vgl. 1956, 32B); Senger erwähnt ihn gar nicht, Seitz nur kurz (vgl. 1987, 75f, 79).

36 Vgl. auch Anm. 8 in Studie 1:
„Sonst an im selbs ist dises land ein eng und schmal talgelend, hat aber beiderseyts fruchtbare berg, auch vil nebendtäler, deren sind etlich zwei, drei oder vier, auch etlich ob fünf meyl wägs lang, mit vil pfarrkirchen, fläcken, dörffer und gebeuw. Das land ist gerings herumb an allen orten umbzogen und beschlossen mit wunderhohen und grausamen gebirgen, die sich merteils auff ein guote Teutsche meyl hoch gegen wulcken und lüfften aufrichtend, also das derselbigen bergen vil zuo allen zeyten stätigklich mit Glettscher, Firn oder schnee bedeckt sind, deßhalb man gemeinlich an allen orten, wo man dareyn oder darauß wandlen wil, hohe berg, rauhe velsen und gefährliche wäg ersteygen muoß, dann gmeinlich alle päß und eyngäng ires lands von natur und höhe deß wilden gebirgs also wunderbarlich bevestiget sind, das sy durch kleine macht beschirmt und mencklichem vorgehalten möchtind werden. Ja, die berg und ringkmauren deß lands sind an vilen orten also hoch und gäch von velsen, das einen grauset hinauff zesehen."
(Stumpf, zit. in Meyer von Knonau im J. d. S.A.C. 1883, 436)

37 *„Das erdtrich ist gantz fruchtbar, also auch das nuch zuo oberist im land im Zehenden Goms die äcker gemeinlich alle jar frucht gebend, also das man gleych nach der ernd dieselbigen widerumb bauwet und säyet. An vilen orten wässerend sy alle ire güter, richtend das wasser auch etwan durch ire äcker und weyngärten, könnend das selbig gar artig an den bergen här leiten durch gräben und känel. Es hatt auch im land eigne rechtung und breuch umb die wässerung der güter. Die ersten ackerfrücht werdend an den fruchtbaresten orten im Meyen zeytig; deßwegen im land Walliß die ernd im Meyen anfacht und endet sich erst umb S. Michelstag. Also das die ersten frücht im grund, die anderen in den nebendtälern, und die letsten auff den bergen gleych under den schneebergen her ab gesamlet werden"* (ebd. 436f)

38 *„Es hat an die Regimenten gemeinlich erfaren und geschickt leut, auch vil geleerter menner; dann dieweyl das land ein besonder eigen Bistuom und Thuomgstifft, darzuo die landleut etwa vil Vogtyen Welscher spraach nach der ordnung der siben Zehenden habend zu verwalten, darumb habend sy allezeyt vil junger knaben zuo der leer und schuolen angehalten, und wolt schier ein yeder ein geleerten sun haben, der ein Thuomherr, Bischoff, Official werden, oder inn Welschen landen ein Vogtey zuverwalten sich Latinischer spraach gebrauchen könde"* (ebd. 438)

39 Die heutige Bezeichnung des Berges taucht 1433 auf, um 1200 wurde er unter dem Namen „brochen birg" (Mons fractus) erstmal urkundlich erwähnt. Diese Bezeichnung ist morphologisch um vieles zutreffender. Wenn man, mit dem Rücken zum See, über die Kuppeln des Luzerner Bahnhofs hinwegblickt, sieht man am Horizont die gebrochene, zackige Linie des Pilatus.

40 Carl Egger spricht davon, daß 1367 „sechs Geistliche wegen ihrer Unternehmungslust bei der Rückkehr vom Pilatus ins Gefängnis gesteckt wurden!" (1946, 14). Nachdem die Pilatussage suspendiert und 1594 ein Ratsbeschluß gefällt war, hatten die rund 4000 Luzerner freie Hand, den Berg zu besteigen.

41 Der Mythos um den Pilatus hielt sich, denn die Angaben über ihn fielen sehr spärlich aus. Ein Arzt namens Vadian (mit deutschem Namen Dr. Joachim von Watt), Professor in Wien, brauchte für die Besteigung eine Erlaubnis der Stadtväter – er

sprach von einer „Kinderei" in bezug auf die Pilatussage (zit. in Ziak 1956, 35); das Team sei aber nicht mit mehr Gewißheiten von der Bergreise zurückgekehrt, als es losgezogen sei.

42 Conrad Gesner (auch Konrad Geßner/Gessner) wird als der „zweite Erzvater" des Alpinismus bezeichnet (Ziak 1956, 30). 1516 in Zürich in einer ärmlichen Bürgerfamilie geboren, von einem Verwandten aufgezogen, bekam er in einer Züricher Stiftschule ersten Unterricht; 1533–35 wurde er Stipendiat und studierte in Bourg und Paris Theologie; durch seine Heirat (19jährig) wurde er Schulmeister in einer Elementarschule, in seinen Freistunden studierte er Medizin; 1536 erhielt er ein Stipendium an der Basler Medizinischen Fakultät und bereits ein Jahr später einen Lehrstuhl für griechische Sprache an der Akademie von Lausanne; nach weiteren drei Jahren gab er den Lehrstuhl auf und reiste nach Montpellier, um sein Medizinstudium fortzusetzen; schließlich wird er Professor für Naturkunde in Zürich.

Gesner war ein äußerst fleißiger Schreiberling. Sein besonderes Interesse galt der Heilkunde. Er orientierte sich zeitlebens an den Therapievorschlägen von Paracelsus, auch wenn er dessen Theorie ablehnte; zahllose Selbstversuche mit pflanzlichen, mineralischen und tierischen Heilmitteln verband er mit dem Studium der damals zugänglichen naturwissenschaftlichen Werke des Altertums. Nach kritischer Sichtung der dargestellten Ereignisse verknüpfte er neues mit altem Wissen auf eklektizistische Art und Weise, wobei sein wichtigster Maßstab immer die eigene Beobachtung der Natur war.

Viele von seinen Schriften sind verlorengegangen, einige konnten nicht mehr fertiggestellt werden, da Gesner relativ jung der Pest erlag (1565). „Vom Köstlichen Arzneischatz" (anonym und in mehr als 20 Ausgaben erschienen) ist – neben einem vierbändigen Tierbuch, „Liber de anima" – ein Buch über die menschlichen Sinnesorgane und sein bekanntestes Werk. Obwohl Gesner sehr vielseitig war, mag seine größte Bedeutung wohl in der botanischen Forschung liegen (zusammengetragen aus FZ 1986, 133–135; Ziak 1956, 30, 35f, 38, 50, 59).

43 *„Ich bin der Meinung"*, so Gesner, *„daß Pilatus niemals an diesem Ort war – und wenn er dahin gekommen, daß ihm niemals die Macht gewährt worden wäre, den Menschen nach seinem Tode Gutes oder Böses anzutun."*
(Gesner, zit. in Ziak 1956, 36)

In FZ fand ich folgende Passage:

„Diese Ansicht der Einheimischen, die einer natürlichen Begründung oder Ursache entbehrt, findet bei mir keinen Glauben. Ich nehme an, daß Pilatus nie an diesem Ort geweilt habe." (Gesner, zit. in FZ 1986, 147)

44 Der Führer war ein Stadtdiener, dessen Mitnahme Gesner zweifach rechtfertigt:

„Erstens wegen des Glaubens der Einheimischen, welche niemanden zum Pilatussee zulassen (sie sind sogar durch einen jährlichen Eid verpflichtet, das nicht zu tun), der nicht einen bewährten Mann aus der Bürgerschaft bei sich hat, von dem sie sich bestätigen lassen, daß die Behörden die Erlaubnis für den Aufstieg gegeben haben; zweitens, damit wir nicht vom gangbaren Aufstiegsweg abkämen." (ebd. 141)

Abseits des Weges schien sich ein Viehhirt besser zu bewähren, denn dann

„bogen wir links ab unter der Führung des Viehhirten aus jener Hütte, und bald stiegen wir [...] weglos in einem langen Marsch den sehr steilen Abhang hinauf; zuweilen mußten wir sogar kriechen und uns an Rasenbüscheln anklammern; aber zwischen Felsblöcken und Klüften kamen wir doch endlich beim Gipfel heraus". (ebd. 147)

45 Er ist überschrieben mit „Besteigung des Frakmont, bei Luzern in der Schweiz, durch Konrad Gesner am 20. August 1555" und wurde innerhalb der folgenden acht Tage aus „frischer Erinnerung" niedergeschrieben. Der Bericht wird zur Lobpreisung auf die Freuden einer Bergreise. Ich halte mich an die Übersetzung in den FZ 1986, welche auf die Übersetzung aus „Die Entdeckung der Alpen" (1934) zurückgeht.

46 „Im Monat Juni, im Jahre des Heils 1541" verschickt Gesner an den „hochberühmten Herrn Jakob Vogel" in Glarus ein wichtiges Schreiben in Briefform, welches seine Haltung zur Natur – wobei der Berg eine besondere Stellung einnimmt – kundtut. Ich zitiere nach der Übersetzung in den FZ und halte in Klammer die Unterscheidung für Brief = B und Besteigungsbericht = BB fest.

47 Am Ende des Briefes faßt Gesner seine Beweggründe zusammen:

„Es sind noch viele andere Gründe, derenthalben mich das Schauspiel der Berge über alle Maßen ergreift, und da die Berge bei uns am höchsten sind und, wie ich höre, an Pflanzen reicher als an anderen Orten, so kommt mir das Verlangen, sie zu besuchen."
(B, zit. in FZ 1986, 140)

Er spricht, wie Petrarca, von einem „Verlangen", das ihn vor allem als Botaniker erfaßt hat. Gesner war übrigens nicht der einzige Botaniker, den es auf die Berge zog. Der kaiserliche Hofbotaniker Clusius erstieg beispielsweise um 1570 gleich viermal den Schneeberg, den Dürrenstein, den Ötscher, den Wechsel und die Rax.

48 Der Abwechslung kommt besondere Wichtigkeit zu:

„Beim Gehen und zeitweisen Springen werden alle Körperteile geschult; alle Nerven und Muskeln werden gespannt und arbeiten, die einen beim Aufwärts-, die andern beim Abwärtsgehen, oder auch bei beidem, wenn der Weg bald eben, bald abschüssig ist, wie er in den Bergen zu sein pflegt." (BB, ebd. 146)

Oder z. B.:

> *"Wenn nämlich der Wechsel und die Mannigfaltigkeit bei allen Gegenständen angenehm ist, so sind sie es vor allem bei denen, die auf das Gemüt wirken. Eine so große Mannigfaltigkeit aber wie in den Bergen wird sonst nirgends in einem kleinen Raum beisammen gefunden: da kann man, um von allem anderen zu schweigen, die vier Jahreszeiten Sommer, Herbst, Winter und Frühling an einem Tage sehen und erleben." (ebd. 144)*

49 *"Daher müssen wir schließen, daß wir aus Bergfahrten mit Freunden die höchste Lust und die angenehmste Ergötzung der Sinne ziehen, wenn weder die Wetterlage noch Geist oder Körper uns zum Hindernis werden. Denn einem kranken oder gliederschwachen Menschen kann nichts dergleichen angenehm sein. Ebenso, wenn die Seele krank ist, wenn sie Sorgen und Leidenschaften nicht abgelegt hat, sucht man vergebens das Vergnügen des Körpers und der Sinne. Aber zeige mir einen Menschen, der an Leib und Seele wenigstens mittelmäßig begabt und vernünftig erzogen und nicht zu sehr an Müßiggang und Reichtum oder an die Wollust hingegeben ist – er müßte auch die Natur erforschen und bewundern, damit aus der Erforschung und Bewunderung solcher Werke des höchsten Schöpfers und solcher Mannigfaltigkeit der Natur die sich in den Bergen gleichsam gehäuft darbieten [...]" (ebd. 145)*

Gesner schränkt die Möglichkeit, Sinnesfreuden am Berg zu erleben, ein bzw. setzt dafür eine durchschnittliche Gesundheit voraus. Hier ist der Arzt und Pädagoge durchzuhören. Es geht ihm aber auch darum, daß das Wetter stimmt (worüber sich beispielsweise Petrarca mit keinem Wort geäußert hat) und die Naturbetrachtung zugleich Gottesschau ist.

50 *"Denn was den Tastsinn betrifft, wird der ganze Körper, der von der Hitze ermattet ist, einzigartig erquickt durch den Hauch der kühlen Bergluft, die die Oberfläche des Körpers von allen Seiten berührt und die mit vollen Lungen eingesogen wird [...]. Ebenso kann man, nachdem man Wind und Hitze ertragen, sich wiederum an der Sonne durch Bewegung wärmen, oder am Feuer in den Hütten der Hirten." (ebd. 142)*

51 Nahezu auf jeder Seite ist über das Sehen etwas zu erfahren. So setzt Gesner gleich zu Beginn dem wachen einen „stumpfen Geist" gegenüber, der sich über nichts wundern kann, der in den Stuben brütet und nichts vom großen Schauspiel des Weltalls sieht:

> *"[...] in ihren Winkel verkrochen wie die Siebenschläfer im Winter, denken sie nicht daran, daß das menschliche Geschlecht auf der Welt ist, damit es aus ihren Wundern etwas Höheres, ja das höchste Wesen selbst begreife. Soweit geht ihr Stumpfsinn, daß sie gleich den Säuen immer in den Boden hineinsehen und niemals mit erhobenem Antlitz gen Himmel schauen, niemals ihre Augen aufheben zu den Sternen. Mögen sie sich wälzen im Schlamm, mögen sie kriechen, verblendet von Gewinn und knechtischer Streberei!" (B, ebd. 136f)*

Im Unterschied dazu werden diejenigen, welche nach Weisheit streben,

> *"fortfahren, mit den Augen des Leibes und der Seele die Erscheinungen dieses irdischen Paradieses zu betrachten, unter welchen nicht die geringsten sind die hohen und steilen Firste und Berge, ihre unersteiglichen Wände, die mit ihren wilden Flanken zum Himmel aufstreben, die rauhen Felsen und die schattigen Wälder [...]" (ebd. 137f)*

Später redet Gesner vom Staunen, das das Herz beim Anblick hochgelegener Gegenden ergreift, weil diese größer als menschliche Dinge seien (vgl. ebd. 140); wieder ein andermal beschreibt er die Aussicht auf dem Gipfel,

> *"von welchem wir [...] im großen ganzen und im Westen besonders das der Herrschaft Luzern unterworfene Entlebuch betrachteten". (BB, ebd. 147)*

52 Über die Vorteile der Berge äußerten sich ebenso eine Reihe arabischer Gelehrter. Der Ägypter al-Qalqaschandi (1418 gest.) bezeichnete in seinem enzyklopädischen Werk „Das Morgenlicht des Blinden" die Berge als „Zeltpflöcke der Erde". Das deutet nicht nur, wie man auf den ersten Blick meinen könnte, auf die Bildersprache der Beduinen hin, sondern auch auf die Wichtigkeit der Berge für das Gleichgewicht der Erde.

So steht z. B. in Sure 21 des Korans (in der von der Schöpfung berichtet wird) im 31. Vers: „Und wir haben auf der Erde feststehende Berge gemacht, damit sie ihnen (den Menschen, HP) nicht ins Schwanken komme. Und wir haben auf ihr Pässe und Wege gemacht." Die Überlegung, wie die Erde ohne Berge wäre, taucht immer wieder auf. As-Suyuti, ein ägyptischer Schriftsteller des 15. Jahrhunderts, beruft sich auf eine Aussage des Propheten Muhammad: „Als Gott die Erde schuf, war sie flach. Dann schuf er die Berge und plazierte sie auf ihr, wodurch sie stabil wurde." (zit. in Prochazka 1991, 9)

Der wohl wichtigste Kosmograph des arabischen Mittelalters, Zakariyya Ibn Muhammad al-Qazwini (1203–1283), schreibt in seinem „Buch über die Wunder der Schöpfung" im Kapitel mit dem Titel „Der Nutzen der Berge und ihre Wunder":

> *"Wenn die Berge nicht wären, so wäre die Oberfläche der Erde rundum glatt, und die Wasser der Meere würden sie von allen Himmelsrichtungen überschwemmen." (ebd. 9)*

53 Gesner, zit. in FZ 1986, 138

54 *"Was die Natur an anderen Orten vereinzelt und spärlich hervorbringt, das zeigt, bietet und erklärt sie auf den Bergen zur Genüge und*

125

überall, gleichsam gehäuft, und sie stellt uns ihren ganzen Reichtum, alle ihre Kleinodien vor Augen." (B, ebd.)

Die Natur erklärt sich selbst, man muß sie nur richtig zu sehen/lesen wissen (vgl. die mittelalterliche Auffassung vom „Buch der Natur").

55   Ebd.

56   *„Das Gehör wird erfreut durch die angenehmen Reden, die Scherze und Späße der Wandergenossen und den süßen Gesang der Vöglein in den Wäldern, ja selbst durch das Schweigen der Einsamkeit. Nichts kann hier den Ohren lästig werden, nichts Unpassendes, keine Aufregung und kein Lärm der Städte, keine Zänkereien der Menschen. Hier in dem tiefen und heiligen Schweigen auf den höchsten Berggräten glaubst du fast schon die Harmonien, wenn es solche gibt, der Himmelswelten zu erlauschen."* (BB, ebd. 144)

57   *„Auch süße Gerüche steigen auf aus den Kräutern, Blumen und Bäumen der Berge; die gleichen Pflanzen sind in den Bergen wohlriechender und auch als Heilmittel wirksamer als in der Ebene. Die Luft ist hier viel freier und gesunder und nicht so sehr von schweren Dünsten verseucht wie im Tiefland, und auch nicht wie in den Städten und den andern menschlichen Siedelungen ansteckend und übelriechend; durch die Nase zum Hirn gebracht, ist sie nicht nur für die Gefäße, die zu den Lungen führen und für das Herz unschädlich, sondern sie erquickt sie sogar."*
(ebd. 145)

58   *„Ein wenig unterhalb, zur Rechten, entspringt in einer kleinen Erdhöhle verborgen am Bergeshang eine Quelle, deren klares und eisiges Wasser uns von Mattigkeit, Durst und Hitze wunderbar befreite, als wir aus ihr tranken und darein getauchtes Brot aßen; das ist ein solcher Genuß, daß ich nicht weiß, ob ein angenehmerer, epikuräischer (obschon er äußerst nüchtern und einfach ist) die menschlichen Sinne ergreifen kann."* (ebd. 141f)

59   Gesner sagt, wenn

„die Lust des Geistes vereint würde mit der gleichgestimmten Lust aller Sinne: könnte man, frage ich, im Bereich der Natur wenigstens, eine ehrenwertere, größere und über alle gewöhnlichen Begriffe erhabenere Art des Vergügens finden?" (ebd. 145)

60   *„Der Fuß des Frakmont, von welchem wir ausgingen, ist gegen anderthalb Stunden von Luzern entfernt. Von ihm steigt man durch Wälder, Täler, Weiden und Abhänge empor."*
(ebd. 141)

Was hier auffällt, ist die genaue Zeitangabe für eine bestimmte Wegstrecke. Das hat in den bisherigen Aufzeichnungen gefehlt.

61   Im Unterschied zu Petrarcas Darstellung findet sich bei Gesner keine Stelle, die den Einstieg markiert. Vielleicht hängt das damit zusammen, daß die Partie „in einem Heugaden im Eigental bei einem sehr freundlichen und gastfreien Hirten" (ebd.) genächtigt hat und genau dieser Stützpunkt als Einstieg gilt.

62   *„In der Mitte zwischen dem Gipfel des Berges und dem Eigental wird der Aufstieg fortan steiler und schwieriger, bis zur höchsten Hütte oder Sennerei [...]"* (ebd.)

Bald nachher macht man Rast und labt sich. Dann unternimmt Gesner die ausgiebigen Exkurse zu den einzelnen Sinnen, bei denen man indirekt eine Reihe von Informationen erhält, wie er das Gehen erlebt bzw. welche Gefühle damit verbunden sind. Explizit kommt nur noch eine Textstelle vor, in der er sich zum Anstiegsweg äußert, was nach heikler Kletterpassage klingt.

63   Bei der Gipfelaussicht hält sich Gesner überraschend kurz. Angesichts der Beweislast, die auf ihm liegt, erscheint sie ihm nicht so bedeutsam. Er sieht sich genauer um, was in seinem Gesichtsfeld liegt:

„Auf dem Gipfel ragt eine Erhöhung aus dem Fels hervor, von der man glaubt, daß Pontius Pilatus einst da gesessen und furchtbare Gewitter erregt habe (gemeint ist der Gnepfstein, HP). An diesem Felsen waren einige Buchstaben erkennbar, die Namen der Bergsteiger, und die Jahrzahlen und einige Stammes- und Familienwappen." (ebd. 147)

64   Vom Gipfel aus „wandten wir uns wieder zur Linken und stiegen eine Zeitlang den Abhang hinunter, bis wir endlich [...]" (ebd.).

An dieser Stelle gibt der Gelehrte seine Version der Pilatussage und seine Schlußfolgerung wieder:

„Ich nehme an, daß Pilatus nie an diesem Ort geweilt habe." (ebd.)

Dieser Abstieg zum „Pilatussumpf" erfolgt zuerst etwas ungemütlich und auf Umwegen – wie wir später erfahren:

[...] und weiterhin unternahmen wir den Abstieg auf einem ziemlich bequemen Weg, auf dem gewöhnlich selbst das Vieh geht, und wo wir auch vorher schon auf eine viel bequemere und kürzere Art zum Pilatussumpf hätten gelangen können." (ebd. 148)

65   „Wir haben bereits gesprochen und werden später noch sprechen über die Speisen, die in Gebirgsgegenden vorkommen, und ihre Eigenschaften, Speisen die auch verwöhnte Leute befriedigen, zumal da man nur einen oder zwei Tage auf die gewohnte Lebensweise verzichten muß: diese Milchspeisen, obwohl sie ungewohnt sind, schaden dennoch den meisten Bergreisenden wegen der körperlichen Bewegung nichts." (ebd. 146)

Wir erfahren zwar nicht, um welche Mehlspeisen es sich handelt – vermutlich wird auf den Almhütten ein in Butterschmalz gewendetes Mehlmus gekocht –, aber der Arzt Gesner weiß natürlich, daß ein solches Essen schwer verdaulich ist, bei körperlicher Bewegung aber dennoch nicht schadet. Zugleich erfahren wir indirekt etwas über die Bergreisenden, die eine derartige Lebensweise nicht gewohnt, d. h. „bessere" Leute sind; und wir werden darüber in Kenntnis gesetzt, daß Wanderungen zur damaligen Zeit höchstens ein bis zwei Tage gedauert haben, und es sich auch nicht länger hinzog, bis man wieder „normal versorgt" wurde.

66 Was für das Essen gilt, ist auch für das Schlafen gut:

„‚Aber man hat kein Bett, keine Matratze, keine Federdecke, kein Kopfkissen', wendet Gesner in einem Selbstgespräch ein. – ‚O diese verweichlichten und weibischen Menschen! Das Heu wird euch alles ersetzen: es ist weich und duftend, aus vielen heiligen Kräutern und Blumen zusammgetragen; daher wird das nächtliche Atmen viel angenehmer und gesunder sein. Das Heu dient dir als Kopfkissen, unter dir ausgebreitet als Matratze, über dich gestreut als Decke.'" (ebd.)

67 Vgl. u. a. die Verwendung der Abbildung der Alpenstange bei Maximilians „Theuerdanck" (ca. 1500) und bei Olaus Magnus (1555); aber auch die viel späteren Diskussionen um den technisch ausgereiften Bergstock hin zum Eispickel (M 1887, 148; M 1890, 160; M 1895, 110; M 1897, 31; M 1900, 130; M 1903, 48, 136; M 1904, 58; M 1905, 58, 131).

68 Bergsteigen als primär narratives Ereignis. Heinz Mariacher hat einmal gesagt, daß das Bergsteigen eigentlich nur das ist, was man darüber erzählt, denn Zeugen gibt es selten. Dabei spielt Mariacher auch auf das an, was in diesen Erzählungen Dichtung ist. Im Unterschied dazu das Sportklettern, wo alles einem strikten Reglement unterliegt und daher auch einer weit genaueren Kontrolle.

69 Gesner im B, zit. in FZ, 139

70 Denn diese Naturgewalt ist so groß, daß sie „größer ist als das, welches menschliche Dinge einflößen" (BB, ebd. 140).
Aus diesem Grund sei es für ihn verständlich, daß sich die Menschen Berggötter vorstellen, die als „Urheber des Schreckens" herhalten müssen. Er zählt dazu den „Faun, den Satyr" und vor allem

„den Pan [...] ein Bewohner der Berge, das Sinnbild des Weltalls, dessen Grundkräfte, wie gesagt, den Bergen eigen sind und von dort ihren Ursprung haben und die dort ihre Gewalt am mächtigsten ausüben. Deshalb ist auch der Pan mit einem Tannenzweig bekränzt, weil die Tanne Gebirge, Wald und Größe anzeigt. Zu seinem Sohn macht man den Bukolion, der zuerst das Weiden des Viehs lehrte. Alle die von alters her verehrten Gottheiten der Nymphen sind in den abgelegenen Schlupfwinkeln der Berge zu finden [...]. Die Jägerin Diana liebt die Berge. Die Musen durchstreifen den zweigipfeligen Parnaß und die lieblichen Gefilde des Helikon und die Gipfel Joniens und Pieriens. Das sind zwar Märchen, aber einen Kern von Wahrheit bergen sie in ihrer Schale."
134

71 Gesner soll das einmal so ausgedrückt haben: „Welches andere Vergnügen kann wohl in dieser Welt so hoch, so wertvoll, so vollkommen sein wie das Bergsteigen?" (Ziak 1956, 36)

72 Vgl. die Beschreibung des Viehhirten

73 Schmidkunz vermerkt in seinem Werk zahllose Kriegsgeschehnisse, wobei sich nicht jede Kriegstat sofort als solche identifizieren läßt.
Ca. 401 v. soll beim „Zug und Rückzug der ‚Zehntausend' unter Xenophon" eine Reihe von Bergen bzw. Pässen erstiegen worden sein: „der cilizische Taurus, der Beilanpaß, im Winter der Deschebel Dschudi, der Tachtalipaß, der Schatak, Delibatapaß [...], der Paß von Dewe Boyun und der pontische Taurus (Durchquerung des armenischen Hochlandes: Erzerum-Trapezunt) überschritten (älteste winterliche Unternehmung im Gebirge)" (1931, 311). Daß „viele Soldaten und Tiere im Schnee (dabei) umkommen", findet als Nebenbemerkung in Klammer Erwähnung.
Keltische Stämme brechen „in der 1. Hälfte des 4. Jahrh. von Westen und Norden wohl über den Kl. u. Gr. St. Bernhard in die Po-Ebene ein" (ebd.); „Alexander der Große umgeht bei seinem ersten Einfall in Thessalien die besetzten Bergpässe des Olymp über die durch Wegbauten und Sprengungen (?) für diesen Zweck gangbar gemachten Hänge und Höhen des Ossa" (ebd.); dann wieder überschreitet derselbe ein Jahr später (ca. 335 v.) „den Balkan (Hämus) an zwei verschiedenen Stellen", und 334–324 „überschreitet (er) mit seinen Heeren den Taurus, zieht im Winter durch das Hochgebirge von Iran (Innerasien), quert den Gebirgszug des Elbrus und dringt über den Hindukusch bis zum Himalaya vor. ‚Nie vor, noch nach ihm hat ein einziger Mensch jemals so viel zur Erschließung der Hochregion beigetragen'", zitiert, ohne Quellenangabe, Schmidkunz (ebd.). Erschließung bedeutet Krieg führen, wobei „330 anläßlich der Erstürmung der sodialischen Feste bei der Erkletterung der Felswände durch die Soldaten Alexanders zum ersten Male Mauerhaken und Seile verwendet (werden)" (ebd.). Für die Zeit um 225 v. gibt Schmidkunz „Gallische Söldner" an, „die in den Alpen und an der Rhine hausten". Sie sollen den Gr. St. Bernhard überschritten haben (ebd.). Und weiters: „Die Eroberung der Keltenstadt Como leitet das Vordringen der Römer in die Alpen ein" (ebd.). Das war 222 v., und für 218 vermerkt er Hannibals Alpenüberquerung mit „etwa 20% Verlusten an Menschen und Tieren". (ebd. 312)

207 v. Hasdrubals Zug über die westlichen Pyrenäen und über die Alpen.

197 Im 2. Mazedonischen Krieg besteigen die römischen Truppen des Marcius Philippus einen Ausläufer (ca.1590 m?) des Olymp, den Mont Metamorphosis am Tal Tempe.

186	Gallische Streifscharen überschreiten die Ostalpen, wahrscheinlich über den Brenner.
154	Erste kriegerische Unternehmung Roms gegen die Alpenvölker (Seealpen, Aosta, Salasser usw.). Die römischen Kriegszüge gegen die übrigen Westalpenvölker (Ligurier, Gallier, Kelten) umfassen den Zeitraum von 154–110.
118	Die Römer dringen ins Etschtal und ins Val Sugana vor.
112	Schlacht bei Noreja, der Hauptstadt Noricums.
107–41	Die Römer überschreiten wiederholt den Atlas.
102	Neuer Durchbruch der mit den germanischen Teutonen und mit helvetischen Stämmen vereinigten Zimbern über die Alpen (Brenner und Reschenscheideck?) nach Italien (Erzählung über die auf ihren Schilden rodelnden Zimbern); der Konsul Catullus schlägt die Zimbern bei der Salurner Klause; die von Westen her einfallenden Teutonen werden bei Aix (Aquae Sextiae) in der Provence und die Zimbern (101) bei Vercellae vernichtet.
79	Römische Heere überschreiten den kleinasiatischen Taurus.
75	Pompejus überschreitet die Westalpen über den Mont Genèvre (1865 m) = Mons Matrona.
65	Die Römer kämpfen unter Pompejus im Kaukasus und im Libanon.
58	Caesar überschreitet die Alpen mit fünf Legionen, wahrscheinlich über den Mont Cenis ins Tal der Are.
57	Ein Legat Caesars überschreitet mit zwei Legionen die Westalpen im Gebiet der Salasser (wahrscheinlich Kl. St. Bernhard = Alpis Graja).
43	Decimus Brutus überschreitet die Grajischen Alpen von Eporedia nach Cularo – also über den Kl. St. Bernhard.
36	Kriegszug der Römer gegen die Rätier, bes. Camuner, die Como zerstört hatten; Eroberung von Südtirol. Bau eines römischen Siegestempels zu Trient.
25	Die Gründung von Augusta Praetoria (Aosta) sichert die Übergänge über den Kl. u. Gr. St. Bernhard, die nun als Heeresstraßen ausgebaut werden.
22	Die Römer befestigen den Doß di Trento oberhalb von Trient.
19	Cornelius Balbus überschreitet die Schwarzen Berge in Nordafrika (Mons ater, Dschebel Soda) und dringt bis zur Oase Fezan vor.
16–15	Kriegszüge des Drusus in den Ostalpen, Unterwerfung der Samuner, Vennonen, Isarken, Breonen usw. Tiberius rückt vom Rheintal aus vor und erobert Vindelicien.
ca. 7	Augustus baut die Straßen über den Kleinen und Großen St. Bernhard aus, ebenso die Ostalpen-Übergänge: die Straße über die Alpis Julia und die Straße über den Birnbaumer Wald, Aquileja-Laibach.

Das sind Daten nach Schmidkunz (1931, 312–313) für den Zeitraum von etwa 400 v. bis zu Christi Geburt, dann setzt er die Kriegsgeschehnisse fort. Ich zitiere weiterhin aus Schmidkunz und übernehme im Text auch dessen Zweifel und seine Vermutungen, die er unter Frage- oder in Anführungszeichen setzt.

Damit halte ich mich an eine spezifische Version alpiner Geschichtsbetrachtung, die durchaus mangel- und fehlerhaft ist. Mich interessiert, wie ein alpingeschichtliches Standardwerk Ereignisse bespricht.

4 n.	Tiberius dringt über den Semmering gegen Böhmen vor.
46–47	Kaiser Claudius baut die von seinem Vater eröffnete Straße Etschtal–Reschenscheideck–Oberinntal–Arlberg–Rheintal aus.
69	Legaten des Vitellius rücken mit 70.000 Mann über den Gr. St. Bernhard bzw. Mont Genèvre gegen Rom vor.
70	Römische Legionen überschreiten den Poeninus, die Cottischen und Grajischen Alpen gegen die aufständischen Gallier. Um dieselbe Zeit entscheidet ein Legat Vespasians im oberen Germanien an den Forclaz de Prarion bei den Bädern von St. Gervais einen Grenzstreit zwischen Kimmensern und Centronen.
ca. 130	Kaiser Hadrian ersteigt den Ätna (3334 m) sowie den Mons Casios (Jebel el Akra, 1770 m) in Syrien.
ca. 170	Nach den Christenverfolgungen in Lyon und Vienne flüchten die Verfolgten in die Täler der Cottischen Alpen und verbreiten dort das Christentum.
ca. 180	Erbauung der Straße über Pons Oeni (Innsbruck)–Parthanum (Partenkirchen).
ca. 200	Ausbau der Brennerstraße, der Jaufenstraße und Bau der Straße über den Radstädter Tauern unter Septimius Severus.
ca. 220	Bau einer hochalpinen Kunststraße (Cientao = Pfeilerstraße) über den chinesischen östlichen Kuen-lun.
235	Maximius Thrax zieht über den Julischen Alpen.
268	Einfälle der Alemannen in Noricum. Niederlage am Gardasee.
ca. 300	Anlage der Heeresstraße über den Mont Cenis (?).
312?	Kaiser Konstantin überschreitet die Alpen über den Mont Cenis oder Mont Genèvre.

356	Kaiser Konstantin überschreitet den Bernhardinpaß von Bellinzona nach Chur bei seinem Feldzug gegen die Alemannen.	595	Kriegszug Tassilo I. (von Bayern) gegen die ins Pustertal eingedrungenen Slawen.
362	Kaiser Julian ersteigt den Mons Casios (Jebel el Akra) (1770 m) in Syrien.	610	Zerstörung der alten Stadt Aguntum im Pustertal durch die Slawen. Die Bajuwaren werden geschlagen, 612 vertreiben sie aber durch ihren Sieg (...) die Slawen aus dem westlichen Pustertal.
401	Stilicho überschreitet mit einem römischen Heer im Kriege gegen die Goten die Rätischen Alpen über den Splügen oder den Julier.	670	Die Awaren fallen ins Pustertal und Etschtal ein, dringen plündernd durch Graubünden bis Disentis ins Rheintal, werden aber dort besiegt.
408	Ein römisches Heer überschreitet unter Arkadius den Gr. St. Bernhard. Die Westgoten dringen unter Athaulf über den Kl. St. Bernhard (oder Mont Genèvre?) vor.	ca. 750	Die Langobarden befestigen verschiedene Alpenübergänge.

754 u. 756: Pippin zieht mit Truppen über den Mont Cenis und kehrt auf dem gleichen Weg wieder zurück.

427	Einbruch der Hunnen unter Attila in die nördlichen Voralpenländer.	773	Karl d. Gr. überschreitet den Mont Cenis (oder Col du Lautaret), ein Teil seines Heeres unter Bernhard d. Gr. den Gr. St. Bernhard; Kämpfe gegen die Langobarden unter Desiderius.
489	Die Burgunder ziehen über den Simplon nach Italien.	776	Neuer Römerzug Karls d. Gr. über die Kärntner Alpenpässe, Rückkehr über den Gr. St. Bernhard.
534	Kriegszug Belisars im westlichen Nordafrika (Atlas).	780	Karl d. Gr. überschreitet in den Jahren 780 (781), 786 (787), 800 (801) (Weihnachten) sechsmal auf dem Hin- und Rückweg den Gr. St. Bernhard nach Italien.
539?	Der Frankenkönig Theodebert rückt mit 100.000 Mann über die Alpen in Oberitalien ein und besetzt u. a. den Vintschgau und das angrenzende Graubünden.	781	König Pippin rückt von Italien aus über den Brenner gegen den aufständischen Herzog Tassilo von Bayern vor.
ca. 550	In Prokops „Gotenkrieg" findet sich eine Schilderung von Vesuv und Ätna, die annehmen läßt, daß Prokop oder sein Gewährsmann beide Berge bis zum Kraterrand erstiegen hat.	791	Pippin, der Sohn Karls des Großen, zieht von Italien aus über die Julischen Alpen gegen die Slawen in die Steiermark, nach Kärnten und Krain.
553	Germanen u. Alemannen kommen 75.000 Mann stark über den Brenner den Ostgoten zu Hilfe, werden aber vernichtet.	792	Ludwig der Fromme, Sohn Karls des Großen, führt ein Heer über den Mont Cenis und kehrt im Jahr 793 über den Brenner (?) zurück.
568	Die Langobarden fallen über die Pässe der Julischen Alpen in Italien ein, ihr König Albuin ersteigt (569?) den Monte Maggiore (1615 m) im Friaul.		

822 u. 824: Römerzüge Lothars I. vermutlich über den Septimer.

572	Die Langobarden überschreiten die Westalpen (Mont Genèvre) und erleiden bei Embrun eine Niederlage durch die Franken.	838	Römerzug Ludwigs d. Deutschen über den Brenner; Rückkehr im gleichen Jahre auf gleichem Wege.

875–886: Karl d. Dicke zieht siebenmal nach Italien (875 Brenner, 879 Gr. St. Bernhard, 880 Mont Cenis) – Rückweg Septimer, 881 Septimer (?) – Rückweg Brenner (?), 883 Brenner – Rückweg Septimer, 884 über die Kärntner Alpenpässe – Rückweg Septimer (?), 886 Brenner (?) – Rückweg Gr. St. Bernhard

574	Die Sachsen überschreiten die Westalpen auf der Küstenstraße und über den Mont Genèvre. – Die Langobarden dringen von Aosta aus über den Gr. St. Bernhard bis St. Maurice und Bex vor.	888	u. folg. Jahre setzen sich die Sarazenen bei Frejus fest, überschreiten die Westalpen, überfallen das Kloster Novalese, 936 verwüsten sie Chur, plündern 940 das Kloster St. Maurice usw.
577	Schlacht bei der Rochetta (nächst Mezzolombardo) zwischen den ins Val die Non (Nonsberg) eingefallenen Franken und den langobardischen Truppen, die vernichtend geschlagen werden.		
584	Fränkisch-merowingische Vorstöße über den Gr. St. Bernhard.	899	Kampf zwischen Ungarn und Christen an der Brenta (Val Sugana?).
590	Die Franken überschreiten die Alpen in drei Kolonnen (Gr. St. Bernhard, St. Bernhardin, Septimer), um sich in Oberitalien gegen die Langobarden zu vereinigen. Andere Scharen fallen plündernd ins Oberetschland und ins Val Sugana ein.		

924	Die Ungarn überschreiten im Dienste Berengars die Westalpen (Mont Cenis?), und 926 plündern sie das Kloster St. Gallen.	1177	Schlacht bei Mori u. Rovereto zwischen Bischof Adelpret v. Trient und dem Grafen von Tirol.
951	Zwischen 951 und 1250 wird der Brenner 43mal von Kriegsheeren überschritten.	1190	Römerzug Heinrichs VI. (Brenner, Septimer); 1194 2. (Septimer), 1195 3. (Gr. St. Bernhard).
996	Otto II. Krönungszug nach Italien (Brenner, zurück Septimer?); 997 zweiter Zug (im Dezember) über den Brenner; 1000 dritter Zug (Dezember!) (Septimer).	1209	Otto IV. zieht über den Brenner nach Italien und (1212) zurück über den Septimer (?).

924 Die Ungarn überschreiten im Dienste Berengars die Westalpen (Mont Cenis?), und 926 plündern sie das Kloster St. Gallen.

951 Zwischen 951 und 1250 wird der Brenner 43mal von Kriegsheeren überschritten.

996 Otto II. Krönungszug nach Italien (Brenner, zurück Septimer?); 997 zweiter Zug (im Dezember) über den Brenner; 1000 dritter Zug (Dezember!) (Septimer).

1004 Erster Römerzug Heinrich II. über den Brenner.

1013 Zweiter Römerzug Heinrichs II. Hin- und Rückweg über den Brenner.

1026 Erster Römerzug Konrads II. (Brenner).

1034 Ital. Truppen ziehen über den St. Bernhard dem deutschen König gegen Burgund zu Hilfe.

1036 Zweiter Römerzug Konrads II. im Dezember über den Brenner.

1046 Römerzug Heinrichs III. hin und zurück über den Brenner.

1055 Zweiter Römerzug Heinrichs III. über den Brenner.

1078 Einfall des bayrischen Herzogs Welf in das Engadin und Vintschgau, Eroberung von Finstermünz.

1080/81: Neue Römerzüge Heinrichs IV. über den Brenner.

1091 Neuer Zug des Herzogs Welf, Eroberung von Brixen, Erstürmung von Säben, Besitznahme des Bistums, Sperrung der Tiroler Pässe.

1106 Dritter Kriegszug Herzog Welfs von Bayern bis vor Trient.

1110 Kaiser Heinrich V. zieht mit 30.000 Mann über den Gr. St. Bernhard (Rückweg 1111 über den Brenner).

1116 Neuer Römerzug Heinrichs V. im Februar über Brenner und Val Sugana; zurück 1118 über den Gr. St. Bernhard (?).

1136 Zweiter Römerzug Lothars (Brenner). Eroberung der Sperren bei Trient und der Burg Garda.

1149 Konrad III. überschreitet auf seiner Heimkehr vom Kreuzzug den Pontafelpaß.

1158 Zweite Heerfahrt Friedrichs I. nach Italien mit ca. 100.000 Mann und 15.000 Reitern (über den Brenner), Rückkehr vermutlich über den Gr. St. Bernhard.

1163 Friedrich I. Barbarossa überschreitet den Brenner (Rückweg 1164 Lukmanier); 1166 neuer Zug: Brenta-Tonale, Rückweg 1167 über den Mont Cenis; 1174: Mont Cenis, 1177: Rückweg über den Mont Genèvre; 1184: Brenner (?), Rückweg über den Lukmanier (1186).

1177 Schlacht bei Mori u. Rovereto zwischen Bischof Adelpret v. Trient und dem Grafen von Tirol.

1190 Römerzug Heinrichs VI. (Brenner, Septimer); 1194 2. (Septimer), 1195 3. (Gr. St. Bernhard).

1209 Otto IV. zieht über den Brenner nach Italien und (1212) zurück über den Septimer (?).

1212 Friedrich II. überschreitet auf dem Wege von Trient nach Chur den Ofenpaß, Flüela- und Strelapaß (?).

1220 Friedrich II. zieht über den Brenner nach Italien, 1235 auf der Rückkehr über die Kärntner Pässe.

1237 Friedrich II. zieht neuerdings nach Italien (Brenner?).

1251 Römerzug Konrads IV. über den Brenner.

1267 Konradin, der letze Hohenstaufe, zieht mit 12.000 Mann über den Brenner.

1310 Heinrich VII. überschreitet auf dem „letzten Römerzug" den Mont Cenis.

Mit der Erwähnung von 1311, dem Jahr, in dem Dante den Prato al Saglio bestieg, schließt sich ein Kreis. Dante zählt somit zu den ersten Besteigern von 15 Bergen, die darüber schreiben, wenngleich eine Reihe anderer Bergbesteigungen vor ihnen unternommen wurden; eine Auswahl:
„Nach japanischer Überlieferung besteigt En-no Shokaku als erster den Fujijama", das war 633 (ebd. 316). „In China gilt der Kaiser Tsai-Tsung (627–650) als leidenschaftlicher Bergsteiger" (ebd.); im Jahr 569 soll das erstemal in friedlicher Absicht ein „Übergang über den Kaukasus und durch den Altai (Aktag = Weißer Berg) vollführt worden sein durch den Botschafter Zemarchus" (ebd. 315). Der Bischof von Conserans besteigt 452 den Mont Balier in den Pyrenäen, und 362 geht „Kaiser Julian auf den Mons Casios (Jebel el Akra) (1770 m) in Syrien" (ebd. 314). Für „ca. 130" wird vermerkt, daß „Kaiser Hadrian den Ätna (ersteigt)", der „angeblich schon i. J. 20 bestiegen worden sein soll", sowie den „Mons Casios (Jebel el Akra, 1770 m) in Syrien (i. J. 126 oder 132?)" (ebd. 313). Um „ca. 10" war die „angebliche Besteigung des Argaios (Jebel Ardjisch, 4008 m) im kleinasiatischen Taurus (Kappadozien)" (ebd.). Im Jahr 19 soll „Cornelius Balbus die Schwarzen Berge in Nordafrika (Mons ater, Dschebel Soda)" überschritten haben (ebd.), um „100 v. besteigt Artemidor angeblich den von König Philipp bestiegenen Gipfel des thessalischen Hämus (Rilo Dagh)" (ebd. 312). Der mazedonische König Philipp V. soll bereits 181 v. diese kühne Tat vollbracht haben. Für 440 v. ist ein „mutmaßlicher Besteigungsversuch des Ätna" zu verzeichnen, verbunden mit dem „legendären Tod des Empedokles", der sich in den Krater des Vulkans gestürzt haben soll (ebd. 311). Der erste große Alpenbesteiger ist bei Schmidkunz aber Herkules

(der phönizische Melikartes). Er soll, der griechischen Sage zufolge, zu unbestimmter Zeit in Ligurien gelandet sein und einen „heiligen Götterberg" der Alpen erklettert haben. Sein Weg führte ihn weiters vermutlich über die „Alpis Graja – griechischer Paß – Kleiner St. Bernhard" (ebd.)

Außer von kriegerischen Handlungen hören wir von Naturkatastrophen wie Bergstürzen und Lawinenabgängen [883 n. Bergsturz bei Rovereto; 1128 „Beim Übergang des Bischofs von Lüttich über den Gr. St. Bernhard zu Neujahr verunglückten 10 Bergführer in einer Lawine" (ebd. 320); die Gründung von Hospizen und Klöstern (vor 713 Gründung des Klosters Dissentis, vgl. ebd. 316); 427 n. angebliche Gründung von Serfaus als ältesten Tiroler Wallfahrtsort (vgl. ebd. 314); ca. 800 n. Gründung eines Hospizes in Bourg St. Pierre am Fuß des Gr. St. Bernhard durch Karl d. Gr. oder Ludwig den Frommen; letzterer läßt ca. 830 durch seinen Sohn ein Hospiz auf der Paßhöhe des Mont Cenis erbauen (vgl. ebd. 317)]; erste urkundliche Erwähnungen, Namensgebungen, Kartierungen durch Geographen, um 375 n. entsteht die sog. „Tabula Peutingeriana", ein großes Kartenwerk, in dem sämtliche Straßen des Römischen Reiches, verbunden mit der ersten Detaildarstellung des Alpengebietes, abgebildet werden; ca. 150 v. mißt der griechische Philosoph Xenagoras die Höhe des Thessalischen Olymps und erhält eine absolute Höhe von 10 Stadien und 96 Fuß (= 1878 m); ungefähr zur gleichen Zeit unternimmt der griechische Geschichtsschreiber Polibios eine Reise in die Westalpen, genauer in die Dauphiné zum Studium des Hannibalzuges; etwas später (100 v.) bereist der griechische Geograph Artemidor von Ephesus die Alpen, und zwar die Gegend um den Mont Cenis; 445 v. soll Herodot als erster den Namen „Alpis" gebraucht haben, allerdings für einen der Donauflüsse und nicht für die Weiden oder Hochgebirge (vgl. ebd. 311 und die Dar-stellung von Pilger-, Missions- und Papstreisen, die ich in einem weiten Sinne zur geistigen Kriegsführung rechne, z. B. um 130 n. Missionstätigkeit des hl. Cassian in Rätien, Tirol, Säben usw; ca. 450 n. Christianisierungsreisen des hl. Valentin im westl. Teil der Ostalpen, insbes. im Vintschgau); ca. 700 gründen Mönche Zell am Ziller, um die ins Zillertal eingewanderten Slawen zu bekehren; 753 reist Papst Stephan III. über den Gr. St. Bernhard zu Pippin (ebd. 316).

Ebenso unbedacht ließ ich die Taten von Frauen: (z. B. reiste im Jahr 589 Theodelinde, Tochter des Bajuwarenherzogs Garibald, über den Brenner, um sich mit dem Langobardenkönig Autharis zu vermählen, vgl. ebd. 315; oder Willa, die Gattin des Markgrafen Berengar II. von Ivrea, welche 941 n. mit ihrem Gefolge im Winter den Bernhardinpaß überschreitet, vgl. ebd. 318; Heinrich IV., der im Jänner 1077 n. mit der Kaiserin und dem Sohn den Mont Cenis überschreitet und für die Rückkehr die Kärntner Alpenpässe wählt,

vgl. ebd. 319). Die Reihe der Beispiele, in denen am Rande des Kriegsgeschehens Paß- und Bergbesteigungen durchgeführt wurden, ließe sich noch fortsetzen. Was u. a. auffällt, ist der Sprachgebrauch (für kriegerische Taten am Berg wird häufig das Wort „Erschließung", aber auch „überschreiten" und „erobern" verwendet), das Feststellen des ersten Mals scheint in bezug auf Kriege nicht zu funktionieren; am häufigsten werden der Brenner, der Kleine und Große St. Bernhard und der Mont Cenis genannt, die in strategischer Absicht überschritten wurden.

74 Franz 1967, 199

75 Der griechische Geograph Strabon (63 v.–19 n.) richtet seine Aufmerksamkeit insbesondere auf die Gefahren durch Lawinen:

„Gewaltige Eisschichten, die von den Bergen herabrollen, reißen oft ganze Reisegesellschaften mit sich fort und schleudern sie in die unten liegenden Täler. Denn es ruhen viele Schichten übereinander, indem eine Schneelage an die andere als Eis anfriert, weshalb sich dann die Eismassen an der Oberfläche jederzeit leicht von den tiefer befindlichen ablösen, ehe sie ganz von der Sonne geschmolzen werden." (zit. in Seitz 1987, 18)

Nicht erfreut über den ewigen Winter im Hochgebirge äußert sich Petronius (66 n.) am Hofe Neros:

„In den hochragenden Alpen, wo die durch die göttliche Kraft des Herkules bezwungenen Felsen sich zu Tal senken und einen Zugang gewähren, ist eine Stelle, geheiligt durch die Altäre, die der Held dort errichtete; sie verschließt mit hartgefrorenem Schnee der Winter, und mit grauem Scheitel erhebt sie sich bis zu den Sternen: man möchte wähnen, des Himmels Gewölbe sei dort eingestürzt; denn nicht durch die Strahlen der hochstehenden Sonne wird hier der Frost gemildert, auch nicht durch den sanften Hauch des Frühlings, sondern alles starrt hier ewig in Eis und im Reife des Winters." (ebd.)

Ähnlich schlecht schneiden die Berge beim römischen Dichter Claudius Claudianus (375–404) ab, der den Übergang des Heermeisters Stilicho über den Splügenpaß schildert:

„Viele Krieger erstarrten vor Frost, als hätten sie das Antlitz der Gorgo geschaut, viele verschlang die Masse des tiefen Schnees, oft versank Wagen und Gespann wie ein schiffbrüchiges Fahrzeug in den Abgrund, bisweilen stürzte ein Berg durch einen Eisrutsch zusammen, und der laue Föhn machte durch Unterhöhlung des Bodens den Tritt unsicher. Durch solche eisstarrende Gegenden zieht Stilicho. Nirgends gibt es einen Becher Wein als Labetrunk, selten Getreide." (ebd.)

Ammianus Marcellinus (um 330–400):

„(Der Anblick) der überhängenden Felsen (ist) schreckhaft, in der Frühlingszeit, wenn die schmelzenden Eismassen Menschen und Fahrzeuge in die Tiefe reißen, und vollends im Winter, wo alles mit einer Eiskruste überzogen ist, wo der Fuß des Wanderers auf der spiegelglatten Fläche ausgleitet und tückische Spalten ihn zu verschlingen drohen, wahrhaft grauenerregend." (ebd.)

„In einem lateinischen Gedicht aus dem 12. oder 13. Jahrhundert über das Hospiz auf dem Großen St. Bernhard" (so Franz) heißt es, daß es dort droben nur Schnee und Kälte, beschwerliche Wege, Nebel, Wolken und Dunkelheit gebe: „Nix et algor, via dura, fumus, nubes et obscura sunt ibi perennia" (1967, 200).

Es ist bekannt, daß Franz von Assisi seine Lebensfreude aus der Natur genährt hat, daß er sich auf den Höhen zum Meditieren aufhielt und dennoch mit keinem Wort den Bergen Bewunderung entgegenbrachte. In dem berühmten Sonnengesang dankt er dem Schöpfer für seine Werke und nennt Gestirne, Luft, Wasser, die Blumen, Kräuter, das Himmelsblau – aber nicht die Berge (vgl. ebd.).

76 Vgl. Perfahl 1984a, 24

77 Dyhrenfurth 1983, 242; vgl. dazu die Skizze bei Ziak 1956, 15 und die unterschiedlichen Wegführungen bei Perfahl 1984b, 30 bzw. Simler 1984, 88–90.

78 Dyhrenfurth 1983, 242

Simler stellt sich vor, daß durch Sprengungen des Felsens ein Weg gebahnt wurde, indem man den Felsen durch große Mengen Holz in Brand gesetzt und dann das glühende Gestein mit Essig begossen habe, wonach man „endlich mit eisernen Werkzeugen den Weg (erschloß)" (1984, 87). In den Worten von Juvenal:

„Die Natur stellt Alpen und Schnee ihm entgegen; Er sprengt Felsen entzwei und zerbröckelt den Berg mit Essig." (zit. ebd.)

Das Weiterkommen im Schnee war beschwerlich; Simler schildert, sich in die Zeit zurückversetzend:

„[...] Aber auch dieser Weg war nicht praktikabel; denn der noch feste Altschnee war von einer mäßig hohen Schicht Neuschnees bedeckt, so daß zwar die Vorausmarschierenden in dem weichen und nicht sehr tiefen Schnee eine sichere Spur traten; als aber der Schnee unter den Tritten so vieler Leute und Saumtiere geschmolzen war, mußte man über das von Schneewasser überronnene Eis marschieren. Nun begann ein schreckliches Ringen auf dem schlüpfrigen Eise, wo der Fuß keinen sicheren Tritt fand und ausglitt. Die Leute stützten sich mit den Händen und Knien, stürzten aber trotzdem; auch fanden sich keine Baumstämme oder Wurzeln, an denen Hände oder Füße Halt finden konnten. Die Folge war, daß sich Menschen wie Tragtiere auf dem glatten Eise und im zergehenden Schnee herumwälzten; die letzteren traten zuweilen in die unterste Schneeschicht noch eine Spur, wenn sie aber stürzten, durchbrachen sie beim Versuch aufzustehen mit den Füßen die Eisdecke, verletzten sich hierbei und blieben in den harten und tief eingefrorenen Eislöchern wie in einer Falle stecken." (ebd. 79)

79 Vgl. z. B. den Farbausschnitt aus der „Tabula Peutingeriana", einer mittelalterlichen Kopie der Straßenkarte des römischen Reichs in Form einer Rolle bei Seitz (1987, 14–15).

80 Vgl. die Gegenüberstellung von Textstellen aus den Berichten des griechischen Geschichtsschreibers Polybios (201–120 v.) und des römischen Historikers Titus Livius (59 v.–17 n.) bei Seitz (1987, 19–24), aber auch bei Simler (1984, 77–90) sowie Perfahl:

„Kaum befand man sich auf einem schmaleren Wege, der zum Teil am Absturz einer überhängenden Berghöhe entlanglief, da brachen die Eingeborenen von allen Seiten aus ihrem Hinterhalt hervor, griffen von nahe und von fern an, wälzten große Felsstücke auf den Zug hinab; die größte Menge drängte vom Rükken her. Gegen sie wandte sich das schlagfertige Fußvolk und bewies, daß man ohne einen so starken Nachtrab in diesem Gebirgspasse eine ungeheure Niederlage hätte erleiden müssen. Sogar jetzt kam es zur äußersten Gefahr und beinahe zum Verderben; denn während Hannibal zögerte, mit dem Fußvolk in den Engweg hinabzurücken, stürzten die Bergbewohner quer herein, durchbrachen die Mitte des Zuges und besetzten den Weg. Eine Nacht brachte Hannibal ohne Reiter und Gepäck zu [...]"

(Livius, zit. n. Perfahl 1984b, 34)

81 Sogar die hohen Verluste an Mensch und Tier, die durch die Kämpfe gegen die Gallier, welche die Alpennordseite besiedelten und während des Aufstiegs dem Heer zahllose Kämpfe lieferten, in Kauf genommen werden mußten, seien weniger ins Gewicht gefallen als der steile Abstieg an der Südseite mit seinen Böschungen, den sehr schmalen Steigen und den „durch Schnee und Eis schlüpfrige(n) Boden" (Simler 1984, 81).

Außerdem weist Simler darauf hin, daß Hannibal nicht der erste war, der nach Herkules die Alpen überschritten habe. Offenbar um die unterschiedlichen Überlieferungen wissend, übt er Kritik an den Historikern:

„Sie erwähnen weder, daß die an den Ufern der Rhône ansässigen Gallier nicht einmal, sondern wiederholt nach Italien gekommen sind, noch daß sie einstmals mit einem großen Heere die Alpen überschritten haben, um die cisalpinen Gallier in ihrem Kampfe gegen die Römer zu unterstützen, noch daß die Alpen selbst von zahlreichen Völkerschaften besiedelt sind. In Unkenntnis all dieses behaupten sie, daß Hannibal ein Halbgott erschienen sei und ihm den Weg gezeigt habe." (ebd. 71)

82 Ebd. 81

83 Coolidge, zit. ebd. 231

W. A. B. Coolidge war selbst einer der großen Bergsteiger des 19. Jahrhunderts und hat mit seiner berühmten Tante Margaret Claudia Brevoort eine Reihe von Erstbesteigungen gemacht (vgl. u. a. Ziak 1981, 57, 92, 124, 288). Um die Jahrhundertwende machten er und Alfred Steinitzer (1913) Simlers großes Standardwerk einer breiteren Öffentlichkeit zugänglich; Coolidge verbrachte lange Zeit damit, diese umfangreiche Enzyklopädie zu übersetzen (vgl. auch Seitz 1987, 79).

84 Vgl. u. a. Schmidkunz 1931, 332–449, sowie Perfahl 1984a, 132–164; in einem weiten Sinne auch Ziak 1981, 139–239: „Auslandsbergfahrten als Vorstöße". Einige Bücher schwindeln sich um die Rolle des Alpinismus im 1. und 2. Weltkrieg herum bzw. widmen ihm kein eigenes Kapitel (wie z. B. Seitz und Keenlyside, der die Himalaya-Expeditionen bis 1939 beschreibt, dann eine Lücke läßt und mit „Europa seit 1945" fortfährt).

85 Vgl. insbesondere den Streit um die Ersteigung des Mont Blanc und die Querverweise auf die Matterhorn-Besteigungsgeschichte; das Kriegsgeschehen des 1. und 2. Weltkrieges in den Alpen und die Expeditionsgeschichte um die Besteigung des Mount Everest bis hin zur Wendung des Feindes nach innen; er wird zum Gegner im Kampf zwischen Körper und Ich beim Sportklettern. Bei Güllich wird jede kleinste Regung und Bewegung in Zeichen verwandelt (vgl. Ziak/Güllich 1987, 131, zit. in Peskoller 1989, 4).

86 Vgl. Borst 1990, 482

87 Vgl. ebd. 480f

88 Bezeichnung von Coolidge, der Simlers Hauptwerk 1904 erstmals ins Französische übersetzte, und Alfred Steinitzer, dessen deutsche Übersetzung (1931) auch hier zugrunde liegt.

89 Sein Wissen bezog er zuerst „einmal von den Klassikern", schreibt Senger, „und dann von seinen Walliser Studenten. Das Schülerverzeichnis des Carolineums in Zürich weist für 1565 als solche auf, einen Nicolas Wolf, zwei Brüder Jordan und zwei Brüder Kalbermatten. Für 1567 ist noch ein Jean Jordan und ein Vincent am Bühl eingetragen. Das waren seine lebendigen Quellen" (1945, 26). Er ließ sich also von seinen Schülern und Studenten sagen, wie es im Wallis aussieht, und verfaßte dann die „Vallesiae Descriptio" (1574).

90 Simler faßt die „Alpen" systematisch zusammen und beschreibt ihre Lage, die Länge und teilt sie erstmals ein in Seealpen, Cottische-, Grajische und Penninische Alpen, die höchsten Alpen (Summae Alpen), die Lepontischen, Rätischen, Trientiner, Julischen, Venetischen, Karnischen und Norischen Alpen. Zu Recht verlegt er die „höchsten Alpen" ins Wallis (hat doch diese Bergregion nicht weniger als 28 von den insgesamt 90 Viertausendern der Alpen), während die Ostalpen, vermutlich aus Mangel an verläßlichen Quellen, kaum behandelt werden. Dagegen findet Hannibals Alpenzug große Würdigung; ebenso kommen Abschnitte vor, die der Bevölkerung, den Gewässern, Seen und den Heilquellen gewidmet sind. Schließlich werden auch Pflanzen- und Tierwelt der Alpen geschildert. Außerdem erstellt er einen Atlas, der mit relativ wenig Nomenklatur auskommt (Pässe werden mehr berücksichtigt als Berge). Vor 1600 gab es in den Alpen etwa 40 Berggipfel über 2000 m, die sich vom Meer der namenlosen Höhen abhoben (vgl. u. a. Ziak 1956, 39; aber auch Senger 1945, 215f).

91 (1530–1576); sein Name kommt von „Semmler", das ist der Semmelbäcker; Simler ist in Kappel, am Fuß der Albiskette aufgewachsen, und wenn er ein paar Hänge hintern Dorf hinauf ging, dann konnte er den Rigi und den Pilatus sehen; dahinter kamen die weißschimmernden Zinnen der Alpen hervor. Mit neunundzwanzig Jahren hatte Simler seinen ersten Gichtanfall, krank und bettlägrig begann er seine Arbeiten zu diktieren. Simler war übrigens auch Geistlicher und Sohn des Priors von Kappl.

92 Simler, zit. in Senger 1945, 28.

93 Simler beruft sich dabei auf Claudius und zitiert:

„[...] Manchen verschlang in der Tiefe
Mächtiger Massen der Schnee. Gar oft auch
stürzte das Zugvieh
Hier zerschellt mit dem Wagen hinab
in den schimmernden Abgrund." (ebd. 29)

94 Ebd.

95 „Damit die Reisenden auf der Hut sind, pflegen die Einheimischen sehr lange Stangen in den Schnee zu stecken, von Marcellinus Stili lignei (Holzstangen) genannt, nach denen die Reisenden sich richten. Indessen handhaben sie dies meist sehr nachlässig, um die Reisenden, die den Weg nicht kennen, zu zwingen, ihre Dienste in Anspruch zu nehmen. Endlich werden, um die Gangbarkeit der Straßen zu gewährleisten, die in der Nähe der Pässe wohnenden Leute durch obrigkeitliche Verordnungen verpflichtet, den Weg im Stand zu halten, eine Arbeit, die mit großer Mühe und Gefahr verbunden ist. Deshalb begehen Männer der benachbarten Dörfer fast täglich auf beiden Seiten den Paßweg; wenn sie eine drohende Gefahr erkennen, warnen sie die Reisenden und bessern den Weg aus. In vielen Gegenden treibt man nach dem ersten Schneefall Ochsen auf der alten Spur durch den Neuschnee, die nicht nur mit Hufen, Knien und Brust im Schnee einen Weg bahnen, sondern ihn auch mittels eines Balkens, den sie nachziehen, einebnen. Man ist der Meinung, daß diese Tiere den Weg besser als Pferde erkennen, auch sind sie geeigneter, ihn zu ebnen und wieder gangbar zu machen. Wenn diese Maßnahme nicht genügt, um die Straße offenzuhalten, werden zahlreiche Arbeitsmannschaften aufgeboten, die mit Spaten, Schaufeln und anderen Werkzeugen den Schnee beiseite schaffen und die Straße freimachen." (ebd.)

⁹⁶ Auch an dieser Stelle steht ein Verweis auf das Altertum:

> *„Bei Xenophon (Heerführer der griechischen Kerntruppe beim Rückmarsch durch das Hochland von Armenien ans Schwarze Meer, 401 v., HP) lesen wir ähnliches: Als die Griechen das armenische Gebirge auf einer völlig verschneiten Straße überschritten, befestigten sie, von den Einheimischen belehrt, kleine Säcke unter den Füßen der Pferde und Lasttiere, die außerdem mit bloßen Füßen bis zum Bauch im Schnee versunken wären."* (ebd. 30)

⁹⁷ Vgl. die spätere Diskussion um den Schneeschuh in den einschlägigen alpinen Fachzeitschriften.

⁹⁸ Die Räter nennen die Lawinen Labinae, da das Wort von labare (= gleiten) kommt; die deutsche Bezeichnung ist offensichtlich eine Abwandlung von Labinae.

⁹⁹ Scheuchzer, zit. in Senger 1945, 31.

¹⁰⁰ Bezüglich dieser wundersam-würzigen Luft gab es ganz unterschiedliche Einschätzungen. Conrad Gesner stellte bei seiner Pilatusbesteigung bereits fest, daß

> *„die Luft hier viel freier und gesünder und nicht so mit dicken Dämpfen erfüllt wie in der Ebene und nicht, wie in den Städten und ander menschlichen Wohnstätten, mit ansteckenden und übelriechenden Stoffen beladen sey".*
> (zit. in Senger 1945, 237)

Ganz anders denkt Georg Detharding, der in einer Disputation über die Auswirkungen der Hochgebirgsluft auf die Gesundheit nichts Positives berichtet. Demnach wäre

> *„unsere Bergluft, wegen ihrer Ungesund- und Grobheit dazu geeignet, die Gemüther der Einwohner ganz tumm werden zu lassen, und wir Schweizer eben deswegen das Heimweh bekommen, weil wir eine reinere und gesundere Luft nicht können vertragen". (zit. ebd.)*

Anzumerken ist, daß dieser Herr Detharding in Rostock lebte, das bekanntlich am Meer liegt. Rousseau drückt in seiner neuen „Heloise" wiederum sein Erstaunen über die gesundheitsfördernde Wirkung der Bergluft aus und hält diese für ein wichtiges Hilfsmittel der Medizin und der Moral.

¹⁰¹ Scheuchzer, zit. in Senger 1945, 34.

¹⁰² Vgl. Scheuchzers Bergdarstellung „Physica sacra" von 1730 (ebd. 35), die Scheuchzer als einen Hinweis auf die „Ueberbleibsel der Sündflüth" bezeichnet.

¹⁰³ Bereits zu Beginn seiner „Naturgeschichte" ist die Rede von einem Gespenst, „welches sich soll aufgehalten haben auf den Surenen Alpen" (ebd. 31). Berühmt geworden ist allerdings der „Bergdrache" von 1723 (z. B. Ziak 1956, 32; Abb.10).

¹⁰⁴ 1708 geboren, Studium der Medizin in Tübingen und Leyden, 1729 Arzt in Bern, wo man ihm ein Denkmal aus Bronze auf Granit setzte. Er war Botaniker, Anatom, Physiologe, Arzt, Dichter und ein Alpenwanderer, der nur über Pässe ging. Eine Ausnahme bildet die Ersteigung des Stockhorns und des Niesen. Er beschreibt keinen Gipfel genauer; bei ihm übersteigt bereits der Gotthard die Wolken. Haller meint mit „Alpen" eher die Almen und war ebenso wie Simler kein Alpinist im strengen Sinn. Sein Gedicht erfaßte dennoch weite Kreise. Es stand für ein neues Naturgefühl.

¹⁰⁵ *„Zwanzigjährig machte er von Basel aus seine erste Alpenreise, das heißt, was man damals mit Recht schon Alpenreise nennen durfte. Sie führte in den Jura nach Lausanne und Genf, ins Wallis über die Gemmi an den Thunersee, nach Meiringen, über den Jochpaß nach Engelberg, Luzern, Zürich und zurück nach Bern. 1730 machte er Ausflüge in die Umgebung des Weißenburger Bades. 1731 ging die Reise von Bern ins Gurnigelgebiet, nach Erlenbach, auf das Stockhorn, nach Winmis, ins Kandertal, über die Genmi ins Leuckerbad. Weitere Reisen führten (1732) nach Grindelwald, nach der Grimsel, auf den Zinkenstock, nach Obergesteln. 1733 Niesen, Genmi, Unterwallis, Saanen und Simmental. 1736 Grindelwaldgletscher, Scheidegg, Gotthard, Furka, Grimsel."* (Haller, zit. in Senger 1945, 37)

Durch diese Ausführlichkeit möchte ich darauf hinweisen, daß Haller in seinem Gedicht durchaus auf reale Erfahrungen zuzückgriff.

¹⁰⁶ „Die Alpen" sind auf deutsch geschrieben, die Manuskripte über seine Alpenreisen in französischer Sprache. Erstaunlich, was danach geschah: Das Gedicht wurde ins Französische, Italienische und Englische übersetzt, und zu Hallers Lebzeiten erschienen bereits 14 Auflagen (Ziak spricht von 11 Auflagen, 1956, 45) und 7 unberechtigte Nachdrucke (Senger 1945, 42). Lesenswert ist die Bearbeitung „Albr. v. Hallers Gedichte" von Ludwig Hirzel (1882).

¹⁰⁷ Faber und Stumpf sind nicht in jede Alpingeschichte aufgenommen, wohl aber in den „Frühe(n) Zeugnisse(n)" gewürdigt. Dasselbe gilt u. a. für Ägidius Tschudi („Gilg"). Er war in erster Linie Historiker, aber auch Geograph und vor allem Kartograph. 1524 durchwanderte er die Walliser, Urner und Bündner Bergwelt und erstieg dabei den Großen Sankt Bernhard, den Theodulpaß, den Furka, den Gotthard und den Splügen. Die Höhen- und Flächenmessungen, welche er vornahm, formten die Bergwelt in ein topographisches Bild um; 1538 erscheint die „erste Alpentopographie" mit dem Titel: „De Prima ac vera Alpina Rhaetia" (vgl. Perfahl 1984a, 32). Den FZ zufolge soll Sebastian Münster Tschudis Werk ohne Rücksprache bezüglich Korrekturen herausgegeben haben. Tschudi, der „seinem Volke dienen wollte", schrieb in der Landessprache und arbeitete unermüdlich über 30 Jahre lang an der Verbesserung und Erweiterung seines Werkes. „1569 erschien das Kartenwerk mit

lateinischem Kommentar von Josias Simler, Zürich, ohne aber Tschudi zu nennen" (FZ 1986, 169f). Erst als der Kupferstecher und Humanist Gerhard Merkator den geographischen Atlas herausgab, wurde Tschudi 1585 als Urheber der Schweizer Karten, die „von außerordentlicher Schönheit" (ebd. 170) sind, anerkannt. Vgl. auch die Abstrahierung einer Gebirgslandschaft in Oppenheim (1974, 118–119), wo die Gegend um den Vierwaldstättersee durch drei Jahrhunderte dargestellt ist: 1520, 1538, 1548, 1570, 1657, 1712 und 1799.

Ab dem 16. Jahrhundert bestimmen in erster Linie Geographen bzw. Kartographen das Bild von der Höhe. Neben vielen anderen Kartographen, wie Albert von Bonstetten, Konrad Türst, Wagmann, von Sprecher, von der Weid, Lambien, Konrad Gyger, Rud. Meyer, Peter Anich, Blasius Hueber, aber auch Naturforscher und vor allem hervorragende Bergsteiger wie Belsazar Hacquet oder Pater Placidus a Spescha.

Einen möchte ich noch hervorheben: Gabriel Walser (1695–1776). Er war reformierter Pfarrer zu Bernegg im Rheintal und verband kurze Erlebnisberichte mit fachkundigen geographischen Darstellungen. Wichtig erscheinen mir seine alpinen Ratschläge, in pädagogischer Manier vorgebracht, die er den „Alp-Reisenden" erteilt. Zunächst ist die Anrufung Gottes nötig:

„Wer die hohen Alpen besteigen will, der trete im Namen Gottes seine Reise an, befehle sein Leib und Seel seinem Gott."
(zit. in „Entdeckung der Alpen" 1934, 69)

Danach wendet er sich der Ausrüstung zu, in erster Linie der Fußbekleidung:

„Demnach lasse er sich ein paar Schuhe mit dicken Sohlen zurichten und die Absätze und Sohlen mit Schirmnägel-Köpfen dichte aneinandern beschlagen, gleich als ob er mitten im Winter über glattes Eis reisen wollte. Wer dieses nicht beobachtet, der geht unsicher; denn wenn man an einem hohen Berg über das nasse Gras oder weichen Schnee tritt, so werden die Schuhsohlen weich und schlüpferig." (zit. ebd. 69)

Diesem Ratschlag folgt ein Beispiel, das abschrecken soll; ein Freund aus St. Gallen wäre beinahe zu Tode gestürzt, eben weil er das falsche Schuhwerk benutzte. Walser schlägt daraufhin die Verwendung von Steigeisen und Alpenstock vor:

*„Man kann sich auch mit Fußeisen, deren die Gemsjäger sich bedienen, versehen; man nehme ferner einen starken, mit Eisen beschlagenen spitzigen Stock, um denselbigen in den Schnee und in das Eis zu stecken, sonderbar wo man über die Gletscher gehet, um zu sehen, ob keine Spalten unter dem Schnee sich finden, in die man fallen könnte.
Gehet man durch eine gefährliche Risse, da allemal der Tritt unter den Füßen weicht, so springe man geschwind davon und ergreife bei Leib nicht etwa eine Staude, um sich daran festzuhalten, denn sie reißen samt der Wurzel aus der Erde und halten nicht."* (zit. ebd. 70)

Walser warnt davor, in die Tiefe zu blicken:

„Indem man über hohe Praecipitia gehet, soll man immer nur vor sich auf den Weg und ja nicht etwa in die Tiefe hinab sehen, denn solches verursacht den Schwindel. Wird man aber von dem Schwindel befallen, so soll man sich auf den Bauch zur Erde niederlegen." (zit. ebd. 70f)

Den Genuß von allzu schweren Speisen hält er für unsinnig:

„Wer die hohen Bergspitzen, wo das Gras nicht mehr wachset, besteigen will, hüte sich vor allzufetten Speisen; die Luft ist zu dünn, und der Magen mag es nicht ertragen." (zit. ebd. 71)

Außerdem weiß Walser um die Gefahr des brüchigen Felsens und der Gletscherspalten:

„Denen, so die Bündner Berge besteigen wollen, dienet zur Warnung, daß die Steine in den Bündner Alpen viel weicher und brüchiger sind als in den Schweizerischen. Bei den Gletschern und Eisbergen, die ihre Ritzen und Spalten haben, nehme man sich wohl in acht, um nicht in dieselben zu fallen. Oft trägt es sich mitten im Sommer zu, daß es schneiet und der Wind den Schnee über die Spälte hinwehet; da werden sie ganz flach bedeckt, daß der Reisende vermuten sollte, er gehe auf festem Grund; plötzlich aber fällt er in eine solche Kluft hinunter, daß ihn kein Mensch mehr sehen kann. Diesem vorzukommen, bedienet man sich der Wegweiser, die mit Seilen oder auch Stangen versehen sind." (zit. ebd. 72)

Selbst der Steinschlag findet bei ihm Berücksichtigung:

„Dann und wann begibt es sich, daß man durch einen Runs, wo bei starkem Regen das Wasser herabschießt, passieren muß. Springen dann ob unserm Haupt die Gemsen über diesen Runs, so machen sich die Steine, die unter ihren Füßen sind, los, fallen hinab, schlagen und stoßen größere Steine fort, diese noch größere, und so fällt endlich ein ganzer Hagel mit Steinen auf uns zu und kann man in die größte Lebens-Gefahr geraten. Da ist das beste Mittel, sich an einen steilen Felsen anzustemmen und über unserm Haupt hin fahren zu lassen." (zit. ebd. 72f)

Zum Schluß wirft der Autor noch ein Problem auf: Der Alkohol zeige in der Höhe eine andere Wirkung als im Tal:

„Zum Beschluss dieser Materie muß ich den Naturforschern noch ein Problem vorlegen. In den ersten Jahren, da ich noch furchtsam war über die gefährlichen Praecipitia zu gehen, nahm ich eine Flasche mit starkem Kirschengeist mit auf die Reise und trank eine gute Portion, um Mut zu bekommen. Auf der Höhe, wo das Gras aufgehört zu wachsen, nahm ich

135

wieder eine Portion; allein ich spürte so wenig Wirkung, als ob ich ein Glas Brunnenwasser getrunken hätte. Warum machte es keine Wirkung? In dem Tal hätte ich mich von diesen Portionen stark berauscht." (zit. ebd. 73)

[108] Vermutlich kann es beiden zugeordnet werden, da „Karte" mit „Urkunde" etymologisch verwandt ist, was bedeutet, daß die Erfassung der Natur über eine Karte zugleich auch ein Rechtsakt ist. Mit anderen Worten: Die Überführung von Natur in Kultur ist eine Handlung des Inbesitznehmens, der Abgrenzung gegenüber dem Eigentum anderer, der Teilung, Symbolisierung und Systematisierung. Ausdruck findet dieser juridische Vorgang in der Namensgebung. Man kann sagen, daß mit dem Aufkommen und der Ausbreitung der Kartographie (etwa ab dem 15./16. Jahrhundert) die Benennung der Berge rasch zunimmt (vgl. Ziak 1956, 15 und Abb. 11 im Vergleich zu Abb. 56).

Senger fragt, woher die Berggipfel ihre Namen haben, und gibt eine Definition der Alpen:

„Wenn von den Alpen die Rede ist, so meinen wir in der Regel nicht die Matten und Weiden, sondern es ist das weg- und steglose, anscheinend unnütze Gebiet der Geröll-, Schutt- und Schneeregion gemeint; und dieses Alpengebiet oder mit anderen Worten, das Hochgebirge, bildet den Kernpunkt unserer alpinen Betrachtung." (1945, 222)

Sengers Begriffsbestimmung unterscheidet sich wesentlich von der Hans Leus' (1686–1768), welche das allgemeine helvetische Lexikon aufgenommen hat:

„Alpen, Alpung, werden in den eidgenössischen und zugewandten Orten dermaßen gemeinlich genennt die Weyden auf den hohen Bergen, welche nicht abgemayet, wol aber von dem Vieh, mit welchem man, wie es heißt, zu Alp fahret, den Sommer durch so abgeätzet werden, daß man von einer in die andere Abwechslungsweise hinauf oder hinab fahret, und die danahen auch die obere und untere Alp genennet werden, zumahlen ein einziger Berg verschiedene Alpen ausmacht."

(zit. in Senger 1945, 200)

Daraus zieht Senger den Schluß, daß die Benennung der Bergipfel mit einem Widerspruch belastet sei. Obwohl die Gipfel das Landschaftsbild prägen und sogar dominieren, sind sie nicht Ausgangspunkt für die Namensgebung. Es verhält sich gerade umgekehrt. Die Namen sind von unten nach oben gewandert und haben sich erst nach und nach an die Gipfel geheftet:

„Primäre Namensgebung im Hochgebirge schließt sich häufig an ursprüngliche Alp- und Weidenamen an [...] Die Ortsnamen, insbesondere die althergebrachten, zeigen die Tendenz, sich auszubreiten, sich geographischen Raum zu erobern."

(Schüle 1923, „Über Namensgebung auf geographischen Karten", zit. in Senger 1945, 203)

Seit wann nun Berge Namen tragen, sei nicht einfach zu beantworten. Senger meint, daß man sehr lange dem Gebirge nur Namen gab, „so weit das Vieh gehen konnte" (1945, 214). Man beschränkte sich also auf jene Gebiete, die wirtschaftlich unmittelbar von Nutzen waren. Um 1000 taucht z. B. erstmals eine urkundliche Erwähnung der Stubaier Alpen – „alpes ad stupeia" – auf (vgl. Perfahl 1984a, 20); und der vermutlich erste urkundliche Nachweis eines Gipfels als Besitz hängt mit der Verpfändung eines Lehens zusammen. Es handelt sich um den später so berühmt gewordenen Eiger im Berner Oberland. Die frühere von zwei Urkunden ist am 24. Juli 1252 ausgestellt und nennt den „Mons Egere", aber auch eine Reihe von Alm- und Weidenamen am Fuße des Berges (vgl. Senger 1945, 214). Die Erstbesteigung jedoch erfolgte erst mehr als 600 Jahre später. Das Wissen um Bergnamen ist somit in erster Linie eines um Besitzverhältnisse, eingetragen und registriert in geographischen Karten. Für die erste Hälfte unseres Jahrhunderts stellt Senger 1506 Gipfel über 3000 m Höhe in Rechnung, die amtlich benannt und ausgewiesen sind; im Unterschied dazu das Jahr 1600, wo man insgesamt nur 40 Gipfel über 2000 m per Namen kannte. 1578 soll für die Namensgebung am fruchtbarsten gewesen sein: Dr. Thomas Schöpf beschreibt in „Delineatio chorographica" das Berner Oberland.

Woher aber haben die Alpen ihren Namen? Senger meint, daß „der Name mit ziemlicher Sicherheit vom keltischen alp (= hoch) abzuleiten sei. Grimm hingegen will ihn noch vom lateinischen albus (= weiß) herkommen lassen" (ebd. 200). In den meisten europäischen Sprachen kommt derselbe Stamm vor: Les Alpes, le alpe, the Alps, los Alpes, die Alpen. Josias Simler nimmt an, „daß man jenem hohen Gebirge, das Italien von Gallien und Germanien scheidet, den Namen Alpen wegen der blendenden Weiße gegeben hat, die der ewige Schnee ihren Zinnen verleiht" (1574 bzw. 1984, 43). Simler zitiert Herodianos: „Die Alpen sind sehr hohe Berge, wie man sie bei uns nicht sieht; sie erstrecken sich wie eine Mauer und begrenzen Italien, gleich wie wenn die Natur sie zum Wohle des Landes hätte auftürmen und ihr vom Norden bis zum Meere, das im Süden liegt, ein unüberwindliches Bollwerk hätte schenken wollen" (zit. in Simler 1984, 44).

Die Berge werden so im Handumdrehen zu etwas Kulturellem, einem politischen Faktum. Simler und Senger greifen noch einmal die Frage auf, wovon die Berge ihre Namen herleiten. Simler nennt vier Wurzeln:

1. Berge tragen die Namen des Gottes (z. B. Mars, Jupiter), dem sie geweiht sind.

2. Durch die Christianisierung werden sie umgetauft und mit Namen von Heiligen versehen (z. B. St. Bernhard, St. Gotthard, St. Dionysius, St. Braulius).

3. Gebirgsgruppen erhalten Namen von Heerführern und berühmten Männern (Julische Alpen und

der Julier Paß nach Julius Cäsar; die Penninischen und Punischen Alpen nach dem Punier Hannibal; der Lukmanier vom Etrusker Lucumon; der Rätikon von Rhetus; die Cottischen Alpen von Cottius, der dort herrschte und Wege baute etc.).

4. Berge werden nach den Völkerschaften benannt, die jeweils um diese Gebirge herum ansässig waren (z. B. Lepontische-, Norische-, Karnische Alpen).

Dann gibt es die Bezeichnung von Bergen aufgrund ihrer Lage und der Nachbarschaft zum Meer. Senger vermutet weitere Gründe für die Namensgebung. Da ist zunächst das Optische bzw. die Form und vor allem die Farbe (Mont Blanc, Weißmies, Schwarzberg, Rotbrettgrat, Aiguilles vertes, Dent jaune; alle Spitzen, Hörner, Nadeln, Points und Aiguilles samt ihren Gegenformen des Tête, Tour, Kopf, Kofel usw.). Man denke an das Silberhorn, das Finsteraarhorn, das Gletscherhorn und das Gabelhorn. Daneben gibt es eine Reihe von Bergnamen, die aus der Tier- und Pflanzenwelt stammen: Tête de Lion, Gemslücke, Gitzifurgge, Bärengrube, Hühnertäligrat und Blüemlisalp, Rosenhorn, Matterhorn (aufgrund der tiefer liegenden Matten und Weiden). Bergnamen entstehen aber auch durch Talnamen, die hinaufsteigen, wie z. B. Pigne d'Arolla, Täschhorn, Dent d' Hérens, Pointe de Zinal. Senger arbeitet noch einen anderen Zusammenhang heraus: den zwischen Berufen bzw. Klassen und Bergbezeichnungen; z. B. Kaiserstock (der noch nie von einem Kaiser bestiegen wurde) und Bettlerhorn, aber auch Jägerhorn und Älperstock, Pfaffenstöckli, Hochpfaffen, Mönch, Nonne und Kapuziner oder Teufel in der „Diavolezza" oder dem Teufelsstock (vgl. Senger 1945, 210; vgl. auch die Kurositäten bei den Bergnamen ebd. 210–213). Ebenso in Mode kam die Bezeichnung eines Gipfels nach dem Erstbesteiger, was dem renommierten Alpinisten Coaz jedoch nicht behagt; für ihn ist das eine

> „Anmaßung unserer Generation, Gebirge, die Hunderttausende von Jahren älter sind als wir und uns um ebenso viele Jahre überleben werden, mit unseren flüchtigen Leben in unzertrennliche Verbindung bringen zu wollen. Hüten wir uns vor einer Manie, wie solche in der Naturgeschichte und namentlich bei der Benennung von Pflanzen eingerissen ist. Die Pflanzennamen bilden jetzt eine wahre Musterkarte der verschiedenen Personennamen aus [...], ohne daß damit der Wissenschaft gedient wäre [...]. Unsere Alpen möchte ich vor so einem Mißbrauch gewahrt wissen."
> (Jahrbuch des S.A.C. 1865, zit. in Senger 1945, 204)

Dieser Wunsch blieb ein frommer, wie wir aus dem Kapitel der 4000er Erstbesteigungen wissen, wo sich eine ganze Reihe von Bergsteigern am Berg verewigt haben (z. B. an der Aiguilles Forbes, in der Gußfeldtscharte, der Zumsteinspitze, Ludwigshöhe, Dufourspitze, an der Punte Gnifetti, in der Vincentpyramide, dem Agassizhorn, Fellenbergglimmi, im Hugisattel, Studerhorn, Altmann, Grunerhorn). Der S.A.C. hat sich dennoch bemüht, zumindest zu verhindern, daß die Clubhütten mit Personennamen belegt werden; 1909 wurde auf der Abgeordnetenversammlung in Zürich beschlossen, die Nomenklatur schweizerischer Gebirgsgegenden nicht der Willkür einzelner preiszugeben. Grundsätze für künftige Benennungen wurden formuliert und strenge Kontrollen von der Abgeordnetenversammlung (1910) in Neuenburg entschieden. Von der letzlich ausschlaggebenden Instanz, der Landestopographie Bern, wurde dieser Vorschlag aufgenommen und unterstützt; man war nach Senger auch dort der Auffassung:

> „Die Benennung soll nicht irgendwelcher Denkmal- und Erinnerungssucht folgen, sondern dem praktischen Leben, dem täglichen Gebrauch." (zit. in Senger 1945, 214)

Die Konsequenz ist, daß in erster Linie solche Namen gegeben werden, die der Verwendung der unmittelbar Ansässigen entsprach.

Was die Ausdehnung der Alpen angeht, so wurden schon früh Daten bekannt:

> „Die Ausdehnung der Alpen beträgt nach Caelius, gemessen von der Adria bis zum Mittelmeer, zehntausend (15 km), nach Timagines zweiundzwanzigtausend Schritte (33 km). In der Breite geben ihnen Cornelius Nepos hundert Meilen (150 km), Titus Livius dreizehntausend Stadien (550 km), beide an verschiedenen Orten. Jedoch überschreitet sie an der Grenze zwischen Italien und Germanien stellenweise hundert Meilen (150 km) und erreicht an anderen nicht siebzig (105 km)."
> (zit. in Simler 1984, 51)

Simler bezweifelt aber die Richtigkeit dieser Zahlen bzw. die Richtigkeit der Übersetzung der Quellen; er nennt schließlich, sich auf Polybios berufend, 405 km als Alpenlänge. Diese Angabe hält nach Simler auch Strabon für richtig (vgl. ebd. 52). Toni Hiebeler gibt in seinem „Alpen Lexikon" eine Gesamtlänge der Alpen von 1200 km an (Wien bis Genua) und eine Breite von 150–300 km (vgl. 1977, 28). Was die Höhe der Alpen angeht, weiß Simler, daß „die Meinung ebenso geteilt" ist, wobei die „meisten halten dafür, sie seien das ausgedehnteste und höchste Gebirge Europas" (1984, 54).

[109] Vgl. u. a. Schmidkunz 1931, 322–340

[110] Umfangreicher und älter ist Wilhelm Lehners „Eroberung der Alpen" (1924). Dabei handelt es sich wohl um eines der ältesten deutschsprachigen alpinen Standardwerke, von dem auch Schmidkunz sehr viel (ohne Quellenangabe) übernommen hat.

[111] Schmidkunz 1931, 324

[112] Ebd. 325

[113] Zit in Schmidkunz 1931, 326

[114] Vgl. ebd.

[115] Ebd.

[116] Vgl. ebd. 327

137

117 Ebd.
118 Ebd.
119 Ebd. 328
120 Ebd.
121 Ebd.
122 Ebd.
123 Ebd.
124 Vgl. ebd. 330
125 Ebd. 331
126 Ebd. 332
127 Ebd. 335
128 Ebd. 337
129 Ebd.
130 Ebd.
131 Ebd. 339
132 Ebd. 328
133 Ebd.
134 Ebd. 329
135 Ebd.
136 Ebd.
137 Ebd.
138 Ebd. 330
139 Ebd. 331
140 Ebd.
141 Ebd. 332
142 Ebd.
143 Ebd.
144 Ebd.
145 Ebd.
146 Ebd. 333
147 Ebd.
148 Ebd. 324
149 Ebd. 334
150 Ebd.
151 Ebd. 335
152 Ebd.
153 Ebd.
154 Ebd.
155 Ebd. 336
156 Ebd.
157 Ebd.
158 Ebd. 337
159 Vgl. ebd. 338
160 Ich habe die Begriffe, insbesondere den der Literatur, hier weit gefaßt. Das läßt sich vom Arbeitsfortgang erklären. Zuerst ordnete ich den Großteil der Textbeispiele unter „Bergsteigerisches" und „Wissenschaftliches". Das AlpinLiterarische erschien mir erst nach und nach als eine eigenständige Textsorte, die ein Gemeinsames aufweist: die unmittelbare Tat am Berg. Außerdem mag einiges „Wissenschaftliche" im nachhinein als künstlerisch anmuten (z. B. die Karten, Alpenmonographien, Alpenreliefs, Bergszenen im „Theuerdanck" usw.), und alpine Erlebnisberichte haben für mich durchaus literarische Qualität; abgesehen davon sind sie unter dem Gesichtspunkt der Subjekt-Bildung aufschlußreich.

161 Es ist ein Bild neben vielen. Wer diese Kapelle kennt, mag mit mir ein Urkino assoziieren, das der intuitiven „Einbildung der Allmacht Gottes" diente. Giotto war ein Zeitgenosse Petrarcas. Er versuchte, die Kunst zu erneuern.
Ähnlich wie Dantes Dichtung markieren auch Giottos Werke einen Wendepunkt vom Mittelalter zur Neuzeit. Das macht sich u. a. darin bemerkbar, daß die Berge nicht mehr nur Kulisse und Symbol (für das Unaussprechliche, das Abwesende, Gott) sind, sondern reale Gestalt annehmen und „in das menschliche Tun einbezogen" sind (Oppenheim 1974, 26).

> „Zwar wird auch hier eine altbiblische Episode dargestellt; dennoch bedeutete dies keine Fessel für Giotto, das Neue in seiner Kunst zu beweisen. Bekanntlich war Joachim wegen der Unfruchtbarkeit seiner Ehe aus dem Tempel gewiesen worden. Darauf erhört ihn Gott. Gott schickt ihm einen Engel und einen Traum: er müsse sofort nach Hause. Joachim zur Rechten ruht in sich gesunken vor seiner Hütte; zur Linken zwei Hirten mit ihrer Herde und einem Hündchen. Darüber schwebend der Engel. Die ganze Szene ist eingebettet in eine Gebirgslandschaft. Diese unterstützt auf ihre Weise das Geschehen im Vordergrund. Das heißt, Giotto läßt die Figuren nicht nur mit ihren Gesten sprechen, sondern durch ‚charakteristische Erfüllung des Raumes' (Martin Gosebruch). Die Berge werden somit nicht mehr als Kulisse oder Rahmen eingesetzt, sondern mitwirkend in das menschliche Tun einbezogen. Die Berge, abgeplattete Felsen mit hochsteigenden Gipfeln, sind nah an die vordere Bildebene gerückt, so daß der Raum sich verengt, die Figuren umso plastischer hervortreten." (zit. ebd.)

162 Vgl. auch die SW-Abbildung in Steinitzer (1913, 10); er bezeichnet dieses Bild „nicht nur als eines der ältesten Bergdarstellungen überhaupt", sondern „wohl die älteste Darstellung ‚alpinen Inhalts'". (ebd.)

163 Vgl. die Bilderserie zum Thema, insbesondere die Darstellung von W. Blake, die eine Szene aus dem „Purgatorio" zeigt (Abb. in C.G. Jung 1980, 168).

164 Abb. in Seitz 1987, 27; vgl. die etwas andere Version bei Perfahl (1984a, 25), der sich auf das Buch von W. Schadendorf „Zu Pferd, im Wagen, zu Fuß" (1959) bezieht.

165 Abb. in Perfahl (1984a, 26); dieses Bild zeichnet sich nach Perfahl dadurch aus, daß es „nicht mehr beliebige Phantasieberge in stereotyper Form"

zeigt, „sondern bestimmte Berge: die Vorberge am Genfer See, den Mont Salève und vor allem den Montblanc im Hintergrund, in fast naturgetreuer Wiedergabe" (ebd.); siehe auch die farbige Abbildung in FZ 1986, 53.

166 Antoine de Ville schreibt:

> „Ich mache darauf aufmerksam, daß nur wenige von den Leuten, die uns hier oben sehen werden und auch den Weg erblicken, den wir gegangen, es wagen dürften, unseren Spuren zu folgen, denn es ist der fürchterlichste und grauenerregendste Weg, den ich oder ein Mitglied unserer Gesellschaft je beschritten. Wir mußten eine halbe Meile auf Leitern aufwärts klettern, dann noch eine Meile weiter, aber der Gipfel ist der herrlichste Ort, den man sich denken kann. Um Ihnen ein anschauliches Bild des Berges zu geben, will ich bemerken, daß die Gipfelfläche einen Umfang von fast einer Meile hat, der Länge nach eine Viertelmeile und einen Bogenschuß der Breite nach mißt und aus einem wunderbaren Almboden besteht. Wir trafen hier auf ein stattliches Gemsrudel, das von hier nie wegkommen kann, mit Kitzen vom heurigen Wurf. Dies schreibe ich am 28. Juni am Aiguille. Jetzt bin ich schon drei Tage hier oben, mit mehr als zehn anderen Leuten und einem königlichen Leiterträger, und will nicht eher absteigen, als ich Bescheid von Ihnen erhalte, damit Sie, falls Sie es wünschen, Leute ausschicken können, die unsere Anwesenheit auf dem Gipfel bestätigen. Ich habe ihn (den Berg) getauft im Namen des Vaters, des Sohnes und des Heiligen Geistes und im Namen von Saint-Charlemagne, dem König zu Ehren. Ich habe hier auch eine Messe lesen und an den Ecken der Gipfelfläche drei große Kreuze errichten lassen."
>
> (zit. in Perfahl 1984b, 36f)

167 „Man möchte nicht glauben, wie hart die letzte Wegstrecke ist, wie stark man in den Knien sein muß, denn unter den Tritten des Wanderers zerbröckeln die aufgehäuften Lavasteine völlig unregelmäßig [...] Aber keiner, der den Ätna nicht gesehen hat, kann eine Ahnung von der Großartigkeit des Berges haben. Vom höchsten Gipfel aus kann man die ganze Insel überblicken. Die Ufer scheinen näher zu sein, als sie in Wirklichkeit sind. Die Küste Kalabriens dehnt sich vor einem aus, so daß du glauben könntest, sie wäre mit einem Steinwurf zu erreichen."

(Bembo, zit. in Perfahl 1984a, 29)

168 Vgl. auch die Radierung „Heimsuchung" (Perfahl 1984a, 29); Seitz meint über „Das große Glück", daß es „eine der ersten stimmigen Darstellungen einer Alpenlandschaft" sei. Zur Abbildung kommt die Ansicht von Klausen im Eisacktal, welche „aus der Vogelschau zur Weltlandschaft" wird und zwar über die Nemesis, die griechische Göttin des Schicksals (1987, 26)

169 Abb. in Seitz 1987, 100; siehe auch die Abb. in Oppenheim 1974, 23

170 Abb. in Perfahl 1984a, 30; Woźniakowski 1987, Abb. 27, 28.
Nach Perfahl soll es sich bei der „Alpine(n) Landschaft" um „die früheste vervielfältigte Bergdarstellung" handeln (ebd.); im großen Tafelbild „Donaulandschaft", das 1520 entstanden ist, wird „die Berglandschaft zum alleinigen Thema" (ebd.)

171 Leonardo da Vinci soll bei der Besteigung des Monboso bereits sechzig Jahre alt gewesen sein. Ob diese Zeichnung direkt mit der Besteigung dieses Berges zusammenhängt, läßt sich laut Steinitzer nicht mit Bestimmtheit sagen (vgl. 1913, 11). Der Autor glaubt viel eher, daß es sich um eine Tallandschaft handelt, die am Südrand der Alpen liegt. „Aber", so Steinitzer, „es ist zweifellos, daß sie nur von einem Künstler geschaffen werden konnte, der das Hochgebirge kannte und verstand." (ebd.) Daß dies der Fall ist, läßt sich aus da Vincis Bericht über die Monboso-Besteigung schließen:

> „[...] und dies wird sehen, wer wie ich auf den Monboso geht: Er erhebt sich zu solcher Höhe, daß er fast alle Wolken überragt, und selten fällt dort Schnee, sondern bloß Hagel im Sommer, wenn die Wolken in der höchsten Höhe sind. Ich fand das Eis Mitte Juli sehr dick. Und ich sah die Luft über mir dunkel und die Sonne, die auf den Berg fiel, hier viel leuchtender als in den niedrigen Ebenen, weil die geringere Dichte der Luft sich zwischen den Gipfel und die Sonne schob."

(Leonardo da Vinci, zit. in Perfahl 1984b, 28)

172 Abb. in Seitz 1987, 29

173 Kaiser Maximilian soll bei der Herausgabe des „Theuerdanck" mitgearbeitet haben. Nach Schmidkunz handelt es sich dabei „um eine der ersten bebilderten Schilderungen der Hochgebirgsjagd und zahlreicher Bergabenteuer" (1931, 326). Zahlreiche Holzschnitte unterrichten uns in Wort und Bild über Techniken des Bergsteigens, alpine Ausrüstung und Gefahren der Berge. Vermutlich handelt es sich auch um „die erste Darstellung einer Lawine" (Perfahl 1984a, 31). Überschrieben ist das dritte Bildchen mit „Wie Unfall Theuerdanck in eine andere Gefährlichkeit führet under Schnee-Ballen". Dem folgt eine genaue Ortsangabe, eine Beschreibung des Ereignisses mit Happy-End:

> „Im Haller-Thal am In-Fluß, als Maximilianus nach Wildprät zur Wald ritte, begab es sich, daß sich drey große Schnee-Lainden von oben ablöseten, und als Berge auf Ihme herabschossen, da Er aber das Gepolder hörete, hat Er sich mit zuruksaussen deß Pferds von solcher Gefahr errettet."

(Kaiser Maximilian I. und sein Geheimschreiber M. Pfinzing, zit. in Steinitzer 1913, 12)

174 Vgl. Schmidkunz 1931, 327; „Arco" ist auch in die „Frühe(n) Zeugnisse" aufgenommen, jedoch auf das Jahr 1495 datiert (vgl. Abb. in FZ 1986, 30).

175 Perfahl 1984a, 32; vgl. aber auch die Veränderung der Kartenbilder vom Vierwaldstättersee im Laufe von drei Jahrhunderten in Oppenheim 1974, 118–119.

176 Schmidkunz 1931, 327

177 Perfahl 1984a, 33

178 Schmidkunz 1931, 328

179 Perfahl 1984a, 33

180 Vgl. ebd. 34

181 Schöpf verzeichnet darin die Jungfrau, das Schreckhorn, Finsteraarhorn, Oldenhorn, Wetterhorn und andere Gifpel (vgl. Schmidkunz 1931, 329)

182 Montaigne notiert :

> „Ich überstieg den Mont-Cenis halb im Sattel, halb im Stuhl, den vier Männer abwechselnd mit ihren Schultern trugen. Der Aufstieg dauert zwei Stunden, ist steinig und für Pferde, die ihn nicht gewohnt sind, ungeeignet, im übrigen aber ohne Gefahr und Schwierigkeit: da der Berg immer in seiner ganzen Breite vor einem aufwächst, sieht man keinen Abgrund, und die einzige Gefahr besteht darin, daß man strauchelt. Auf dem Berg liegt eine zwei Meilen breite Ebene mit einigen Häuschen, Seen und Brunnen und der Post: keine Bäume, aber viele Kräuter und Wiesen, die in der milden Jahreszeit genutzt werden. Von da ab ist alles mit Schnee bedeckt. Der Abstieg dauert eine Meile und ist gerade und steil. Ich ließ mich von meinen Leuten tragen und gab den acht Mann für ihre Bemühung zwei Taler. Obwohl es nur einen Teston (kleine Silbermünze im Wert von ungefähr 15 Sous) kostet. Es ist ein hübscher Scherz, ebenso gefahrlos wie langweilig." (zit. in Seitz 1987, 40)

183 Ein Ausschnitt aus Rebmanns Dialog:

> „Wie wir in aller Höhe stand
> Und unsre Spitz an Himmel gand:
> Also der Mensch soll sich begeben
> Mit seinem Gmüt im Himmel z' schweben,
> Von dieser Erd er hoch zu Gott
> Sein Begierd und Freud erhaben sott
> Und sich erinnern wohl hiebei,
> Daß er von Herd geschaffen sei.
> Auf Bergen sich Gott offenbart,
> Das Gsatz auf Bergen geben ward
> Mit Wundern groß solenniglich:
> Der Sohn Gottes oft übet sich,
> Auf Bergen z' wohnen; z' beten z' lehren,
> Der Welt Irrthum und Laster z' wehren:
> Also hat er uns Berg orniert,
> Daß er da verclarificiert:
> Am Ölberg er gefangen ward,
> Vom Ölberg er gen Himmel fahrt.
> David, Samson und Elias
> In Bergen viel ihr Wesens was,
> Und andere Propheten mehr
> Liebten uns Berg gemeinlich sehr:
> Also sölln d' Menschen täglich noch
> Zu Gott mit Beten steigen hoch,
> Durch d'Wolcken dringen in sein Thron,
> Bis sie gar werden zu ihm kon."
>   (zit. in Perfahl 1984a, 35–36)

184 Vgl. Abb. in Steinitzer 1913, 1b und 17

185 Guarinoni schreibt:

> „Demnach der Schnee sehr hart und der Steig darüber auf ein achtzig Schritt lang war, als wir darüber kommen, erstiegen wir den höchsten Gipfel des Jochs und sahen hinüber in das anderweit größere Tal und über umliegende höchste und vielfaltige Jöcher, und befanden, daß wir vom Gipfel bis zum See noch zwo starke Meil hinüber hätten." (zit. in Perfahl 1984a, 36)

186 Schmidkunz 1931, 331

187 „Kircher" (1602–1680) schrieb eine Reihe von naturwissenschaftlichen Werken „aller Art", wie Steinitzer meint, „die aber mehr zur Verwirrung als Förderung beitrugen; er glaubte noch an Astrologie und Kabbala" (1913, 17).

188 Ein Ausschnitt aus Scheuchzers „Naturgeschichte":

> „Mächtige Natur! Weise Statthalterin der Vorsehung! Bevollmächtigte Schöpferin! Du lässest Meere von unsichtbaren Dünsten in die Höhe emporsteigen und schwängerst damit die Wolken. Du verarbeitest dieselben in diesen ätherischen Gefilden in sichtbare und prächtige Gestalten und lässest sie in unzählbaren Heeren von glänzenden Sternen aus denselben hinuntersteigen. Du bekleidest damit die Berge wie mit dem kostbarsten Gewande. Daselbst lässest du einen Teil davon in Wasser verwesen. Aus dieser Verwesung aber verarbeitest du sie mit gleicher Kunst und Sorgfalt wiederum in neue Gestalten von einem zwar fürchterlichen Anblicke, aber zugleich von unendlicher Schönheit. Du lässest sie in feste und ewige Klumpen zusammengerinnen und verwahrest dieselben mit eisernen Banden des Frosts. Du vermauerst weite Seen in kristallene Wellen und türmest Eisschollen wie silberne Berge aufeinander. Du verbindest diese fürchterliche, aber zugleich majestätische Einfält unnachahmlich mit unendlicher Schönheit und Mannigfaltigkeit." (zit. in Perfahl 1984a, 37)

189 „Wenn jemand, dessen Augen
> Niemals ein Gebürg gesehn,
> Sollt' im Schlaf zu bringen taugen
> Auf der Alpen rauhe Höhn,
> Und ihn dort erwachen lassen,
> Würd' er nicht vor Furcht erblassen,
> Glaubend, daß er nun nicht mehr
> Lebend und auf Erden wär?
> Ob nun gleich der Berge Spitzen
> Öd und grausam anzusehn,
> Sind sie doch, indem sie nützen,

*Und in ihrer Größe, schön.
Wer wird jeden Vorteil nennen,
Zählen und beschreiben können,
Den, zur Luft und Nutz der Welt,
Der Gebürge Raum enthält!
Sieht man nicht mit größten Freuden
So viel Lämmer, Schaf und Küh'
Auf der Berge Gipfeln weiden?
Wie viel Gemsen nähren sie?
Merkt, wie sehr der Berge Spitzen
Durch der Kräuter Menge nützen,
Welche nirgends so voll Kraft
Und gesunder Eigenschaft."*

(Brockes, zit. in Perfahl 1984, 38–39)

190 In besagtem Werk kommen u. a. auch Bergkristalle vor, nach ihrer Größe sortiert und katalogisiert (vgl. Abb. in Perfahl 1984a, 38; Oppenheim 1974, 92,95; Seitz 1987, 81f).

191 Ein Ausschnitt:

*„Meine Reisegefährten waren der jetzige Ganey-Badwirt und ein alter, nunmehr 83jähriger Jäger. Wir pernoctierten in der Alp auf dem wilden Heu, morgens stiegen wir eine gäche Felsenkehle hinauf bis in die Höhe, da wir durch enge Kuppen auf den großen Gletscher hin kamen [...]
Wir marschierten über den entsetzlich großen Gletscher und betrachteten auch mit Verwunderung die ungeheuren Gletscher-Spält. Bei einem dieser, in welchem die Sonne hineinglänzte, legte ich mich auf den Bauch und schaute in die Tiefe hinab, bis mir das Gesicht verging; konnte doch den Grund des abyssi mit dem Gesicht nicht erreichen.
Wir kamen endlich auf den obersten Gipfel des Bergs, da ging es erst an eine rechte Verwunderung, nachdem noch vorher hier unten auf dem großen Gletscher ein Erstaunen vorgegangen, denn wir fanden auf diesem Gletscher Stücke von Nuß-Schalen, Roß- und Menschen-Haar, und Hobelschnitte, worüber wir uns nicht wenig verwunderten. Ich schrieb den Sturmwinden zu, welche dergleichen Dinge in der Tiefe erhoben und durch die Luft hieher getragen gleichsam wie fliegende Spreuel.
Auf dem obersten Gipfel sahen wir mirabilia. Finde diesen Gipfel den höchsten einen zu sein, den man weit und breit finden kann, sonderlich für den höchsten des sich weit erstreckenden Gebirgs Rhaeticonis, dessen auch Guler und Sprecher in ihren Chroniken Meldungen tun; bald alle andere scheinen gegen ihn, wenn man auf diesem Gipfel stehet, niedrig und zum Teil auch nur Büchel zu sein."*

(Sererhard, zit. in Perfahl 1984a, 41)

192 Crest war Ingenieur und eine Autorität auf dem Gebiet des Brücken- und Festungsbaus. Wegen Hochverrats wurde er in der Festung Aarburg inhaftiert. Dort entstand das Panorama, sozusagen als „politisch unverdächtiges Motiv" (Oppenheim 1974, 130). Er half sich beim Anfertigen seiner Panoramen mit einfachsten Mitteln und verwendete z. B. die Dachrinne vor seinem Gefängnisgitter als horizontale Meßlatte.

193 Walser beschreibt, wie er den Bernina-Gletscher erlebte:

„Ich bin vor etlichen Jahren bey diesem Gletscher gewesen, am Fuß desselben war eine Höhle 135 Schuh lang und 26 Schuh hoch, aus derselben floß ein Strom milch-weiß Wasser hervor. Inwendig war die Höhle prächtig anzuschauen. Es stunden Säulen da, vom schönsten blauen Spiegeleis, als wenn der geschickteste Meister sie verfertiget hätte. Obenher war die Decke ein rundes Gewölbe, und die Wände von dem schönsten und hartesten Eis. Nach dreyen Jahren kam ich wieder dahin, da ward dieses schöne Gewölbe überall vergletschert, und sah man nichts mehr als einen Eisklumpen."

(zit. in Perfahl 1984a, 42)

Bei genauer Durchsicht der Quellen ist mir aufgefallen, daß Steinitzer dasselbe Bild mit dem Titel „Der Gletscher auf Bernina in Bünden" aufnimmt und dieses dem Kupferstecher David Herrliberger (1697–1777) zuschreibt. Steinitzer zitiert aus dessen Werk mit dem barocken Titel „Neue und vollständige Topographie der Eidgenossenschaft in welcher ... seltsame Naturwunder, Prospekte, Bäder, Brücken, Wasserfälle etc. beschrieben und nach der Natur oder bewährten Originalen perspektivisch gezeichnet und kunstmäßig in Kupfer gestochen und vorgestellt werden" (Zürich, 1773). Über den Bernina heißt es:

„Seine Gestalt ist, wie hier vorgestellt, ein runder Berg von oben an rund abgeschnitten. An seinem Fuße stehen Eistürme um ihn her."

(vermutlich Walser, zit. in Steinitzer 1913, 20)

Über den „Rheinwaldgletscher im Paradies bey dem Ursprung des Hinterrheins" hat vermutlich Gruner vermerkt:

„Dieses Tal ist eine scheußliche Wildniß und ein Ort, der mit Schrecken erfüllt ist, ein Ort, da man im heißesten Sommer erfrieren kann. Doch heißet er Paradies, das ist recht eine Catechrisis oder verkehrte Redensart." (zit. ebd. 21)

194 Eine Textstelle daraus:

„Alle Menschen werden die Wahrnehmung machen, daß man auf hohen Bergen, wo die Luft rein und dünn ist, freier atmet und sich körperlich leichter und geistig heiterer fühlt. Mir dünkt, als nähmen die Gedanken einen Anflug von Größe und Erhabenheit an, stünden mit den Dingen, über die unser Blick schweift, in Einklang und atmeten eine gewisse ruhige Freude, die sich von allem Sinnlichen und von jeder Leidenschaft freizuhalten weiß. Es scheint, daß man, sobald man sich über die Wohnstätten der Menschen erhebt, alle niederen und irdischen Gefühle zurückläßt und daß die Seele, je mehr sie sich den ätherischen Regionen nähert, etwas von ihrer ursprünglichen Reinheit zurückerhält. Wir sind ernst ohne Traurigkeit, still ohne Gleichgültigkeit,

> *wir freuen uns unseres Daseins und sind froh: zu denken und empfinden ... Alle allzu lebhaften Wünsche verlieren ihre scharfe Spitze, die sie schmerzhaft macht, und lassen nur im Grunde des Herzens eine sanfte, süße Bewegung zurück."* (Rousseau, zit. in Perfahl 1984a, 43)

195 Vgl. Abb. in Steinitzer (1913, 34) und Oppenheim (1974, 124–125); Pfyffer hat mit dieser „ersten (Reliefdarstellung, HP) in größerem Maßstab" sehr viel Aufsehen erregt (heute ist es im Gletschermuseum Luzern untergebracht). Es ist aus Wachs, Pfyffer soll zur Herstellung über 20 Jahre gebraucht haben, und „es war 20 Fuß lang und 12 Fuß breit" (ebd.). Von allen Reisenden seiner Zeit soll das Relief als Kunstwerk bewundert worden sein. Während seiner Arbeiten lebte Pfyffer von Weyer nicht ganz ungefährlich:

> *„Jährlich zog Pfyffer mit einigen Dienern in die Alpen, machte Skizzen und barometrische Höhenmessungen, später auch trigonometrische Aufnahmen. Wie alle Topographen seiner Zeit wurde er von der Bevölkerung mit Argwohnheit betrachtet und zweimal als Spion festgenommen."* (Oppenheim 1974, 126)

196 Anich und Hueber verzeichneten auf 23 Blättern u. a. bereits den Feldkopf, den Weißzint, den Hochfeiler und andere Berge der Zillertaler Alpen.

197 *„Rigi bestiegen, 1/2 8 bei der Mutter Gottes zum Schnee. 3 Wirtsh ... im Ochsen. 18. Sonntags früh gezeichnet die Kapelle vom Ochsen aus. Um 12 nach dem kalten Bad oder 3 Schwestern Brunn. Dann die Höhe 1/2 3 Uhr in Wolken und Nebel rings die Herrlichkeit der Welt. 8 Uhr wieder zurück. Vor des Ochsen Türe gebackener Fisch und Eier. Das Glockengebimmel des Wasserfalls Rauschen der Brunnröhre Plätschern Waldhorn."*
(Goethe, zit. in Perfahl 1984, 44)

198 Wolf (auch Wolff) lebte von 1735–1783 (Steinitzer läßt ihn erst 1798 in Mannheim sterben, vgl. ebd. 28) und war als Aquarellist und Radierer hochalpiner Landschaften unvergleichbar (vgl. u. a. das „Herrenbaechli", eines der ersten hochalpinen Winterbilder, in denen Menschen bei ihren Aktivitäten dargestellt sind, Steinitzer 1913, 29; aber auch „Das Innere der Bärenhöhle bei Welschenrohr", „Der Rhônegletscher", „Schneebrücke und Regenbogen im Gadmental", „Das Spitzenflüeli bei Balsthal" usw). Wolfs „Prospekte" gelten als „das erste große und kostbare Werk von Alpenlandschaften" (Schmidkunz 1913, 28). Die Vorrede schrieb Albrecht von Haller (vgl. dazu auch die Abb. in Oppenheim 1974, 67).

199 Ein Ausschnitt:

> *„Als ich mich höher hinauf begab, wo schon auf keine Weise mehr eine Pflanze aus vollkommenem Mangel der Erde fortkommen kann, wendete ich alle meine Kräfte und Behendigkeit an, die Felsen zu ersteigen und dem Steinfliegen auszuweichen. Ich lavirte immer auf der Mittagseite, dieweil ein sehr starker Nordwind blies; doch um 9 Uhr hatte ich das Glück, eine Seitenspitze des Bergrücken zu erreichen, welchen man the male Terklou, oder den kleinen Terklou nennt. Diese Felsenspitze hat vielleicht vorzeiten einen einzigen Körper mit dem übrigen Gipfel ausgemacht aber durch die sehr schnelle Verwitterung sich abgesondert; hier sollte man denken, daß die Eisentheile, die sich in dem Steine befinden, zu der Zerstörung vieles beytragen, indem der ganze Zwischenraum allhier sehr eisenschüßig ist; solchergestalt, daß, was sich davon abwäscht, die ganzen Felsen färbt [...]"*
(Hacquet, zit. in Perfahl 1984a, 44)

200 Millonitzers Notiz lautet:

> *„[...] es seye fürchterlich, dort oben in die schauerliche Tiefe hinabzublicken."*
(zit. in Perfahl 1984, 45)

Millonitzer war nicht allein und auch nicht ganz freiwillig unterwegs. Diese Notiz war für seinen Auftraggeber, den Baron Zois, bestimmt; begleitet wurde er von einem Gamsjäger namens Rosizh sowie von den Bergknappen Matthäus Kos und Lukas Karoschez (vgl. Perfahl 1984a, 45).

201 *„Den 13. November 1779. Oben auf dem Gipfel des Gotthards bei den Kapuzinern. Endlich sind wir auf dem Gipfel unserer Reise glücklich angelangt! Hier, ist's beschlossen, wollen wir stille stehen und uns wieder nach dem Vaterlande zuwenden [...] Unser Weg ging durchs Ursener Tal, das merkwürdig ist, weil es in so großer Höhe schöne Matten und Viehzucht hat. Es werden hier Käse gemacht, denen ich einen besonderen Vorzug gebe. Hier wachsen keine Bäume; Büsche von Salweiden fassen den Bach ein, und an den Gebirgen flechten sich kleine Sträucher durcheinander. Die ganze Gegend ist mit Schnee bedeckt, Fels und Matte sind alle überein verschneit. Der Himmel war ganz klar ohne irgendeine Wolke, das Blau viel tiefer, als man es in dem platten Lande gewohnt ist, die Rücken der Berge, die sich weiß davon abschnitten, teils hell im Sonnenlicht, teils bläulich im Schatten."*
(Goethe, zit. in Perfahl 1984a, 46)

202 Schmidkunz bezeichnet diese Beschreibung als „den ersten Vorläufer der alpinen Reisehandbücher" (1931, 339).

203 Ebd. 39

204 Vgl. die „Ideale Hochgebirgsszenerie" von Storr in Steinitzer (1913, 24); das Buch beschreibt eine Reise durch die Schweiz. Der Verfasser verfolgt die Absicht,

> *„zur Auffassung eines schnellen Bildes der allgemeinen Einrichtung dieses ausgezeichneten Gebirgskörpers, zur Erreichung einer richtigen Vorstellung von seinen vornehmsten Eigentümlichkeiten, zur Unterscheidung der unentwickelten, an manchen Stellen noch nicht genug ins Licht gesetzten Gegenständen, zur*

Aushebung der lehrreichsten Standpunkte, und zu einigen Anwendungen auf die Verfassung unseres Erdkörpers überhaupt"
beizutragen (Storr, zit. in Steinitzer 1913, 26). Storr selbst kam aus Tübingen, und es soll sich um „das erste derartige Werk eines Deutschen" handeln (ebd.).
Besondere Erwähnung finden außerdem J. Walcher mit den Kupferstichen aus „Nachrichten von den Eisbergen in Tyrol" (vgl. Steinitzer 1913, 26) und Salomon Gesner, der „Dichter, Maler und Radierer" (1730–1788, Zürich), der „einer der fleißigsten Darsteller alpiner Landschaften" gewesen ist. Steinitzer schätzt sogar Gessners Bedeutung höher ein als diejenige Hallers und Rousseaus (vgl. ebd.).
Daneben finden noch J. M. Aberli und Henry Besson Erwähnung.

205 Schmidkunz 1931, 339

206 Ebd. 325

207 Ebd. 318

208 Vgl. u. a. Grüner 1991, 4

209 Vgl. Ernst 1993a, 195f

210 Der „Urheber" der Quelle, die ich als erstes zu Rate gezogen habe, ist *Walter Schmidkunz,* der die „Alpine Geschichte in Einzeldaten" (1931) im „Alpinen Handbuch" (AH) verfaßt hat (1931, 307–449). In der Vorbemerkung schätzt er selbst seine Arbeit ein: Sie ist mit einer „umfassenden Daten- oder richtiger Geschehnissammlung" ausgestattet, die „in diesem Umfang und in solcher Vielseitigkeit und Genauigkeit wohl keinen Vorläufer und kein Gegenstück hat" (ebd. 308). Der Autor erhebt zwar nicht den Anspruch, „ein endgültiges Werk, eine lücken- und mangellose Chronologie" verfaßt zu haben, er schreibt sich aber zugute, „insbesondere bei der Darstellung der ‚Frühgeschichte' des Alpinismus (etwa bis 1850)" doch „ziemlich lückenlos alle einschlägigen Daten, soweit sie bekannt sind", aufgenommen zu haben (ebd.). Dennoch liege laut *Schmidkunz* eine „Dürftigkeit der Quellen" vor. Genaugenommen hat der Autor an keiner einzigen Stelle eine Quelle zitiert. Es handelt sich vielmehr um das Ergebnis seiner „Lesefrüchte" (ebd.). Seine „Chronologie des Alpinismus, die zweifellos für lange Zeit das Quellen- und Nachschlagewerk sein wird" (ebd. 309), hat aber nicht „die Zeitschriftenfolgen des In- und Auslandes systematisch ausgezogen" (ebd. 308). *Schmidkunz* wird von einer Reihe alpiner Geschichtsschreiber empfohlen. Ich habe ihn daher dem Folgenden als Grundraster unterlegt. Von diesem Raster bin ich immer dann abgegangen, wenn andere Autoren neue oder davon abweichende Informationen angeboten haben.

211 Bei *Keenlyside* beispielsweise gibt es gleich zwei Väter: „Wenn irgendeiner der Vater des Bergsteigens ist, ist es der stille und würdige Dorfarzt von Chamonix" (1976, 13); gemeint ist M.-G. Paccard. Zwei Seiten vorher schreibt er aber bereits von einem anderen Vater, H.-B. de Saussure: „Es waren vor allem seine begeisterten Äußerungen und nicht irgendwelche Sachkenntnisse, die ihm den Titel eines ‚Vaters des Bergsteigens' eintrugen" (ebd. 11). *Keenlysides* Buch beginnt mit einer Fotografie über die „Nordhänge des Montblanc", er meint, daß „Die Bezwingung der höchsten Gipfel der Alpen das Ziel der ersten Bergsteiger" war (ebd. 9). Die „natürliche Wiege des Bergsteigens" verlegt er in die Alpen (ebd. 10).
Senger entscheidet sich für einen ganz anderen Vater. Aufgrund seiner eigenwilligen Strukturierung der Alpingeschichte in „psychische" und „physische" Eroberungsphasen kommt dem ersten Pilatus-Ersteiger, Vadian, die besondere Stellung zu, „die Mauer des mittelalterlichen Widerstandes erstmals" überwunden zu haben (1945, 5).
Im großen Standardwerk der Alpingeschichte von *Karl Ziak* gibt es die Unterscheidung zwischen Urvater – es ist der Kriegsgott Mars, da er sich auf diverse Eroberungszüge in den Alpen und darüber hinaus bezieht (vgl. 1981, 13) – und den drei Erzvätern Petrarca, Gesner, Haller (vgl. ebd. 21).
Auch *Oppenheim* nimmt die kriegerischen Aktionen zum Ausgangspunkt des Alpinismus wie der Wissenschaft (vgl. 1974, 12f), selbst wenn er zu Beginn darauf hinweist, daß es vor allem anonyme Jäger, Bauern und Einsiedler waren, die auf Berge stiegen (vgl. ebd. 10).
Sehr geschickt wird das Ursprungs-Problem im Buch „Die Welt der Gebirge" gelöst. Es versteckt den strategisch-kriegerischen Aspekt hinter einem ästhetischen Bedürfnis: „Kaiser Hadrian soll bereits 126 n. den Ätna (3323 m), den höchsten Gipfel des außeralpinen Italien [...], bestiegen haben und sechs Jahre später den Djebel-al-Akra (1770 m) in Syrien. Auch von Kaiser Julian wird berichtet, daß er diesen Berg (um 362 n.) betreten habe. [...] Interessanterweise waren für diese Besteigungen nicht etwa die rein strategischen Beweggründe von Feldherren maßgeblich, die von der Höhe aus einen besseren Überblick auf das Land des Feindes erwarteten. Nein, man nahm die Strapazen des Aufstiegs in Kauf, um von den erhabenen Gipfeln dieser Berge aus den Sonnenaufgang zu geniessen." (1983, 192)
N. Dyhrenfurth, der diesen Artikel verfaßte, zieht daraus den Schluß: „Falls diese Berichte auf Tatsachen beruhen, könnte man hier zum erstenmal von Bergtouren im alpinistischen Sinn sprechen, da der Naturgenuß an sich den Anstoß zur Besteigung gab." (1983, 192) Eine Seite später taucht in demselben Buch aber ein anderer Vater auf. Es ist dies F. Petrarca, der „seelische" Vater, dem es „gelungen (ist), die Beziehung des Menschen zum Gebirge klarzustellen und unbewußt die ursprünglichen Beweggründe für das Bergsteigen zu definieren: Die Läuterung von Körper und Geist" (ebd. 193).
Ähnlich hin- und hergerissen sucht *Josias Simler* (1574, Neuauflage 1984) seine Väter. Als ersten zählt er Pius II. Piccolomini auf, welcher „für die

Schönheiten der Natur eine Empfänglichkeit und Liebe (hat), wie vielleicht Niemand vor ihm, aber für das Gebirge [...] fehlt ihm ebenso der Blick wie seinen Zeitgenossen" (1984, 20f); dagegen finden sich „Ausdrücke der Verwunderung und der Ehrfurcht für das Gebirge" bei Sigbert von Gembloux (1030–1122), der rein aus der Phantasie schöne Gedichte über die Alpen, die er nie gesehen hat, schrieb (vgl. ebd. 22). Der tatsächliche Vater wird für ihn Petrarca, der „über das Gesehene genaueste Rechenschaft" ablegt (ebd.). Der Kriegszug Hannibals findet bei Simler eine sehr viel längere Darstellung (vgl. ebd. 69–90). Obwohl auch *Gabriele Seitz* mit einem (farbigen) Bild von Hannibals Alpenüberquerung beginnt (vgl. 1987, 7), wendet sie sich auf der Suche nach dem Anfang diversen Geschichtsschreibern, Pilgern, Dichtern und Philosophen, wie z. B. Balzac, Montaigne, Flaubert, zu und landet bei Leonardo da Vinci (vgl. ebd. 73). Aber auch sie läßt schließlich „die Geschichte der Pioniere auf Alpengipfeln [...] mit einem Dichter", Petrarca, anfangen (ebd. 101). Den ersten schneebedeckten Gipfel schreibt sie (vgl. auch Ziak 1981, 11) Bonifacio Rotario aus Asti zu, der 1388 den Roccamelone erstieg (vgl. Seitz 1987, 101). Dann geschieht etwas Außergewöhnliches: Die Ersteigung der Laugenspitze (2434 m) durch Regina von Brandis und Katharina Botsch im Jahr 1552 wird hier erstmals in die „normale Geschichtsschreibung" aufgenommen und nicht nur in einem marginalen Kapitel über „Die Frau in den Bergen" (vgl. Ziak 1981, 90) angeführt. Es handelt sich um die erste reine Damenseilschaft, von der man leider nicht mehr in Erfahrung bringen konnte, als daß die beiden nicht wie jenes Mädchen, von dem eine Bündner Sage des Mittelalters berichtet, umkamen: „Angezogen von der Schönheit der Berge hatte sie das Tinzenhorn bei Bergün erstiegen und dafür das Leben lassen müssen." (Seitz 1987, 102) Und trotzdem setzt auch *Seitz* die „Geburtsstunde des eigentlichen Alpinismus" nicht mit diesem Ereignis gleich, sondern verlegt sie, wie andere auch, „in die zweite Hälfte des 18. Jahrhunderts [...] und die Naturforscher – im allgemeinen und im besonderen – waren es, die sie vorbereiteten" (ebd. 103).

Seitz mißt dabei J. J. Scheuchzer, der sich auf Gesners Vorbild beruft, die Hauptbedeutung zu, unterläßt es aber, von einem „Vater des Alpinismus" zu sprechen. An anderer Stelle spielt sie J. J. Rousseau eine ausschlaggebende Bedeutung zu (vgl. ebd. 104).

Dasselbe tut *Steinitzer* (1913, 2): „Der erste aber ist Jean Jacques Rousseau, der nicht nur die Empfänglichkeit für die Schönheit und Erhabenheit des Hochgebirges besitzt, sondern sie auch mit flammender Begeisterung verkündet", auch wenn er die „eigentliche Erschließung der Alpen" einem anderen zuschreibt: „Mit dem Tag, an dem der Genfer Naturforscher Horace-Bénédict de Saussure den höchsten Gipfel der Alpen bezwang" (ebd. 9).

Franz bringt jemand ganz anderen in die Alpingeschichte. Es ist Isidor von Sevilla (636 n.), der als Bischof der Jugend außer Gymnastik, Reiten, Jagd und Segelsport das Bergsteigen zur körperlichen Ertüchtigung empfohlen haben soll (vgl. 1967, 200); selbstverständlich werden auch Petrarca und Gesner genannt sowie Kartographen und vor allem Künstler, denn ihm geht es um die „Suche nach dem Schönen". Einen definitiven Vater gibt es für ihn keinen.

Grimm strukturiert das vorgefundene Material so, daß eindeutig ein Mann mit dem „Geburtstag des Hochalpinismus" in einem Atemzug genannt werden kann; mehr noch, es handelt sich um den Vater desselben: M.-G. Paccard (vgl. 1987, 107). Das herauszufinden ist gar nicht einfach, es hat sich längst ein Streit darüber entzündet (C. E. Engel, T. G. Brown, G. de Beer, H. Dübi, C. Egger u.a.), man scheute keine Anstrengung, Quelle für Quelle zu überprüfen und neu zu entdecken. *Grimm* kommt zu seiner Entscheidung, indem er den Akzent auf die Frage legt: „Wer aber hat die Route aufgefunden, und wie steht es mit dem Ablauf der Ereignisse?" (1987, 103.) Dadurch wird gleichzeitig und stillschweigend eine Vorentscheidung für den Ausgang gefällt: Nicht das faktische Handeln am Berg ist das Ausschlaggebende, sondern das Planen, Auskundschaften, Beobachten, die richtige Taktik; zum anderen läßt sich ein Ablauf von Ereignissen nur mehr über das feststellen, was notiert wurde; das Ungeschriebe existiert später nicht mehr.

Völlig anders setzt *Stefano Ardito* seinen Anfangspunkt. Er spricht ihn Antoine de Ville zu, da dieser bereits mit einem ziemlichen Aufwand an künstlichen Hilfsmitteln wie Leitern, Seilen, Stangen einen kühnen Bergturm in der Dauphiné erstiegen habe. Das war in dem Jahr, als Columbus die Neue Welt entdeckte, jedoch in einem anderem Bereich: „senkrechter Fels, brüchige Schluchten und gefährliche Pfade" – der 2097 m hohe Mont Aiguilles. Das war zwar keine freiwillige Angelegenheit, und de Ville war auch nicht allein unterwegs – der französische König Karl VIII. hatte befohlen, doch der „gesandte Notar" weigerte sich, den Aufstieg zu wagen, um die Besteigung zu beglaubigen. Er erledigte seine Aufgabe vom Tal aus (vgl. 1993, 18). Genau 500 Jahre später besteigt Reinhold Messner auf „historischem Weg den Gipfel des Mont Aiguilles. Für ihn ist Antoine de Ville ‚der Mann, der für die Menschheit das Tor zur Welt der Vertikalen aufgestoßen hat'" (zit. ebd.). Daneben gibt es noch jene Geschichtsschreibung, welche die Ereignisse des Bergsteigens so in eine Reihung bringt, daß sich daraus eine klare Einteilung des Alpinismus ergibt. Sie verzichtet weitgehend auf Kommentare, beschränkt sich mehr oder weniger auf Zahlen und Namen. Sie erweckt viel eher den Anschein von Objektivität und liest sich „neutral", wenngleich auch hier immer irgendwo ein Anfang festgelegt wurde. *Schmidkunz* z. B. beginnt mit dem „phönizischen Melikartes (= Herkules)", welcher „in Ligurien (landet) und einen ‚heiligen Götterberg' der Alpen (ersteigt)" (1931, 331), wobei der Autor bei der Zeitangabe ein Fragezeichen setzt. *Perfahl* beginnt mit ca. „50.000–40.000 v. Alpines Paläolithikum" (1984a, 21), und *Zebhauser* (1985) gibt dem „Präalpinismus" kein genaues Datum, sondern bringt die „Eroberung seines Lebensraumes" in erster Linie mit der Jagd, aber auch mit Kult und Opferungen in Verbindung. Der Präalpinismus reicht nach *Zebhauser* „von den Anfängen bis zur Erstbesteigung des Montblanc 1786" (1985, 254); dann nimmt er eine 2. Epoche an, den „frühen Alpinismus – Von der Erstbesteigung des Montblanc 1786 bis zur Gründung der alpinistischen Organisationen 1857 bis 1869"; die 3. Epoche ist „der klassische Alpinismus – Von der Gründung der alpinen Vereine 1857/69 bis zum Ende des 19. Jahrhunderts"; die 4. Epoche, „der moderne Alpinismus – Erste Hälfte des 20. Jahrhunderts: Die ‚letzten Probleme' in den Alpen und modernes Klettern, Beginn des Expeditionsbergsteigens"; die 5. und in seiner Aufzählung letzte Epoche reicht vom „zeitgenössischem Alpinismus – Von der Ersteigung des ersten Achttausenders 1950 bis in die Gegenwart" (ebd. 256). Von dieser Einteilung der Geschichte des Alpinismus weichen einige Autoren ab, wenngleich die große Spur doch weitgehend übereinstimmt.

212 Nach *Rébuffat* war Martel Optiker (vgl. 1988, 35), im Originalbericht zit. in *Egger* (vgl. 1943, 68) war derselbe Mathematiker, bei *Oppenheim* wird er zum Ingenieur-Geographen (vgl. 1974, 138), und *Wagner* beruft sich darauf, daß Martel sich selbst als ein „Engineer" bezeichnet haben soll (vgl. 1983, 240) – also ähnlich, wie *Egger* ihn einschätzt: ein Ingenieur und Schusterssohn aus Genf (vgl. 1943, 18). Ziak (1981), Seitz (1987), Keenlyside (1976) und Grube (1875) erwähnen Martel überhaupt nicht.

213 In Martels Originalbericht werden zwar fünf Personen angekündigt, dann aber nur vier namentlich angeführt: „[...] die Herren Pierre Martel, Mathematiker, Chevalier, Goldschmied und Kenner der Mineralien, Giraud-Duval und ein Fremder, namens Roze, Apotheker, guter Chemiker und guter Botaniker" (zit. in Egger 1943, 68). *Rébuffat* berichtet, daß noch „zwei Handwerker" mit von der Partie waren (1988, 35). Außerdem war die Gesellschaft noch „von 7 Männern" begleitet, die „teils unsere Ausrüstung trugen, teils uns führten" (Egger 1943, 69).

214 Nach Martels eigenen Angaben handelte es sich um ein gutes Barometer in einem Holzetui, einen Sextanten, einige Seekompasse, eine Camera obscura und alles, was man zum Zeichnen braucht, sowie ein selbstgefertigtes Thermometer und die Tabelle von Scheuchzer (vgl. Egger 1943, 68). *Rébuffat* zählt ein Barometer, ein Thermometer und einen Kompaß zu seiner Ausrüstung (vgl. 1988, 35).

215 Vgl. die verkürzte Darstellung des Unterfangens im „Auszug aus dem Bericht Pierre Martels – Eine Reise zu den Gletschern des Faucigny (1742)", zusammengetragen und übersetzt von *Carl Egger*, im Anhang mit einer Reihe weiterer „zeitgenössischer Dokumente" (1943, 68–73). Im Unterschied zum Originalbericht notiert *Rébuffat* (1988, 35), daß Martel „angesichts der Naturschönheit [...] keinen Sinn für seine Messungen" gehabt habe; das aber bestreitet *Wagner* (vgl. 1983, 240): „[...] doch ging er sofort zielstrebig zur Barometermessung über" und „bedauerte, wegen der Nähe so hoher Berge, seine Camera Obscura nicht benutzen zu können, hielt jedoch als Ersatz für das topographisch exaktere Verfahren den Blick auf das Eismeer in einer Zeichnung fest" (ebd. 241). *Wagner* beruft sich auf Martels Briefwechsel, den er gemeinsam mit Wyndham unter folgendem Titel veröffentlichte:
„An Acconut of the Glaciers or Ice Alps in Savoy, in two Letters, one from an English Gentleman to his friend at Geneva, the other from Peter Martel, Engineer, to the said English Gentleman." (London, 1944)

216 Rébuffat 1988, 35

217 „So erkennt er (Martel, HP) den Montblanc als die höchste Erhebung und gibt ihm zum erstenmal seinen Namen und die Höhe von 12.460 Fuß über dem Genfersee, was immerhin 400 m zu wenig ist." (Egger 1943, 18) Martel soll zunächst von einer ganz einfachen Beobachtung ausgegangen sein: „Denn mehrfach haben Reisende uns bestätigt, ihn von Dijon und andere von Langres aus (in 135 Meilen Entfernung) gesehen zu haben." (zit. ebd. 73)
Martel fertigt eine Karte an, in der der „verfluchte Berg" (Mont Maudit) durch den „Weißen Berg" (Mont Blanc) ersetzt wird, wobei ich den Quellen nicht eindeutig entnehmen konnte, ob sich die alte Bezeichnung auch auf den Hauptgipfel des späteren Mont Blanc bezog oder nur auf einen seiner Nebengipfel (vgl. die diffusen Bemerkungen in Grube 1875, 31; Oppenheim 1974, 38 und Egger 1943, 17), der heute noch so heißt.

218 Egger 1943, 73; vgl. dazu auch Wagner 1983, 239f.

219 William Wyndham gab in seinem berühmt gewordenen „Account of the glaciers or icealps in Savoy" Ratschläge für künftig Reisende. Darin empfiehlt er z. B. ein Barometer mitzunehmen, damit die Höhe richtig eingeschätzt werden kann. Wyndham wird von *Wagner* als „erster Gletschertourist" bezeichnet (1982, 239).

220 „[...] denn sie stießen auch in diesem Gebiet ein Fenster auf und erregten die Gemüter aufs höchste" (Egger 1943, 17). Das mag damit zusammenhängen, daß „alle bis auf die Zähne bewaffnet" anreisten (Oppenheim 1974, 138). *Egger* schreibt: „Mit Zelten, Waffen und Packpferden, mit einem wahren Troß von Dienern („5 Diener" nach Oppenheim, HP) und einheimischen Führern und Trägern zog eine Karawane gegen Montenvers, das auf 1910 m liegt, und ‚zur Mer de Glace'". Ihre „ganze wissenschaftliche Ausrüstung", so bemerkt *Egger* ironisch, „bestand in einem – in Chamonix

vergessenen – Kompaß" (1943, 17). Pococke, der Zweite im Bunde, erregte durch ein mitgebrachtes türkisches Kostüm Aufsehen (vgl. ebd.). Eine andere Textstelle informiert uns über ein Reglement, das Wyndham vor Antritt der Wanderung mit denen abschloß, die an der Fahrt beteiligt waren. Die Notwendigkeit dieses Übereinkommens mag auf zwei Dinge verweisen. Die Teilnehmer kannten sich offenbar nicht gut, und das Bergwandern war damals noch keine Selbstverständlichkeit: „Keiner solle aus der Reihe treten und jeder nur langsam und mit ebenmäßigen Schritten gehen; wenn jemand müde wurde oder außer Atem kam, durfte er einen Halt verlangen; an Quellen konnte Wasser, mit Wein vermischt, getrunken werden, aber die Flaschen mußten sofort wieder gefüllt werden für Halte, wo kein Wasser mehr zu finden war" (Egger 1943, 18). Bei *Ziak* 1981 hören wir nichts Genaueres über die Entdeckungsfahrt der Engländer; Seitz bezeichnet beide als „die ersten Fremden im Tal von Chamonix", welche „vermuteten, daß weder Gemsen noch Steinböcke in den Hochregionen leben können" (1987, 73). *Rébuffat* zitiert, ohne Angabe der Quelle, eine Passage vom Aufstieg:

> *„Der Aufstieg war so steil, daß wir uns bisweilen mit den Händen anklammern und uns mit unseren eisbeschlagenen Stöcken abstützen mußten. Unser Weg führte in Serpentinen nach oben, und häufig mußten wir Stellen passieren, wo Lawinen niedergegangen waren und schreckliche Verwüstungen angerichtet hatten. Überall lagen entwurzelte Bäume und Felsbrocken herum, die abrutschten, sobald wir sie mit den Füßen berührten. Endlich, nach einem beschwerlichen Marsch von vier dreiviertel Stunden, waren wir auf dem Gipfel des Berges angelangt, und hier nun erblickten wir die alleraußerordentlichsten Dinge."* (1988, 30)

Gemeint ist übrigens der Montenvers, von wo aus „sich uns der Gletscher in seiner ganzen Pracht" darbot (ebd.). Damit war aber die Neugier der Engländer nicht gestillt, sie wollten noch hinunter zum Gletscher:

> *„Auf Händen und Füßen rutschend, mehr fallend als gehend, gelangten wir auf das Eis hinab. Hier entdeckten wir unzählige Spalten, die so tief waren, daß wir nicht auf den Grund sehen konnten. Häufig verirrten sich hier auch Kristallsucher, und nach geraumer Zeit findet man dann ihre völlig konservierten Körper auf dem Eis. Unsere Führer behaupteten, daß diese Spalten sich ständig veränderten und daß der ganze Gletscher immerzu irgendwie in Bewegung sei."* (ebd. 31f)

Nichts dergleichen erwähnt *Keenlyside*; Grube unterrichtet uns darüber, daß man, „um die Entdecker eines der großartigsten und schönsten Alpenthäler auf dem Erdenrund zu ehren", ihre Namen „in einen Felsen an der mer de glace eingehauen" habe (1875, 31).

221 Der Prinz war ein Verwandter des Königs von Sardinien, wie uns *Egger* (1943, 16) mitteilt, in dessen Gebiet der Mont Blanc lag, der den ersten Kataster anlegen ließ und schließlich dem Ersteiger J. Balmat den Ehrentitel „de Montblanc" verleihen wird. Für *Egger* ist der Prinz „der erste Reisende, der sich, soviel man feststellen konnte, zum Besuch der ‚Glacieres', der Gletscherzungen am Fuße des Montblanc, aufmachte" (ebd.).

222 Für *Keenlyside* (1976, 11) war *Saussure* ein „sehr bekannter und beachteter Mann, ein ehrgeiziger Wissenschaftler und nach seiner Heirat tatsächlich der reichste Einwohner von Genf (vgl. dazu die Darstellungen seiner frühen Versuche einer Besteigung des Mont Blanc, in „Die Entdeckung der Alpen" 1934, 153–178).

223 Bei *Grimm* „erlag" *Saussure* „diesen neuartigen Einflüssen" und beschloß, „dort oben will ich stehen und wissenschaftliche Beobachtungen machen. Als erster und höchster Naturwissenschaftler Europas." (1987, 105) *Keenlyside* schrieb: „Anläßlich seines ersten Besuches in Chamonix wurde Horace-Bénédict de Saussure in den Bann dieses Berges gezogen" (1976, 11); *Grube* fomuliert es romantischer, wenn er davon spricht, daß „seine Seele freudig erregt (war) beim Anblick des Riesendomes und der scharfen und spitzen Granitnadeln an seinen Flanken, die aus ungeheuren Eis- und Firnmeeren hervorragen. Ein glühendes Verlangen ergriff ihn, auf den Gipfel des weißen Berges zu gelangen; allein das schien ihm wie allen ein Ding der Unmöglichkeit zu sein" (1875, 32). *Rébuffat* nennt den 24. Juli einen „Tag der Offenbarung – er markiert den Beginn eines großen Abenteuers" (1988, 45f); an anderer Stelle spricht *Rébuffat* davon, daß „Saussure aber einem inneren Ruf folge" – im Unterschied zu den anderen, die nur aus Neugier angereist seien (ebd. 36). Außer, daß er „gleich vom höchsten Berg Europas gebannt" war und es „ihm leicht (fiel), eine stattliche Summe auszusetzen", hören wir bei *Seitz* (1987, 104) nicht viel über diese Person, die während der Auseinandersetzungen um den tatsächlich Ersten auf dem Gipfel des Mont Blanc eine wichtige Rolle in der Berichterstattung einnehmen wird.

224 Ausschließlich *Egger* kann eine genaue Angabe über die Höhe des ausgesetzten Preises machen: „Der Empfänger selbst soll später Fr. 50.– genannt haben, was für unsere Begriffe eine erstaunlich geringe Summe bedeutet." (1943, 20) Die anderen Autoren erwähnen nur allgemein, daß eine Belohnung ausgesetzt wurde (vgl. Grube 1875, 32; Egger 1943, 19; Keenlyside 1976, 11; Oppenheim 1974, 138; Rébuffat 1988, 46; Seitz 1987, 104; Ziak 1981, 41). Allen scheint eine Erwähnung wichtig gewesen zu sein. Nur weshalb? Zum einen geht dadurch Saussure als Urheber der Idee, den Montblanc zu besteigen, hervor; zum anderen wird damit die sehr ungewöhnliche Idee einer Mont-Blanc-Besteigung in ein gewohntes Zweck-Mittel-

Denken gebracht, wodurch ihr die Spitze des Kuriosen und Abnormen genommen wird. Der Anreiz eines Preises für die Auskundschaftung einer Bergroute als Novum in der Alpingeschichte mag ein zusätzliches Motiv gewesen sein, es hervorzuheben. Dazu kommt, daß in einem so abgeschiedenen und „wilden" Hochgebirgstal eine solche Geldquelle durchaus motivierend wirkte.

225 Grube 1875, 32.
Bei *Keenlyside, Ziak, Oppenheim* und *Seitz* wird dieser Versuch gar nicht erwähnt; *Rébuffat* widmet ihm einen zitierten Satz: „Pierre Simond hat von Tacul und vom Glacier des Bossons aus zwei vergebliche Anläufe unternommen', notiert Saussure resigniert" (1988, 44f), wobei nicht zu eruieren ist, auf welche Quelle sich *Rébuffat* stützt. *Grube* erwähnt ihn als „guten Bergsteiger" (1875, 32), und *Egger* nennt diesen Versuch einen „zaghaften Schritt eines Einzelgängers" (1943, 20), wohingegen derselbe bei *Grimm* zum „Führer Pierre Simon" wird (1987, 105).

226 Die Jahreszahl 1775 scheint in allen Werken auf, die ich zur Hand nahm. Man scheint sich darin einig, daß es ein bedeutsames Jahr war. Was aber hat sich zwischen 1760 und 1775 abgespielt? Darüber geben nur zwei Autoren etwas genauer Auskunft.
Grimm weiß zu berichten, daß „1765 und 66 Marc-Théodore Bourrit auf der Bildfläche (erscheint)", welcher noch „1773 den Weißen Berg als unersteiglich" beurteilt. 1774 umrundet Saussure die Mont-Blanc-Gruppe und soll nach *Grimm* „von Courmayeur aus einen Erkundungsvorstoß" unternommen haben, der auch „keine Anstiegsmöglichkeit" bot (1987, 105). Anders bei *Schmidkunz,* der Saussure ebenso eine zweite Reise um die Mont-Blanc-Gruppe 1774 machen und im Anschluß daran den Brévent ersteigen läßt, einen Berg auf der gegenüberliegenden Seite. *Schmidkunz* bietet am meisten „Zwischendaten" an. Er ist übrigens der einzige, der für 1760 noch etwas anderes als Saussures Liebe auf den ersten Blick zu vermerken weiß; zur selben Zeit sollen sich die Brüder de Luc am Salève bei Genf daran gemacht haben, eine recht genaue trigonometrische Messung des Montblanc durchzuführen. Sie kamen auf 14.346 Pariser Fuß, was 4660 m entspricht (vgl. 1931, 336). 1762 war nach seinem Wissen der Duc d'Enville im Mont-Blanc-Gebiet (vgl. ebd.), 1764 soll die dritte Reise Saussures nach Chamonix stattgefunden haben (vgl. ebd.), und für 1765 vermerkt *Schmidkunz* den „erste(n) vergebliche(n) Versuch der Brüder De Luc aus Genf, den Mont Buet (3109 m) zu erreichen"; außerdem soll es zur „Einrichtung der ersten Unterkunftsstätte in Chamonix" gekommen sein (ebd.). 1770 unternimmt Saussure seine fünfte Chamonix-Reise, und den Brüdern De Luc gelingt es nach drei Versuchen, den Mont Buet zu besteigen. „Ihre in den Jahren 1757 bis 1772 angestellten barometrischen Messungen ergeben die erste brauchbare Barometerformel." (ebd. 337) Außerdem macht sich Herr Besson, durch einen französischen Gesandten (P.-M. Hennin, HP) dazu veranlaßt, daran, „als erster am Glacier des Bois bei Chamonix Messungen über die Bewegung des Gletschereises" vorzunehmen (ebd.). Drei Jahre später stellt A. C. Bordier „als erster die Theorie der Gletscherbewegung (Gletscher = zähflüssige, strömende plastische Masse) auf", ein Jahr zuvor erscheint die vorzügliche „Karte von Savoyen und Piemont" von Borgonio und Stagnoni (vgl. ebd.). Für 1773 hält *Schmidkunz* noch ein Faktum bereit: „M.-Th. Bourrit veröffentlicht seine ‚Description des glacieres du Duche de Savoye'" (ebd.), womit wir Schritt für Schritt dort angelangt sind, wo wir anfangs waren – im Jahr 1775.

227 Grube 1875, 32.
Ob es sich tatsächlich um „kühne Führer" handelte, darüber ist sich die Geschichtsschreibung nicht sicher. Bei *Oppenheim* waren es „vier Bauern" (1974, 138), bei *Rébuffat* „vier Bergführer", die er mit Namen anführt: „Michel Paccard (das ist nicht der spätere Ersteiger des Montblanc, HP), sein Bruder François; Victor Tissai sowie Jean-Nicolas, Sohn der ehrenwerten Frau Couteran, Wirtin zu Chamonix" (1988, 61); bei *Egger* handelt es sich nur um „vier Mann", die aufbrachen (1943, 20), dagegen spricht *Grimm* von einem „ehemaligen Notar Jean-Nicolas Couteran", der „mit 3 Führern" zum „erstenmal (den Berg) gewissenhaft" anpackt (1987, 105). *Egger* hingegen schätzt die Sache anders ein. Er sieht in diesem Unternehmen ganz und gar keine ernsthafte Angelegenheit, wenn er schreibt: „als endlich 1775 vier Mann aufbrachen, um am Fuße der Montagne de la Côte zu übernachten, an ihrer Seite emporzusteigen, die Jonction zu überqueren, einen A b s t e c h e r zu den Felsen der Grands Mulets zu machen und ein wenig auf dem Schnee zu b u m m e l n" (1943, 20; Hervorhebung HP). Bevor wir uns aber der Route, die eingeschlagen wurde, genauer zuwenden, noch einmal zur Berufsbezeichnung der Wagemutigen. *Seitz* beschreibt sie kurz und bündig als „vier Einheimische" (1987, 104), und *Ziak* verweist auf sein Buch „Der König des Montblanc", ohne uns genauer über das Jahr 1775 zu unterrichten. Für ihn ist ganz allgemein klar, daß „es den Bauern von Chamonix gelang, den Weg auf die Kuppel des Montblanc zu entdecken" und daß „rund eineinhalb Jahrzehnte vergingen, ehe sich die Gemsjäger und Kristallsucher überhaupt an den Gegner wagten" (1981, 41). Daran schließt *Ziak* eine Erklärung, die zwar weitgehend zutreffend erscheint, dennoch etwas stereotyp klingt: „wie es vor allem die Furcht, auf dem Gletscher von der Dunkelheit überrascht zu werden, wie es die Furcht vor der nächtlichen Kälte und vor den Geistern der Berge war, die einen Erfolg verhinderte". (ebd.) Wenn wir nun auf die Suche gehen, wie es den vieren – das allein mag ziemlich gesichert sein – am Berg erging, so wird man umfassender nur bei *Rébuffat* (ebenso Bergführer) fündig, wenngleich die Quellen nicht angegeben sind. *Rébuffat* läßt sie

147

„entlang der Montagne de la Côte zum Glacier des Bossons" hinaufsteigen, diesen überqueren, um dann „bis zu den Grands Mulets" zu gelangen „und sogar noch etwas weiter" (1988, 61). Er läßt sie, wie *Grube* auch, wegen „der Hitze und eine(r) gewisse(n) Erschöpfung" stoppen und umkehren (ebd.). Dennoch bringt *Rébuffat* noch viel mehr über den Rückweg, der sich offensichtlich gefährlich gestaltet, in Erfahrung: „Die Angst, uns im dichten Nebel zu verirren, beschleunigte unseren Schritt, so daß wir ihm immer vorauseilten, und häufig überwanden wir dabei Spalten, vor denen wir mit weniger Kaltblütigkeit wohl zurückgeschreckt wären" (ebd. 62). Einmal soll Couteran gestürzt sein, als er gerade eine Spalte überspringen wollte. Er bemerkt, „ohne meinen langen Stock wäre sie mir sicher zum Grabe geworden" (ebd.). Er ist zwar etwas verletzt, wie *Rébuffat* annimmt, aber „man will dieser schrecklichen Eis- und Schneewüste entrinnen"; abgesehen davon vermutet man mit Recht, daß sich die Leute im Dorf Sorgen machen und befürchten, „wir seien von den Schneemassen des Montblanc verschüttet worden" (ebd.). Man beeilte sich wahrscheinlich auch deshalb, weil man annahm, keine Nacht dort oben überleben zu können (vgl. ebd.). Eine Stelle wird zum Ausgangspunkt längerer Diskussionen, geht es doch darum, festzustellen, ob es sich um die erste Besteigung eines „vergletscherten Hochgipfel(s)" handelt oder nicht. Bei *Rébuffat* kommt das Zitat vor, daß man „mühelos einen Kegel, von dem aus wir den Gipfel des Montblanc erblickten, erklommen hatte", und dachte nur mehr „eine Meile von ihm entfernt zu sein", was sich aber als großer Irrtum herausstellte, „er war mehr als doppelt so weit entfernt" (ebd.). *Rébuffat* interpretiert die Ersteigung des Kegels als Erreichen des Randes des Grand Plateau (vgl. ebd.), was umstritten ist: „Der Rand des Grand Plateau, wie viele Autoren erklären, kann's topographisch jedenfalls nicht gewesen sein." (Grimm 1987, 105) Er beruft sich dabei auf Brown und de Beer, welche „aus der Tatsache, dass von dieser Stelle aus sowohl der Mont Blanc wie die Ebene von Piemont sichtbar war, sowie aus dem Zeitbedarf", den man aufzuwenden hatte, schließen, daß „an jenem 14. Juli 1775 der Dôme du Goûter bestiegen worden ist" (ebd. 105). *Grimm* beruft sich hier aber auch auf den sonst nicht sehr geschätzten Bourrit, der „in seinen Schriften den erreichten Punkt als ‚hohen Gipel', als ‚Gipfel nächst des Mont Blanc'" bezeichnet. Sollte diese Erklärung zutreffen, so folgert *Grimm,* dann „wäre schon damals, noch vor dem Mont Blanc, ein vergletscherter Hochgipfel erstiegen worden" (ebd.). Laut *Schmidkunz* waren es Ignaz Hess, Josef Eugen-Maaser und zwei Klosterleute aus Engelberg, die die „erste bekannte Ersteigung eines Eisgipfels" unternahmen. Es handelte sich um den Titlis (3229 m), wobei sich *Schmidkunz* nicht ganz sicher über den Zeitpunkt ist. Er nimmt den August 1744 an, stellt aber in Aussicht, daß es bereits 1739 gewesen sein könnte

(vgl. 1931, 335). Ähnliches vermutet *Keenlyside*: „Mit drei Führern gelangte er (Couteran, HP) 1775 auf den Dôme (4304 m). Es war das erste Mal, daß einer der großen Schneeberge bestiegen wurde." (1976, 11) Nehmen wir an, die vier haben den Dôme tatsächlich erreicht, so bleibt noch eine Formulierung unklar: Was soll es zum damaligen Zeitpunkt bedeutet haben, daß „die am häufigsten gewählte Route über den Dôme du Goûter (führte)"? *Keenlyside* erwähnt mit keinem Wort andere Mont-Blanc-Besteiger, die sich vor 1775 in größere Höhe gewagt hätten. Den meisten Autoren – *Grube* und *Rébuffat* ausgenommen – geht es im Jahr 1775 nicht primär darum, herauszufinden, wer bis wohin wie auf den Mont Blanc stieg; vielmehr wird dieses Faktum Ausgangspunkt für etwas Bedeutsameres. Bei *Egger* wird am deutlichsten, was ich meine. Für ihn ist obige Bergfahrt nur ein „Bummeln", um dann den tatsächlichen Helden ins Geschehen einzuführen: „Einige Wochen später beginnt der erste wirkliche Tourist, der achtzehnjährige Student Michel-Gabriel Paccard aus Chamonix, seine so erfolgreiche bergsteigerische Leistung." (1943, 20) Ähnliches bei *Keenlyside*, der seinen Favoriten Thomas Blakie ins Spiel bringt, der mit Paccard „den ersten führerlosen Versuch am Mont-Blanc" unternahm, „sieben Wochen nach Couterans Besteigung des Dôme du Goûter". Blakie gilt für *Keenlyside* als „der erste britische Bergsteiger" (1976, 12), war ein junger schottischer Botaniker, der noch eine Reihe weiterer Bergfahrten unternahm. Bei *Grimm* geht es wiederum um Paccard: „Im gleichen Jahr tritt auch der junge Michel-Gabriel Paccard, Sohn des Notars zu Chamonix, in die Annalen der alpinen Geschichte. [...] In nur 6 Tagen haben die beiden (gemeint ist Paccard und Blakie, HP) die damals bedeutendste Entdeckungsarbeit in der Mont-Blanc-Gruppe geleistet." (1987, 105) *Seitz* hebt ein ganz anderes Ereignis in den Vordergrund: Goethe bereist 1775 zum erstenmal die Schweiz (vgl. 1987, 104,139); *Ziak* schenkt diesem Ereignis ebenso viel Beachtung (vgl. 1981, 34f), dasselbe macht *Egger* (vgl. 1943, 21ff), wobei sich die Autoren (ebenso wie in der „Entdeckung der Alpen" 1934, 106–117) auf die zweite (1779) seiner drei Alpenreisen beziehen. Auf dieselbe bezieht sich auch Großklaus, um darauf hinzuweisen, wie sehr es zu dieser Zeit bereits Mode geworden ist, die Savoyer Eisberge zu bereisen (vgl. 1983, 178; vgl. auch Einleitung zu Studie 1). Goethe war von der Schönheit des Montblanc außerordentlich beeindruckt,

> *„denn, da er mit den Sternen, die um ihn herumstunden, zwar nicht in gleich raschem Licht, doch in einer breitern, zusammenhängendern Masse leuchtete, so schien er den Augen zu jener höhern Sphäre zu gehören, und man hatte Mühe, in Gedanken seine Wurzeln wieder an die Erde zu befestigen".*
>
> (zit. in „Entdeckung der Alpen" 1934, 108)

228 *Grimm* setzt mit dem Jahr 1782 ein. Zu dieser Zeit soll sich der „junge Paccard nach Abschluß seines Studiums [...] als Landarzt in Chamonix" niedergelassen haben, um dann ab dem „Sommer 1783 [...] den Mont Blanc vom Brévent und Planpraz aus unter ständige Beobachtung" zu nehmen. Er hat sich mittlerweile mit der „Beschaffenheit des Schnees" zu beschäftigen gelernt, „mit den Lawinenabgängen", aber auch mit dem „Barometer" und „allerlei physikalischen Messgeräten", hat „einen Alpengarten" angelegt, Gesteine gesammelt und sich in der Gemsenjagd geübt (1987, 105). Dasselbe hat auch *Egger* über Paccard zu berichten, nur nimmt dieser das Jahr 1783, in dem „Paccard seine Arztpraxis im Dorfe aufnahm und sich für die Besteigung des Montblanc interessierte" (1943, 23). *Egger* gibt noch ein Datum an, 1779, als Saussures erster Band der „Voyages dans les Alpes" erscheint und Goethe – „dem Zuge der Zeit gefolgt – zum erstenmal dem Montblanc köstliche Zeilen eines empfindsamen Naturbetrachters gewidmet" hat (ebd. 21f). Ansonsten berichten alle anderen Autoren nichts über die Lücke zwischen 1775 und 1783. Eine Ausnahme ist Walter *Schmidkunz.* Er gibt für 1776 das vermutlich erste Gipfelpanorama an, welches vom Buet aus und von M. Th. Bourrit gezeichnet wurde (angeregt durch Saussure); für 1777 notiert er die sechste und siebente Reise Saussures nach Chamonix und für dasselbe Jahr datiert er weitere trigonometrische Höhenmessungen, u. a. des Mont Blanc auf 14.432 engl. Fuß durch Sir George Shuckburgh. 1778 soll Saussure seine achte Reise nach Chamonix, die dritte um den Mont Blanc unternommen haben, den er immer noch für unersteiglich hält. Begleitet haben ihn J. Tremblay und M. A. Pictet; übrigens soll Saussure auch den Buet erstiegen haben; 1779 hat der Engländer Blair auf dem Montenvers ein hölzernes Unterkunftshaus errichtet. Goethe soll seine zweite Schweizer Reise unternommen haben, wobei er am 4. 11. nach Chamonix kam und den Montenvers bestieg, das Mer de Glace und den Übergang über den Col de Balme nach Martigny, „und im tiefen Schnee über den Furkapass" stapfte (Egger 1943, 337f; sowie Goethes Beschreibung seiner abenteuerlichen und anstrengenden Tour über den Col de Balme in „Die Entdeckung der Alpen" 1934, 113–115).
Auch *Schmidkunz* erwähnt das Erscheinen von Saussures „Voyages dans les Alpes" im Jahr 1779 und dessen Ersteigung des Tête Nord des Fours (2761 m) am 7. 8. 1781 mit P. Balmat (vgl. Egger 1943, 338).

229 Dieses Ereignis wird von *Seitz, Ziak* und *Keenlyside* nicht registriert, von *Grimm* kurz aufgegriffen: „Im Juli des gleichen Jahres scheitert ein Besteigungsversuch von 3 Führern aus Chamonix bereits in der Gegend des Petit Plateau" (1987, 105); ebenso knapp bei Oppenheim: „Ein zweiter Versuch im Jahre 1783 zeitigte kein besseres Ergebnis" (1974, 138); nur *Rébuffat, Schmidkunz* und *Grube* gehen näher darauf ein. Wir erfahren die Namen der Führer: Jean-Marie Couttet, Joseph Carrier und Lombard, genannt Grand Jorasse (vgl. Rébuffat 1988, 62), das genaue Datum des Besteigungsversuches, der 12./13. 7. (vgl. Schmidkunz 1931, 339) und daß man denselben Weg nahm wie damals die vier Führer im Jahr 1775, nämlich über La Côte (vgl. Grube 1875, 33).

230 *Grube* weiß zu berichten, daß den „Rüstigsten" in den Augen der anderen ein „Sonnenstich getroffen" habe, wobei sich „die Übelkeit und Schlafsucht von selber" aufhob, als „sie in tiefere Luftschichten gelangten" (1875, 33). *Grube* zieht daraus keinen Schluß. *Rébuffat* spricht von einem Sonnenstich und daß „sie sich schon ziemlich weit oben (befanden) und beherzt voran (schritten)" (1988, 62). Im Gegensatz dazu steht Grimms Annahme. Dem Tagebuch Paccards ist zu entnehmen, daß es Marie Couttet „schlecht geworden" ist, und wir erfahren auch, daß beim Abstieg allen die „Sonne stark zugesetzt" habe, denn „sie waren mit Blasen bedeckt". Außerdem war beim Abstieg am Mittag der Schnee weich, so daß „sie sitzend abgefahren sind", und auf der „Montagne de la Côte haben sie noch ein wenig geschlafen" (zit. in Egger 1943, 75).

231 Lombard soll es gewesen sein, der zu Saussure sagte, daß es überflüssig sei, Verpflegung auf diese Reise mitzunehmen. Falls er diesen Weg noch einmal machen sollte, würde er jedenfalls nur mit einem Sonnenschirm und einem Riechfläschchen gehen (vgl. Rébuffat 1988, 62). Ähnlich gibt *Grube* diesen Sachverhalt wieder: „Der eine dieser Führer sagte zu *Saussure* in allem Ernst, es sei ganz unnütz, auf den Montblanc Lebensmittel mitzunehmen, denn essen könne man doch nichts, und solle er den Weg noch einmal wagen, so würde er nur einen Sonnenschirm und ein Fläschchen mit wohlriechendem Wasser mitnehmen." (1875, 33) Alle anderen Autoren sparen diese Anekdote aus, was mich etwas erstaunt, denn es liegt Information in ihr: Gefährlich sind Licht und Sonne in dieser Höhe, gegen die man sich entsprechend vorsehen muß; Probleme gibt es mit dem Atmen und mit der Kälte, denn das Essen gefriert und wird ungenießbar. Außerdem sinkt bei Überanstrengung der Hunger.

232 Grube 1875, 33.
Dieses Gerücht hat sonst keiner der Autoren aufgegriffen, nicht einmal in Paccards Tagebuch findet sich ein Hinweis. *Schmidkunz,* so vermute ich, könnte sich auf eben diese Sache beziehen, wenn er schreibt: „Der Wirt Abondance von Courmayeur erreicht mit einem Jäger den Col de Géant." (1931, 339)

233 Grube 1875, 33.
Auch von dieser Besteigung konnte ich in keinem der anderen Bücher lesen und damit leider nicht klären, um welche Felsnadel es sich handelt und wo die Stelle genau ist, an der Eismassen den Weg versperrten. *Seitz* stellt fest, daß Bourrit „in den 1780er Jahren mehrere mißglückte Versuche"

(1987, 104) startete; *Oppenheim* meint, daß „mit dem dritten Versuch, im gleichen Jahr von Bourrit unternommen, [...] die Reihe seiner mißglückten Ersteigungsversuche begann" (1974, 138). Es bietet sich an, an dieser Stelle einen anderen Aspekt zur Sprache zu bringen. Welches Bild wird von Marc-Théodore Bourrit in der alpinen Literatur gezeichnet? Ich halte diese Frage hier deshalb für angebracht, weil dieser vom Mont Blanc zunehmend Ergriffene insgesamt schlecht abschneidet, so als handle es sich um jemanden, der sich zuviel vorgenommen hat und nun verkrampft und verbittert verdrängt, daß seine Beine nicht so können, wie der Kopf will. Dieser Bourrit wird widersprüchlich gezeichnet, je nachdem, welche Interessen sich jeweils hinter der Darstellung verbergen. Was habe ich über Bourrit in Erfahrung bringen können? *Seitz* bezeichnet ihn als „Enthusiast" (1987, 104), *Rébuffat* nennt ihn u. a. „unbeirrbar" (1988, 62), aber auch „eitel" und „besessen" (ebd. 59), was nicht nur negativ gewertet wird: „Dennoch hat Bourrit zwei ganz große Verdienste: Zum einen ist er der erste der seine Liebe zu den Bergen um ihrer selbst willen bekennt, wozu es wahrer Leidenschaft und eines gewissen moralischen Muts bedarf. Er benötigt keinen wissenschaftlichen Vorwand, keine Barometermessungen auf dem Gipfel des Mont Blanc. Und zum anderen gibt Bourrit nie die Hoffnung auf" (ebd. 59f). Dennoch räumt auch *Rébuffat* ein, daß Bourrit „viel guten Willen zeigt, hat aber wenig Talent, und bei der Durchführung seiner Expeditionen erweist er sich als unzuverlässig" (ebd. 59). *Grimm* disqualifiziert Bourrit allein durch die Wahl seiner Berufsbezeichnungen: „Kirchenvorsänger an der Kathedrale zu Genf, Bildchenmaler, Zeitungsschreiber und Büchermacher" (1987, 105), der „üble Nachreden" pflegt (ebd. 106) und „großspurig" seine Touren feiert (ebd. 105). *Ziak* verwendet für ihn nur ein Adjektiv: „bergbegeisterter" Genfer Maler (1981, 41). *Schmidkunz* verhält sich wie immer sachlich, er gibt Bourrit keine Eigenschaften. Ganz anders *Egger.* Er rechnet ihm zwar seine „enthusiastische schwungvolle Beschreibung der ‚Glacieres'" aus dem Jahr 1775 an, aber sonst sieht er im „Kirchenvorsänger, Maler und Publizist oder, wie er sich selbst nannte, Geschichtsschreiber des Montblanc" einen „gefährlichen, mit maßlosem Ehrgeiz und Eitelkeit behafteten aber vollkommen unfähigen Bergsteiger" (1943, 21). Genau in diesem Licht erscheint er bei *Egger*, als Hintertreiber und Verhinderer eines Ruhms für den wahren Sieger M.-G. Paccard. Unbestritten mag sein, daß Bourrit sich oft auf den Weg zum Mont Blanc gemacht, diesen jedoch nie wirklich betreten hat, was ihn nicht am Publizieren hinderte. Vielleicht wollte er zumindest der schriftliche Vater sein, der nicht nur Skizzen und Zeichnungen fertigt, die wohl mehr als „Bildchen" sind.

234 Das notiert Paccard in sein Tagebuch (zit. in Egger 1943, 75). Wir erfahren auch eine Menge anderer Details. Man ist „ungefähr am 15. September" losgezogen, mit von der Partie waren „Herr Bourrit, ich, der Müller (Lombard), Marie und Jean-Claude Couttet" (also zwei der Führer vom Juliversuch desselben Jahres, HP). Man hat auf der „Tournelle" übernachtet, das ist der höchste Punkt auf dem Montagne de la Côte; das „Thermometer zeigte 70 über Null" an, und die „Felsen bestehen aus Hornstein", wobei „ihre Schichten eine Neigung von 7 Grad nach Westen" haben. Unklar bleibt, wann die Messung durchgeführt wurde. Paccard schreibt von „7 3/4 Uhr", aber nicht, ob morgens oder abends, kurz bevor man „gegen 8 Uhr bei der Hütte auf der Tournelle" ankam. Ebenso ungenau erscheint das, was am folgenden Tag passierte. Er begnügt sich mit der kleinen Bemerkung: „Dann wurde der Mont Blanc von Wolken bedeckt", und man kehrte um (zit. in Egger 1943, 75). Bourrit beschreibt diesen Versuch viel dramatischer, ja er nimmt bei ihm einen „beinahe tragischen Ausgang":

„Wir kamen auf der Höhe des Rückens eine halbe Stunde vor Sonnenuntergang an, sodaß bei unserer Abendmahlzeit schon volle Nacht herrschte; darauf suchten wir ein Alpenrosenplätzchen, um uns darauf niederzulassen und die Nacht in Sicherheit zu verbringen. Wer aber beschreibt unsern Schrecken, als uns der dämmernde Morgen unsere Lage zu erkennen gab; wir waren am Rande eines Abgrunds von mehreren tausend Fuß Tiefe gelagert, über den unsere Füße sogar hinausbaumelten. Die geringste Bewegung im Schlaf hätte uns auf den Toconnazgletscher hinuntergestürzt. Dieses Ereignis hat sich meinem Gedächtnis so eingeprägt, daß ich nie mehr einer Art Zittern ledig geworden bin, welches mich oft, selbst im Ruhezustand, befällt, wie wenn ich der Gefahr noch nicht entronnen wäre." (zit. ebd. 24f)

Seltsamerweise hat „diese schaurige Episode in einem vier Tage nachher an Saussure gerichteten Brief mit keinem Wort Erwähnung gefunden", bemerkt *Egger* mißtrauisch, „ja, (es) besitzt darin sogar einen ganz anderen Anstrich". Lesen wir die zweite von *Egger* zitierte Passage:

„Wir zündeten ein Feuer aus Alpenrosenholz an und breiteten ein großes Wachstuch auf dem Rasen aus. Ich hüllte mich in meinen Schlafrock, zog den Pelzmantel an, bedeckte die Knie mit einem Federbett und steckte die Füße in den Mantelsack. Wir schliefen fast nicht, denn unser Platz war zu steil und eng. Aber der Himmel war schön, und das hielt uns in guter Laune." (zit. ebd. 25)

Die unterschiedliche Darstellung läßt Egger an der „Vertrauenswürdigkeit" des „Geschichtsschreibers" zweifeln (vgl. ebd.).

235 Zit. in *Egger* 1943, 75; die *Grimm*sche Fassung deckt sich damit: „Monsieur Bourrit setzte keinen Fuß auf das Eis" (1987, 105); andere Autoren erwähnen dieses Detail nicht. Nur *Rébuffat* reimt

sich etwas über das Unterfangen zusammen und berichtet bzw. zitiert (wiederum aus unbekannter Quelle): „Mitte September gelingt es ihm (Bourrit, HP) schließlich, eine Mannschaft zusammenzustellen, auch der Doktor Paccard ist diesmal mit von der Partie. Auf der Montagne de la Côte will Bourrit, der auch Zeichner war, ein Bild malen. Unterdessen bahnen sich die Führer und Doktor Paccard einen Weg, indem sie ‚mit ihren Äxten Stufen ins Eis schlagen'. Aber das Wetter verschlechtert sich, und Bourrit besteht darauf, den Aufstieg nicht weiter fortzusetzen. [...] Man beschließt also, das Unternehmen abzubrechen; während des Abstiegs verspürt Bourrit ein Unwohlsein, er fühlt sich schwach auf den Beinen, und noch weiter unten am Biwakplatz wird er ‚von einem Zittern befallen, das nicht einmal während der Verschnaufpausen aufhört; es ist, als wähnte er sich immer noch in Gefahr.'" (1988, 64)

Schmidkunz bemerkt kurz und bündig: „Dritter Versuch (Bourrit und Dr. Paccard mit 3 Führern nur bis Jonction) auf den Montblanc." Bei ihm fand alles am „17. /18. 9." statt (1931, 339).

236 *Schmidkunz* unterscheidet zwei Versuche „gegen" den Mont Blanc; der eine soll am 9. 9. von der Seite von St. Gervais aus stattgefunden haben, wobei Herr Henri Pornet, Pierre Perreaux jun. und J. B. Jaquet mitgingen. Sie sollen die Höhe der Aig. du Goûter erreicht haben. Der andere Versuch wurde mit Pierre Balmat gestartet, und zwar in die Richtung des Tacul, „wobei der Jardin und Couvercle betreten" wurden (1931, 339). Paccards Tagebucheintragungen stimmen damit weitgehend überein, sind nur um vieles ausführlicher. Die zweite Reise bei *Schmidkunz* ist die erste für Paccard. Er unternimmt sie nach eigenen Angaben am 4. Juni. Zuerst werden wir über den Stand des Barometers und des Thermometers unterrichtet, dann hören wir, daß von der Noire an „die Spalten (verdeckt sind), was eine große Gefahr bedeutet". Im Anschluß beschreibt Paccard genau, was er zu sehen bekommt, vom „schneeigen Haupt" des Mont Blanc über die vielen Pflanzen, die er minutiös mit Namen versieht, bis hin zur Tat am Berg, die erschwert ist, weil der Schnee rasch weich wird, weshalb man schließlich beschließt abzusteigen. Eine Reihe von topographischen Einzelheiten folgen, die ich hier der Leserin und dem Leser erspare; ich führe nur noch die Stelle an, an der Paccard auf das Gerücht zurückkommt und darüber schreibt: „Wie man erzählt", soll über den Col de Géant „der Wirt Abondance von Courmayeur bei der Verfolgung eines Steinbocks gekommen" sein (zit. in Egger 1943, 75f). Was ich im gesamten Textkörper nicht finden konnte, ist jener Satz, den *Rébuffat* als Zitat in sein Buch aufnimmt: „4. Juni: Zwei Tage lang das Gebiet nordöstlich des Montblanc erforscht. Von dieser Seite aus ist der Zugang zum Montblanc schwierig." (1988, 64) Letztere Bemerkung ist zwar in ähnlichem Wortlaut bei Paccard (vgl. Egger 1943, 76) vorhanden, aber nicht im selben Zusammenhang. Was sagen andere Autoren dazu? *Grimm* bestätigt Paccard „wichtige Erkundungserfolge. Am 5. Juni erforscht er den Tacul-Gletscher, muß jedoch im oder über dem großen Bruch des Géant-Gletschers im aufgeweichten Schnee umkehren. Immerhin ist dies das erstemal, daß ein so großer und schwieriger Bruch angepackt wird" (1987, 105). *Seitz* erwähnt dieses Vorhaben Paccards genausowenig wie *Ziak*, *Keenlyside*, *Oppenheim* und *Grube*. Welche Rolle dabei der Führer Balmat („Pierre von den Balmats bei Les Barats", zit. in Egger 1943, 75) spielte, geht nicht hervor; die Art der Darstellung legt den Schluß nahe, daß es sich um gleichwertige Partner gehandelt hat, wobei zu bedenken ist, daß bei Paccards naturwissenschaftlichen Ambitionen einiges an Last zusammengekommen sein muß, die, so die Gewohnheit, der Führer tragen mußte. Ein weiterer Aufbruch soll sich laut Paccard (entgegen *Schmidkunz*) am 7. September abgespielt und etwas Aufregung verursacht haben. Am 10. soll dann dem Führer Henri Pornet schlecht geworden sein, „wahrscheinlich infolge Müdigkeit und Branntwein", bald darauf „habe (ich) meinen Barometer ungeschickter Weise beim Übergang über den Bionnassaybach zerbrochen", ein Führer hat ihm glücklicherweise einen geliehen. Dann beschreibt Paccard die Geologie der Gegend, und wir werden informiert, wie viele Namen einzelne Wegstrecken bereits haben; außerdem fallen „beständig Steine von diesem Rocher de Bionnassay", man hat „Fußeisen" verwendet. An Saussure schreibt Paccard einen Brief, datiert mit „10. September 1748", in dem er den „schlechten Weg und mehr noch den Neuschnee" dafür verantwortlich macht, „abzusteigen" (zit. ebd. 78). *Rébuffat* zitiert erneut eine Stelle, die ich in Paccards Tagebuch nicht entdecken konnte: „Ich habe meinen Namen in der Nähe eines Felsens eingeritzt, wo ich beinahe abgestürzt wäre." (1988, 64)

Grimm hält das zweite Unternehmen Paccards für einen „harten Leistungstest", da er „36 Stunden ohne Nachtruhe unterwegs" gewesen sei und dabei „insgesamt 3900 Höhenmeter" bewältigt habe. Das ist natürlich eine große Leistung, welche dem Original nicht zu entnehmen ist. *Grimm* läßt Paccard (die anderen Führer erwähnt er nicht) „von Bionassay über die Tête Rousse als erster zur Aiguille du Goûter" vordringen, „wo er etwa 100 m unter dem Gipfel im brüchigen Fels aufgeben muß" (1987, 105).

Von diesem Ereignis nehmen *Seitz*, *Ziak*, *Oppenheim*, *Grube* keinerlei Notiz; *Keenlyside* erwähnt es nur sehr ungenau (vgl. 1976, 12). Mittlerweile geht es in erster Linie um die Frage, welcher Weg wirklich zum Gipfel führen wird.

237 Er hat sich ja bekanntlich seit 1782/83 als Landarzt in Chamonix niedergelassen. Bei *Grimm* taucht Paccard bereits 1775 auf, als er „gemeinsam mit dem schottischen Landschaftsgärtner Thomas Blakie [...] eine nicht mehr zu ermittelnde Höhe" erreichte (1987, 105). Mittlerweile hat Paccard

sein Medizinstudium in Turin abgeschlossen und sich im Handhaben und Experimentieren „mit allerlei physikalischen Messgeräten" geübt (ebd.). Er beobachtet von einem Chalet der Familie aus die Eisverhältnisse der Nordflanke des Berges mit dem Fernrohr (vgl. Egger 1943, 33). Paccard ist die dritte große Figur im zusehend dramatischer werdenden Spiel um den Mont Blanc. Seine eigenen Notizen wirken auf mich betont zurückhaltend, sachlich und sehr darauf bedacht, Meßergebnisse – auch wenn sie sehr punktuell sind und ohne Vergleichswerte wenig aussagen können – wiederzugeben. Man erfährt eigentlich nie, wie es ihm bei den zahlreichen Versuchen und auch Mißerfolgen am Berg erging. Dennoch korrigieren seine Aufzeichnungen immer wieder einseitige und fabulierende Kommentare anderer.

238 So unternimmt laut *Rébuffat* „eine Woche später" Bourrit erneut einen Versuch. Die Teilnehmer (der Führer Lombard, Jean-Marie Couttet, François Gervais, Cuidet und Maxime – also lauter alte Bekannte; vgl. Schmidkunz 1931, 339) sollen „um Mitternacht" von den Almen aufgebrochen sein. Nun zitiert *Rébuffat* Bourrit (ohne Angabe der Quelle): „Vorneweg ging ein Fackelträger, der uns den Weg beleuchtete. Ein nächtlicher Aufstieg hat durchaus seine Vorteile, man sieht nämlich nicht die Abgründe, an denen der Weg vorbeiführt, und die Zeit erscheint einem weniger lang als unter Tag, denn man übersieht ja nicht, was man alles vor sich hat." (zit. in Rébuffat 1988, 64) Paccard rekonstruiert diese Bergfahrt mittels präziser Aufzeichnungen in seinem Tagebuch. Er gibt den 15. September an, an dem der „Grand Jorasses' und Marie Couttet fortgegangen sind, um in La Gruvaz Herrn Bourrit zu treffen". Dann werden die anderen aufgezählt, welche noch mitgenommen wurden, sowie der Proviant, den man sich „in Chamonix wie in Sallenches" besorgte. Auch Paccard erwähnt, daß man sich mit einer Kerze behalf. Bei Tagesanbruch haben sich dann zwei Führer, Couttet und Gervais, von den anderen getrennt und einen anderen Weg eingeschlagen, wo sie gegen Ende hin „viele Steine herunterrollen lassen" haben; es war gerade Mittag, und Bourrit war „auf dem Gipfel der Pierre Ronde am Fuße des Gletschers"; er soll also bis zum Fuße der Aiguille du Goûter gekommen sein, „wo die andern hinaufgestiegen sind". Aber „er verspürte ein Kopfweh, denn er hatte unter starker Erkältung gelitten. Um 8 Uhr herum war er sehr bleich" (zit. in Egger 1943, 78f). Hier soll Bourrit über eine Stunde gesessen und die Aussicht nach Chamonix gezeichnet haben, dann sei man zurückgegangen und habe irgendwo noch drei Steinmänner gebaut. Die Aussagen der zwei Führer, die sich von der Gruppe abgesetzt haben, scheinen ungesichert (vgl. das Tagebuch Paccards, insbes. 79). Sicher ist aber, daß sich Bourrit alles genau erzählen ließ, um später in Genf Bericht zu erstatten. *Rébuffat* glaubt, daß „die beiden Männer sich also bis auf eine Höhe von 4360 m vorgearbeitet haben", und erkennt dies als eine „beachtliche Leistung" an (1988, 68).

Dann greift er wieder auf Paccards Tagebuch zurück und zitiert noch einmal auf eine Art und Weise, die ich eben dort nicht bestätigt finden konnte: „Die chaotischen, lawinenbedrohten Steilflanken der Rochers Rouges müssen die beiden Führer so stark beeindruckt haben, daß ihr Urteil so negativ ausfiel"; und doch „soll die Erstbesteigung des Montblanc", schreibt *Rébuffat*, „später über eben diese Route erfolgen." (zit. ebd.)

239 Schmidkunz 1931, 339.
Da ich speziell über eine gemeinsame Unternehmung der beiden nichts in Erfahrung bringen konnte, nehme ich an, daß es sich um die oben geschilderte P. Balmats mit Paccard und Couttets mit Bourrit handelt.

240 Grube 1875, 34.
Saussure hat dasselbe festgestellt: „Unglücklicherweise hat der während dem strengen Winter von 1784 bis 1785 und auch der in dem darauf folgenden kalten und regnerischen Sommer häufig gefallene Schnee den bequemen Zeitpunkt bis gegen die Mitte des September verschoben" (zit. in „Die Entdeckung der Alpen" 1934, 161). Auch *Egger* macht eine kurze Bemerkung: „Der Sommer 1785 zeichnete sich durch reiche Niederschläge aus." (1943, 29) Bei keinem der anderen Autoren findet sich eine ähnliche Erwähnung. Indirekt lassen sich die schlechten Witterungsbedingungen bei Paccard noch dann feststellen, wenn seine Tagebuchaufzeichnungen eigentlich nur aus diversen physikalischen Messübungen bestehen (vgl. ebd. 80); wenngleich *Egger* selbst einige wenige Bergfahrten Paccards 1785 vermerkt: „Außer einem Winterausflug nach La Tour und Frélechamp mit Schnee-, Höhen- und Temperaturmessungen und der Wiederholung der Besteigung des Buet von 1779, aber auf neuen, interessanten Wegen, unternahm Paccard in diesem Jahr nichts" (ebd. 29). *Schmidkunz* behauptet eine weitere Unternehmung Paccards, nämlich die Besteigung der „Aig. du Goûter" (1931, 340), was ich nirgends sonst bestätigt finde.

241 Grube 1875, 34.
Dazu gibt es auch eine andere Version, Saussure selbst schreibt: „Ich mache dergleichen Reisen stets lieber allein mit meinen Führern; Herr Bourrit aber, welcher diesen Weg am ersten bekannt gemacht, wünschte diesen Versuch mit mir zu unternehmen, und ich erlaubte es mit Freuden." (zit. in „Entdeckung der Alpen" 1934, 161) *Rébuffat* scheint sich auf dieselbe Quelle zu beziehen, wenn er zitiert: „Solche Exkursionen mache ich eigentlich immer lieber allein mit meinen Führern, aber in diesem Fall willige ich gerne ein." (1988, 68) *Schmidkunz* scheint Prioritäten zu setzen, wenn er Saussure vor Bourrit nennt und dieses Unterfangen als „5. Montblancversuch" bezeichnet (1931, 340). *Keenlyside* nimmt davon genausowenig wie *Ziak* Notiz; *Seitz* vermerkt wie *Oppenheim*

nur die Errichtung eben dieses kleinen Unterstandes (vgl. 1976, 139), und *Grimm* läßt Bourrit Saussure dazu bewegen, einen gemeinsamen Besteigungsversuch zu wagen (vgl. 1987, 106). Eindeutig drückt sich *Egger* aus, wenn er schreibt: „Dagegen nahm nun auch Saussure einen ersten Anlauf gegen den Montblanc, indem er in aller Heimlichkeit, aber mit um so größerem Aufwand Vorbereitungen" traf, wobei er „12 Führer" mitnahm und „den sich ihm aufdrängenden Bourrit, Vater und Sohn" (1943, 29).

242 Der genaue Zeitpunkt ist nicht zu ermitteln, die Angaben weichen leicht voneinander ab. Es ziehe sich etwas, da die kleinen Hütten nicht rechtzeitig fertigzustellen sind (vgl. „Die Entdeckung der Alpen" 1934, 162f). Aber dann scheinen die Teilnehmer von allen Richtungen her zusammenzukommen, um sich zu beladen, wobei *Egger* die genaueste Beschreibung liefert: „Barometer, Thermometer, Siedethermometer (dessen Lampe jedoch versagte), Elektrometer, Hygrometer, Winkelmaß, mit 4 Matratzen, 6 Leintüchern, 5 Decken, 6 Kissen, 50 kg Holz, Stangen, reichlichem Proviant usw. [...] Im Gepäck befanden sich auch ein Sonnenschirm und 3 Fräcke für Saussure." (1943, 29) Rébuffat nimmt an, daß „14 Bergführer und Träger" teilnahmen (1988, 68), Saussure ist weniger exakt, wenn er anmerkt, daß „wir zusammen eine Karawane von 16 bis 17 Personen" ausmachen (zit. in „Entdeckung der Alpen" 1934, 163). Paccard weiß, daß „sie ihrer 15 (waren) von Bionnassay aus und 12 haben die Aiguille bestiegen", wobei er dann alle namentlich er-wähnt (zit. in Egger 1943, 81). Bekommen wir auch einen Eindruck vom Aufbruch dieser groß angelegten Expedition? Saussure beschreibt stimmungsvoll:

> *„Wir stiegen zuerst über einen sanften Abhang längs einer tiefen Schlucht hin, durch welche das von dem Bionassaygletscher herkommende Wildwasser abfliesst. Hierauf führte uns eine gähe Halde auf eine kleine, unten am Gletscher liegende Ebene, über welche wir hingingen, dann eine zeitlang neben dem Gletscher unsern Weg fortsetzten und endlich uns von demselben entfernten, um uns gerade gegen Nordosten zu wenden, wo wir über einen ziemlich steilen, doch nicht gar mühsamen, auch nicht gefährlichen Abhang steigen mussten."*
> (zit. in „Entdeckung der Alpen" 1934,163f)

243 Seitz 1987, 104f.
Dasselbe hören wir bei *Schmidkunz* (1931, 340); *Oppenheim* schildert sie als „einfache Hütte aus roh übereinandergeschichteten Steinen", ein „Stützpunkt" und „die erste hochalpine Unterkunftsstätte der Alpen" (1974, 139). Läßt sich in Erfahrung bringen, wie diese Hütte ausgesehen hat?

> *„Sie war ungefähr 8 Schuhe breit, 7 Schuhe lang, und 4 Schuhe hoch, durch drei Mauern eingeschlossen, und der Fels, gegen welchen sie sich anlehnte, machte die vierte aus. Breite, ohne Mörtel aufeinandergelegte Steine bildeten diese Mauern, und gleiche durch drei und vier tannene Stangen unterstützte Steine dienten zum Dache. Eine Öffnung von 3 Fuss ins Gevierte, welche in einer dieser Mauern gelassen worden, mussten die Türe sein. Zween auf die Erde gelegte Strohsäcke waren unsere Betten, und ein ausgespannter, vor dem Eingang angebrachter Sonnenschirm diente uns zur Türe und zu Vorhängen."* (Saussure, zit. in „Entdeckung der Alpen" 1934, 168)

Später wird erzählt, daß die „Führer die Nacht ausser der Hütte" zubrachten, wobei sich einige in Felsenhöhlen verkrochen haben sollen, andere „in Mäntel und Decken eingehüllt" und wieder andere „bei einem kleinen Feuer" saßen und wachten (ebd. 168f).

244 Rébuffat 1988, 70

245 Paccard unterrichtet uns darüber:

> *„Herr de Saussure hat sich zum Abstieg wie ein Gefangener anbinden lassen. Er war mit einem Seil unter den Armen umschlungen, an dem hinten Pierre Balmat und Francois Folliguet angebunden waren; Couttet war vornedran und richtete ihre Schritte nach den seinigen. Jean-Michel Tournier hielt Herrn Bourrit im Nacken am Kragen, und dieser stützte sich auf die Schulter von Gervais. Im Auf- und Abstieg machte man an schwierigen Stellen ein Schutzgeländer mit einer Stange, an der sich Herr de Saussure hielt. Der fast kranke Herr Bourrit Sohn hielt sich beim Steigen am Kleid von Cuidet."* (zit. in Egger 1943, 82)

246 Paccard, zit. in Egger 1943, 82; vgl. dazu ebd. 30

247 *Rébuffat* zitiert eine Stelle aus einer Saussure-Übersetzung:

> *„Die Totenstille ringsum, verstärkt noch durch die Phantasie, flösste mir irgendwie Grauen ein; mir schien, als sei ich der einzige Überlebende des Universums, als läge die Welt in Trümmern zu meinen Füssen. So traurig derlei Vorstellungen auch sein mögen, so geht von ihnen doch eine gewisse Faszination aus, der man sich nur schwerlich entziehen kann. Anstatt zum Montblanc aufzublicken, in dessen funkelnden und phosphorisierenden Schneemassen sich noch irgendwie Bewegung und Leben ausdrückte, starrte ich immer wieder wie gebannt in diese finstere Einsamkeit. Doch angesichts des scharfen Windes, der hier wehte, musste ich sehr bald in die Hütte zurückkehren."* (zit. in Rébuffat 1988, 68)

Oder Saussure selbst im Originalton:

> *„Die Dünste des Abends verminderten, gleich einer leichten Gaze, den Glanz der Sonne und verhüllten zum Teil die unermessliche Ausdehnung, welche wir zu unsern Füssen hatten; sie bildeten eine Art von Gürtel, der, mit dem schönsten Purpur bemalt, den ganzen westlichen Teil des Horizonts umgab, indem unter-*

dessen die durch dieses Licht bemalten Schneelasten an den untern Höhen des Montblanc gegen Abend das grösste und wunderbarste Schauspiel uns darstellten. So wie diese Dünste sich nach und nach verdichteten und in die Tiefe fielen, wurde dieser Gürtel stets schmäler, erhielt aber dabei lebhaftere Farben, bis er endlich ganz blutrot schien; zur gleichen Zeit stiegen kleine Wolken über dieses Band hinauf und breiteten ein so lebhaftes Feuer aus, dass sie Sterne oder feurige Meteore zu sein schienen." (zit. in „Entdeckung der Alpen" 1934, 166f; vgl. dazu auch Woźniakowski 1987, 332f)

248 Bourrit soll Saussure zu einer „jammervollen Figur" gemacht haben (Grimm 1987, 106), was einen regen Briefwechsel zwischen beiden auslöst, woraufhin Saussure Bourrit zur Rede stellt. *Rébuffat* weiß darüber, daß man sich „gegenseitig für das Scheitern ihres gemeinsamen Unternehmens verantwortlich (zu machen)" versucht, wobei er aber annimmt, daß der Grund „woanders zu suchen" ist. „An der Aiguille du Goûter waren sie nämlich auf gemischtes Gelände geraten, und um dies zu überwinden, hätte es einer ‚Technik' bedurft, die beiden völlig fehlte." (1988, 70) Auch *Egger* vermerkt dieses „Nachspiel" zwischen „den beiden Bourrit und Saussure, worin sie sich beide in überhebender Weise mangelhafte Bergtüchtigkeit vorwarfen." (1943, 31) Sowohl *Egger* als auch *Grimm* lassen daraufhin Saussure nüchtern, ja nahezu nachsichtig reagieren: „Ihre leichtsinnigen Phantasien verführen Sie dazu, Dinge im falschen Lichte zu sehen" (Grimm 1987, 106). *Egger* führt Saussures Zurückhaltung auf die noch ausständigen „Zeichnungen zu seinem Werk ‚Voyages'" zurück, aber er soll sich geschworen haben, Bourrit „künftig auf keiner Reise mehr mitzunehmen" (1943, 31). Was Saussure selbst unterlassen hat, kreidet ihm *Grimm* an: „Zu Hause am Schreibtisch vergißt der Professor freilich nicht zu verbreiten, ‚eine größere Höhe erreicht zu haben, als jemals ein anderer Wissenschaftler in Europa.'" (1987, 106) Außerdem soll Saussure in seinem 2. Band „Voyage dans les Alpes" die Erkundungsfahrten Paccards stillschweigend übergangen haben (vgl. ebd.).

249 Egger 1943, 31; die anderen Autoren nennen es: „Jahr der Entscheidung" (Rébuffat 1988, 71); „Der Auftakt im Jahre 1786" und „Der große Erfolg" (Grimm 1987, 106); „Die erste Mont-Blanc-Besteigung" (Keenlyside 1976, 12); *Seitz*, *Oppenheim* und *Ziak* verzichten auf eine spezielle Überschrift, die ein neues Kapitel kennzeichnen soll.

250 Grube 1875, 35.
Das hängt nach *Grube* damit zusammen, daß „der Raum zwischen beiden Kuppen durch breite Gletscherspalten zerrissen (war) und der Grat so scharf, dass Niemand ihn zu überschreiten wagte" (1875, 35). Bei *Oppenheim* hat es sich um „jugendliche Bewohner von Chamonix" gehandelt, welche „wieder bis zu den Bosses du Dromadaire (gelangten), die sie nicht zu überschreiten wagten, und wo sie abermals kehrt machten" (1974, 139). Bei *Keenlyside* hören wir kein Wort über diesen Versuch, Seitz spricht von „sechs Einheimischen", die „in einem sechsten Versuch wieder bis auf den Bosses du Dromadaire (gelangten)", sie aber nicht zu überschreiten wagten (1987, 105). *Rébuffat* spricht den „Bergführern" zu, „voll Unternehmungsgeist" gewesen zu sein und „neue Ideen" entwickelt zu haben: „Am 8. Juni brechen sie in zwei Trupps aus Chamonix auf: Der eine soll über die Aiguille du Goûter aufsteigen, der andere über die Montagne de la Côte. Dieser erreicht dann schließlich als erster den Dôme du Goûter. Doch beim Versuch, bis auf den Gipfel vorzudringen, scheitern beide wiederum an dem unzugänglichen Bosses und müssen ergebnislos nach Chamonix absteigen, wobei sie noch in ein heftiges Unwetter geraten" (vgl. 1988, 71). Für *Egger*, *Rébuffat* und *Grimm* steigen zwei Partien auf unterschiedlichem Weg auf, wohingegen letzterer von einem „edlen Wettstreit" spricht, den „die Aiguille-Partie verliert", denn „als sie den Col du Dôme betritt, ist die andere Gruppe schon auf dem Rückweg" (Grimm 1987, 106).

251 Rébuffat 1988, 72; das Wetter habe sich verschlechtert: „Während sie vom Dôme du Goûter zum Col absteigen, hüllt sich der Mont Blanc in schweres Gewölk", man hat „mit Nebel zu kämpfen" und wird „von Hagel-, später von schweren Regenschauern geplagt" (Grimm 1987, 106); „Schlechtwetter nahte und es fiel Hagel" (Paccard, zit. in Egger 1943, 83).

252 Egger 1943, 32.
Wie sich das tatsächlich zugetragen hat, läßt sich schwer abschätzen, denn die Auslegungen klaffen auseinander. Es beginnt schon damit, daß sich die Geschichtsschreibung darin nicht einig ist, wie „dieser eine" zu den anderen steht bzw. auf welche Art er dazugehört und in diese Unternehmung integriert war. Da ist zunächst die neutrale Version *Grube*s, die ihn einen normalen Gefährten, also einen von ihnen sein läßt, nur eben etwas hartnäckiger.

„Da faßte ein muthiger, federharter, gewandter Chamounyard, Jacques Balmat, als Gemsjäger mit allen Schrecknissen des Hochgebirges wohl vertraut und mit seinem Ortssinn begabt, den Entschluß, es koste was es wolle, das Haupt des Monarchen zu erreichen. Seine Gefährten bemühten sich vergebens, ihn von seinem Vorsatz abzubringen. Auf sich allein angewiesen und seiner Kraft vertrauend, ohne Leiter und Seile, drang er, kriechend und rutschend, über die Eisschründe und vergletscherten Firnkanten fort, während die andern nach Chamouny zurückkehrten." (1875, 35)

Anders spricht *Grimm* von Balmat: Er habe sich „als ungebetener Gast" und „gegen den Willen" der Führergruppe angeschlossen, der „unpopuläre Kristallklauber und Abenteurer" (1987, 106). Ähnliches hat bereits *Egger* vermerkt: „Die ersteren (die Gruppe über die Grands Mulets, HP) tra-

fen zuerst auf dem Dôme ein, aber, gegen ihren Willen, um einen Mann vermehrt. In der Nacht war nämlich zu ihnen noch Jaques Balmat gestoßen." (1943, 31f)
Rébuffat formuliert es folgendermaßen: „Dem Trupp [...] hatte sich nämlich ein Mann aus freien Stücken angeschlossen." (1988, 72)
Paccard schreibt in seinem Tagebuch, daß „am 7. Juni 1786 Joseph Carrier, Jean-Michel Tournier und François Paccard auf die Montagne de la Côte gegangen (sind) und haben in einer ziemlich guten Balme übernachtet, wo sich ihnen Joseph (Schreibfehler für Jacques, Anm. von Egger, HP) Balmat des Baux angeschlossen hat" (zit. in Egger 1943, 83).
Schmidkunz verkehrt die Vorzeichen, wenn er schreibt: „Sechster Versuch auf den Montblanc, diesmal unter Jaques Balmat mit 5 Einheimischen, wobei abermals die Bosses du Dromadaire erreicht wurden." (1931, 340)

253 Wie ist es gekommen, daß sich Balmat plötzlich mutterseelenallein findet? *Keenlyside, Steinitzer, Seitz, Schmidkunz* geben darauf keine, *Ziak* nur eine ungenaue Antwort, die interpretationsbedürftig ist: „[...] als Balmat den Durchstieg zur Kuppel fand; vielleicht war es auch nur Zufall." (1981, 41) Dieser Hinweis könnte bedeuten, daß Balmat im Zurückbleiben tatsächlich den richtigen Weg zum Gipfel erspäht hat.
Dasselbe nimmt auch *Oppenheim* an, wenn er schreibt, daß er sich „von seinen Begleitern absondernd, entschloss [...], die Besteigung allein auf einem anderen Weg zu versuchen". Wir hören auch, wie Balmat das angestellt haben soll: „Mit der Spitze seines Bergstockes dürftige Stufen in den Firn schlagend, drang er über die Rochers Rouges empor, wo die Schwierigkeiten zu Ende waren und sich der Weg zum Gipfel öffnete." (1974, 139) Ebenso entschlossen, aber mit der Erkenntnis, „daß es unmöglich sei, von dieser Seite die Montblanckuppe zu gewinnen", stellt *Grube* Balmat dar. (1875, 35)
Anders wertet *Egger* Balmats Alleinsein: Er habe sich von den anderen nur deshalb getrennt, „um in den Felsen nach Kristallen zu suchen". (1943, 32) Kein Wort davon, daß sich Balmat bemühte, einen Durchstieg zum Gipfel zu finden. Er „dagegen blieb weit zurück, und die Nacht überraschte ihn noch auf den Schneefeldern" (ebd.).
Auch *Grimm* stellt Balmat als jemanden dar, der nur an Steinen Interesse zeigt; er läßt ihn „inzwischen in den Vallot-Felsen nach Kristallen suchen", und „als Balmat von der Kristallsuche zum Dôme-Gipfel zurückkehrt, sind seine Führer weg". (1987, 106) Es scheint, als wäre es einfach so passiert – sowie man einen Regenschirm in einem Café vergißt. *Rébuffat* bietet eine relativ ähnliche Version, allerdings mit einer folgenschweren Konsequenz. Er notiert, daß „fast alle eine gewisse Schwäche (verspürten); Balmat des Baux erfrischte sich mit Quellwasser, das er an einem Felsen entdeckte, dann machte er sich allein auf die Suche nach Bergkristallen", während „die anderen wieder hinab(stiegen)" und „Des Baux, der weit zurückgeblieben war, von der Nacht und dem Unwetter überrascht (wurde)". (1988, 74)
Rébuffat beklagt, daß „Paccard keinerlei Hinweis (gibt), daß Jacques Balmat eine Gipfelroute gesucht, geschweige denn gefunden hätte; auch streicht er die Leistung des Kristallsuchers nicht im mindesten heraus. Im übrigen verliert der Doktor, obwohl das eigentlich gar nicht seinem Stil entspricht, kein einziges Wort über die psychologische Bedeutung des Balmat'schen Biwaks" (ebd.).
Rébuffat aber bezeichnet Balmats Tat als „einen entscheidenden Schritt nach vorn".

„Gewiß, so der Autor [...] er hatte gar keine andere Wahl: die anderen hatten ihn vergessen bzw. aufgegeben. Doch durch sein Biwak in 4000 m Höhe im ewigen Schnee hatte er den Beweis angetreten, daß es möglich war, eine Nacht auf dem Gletscher zu überleben, und damit befreite er die Bergbewohner von einer lähmenden Furcht. [...] Seine Klarheit, sein Gespür für den Schnee und den Berg kann man nur bewundern. Sein ganzes Abenteuer war ein Beweis für seine Entschlusskraft, seinen Willen, seine Ausdauer und eine Selbstbeherrschung, die ihresgleichen suchte." (ebd. 76f)

Es bleibt letztlich ein Rätsel, was Balmat dort oben tatsächlich alles allein vollbracht hat. Faktum ist, daß er überlebt hat und nach zwei Monaten wieder hierher zurückkam. Er hinterließ keine schriftlichen Aufzeichnungen, nur Erzähltes.

254 Paccard hat in sein Tagebuch geschrieben, wie Balmat biwakiert habe: „Er folgte den Spuren der andern, welche nunmehr bis zu den Knien im Schnee einsanken, wo dieser am Morgen noch hart war. Als er mit seinem Stock eine Spalte bemerkte, welche die andern übersprungen hatten, und da er nicht mehr genügend sah, wagte er nicht, weiter zu gehen. Er hat seinen Sack unter den Kopf und die Schneereifen unter den Rücken geschoben, und hat so die Nacht auf dem Schnee verbracht. Seine Kleider waren am Morgen ganz gefroren" (zit. in Egger 1943, 83).

255 Dazu „unternahm (er) allerlei ‚lächerliche' (wie er selber nachher erzählte) gymnastische Uebungen, um seine Glieder geschmeidig zu halten" (Grube 1875, 35). *Ziak* spricht von diesem Biwak in höchsten Tönen, es sei „die erste Nacht eines Menschen im Gletschereis der Alpen" gewesen. (1981, 41)

256 Im Gegensatz zu den meisten anderen, die „von der Sonne verbrannt" waren, besonders „Tournier wurde so rot wie beim Brande von Praz. Die Oberhaut löste sich einige Tage darauf in Fetzen ab", wird über Balmat nichts dergleichen berichtet (Paccard, zit. in Egger 1943, 83). *Grube* meint: „Unverletzt kehrte er zu den Seinigen zurück, aber auch völlig erschöpft." (1875, 36)
Unterschiedliche Versionen existieren bezüglich Balmats Auskundschaftung des Weges zum Gipfel.

155

Nach *Grube* habe er sich von der „Zugänglichkeit derselben (die höchste Spitze, HP) überzeugt [...], nahm sich aber noch im schwierigen, gefahrvollen Herabsteigen fest vor, den von ihm über das große Plateau eingeschlagenen und entdeckten Weg zu beendigen, sobald das Wetter günstig sei" (1875, 36). *Grimm* schreibt nur davon, daß „er überlebt (habe) und am nächsten Morgen um 8 Uhr im Tal zurück" gewesen sei. (1987, 106) Das wäre wahrlich früh, wenn Balmat zuvor noch nach dem genauen Weg hätte Ausschau halten sollen. *Grimms* Zweifel gehen noch weiter: „Wie er freilich unter solchen Verhältnissen von der Nordflanke des Dôme du Goûter aus hätte das Grand Plateau betreten und von dort den Aufstieg zum Mont-Blanc-Gipfel auskundschaften können, das haben sich, wie es scheint, die wenigsten ‚Historiker' gefragt" (ebd.). Gesichert erscheint aber die Tatsache, daß sich Balmat wenige Wochen später, als er mit Paccard Richtung Gipfel unterwegs ist, vehement dagegen wehrt, eine andere Route einzuschlagen als jene, auf die er sich selbst eingestellt hat und die er offensichtlich irgendwie gekannt haben muß.

257 Vgl. u. a. die Darstellung von Ardito 1993, 74.
258 Grube 1875, 36
259 Zit. in Egger 1943, 99
260 Vgl. u. a. Henry F. Montagnier, Charles E. Mathewes, D. W. Freshfield; Dübi 1913, Egger 1943, Brown/de Beer 1957, Auf der Maur 1986, Grimm 1987, Rébuffat 1988.
261 Vgl. die Darstellung von Walter Grimm 1987 mit der von Rébuffat 1988.
Ähnliches gilt für die bergsteigenden Frauen: Am 14. Juli 1808 wird Marie Paradies, eine Magd aus Chamonix, zum erstenmal den Mont Blanc erfolgreich besteigen. Dieser Erfolg wird aber von einigen Autoren nicht anerkannt. *Ziak* spricht dezidiert von einem „Mißerfolg" (1981, 91). Man unterstellt Marie Paradies, sie habe diese Bergbesteigung nur um des Geldes willen unternommen, was mit der Einschätzung des Kristallsuchers Balmat, der auch nicht von „edlen Motiven" geleitet gewesen sei, verglichen werden kann. Balmat war aber wieder derjenige, der gemeinsam mit seinen zwei Söhnen (Ferdinand, 22 Jahre, und Jean Gedeon, l4jährig) und mit drei Führern losmarschiert sei und Marie Paradies zu seiner dritten Mont-Blanc-Besteigung mitgenommen habe. Marie Paradies wurde also von einem Mann ihres Standes mitgenommen; ihr werden aber nicht einmal „unedele Motive" zugebilligt:

„Die Führer sagten mir eines Tages, wir gehen da hinauf, komm mit uns, die Fremden werden dich dann sehen wollen und dir Geld geben."
(zit. in Egger 1943, 56)

Es ist anzunehmen, daß diejenigen, die es fertigbrachten, Marie Paradies zum Gipfel des Mont Blanc zu bringen, dadurch nicht weniger Vorteile als sie selbst genossen. Nichtsdestotrotz wird ausführlich berichtet, wie wenig die Magd dieser großen Expedition gewachsen war:

„Mitten in den Gletschern überkam Marie Paradies die Bergkrankheit, so daß sie sich am liebsten in den Schnee geworfen hätte, um nie wieder aufzustehen." (Ziak 1981, 91)

Dasselbe passierte, wie wir wissen, einer Reihe von Männern vor ihr, was aber nicht auf dieselbe Weise Thema der alpinen Geschichtsschreibung wird. Für Männer scheint es normal zu sein, in der Höhe Übelkeit zu verspüren; dieses Faktum wird sogar als Wissensgewinn gewertet, der über die Wirkung der Höhe auf den Menschen unterrichtet. Der ersten Frau auf dem Mont Blanc traut man weder einen eigenen Willen noch Entscheidungsfähigkeit zu: „Du musst mit uns zum Gipfel", sollen die Führer gefordert haben. Sie willigt ein, und was darauf folgt, liest sich wie eine Vergewaltigung:

„Ich wurde gepackt, gezogen, gestossen, und endlich kamen wir oben an. Ich konnte nicht sehen, nicht atmen, nicht sprechen; sie sagten, daß es sehr häßlich gewesen sei, mich anzuschauen." (Paradies, zit. in Egger 1943, 56)

Die Führer, selbst nur Diener ihrer Herren, konnten sich zumindest brüsten, Beschützer, Herr und Führer der ersten Frau auf dem Mont Blanc zu sein. Ihnen hat sie ihren Erfolg zu verdanken. Wer das Leid hat, braucht für den Spott nicht zu sorgen: Paradies soll eine jämmerliche Figur auf dem Dach Europas gemacht haben. Einige alpine Geschichtsschreiber erwähnen sie deshalb nicht und feiern eine andere Frau als erste Besteigerin des Gipfels: Henriette d'Angeville.
Bei genauerem Hinsehen kommen jedoch auch hier berechtigte Zweifel auf. Zum einen spricht man bei dieser Besteigung von einer „Episode" (Steinitzer 1913, 49); zum anderen führt man d'Angeville nur als die „Braut des Montblanc". Sie konnte den Gipfel nur deshalb erreichen, weil sie sich den Gipfel zum Mann nahm. An seiner Seite war sie stark und kräftig genug, bis zum Ende zu gehen (vgl. dazu die Ausführungen bei O. E. Meyer o. J.). Gleich zu Beginn klärt Meyer die Fronten und grenzt Paradies und d'Angeville voneinander ab:

„Sie (M. Paradies, HP) hat ihren Lohn dahin und ist mit Recht vergessen. Dem Tage gehört des Leibes Leistung; die reine Inbrust überdauert den Wandel. Den Namen der zweiten Ersteigerin [...] bewahrt die Geschichte [...]. Wie die Liebe verzückter Nonnen ins Religiöse mündete, galt Heriettens Inbrust dem Weißen Berg. Dieser sei ein Denkmal gesetzt."
(Meyer o. J., 7f)

Henriette d'Angeville erreicht am 4. September 1838 den Gipfel des Mont Blanc. Mit ihr verhält es sich – traut man den Kommentatoren – ähnlich wie bei Marie Paradies. Sie soll nach *Karl Ziak* keinerlei alpinistische Vorbildung, aber einen eisernen Willen und restlose Hingabe gehabt haben. In ihrer Atemnot und dem starken Bedürfnis nach Schlaf soll sie einmal einen Führer gebeten haben, er möge ihre Leiche bis zum Gipfel tragen, falls sie sterbe (vgl. Egger 1943, 58). Diese etwas makabre Vorstellung wurde nicht umgesetzt: Henriette d'Angeville stieg trotz großer körperlicher Qualen selbst zum Gipfel. Dort wurde die Vermählung mit ihrem Bräutigam vollzogen. Meyer zitiert aus d'Angevilles Tagebuch bzw. aus Briefen, die sie an alle schrieb, die ihr nahestanden:

„Du bist die Heimat, nach der meine Seele verlangt. Sie zittert bräutlich der Stunde entgegen, sich dir zu vermählen. Gib ihr den Rausch der Erfüllung auf deinem Thron."

(zit. in Meyer o. J. 30)

Obwohl d'Angeville den Erzählungen der begleitenden Männer zufolge völlig erschöpft gewesen sein soll, als sie am Gipfel ankam, habe sie dennoch Briefe geschrieben und in einen Bergstock die Formel „Wollen ist Können" geritzt (vgl. Ziak 1981, 91).

Im Unterschied zu Marie Paradies hatte d'Angeville einen starken Willen, meint *Ziak*, was aber gerade verdächtig ist. Ziak schreibt, daß „in ihrem Entschluß etwas von dem männlichen Wesen der George Sand war" (ebd.). Eine willensstarke Frau ist zumindest keine ganze Frau. Henriette d'Angeville trinkt, ihrem Stand gemäß, auf dem Gipfel ein Glas Champagner (vgl. ebd.). Die Führer stellen sie auf ihre Schultern, sodaß sie die Höhe des Mont Blanc noch um mehr als zwei Meter überragt. Das Hinausragen über die Gipfelhöhe verdankt d'Angeville den starken Schultern ihrer männlichen Führer. Der Grund ihrer Selbsterhöhung liegt im Mann. Im Unterschied zu Marie Paradies ist d'Angeville jedoch an „Höhe" gewöhnt. Sie entstammt dem angesehenen Normannengeschlecht der Beaumont d'Angeville, hat den Gerichtspräsidenten von Dijon zum Vater und kommt in den Unruhen des Jahres 1794 zur Welt; sie hat also eine gute Kinderstube und im Umgang mit Ruhm und Ehre Erfahrung (vgl. Meyer o. J. 10ff).

Henriette d'Angeville ist allein wegen ihres Standes würdig, die erste, d. h. in der Geschichtsschreibung die wichtigere Frau in der Eroberung des Mont Blanc zu sein.

Die Klassenfrage überkreuzt sich mit dem Geschlechterverhältnis, was niemandem besonders aufzufallen scheint (vgl. Peskoller 1988, 208f; Mb2 285–290, 291–296, 298–307 und 308ff).

Im Unterschied zu Jacques Balmat hat Marie Paradies nichts unternommen, ihre Tat doch noch ins rechte Licht zu rücken.

Wie war das mit anderen Frauen?

Der Engländer *Keenlyside* kommentiert im Kapitel „Frauen als Bergsteiger":

„Im Laufe dieser Epoche rückten die Frauen mehr und mehr ins Blickfeld. Zwar hatten 1808 Marie Paradies und 1838 Henriette d'Angeville den Mont Blanc bestiegen; die erste Frau, die regelmäßig und erfolgreich Bergfahrten unternahm war Lucy Walker, 1835–1916."

(1976, 63)

Nicht nur Lucy Walker war Engländerin. Roy *Oppenheim* notiert im Abschnitt „Frauen im Gebirge":

„1854 erschien als erste weibliche Bergsteigerin die Engländerin Hamilton am Mont Blanc. Zwar waren schon 1809 (diese Jahreszahl müßte auf 1808 korrigiert werden, HP) und 1838 Frauen auf den Mont Blanc mitgenommen worden; jene Besteigungen wurden aber mehr aus Sensationslust als aus wirklichem bergsteigerischen Interesse durchgeführt." (1974, 164)

Das Interesse am Bergsteigen nimmt rasch zu und damit die Zählung von Bergbesteigungen durch Frauen im Zusammenhang mit der nationalen Zugehörigkeit.

„Im Jahre 1865 erreichten vier Engländerinnen den Gipfel. Innerhalb von 33 Jahren (von 1854 bis 1887) wurde der Berg von 69 Frauen betreten, wovon die Engländerinnen mit 33 weit an der Spitze stehen, gefolgt von den Französinnen (22), den Russinnen (3). Die Schweizerinnen waren mit 2, die deutschen und italienischen Frauen mit je einer Bergsteigerin vertreten." (ebd. 164f)

Diese Besteigungen beziehen sich immer noch auf den Gipfel des Mont Blanc, und die numerische Aufzeichnung stimmt mit der von Frau Gabrielle Vallot aus dem Jahr 1887 überein (vgl. in: M 1888, 280).

Gabriele *Seitz* schreibt:

„Lucy Walker (1871 als erste Frau auf dem Matterhorn, HP) und Meta Brevoort waren – nach den Mont Blanc-Besteigerinnen Marie Paradies (1808) und Henriette d'Angeville (1838) – zusammen mit Mrs. Hamilton, Anne und Ellen Pigeon und Mary Isabella Straton nicht nur die ersten Angelsächsinnen, sondern die ersten wagemutigen Alpinistinnen im Hochgebirge. Sie wurden von ihren männlichen Kollegen bewundert – doch freilich nicht in den Alpine Club aufgenommen." (1987, 112)

1907 formiert sich ein Verein von und für Frauen, der „Ladies Alpine Club" in London.

[262] Vgl. Grimm 1987, 112

[263] Dent 1893, 46

[264] Senger 1945, 305

[265] Seitz 1987, 105

[266] Damals war es üblich, „ jeden etwas hervorragenden Punkt einer Kette, den man bestieg, einfach als ‚den Gipfel' selbst" zu bezeichnen (Dent 1893, 45).

[267] Beinahe zur gleichen Zeit, 1780, soll eine von einem Werdenfelser Förster angefertigte Revierkarte den Vermerk tragen: „Vom Anger übers blath (Platt) ufn Zugspitz [...] 4 Stundt" (zit. in Perfahl 1984a, 46; vgl. Schmidkunz 1931, 338); Goethe scheint auf seiner ersten Schweizer Reise von 1775 beinahe nur die Zeit sprechen zu lassen: „Rigi bestiegen, 1/2 8 bei der Mutter Gottes zum Schnee.

3 Wirtsh....im Ochsen. 18. Sonntags früh gezeichnet die Kapelle vom Ochsen aus. Um 12 nach dem kalten Bad ..." (zit. in Perfahl 1984a, 44).

268 PACCARDS SUBSKRIPTIONSEINLADUNG
*Erste Reise
auf den Gipfel des höchsten Berges
des Alten Kontinents,
Mont-Blanc,
durch Doktor Michel-Gabriel Paccard,
Arzt in den Alpen von
Chamonix, am 8. August 1786*

*Der Mont-Blanc, so berühmt unter Reisenden und Gelehrten, gilt als der höchste Berg des Alten Kontinents; er ist bedeckt mit einem Mantel aus Schnee und Eis, der sich bis zu seinem Fusse erstreckt. Scharen von Reisenden kommen jedes Jahr, um ihn zu bewundern und die Gletscher, die von ihm herabfliessen, zu besuchen: die Versuche der kühnsten Gemsjäger zur Bezwingung seines Gipfels sind bis jetzt gescheitert; der Verfasser hat ihn am 8. August 1786 erreicht. Verschiedene Bergfreunde wünschen die Einzelheiten dieser neuen Reise kennen zu lernen; es sind darunter sogar solche, die soweit in ihrer Anerkennuung gegangen sind, um eine Subskription zur Bildung einer Prämie zum Lob und zur Genugtuung der Mont-Blanceroberer anzuregen: der Verfasser, um sich dieser Anregung würdig zu zeigen und um. . . [unleserlich], indem er als erster diese Fahrt ausführte, wird versuchen, in den Bericht über seine Reise alles das einzuschliessen, was sie interessieren könnte: er wird eine kurze Geschichte der Besteigungsversuche dieses Berges geben, wird die Mineralien und Gesteine beschreiben, soweit es ihm vergönnt war, sie zu beobachten, ebenso die Insekten, die diese Gegenden bewohnen, die seltenen Pflanzen, die man dort findet, und wird über seine physikalischen und medizinischen Beobachtungen berichten etc. Mit einem Plan der Mont-Blanc-Route und allen nötigen Angaben für diejenigen, die die Gletscher Savoyens besuchen wollen.
Der Subskriptionspreis für das Buch nebst Kupferstich-Tafel beträgt für den Druck auf feinem Papier 6 franz. Livres und auf gewöhnlichem Papier 4 Livres 10 s. Höhergestellte Personen, welche wünschen, an einer Subskription zur Bildung einer Prämie für den Urheber dieser Eroberung mitzuwirken, werden teilhaben an einigen Merkwürdigkeiten, die auf dem Mont-Blanc gefunden worden sind etc.
Die Subskription ist eröffnet bis Ende nächsten Dezembers. Einige Reisende befanden sich in Chamonix, als der Verfasser den Plan zu dieser Subskription fasste: ihr Eifer zu subskribieren lässt ihn einen glücklichen Erfolg erhoffen.*
(zit. in Egger 1943, 91f)

269 Vgl. obige Subskriptionseinladung in Egger 1943, 91–92; das Pamphlet in Form eines Briefes von Marc-Théodore Bourrit, ebd. 92–96; die Zeitungspolemik Bourrit-Paccard als anonyme Einsendung Paccards im „Journal de Lausanne" vom 20. Februar 1787, ebd. 96–97; und die Antwort Bourrits vom 28. Februar 1787, ebd. 97–99.

270 Vgl. Egger 1943, 47
271 Ernst insbes. 1995
272 Vgl. die Kontroversen Paccard/Balmat; Saussure/Bourrit, Bourrit/Paccard
273 Ernst 1993 a, 202
274 Ebd. 196
275 Vgl. ebd. 198
276 Vgl. ebd.
277 „Naszenz" schlägt Ernst als Alterität vor, ebd. 198f.
278 Vgl. Ernst 1991
279 Die besondere Anerkennung Saussures in der alpinen Geschichtsschreibung läßt sich allein schon daran erkennen, daß es ausreicht, Saussure Bewunderung zu zollen, um den eigenen angekratzten Ruf wiederherzustellen (beispielsweise M.Th. Bourrit); vgl. Dent 1893, 46f.
280 Es wird berichtet, Saussure habe deutsch gelernt, um Gruners „Eisgebirge des Schweizerlandes" lesen zu können (vgl. Seitz 1987, 87). Nebenbei bemerkt rechtfertigte Gruner die Existenz der Berge mit dem Nutzen für den Menschen (vgl. ebd. 94).
281 Vgl. von Braun 1987, 6
282 „Entdeckung der Alpen" 1934, 153
283 Egger 1943, 47; zur Differenz Scheuchzer/Saussure vgl. Oppenheim 1974, 74f.
Eng mit der Alpenforschung verbunden ist die Reiseliteratur, z. B. Samuel Wyttenbachs „Reisen durch die merkwürdigsten Alpen des Schweizerlandes" von 1783 oder H. Heideggers erstes Handbuch für Alpenreisen von 1792 (vgl. dazu die Sammlung kurzer Ausschnitte in Seitz 1987, 149–170; vgl. auch Marie-Sophie La Roche 1784 „Am Eismeer von Chamonix", aufgenommen in „Entdeckung der Alpen" 1934, 141ff).
284 Egger 1943, 47.
Vgl. als Gegensatz dazu die Ausführungen von Woźniakowski 1987, 328–335. Er reiht Saussure unter „der Verliebte" ein und gesteht ihm starke Gefühle für die Berge zu.
285 Vgl. Oppenheim 1974, 97f.
Saussures Kalkül beruht u. a. auf den Überlegungen, wie Ausrüstungsgegenstände perfektioniert werden können. In seinen „Voyages" stellt er einen verbesserten „crampon" (Steigeisen) als bewegliches Gerät vor, das um den Stiefelhaken gespannt und mit Spitzen versehen ist. Dieser „crampon" wird mit Riemen befestigt, die so angebracht sind, daß sie den Spann nicht drücken. Clifford behagt das Steigeisen von Saussure nicht sehr, und er liefert 1822 eine negative Schilderung dieses Gerätes, das ihm als „Saussure-System" empfohlen wurde (vgl. Dent 1893, 49).
286 Egger 1943, 52.
Gabriele *Seitz* ist darüber völlig anderer Meinung und weiß zu berichten, daß Saussure den Durch-

messer der Firnfelder (etwa am Gletscher des Bois) untersucht hat. Ebenso hat er Forschungen bezüglich der Spaltenbildung am Gletscher angestellt, den Unterschied zwischen Hänge- und Talgletscher beschrieben und das Gletscher- vom Flußeis differenziert. Er soll außerdem André de Luc, der die Gletscher als eine zähflüssige Masse definiert hat, in seiner Auffassung widersprochen haben. Saussure erkannte den Einfluß der Erdwärme beim Schmelzvorgang und wußte aufgrund seines Studiums der Moränen um die Gletscherschwankungen. Seitz schließt mit der Feststellung, daß Saussure durchaus eine Leitfigur der frühen Glaziologie gewesen sei (vgl. 1987, 87).

287 Vgl. Egger 1943, 54

288 Saussure, zit. in „Entdeckung der Alpen" 1934, 179: vgl. dazu die geringfügig abweichende Ausführung bei Seitz 1987, 114f; vgl. aber auch Schwarz 1884, 364ff.

289 Saussure, zit. in „Entdeckung der Alpen" 1934, 179

290 Ebd.

291 Ebd. 180

292 *Ziak* spricht von einer „großen Expedition" und meint, daß Saussure „so zu Berg stieg, wie er aus der Stadt kam: im langschößigen Rock und mit Stulpenstiefeln. Das wesentliche Ausrüstungsstück war eine lange Stange" (1981, 42). Ganz anders bekleidet war der Engländer Mark Beaufoy, der bereits drei Tage nach Saussure, und zwar genau um 10 Uhr morgens, am Gipfel des Mont Blanc stand. Damit konnte er die vierte Begehung dieses Berges für sich verbuchen. Im Gegensatz zu Paccard oder Saussure bestimmte er aber nicht die Höhe, sondern die geographische Breite des Gipfels mit 45° 50' 11''. Er soll selbst „wie ein Führer" gestiegen sein, was bei seiner spärlichen Bekleidung und der federleichten Ausrüstung nicht so schwer war: Beaufoy trug eine weiße Flanelljacke, eine Leinenhose ohne Hemd und ohne Unterkleider (vgl. Egger 1943, 54).

1837 war man etwas anders gekleidet: „H. M. Atkins gibt folgendes Verzeichnis der Sachen, mit denen er im August 1837 bei einer Besteigung des Mont Blanc bekleidet war:

‚Ich hatte an: ein Paar schafwollene Strümpfe, zwei Paar Gamaschen, zwei Paar Tuchhosen, zwei Hemden, zwei Westen, einen Rock, darüber einen blauwollenen Kittel, eine Nachtmütze, drei Tücher um den Hals, zwei Paar wollene Handschuhe und einen Strohhut mit grüner Kapuze. Die Augen schützte eine Brille und ein grüner Gazeschleier.'" (Atkins, zit. in Dent 1893, 53)

Ein Jahr später, genau am 4. September 1838, steht Henriette d'Angeville als zweite Frau am Gipfel des Mont Blanc. Sie soll ihre Karawane wie folgt zusammengestellt haben: 6 Führer und 6 Träger mit ausgiebigem Proviant (24 Hühner), 18 Flaschen Bordeaux, einem Fäßchen Wein, einem Topf Suppe für jeden. Das „Jungferlein" selbst „stak in einer bis zu den Knöcheln reichenden Pumphose, die aber schamhaft bis zu den Knien von einer Bluse verdeckt war. Ein zeitgenössisches Bild zeigt die Dame sogar im Reifrock über eine Gletscherspalte steigend" (Ziak 1981, 91; aber auch Egger 1943, 48; vgl. dazu die Abb. in Steinitzer 1913, 49).

Egger weiß noch mehr über d'Angevilles Bekleidung und erzählt, daß die „mit ihren 44 Jahren bereits ältere Dame" sich ein besonderes Kostüm hat anfertigen lassen:

„Es bestand aus Hemd und Höschen, aus rosa Flanell, Doppelstrümpfen aus Seide und Wolle, Hosen und langem Rock aus kariertem Wollstoff mit Flanell gefüttert, einer großen mit Pelz verbrämten Haube, Boa und Umhang aus Pelz, Samtmaske, Schneebrille, Handschuhe. Am Handgelenk baumelten an langen Schnüren 2 Fläschchen, an der Seite am Gürtel eine Provianttasche. Außerdem ist am Alpenstock oben ein Haken und in der Mitte ein Laternchen angebracht [...]" (1943, 57f)

293 Vgl. ebd. 51f

294 Grube 1875, 38

295 Ebd. 48f

296 Ebd. 49

297 Ebd.

298 Vgl. Bourdieu 1989

299 Ernst 1995, 3

300 Saussure, zit. in „Entdeckung der Alpen" 1934, 179

301 Ebd. 180

302 Ebd.

303 Ebd. 183

304 Ebd.

305 Ebd. 185

306 Vgl. Ernst 1995, 6

307 Vgl. Wagner 1983

308 Vgl. Starobinski 1981

309 Zit. in „Entdeckung der Alpen" 1934, 153

2. Teil: Spurensicherung

Vorbemerkung 163

Vom schwierigen Umgang mit dem Vorfindbaren 164
    Widerstand des Materials 164
    Dezentrierung 164
    Misserfolg 164

Spuren lesen 165
    Die Frage nach dem Grund 165
        Spiegelbildliches Erkennen 165
        Normales ist extrem 165
        Zur Krise von Subjekt und Erkenntnis (a) 166
            Inkurs 1: Leibniz' Grundsatz 166
        Subjekt-Erschütterung (a fortgesetzt) 166
        Leidenschaft versus Vernunft (b) 167
            Inkurs 2: Vervollkommnung des Unverbesserlichen? 167
        Erste Standortbestimmung: Das Denken denken (c) 169
            Inkurs 3: Mimesis 170
        Dimensionen (c fortgesetzt) 171

Spuren sichern 171
    Nachlese einer Entstehungsgeschichte 171
        Planung 171
        Geschichte als vorgestelltes Kontinuum 172
        Leidenschaft und Indifferenz (b fortgesetzt) 172
            Inkurs 4: „[…] leben heißt: leidenschaftlich, nicht tot sein" ... 172
        Wissenschaft, Sicherheit und Leidenschaft (b fortgesetzt) 173
            Exkurs: Inferno am Mont Blanc 174
        Leidenschaftliches Subjekt (a, b fortgesetzt) 174
    Entwicklung in der Dunkelkammer 174
        Projektion 176
        Angst 176
        Selbst-Fremdheit 177
            Inkurs 5: Schrift und Subjekt 177
            Inkurs 6: Kontext als Konstruktion 178
    Zur Frage nach dem Wissen/Wissensbestand *(c fortgesetzt)* 178

Anmerkungen 180

2. Teil: Spurensicherung

Vorbemerkung

1. Wenn Carl Ginzburg von „Spurensicherung" spricht, ist die Wissenschaft auf der Suche nach sich selbst. Es sind die nebensächlichen Daten, an denen eine komplexe Realität aufgespürt wird. Man organisiert Daten so, daß sie Anlaß zu erzählenden Sequenzen geben. Dadurch sammelt man Erfahrungen im Spurenlesen.[1]

Bei Nietzsche hört man den Wanderer zu seinem Schatten sagen: „Ich liebe die Unwissenheit um die Zukunft und will nicht an der Ungeduld und dem Vorwegkosten verheißener Dinge zu Grunde gehen."[2] Spuren sichern heißt für mich Erfahrungswissen sicherstellen, verspricht aber keine Sicherheit. Man übt sich gerade in die Unsicherheit ein und nimmt Künftiges nicht vorweg. Darum geht es im folgenden.

Teil 1 hat viele Einzelfakten bereitgestellt. Sie gerannen zu Erzählungen und legten als Geschichten einen Grund des Bergsteigens aus. Im Umgang mit dem Einzelfaktum lag die Erkenntnis. Es trat in Spannung zur Verallgemeinerung, ohne ihr geopfert zu werden. Das aber war und ist so einfach nicht. Im Bewahren handelt man sich ein Problem mit der Wissenschaftlichkeit ein: In einem langsamen Vortasten erarbeitet sich ein anderes Paradigma, das sich auf die wissenschaftliche Erkenntnis des Individuellen stützt;[3] wobei es sich, wie Ginzburg meint, um eine Wissenschaftlichkeit handelt, „die völlig neu zu definieren wäre".[4]

2. Zwischen Empirie und Philosophie war zu vermitteln, d. h. alpines Material für ein historisch-anthropologisches Denken zu öffnen. Der Bogen, der sich zwischen beiden spannt, soll als Spur konturiert werden. Es ist eine Spur zwischen dem Köper des Anderen (als „Gegenstand" der Forschung) und dem eigenen Körper (als „Methodenhorizont").[5] Damit wurde eine wissenschaftstheoretische Entscheidung gefällt, die weitere nach sich zieht.

„Historische Anthropologie", fordert Dietmar Kamper, „muß auf sich selbst anwendbar sein".[6] Sie kann sich nicht von der Regel ausnehmen, die sie aufstellt, was sowohl das Ende des Holismus der Natur als auch das jeden totalitären anthropologischen Denkens bedeutet.[7] Somit wird der Dissens maßgebend, die Strenge der Struktur eines Denkens in Differenzen und Relationen: Man nimmt die Abstände, Lücken, Risse, Brüche und Abgründe an, auch um zu üben, sich selbst mit den Ohren anderer zu hören in dem, was man selbst sagt, schreibt und denkt.[8]

3. Diese Spurensicherung übt die „performative Rückkoppelung" und stellt sich als eine Bewegung dar, die vor- und dann wieder zurücktritt, was sich auch formal ausdrückt („fortgesetzt"). Im Zurücktreten erweitert sie das, was mit „doppelte(r) Historizität" gemeint ist[9], und zwar in der Weise, daß im Zurücktreten punktuell die Sicht frei wird auf jenen Ort, von wo aus man selbst denkt. Erst mit dem mehrmaligen Zurücktreten konstituiert sich dieser Denkort. Es ist notwendig, ihn ansatzweise einzusehen, um sich selbst zu verstehen und nicht nur in der Abstraktion fortzuschreiten. Der Rücktritt ist ein Wiedergewinnen von Orientierung auf der Suche nach dem Wissen von Wissen. Dabei berührt sich die Wissenssuche selbst.

Diese Berührung verräumlicht sich in Form einer „dreifachen Historizität". Man zeichnet den eigenen Denkweg nach und bestimmt damit seinen Standort. Dieser Standort ist wiederum geschichtet und kann nicht definiert werden; denn nur das, was keine Geschichte hat, meint Nietzsche, ist zu definieren.

Also geht es um eine andere Bestimmung: Ich umgehe diesen vermeintlichen Ort des Denkens, wie die Tibeter den Kailash umrunden. Jede Umgehung braucht Wissen auf, wie es Wissen anlegt und sich als Bewegung innerhalb der Zeit vollzieht. Durch diese zeitliche Bewegung wird mein Denkort begrenzt und entgrenzt.

Nach Edgar Morin offenbart sich das Universelle im Besonderen,[10] und das Besondere liegt darin, auf nahezu obsessive Weise, selbst wieder einen Ort des Denkens zu gewinnen. Dadurch mag es gelingen, den „Gegenstand" an die „Methode" zurückzubinden.

4. Wenn von Spurensicherung die Rede ist, dann in erster Linie in der Weise, daß für mich das Weiterforschen erst sicherzustellen war. In der Diskursivierung des Berges im 1. Teil ging der Berg zugunsten der ihn besteigenden Menschen verloren bzw. wurde durch die Sprache verhüllt. Der Mensch avancierte zum Gegenstand meiner Forschung und mit ihm das Sprechen selbst, während ich in Konflikt mit dem Anspruch geriet, gegen die Anthropozentrik anzudenken. Dieser Konflikt legte mich lahm. Gegen die Lähmung unternahm ich den Versuch zu rekonstruieren, was bisher zusammengetragen wurde: z. B. die Frage nach dem Grund aus Studie 1 oder die Konstituierung eines Subjekts, das sich leidenschaftlich der Höhe verschrieb, in Studie 2.

5. In das Nachdenken sickerte Theorie mit dem Ergebnis, daß sich meine Lähmung mancherorts löste. Nicht behoben war mein Konflikt, aber im Erweitern des Wissens durch nichtalpine Autoren, wie Heidegger, von Weizsäcker, Herrmann, Sting usw., war der Konflikt leichter auszuhalten. Es schrieb sich wieder. Die ursprüngliche Planung zog an mir vorüber, und ich entdeckte darin Annahmen, die zu prüfen, Vermutungen, die weiterzuverfolgen waren. Das bedeutete ein Spurenlesen der Vergangenheit und zugleich ein Wiedererinnern von Vergessenem. Ich mußte das alpine Material mit allgemeinen Überlegungen verbinden, ansonsten war über diese bergsteigerische Anthropozentrik eben auch hinauszugelangen. Das Hinausdenken markiert eine Art „heterologe Grenze des Homogenen".[11]

Ich überschritt die Geschlossenheit der Alpingeschichte und erkannte gerade dadurch ihre Sprünge klarer. Dadurch war rückwirkend der alpinen Literatur sowohl mit einem distanzierteren Blick als auch mit dem Mut zu begegnen, individuelle Aspekte nicht abzuwerten, was sich direkt proportional zur emotionalen Distanz des Beobachters verhält.[12]

Ich hatte mich in diese Bewegung einzuüben. Das Folgende zeichnet Denkbewegungen bis zu dem Zeitpunkt nach, als sich das Pendel langsam zur Mitte hin konzentrierte: Es war die Frage nach dem Wissen, das das Alpine birgt. Diese Frage nach dem „alpinen" Wissen, das sich im Berg-Denken hervorbringt, ist jene Ebene, wo sich das individuelle Ereignis des Einzelfakts mit allgemeinen Reflexionen über das menschliche Tun trifft. Es ist die Frage nach der Bildung eines Menschen durch sein Tun, wobei dieses Tun zeitlich zu lokalisieren wäre.

Der Berg ist eine Realität, und er war immer auch als Metapher zu nehmen. Durch diese Rückbindungen des Berges bzw. des Geschehens zeigt sich die Metapher als eine historische Tatsache, die es zu buchstabieren galt, und war somit weit mehr als ein Sprachbild mit nur heuristischem Wert. Der Berg als Metapher wurde zu einer radikalen Wirklichkeit, so wie er die Wirklichkeit radikalisierte.

6. Die Wirklichkeit – oder was ich dafür hielt – begann in Richtung Grund zu wirken. Wo bricht das Wissen? Mit dieser Frage fand ich die Systematisierung des 3. Teils, und mit ihr geht die Spurensuche zu Ende. Im Tod bricht das Wissen, und der Abstieg erinnert ihn am stärksten. Der Abstieg steht am Beginn des letzten Teils der Studie 2. Aus der Brechung des Wissens im Abstieg setzt sich ein ungeheures Aufkommen und Voranschreiten von Wissen im Aufstieg bis hin zum Gipfel fort.

Hineingezogen in den Zusammenhang eines historisch-anthropologischen Wissens des Alpinen, verlor ich die Distanz zum Denken. Es gab keine Spuren mehr zu sichern, da sie sich in der Produktion von Wissen auflösten. Diese kommt einer Selbstauflösung des Denkens gleich und mit ihm dessen, der denkt: das Subjekt. Spuren dieser Subjekt-Auflösung verwahrt das Kommende.

VOM SCHWIERIGEN UMGANG MIT DEM VORFINDBAREN

WIDERSTAND DES MATERIALS

Das Fortschreiten meines Denkens hängt in erster Linie von den alpinen Daten ab. Die Versuche aber, zugunsten eines Allgemeinen vom Besonderen abzusehen, schlagen immer wieder fehl. Es geht um ein Umdenken. Das historische Material ist auf seltsame Weise Systematisierungsanstrengungen gegenüber resistent, und es ist, als walte in ihm eine eigene unhintergehbare Logik.

DEZENTRIERUNG

Der Umgang mit dem „Widerständigen" lehrt Sorgfalt und Geduld; jedes Ausweichmanöver ist ein Schwindel. Im Ausweichen beschleunigt sich die Wissensproduktion, die Erkenntnis bleibt auf der Strecke. Sie lebt vom Ereignis des Einfalls und beinhaltet Momente des Zufälligen. Sie kommen im Dezentrieren eher zum Tragen als durch die Konzentration des Denkens. Sie tritt ein, wenn das Ereignishafte in diskursive Ordnungen gebracht werden soll. Zwischen dem Ereignis und seiner Diskursivierung besteht ein Spannungsfeld. In ihm arbeitet das Schicksalhafte des Zufalls gegen ein Vergröbern und Verrohen des Denkens.

Der Unfall des Sinns ergibt sich aus dem Zusammenstoßen von Einfällen. Dadurch eröffnet sich ein unbekanntes Feld als neue Sicht auf ein angeblich Bekanntes.[13] Auszuhalten ist ein Zerfahrensein; man hört auf, das Eintreten des Bekannten durch im voraus festgelegte Ordnungen abzuwarten und durchzusetzen. An dieser Stelle befinde ich mich gerade. Das Thema beginnt zu arbeiten.

MISSERFOLG

Es gab Angriffe gegen meine Art, Wissenschaft zu betreiben, die – „im Dienste der Wahrheit" stehend – feindselig geführt wurden. Da das, was jemand denkt, mit dem korrespondiert, wie er es denkt, was er tut und wer er ist (auch wenn all das nicht feststeht), war ein Umkrempeln oder Eliminieren des einen oder anderen von einem Tag auf den anderen nicht möglich.

Es folgten eine einschneidende Krise und ein Vertrauensbruch mit der Wissenschaft und mit Wissenschaftlern. Sicherheiten aufzugeben, die keine waren, wurde unumgänglich. Das erforderte neue Denkarbeit. Worin gründeten diese Angriffe und worauf zielten sie? Was war in ihnen vorausgesetzt, ohne selbst in Zweifel gezogen zu werden? Was mochte hinter der Abwehr dessen stehen, was vordergründig disqualifiziert wurde? Darauf sind unterschiedliche Antworten denkbar, der kleinste gemeinsame Nenner ist in dem zu finden, womit ich mich thematisch befasse: Es war und ist der Berg. Er stand von Anfang an fest. Der Berg wurde, so eigenartig es klingt, zum Stein des Anstoßes. Nicht direkt, aber in dem, was er an Denken provoziert. Aus dem Berg wurde Bergsteigen. Es zeichnet sich durch eine unauflösbare Zwiespältigkeit aus und wird dadurch zu einem Verhängnis für das Denken. Als eine Geschichte der Ambivalenzen leistet das Bergsteigen, insbesondere das extreme, den Prämissen der Rationalität Widerstand und Gegenwehr.

Das Berg-Forschen schreibt notwendigerweise eine Enttäuschungsgeschichte für eine Wissenschaft, die rechnet und berechnet.[14] Im Aufsteigen geht noch einiges auf. Das gilt nicht mehr für das Absteigen. Dem Abstieg sind wir unvorbereitet ausgeliefert. Nietzsches Zarathustra spricht von einem Zu-Grunde-Gehen als menschliche Unerläßlichkeit.

Genau das liegt in der alpinistischen Praxis vor. Der Erfolg tritt nicht schon auf dem Gipfel ein, dem Ort höchster Vergeistigung. Erfolgreich ist man, wenn man unfallfrei ins Tal kommt. Wo immer dieser Grund sein mag, es handelt sich beim Bergsteigen um die Umkehrung einer positivistischen Denkfigur, die ihre Wendung in die Negativität erst zu verkraften hat.

SPUREN LESEN

DIE FRAGE NACH DEM GRUND

Diese Frage hat man seit geraumer Zeit nicht mehr ernsthaft gestellt. Martin Heidegger war meines Wissens der letzte, der sich der Frage nach dem Grund zuwandte. Er bestimmte sie als die „Weltfrage des Denkens", an deren Beantwortung sich entscheidet, „was aus der Erde wird und was aus dem Dasein des Menschen auf dieser Erde".[15] Eine denkwürdige Frage also, die ich, mit dem Bergsteigen in Verbindung gebracht, erneut aufgreife. Eine erste erkenntnisleitende Antwort enthält der Satz, daß die Natur der Grund sei. Diese Ausgangnahme ist nicht das Ergebnis metaphysischer Überlegungen und zielt auch nicht darauf ab. Sie ist einzig die Folge einer simplen Beobachtung.

Das Bergsteigen fängt zumeist unten an, um sich nach oben fortzusetzen und dann wieder zum Grund zurückzukehren. Das heißt, daß im Denken des Bergsteigens ein Denken hin zum Grund leibhaftig angelegt ist; ihm ist so konsequent wie möglich zu folgen.

Spiegelbildliches Erkennen

Die Grund-Frage hat sich verschoben. Sie ist in die Sphäre des unmittelbar-sinnlichen Erlebens mit der Konsequenz übergewechselt, daß sich das GrundDenken innerhalb der Materialität zu entfalten hat und an sie gebunden bleibt. Das ist wortwörtlich zu nehmen und nicht mit dem zu verwechseln, was sich „Materialismus" nennt. Dieser ist selbst eine Gestalt des Geistes und hat mit Materie nichts zu tun.[16] Daß das Denken dem Bergsteigen nachfolgt, hat zur Auswirkung, daß BergDenken immer auch ein Denken des Körpers ist. Die spezifischen Bewegungen des Körpers beim Steigen und Klettern sind zu bestimmten historischen Zeiten und an einschlägigen Orten (Berg/Fels/Eis) denkend nachzubilden. Die Praxis des Bergsteigens bis hin zum Extremklettern entspricht auf mimetische Weise dem Denken als menschliche Grundpraxis. Anstelle eines konstruktivistischen und projektiven Denkens beginnt ein Denken, das sich ins spiegelbildliche Wiedererkennen einübt;[17] oder anders gesagt, das Bergsteigen verlangt nach einem mimetischen Denken.[18] Man nimmt sich ein Modell vom Gegenstand und nicht ein Modell für den Gegenstand.

Normales ist extrem

Bereits meine Dissertation begann mit der Frage nach dem Warum, und Studie 1 setzt diese Frage fort.[19] Aber das Warum enttäuschte an seiner Oberfläche die Hoffnung auf einen tragfähigen Grund. Genauer besehen verursachte es einen denkerischen Unfall. Die Gründe, die von Extrembergsteigern vorgebracht werden, kamen über den Charakter einer Rechtfertigung nicht hinaus. Aber genau das war verdächtig. Mit dem extremen Bergsteigen lag ein Tatbestand vor, an dem gängige Identitätskonzepte scheitern. Diese extreme Praxis überfordert die Erklärungskraft eines Denkens, das an der Normalität orientiert ist. Entweder man gibt die Absicht zu erklären auf, oder man gerät, wie z. B. Ulrich Aufmuth, in unlösbare Selbstwidersprüche theoretischer Argumentation: Mit „Selbstfremdheit", „Desintegration", „Sinndefizit", „Unterscheidungszwang" usw. soll den Extremalpinisten Abnormes, d. h. eine pathologische Identität, nachgewiesen werden.[20] Aber welcher normale Mensch kann sich heute frei von Selbstfremdheit wähnen? Es verhält sich gerade umgekehrt, das Fehlen obiger Bedingungsmomente läßt an der Normalität der Normalen zweifeln. Nur mit äußerster Verdrängungsanstrengung mögen angeführte Merkmale zu unterbinden sein. Wofür bleibt dann noch Kraft? Demzufolge wandelt sich die Perspektive. Das „Normale" erscheint künftig als ein Grenzfall; das „Extreme" bietet sich als neuer Ausgang für ein Denken des Menschen an.[21]

Zur Krise von Subjekt und Erkenntnis (a)

Unser Denken hat die Umkehrung in „Extremes ist normal/Normales extrem" noch nicht aufgenommen. Es ist für diese Reversion nicht gebaut und zu schwerfällig für „Identitätslosigkeit". Zwar schlagen sich seit einiger Zeit die herrschenden Human- und Sozialwissenschaften mit dem „gefährdeten Subjekt" herum und entwickeln auch die eine oder andere Verarbeitungsstrategie;[22] vom Verwirrspiel der Postmoderne abgesehen ringen sie sich, mit wenigen Ausnahmen, nicht durch, in der Verwerfung, in der Lücke als möglichem Übergang auszuharren.[23] Diese „Identitätslosigkeit" ist auch psychisch schwer durchzustehen. Dadurch aber verkompliziert sich die Sache: Die festgestellte Krise des Subjekts bedeutet, durch die Aufspaltung in Subjekt und Objekt, immer auch eine Krise der Erkenntnis. Wenn es mit dem Subjekt nicht stimmt, folgen Schwierigkeiten mit dem Objekt. Sie werden wahrgenommen und als Auflösungserscheinungen beklagt. Die einmal gesetzte und fortgesetzte Trennung schlägt auf die Wissenschaft selbst zurück, ihr „Grund" hat nachgegeben, trägt nicht und hält nichts zusammen.

Inkurs 1: Leibniz' Grundsatz

Im Rückgriff auf die Geschichte des abendländischen Denkens soll diese Grund-Erschütterung verständlich werden. Nach Martin Heidegger läßt sich der Satz vom Grund „Nihil est sine ratione" auch auf die Formel „Nichts ohne Grund" bringen. Dabei ging das „est" verloren, welches als „das Sein" zum Grund gehört und einen Grund hat. Dieser Verlust hat weitreichende Konsequenzen. Wozu wird der Grund? Zunächst ist darüber nichts zu sagen, er liegt in einer „unerhört langen Incubationszeit".[24] Sie dauert vom 6. vorchristlichen Jahrhundert bis ins 17. Jahrhundert, dann taucht dieser Satz wieder auf. Bei Leibniz, dem Descartes und mit ihm die Aufklärung folgt, wird der Satz vom Grund zu einem Prinzip. Als Prinzip ist er nur mehr ein Grundsatz unter anderen, wenngleich doch der oberste für Leibniz. Er spricht von „principium magnum, grande et nobilissimum"; dieser Grundsatz begründet alle weiteren Sätze („principium reddendae rationis sufficientis").

Heidegger leitet aus diesem Faktum drei Fragen ab:
„1. Wofür ist der zurückzugebende Grund jeweils Grund?
2. Weshalb muß der Grund zurückgegeben, d. h. eigens beigebracht werden?
3. Wohin wird der Grund zurückgegeben?"[25]

In weiterer Folge wird eine Logik entfaltet, die darauf hinausläuft, daß für Leibniz die Wahrheit nicht mehr direkt mit dem Sein zu tun hat, sondern mit der Sprache. Die Wahrheit ist ein wahrer Satz, d. h. ein richtiges Urteil.[26] Das Urteil ergibt sich aus einer Verknüpfung. Was diese Verknüpfung trägt, ist der Boden oder eben der Grund des Urteils, das wiederum die Berechtigung für das Verknüpfen bereithält. Somit gibt der Grund Rechenschaft für die Wahrheit eines Urteils. Rechenschaft heißt im Lateinischen nichts anderes als „ratio". Das bedeutet: „Der Grund der Wahrheit des Urteils wird als die ratio vorgestellt."[27] Somit ist alles, was der Vernunft zuwiderläuft, nicht wahr.

Auf die zweite Frage antwortet Heidegger, Leibniz folgend, daß ein Urteil so lange ohne Berechtigung bleibt, bis seine Richtigkeit ausgewiesen ist, und zwar so, daß man den Grund der Verknüpfung an geeigneter Stelle anzugeben imstande ist. Der Grund muß, um ein Urteil wahrhaftig sein zu lassen, erst noch zurückgegeben werden. An wen? Heidegger sagt, sich wieder auf Leibniz beziehend, „zurück auf den Menschen, der in der Weise des urteilenden Vorstellens die Gegenstände als Gegenstände bestimmt".[28] Fassen wir zusammen: Das Sein als der Grund wird durch einen anderen Grund ersetzt. Diese Ersetzung macht aus dem Grund einen Grund-Satz. Der Grund-Satz muß, um einer zu sein, einiges erfüllen. Gründe für seine Wahrhaftigkeit sind beizustellen, wodurch sich die Aufmerksamkeit vom Grund auf das Begründen verlagert. Im Begründen wird etwas als zu Recht bestehend ausgewiesen.[29] Es wird Rechenschaft abgelegt, um in weiterer Folge mit etwas rechnen zu können. Diese Berechenbarkeit kann als Vernunft vorgestellt werden. Sie wird zum neuen Ausgangspunkt für den Menschen, der nun mittels Vorstellung und Verknüpfung alles um ihn herum neu ordnen und bestimmen kann. Mensch und Vernunft sind so aufeinander bezogen, daß das eine ohne das andere nicht zu denken ist. Das Denken verhält sich, als wären beide der eine Grund.

Subjekt-Erschütterung (a fortgesetzt)

Der erste Teil von Studie 1 behauptet, daß im Grund eine a n d e r e Vernunft liege und Begründungen über den Grund hinweggingen. Die Annäherung an den Grund wurde über den Nachweis des verlorenen Rechts auf den Tod versucht, das in eine allgemeine Verpflichtung zum Leben verwandelt wird, gegen die das extreme Bergsteigen halbseitig verstößt. Der zweite Versuch derselben Studie kam zu dem Schluß, daß die Norm den Grund ersetze. Sie ist selbst eine moralische Setzung – analog zum Naturgesetz – und verdeckt den Grund. Diese Annäherung an den Grund verlief über den Beweis des „richtigen Urteils". Beide Male bewegten wir uns mit der Frage nach dem Grund „übern Grund". Sowohl der Zustieg über den Tod als auch der über das Recht tat dem Subjekt nicht gut. Im ersten Fall war das Subjekt nur um den Preis des Zwangs zur Selbst-Erhaltung zu erretten; im zweiten mußte es zu seiner Selbst-Verteidigung antreten. Im Rückgriff auf sprachliche Setzungsakte fiel das Subjekt in der Diskursivierung auseinander und formalisierte sich erneut über das Gesetz. Im Gesetz fungiert das Subjekt nur mehr als struktureller Faktor. Das historische Material, dem die Analyse von Studie 1 folgt, bezieht sich auf die zweite Hälfte des 19. Jahrhunderts; es ist anzunehmen, daß zu dieser Zeit das Subjekt seinen Horizont bereits überschritten und auch aus anderen, hier nicht diskutierten Gründen an Standfestigkeit verloren hat.[30]

Leidenschaft versus Vernunft (b)

Mit Studie 1 wurde eine Schicht der Grund-Frage abgetragen. Es ging um die Rechtfertigung des extremen Bergsteigens. Unfall und Tod sind Angelpunkte, an denen das Denken zu scheitern droht. Dem Kalkül und der Sicherheit verpflichtet,[31] beginnt das VernunftDenken in Anbetracht dessen, daß jemand „freiwillig" sein Leben riskiert, ins Leere zu gehen. Das rationale Denken perfektioniert zwar die Bereitstellung von Gründen, zum Verstehen des extremen Bergsteigens aber trägt es nichts Entscheidendes bei – im Gegenteil. Es versteigt sich in einen technischen Diskurs, der auf die Vervollkommnung von Wissen, Ausrüstung und Verhalten setzt, ohne die Zunahme alpiner Unfälle zu verhindern.

Die Perfektion hat immer einen Gegenspieler: das Unverbesserliche. Es ist an die Vernunft gekettet und schreitet mit ihr fort. Je vollkommener, desto unverbesserlicher, bzw. je mehr Vernunft, desto weniger läßt andererseits die Unvernunft auf sich warten. Ein Beispiel: Als ich 1987 in einer ExpertInnendiskussion die ExtrembergsteigerInnen befragte, was sie an ihrem Tun so lieben, distanzierten sie sich zuallererst davon, extrem zu sein. Aber unter diesem Titel sind sie der Einladung gefolgt. Niemand wollte offiziell als „extrem" gelten, trug aber insgeheim sehr wohl die Vorstellung, extrem zu sein, in sich. Mit „extrem" ist ein Lebensstil gemeint, der sich kompromißlos auf diese Berg-Leidenschaft ausrichtet: „Sich zur Gänze zu verwenden".[32] Das ist ein großer Satz. Aus ihm spricht das Endstadium eines Programms, das mit Michel Foucault als „produktive Disziplinierung" umschrieben werden kann. Es ist die völlige Verausgabung des Menschen, und zwar aus „freien Stücken". Die Verwirklichung seiner Möglichkeiten als ein Können, alle Fähigkeiten vollends zur Geltung und zum Einsatz zu bringen, sich selbst ohne Rest „umzusetzen". Aus der Umsetzung spricht das wahnwitzige Zusammenspiel von permanenter Selbst-Vervollkommnung und gleichzeitigem Scheitern des Vorhabens, das wiederum die Perfektionierung forciert.

Inkurs 2:
Vervollkommnung des Unverbesserlichen?

Ulrich Herrmann hat zu diesem Paradoxon eine Reihe von Überlegungen angestellt.[33] Er markiert das 18. Jahrhundert als eine Zeit, in der die religiösen und geistigen Umwälzungen zum Abschluß kamen, die die Aufklärung der europäischen Moderne als eine „sich selbst wollende Welt" konstituiert haben.[34] Man ist nicht mehr an einen Schöpfer-Gott gebunden, sondern befindet sich in einem Status radikaler Subjektivität und Rationalität. Von da aus werden die Verhältnisse Mensch und Welt, Geschichte und Natur neu vermessen. Die Natur ist keine Interpretation des Schöpferplans mehr, sondern funktioniert nach der Ordnung der Naturgesetze in der Weise einer Maschine. Der Mensch deutet seine Welt nicht mehr zyklisch oder teleologisch, sondern „innerweltlich". Er ist zu einem „selbstbezüglichen Wesen" geworden.[35] Herrmann zitiert an dieser Stelle aus dem „Discours" von Rousseau: „Es ist ein großes und schönes Schauspiel, den Menschen sozusagen aus dem Nichts durch seine eigene Anstrengung hervorgehen zu sehen."[36] Die Anstrengung wird zur Formel der Selbst-Erschöpfung: Verstand, Leidenschaft (Reizung) und Freiheit prägen die Fragestellungen und den Problemhorizont des 20. Jahrhunderts; sie resultieren „allesamt aus einer gemeinsamen Quelle: der Wahrnehmung unabläßiger Veränderungen und Krisen".[37] Die Aufklärung stellt den ersten Höhepunkt der Krisenerfahrung als Kultur- und Gesellschaftskritik dar. In ihr arbeiten zwei Vorstellungen gegeneinander: Zum einen glaubt sie daran, daß sich „die Gesamtheit der menschlichen Gattung [...] zwar langsam, aber stetig auf eine größere Vollkommenheit" zubewege;[38] zum anderen weiß sie bereits von der Verneinung dieses Credos. Die Aufklärung durch die Wissenschaften und Künste sei der Grund für die Verderbnis des Menschen, er wende sich damit von der Natur und von sich selbst ab. Pestalozzi faßt am Ende des 18. Jahrhunderts Rousseau noch einmal zusammen. Der Prozeß der Selbsthervorbringung des Menschen erzwingt parallel dazu seine Selbstveränderung, wodurch der Mensch „Schöpfer und Geschöpf seiner selbst ist, er selber i s t Kultur, so wie die Kultur e r s e l b e r ist".[39] Damit stellt sich der Mensch außerhalb die Natur und verliert seine eigene. Herrmann spitzt diesen Tatbestand zu: „Die Vollendung des Individuums als eine Radikalisierung der Subjektivität könne gar nichts anderes bewirken als den Verfall der Gattung."[40] Der Vollendungsprozeß ist einer der permanenten Umstrukturierung, Differenzierung und Verfeinerung dessen, was den Menschen von der Natur trennt. Bleibt der Mensch über den Verfall mit der Natur verbunden? Pestalozzi formuliert in seinen „Nachforschungen" von 1797, daß „der Mensch als Werk der Natur, als Werk der Geschichte und als Werk seiner selbst" zu gelten habe.[41] Demzufolge ist es angemessen, die Frage, was der Mensch sei, damit zu beantworten, daß dies von der jeweiligen Betrachtungsweise, was man von ihr erwartet und was man ihm zuschreibt, abhänge.[42] Aus diesem Grund, so Herrmann, „stellt sich die Frage nach der Verbesserlichkeit des Menschen neu – und zwar empirisch-anthropologisch, jenseits von Optimismus und Skepsis: denn wenn der Mensch nicht von Natur aus so ist, wie er ist, sondern dies durch sein Zutun wird, dann ist er durch sich selbst und aus sich selbst veränderbar, mithin potentiell verbesserungsfähig".[43] Mit dieser Überlegung hielt die Anthropologie des 18. Jahrhunderts an einem Unterscheidungsmerkmal fest, das mit Sicherheit den Menschen vom Tier unterscheidet – die „Fähigkeit zur Selbstvervollkommnung".[44] Sie beinhaltet zweierlei: die Fähigkeit, mit der sich der Mensch einen Entwurf seiner selbst und von der Welt mache, um ihn sich „einzubilden", und die Fähigkeit, sich als Mensch selbst Zwecke setzen zu können.[45] Das zeichnet den Menschen durch ein Doppeltes aus. Er kann sich selbst denken und über das Vorstellungsvermögen zu anderen Selbst- und Lebensentwürfen gelangen, bei deren Umsetzung er die Verantwortung trägt. Er wird dadurch zu einem moralischen Wesen. Das Selbstdenken und die Eigenmoral sind der Kern der Selbstermächtigung des Menschen, zu der es keine Alternative zu geben scheint.[46] Die „Natur" des Menschen ist mithin als eine paradoxe vorzustellen. Der Mensch ist von Natur aus unvollkommen, aber es entspricht zugleich seiner Natur, sich zu vervollkommnen.[47]

Auch wenn diese Vervollkommnung nur teilweise gelingt und, wie Kant meint, nur eine „Annäherung" an die Idee des Geraden, des Vollkommenen darstellt,[48] ist unübersehbar, daß wir es hier mit einem anderen Verständnis von „Natur" zu tun haben. Was ist es, das der „Natur" des Menschen entspricht? Die Antwort ist klar: die Vernunft. Sie führt den Menschen über sich hinaus, sie läßt ihn einen Plan für das Verhalten machen, und sie läßt ihn vor allem lernen. Er kann die Welt technisch-instrumentell bedienen und organisieren lernen und ebenso soziale Regeln, wie Menschen miteinander umzugehen haben. Lernen und Vernunft fallen zusammen: Sie sind Grundlage für das Herausbilden des Menschen schlechthin, das wir kurz und einfach als „Erziehung" bezeichnen. Sie zivilisiert und kultiviert den Menschen. Erziehen heißt, dem Menschen das jeweils Richtige aufzuzeigen und ihn für die Gemeinnützigkeit und Rechtlichkeit zu disziplinieren und zu sozialisieren. Die Erziehung macht den Menschen lebenstüchtig.[49] Soviel zum aufklärerischen Programm. Die tatsächlichen Verhältnisse aber bremsten diese große Hoffnung ein, sie scheiterte bereits daran, keine verläßlichen Prognosen für die Entwicklung eines Menschen machen zu können.[50] Geschichtsphilosophie und Erziehungstheorie verbinden sich in der Weise, daß an ihrer Schnittstelle die Anthropologie steht und nach einem Ausweg für den Menschen sucht. Man wollte die Aussicht auf eine verbesserte Zukunft nicht aufgeben, der die Vervollkommnung des Menschen vorauszusetzen war; aber gerade der Selbstperfektionierung widersetzte sich der Mensch immer wieder. Die Folge war eine Bildungstheorie, die weiterhin an der Vervollkommnung arbeitete und zugleich „den Menschen" aufteilte in viele unterschiedliche Individuen, ein Kunstgriff, der einer „skeptischen Zurückhaltung" entspricht.[51] Wilhelm von Humboldt vertrat diese Position in seinem Text „Über den Geist der Menschheit" (1797) zum erstenmal.[52] Somit obliegt es der „Selbsttätigkeit" des einzelnen, eine „originelle Individualität" herauszubilden und mit ihr eine „höhere Vollkommenheit" zu erreichen.[53] Diese Selbsttätigkeit wird als eine Energie vorgestellt, die dem Menschen innewohnt und ihn in eine optimale Übereinstimmung mit dem Ideal und seinen Fähigkeiten bringt. Diese Energie wirkt Wunder und ist bei Humboldt „der Geist der Menschheit", durch den und aus dem heraus der Mensch eigentlich erst Mensch wird. Dieser Geist ist unerhört lebendig und kommt am ehesten dem gleich, was wir mit Einbildungskraft bezeichnen. Die Sache mit dem Einbilden macht aber auch Schwierigkeiten: Der Geist kann sich in der Unendlichkeit der Welt und ihren Möglichkeiten verlieren, womit der Mensch seiner zugeschriebenen Aufgabe nicht mehr nachkommt und er, wie Humboldt sagt, einer „Selbstentfremdung" anheimfällt.[54]

Da muß vorgesorgt werden, und zwar mit der Kunst.[55] Sie führt den Menschen an die Nach- und Mitempfindung wahrer menschlicher Ideale heran. Diese innere Erfahrung ist eine geistige Kommunikation, die moralische Identität stiftet.[56] Der Mensch entgeht der Entfremdung über die Selbst-Bildung, so Humboldts These, was aber nur unter der Voraussetzung gilt, daß Bildung nicht nur als (lebens-)geschichtlicher Prozeß verstanden wird, sondern auch als ein „metaphysisches Prinzip, das den Menschen in seiner potentiellen Identität mit sich selbst als Kraft sieht".[57] Bildung ist so gesehen eine der Erziehung beigestellte Sicherheitsmaßnahme. Sie sichert rückwirkend den Entwurf der Individualität und kann dadurch erneut der Idee der Vervollkommnung des Menschen die Treue halten. Der Mensch bildet sich freiwillig zum Bruchstück der Gattung, könnte man sagen, und nicht nur Schiller hatte mit dieser Vorstellung seine Probleme.[58] Wie ist aus den Bruchstücken wieder ein Ganzes herzustellen? „Die Existenz des Menschen", so Herrmann, „bleibt paradox: Er soll durch sich selber etwas werden, wovon er sich keinen deutlichen Entwurf machen kann; er soll aus sich etwas machen, was er nicht kennen kann; er soll Antworten geben auf Fragen, die zu stellen er selber erst lernen muß; er soll eine Zukunft meistern, die ihm verborgen ist."[59] Das Programm der Vervollkommnung des Menschen scheint sich als ein notwendig selbstenttäuschendes herauszustellen, das an seinem eigenen Grund, der Vernunft, zugrunde geht. Und zwar deshalb, weil sie immer präziser das hervorkehrt, was am Menschen unverbesserlich ist, nicht weil er es so will, sondern gerade deshalb, weil er seine eigene Unverbesserlichkeit, die durch die Vervollkommnung eingehandelt wurde, nicht ausstehen kann. Hinter dieser Paradoxie kreuzt sich ein Mißverhältnis, das „das Wesen" des Menschen der Moderne ausmacht und das Herrmann als ein fünffaches zusammengefaßt hat.[60] Aus diesem seinem Wesen, das den Menschen als ein Un-Wesen konstituiert, kann er, wenn überhaupt, nur durch den Einsatz seiner selbst mit Aussicht auf völligen Selbstverlust herauskommen. Denn das prinzipielle Mißverhältnis des Menschen wiederholt sich im Mißverhältnis zu sich selbst.

Die Selbst-Reflexion ist kein Mittel, um diesem Mißverhältnis zu entgehen, im Gegenteil, sie stellt es immer wieder aufs neue her und heraus. Die Extremkletterer sagten, sie seien darauf aus, „sich zur Gänze zu verwenden", und meinten damit vieles, aber in erster Linie eine bestimmte Art des Handelns, in dem Fuß, Hand und Kopf aufeinander abgestimmt sich wieder zusammenbewegen, auch dann, ja besonders dann, wenn es ganz schwierig wird. Der extreme Kletterer hat, will er sein Leben nicht riskieren, nur mit noch mehr Zusammenhang von Kopf und Körper zu antworten. Das ist beim Wort zu nehmen, es ist nicht nur eine Metapher, sondern Tatsache. Offen bleibt, worin diese Tatsache gründet. Ist sie das Ergebnis einer Vervollkommnung des Körpers, der nach Plan in seine Einzelteile zerlegt, isoliert trainiert und geglückt zusammengesetzt wurde, oder ist es das Ergebnis einer Unverbesserlichkeit des Geistes, der nicht aufhört, die Vervollkommnung anzustreben? Aber ist es nicht so, daß man das vollkommen Unverbesserliche der Extremkletterer beklagt und an ihm Anstoß nimmt, obwohl oder weil es schon so viel Vervollkommnung erreicht hat?

*Erste Standortbestimmung:
Das Denken denken (c)*

Im extremen Bergsteigen spitzt sich der paradoxe Zusammenhang von Vervollkommnung und Unverbesserlichkeit des Menschen zu. Das macht den „Gegenstand" ebenso interessant wie widerwärtig. In der Begegnung mit dem Gegenstand befindet sich das Denken in großen Schwierigkeiten. Am Denken selbst ist zu arbeiten, d. h. es ist wieder auf die Füße zu stellen, um sich seiner Grenzlage gehend bzw. steigend bewußt zu werden. Das ist so einfach nicht. Sich das Denken bewegend zu denken soll man können, ehe es geübt wurde. Denn immer schon verdankt sich das Denken einer Geschichtlichkeit. Die Geschichtlichkeit des Denkens und die Geschichtlichkeit der Anthropologie bilden jenen offenen Horizont, der weder eine geschlossene Theorie noch einen festen Standpunkt zuläßt. Ein historisches Wissen vom Menschen ist nur noch in der Bewegung möglich.[61] Helmuth Plessner spricht von einer „exzentrischen Position", die einzunehmen wäre und einer offenen Struktur des Denkens vertraut.[62] Dadurch wird das Denken zu einer Reflexionsform. Sie steht der Theorie entgegen, die tendenziell zur Geschlossenheit neigt. Die Gefahren einer unabsehbaren Reflexivität werden geringer eingeschätzt als das Verhängnis, einseitig zu werden. Beides wohnt einer offenen Denkstruktur inne: die Gefahr einer Zentrik und Exzentrik.

Inhalt und Form sind nicht zu trennen. Das Bergsteigen schreibt dem Denken seine Bewegung und damit die Form vor. Fußsteige fallen mit Gedankengängen zusammen[63] und steigern sich zu extremer Beweglichkeit, sobald das Klettern im Fels beginnt; sie verlangsamen sich, erfordern Umwege und werden eindringlicher, wenn der Weg in große Höhen führt. Dazu gesellt sich der Abstieg als eine Bewegung der besonderen Art. Mit ihm muß auch das Denken eine andere Richtung einschlagen. Es hat zu-Grunde-zu-gehen und läuft Gefahr, dabei nur mehr den Menschen zu sehen, wie dieser selbst zugrunde geht. Mit der Möglichkeit, den Menschen durch den Menschen zu verlieren, muß gerechnet werden, was zur Auflösung des Menschen als Mensch führt.[64]

Daraus ergibt sich, daß die Methode selbst zum Weg der Erkenntnis wird. Der Weg muß beschritten werden, auf ihm hat der Körper Gewicht. Er liegt nicht außerhalb, sondern inmitten der Unbestimmbarkeit, den Menschen menschlich zu denken. Körper und Einbildungskraft bewirken, daß der Mensch den Menschen unendlich übersteigt. Beides, der Mensch und das Denken des Menschen, ist nicht nur zu instrumentalisieren, es drückt sich auch aus. In dieser Doppeltheit, Instrument und Ausdruck zu sein, ist der Körper nie ganz zu „haben". Er „ist" auch: Im Lachen, Weinen, Kranksein, Tanzen, in der Ekstase und in der Erinnerung unterbricht der Körper die Dominanz der Vernunft. Der Körper lehrt das Denken anders. KörperDenken ist der Mimesis verwandt und damit an die Grenzziehung zwischen Wissenschaft, Kunst und Leben nicht gebunden, wohl aber an die Materie. Läßt er die Materie hinter sich, hat sich der Körper abgeschafft. Ein Schritt in Richtung Selbstliquidation ist die Logifizierung des Körpers. Der Logos ist entgegen der allgemeinen Vermutung unvernünftig. Victor von Weizsäcker drückt das, wenn er sich auf den „Unverstand der Funktionen" bezieht, folgendermaßen aus: „Aus der pathischen Begegnung wird die ontische Realisierung. Jetzt hat man das Lebende so gemacht, daß es sich logisch benimmt, und daraus resultiert seine Tötung."[65] Die Unvernunft des Logos besteht darin, daß er selbst abschafft, wovon er sich nährt: den Körper.

Ohne Körper gibt es kein Bergsteigen. Konsequenterweise kann daher, in Errettung des Gegenstandes, diesem nicht nur logisch begegnet werden (übrigens: im Logos steckt die Verlogenheit, die Lüge). Das KörperDenken trifft, das ist unvermeidbar, das GeistDenken an den wunden Stellen. Das heißt dann, man sei in einen Widerspruch geraten, in eine Paradoxie, die unauflösbar und unbeweisbar ist – Kategorien des Logos. Ob der Geist in einem KöperDenken der Materie zurückzugeben bzw. ob der Geist in der Materie und die Materie im Geist wiederzuerkennen ist, bleibt offen; aber darauf käme es an. Wird es gelingen, das Denken so an den Gegenstand zu schmiegen, daß sich das Sprechen zu einem zeigenden und das Schreiben zu einem sinnlich-performativen verdichtet? Nur dann fände Erkenntnis statt.

Inkurs 3: Mimesis

Mimesis ist vorderhand das letzte Kürzel, mit dem mein Vorgehen zu bezeichnen ist. Seit einigen Jahren arbeiten Gebauer und Wulf an diesem nicht zu formalisierenden Begriff. Sie stellen ihn, aufgrund seiner Bedeutungsvielfalt, als „integralen Bestandteil der Anthropogenese" dar.[66] In ihrer begrifflichen Unschärfe bleibt die Mimesis notwendig ambivalent und ändert ihre Bedeutung mit dem historischen und kulturellen Kontext. In ihrer Abhängigkeit von der Geschichte und mithin von den sozialen Beziehungen läßt Mimesis keine harte Spaltung von Subjekt und Objekt zu, ebensowenig von Theorie und Praxis; nicht zu finden ist im Mimetischen daher die Ideologie eines autonomen Ichs oder die Verherrlichung eines kreativen Egos.[67] Mimesis umfaßt – und das macht sie für die Pädagogik so interessant – eine Handlungs- wie eine Wissenskomponente in der Weise, daß beide voneinander ununterscheidbar sind und gerade deshalb, mit Bourdieu, einen „praktischen Sinn", ein Handlungswissen bereitstellen.[68] Das auch und vor allem in den Erziehungswissenschaften beklagte Getrenntsein von Denken und Handeln, von Theorie und Praxis erfährt durch die Mimesis eine Chance, sich aufzuheben. Mimesis ist aber keine Zauberformel, sie beinhaltet eine radikale Wissenschaftskritik. Mimesis widersetzt sich der Theoretisierbarkeit, befindet sich in der Nähe des Objekts und will auf dieses über Angleichung und nicht durch Unterwerfung und Beherrschung Einfluß nehmen. Im Mimetischen wird vorgemacht und durch Ansteckung auf Befolgung gehofft, was an Magie erinnert.[69] Welche Wissenschaft kann es sich offiziell leisten, ein Naheverhältnis zur Magie zu pflegen? Das hatte man u. a. bereits Goethe zum Vorwurf gemacht, als er auf ein „gegenständliches Denken" insistierte, das dem Objekt den Vorrang gibt. Man unterstellte ihm Rückständigkeit, weil er, so Böhme, „die Kantische Wende zum Subjekt nicht mitmachen konnte".[70] Gebauer und Wulf aber gehen so weit, daß sie die Mimesis, in Anbetracht der Phylogenese, zur „conditio humana" zählen.[71] Weshalb Forschungen zur Mimesis nur an der Peripherie der Disziplin geschehen, liegt an ihrer Sprengkraft für die Disziplin. Die Erziehungswissenschaft (und nicht nur sie) wäre demzufolge mit der eigenen Disziplinierung und Diszipliniertheit konfrontiert. Als wissenschaftliche Teil-Disziplin müßte sie sich, was mancherorts geschieht, die Frage nach ihrer Strukturierung und Ordnung stellen, was postwendend Entstrukturierung, Unordnung und ein Subjekt auf den Plan ruft, das sich nicht sicher ist. Mimesis bedeutet, gewollt oder ungewollt, neben vielem anderen auch eine wissenschaftstheoretische Auseinandersetzung grundlegender Art. Es könnte sein, daß man mit dem Grund gar nichts zu tun haben will oder daß es keinen gibt, der trägt ist (der Mensch als Vernunftswesen). Das Pathos von Moral und Wahrheit würde haltlos und liefe auf eine Entscheidung hinaus: trennen und herrschen, aber nicht weiterwissen, oder Trennungsaskese (nicht mit Harmoniezwang oder Synthetisierung zu verwechseln). Trennungsaskese unterliegt dem Risiko eines Akzeptanzverlusts des Fachs sowie der WissenschaftlerIn durch diejenigen, welche sich noch immer der herrschenden Wissenschaftsauffassung verschreiben – und sei es nur, um nicht selbst in ein soziales Vakuum zu geraten. Aber – und das bleibt ungeteilt – in der Frage nach der Disziplin als Teil geht es um das Ganze der Wissenschaft.

Dimensionen (c fortgesetzt)

Zurück zum Körper: Der lebendige Körper drückt, wie kulturell auch immer er gedacht wird, einen ungemein komplizierten Zusammenhang aus. Wie sollte er sonst atmen, aufnehmen, ausscheiden und sich bewegen können? Demzufolge hat ein KörperDenken immer von dem Verbunden- und nicht von einem Getrenntsein auszugehen. Auf das Verbundensein ist zurückzukommen. Ich denke den Körper also nicht zuallererst als eine Fiktion. Ich gehe nicht von einem Körperbild aus, derer es viele gibt; auch nicht von einer Theorie über den Körper, denn dann hätte ich ihn Kategorien und Klassifikationen auszusetzen, die ihn als zerlegten und zerlegbaren analysieren. Der Analyse zum Trotz empfinde ich den Körper zunächst als ein stoffliches Erlebnis, das sich, zugegebenermaßen mit immer weniger Erfolg, der Auflösung widersetzt. Im Zuge dieser Gegenwehr errettet der Körper aber auch den Gegenstand meiner Forschung. Ohne intakten Körper gibt es kein Bergsteigen, und umgekehrt spricht aus dem Bergsteigen vor allem der menschliche Körper. Hat der Gegenstand eine Errettung nötig? Der ursprüngliche Gegenstand ist der Berg. Seiner Mächtigkeit und des Uralters wegen gehört er zum Erhabenen.[72] Seine Sicherstellung für die Forschung erscheint hybrid. Dennoch spreche ich von einer „Errettung des Gegenstandes". Aber was und wer ist in diese Formel eingegangen? Einmal abgesehen vom Forscher-Subjekt taucht über die Verbindung mit dem Körper erst der faktische Gegenstand einer anthropologischen Forschung auf: das Bergsteigen. In ihm ist der Mensch immer schon vorausgesetzt. Der Mensch, der sich in ein erst noch zu bestimmendes Verhältnis zu seinem Objekt bringt, geht diesem als Subjekt voran. Wie ist ein Subjekt vorzustellen, das angesichts der Unermeßlichkeit des Berges und des Hochgebirges, das die Vorstellungs- und Selbstbehauptungskraft des Menschen übersteigt, nicht aufgibt, seine Stellung und damit den Berg als sein Entgegengesetztes zu halten? Das Subjekt hat einen langen Weg durch die Geschichte zurückgelegt, um auf eine spezifische Weise „zu sich" zu kommen; in wechselseitiger Verschränkung aber ist ebenso davon auszugehen, daß mit dem Objekt Veränderndes geschah. An dieser Stelle hat sich die philosophisch-anthropologische Spekulation der empirisch-historischen Analyse zu öffnen. Aus dem KörperDenken ergibt sich eine mehrfache Dimensionalität, auf der das Bergsteigen zu verhandeln wäre:

1. Das Verhältnis von Subjekt und Objekt
2. Das Verhältnis von Natur und Geschichte
3. Das Verhältnis von Logos und Leidenschaft
4. Das Verhältnis von Material und Ordnung
5. Das Verhältnis von Körper, Schrift und Einbildungskraft

SPUREN SICHERN

NACHLESE EINER ENTSTEHUNGSGESCHICHTE

Planung

Im Sommer 1994 konzipierte ich Studie 2, der Entwurf lautete:

„Mit Studie 2 setze ich Studie 1 im Sinne einer Erweiterung fort. Ähnlich wie dort, fängt auch sie mit der Frage nach den Motiven des extremen Bergsteigens an in der Absicht, eine Motiv-Geschichte zu schreiben."[73]

Es stellt sich die Frage nach geeigneten Texten, aus denen Beweggründe des Bergsteigens abzulesen sind. Im Unterschied zu Studie 1 setze ich hier intuitiv auf Texte, wo das Bergerlebnis im Mittelpunkt steht. Wie in meiner Jugend überlasse ich mich noch einmal den leidenschaftlichen Erlebnisberichten.[74] Zum einen möchte ich herausfinden, was daran so fesselt, und zum anderen erwarte ich mir einen direkteren Zugang zum Bergsteigen als Erfahrung. Die erste grobe Durchsicht des Materials legt den Schluß nahe, daß sich ein Wandel vollzogen hat: Die Alpinliteratur zeigt ein zunehmendes Unwichtigwerden des Außen (Geographie, Topographie) zugunsten einer Introspektion (Seele, Denken). Die minutiös beschriebenen Empfindungen haben dennoch etwas seltsam Abstraktes. Wovon hängt ihr Abstraktwerden ab?

Zum Spezifischen vieler Erlebnisberichte gehört eine einfache, aber sehr dichte Sprache. Beim genauen Hinsehen steckt eine unerwartete Themenvielfalt in einem einzigen Zitat.[75] Auffällig ist außerdem die häufige Verwendung von Metaphern.[76] Welcher Art sind sie und was (ver)bergen sie? Ich habe den Verdacht, daß hinter den Sprachbildern Grund-Haltungen zutage treten, die auf einen gemeinsamen Nenner zu bringen sind: die Trennung von Materie und Geist, das große Thema/Trauma abendländischen Denkens. Festmachen läßt sich das am gewaltigen Umgang mit dem Fels, dem Berg und der Natur, welche u. a. sexualisiert und mit der Frau gleichgesetzt wird.[77] Spezielle Codierungen sind die Namen von Sportkletterrouten.[78]

171

Die Auswahl der Erlebnisberichte, die herangezogen werden, hat etwas Zufälliges, legt aber ein Zweifaches nahe:
1. einen historischen Querschnitt vorzunehmen (Felsfahrten);
2. die Konzentration auf und systematische Vertiefung in Einzelfälle anzustreben (Expedition).

Im Unterschied zu Studie 1 werde ich statt Zeitschriften Bergbücher heranziehen, und zwar Bestseller der Alpinliteratur.[79]

In Spezial- und Detailfragen kann es nötig werden, auch auf „graue" Literatur zurückzugreifen.[80]

Geschichte als vorgestelltes Kontinuum

Stichwort Motiv-Geschichte. Mit ihr verband ich die Vorstellung einer kontinuierlich verlaufenden Linie. Jedes Motiv läßt sich an ein voriges reihen. Am Ende, das war das Heute, müßte jedem Motiv eine bestimmte historische Zeit als ihr Ursprung zuzuordnen sein. Mit dieser Ordnung ließe sich auch, so dachte ich, eine klare Periodisierung des Alpinismus vornehmen. Zwar wußte ich aus den Vorarbeiten, daß ein Motiv etwas unglaublich Kompliziertes ist; es schien aus unterschiedlichsten Schichten zusammenzufließen und sich als Fragment seltsam amorph zu verhalten. Die Extremen bringen ausnahmslos immer mehrere, sich widersprechende Beweggründe vor.[81] Das nahm mir die Hoffnung nicht, ich war nur noch gewillter, dem Warum zu folgen.

Ich suchte nach einem ersten Motiv, von dem aus sich die restlichen ableiten ließen, und griff zur Alpingeschichte, die sich ohnehin dem Auffinden eines jeweils ersten Mals verpflichtet. Sie läßt sich als Addition von Anfängen beschreiben. In scholastischer Tradition werden unvergeßlich Personen mit Ort, Zeit und ihrer speziellen Tat verbunden. Daraus entsteht eine große geschlossene Erzählung, die nach dem Prinzip des „Ursprungs" geordnet ist. Genauer betrachtet stellt sich die Alpingeschichte als System vieler Anfänge heraus und folgt nicht der Vorstellung einer Linie.[82]

Die Vorstellung der Geschichte als Linie legt die Schrift nahe; sie reiht alpine Ereignisse bruchlos aneinander und gibt vor, aus der Natur des Bergsteigens eine Geschichte des Fortschritts zu machen.

Leidenschaft und Indifferenz (b fortgesetzt)

Über „leidenschaftliche Erlebnisberichte" sollte dem „Bergsteigen als Erfahrung" näher gekommen werden. Damit war unterstellt, daß das Bergsteigen, zumindest das extreme, zuallererst und im letzten Leidenschaft sei. Selbst beim Nachlesen der Erlebnisberichte wurde ich davon gepackt.

Im November 94 begann ich nach Fertigstellung von Studie 1 Bergberichte zu lesen. Es war schön, Erlebnisse anderer sitzend und ohne Gefahr nachzulesen. Sie vermischten sich mit Bildern eigenen Erlebens: Wieder in der Civetta. Wie Simone Badier oder Zusanna Hofmannova kletterte ich durch die Ausstiegskamine der Philipp-Flamm-Führe. Nach 35 Seillängen war ich etwas müde, und gerade deshalb nahm ich noch mehr mit den Sinnen auf. Das Tasten war das Wichtigste: Füße und Finger suchten nach Haltepunkten, als hätten sie nie etwas anderes getan. Die Berührung mit dem Fels hatte etwas Erotisches und vermittelte Geborgenheit. Nach so vielen Klettermetern schien Instinkthaftes in mir wach zu werden. Das hautnahe Zusammensein von Mensch und Fels bringt hervor, was nur dürftig umschrieben werden kann. Es hat mit der Auflösung einer Differenz zu tun: Der Berg ist kein anderer mehr, und dennoch weiß man, daß man selbst nicht Berg ist. Ein eigenartiges Verschlungensein, das mit dem Begriff der Indifferenz noch am besten erfaßt scheint. Nach Schelling ist die Indifferenz ein im Wandel Befindliches, ein Übergang von einem in einen anderen Zustand. Daraus erwächst Lebendiges. Die ansonsten schmerzhaft empfundene „Kernspaltung"[83] von Mensch und Natur ist für Momente aufgehoben. Das rückt den Menschen in die Nähe des „Heiligen", das für begrenzte Zeit die Abtrennung von Natur und Selbst heilt, ebenso das Gespaltensein von Selbst und Körper, Körper und Ich, ICH und Ich. Der Zustand ist Gelassenheit und Gegenwärtigkeit. Man ist offen für Überraschungen und kann sich zugleich auf das verlassen, was man aus der Erfahrung kennt.

Bemerkenswert ist die Beobachtung der Reaktionen meines Körpers auf die Bergtexte anderer. Es war, als wüßte er unauslöschlich, worum es ging. Er geriet in Atemnot beim Lesen von Expeditionsberichten, und die Herzfrequenz erhöhte sich im Nachvollzug extremer Klettereien im klassischen Stil. Ein Beispiel:

> „Vorsichtig schiebe ich mich unter den Überhang hinaus, ein Spiel mit dem Gleichgewicht. Ich strecke mich, taste darüber, während der Körper fast waagrecht nach rückwärts hängt, spüre ich einen Griff. Die zweite Hand langt nach. Wunderbar ist die Kletterei. Ich empfinde kein Grauen, nur maßlose Freude."[84]

Inkurs 4:
„[...] leben heißt: leidenschaftlich, nicht tot sein"

Victor von Weizsäcker war Arzt und hat eine interessante Schrift, die „Pathosophie", verfaßt,[85] in der er für ein KörperDenken, das er so nicht nennt, eintritt.

Eine zentrale Rolle nimmt dabei die Leidenschaft ein: „Besähen wir uns dann die Leidenschaft, so sei sie einzeln genommen eigentlich ein notwendiges Übel, im Verbande aber das, was überhaupt hätte zuallererst studiert werden müssen, ehe man die Gewichte der Erkenntnis verteilte."[86] Die Leidenschaft wird in ihrer „Bündelung" als ihr „auffallendstes, widerspruchsvolles Durcheinander" zum „bemerktesten Phänomen des menschlichen Verhaltens überhaupt. Von dem Für und Wider, dem Hin und Her der Leidenschaften hängt doch ab, ob wir beim Chaos oder bei der Ordnung enden."[87]

Von Weizsäcker bestimmt die Leidenschaft als eine Bewegung, bei der „die Unterscheidung von Subjekt und Objekt, gerät man in die sengende Nähe der Leidenschaft, mit einem Schlage völlig verwirrt wird".[88] An einem Beispiel, das auf den ersten Blick um vieles weniger spektakulär als das Klettern oder extreme Bergsteigen ist, macht von Weizsäcker deutlich, wie die Leidenschaft zur conditio humana gehört. Sie ist als Bewegung Leben: „Und um sicherzugehen, sei es diesmal die leidenschaftsloseste, die wir entdecken können. Es sei etwa die eines ruhig atmenden Schläfers. [...] Aber es geht uns mit diesem Beispiel nicht viel besser als mit den ausdrucksvollen Bewegungsstürmen des Angriffs, der Flucht, der demonstrativen und theatralischen Szenen von Angst, Wut, Liebe oder Haß. Man stelle sich nur vor, daß der Schläfer plötzlich aufhörte zu atmen! Sofort tritt die Befürchtung hervor, er sei vielleicht im Sterben – schon tot? Also war seine Atmung ein Beweis, er lebe, und diese Entscheidung zwischen Leben und Tod ist sicher leidenschaftlich genug. Sie war nur zur Ruhe gebracht, weil sie für jetzt eben nicht aktuell war; der Schlafzustand verbarg sie, aber die Atembewegung im Schlaf ist doch n ö t i g, um zu beweisen, daß sie, die Entscheidung zwischen Leben und Tod, noch offen ist und noch bevorsteht. Es ist also nichts mit der passionellen Neutralität der Bewegung des Schläfers, und seine Leidenschaften schlafen nur; genauer: der Schlafende beweist durch Bewegung, daß er lebt."[89] Was leben heißt, beantwortet von Weizsäcker bereits im Zitat der Überschrift dieses Abschnitts.

Von Weizsäckers Überlegungen stießen zu seiner Zeit, und ich glaube, das hat sich wenig geändert, weitgehend auf Unverständnis oder Ablehnung. Sein Denken mit dem Körper drückt sich in einer seltsamen Verkehrung von Argumentationen aus und sorgt in den Kapitelüberschriften für Irritationen: „Dämonisierung der Natur", „Tücke des Objekts", „Der Wahn der Materie", „Die Leidenschaft der Bewegung", „Der Unverstand der Funktionen", „Der Unernst der Dinge", „Die Verlogenheit des Lebens" usw. In der letzteren Überschrift weist von Weizsäcker auf die Zweiseitigkeit des Wortes Leben hin: „Leben wird gelebt und erlebt; Leben ist Objekt und Subjekt; Leben wird getan und erlitten, ist aktiv und passiv, je nachdem es von einem Ich oder von einem Es ausgesagt wird."[90]

Dann bricht er in „eine neue Landschaft auf", in der von Beweisen nichts zu erwarten ist, wo die Erfahrung belehrt.[91] Dieser Aufbruch ist mit einem Kapitel, das „Umgang" heißt, verbunden: „Die pathischen Kategorien" werden in einer „sonderbaren Verstrickung von Erkennen und Handeln" vorgebracht[92] und anschließend mit „Dürfen", „Müssen", „Wollen" (das am deutlichsten zum Ausdruck bringt, was unter „pathisch" zu verstehen ist), „Sollen" und „Können" im einzelnen vorgestellt.[93]

Darauf wird im 3. Teil: Aufstieg zurückzukommen sein.

Wissenschaft, Sicherheit und Leidenschaft
(b fortgesetzt)

Zurück zu Hermann Buhls Kletterei am Überhang: Bilden wir diese eigenartige Körperbewegung noch einmal gedanklich nach. Während sich der Blick auf das Ende des Überhangs richtet, wird der Körper, überstreckt, in der Luft ruhig gehalten und ein Griff erspürt, der hält. Daß es unter dem Körper vermutlich Hunderte Meter ins Leere geht, bedarf keiner Erwähnung. Dann das vorsichtige Weiterschieben des Körpers, das langsame Auflösen einer alten zugunsten einer neuen Körperhaltung. Nichts geht ruckartig, es ist ein zeitlupenähnlicher Übergang. In kurzer Zeit, auf wenigen Zentimetern eine hohe Intensität. Diese Erfahrungsdichte mag auch dem Nichtkletterer einleuchten, und er wird sie gelten lassen. Wenn nicht, obliegt ihm die Beweislast der Widerlegung. Wie aber soll das gelingen, wenn jede Erfahrung bereits schon in ihrem Nachweis an Evidenz verliert. Sie geht dem Begründen voraus, und in ihr liegt eine unbestreitbare Gewißheit. Das drückt der Kletterer hier mit „maßloser Freude" aus. Damit aber wird die Sache nicht einfacher. Jetzt ist auch noch diese starke Emotion in die Beweisführung miteinzubeziehen. Aber wie? Woran will man, bezeichnet man vorliegenden Sachverhalt als Leidenschaft, diese messen? Welche Kategorien stellt die Wissenschaft dafür bereit? Welches Denksystem kann die Leidenschaft in sich aufnehmen, ohne sich dabei selbst zu zerstören? Ist es nicht schon falsch, das Denken als Gegner der Leidenschaft darzustellen? Es ist als Bewegung leidenschaftlich. Nun stellt sich die Frage nach einer Sprache, die die Wissenschaft für ein so „gebündeltes Durcheinander" zur Verfügung hat. Das ist schwer zu bestimmen; aber offensichtlich gibt es kein Rechenschema, mit dem die Dynamik der Leidenschaft erfaßbar wäre, um in der Voraussicht die Leidenschaften im großen und kleinen zu beherrschen. Was spricht aus diesem Anspruch? Ein Denken, das sich nicht bewegt, sondern feststellt. Victor von Weizsäcker bezeichnet es als „machtgierigen wissenschaftlichen Verstand", der an der Nichtbeherrschbarkeit resigniert, wenngleich dem Verlust ein Gewinn gegenübersteht, der diesen um vieles übertrifft. „Man kann nämlich jetzt auch urteilen", so Weizsäcker, „daß bei der Umwandlung menschlichen Verhaltens die Leidenschaft nicht verlorengeht."[94] Die Leidenschaft bleibt erhalten, das ist beruhigend. Aber auch nicht, denn die Passion erschüttert – wie wir gehört haben – eine Reihe wissenschaftlicher Sicherheitsmarken, beispielsweise die der Subjekt-Objekt-Spaltung. Leidenschaft(lich) Denken ist ein Denken, das beunruhigt und sich nicht beruhigen läßt.

Exkurs: Inferno am Mont Blanc

Ein französischer Bergfilm aus den 70er Jahren rekonstruiert die Erstbesteigung des Freneypfeilers am Mont Blanc. Es handelt sich um eine außergewöhnlich schwierige Granitkletterei in großer Höhe. Das Wetter ist schön, die Kletterer guter Dinge. Man geht zum Einstieg, rüstet sich und beginnt zu steigen. Alles läuft wie am Schnürchen, die mögliche Route wurde lange vorher studiert und leitet nun die Kletterer wie eine imaginäre Linie durch die Wand. Wolken ziehen auf, zunächst unbedenklich. Doch plötzlich, wie oft im Gebirge, ein Gewitter, es blitzt und donnert. Rasch richtet man Standplätze ein, zieht den Anorak über, Mütze, Handschuhe ... Dann warten und hoffen, daß sich das Gewitter verzieht und man weiterklettern kann. Nichts dergleichen. Kohlmann wird von einem Blitz getroffen, ist aber am Leben. Ein Tumult von Bewegungen, man will ihm helfen, ihn mit dem Nötigsten versorgen. Seil über Seil, Rucksäcke, kaltgefrorene Finger, im Sturm ist nichts zu verstehen, Angst. Es beginnt zu schneien, eine endlose Nacht. Am Morgen ist alles weiß, und es schneit weiter. Angeschlagen und erschöpft beginnt man den langen Rückzug. Abseilen an steifgefrorenen Seilen ins Nichts. Keine Sicht, alles in Nebel. Jeder kämpft mit letztem Krafteinsatz um das Überleben. Es ist unschwer zu erkennen, daß die Kletterer längst nicht mehr Herr der Lage sind. Ein Umschlag hat stattgefunden: Die Bergsteiger haben ihren Subjektstatus abgegeben, obwohl sie weiterhin aktiv ringen. Die Natur ist kein Objekt mehr, das Wetter bestimmt, was den Bergsteigern widerfährt. Und es wird von vielen Zufällen abhängen, ob sie es schaffen, mit dem Leben davonzukommen. Die Chancen sind gering. Je besser sie sich an das Gegebene, das sich aber ständig verändert, anzupassen vermögen, d. h. ihre Entmachtung akzeptieren, desto eher kann die verbliebene Kraft in die Selbsterhaltung investiert werden. Von den insgesamt sechs Männern überleben zwei.

Ein Bergfilm wie andere auch. Er zeigt, mit relativ wenig Pathos, das Überwältigtwerden des Menschen von etwas, das außerhalb seiner Einflußnahme liegt, obwohl er bis zum Ende kämpft und sich bewegt, um nicht zu sterben. In dieser Situation ist die Leidenschaft in ihrer Zweigesichtigkeit – Aktivität und Passivität – aufgetreten, und es scheint, als gehöre der Mensch eben nicht in diese Wand. Diese Natur ist nicht für ihn gemacht, sie ist zu extrem. Aber auch wenn das stimmen sollte und man nicht auf den Freneypfeiler steigt, ist man des Problems nicht enthoben. Jederzeit kann einen die Liebe treffen, eine Krankheit heimsuchen, ein Unfall zustoßen. Vorkommnisse, die auf radikale Weise das Subjekt als Subjekt problematisieren. Der Mensch ist immer auch Objekt. Vielleicht läßt sich diese banale wie verdrängte Tatsache in der Natur, respektive am in Aufruhr geratenen Berg, nur eindringlicher darstellen.

Leidenschaftliches Subjekt (a, b fortgesetzt)

Was erschüttert, kann auch bestärken. Wenn der Bergsteiger, und das ist viel häufiger der Fall als sein Gegenteil, unversehrt wieder den Talgrund erreicht, bestätigt ihn dieses Tun. Er hat über das Normalmaß hinaus der Natur standgehalten, er hat sich selbst bestimmt und behauptet. Dem Menschen als Subjekt ist ein Mehr an Gewicht und Bedeutung erwachsen. Er hat in der praktischen Auseinandersetzung mit der Natur den Sieg davongetragen. Je schwieriger die Aufgabe, desto mehr Subjekt-Gewinn; je höher der Berg, desto vertiefender dieses Wissen. Der Berg steht metaphorisch für das Leben. Aber bleiben wir beim Bergsteigen als einer für das Subjekt zwiespältigen Praxis. Wann tritt, so ist zu fragen, jene geschichtliche Konstellation auf, in der sich der Mensch auf diese sonderbar leidenschaftliche Praxis einläßt, die ihn als Subjekt sowohl herausbildet als auch gefährdet?

ENTWICKLUNG IN DER DUNKELKAMMER

Mit der Leidenschaft tauchen weitere Themen auf.[95] Die große Herausforderung des leidenschaftlichen Bergsteigens ist die Schwerkraft, gegen die angetreten wird. Was das Denken des Alpinen angeht, so fällt es mir, je weiter in der Geschichte zurück, immer schwerer. Die Einbildungskraft reicht nicht aus, mir vorzustellen, wie es für einen Menschen im 14. Jahrhundert war, einen Berg zu besteigen. Es bereitet mir bereits Schwierigkeiten, mich in einen Bergsteiger des ausgehenden 19. Jahrhunderts hineinzuversetzen, der noch einen der letzten unerstiegenen Gipfel betreten wollte. Mit diesem methodischen Problem habe ich nicht gerechnet. Zwar konnte ich mir ein Stück weit mittels der eigenen Biographie helfen, da ich mit neun zum erstenmal auf dem Großen Bettelwurf stand,[96] aber das ist nicht dasselbe. Seit über hundert Jahren war der Bettelwurf begangen. Ich machte einen zweiten Anlauf in die Expeditionsliteratur. Nach und nach „fielen" die Achttausender. Im Gegensatz zu den frühen alpinen Dokumenten war diese Sprache herrisch, heroisch, kriegerisch und psychologisierend. So redete kein Saussure oder Balmat, wenn es um den Mont Blanc ging. Es mußte sich in der Zeit zwischen 1800 und 1900 Entscheidendes für das Bergsteiger-Subjekt abgespielt haben. In diese Zeitspanne fällt u. a. der zähe Kampf um das Matterhorn als eine der ersten großen Bergtragödien. Mit seiner Besteigung aber waren mehr oder weniger alle großen Alpengipfel von Menschen „überwunden"; viele, wie z. B. der Mont Blanc, wiesen bereits eine stattliche Liste von Wiederholungen auf.

Der Schwierigkeitsalpinismus hatte eingesetzt und mit ihm das Suchen nach immer mehr und schwierigeren Varianten auf ein und denselben Berg. Die Kletterei im Fels war geboren. Das nachzuvollziehen, war für mich gut möglich. Zwar verspürte ich immer wieder Widerstände gegen die pathetische Sprache, aber meine eigenen Erfahrungen mit dem Varianten-Klettern erleichterten das Verstehen sehr. Gänzlich verschlossen blieb mir hingegen zunächst das, was weder mit großen Bergen noch mit dem schwierigen Klettern in Verbindung stand, sondern sich nur auf „kleine" Berge und einfache Übergänge bzw. auf Pässe bezog. Das aber traf für das Bergsteigen bis ins 16. Jahrhundert hinein zu. Unbegreiflich erschien mir beispielsweise Felix Fabers Bericht über den Brennerpaß. Für Faber stellte dieser einfache Übergang eine schier unüberwindliche Hürde dar, ständig gewahr, von Wassermassen oder Lawinen vernichtet zu werden. Ebenso wenig verständlich war mir die Haltung von Hannibals Kriegern, für die die Alpen ausschließlich schrecklich und abstoßend waren. Ich konnte mich weder gedanklich noch dem Gefühl nach vor der Zeit des ästhetischen Diskurses um die Natur und die Berge, der etwa mit Petrarca im 14. Jh. beginnt, einfinden.

Ein weißes Rauschen setzte ein, mir fehlte ein verläßlicher Bezugsrahmen. Der Vergleich mit ethnologischen Studien drängt sich auf, in denen ein völlig fremdes Volk aus einer ganz anderen Kultur zur Sprache kommen soll. Im Unterschied dazu aber hatte ich es nicht mit lebendigen Menschen, sondern mit übersetzten Texten zu tun, die in ihren Aussagen voneinander abweichen und über die ich kaum mit jemandem reden konnte, da sie den wenigsten vertraut sind. Das hatte zur Folge, daß ich zuerst gar nichts in der Alpingeschichte zu erkennen vermochte, weder aus den Schriften noch aus den Bildern. Die alpine Geschichte war seltsam bleich und mit dem heutigen Sportklettern verglichen unspektakulär.

Ich trug Petrarca, Stumpf, Gesner, Simler sowie Paccards Tagebuch Wochen mit mir herum, um ein haptisches Verhältnis zu diesen Texten auszubilden. Dieses „Ausbrüten" ist mit einem fotografischen Prozeß zu vergleichen. Ich legte die alten Texte zu den aktuellen in die „Dunkelkammer", an jenen Ort, wo so etwas wie Intuition stattfindet: Im Gehen in der Natur und im langen Sitzen danach entstanden Fragen an die Texte. Als ich einen Text nach dem anderen in das „Entwicklungsbad" tauchte, formten sich langsam Denkbilder aus den Texten. Ich begann mir vorzustellen, wie es wohl wäre, in Dantes Inferno abzusteigen. Als Kind hatte ich Träume, in denen ich auf einen spiralförmigen, sich blitzschnell drehenden Mittelpunkt zuraste. Ein anderes Bild: Jean Nouvels „Quartier 207" in den Friedrich-Passagen in Berlin. Ein 33 Meter hoher Kegel aus mehrfach verspiegeltem Glas dominiert das Zentrum eines Großkaufhauses. Er setzt sich nach unten als Trichter fort, ist glatt, unbegehbar und unheimlich; nur durch den Kegelspitz tritt Sonnenlicht ein. Nicht ganz so bei Dante. Er findet immer wieder zuverlässige Haltepunkte im gegliederten Fels und erklettert schließlich das Paradies. Petrarca kam nicht ganz so weit, denn auf dem Gipfel setzte eine arge Bedrängnis ein. Hat er knapp unterhalb des Gipfels ähnlich empfunden wie ich damals auf dem Großen Bettelwurf: unsägliche Angst davor, was sich plötzlich dem Blick eröffnet und an Tiefblick auftut? Petrarca schweigt. Ob damals Wolken am Himmel standen oder die Sonne schien, wird nicht berichtet. Es ist anzunehmen, daß der Tag schön und nicht allzu heiß war. Man spricht nicht viel, hat mit seinem Körper zu tun, in solche Strapazen nicht eingeübt. Der Pfad führt anfangs durch weitgehend zugewachsenes, verwildertes Gelände, das später in völlig wegloses übergeht. Die zwei Diener machten mit Petrarcas Bruder den Weg aus, während er selbst, in Gedanken versunken, Probleme hatte, ihnen zu folgen. Mit welchem Gefühl mag Petrarca Stück für Stück seinem Ziel nähergestiegen sein? Hatte er Sorge, daß ihn vorher die Kräfte verlassen? Was hatte er zur Stärkung mitgenommen, woraus bestand sein Proviant? Welche Kleidung hatte er getragen, wie sahen die Schuhe aus?

Projektion

Noch bevor ich diese Bilder reifen, d. h. im „Fixierbad" sicherstellen konnte, hatte sich ein starker Zwang zur Ordnung aufgedrängt. Der Text war, unabhängig davon, ob ich ihn begriff oder nicht, geordnet. Meine Sozialisierung in das wissenschaftliche Denken aber verlangte nach klaren Klassifikationskriterien. Welche sollte ich anlegen? Hingen die Kriterien nicht bereits von einer vorher festgelegten Ordnung ab? In der Metapher der Dunkelkammer fehlt noch etwas Entscheidendes: Bevor das Fotopapier in das Entwicklungsbad getaucht wird, muß mit ihm etwas geschehen sein. Mittels eines Vergrößerungsapparats wird ein Negativbild, das zuvor aufgenommen und entwickelt wird, auf das leere Papier projiziert. Die „Lösung" entfaltet dann erst die Projektion. Worin bestand meine Projektion? Wie hatte sie die Textauswahl bestimmt? Welches Erkenntnisziel war meinem Forschen vorausgeeilt, und worin gründet es? Stellt sich am Ende heraus, daß nur das „entwickelt" wird, was vorher hineingelegt wurde? Ist die Wissenschaft ein einziges Täuschungsmanöver, ein großer Zirkelschluß? War alle Mühe vergebens, wenn mit einem einzigen Zweifel alles zusammenbricht, was unter soviel Selbstverzicht errichtet wurde? Ist Wissenschaft nur eine spezielle Form, sich in Ordnung und Disziplin gebracht und gehalten zu haben? Ich gebe zu, diese Überlegungen sind nicht erbaulich. Bin ich zu weit gegangen? War die Frage nach dem Grund als eine nach den jeweiligen Voraussetzungen zu radikal, wenn man sie nicht nur als philosophisch-rechtliche, sondern als praktisch relevante auffaßt und selbst anwendet? Was ausgesagt ist, kann nicht zurückgenommen werden. Vermutlich war die ganze Arbeit von Anfang an so angelegt, daß es zu dieser Zuspitzung kommen mußte. Das Denken wurde von der Praxis selbst eingeholt, sie ist als Methode fragwürdiger Gegenstand geworden und mit ihm derjenige, der denkt, das forschende Subjekt. Dieses Praktischwerden des Denkens ist nun ganz und gar unpraktisch.

Angst

Fluchtpunkt Erinnerung: Ich bin davon ausgegangen, daß in den Wissenschaften eine Trennung in Subjekt und Objekt herrscht. Sie reicht bis weit vor 1800 zurück und hängt mit dem Riß des Bandes zwischen Mensch und Natur zusammen. Das klingt nicht nur in diversen Mythen nach, sondern eben auch in der Alpingeschichte. Sie handelt von der praktischen Auseinandersetzung des Menschen mit der Natur und zeichnet ein spezifisches Naturverhältnis zeitlich auf. Nun liegt es in der Dynamik der Natur, respektive des Berges, daß diese Trennung immer wieder umschlägt. Das stellt die wissenschaftliche Denkordnung vor große Probleme. Aber es birgt auch die Chance einer Erweiterung und Besinnung. Als naiv mußte der Anspruch erkannt werden, den Zeitpunkt festzumachen, an dem der Mensch aus dem Naturzusammenhang hinausgefallen ist. Die Suche nach einem konstanten Allgemeinen ist ebenso sinnlos wie nach einem einzigen Punkt, in dem „alles" kulminiert. Es war vielmehr eine lange Kette von Ereignissen, die bestenfalls die Matriarchatsforschung aufzufinden vermag, auf die ich mich hier aber nicht einzulassen wagte. Meine Forschung setzt viel später ein und nicht, um einen Ursprung auszugraben. Die Frage nach dem Grund zielt auf einen Ursprung ab, aber nicht in Form einer Beantwortung, sondern als Erarbeitung einer Denkmethode, die durch ihre Leibhaftigkeit den Logozentrismus an seine Grenzen treibt und ihn so für das Erkennen fragwürdig erscheinen läßt. Die Notwendigkeit dieses Unternehmens schreibt der Gegenstand selbst vor, der sonst nur an der Oberfläche bedacht werden könnte. Solange aber alles in der Schrift geschieht, ist dem Logos nicht zu entgehen. Mit dieser methodologischen Schwierigkeit ist umzugehen, solange es kein Transalphabet gibt, das die Linearität der Schriftordnung bricht.[97] Mit dem Brechen oder Unterwandern der Ordnung der Schrift hätte man sich bei Wissenschaftlern den Vorwurf höchster Subjektivität eingehandelt. In diesem Fall wäre Disziplin gegen Angst ausgetauscht. Wenn mit Devereux festzuhalten bleibt, daß jede wissenschaftliche Methode angstbesetzt ist, so müßte es, mit Victor von Weizsäcker gesprochen, zumindest darum gehen, zu „versuchen, keine Angst vor der Angst zu haben".[98] Denn vor Menschen, die bereits Angst vor der Angst haben, müsse man sich, sagt Sonnemann, berechtigterweise fürchten. Sie sind gefährlich. Worin liegen während des Forschens die Quellen der Angst? Eine liegt mit Sicherheit, da gebe ich Devereux recht, in der „Stummheit der Materie".[99] Dieses Schweigen erfüllt einen mit Angst und Panik, da der Mensch auf soziale Reaktionen und Antworten angewiesen ist, was Devereux zu den „menschlichen Grundzügen" zählt.[100] Nun blieb für mich lange, wie oben beschrieben, Reaktion und Antwort seitens des alpinen Materials aus. Das konnte zweierlei zur Folge haben: Diesen Mangel durch „vorgetäuschte" Antworten zu ersetzen, die gänzlich konstruiert ausfallen; oder aber dieses seltsame Material uninterpretiert, d. h. gewissermaßen zufällig, punktuell und zusammenhanglos zu belassen. Beides erschien mir unbefriedigend.

Der einzige Ausweg war Warten. Im Wirkenlassen der Schwerkraft legte sich das Material ab und begann zu erodieren. Dieser Vorgang brachte langsam eine Sprache, die, wie ich meine, immer näher an dem zu liegen kommt, was tatsächlich vorfindbar ist. Voraussetzung war nachzuforschen, worin meine Projektionen bestehen. Vielleicht war die eine oder andere Übertragung zurückzunehmen. Es ist zum jetzigen Zeitpunkt nicht abzusehen, inwieweit diese Bemühungen gelingen; aber ihnen ist auch nicht auszuweichen. Der eigenen, durch Angst bedingten Methode auf die Schliche zu kommen, um irgendwann auch mit dem Denken dort anzugelangen, wo der Leib sich befindet. Zumindest was seine reale Verortung angeht, denn Projektionen haben wie jede Vorstellung etwas Ort- und damit Grenzenloses. In der Figur des Caspar Hauser konnten sich im 19. Jahrhundert beispielsweise eine Menge von Projektionen, respektive die namhafter Pädagogen, ausleben. Hauser sagt selbst von sich, daß er nicht wisse, wer er ist und wo seine Heimat sei. Er steht für das, was heute Grundstimmung ist: die unaufhaltsame Abstraktion der Lebensverhältnisse. Zur Zeit eines Casper Hauser gelang es Nicéphore Niépce im Sommer 1827 erstmals, einen Blickpunkt zu fixieren, womit die Photographie geboren war. Mit ihr hatte man ein Verfahren, Wahrnehmungen neu zu organisieren und durch Rahmung einzugrenzen. Durch die Standardisierung des Sehens wird die Abstraktion weitergetrieben, ebenso durch den Einsatz der Dunkelkammer, in der sich, mittels zusätzlicher Blickverengung, das Naheliegende aus dem Blick verliert und „eine bestimmte Art des Fern-Sehens" einsetzt.[101] So gesellt sich, wie Sting ausführt, „zur Ortslosigkeit des Subjekts und der Ortslosigkeit des Wissens [...] die Ortsunabhängigkeit der Medien, die zwischen Wissen und Subjekt vermitteln".[102] Was ich gemacht habe, um frühe und mir fremde Texte und Bilder besser zu begreifen, ging genau den umgekehrten Weg: Ich habe Schritte des photographischen Prozesses angewandt, um Ordnung in meine Vorstellung zu bringen, was nichts anderes bedeutet, als ein abstraktes Medium gegen ein Abstraktwerden des Denkens einzusetzen. Dieser Einsatz erwirkte eine Dekonstruktion.

Selbst-Fremdheit

Auf mein Anliegen bezogen, zunächst nur Texte/Bilder vor 1800 zu bearbeiten, bedeutet dies eine mehrfache Anstrengung. Jenseits der biographisch wie geschichtlichen Ortlosigkeit im Denken, Sehen und Handeln ist der Versuch einer Verortung zu wagen, trotz der Schwere und Unbeweglichkeit, die aus dieser Konkretisierung entsteht. Womöglich ist genau das wieder ein Wert: Das Material in seinem Widerstand gegen die Diskursivierung zu begreifen; seine nur bruchstückhafte Theoretisierbarkeit, die kaum verallgemeinerbar ist, anzuerkennen. Das heißt, in heutigen Modi des Denkens, vieles als „extrem" kennzeichnen zu müssen. Wie aber ist dem nicht Einordenbaren, dem „Extrem" sprachlich zu begegnen? Welche Rolle spielt das Schreiben selbst? Was geschieht mit dem, der schreibt?

Lauter Ungelöstes. Die Fremdheit des alpinen Materials bewirkte eine eigentümliche Selbst-Fremdheit. Das Gewahrwerden dieser Fremdheiten läßt fallweise eine „heterologe Grenze des Homogenen" einsehen.[103] Je mehr mich vor mir fremdet, desto eher scheine ich in Berührung mit dem anderen Fremden, den Texten und Bildern zu kommen.

Inkurs 5: Schrift und Subjekt

Erinnern wir Petrarca: Was tat er nach der Rückkehr vom Berg? Er zog sich zurück und hielt „eiligst und aus frischem Gedächtnis" schriftlich fest, was er soeben erlebt hatte, um nicht durch Aufschub zu verzerren oder den Eindruck zu mindern.[104]

Was sagt dieser Text? Greifen wir einige Aspekte heraus: Da ist zunächst das Wort. Es ist wichtig, wenn nicht das Wichtigste. Dafür nimmt der Autor sogar eine vorübergehende Isolation in Kauf. Der Gewinn kann sich sehen lassen. Durch die Sprache schöpft Petrarca das Vergangene neu und verleiht ihm obendrein Bestand.[105] Petrarca schreibt sich unauslöschlich in die unterste Schicht der Alpingeschichte ein. Er setzt somit jene zwei Realitäten fort, die nach Christina von Braun „mit der Geburt der Schrift entstehen: neben der des sinnlich Wahrnehmbaren die imaginierte Realität, die der Verheißung, des Jenseits, der Transzendenz".[106]

Petrarca eröffnet den alpinen Diskurs. Mit Dieter Lenzen sind „Diskurse" im weiteren Sinne Erzählungen über Gewesenes, aber nicht das Gewesene selbst.[107] Damit wird offenkundig, „daß diese Diskurse mythisch geformt sind, insofern sie versuchen, Erklärungen und Rechtfertigungen für elementare Lebenstatsachen und soziale Einrichtungen zu liefern".[108] Ohne Zweifel handelt es sich bei Petrarca um eine „elementare Lebenstatsache"; er hatte sich ein lebenslanges Verlangen erfüllt, indem er zur Tat schritt. Diese Tatsache begreift Petrarca als Sinnbild des Lebens: Er setzt seine Bergbesteigung mit dem Lebensweg gleich, der zur ewigen Seligkeit führen soll.[109] Demzufolge ist die Alpingeschichte, wenn sie bei Petrarca einsetzt, eine große Erzählung über Gewesenes, die ein Mythenwissen in Gang bringt. Diesen „alpinen Mythos" zu rekonstruieren wird jedoch erst ab dem Zeitpunkt interessant und möglich, an dem mit dem Aufkommen der Sportkletterei ein Spiegel aufgestellt ist, in dem „der Alpinismus" zurückgeworfen wird. Erst in der Reflexion der Projektion wird etwas erkennbar. Für das Bergsteigen gilt ähnliches, wie es für die Erziehung in Anspruch genommen wird: „Das Ende der Erziehung von deren Anfängen her konzipieren zu müssen."[110]

Eine andere Sache, die zu bedenken ist, betrifft das Verhältnis zwischen Ereignis und Erzählung. Dieses Verhältnis war immer wieder Konfliktstoff in den jüngeren Diskussionen um die Historiographie. Wie hat das Petrarca gemacht? Er trennt sich von den Dingen, um sich im Akt des Schreibens wieder an sie anzunähern, d. h. mit ihnen ein reflexives Verhältnis einzugehen. In der Beschreibung wird das Ereignis zur Erfahrung, und diese beinhaltet ein Zweifaches: Derjenige, der schreibt, beugt sich über ein sinnlich wahrnehmbares Ding, über das Papier, auf dem eine „Realität" entsteht, die aus der Beugung stammt, aus der gleichzeitig in einer auf sich selbst zurückzielenden Wirkung ein schreibendes Ich, der Autor, hervorgeht. Diese Doppelbewegung kreuzt sich in der Vorstellung und kann nur mehr durch sie eingesehen werden. Die Fiktion verbindet Schrift und Subjekt, das, von Anfang an, immer schon ein fiktives ist. Welches Dokument wir auch zur Hand nehmen, keines, wie „wirklichkeitsgetreu" auch immer es erscheint, ist frei von Fiktion. Gemeint ist ein großes Arbeitsprogramm mit wenig Aussicht auf Erfolg, wie Sting am Ende seines Artikels resümiert: „Übrig bleibt ein Reich des Imaginären, eine fiktive Selbstkonstitution, deren Beziehung zum Wirklichen bis heute ungeklärt ist."[111]

Inkurs 6: Kontext als Konstruktion

Auch wenn sich die Methode des wissenschaftlichen Denkens im Zuge des Forschens als Projektion erweist, die alpine Geschichte als Mythos, die Schrift als Fiktion, in der das Subjekt eingeschlossen ist, da es sich mit und über sie formierte,[112] stellt sich trotzdem oder gerade deshalb die Frage, was mit der Fülle alpinen Materials zu tun sei, wenn jeder „Stand"punkt eigentlich keiner ist, sondern selbst unruhig geworden und bewegt. Vor dieser Einsicht plante ich, Petrarca oder Simler in den „allgemeinen" historischen Kontext zurücksinken zu lassen, aus dem sie die alpine Geschichtsschreibung heraushob. Dadurch mußten Simler und Petrarca besser zu verstehen sein. Ich machte einen solchen Versuch, der enttäuschte. Petrarca wie Simler verloren ihre „Besonderheit", ihren „Extremwert" und fügten sich gut in die jeweilige Zeitgeschichte ein. Sie aber waren Extreme der Höhe, war die Höhe nicht Gegenstand der Geschichte? Was wollte ich? Ich hatte nicht vor, einen Beweis zu erbringen, sondern Kontext zu schreiben. Aber was ist dieser Kontext anderes als wieder nur Fiktion bzw. Konstruktion. Susanne Hauser, Jonathan Culler übersetzend, stellt fest: „Ein Kontext ist nicht gegeben, sondern wird produziert; was zu einem Kontext gehört, wird durch Interpretationsstrategien bestimmt; Kontexte verlangen ebensoviel Erhellung wie Ereignisse; und die Bedeutung eines Kontextes ist durch Ereignisse determiniert."[113] Ähnliches hat Pierre Bourdieu gegen den Mythos des „reinen Auges" und Ernst Gombrich gegen die Annahme eines „unschuldigen Auges" vorgebracht. Die Historizität der Sinne unterrichtet uns unbestreitbar darüber, daß der unvermittelte und erschöpfende Blick auf etwas als solcher nicht existiert. Wieviel mehr noch gilt das für die Schrift und für die durch die Schrift ab- und ausgelegte Geschichte.

Welche Konsequenz ergibt sich für meine Frage? Die Alpingeschichte fristet, von der Geschichte weitgehend unberührt, ihr Dasein und nimmt ihrerseits nicht oder kaum Notiz von einem allgemeinen Dasein. Angemessen scheint das Experimentieren mit Texten. Die Bergrealität teilen, wie ich befürchte, wenige LeserInnen mit mir. Noch seltener mag es zutreffen, daß ErziehungswissenschaftlerInnen auch ExtrembergsteigerInnen sind und obendrein nicht an den main stream des Faches gebunden. Womöglich bringt aber ein Aufenthalt in der Zwischenlage, wie Duerrs „hagazussa" beweist, etwas hervor, das ansonsten dem Erkennen entginge.

ZUR FRAGE NACH DEM WISSEN/WISSENSBESTAND
(c fortgesetzt)

Welcher Bestand an Wissen und welche Art von Wissen liegt in den alpinen Texten? Mit dieser Frage rückt das wunderliche Phänomen des Alpinen schlagartig und unerwartet nahe ans Zentrum aktueller pädagogischer Diskussionen. Dieter Lenzen beispielsweise zeichnet einen gangbaren „Weg zu einer reflexiven Erziehungswissenschaft", indem er u. a. drei Wissensformen hervorhebt – Risikowissen, Mythenwissen, poietisches Wissen –, die zugleich auch eine Denkrichtung markieren, in der eine bestimmte Haltung zum Ausdruck kommt: „Das Sich-Zurückbeugen läßt Menschen, Wissenschaftler und Künstler, vor unserem Auge erscheinen, die nicht über ihren Objekten stehen, sondern, um deren Implikationen zu begreifen, ein zweifaches tun müssen, sich zurückwenden zu den etablierten Formen pädagogischen Wissens, das sie nicht zerstören wollen, und sich beugen, um die Attitüden des Besserwissens zu vermeiden."[114] Ähnliches legen Oelkers/Tenorth nahe, wenn der Akzent auf „die Vielfalt des Wissens als konstitutive Eigenart der Pädagogik" gelegt wird.[115] Die Autoren machen darauf aufmerksam, daß „der Status der ‚Reflexion' [...] zwar innerhalb der Pädagogik viel beansprucht, aber systematisch kaum geklärt worden (ist)".[116] Man bemüht sich um eine Begründung des pädagogischen Wissens, „ohne auf wirklich gesicherte Erkenntnisse, auf ein Wissen über das Wissen, zurückgreifen zu können",[117] und arbeitet an einer vorläufigen Definition.[118] Aus der Sicht von Oelkers/Tenorth wäre es Aufgabe der Erziehungswissenschaft, „eine Sortierung nach dem Genus des Wissens" vorzunehmen[119] und an „einer Lehre der ihr (gemeint ist eine Strukturtheorie pädagogischen Wissens, HP) eigenen Denkform" zu arbeiten.[120] Im Unterschied zu „früheren Diskussionen", die sich nach Einschätzung der Autoren „linear auf das Verhältnis von Theorie und Praxis bezogen oder metatheoretische Unterschiede von Wissenschaftsansätzen in Rechnung gestellt (hätten)", ginge es jetzt darum, mit Sorgfalt auf die Analyse des Wissens, zu fragen, ob und welches Wissen „für derartige Auseinandersetzungen zur Verfügung steht oder auch nicht zur Verfügung steht".[121]

Das Alpine ist nicht einer Disziplin zuordenbar und daher auf Suchbewegungen angewiesen. Gerade in der Bewegung entsteht Wissen. Dieses Wissen liegt zwischen Geistes-, Natur- und Sozialwissenschaft und ist ähnlich transdisziplinär wie die neueren Entwicklungen in der Erziehungswissenschaft.

Eine These drängt sich auf: Das alpine Material, das einer Reduktion auf eine Disziplin bzw. Wissensform Widerstand leistet, mag gerade durch diesen Widerstand dazu beitragen, pädagogisches Wissen klarer zu ordnen und damit beschreibbar zu machen.

Eine Reihe von Namen, Daten und Taten ist „weiterzuverarbeiten". Mit Deleuze, der sich auf die Eigennamen in Nietzsches Texten bezieht, kann auch für das Alpine festgestellt werden: Es handelt sich weder um „Repräsentationen von Sachen (oder Personen)" noch um „Repräsentationen von Wörtern".[122] Vielmehr geht es bei „Abstieg", „Aufstieg" und „Gipfel" um Präsenzen, d. h. um die „Benennung von Intensitäten".[123]

ANMERKUNGEN

1 Vgl. Ginzburg 1995, 15ff
2 Nietzsche: „Die fröhliche Wissenschaft", Nummer 287, zit. in Moser 1994, 230
3 Vgl. Ginzburg 1995, 25
4 Ebd.
5 Kamper 1994b, 1
6 Ebd. 2
7 Vgl. ebd.
8 Vgl. ebd.
9 Vgl. ebd.; vgl. Lenzen 1989, insbes. 32ff; vgl. Rathmayr 1994
10 Vgl. Morin 1994, 16
11 Kamper 1994b, 2
12 Vgl. Ginzburg 1995 25
13 Vgl. Sting 1991, 1
14 Vgl. u. a. Herrmann 1994, 136ff; Heidegger 1957, 197ff
15 Heidegger 1957, 211
16 Vgl. ebd. 199
17 Vgl. von Braun 1988, 90f
18 Vgl. Gebauer/Wulf 1992
19 Vgl. Studie 1
20 Vgl. Aufmuth 1983, 249–270 bzw. 1988, insbes. 114ff
21 Vgl. Kamper 1988, 116–122
22 Vgl. ebd. 17
23 Vgl. Kampers Bezugnahme auf Lacan, ebd. 117f
24 Heidegger 1957, 192
25 Ebd. 193
26 Vgl. ebd.
27 Ebd.
28 Ebd. 194f
29 Vgl. dazu Schopenhauer 1813
30 Vgl. die Diskussion um das Aufkommen der Reproduktionstechniken u. a. bei Benjamin 1977 und Kittler 1986.
31 Heidegger merkt an einer Stelle in seinem Text an, daß Leibniz, der Entdecker des Grundsatzes vom „zureichenden Grund", auch der Erfinder der „Lebensversicherung" gewesen sein soll (vgl. 1957, 202).
32 Vgl. Peskoller 1988, 200
33 Vgl. Herrmann 1994, 132–153
34 Ebd. 132
35 Ebd. 133
36 Rousseau, zit. ebd.
37 Ebd. 133; vgl. Koselleck 1992; vgl. aber auch Kamper 1995, 114ff. in seiner Gegenüberstellung von Krise und Katastrophe.
38 Zit. nach Turgott in Herrmann 1994, 134
39 Pestalozzi, zit. in ebd. 135
40 Ebd. 135
41 Pestalozzi, zit. in ebd. 138
42 Vgl. ebd.
43 Ebd. 139
44 Ebd., sich auf Rousseaus (zweiten) Discours von 1775 beziehend
45 Vgl. ebd.
46 Vgl. das Rousseau-Zitat aus Emile, zit. in ebd.
47 Vgl. ebd. 140
48 Auf die Frage, welchen Entwurf sich der Mensch von sich selber machen soll, darf und muß – als Gottwesen und als Person –, folgen noch weitere Vorstellungen, aber sie laufen alle auf die Erkenntnis hinaus, daß die „Natur" des Menschen immer widersprüchlich ist: Sie ist weder vollkommen eine „Tierheit" (der physischen Natur nach) noch vollendbare „Menschheit" (Humanität ihrer moralischen Qualität nach); vgl. Kant, zit. in ebd. 140.
49 Vgl. Helvéticus, „Vom Menschen, seinen geistigen Fähigkeiten und seiner Erziehung"(1773), zit. in ebd. 141
50 Vgl. Kants „Idee zu einer allgemeinen Geschichte" (1784), zit. in ebd. 142.
51 Vgl. ebd. 144
52 Vgl. ebd.
53 Humboldt, zit. in ebd. 145
54 Humboldt, zit. in ebd. 146
55 Vgl. Humboldt, zit. in ebd.
56 Vgl. dazu den Kausalzusammenhang von Kunst und Moralität in den theoretischen Schriften von Schiller.
57 Vgl. Herrmanns Kommentar 1994, 146f (sich auf Buck, Rückwege aus der Entfremdung. 1984, 188 beziehend).
58 Vgl. u. a. den sechsten von Schillers „Ästhetischen Briefen", zit. in Herrmann 1994, 148f; vgl. aber auch die Position Pestalozzis und Rousseaus Argument zur Kultur- als Verfallgeschichte.
59 Ebd. 149
60 Herrmann zählt zu diesem Mißverhältnis:

„das potentielle Mißverhältnis seiner Natur und seiner Kultur;
das notorische Mißverhältnis seines Wollens und seines Sollens;
das bedrohliche Mißverhältnis seiner Einsichten und seiner Handlungen;
das unaufhebbare Mißverhältnis seiner Unvollkommenheit und seiner Verbesserungs-
bedürftigkeit;
das unlösbare doppelte – sowohl individuell als auch gesellschaftlich bedingte – Miß-
verhältnis von Bildung und Entfremdung"
(ebd. 150)

61 Vgl. dazu Kamper 1994 (a und b)
62 Vgl. Plessner 1964; vgl. ders. 1972, insbes. 43ff
63 Vgl. H. Böhme 1994, 65 (sich auf Wilhelm Heinse beziehend)

64 Vgl. Kamper 1994a, 273ff. Die Selbstauflösung des Menschen hat aber weitreichende Folgen für die Anthropologie: „Ein Mensch, der nur noch Mensch ist, ist kein Mensch mehr; jeder Mensch ist von nun an Anthropologe." (ebd. 277)

65 Von Weizsäcker 1956, 46

66 Vgl. Gebauer/Wulf 1994, 321

67 Vgl. ebd. 322

68 Vgl. ebd.

69 Vgl. ebd. 324f

70 H. Böhme 1993, 209

71 Gebauer/Wulf 1994, 323

72 Vgl. H. Böhme 1989a

73 Vgl. u. a. Böhm 1880, Sommer 1889, Richter 1903.
In diesen Artikeln werden bereits klar eine Reihe von Motiven, auf Berge zu steigen, ausgeführt: die schöne Aussicht, der Reiz des Fremden, die Feude an der Natur, wissenschaftliches Interesse, sportliches Moment der Leistung, Erobernwollen, Lust am Risiko, Stärkung der Gesundheit und ein religiös-mystisches Erleben.
Durch das Aufkommen neuer Formen des Bergsteigens, wie Bouldern, Sport- und Wettkampfklettern, scheinen diese Motive überholt.
Mich interessiert, ob diese Motive heute wirklich irrelevant sind bzw. wie einzelne Beweggründe, z. B. die Freude an der Natur oder das wissenschaftliche Interesse, historisch zu verankern sind. Ist es möglich, das eine oder andere Motiv über einen längeren Zeitraum zu verfolgen, und was wird im Zuge dessen mitthematisiert?

74 Als eines von vielen Beispielen kommt mir die tragische Geschichte von Toni Kurz in den Sinn. Er ist mit vier anderen Bergsteigern in die berühmte Eiger-Nordwand eingestiegen, und dann ist etwas Schreckliches passiert. Es gibt keine Zeugen, sie sind alle zu Tode gestürzt. Man weiß nur, daß das Wetter umgeschlagen hat und Steinschlag im Spiel war.
Einer der vier hat bis zum letzten Moment überlebt. Er gab noch Lebenszeichen von sich, als die Retter beinahe auf Körperkontakt mit ihm waren. Doch da gab es einen Knoten im Seil:

„Dann pendelt die zusammengeknüpfte Schnur zu den Rettern. Ein Seil wird daran befestigt. Mauerhaken, Karabiner, Hammer. Langsam entschwinden die Gegenstände den Blicken der Bergführer. Toni Kurz ist am Ende seiner Kraft. Die Aufziehbarkeit ist ihm fast unmöglich. Aber er schafft es doch. Das Seil erweist sich als zu kurz. Die Führer binden ein zweites daran. Der Knoten der Verknüpfungslinie schwebt in Sichtweite, aber unerreichbar draußen unter dem großen Überhang.

Es vergeht wieder eine Stunde. Da kann Toni Kurz endlich mit dem Abseilen beginnen, sitzend in einer Seilschlinge, die mit einem Karabiner in das Seil gehängt ist. Zentimeterweise kommt er tiefer. Dann werden es zehn, fünfzehn, zwanzig Meter ... dreißig Meter, fünf-

undreißig. Jetzt baumeln seine Beine bereits unter dem Überhang. Da stößt der Knoten der Verknüpfungsstelle an den Karabiner von Tonis Abseilsitz. Der Knoten ist zu dick. Toni kann ihn nicht durch den Schnappring zwängen. Er stöhnt [...]" (Harrer 1958, 44f)

Toni Kurz haben im letzen Moment die Lebenskräfte verlassen: „Ich kann nicht mehr!" Dieser und andere Berichte sind das Analysematerial.

75 Im Zuge meiner Recherchen fiel mir auf, daß es in der Alpinliteratur häufig um ein Getrenntsein geht, um einen Bruch zwischen Denken und Handeln bzw. zwischen Denken und Denken. Ich greife ein beliebiges Zitat heraus:

„Die ganze Nacht über zerrte der Sturm an der Zeltplane. Wir schliefen nicht. Um zwei Uhr früh drängte Friedl zum Aufbruch. Der Himmel war klar. Der Sturm würde aufhören. Friedl sagte es so überzeugt, daß ich mich anzog. Obwohl ich dachte, daß es sinnlos war."
(Messner 1991, 324)

Über diese Textpassage habe ich den Titel „Unvernunft" gesetzt. Jemand denkt, daß eine Handlung sinnlos ist, tut es aber doch. Was verbirgt sich hinter dieser alltäglichen wie verrückten Tatsache? Ich hole etwas aus. Es handelt sich um eine Expedition. Friedl Mutschlechner und Reinhold Messner wollen auf den Shisha Pangma in Tibet. Sie befinden sich gerade auf 7500 m über dem Meer, der Monsun hat verfrüht eingesetzt, das starke Schneetreiben verwandelt den Berg in eine Lawinenfalle. Aber „Friedl steigt voran. Er wollte zum Gipfel – trotz des Monsuns." (ebd. 325) Spätestens an dieser Stelle wird die Trennung, Mensch hier – Natur dort, unübersehbar. Es ist kein Miteinander, sondern ein Gegen die Natur. Irgend etwas ist stärker als das, was man real vorfindet. Man hat sich den Berg in den Kopf gesetzt. Dort wird er zum Programm. Das Verhältnis zur Natur ist funktional. Denn lange bevor man unter dem Berg stand und sein Zelt aufschlug, kannte man das Ziel genau: Höhe, Länge, Temperatur, Wind, Lawinenstriche, Schlüsselstellen, Eis- und Felspassagen, Spalten, Anstiegswege und die Erschließungsgeschichte. Das Ziel ist ein Code und normiert. Das erweckt den Anschein von Sicherheit, weil planbar. Beim Planen tut man so, als habe man es mit einem unlebendigen Gegenüber zu tun.
Der Berg wird zum Objekt. Wer aber hat ihn zum Objekt gemacht? Das Interesse des Bergsteigers. Es liegt zwischen Mensch und Berg. Von wem geht das Interesse aus? Es ist der Mensch, im konkreten Fall ein Mann, der sich in den Stand des Ersten heben will. Ohne Frage, der Berg war zuerst da, aber die Zielsetzung läßt das vergessen. Durch eine Zielsetzung kann sich das Objekt seines „angestammten Ortes" nicht sicher sein. Es ist von den Festsetzungen des Subjekts abhängig (Bedürfnis, Nutzen, Zweck). Dennoch ist und bleibt der Mensch der Welt zugehörig, ohne sie geschaffen zu haben, diese Verletzung scheint schwer verkraftbar zu sein. Aus dieser Verletzung heraus setzt sich der Mensch in den Mittelpunkt = Anthropozentrismus.

76 Der Körper ist immer schon Ankerplatz für Metaphern gewesen. Zur Erweiterung des methodischen und theoretischen Fundaments vgl. Nierraad 1977, Schöffel 1987, Macho 1987, Panofsky 1989, van Straten 1989 und Buchholz 1993.

Er definiert sich aus dem Naturzusammenhang hinaus und pervertiert so die Frage nach dem Ursprung.

77 Vgl. Peskoller 1989, 3–5; 1991, 4–5
78 Vgl. Klarer 1990
79 Z. B. Whymper, Güßfeldt, Mummery, Lammer, Maduschka, Terray, Buhl, Karl, Messner, Güllich, Zak
80 Dabei denke ich vor allem an vereinsinterne Berichte, verfaßt von guten Bergsteigern, aber unbeachteten Schriftstellern, z. B. die Tourenberichte aus den Jahren 1975–1978 und 1979–1983 des renommierten Alpinen Klubs „Karwendler" in Innsbruck.
81 Vgl. Peskoller 1988, Interviews und Expertendiskussion im Mb, 190–202
82 Die Alpingeschichte läßt sich mit Morsen vergleichen: Einem Punkt folgt ein Strich. Der Punkt steht in der Alpingeschichte immer für einen Anfang, wohingegen der nachgesetzte Strich die Darstellung einer bergsteigerischen Tat bedeutet. Das ergibt ein langes Morse-Geschehen, in dem auch das häufige Sterben der Protagonisten zum Ausdruck gebracht wird.
83 Vgl. G. Anders 1980 und H. Plessner 1964
84 Buhl 1974, 122
85 „Pathosophie" ist 1956 erschienen und kann als eine Belehrung des Menschen durch die Widrigkeiten, die ihm der Körper bereitet, verstanden werden.
86 Von Weizsäcker 1956, 32
87 Ebd.
88 Ebd. 35
89 Ebd.
90 Ebd. 56
91 Ebd. 57
92 Ebd. 62
93 Vgl. ebd. 63–86
94 Ebd. 40
95 Angst, Selbstqual, Disziplin, Freiheit, Projektion, Konkurrenz, Tod und Liebe
96 Vgl. die Beschreibung dieses einschneidenden Erlebnisses in Peskoller 1988, 15f
97 Vgl. dazu die Schrift-Bilder von Scherstjanoi („ars scribendi. non finito")
98 Von Weizsäcker 1956, 61
99 Devereux 1992, 55
100 Ebd.
101 Sting 1994b, 410
102 Ebd. 409
103 Vgl. Kamper 1994b, 1–2
104 Frühe Zeugnisse 1986, 43
105 Vgl. dazu den Beginn des Johannes-Evangeliums
106 Von Braun 1988, 83
107 Vgl. Lenzen 1991, 120 (hier bezieht er sich auf Franks „Kaltes Herz". 1989, 96)
108 Ebd.
109 Petrarca sagt zu sich: „Was dir heute bei Besteigung dieses Berges so oftmals widerfahren, wisse, daß dies auch dir wie vielen anderen auf dem Weg zum seligen Leben widerfährt [...]. Siehe hin, viele Hügel ragen dazwischen, und von Tugend zu Tugend muß mit fürsichtigen Schritten gewandelt werden." (zit. in „Frühe Zeugnisse" 1986, 37f)
110 Benner/Göstemeyer, zit. in Lenzen 1991, 109
111 Sting 1994a, 243
112 Vgl. Sting 1991, 9
113 Hauser 1995, 44f
114 Lenzen 1991, 123
115 Oelkers/Tenorth 1991, 13
116 Ebd. 17
117 Ebd. 29
118 Vgl. ebd.
119 Ebd.
120 Ebd. 28
121 Ebd. 13
122 Deleuze 1979, 115f
123 Ebd. 116

3. Teil: Abstieg

Vorbemerkung 185

Fundstücke und Befunde 190

   Erstes Fundstück 190

      (a) Kaiser Heinrich VII. 190
      (b) Kaiser Maximilians Theuerdanck 190
      (c) Saussure und andere Mont Blanc Bilder 190

   Befund 1 190

      Der vom Aufstieg getrennte Abstieg 190
      Abstiege abkürzen 190
      Absteigen, um aufzusteigen 191

   Zweites Fundstück 191

      (a) Reinhold Messner: Nanga Parbat 191
      (b) Herr Brock: Grivola 191
      (c) Edward Whymper: Matterhorn 191

   Befund 2 192

      Der produktive Tod 192
      Der Tod als setzungsloser Zustand 192
      Durchlässige Grenze zwischen Leben und Tod 193
      Vermeiden und Wiederholen von Todeserlebnissen 193
      Der Tod ist ein Rätsel des Raumes 194
      Der Mythos des Bergtodes bedrängt das Wissen 194
      Todesahnung 195
      Todessehnsucht: zur Rache des verdrängten Todes 195
      Akzeptanz des endlichen Körpers 196
      Subjektgrenzen gegen S-O-Spaltung 196
      Wunsch gegen Vernunft 196
      Dem Tod entgeht man unvernünftig 196
      Wünschen zwischen Leben und Sterben 197

   Drittes Fundstück 197

      (a) Empedokles 197
      (b) Blas de Castillo 197
      (c) Jerry Moffat 197

   Befund 3 198

      Beschleunigtes Absteigen 198
      Im Krater sediert Verdrängtes 198
      Noch tiefer steigen: Wissen um des Lebens Grund 198
      Wissensumbruch: Streben nach Unvergänglichkeit 199
      Buchstabieren des Vergangenen 199
      Selbstsuche und „unnatürlicher" Tod 200

   Viertes Fundstück 200

      (a) Arche Noah 200
      (b) Giottos Joachim 200
      (c) Michel de Montaigne 201

Befund 4 201
Nur Immaterialität erlöst 201
Lebendige Menschen sind Grenzbewohner 201
Im Absteigen rückt das Leben näher 201
Gründen bedeutet Abstraktsein 201
Abstraktes diszipliniert 202
Exkurs: Die „marrones" sichern den alpinen Transit 202
Absteigen ist unumgänglich 203

Anmerkungen 205

3. Teil: Abstieg

Vorbemerkung

1. Im Alltag bedeutet ein beruflicher Abstieg mitunter das gesellschaftliche Ende eines Menschen. Vom Berg muß abgestiegen werden, aber der Abstieg ist nicht das Thema der alpinen Literatur. Er kommt beiläufig und notgedrungen vor, denn zur erfolgreichen Bergbesteigung gehört nun einmal auch die Rückehr ins Tal, wie es zur geistigen Erneuerung gehörte, in die Unterwelt, tiefer noch als der Talgrund, abzusteigen.

Die schriftliche Ausgangslage ist somit nicht motivierend, mit dem realen Absteigen verhält es sich nicht anders. Der berühmte englische Bergsteiger G. Winthrop Young hat in seinem Lehrbuch „Die Schule der Berge" anfangs unseres Jahrhunderts darauf hingewiesen, daß der Abstieg schwieriger als der Aufstieg sei. Daher vermochten die Kletterer lange Zeit den Abstiegen nichts Erfreuliches abzugewinnen und suchten nach Möglichkeit Gipfel auf, „von denen bequeme Firnwege hinabführten".[1]

Emil Zsigmondy, der deutschsprachige Young, beschäftigt sich ausführlich mit dem Absteigen, respektive mit dem Abseilen. Um zu zeigen, worauf es ankommt, ließ er eine Reihe von Zeichnungen anfertigen und belegte seine pädagogischen Ratschläge mit Fallbeispielen. Am 3. August 1908 soll ein Herr Finke beim Abseilen am Südost-Grat des Totenkirchls im Wilden Kaiser abgestürzt sein, weil er den „Kletterschluß" nicht beherrscht hat. Dabei handelt es sich um das Abklemmen des Seils mit den Füßen, um die Abwärtsbewegung des Körpers zu steuern und zu stoppen. Eine Technik, von der man heute längst wieder abgekommen ist, während Zsigmondy sie noch als besonders sicher propagiert.

Vom Unfall berichtet er folgendermaßen: „Bei der etwa 22 Meter hohen Abseilstelle hatte Finke ganz richtig die ersten 5 bis 6 Meter mit Kletterschluß überwunden, dann ging er zum freien Abseilen über oder verlor ihn vielleicht unfreiwillig. Auf Zuruf der anderen anwesenden Gesellschaft, daß dies bei der langen, unten überhängenden Stelle auf keinen Fall gehe, versuchte Finke – vergeblich – wieder Kletterschluß zu bekommen, fing an zu zappeln, stieß einen unartikulierten Laut aus, hing einen Moment frei, drehte sich um sich selbst, ließ das Seil los und stürzte erst 12, dann 80 Meter frei durch die Luft. Der Tod muß sofort nach dem Aufschlagen eingetreten sein."[2]

Eine kleine Unachtsamkeit, genau hat es niemand gesehen, und der Abstieg endet mit dem Tod. Selbst der Abstieg des bravourösen Alpinisten Paul Güßfeldt vom Col du Lion am Matterhorn ist in Zsigmondys Fallstudien aufgenommen. Er steht unter dem Motto der Todesgefahr beim Absteigen.[3]

Der Zusammenhang zwischen Absteigen und Sterben ist alt, so alt und unerquicklich, daß ihn das einschlägige alpine Schrifttum zu vergessen scheint und weniger weit zurückverfolgt, als man vermuten würde.

Das stärkt die Annahme, daß sich der Alpinismus als große Aufstiegsgeschichte mit Höhepunkten präsentiert. Der Abstieg ist seine ungeliebte Kehrseite, das Negativ zum Positiv. Der Abstieg findet im Schatten des Aufstiegs statt. Im Dunkeln des Absteigens aber verdichtet sich ein Bestand grundlegenden Wissens. In seiner kryptischen Gestalt muß es den Bergtexten und Bildern erst nach und nach abgerungen werden. Es zeigt sich nicht von selbst.

Der Abstieg erzählt mehr durch sein Schweigen. Ihm auf der Fährte zu bleiben, bedeutet das Zugehen auf einen merkwürdig hermetischen Kern. In der Verdichtung versagt das Sprechen.

Nahe liegt, die Undurchdringbarkeit des Abstiegs als ein strukturelles Moment aufzufassen. Es ist, als schriebe man im Absteigen gegen das aufklärerische Denken an und fordere seine Umkehrung.

Man kann sich des Eindrucks nicht erwehren, fallweise in Tabuisiertes einzubrechen. Wenngleich dem Wissenwollen der Sprachverlust entgegensteht, schürt jeder Einbruch wiederum die Hoffnung, ein Stück eigene Wurzeln auszugraben.

2. Es ist zu vermuten, im Abstieg pädagogisches Wissen anzutreffen, aber auch zu verabschieden bzw. anders zu rahmen. Da ist zunächst die Vielfalt, konstitutive Eigenheit pädagogischen Wissens. Sichtbar wird diese Eigenheit vor allem durch die hartnäckigen metatheoretischen Kontroversen, die sich um Abgrenzungen bemühen. Sie gelten immer auch als ein Zeichen von Unsicherheit einer Disziplin.[4] Hinter den Kontroversen nimmt ein bedeutsamer Mangel Form an: Bislang wurde kaum geklärt, worin pädagogisches Wissen strukturell besteht, selbst der Status der „Reflexion", viel beansprucht innerhalb des Faches, wurde noch nicht ausreichend bedacht.[5]

Im Abstieg überdenkt man nicht nur das Erlebte, er zeigt sich selbst als eine spezifische Form von Reflexion: Der Abstieg ist durch Vergessen und Verdrängen charakterisiert.

Es existiert keine angemessene Philosophie des Abstiegs, wie die Pädagogik keine Lehre der eigenen Denkform hat. Beides scheint merkwürdig blind. Der Blindheit des alpinen Abstiegs gehe ich im folgenden nach. Aus dem Gehen werden andere Fortbewegungsarten: Abseilen, Abspringen, Ableben, Abdenken.

3. Gerade aufgrund der Selbstblindheit konnte ich einen der ersten, womöglich den ersten Abstiegsbericht überhaupt in der nicht-alpinen Literatur finden.[6]

Dieser Abstieg wird durch einen Unfall provoziert. Borsts Fragestellung gemäß – Was war am alpinen Leben im Mittelalter originell?[7] – dient dieser Unfall für das Argument, daß die in den alpinen Regionen härter Geforderten unter der Notwendigkeit, sich so leichter helfen zu können, zusammenrücken.[8]

Worum geht es? Im Mittelpunkt steht der Bischof von Freising, der kurz vor 768 erzählt, was ihm in frühester Jugend zugestoßen ist. Dieser Bischof Arbeo war benediktinisch geschult, sein Latein war zeitlebens fehlerhaft und angestrengt, was zur Folge hatte, daß er nur ein mittelmäßiger Schriftsteller war. Dennoch wurde er um 764 zum Abt des hochalpinen Klosters Scharnitz ernannt und verhalf zudem dem Kloster Innichen im slawisch besiedelten Pustertal zur Blüte.

Gegen den Bayernherzog Tassilo unterstützte Arbeo die ausgreifende karolingische Politik, wodurch er für Borst eine zentrale Figur wird, um dem späten 8. Jahrhundert ein Konvergieren der alpinen Mentalität mit dem europäischen Horizont zu konstatieren.[9] Bevor ich zu der Geschichte komme, die dem Bischof in seiner Kindheit widerfuhr, möchte ich noch eine Bemerkung zur Topographie anschließen:

Arbeo stammt aus Südtirol, aus der Grenzzone zwischen Churrätern und Langobarden, in die kurz zuvor bayrische Herzöge und Siedler eingedrungen waren.[10] Zentrum dieses Gebietes ist der Zeno-Berg mit der vermutlich spätromanischen Burg Mais und der Grabkirche des westfränkischen Missionars Valentin. Wir befinden uns also in der Gegend des späteren Meran. Der ebenso aus dem Westfränkischen stammende Asket Corbinian hatte – nebenbei bemerkt – denselben Ort für sich entdeckt, Station gemacht und das waldige Bergland für sein klösterliches Leben erwählt. An diesem „liebenswürdigen Platz" hat Corbinian Weingärten und Obstpflanzungen angelegt und sich schließlich um 730 auf dem Zeno-Berg bestatten lassen.[11] Genau dieser Berg wurde Arbeo beinahe zum Verhängnis.

Borst schildert: „An einem 8. September rannte nun der kleine Arbeo achtlos um diese Bergkirche Valentins und Corbinians herum, strauchelte und stürzte den siebzig Meter hohen, senkrechten Felsabbruch hinab; drunten tobte der Gebirgsbach Passer. Man hielt den Jungen für tot und suchte ihn, kam über die Passerbrücke gelaufen und sah ihn im Fels hängen. Mit Seilen ließen sich Helfer von oben herab, bargen den Jungen lebend und brachten ihn heim. Die Menschen, die hier wohnten, hatten zusammen ein Fleckchen im Passertal kultiviert, Gärten gepflanzt, Wege und Brücken gebaut und sich an Felswänden abzuseilen gelernt."[12]

Diese Geschichte unterrichtet uns mehrfach. Das Abseilen ist eine spezielle Art abzusteigen. Im Normalfall erreicht man so leichter und schneller den Grund. Überdies können Orte aufgesucht werden, die ansonsten nicht oder nur schwer zu erreichen sind. Das Abseilen ist im 8. Jahrhundert, in einer Zeit, als die Völker ein labiles, lockeres Gefüge darstellten, bereits eine Selbstverständlichkeit. Man hat es gelernt, es gehört zum Alltag der Alpenbewohner, mehr noch, das Abseilen stellt den alpinen Alltag erst her. Ohne diese Technik wäre das Überleben und Leben nicht zu sichern – weder, wie das obige Beispiel zeigt, in dramatischen Situationen noch um alltägliche Formen der Urbarmachung des steilen Geländes durchzuführen.

4. Im Unterschied zur gemeinschaftlichen Rettungsaktion des kleinen Arbeo habe ich eine Abbildung gefunden, datiert um 1500, vermutlich das geschichtlich erste Bild, wo sich ein kaiserlicher Hofjäger ohne jede Hilfe anderer abseilt. Er macht seine Sache gut. Das Seil ist um einen Baumstrunk gelegt und fachmännisch daran befestigt. Der Mann hängt, seitwärts gedreht, an diesem Strick und erreicht soeben mit seinem linken Bein einen Felsblock, der auf einem Felsvorsprung liegt. Seine Lage scheint undramatisch, die Abseiltechnik ist ausgefeilt.[13] Seine Art abzuseilen erweckt den Eindruck, als wende er bereits den „Dülfersitz" an, eine Abseiltechnik, die offiziell erst zu Beginn unseres Jahrhunderts erfunden wird.

5. Von der gemeinschaftlichen Hilfeleistung bis zum individuellen Abenteuer, vom Bischof Arbeo über Maximilians Hofjäger bis hin zu den „rock stars" von heute[14] spannt sich ein weiter Bogen, der – einmal abgesehen vom großen, kaum überschaubaren Zeitraum – schon wegen der lückenhaften Quellen niemals geschlossen werden kann. Aus diesem Grund gestaltet sich mein Vorgehen folgendermaßen: Ich greife einzelne aussagekräftige Fundstücke aus dem alpinen Schrifttum heraus, ordne sie zu Themen und suche hinter der Geschichtlichkeit die sie strukturierenden Momente.

Bei aller Unterschiedlichkeit bündeln sich die folgenden zwölf Fragmente thematisch an einer Stelle: im Tod. Dort, wo bereits Borsts früher Bergbericht einsetzt, in der Bedrohung des Lebens durch einen Unfall, setzen sich die weiteren Abstiegsbeschreibungen fort.

6. Nach dem mühevollen Aufstieg gilt das Absteigen häufig als Erleichterung. Aber gerade in der Erleichterung stecken Gefahren, die jene des Aufstiegs übertreffen.

Stellen wir uns das Absteigen bildhaft vor: Man hat den Abgrund ständig vor Augen, man steigt ihm zu. Es zieht einen förmlich hinunter, die Schwerkraft wirkt.

Aber wem steigt man entgegen? Der Verdichtung der Materie, das ist die einfachste Formel, auf die man den Abstieg bringen kann. Ist das Aufsteigen ein Verlassen bis hin zum Gipfel als Ort, wo die Materie aufhört, taucht man beim Zu-Grunde-Gehen wieder in die Erde ein. Nichts aber ist so vergänglich wie die Erde, respektive die Erde als Natur-Element. Sie befindet sich im Wandel von Werden und Vergehen und erinnert so an das eigene Vergehen. Die Materie stellt den sicheren Tod in Aussicht. Der Absteigende ist ihrer ansichtig, ob er will oder nicht.

Nun stellt sich die Frage, womit der Tod in Verbindung steht. Wenn wir an Dantes jenseitige Reise denken, dann wird der Abstieg zur Höllenfahrt. An ihrem Ende, in der Negativform des Gipfels, sitzt Luzifer. Er beherrscht die Spitze des umgekehrten Paradieses. Das Inferno ist in die Erde versenkt. Ihm zu entsteigen, es loswerden zu wollen, ist nach dieser Konstruktion einleuchtend. Genau das macht Dante. Über das Purgatorium enthebt er sich der Unordnung der Erde und steigt unaufhaltsam dem Paradies, dem zeitlos abstrakten Ort der Erlösung, entgegen. Es ist bereits falsch, hier von einem Ort zu sprechen, denn dieser „Ort" hat sich den Bedingungen von Räumlichkeit entledigt. Mit der „Enterdung" geht die „Entortung" Hand in Hand, der Ort steigt zum Nichtort auf. Mit Dantes Programm, das Inferno zu überwinden, scheint die Beseitigung des Raumes angebahnt. Aber der Tod ist, wie zu zeigen sein wird, zuallererst ein Problem des Raumes. Mit der Entgrenzung des Raumes verliert sich auch die Wirklichkeit des Todes bzw. der Tod zerstreut sich allerorts. Das Leben auf Erden wird selbst zur Todesbedrohung.

7. Mit dem Abstieg, so meine These, erinnert sich der Bergsteiger an das, was er verlassen hat. Diese Wiedererinnerung ist gefahrvoll, da das Vergessen weit fortgeschritten. Es ist, als käme erst im Abstieg die Auswirkung des Aufstiegs zum Vorschein: ein Absehen vom Konkreten, die Abstraktion als Entbindung von der Materie. Der Abstieg verlangt nach Umkehrung, nach einem erneuten Verbinden mit der Materie. Eine selbstverständliche Trennung von der Materie versteht sich selbst nicht mehr und zeitigt fatale Folgen: Man fällt zu Tode. Sich an den Grund anzunähern heißt auch, der eigenen Begrenztheit und Vergänglichkeit gewahr zu werden. Gelingt dies nicht mit Vorsicht und Sorgfalt, wird aus der Annäherung ein gewaltsamer Akt des Abstürzens.

8. Kehren wir zu Dante zurück. Er steht nicht zufällig am Beginn der kommentierten Sammlung geschichtlicher Bergberichte von Studie 2. Dante wurde, im Unterschied zur Erzählung des Bischofs Arbeo, in die Alpingeschichte aufgenommen: Die „Frühe(n) Zeugnisse" etwa führen seinen Namen an. In ihnen geht es um die „Alpenbegeisterung", d. h. mehr um den Geist als um die Materie. Dante beginnt seine Wanderschaft „angstvoll". Die Angst, Produkt der Trennung von Geist und Materie, leitet ihn.

Schlagen wir an dieser Stelle eine Brücke zur Pädagogik. Die Angst ist immer schon in den Topoi der Sorge aufbewahrt, und die Sorge ist nach Oelkers etwas, das Wissen von pädagogischem Wissen erst unterscheidbar macht.[15] Angst bringt Sorge und Kümmernis zum Ausdruck, wie sich umgekehrt die Angst von der Abspaltung nährt.

Dem pädagogischen Wissen ist somit von Anfang an diese Trennung eingeschrieben, mehr noch, es gründet über die Sorge in der Trennung und treibt diese voran, denn was wäre ein ordentlicher Pädagoge, der sich nicht ständig um alles sorgt, das sich entzweit. Die Sorge gehört untrennbar zu ihm, sie ist Fundament pädagogischer Denkweise, wie Oelkers gezeigt hat.

9. Dante sorgt sich sehr: Immer wieder erfaßt ihn beim Anblick der Felsen das Grauen. Es ist nicht schwierig, Dantes Text auf unterschiedliche Aspekte pädagogischen Wissens hin zu untersuchen und umgekehrt aus dem Text erst Pädagogisches zu erschließen. Ein solches Vorgehen erscheint konstruiert, tun wir es dennoch ansatzweise:

Dantes Grauen gegenüber den Felsen könnte ihm als e m p h a t i s c h e s   B e z i e h u n g s -
w i s s e n (1) ausgelegt werden. Er fühlt sich in das Gegenüber ein, aber es bleibt ihm fremd, mehr noch, das Gegenüber schreckt ihn gewaltig. Die Natur empfindet er als unheimlich, unheimlicher, als er sich selbst ist. Das hat damit zu tun, daß ihm die Orientierung fehlt. Seine Vertrautheit mit steilen Bergen ist begrenzt, er bringt wenig Erfahrung mit. Aber Berge verlangen ein Höchstmaß an Orientiertheit, sonst ist man hoffnungslos verloren. Dante fühlt sich verloren, er leidet unter Schlaflosigkeit, immer wieder kommt ein Zagen und Zögern bezüglich des Weitergehens auf. Dante mangelt es an O r i e n t i e r u n g s -
w i s s e n (2).[16]

Er ist nicht allein, Vergil steht ihm zur Seite. Er erteilt ihm Ratschläge, leitet ihn zur richtigen Bewegung im steilen Gelände an, macht ihm Verhaltensvorschriften.

Das verhilft Dante zu einem **praktischen Handlungswissen (3)**, ein weiterer Aspekt im Kanon pädagogischen Wissens. Dennoch, Vergils Unterstützung kann Dantes Sorge nicht eliminieren, im Gegenteil. Je mehr Anweisungen er erhält, desto stärker wird er auf die Gefahren aufmerksam. Dantes Sorge legt sich, wenn er steigt, und verstärkt sich, wenn er nichts tut bzw. zur Ruhe kommt. Die Sorge wächst mit der Ausprägung der Vorstellung.

Die Frage nach der Verantwortung wertet die Sorge zusätzlich auf. Hinter der Verantwortung steckt Vorsicht bzw. Mißtrauen: Wie zuverlässig ist Vergil? Kann er sich ihm anvertrauen? Physische Trittsicherheit ist ihm ohne weiteres zuzubilligen, aber sonst? Hat er ausreichend Wissen? Will und kann sich Dante in dieser extremen Lage, in der Ausgesetztheit und unter Gefährdung von Leib und Leben überhaupt jemanden überantworten? Wo liegen die Grenzen hin zur Eigenverantwortung, und wann ist nur Mitverantwortung oder gar das Abgeben derselben angesagt? Wo beginnt der ständige Zweifel zu lähmen? Fragen über Fragen.

Eine genaue **Selbstbeobachtung (4)** korrespondiert mit einem **Beobachtungswissen der Natur (5)**, wobei der Blick dominiert. Eine der merkwürdigsten Textstellen, die ich fand, handelt vom Schatten. Dante beobachtet ihn genau. Die Sonne steht hinter ihm und wirft seinen Schatten vor ihm her. Platonisch gedacht eine schreckliche Vorstellung; Dante bekommt es geradewegs mit der Angst zu tun. Doch Vergil, sein „Tröster", verhält sich klug. Er lenkt Dantes Angst um und verschiebt dessen Besorgtheit auf die Beziehungsebene – ob er ihm nicht traue? Damit hat der Schatten etwas an Bedrohlichkeit verloren, Dante besinnt sich, d. h. Vergils **psychologisches Wissen (6)** tat seine Wirkung.

Dennoch, es bleibt ein Faktum: Je steiler der Berg, desto unmittelbarer wird man, je nach Exposition der Sonne, mit dem eigenen Schatten konfrontiert. Womöglich auch noch mit dem des anderen. Nicht nur, daß man den Schatten, der vor einem liegt, sieht, mehr noch, beim Bergsteigen tritt man ständig in ihn hinein, beim extremen Bergsteigen greift man sogar in den eigenen Schatten. Der Schatten ist evidenter als der eigene Leib, denn von letzterem reichen nur die Hände, Zehen- und Fingerspitzen an den realen Fels heran, der vom Schatten überzogen ist. Im Wissen dessen, daß es sich beim Schatten um eine klassische Todesmetapher handelt, ist dies ein eindringlicher und erschreckender Tatbestand. Man kann Dantes Angst nachfühlen. Angesichts des Todes scheint der Mensch im Steinernen Halt zu suchen, als gäbe es ihm Heimat. Das Steinerne wird nur über lange Zeiträume oder durch Gewalteinwirkung getrennt und entzweit. Sonst widersteht es der Trennung. Das Steinerne ist stark bindend.

Es ist müßig, Dantes Text noch ein umfassendes **Mythenwissen (7)** anzusinnen, steht er doch in der Tradition einer Bildkultur, in der Wissen und Allegorie miteinander verbunden ist. Daß Dante allein gelassen auf diesem unheimlichen Inferno-Abstieg völlig überfordert wäre, versteht sich von selbst. Er setzt auf die Hilfe Vergils und später auf die seiner Führerin Beatrice.

Lassen wir es hiermit bewenden: Der Exkurs sammelte sieben Elemente pädagogischen Wissens und kann mit der Einsicht abgebrochen werden, daß es Dante um das Seelenheil ging, er hegte Sorge, es nicht zu erlangen.

10. So divergent Dantes und Petrarcas Text ist, es verbindet beide doch nicht nur die Zeit ihrer Entstehung, sondern vor allem ihre „Grenzlage". Sie liegen an der Grenze zu einer Umwertung des Wissens im Vorfeld der Neuzeit. Das macht beide Texte so interessant, denn das Bergsteigen wird normalerweise immer als neuzeitliches Produkt gewertet, entstanden am Höhepunkt der Aufklärung.

Petrarca besinnt sich, nachdem ihn die Neugierde auf den Mont Ventoux trieb, auf dem Gipfel seines Vergehens und bindet sich dort über die Schrift wieder in den Heilssinn ein. Dante ist ähnliches nachzusagen. Im 26. Gesang des Inferno treffen die Wanderer Vergil und Dante den antiken Helden Odysseus. Von einem Damm aus blicken sie in den achten Graben des achten Höllenkreises. Dort müssen die hinterlistigen Ratgeber büßen. Odysseus gehört zu ihnen, und auf die Bitte Vergils darf er über seine letzte Fahrt berichten. Odysseus' Seele gibt zu, von einem unbezwingbaren Forschergeist beherrscht gewesen zu sein. Nach Dantes Auslegung wollte Odysseus die Säulen des Herkules nicht als das Ende der Welt akzeptieren:

Er reiste in den südlichen Atlantik und trieb über die Grenze hinaus in seinen Untergang. Dantes Odysseus erfuhr nach Hans Blumenberg ein angemessenes Schicksal: „Der Mann, der die Neugierde der Trojaner (...) geweckt und so ihren Untergang listig herbeigeführt hatte, verfällt selbst einem Untergang, in den ihn seine Neugierde beim Anblick eines verhängnisvollen Ziels, des aus dem Weltmeer emporragenden dunklen Berges, hineinlockt."[17]

Dieser „dunkle Berg" ist das Purgatorium, das Dante um seines Seelenheils willen mühsam ersteigt. Aber im Unterschied zu Odysseus handelt es sich bei Dante nicht um eine eigenmächtige Grenzüberschreitung. Denn was Dante zu sehen bekommt, ist ihm von einer höheren Macht gewährt und durch gnädige Führung zugänglich gemacht.[18]

Dante übergibt sich mehr dem moralischen Gehalt als der theoretischen Neugier, und das ist seine Rettung, so wie Petrarca vor der Dominanz der Ästhetik gegenüber der Moral doch noch zurückschreckte.

Nach Blumenberg bedarf Dantes Ansinnen „der transzendenten, der mehr als theoretisch gerichteten Legitimation".[19] Im Paradiso kommt noch einmal eine Stelle, die auf die Grenzüberschreitung Bezug nimmt:

Dante fragt Adam nach dem Wesen der Ursünde und erhält von ihm die Antwort, daß die Ursünde das Überschreiten der dem Menschen gesetzten Grenzen ist.

Einem Abstieg aber geht immer auch eine Grenzüberschreitung voran, zumindest solange man über den Gipfel geht. Der Gipfel ist die Grenze, weiter zu steigen bedeutet den sicheren Tod, denn auf dem Höhepunkt angelangt, kann man nur mehr nach unten steigen. Der Gipfel ist ein Endpunkt und der Anfang des Abstiegs. Er hat eine doppelte Bedeutung und ist, wie noch zu zeigen sein wird, tatsächlich der ambivalenteste Ort am Berg.

Zurück zu Odysseus: Er ist der einzige, so Blumenberg, „aus dessen Mund kein Wort der Selbstanklage oder Selbstverwerfung kommt".[20] Dante begegnet Odysseus mit einer Unentschiedenheit, die die Schwierigkeit verrät, Odysseus' Welthaltung mit den noch gültigen Maßstäben der Epoche zu messen.

Petrarcas Schweigen im Abstieg vom Mont Ventoux drückt eine ähnliche Unsicherheit aus. Petrarcas physischer Abstieg wird ihm als spiritueller Aufstieg ausgelegt. Sein Sendschreiben aber fängt mit dem Aufstieg an, während Dante mit dem Abstieg beginnt.

Beide Texte sind in dieser Doppelheit zu rezipieren, enden aber dann auch in der Umkehrung: Dantes Erreichen des Paradieses läuft auf seinen geistigen Niedergang hinaus, und Petrarcas Ankunft im Tal bedeutet dessen geistige Erlösung. Das klingt verdreht genug. Nähme man das reale Auf- und Niedersteigen, dann käme man zum gegenteiligen Ergebnis:

Man weiß, daß sich Petrarcas geistige Unruhe auch nach der Bergbesteigung nicht legte, im Gegenteil, er hat zeitlebens verzweifelt um sein seelisches Heil gerungen.

Halten wir fest: Irgend etwas Unlösbares hat sich bei der Überkreuzung von Realität und Metaphorik eingeschlichen. Kann es sein, daß diese Verdrehung selbst nur ein Produkt abstrakter Denkvorgänge ist?

Noch einmal zurück zu Dante: Im Unterschied zu Petrarca schweigt Dante beim Absteigen nicht, im Gegenteil. Dantes Abstieg kann genauer nicht beschrieben werden, so daß sich sogar eine Höllenkarte anfertigen ließe.[21]

Dante steigt durch Schichten ab, so als trüge er die Geschichte ab. In jeder Schicht trifft er auf Verstorbene. Der Tod ordnet den Raum. Mit der Schichtung des Raumes kommen wir unweigerlich mit der Geschichte des Todes in Berührung. Sie strukturiert die historischen Fakten. Dante gliedert sein geschichtliches Wissen nach dem Auffinden der ihm aus Lebzeiten bekannten Toten. Sie festigen sein Wissen. Die Sicherung des Wissens verläuft bei Dante im Durchschreiten des Todesraumes, oder umgekehrt formuliert, erst der Tod sichert das Wissen, d. h. sicheres Wissen ist immer auch tot.

Dantes Text ist der erste, den ich in der alpinen Literatur umfangreicher zitiert aufgefunden habe und der eindeutig Abstiegspassagen enthält. Das ist der Grund, weshalb ich ihn an den Anfang dieses Kapitels stelle.

11. Nun ergibt sich die Frage, ob der frühe Bergsteiger einer ist, der sich am Tod und nicht am Leben orientiert. Ich weiß, eine kuriose Frage, aber Dantes Bergbericht setzt mit dem Abstieg ein, und dieser ist, nach allem was bisher in Erfahrung zu bringen war, eindeutig mit dem Sterben verbunden. Der Bergsteiger wäre somit, entgegen aller Erwartung, nicht aus dem Aufstieg, sondern vom Abstieg her geleitet.

Diese Erkenntnis hat eine verblüffende Ähnlichkeit mit einem aktuellen Befund: Sportkletterer unserer Tage beginnen ihre Besteigungen vorzugsweise wieder mit dem Abstieg. Es ist, als spanne sich im ausgehenden 20. Jahrhundert der Bogen nieder, der in Rückgriff auf antike Denktradition, im Umbruch vom Mittelalter zur Neuzeit, aufgespannt wurde.

Die historische Verstrebung des alpinen Abstiegs artikuliert sich über den Umgang mit dem Tod, der das Wissen ordnet und in der Ordnung von der Angst bestimmt wird, die ihrerseits pädagogisches Wissen hervorbringt und begründet. Dieses spezifische Wissen hat mit der Materie Probleme, wenn es nicht überhaupt erst durch den Versuch, den Körper zu überwinden, hergestellt wird. Auf jeden Fall produziert es sich aus einer tiefen Trennung heraus, die sich als Moral in der Topik der Sorge fortschreibt.

12. Dieses vorweggenommene Resümee ersetzt das empirische Material nicht. Dieses steht mehr denn je im Mittelpunkt und soll Zusammenhänge befunden. Die Bauweise des Abstiegs ist dem Abseilen nachempfunden, führt von einem Absatz zum anderen, wobei die Abseilstrecke unterschiedlich weit in die Tiefe reicht, außen wie innen. Ob uns der Abstieg schließlich über den Abgrund bis zu einem Grund führt, der einer schönen, anmutigen Ebene gleicht, wie sie Giovanni Boccaccio in der Vorbemerkung zum „Decamerone" in Aussicht stellt, bleibt abzuwarten. Er vergleicht das Lesen seines Textes mit einer Bergbesteigung einschließlich des Abstiegs. Es ist zu hoffen, daß die Darstellungen alpiner Abstiege ähnlich erlebt werden, wie sie Bergsteiger erfahren, wenn sie tatsächlich vom Berg hinuntersteigen: Absteigen ist ein Ab-denken.

Fundstücke und Befunde

Erstes Fundstück

(a) Kaiser Heinrich VII. zieht mit Gemahlin und Troß am 23. Oktober 1310 über den Mont Cenis (vgl. Abb. 2/4c und 4). Dieses Bild führt Steinitzers historische Materialsammlung nicht zufällig an: „Es ist nicht nur eine der ältesten Bergdarstellungen überhaupt, sondern wohl die älteste Darstellung ‚alpinen' Inhalts, d. h. der Bewegung oder Betätigung des Menschen im Hochgebirge."[22] Auffallend ist, daß Steinitzer zu Beginn des 20. Jahrhunderts nur eine Hälfte des Bildes zeigt: jene des Aufstiegs.

In hoffnungsfroher Erwartung richten sich die Blicke der „Bergsteiger" nach vorne und oben, nur einer von ihnen dreht sich um und blickt zurück. Anders bei Gabriele Seitz, die am Ausgang unseres Jahrhunderts die zweite Hälfte des Bildes hinzufügt: Der Kaiser ist, wie auch die anderen, vom Pferd gestiegen und geht zu Fuß. Ermattet und erschöpft hält er sich an den Zügeln des Pferdes fest, das seinen Blick auf den Boden wirft. Zur Darstellung gelangt der Abstieg.[23]

(b) In Kaiser Maximilians Theuerdanck wird um 1517 aus dem Abstieg eine Kunst des Absprungs (vgl. Abb. 7a). Mittels einer langen Alpenstange schwingt sich der Held von einer Talseite zur anderen, wodurch das richtige Verhalten im Berggelände anschaulich vermittelt wird. Wenig später, 1555, wird aus der Kunst des Abspringens die des Abfahrens: Olaus Magnus überbringt die „älteste Darstellung einer Schifahrerin"[24] sowie ein Bild, in dem ein steiler Eishang gekonnt passiert wird (vgl. Abb. 11b).

(c) Gegen Ende des 18. Jahrhunderts fertigte man eine Reihe von Abstiegsbildern an – was überraschend und neu ist, so z. B. „Voyage de Mr de Saussure à la cime du Montblanc d'Août 1787".[25] Dieser Darstellung werden etliche Abbildungen von Aufstiegen vor- und nachgeschaltet.[26] Zum Abstieg entstand um 1790 eine anonyme Umrißradierung[27] und eine Gouache eines englischen Künstlers, „Paccard und Balmat im Abstieg vom Montblanc" (vgl. Abb. 20). Bezeichnenderweise wurde gerade diese Abbildung in Eggers Buch aufgenommen, bemüht, Paccard als den Erstbesteiger des Mont Blanc zu rehabilitieren.

Befund 1

Der vom Aufstieg getrennte Abstieg

Obige Bilder gehören zu den wenigen und vor allem zu den ersten, die den alpinen Abstieg zum Inhalt haben. Nach ihnen mußte ich lange suchen, denn der Abstieg ist kein fixer Bestandteil alpingeschichtlicher Repräsentation. Ob, wie und wann fallweise Abstiegsbilder auftauchen, ist nicht beliebig, sondern hängt von noch zu bestimmenden Faktoren ab, die sich im Laufe der Zeit wandeln. Eines ist sicher: Den Abstieg ins Bild zu bringen, muß man sich leisten können. So wird das – ich beziehe mich hier auf Fundstück (a) –, was ursprünglich als untrennbare Einheit aufgefaßt wurde: Auf- und Abstieg (der Gipfel fehlt), in späterer Folge voneinander getrennt, so als habe der Abstieg mit dem Aufstieg nichts zu tun. Erst mit Gabriele Seitz (1987) scheint man sich in der Alpingeschichte wieder der alten Ordnung zu besinnen, die Zusammengehöriges beisammen hält: Die obere Bildhälfte zeigt den Auf-, die untere den Abstieg, wodurch der Bewegungsablauf am Berg rund wird. Allerdings nicht wirklich rund, da die beiden Bildhälften übereinander und nicht nebeneinander liegen, entgegen der Abfolge einer realen Bergbesteigung, einer „Überschreitung".

Abstiege abkürzen

Eine spezielle Art abzusteigen ist das Abspringen. Fundstück (b) zeigt, daß trotz Einsatzes der obligatorischen Alpenstange – sie fehlt beinahe in keinem Bild aus der Theuerdanckserie – man mit dem Abspringen, insbesondere in steilem und brüchigem Gelände wie dem vorliegenden, das die Abstürze des Karwendels (Halltal) veranschaulicht, denkbar schlecht beraten ist. Das Abspringen kann als sichere Anleitung zum eigenen Verderben gelesen werden. Dennoch, dieses Beispiel, Abstiege zu beschleunigen und abzukürzen, macht Schule, wie die folgenden Fundstücke beweisen:

Durch die Verbesserung der Technik wird im 16. Jahrhundert bereits das Abfahren auf Schlitten und Schiern bebildert. Diese Fortbewegungsart bietet den Vorteil, selbst im Winter Orte aufzusuchen und zu durchqueren, die ansonsten für den Menschen absolut unzugänglich bleiben. Die Geschwindigkeit, in der das Gelände überwunden wird, schafft Gedächtnislücken bei den Passanten, denn die Erfahrung nimmt nicht mehr im Detail Kenntnis vom durchquerten Raum, im Gegenteil, sie überspringt und überfährt ihn.

Im 20. Jahrhundert schließlich gewöhnt man sich an das erfahrungsarme Befördertwerden: Seilbahnen gehören zum Inventar der Alpen. In der zweiten Hälfte unseres Jahrhunderts beginnt man nicht nur mit Schiern über exponierte Steilflanken zu fahren, sondern sogar mittels Fallschirmen und Paragleitern von Gipfeln abzuheben, um direkt in den Abgrund zu springen. Damit erspart man sich das mühevolle Hinuntersteigen. Man ersetzt das Niedersteigen durch ein rasches Davongleiten, angst- wie lustvoll zugleich. Man geht nicht, sondern fällt zu Grunde.

Absteigen, um aufzusteigen

Über die Kunst, Abstiege abzukürzen, findet sich, den Mont Blanc des ausgehenden 18. Jahrhunderts betreffend, kein Hinweis. Hier gilt der Abstieg als ein Intermezzo zwischen den Aufstiegen. Man muß absteigen, um wieder aufsteigen zu können. Das Glücken des Abstiegs bestätigt die Richtigkeit und den Erfolg des Aufstiegs, den es fortzusetzen gilt.

Paccard geht aufrecht, er weiß warum. Von den Lasten des Aufstiegs befreit, ebenso von der Sorge, den Höhepunkt womöglich nicht zu erreichen, dokumentiert das siegreiche Zurückkommen die Ungebrochenheit des menschlichen Willens zur Selbst-Behauptung.

Ab 1880 mehren sich die Abstiegsbilder rasch. Betrachtet man die dargestellten Inhalte genauer – sie stammen ausnahmslos aus alpinen Lehrschriften –, dann wird rasch ersichtlich, daß sie den Leser für das Absteigen schulen. Man übt sich in das richtige Hinuntersteigen ein, spezifische Regeln müssen befolgt und ein genau vorgeschriebener Bewegungsablauf eingehalten werden. Die Kunst des Niedersteigens ist die Voraussetzung für ein sicheres Höhersteigen. Der gesicherte Aufstieg wird zum pädagogischen Programm.[28]

ZWEITES FUNDSTÜCK

(a) Reinhold Messner begegnet 1978, während seines einsamen Abstiegs vom Nanga Parbat, dem Tod.[29] Es handelt sich dabei nicht um den normalen Bergtod, sondern um den imaginären Tod. Anders 1970, ebenso vom „Nackten Berg" absteigend und unter merkwürdigen, bis heute ungeklärten Umständen, mit dem wirklichen Tod konfrontiert: Sein Bruder Günther kommt ums Leben. Durch die Wiederholung acht Jahre später versucht Messner das Trauma (genaugenommen sind es zwei; kurz vorher hatte sich seine Frau Uschi von ihm getrennt, worunter er, wie er sagt, sehr litt) zu überwinden. Messners Leidensfähigkeit wird ins Unermeßliche gesteigert, der Bergbericht ist in seiner Intensität unerträglich. Die Grenze zwischen Wirklichkeit und Imagination verschwimmt. Unheimlich vernünftig nimmt sich im Gegenzug die präzise Rekonstruktion des Todes anderer aus.[30] Messner kartiert innerlich das große Phantasma des Todes, während er außen mit jedem Schritt das Imaginäre an den konkreten Ort und an genaue Zeitmarken bindet. Es ist, als könnte das Unheimliche des Todes durch das leibhaftige Absteigen gebannt und dem Ort zurückgegeben werden, wo das unerbittliche Sterben stattgefunden hat. Wenn der Tod seinen Raum hat, erhält der Lebende wieder seine Ordnung.[31]

(b) Herrn Brock, Berliner Bankier, Protagonist von Studie 1/2. Versuch, ereilt – vermutlich durch eine Lawine – der Bergtod beim Abstieg von der Grivola am 18. 8. 1892. Die auf Abfertigung pochenden Hinterbliebenen initiieren einen Prozeß, der zum Musterfall für die Jurisdikation bei Alpinunfällen wird. Herrn Brocks Unfallursache liegt, statistisch gesehen, durchaus im Trend der Zeit: Die alpine Unfallzählung errechnete, 1902 erstmals in Auf- und Abstiege unterscheidend, eine Bilanz, die eindeutig zugunsten der letzteren ausfällt, nämlich 9:15, d. h. beinahe doppelt so viele Bergsteiger sterben demzufolge beim Absteigen von einem Berg, während das strapaziöse Aufsteigen vergleichsweise sicher ist.

(c) Der 14. Juli 1865 entfaltet sich in der Alpingeschichte zum medialen Großereignis. Es prägt sich vor allem durch den Abstieg ein und wurde von einschlägigen Fachzeitschriften ebenso eifrig kommentiert wie von renommierten Zeitungen jener Tage.[32] Dieses Unternehmen kostete den Initiator Edward Whymper beinahe seinen guten Ruf und 235 Franken für das Matterhorn, den höchsten Preis, wie er selbst sagt, der jemals für Hochtouren bezahlt wurde.[33] Perfahl vermerkt, daß „einer der letzten großen noch unerstiegenen Alpengipfel erstiegen wurde", und druckt Passagen aus Whympers Originalbericht ab.[34] Der Akzent liegt auf dem Abstieg, der, erstmals in der alpinen Geschichte, Gegenstand einer gerichtlichen Untersuchung wird, ein Nachforschen und

191

Suchen, das dennoch nicht alle Fragen lösen konnte.³⁵ Sir Whymper widmet in seinen „Berg- und Gletscherfahrten" ein eigenes Kapitel dem „Heruntersteigen vom Matterhorn".³⁶ Das ist ungewöhnlich für diese Zeit, ebenso die Sorgfalt, mit der er eine mustergültige Spurensicherung betreibt. Kein Detail wird ausgelassen, der Tathergang bis ins letzte beschrieben – mit dem Ergebnis, daß den Autor selbst keine Schuld trifft. Der Schatten des Verdachts fällt auf den alten Peter Taugwalder, einen der zwei überlebenden einheimischen Bergführer. Der Bergführer ist weder redegewandt noch der Schrift kundig. Die niemals ganz erhellten Verdachtsmomente lasten so schwer auf ihm, daß er schließlich dem Wahnsinn verfällt. Was sich aber auf dem Matterhorn wirklich zugetragen hat, entzieht sich im Tal einem sicheren Wissen. Der Großteil der Zeugen, vier, wurde in den Tod gerissen; die Überlebenden standen unter Schock und verfügten über denkbar ungleiche Voraussetzungen, das Ereignis ins rechte Licht zu rücken. Das übernahmen ausgiebig die Medien, das Echo auf den Todessturz war ungeheuer und behinderte mehr die behördlichen Untersuchungen, als es sie förderte. Tatsache ist und bleibt, daß vier Menschen zu Tode kamen. Die Leichen fand man auf dem Gletscherboden, jene von Lord Douglas fehlte, „wahrscheinlich ist er oben am Felsen hängen geblieben".³⁷ Sicher ist auch, daß sich die Tragödie gleich nach Ereichen des Gipfels ereignete. Den Gipfelsieg feierte man noch ausgelassen, errichtete eine Pyramide auf der höchsten Stelle und ließ Steine und Felsblöcke auf die Südseite des Berges hinunterrollen. Das war nicht nur ein Zeichen des Sieges, sondern sollte die Rivalen schrecken, die langsamer waren als man selbst und nun die Wand endgültig fliehen mußten. Aber bald nach dem Gipfel, darin stimmen die Aussagen der drei Überlebenden überein, ist einer ausgeglitten und hat dem Seilersten einen Stoß versetzt, wodurch die Partie in Sekundenschnelle Hunderte Meter tief abstürzte. Aus einem Zufall wurde ein Unfall, der über die glücklichen Gipfelsieger unheilvoll hereinbrach. Was die Juristen und die Presse beschäftigte, war der Seilriß zwischen dem alten Taugwalder und den zu Tode Gefallenen. Der Seilriß war der springende Punkt, sonst wären alle ausnahmslos über die Wand gestürzt. So jedoch blieben drei zurück, wobei nur Whymper die Nerven zu behalten schien. „Vom Schreck gelähmt", schreibt er, weinten die restlichen zwei, „weinten so, daß uns das Schicksal der Anderen drohte".³⁸ Schließlich erreichte man anderntags nicht stürzend, sondern steigend und wohlauf den Talgrund. Vom Talgrund aus wurde das tragische Ereignis in eine andere Ordnung gebracht, das Recht bemächtigte sich des Er-

lebens, ohne zu einem eindeutigen Spruch zu kommen. Doch dem Matterhorn haftet von nun an ein Makel an. Edward Whymper, der Erstbesteiger, resümiert den zu negativer Berühmtheit aufgestiegenen Abstieg: „Die sagenhafte Unzugänglichkeit des Matterhorns ist nun verschwunden und durch Legenden ersetzt worden, die der Wirklichkeit besser entsprechen."³⁹

BEFUND 2

Der produktive Tod

Texte über den Abstieg sind, im Unterschied zu Bildern, nicht ganz so selten und nehmen besonders in der Expeditionsliteratur seit der zweiten Hälfte des 20. Jahrhunderts zu, bleiben aber, verglichen mit den Berichten über den Aufstieg, deutlich in der Minderzahl. Mit Whymper dominiert in der Alpingeschichte erstmalig der Abstieg über den Aufstieg, selbst unter der Prämisse, daß die Erstbesteigung des Matterhorns zum „Inbegriff des Klassischen Alpinismus" erklärt wird.⁴⁰ Dieser Tatbestand läßt sich genausogut umkehren: Zur alpinen Klassik gehört das tragische Erleben, das im Abstieg den Tod erfährt. Der Tod wird zum strukturierenden Merkmal des Alpinismus. An ihm entzünden sich, wie wir bereits in Studie 1 hörten, eine Vielzahl von Diskursen, die unter dem Vorwand, Leben zu sichern, Unfall und Bergtod thematisieren.

Der Tod wirkt produktiv. Whymper hat die Kehrseite des Aufstiegs als Tragödie referiert, in Folge für den Alpinismus identitätsstiftend. Diese berühmte Bergsteiger-Abstiegsgeschichte nimmt viele Aspekte in sich auf, die einander gegenseitig bedingen, verdecken und widerspiegeln.⁴¹

Der Tod als setzungsloser Zustand

Allen drei Fundstücken gemein ist die Auseinandersetzung mit dem Tod. Vielleicht, darum mögen Fragen kreisen, wäre er zu vermeiden gewesen, zumindest zu diesem Zeitpunkt. Mehr noch schaudert der Ort, an dem der Tod, im Fehlen immer anwesend, eingetreten ist und nun nicht mehr fehlt. Er ist an die Stelle eines Menschen getreten. Für den Menschen ist der Tod ein setzungsloser Zustand, dem er von Anfang an ausgeliefert ist. In ihm hört der Mensch auf, Mittelpunkt der Welt zu sein. Der Tod als anthropozentrischer Feind, Gegenspieler des Wahns nach Selbst-Erschöpfung und Unsterblichkeit. Der Tod dezentriert die Ordnung des Menschen, indem er sich selbst in die Mitte spielt. Angesichts des eigenen Todes bricht das Auge des Menschen. Zur Todesstunde wird die Seele blind, die Subjektgrenzen lösen sich auf, und das Ich vergißt um sein Wissen und seine Bestimmung. Es hat sich vergessen, erlischt schließlich im Selbst-Vergessen. Der eigene Tod entzieht sich dem Anblick, um so schmerzlicher ist das Zusehen auf das Sterben anderer. Beim Absturz am Berg ist selten das Erblinden der Augen des anderen zu sehen, nur die Spur, die zu dessen endgültiger Erstarrung führt. So verhält es sich auch am Matterhorn: Whymper und die beiden Taugwalders (Vater und Sohn) können nur den Augenblick bezeugen, als die anderen vier im Fels ausgleiten und in die Tiefe stürzen. Dann sind sie ihren Blicken entschwunden. Wie, wo und wann der Tod tatsächlich eingetreten ist, darüber gibt es nur Spekulationen und die dumpfe Anklage, ob dieser Tod notwendig war und welche Geschichte er wohl zu vollenden hatte. Man ist unwissend, hilflos, bangt um das eigene Leben, an einem Felsblock verkeilt, hinter der Kante, jenseits des Vorsprungs, an dem die anderen für immer verlorengingen. Dieser kleine, felsige Vorsprung, einer steinernen Kanzel gleich, trennt die Lebenden von den Sterbenden, den eindringenden vom erlöschenden Blick.

Durchlässige Grenze zwischen Leben und Tod

Der Bergtod findet nicht nur an Orten statt, die für das Sterben vorgesehen sind, daher schafft der Tod am Berg eine Reihe von Problemen.[42] Der Ort hat sich durch das Todesgeschehen in einen anderen verwandelt. Auf ihn legt sich zunächst das Schweigen, um nachträglich nur noch mehr besprochen zu werden. Dieser Ort wird zu einem besonderen, ausgegrenzt vom restlichen Raum. Das Besondere liegt im stummen Verbot, diesen Ort jemals wieder unbelastet zu betreten. In ihn hat sich eine eigene Ordnung eingepflanzt. Sie erweist sich als ein Vorgehen gegen das Chaos, welches durch den Eintritt des Todes urplötzlich die alte Ordnung gebrochen hat. Der Bergfriede ist dahin. Man bringt eine Gedenktafel an, um den todesverseuchten Ort zu markieren, an dem das Unfaßbare geschah, damit der Rest des Raumes vom Unheimlichen verschont bleibt. Die Welt der Lebenden soll von der der Toten geschieden sein, das forderte bereits Roms Zwölf-Tafel-Gesetz.[43]

In der Natur, respektive am Berg, ist die Trennung von Leben und Tod nicht zu gewährleisten. Vielmehr gibt es immer wieder eine Koexistenz zwischen Lebenden und Toten,[44] Verunfallte können nicht immer geborgen und/oder ordnungsgemäß bestattet werden. Abgesehen von den Vermißten, die dem Durchschreiten der Berge etwas Bedrückendes verleihen, gelten die Gletscherspalten selbst als unruhige Grabstätten. Um so entschlossener nimmt man, wenn dazu Möglichkeiten bestehen, Grenzziehungen vor. In der Gedenktafel wird der Tod auf wenige Quadratzentimeter konzentriert und an Stellen angebracht, die begehbar sind.[45] Denn die Grenze zwischen Leben und Tod muß sichtbar und durchlässig bleiben. Wenn sie nicht verortet und überschreitbar gehalten wird, überzieht die Angst vor dem Tod die ganze Wand. Damit geht alpiner Spiel-Raum verloren, was bei der Begrenztheit des Bergraumes tunlichst vermieden wird. Man montiert Zeichen an den Wänden, gedenkt der Toten im Vorbeigehen. Das Vorbeigehen schreckt ab und befreit zugleich, nun hat man den Todesbezirk hinter sich. Das, was kommt, ist vom Tode unbefleckt. In der reinen bzw. bereinigten Wand kann sich das unbändige Leben wieder zur Entfaltung bringen. Nun ist es so, daß an etlichen Absturzstellen keine Gedenktafel angebracht werden kann, zu exponiert ist der Unglücksort. Man verlagert sie an den Einstieg oder zumindest in das Imaginäre, dort, wo Messners Begegnung mit dem Tod anzusiedeln ist. Aber nicht nur Messners Erzählung, sondern alpine Berichte allgemein kreisen vorzugsweise um den Bergtod, als könnte die Diskursivierung den Tod bezwingen.

Vermeiden und Wiederholen von Todeserlebnissen

So unterschiedlich diese Todesbeschreibungen ausfallen, eines scheint ihnen gemein: Das schreckliche Ereignis ist unter besonders merkwürdigen und unglücklichen Zufällen zustande gekommen. Man gewinnt den Eindruck, als hätte man den Bergtod verhindern können, obwohl immer auch die Kehrseite mitklingt: Es war Vorsehung. Dennoch, so die Rede, hätte sich der Bergsteiger nur eine Minute früher angeseilt, hätte er nur einen Haken mehr geschlagen, nur diesen einzigen losen Griff nicht benutzt ... Man bilanziert mehrmals das Geschehen, summiert die Fehler, um zumindest rational der Unvermitteltheit des Todes nachträglich auszuweichen. Zu bedrohlich die Vorstellung, man könne angesichts des Auftauchens des Todes nichts unternehmen. Das kränkt den Verstand, mehr noch, es verringert jedesmal von neuem die Argumente, sich guten Gewissens wiederum dem Risiko des Bergsteigens auszusetzen.

Gegen die Beweislast gibt es nur eine Methode: die Wiederholung. Wenn einem ein nächstes Mal (wieder) nichts passiert, ist der Bann gebrochen bzw. der Schatten überwunden; die Tat ist überzeugender als jedes Argument. Unter diesem Motto ist auch Messner ein zweites Mal Richtung Nanga Parbat aufgebrochen. Im Wiederbetreten der Unfallstellen soll das Unfaßbare gefaßt werden. Das, was sich so unauslöschbar in die eigene Vorstellung eingraviert hat, ist nun zu exkommunizieren, indem es an einen realen Ort zurückgetragen und dort befriedet wird. Der Tod verlangt nach seinem Territorium, ansonsten überschattet er das gesamte Leben. Messner zirkelt mit den eigenen Füßen den Todesbezirk ab und weist inmitten der Schnee-, Eis- und Felswüsten des Himalaya einen „Friedhof" aus. Dadurch erhalten auch Bergtote ihren sozialen Raum. Sie werden aus dem asozialen „Naturraum" entvölkert und symbolisch bestattet. Damit öffnet sich wieder ein Weg jenseits der Todesgeschichten hinauf zu den Achttausendern.

Man ist bemüht, die Anzahl wilder Friedhöfe bzw. -hänge in den Bergen der Alpen, im Himalaya und anderswo möglichst gering und sich selbst gleichzeitig tatendurstig zu halten. Dennoch, die Grenzen zwischen Leben und Tod sind in dieser Bergwildnis wie kaum sonstwo fließend und diffus. Mit jedem Schritt in dieser unwirtlichen, nicht menschlichen Gegend kann man auf den Tod/einen Toten treffen. Man trägt dieses Wissen in sich – und es wirkt.

Der Tod ist ein Rätsel des Raumes

Der Tod, sagt Macho, ist zuallererst ein Rätsel des Raumes, nicht der Zeit.[46] Nach über 200 Jahren offiziellen Alpinismus gibt es wenige Berge, die nicht von Geschichten über den Tod durchdrungen sind; und jene, die es sind, scheinen nur noch mehr Anziehung auf die Lebenden auszuüben. Da also die Verräumlichung, die Grenzziehung zwischen Tod und Leben am Berg nur fragmentarisch gelingt, schwerer als im Tal, kommt man nicht umhin, sich mit dem Sterben und dem Tod zu befassen, wenn man an den Berg denkt. Der Tod gehört gerade deshalb zum Berg, weil er dort keinen klaren Ort hat. Der Umraum des Todes stört die menschliche Ordnung mit dem Ergebnis anhaltender Spannung und Angst. Den Beweis liefern Orte, wo man eigens einen eindeutig ausgewiesenen Platz für die Bergtoten bereithält, z. B. der Bergfriedhof in Zermatt: Zu ihm pilgern die Bergsteiger und zelebrieren diese spezielle Art umzukommen als nachträgliche Ars moriendi.[47]

Der Berg läßt sich, darin liegt u. a. seine Faszination, als ein Doppeltes nehmen: als Metapher für das Leben und als Sinnbild für den Tod. Ersteres steht mit Sicherheit für den Aufstieg, während sich auf dem Gipfel diese Metapher überkreuzt. Der Gipfel birgt beides gleich stark in sich. Das Sterben liegt schließlich im Abstieg. Das bestätigen nicht nur alte, sondern m. E. auch aktuelle Statistiken.[48]

Der Mythos des Bergtodes bedrängt das Wissen

Diese Fakten muten keineswegs, wie ehemals Whymper meinte, nach „Legenden" an. Sie zeichnen vielmehr ein hartes Bild alpiner Realität und lassen vermuten, der Abstieg habe mit einem Mythos vom Sterben zu tun, dem das empirische Erhebungsmaterial nicht mehr entspricht. Whymper hat auch recht, wenn er sagt, daß sich über den Berg bzw. den Abstieg vom Berg eine seltsame Aura legt. Sie schillert in verschiedenen Farben und hält die legendäre Klassik des Eroberungsalpinismus aus dem 19. Jh. in Erinnerung. Etymologisch bedeutet Legende Unterschiedliches: Im Mittelalter war es eine Erzählung über das Leben und Leiden eines Heiligen. Einiges davon klingt beim Bergtod von Hermann Buhl, Toni Kurz oder Reinhard Karl nach. Im 15. Jahrhundert gilt die Legende als eine unbeglaubigte, aber auch unglaubwürdige Geschichte; im 19. Jahrhundert verkommt sie zu einer Zeichenerklärung für Karten oder kartenverwandte Darstellungen. Im 20. Jahrhundert ist die Legende etwas historisch nicht Nachweisbares, etwas Sagenhaftes. Und in der Tat, über das Versagen als Vergehen des Bergsteigers wird vieles gesagt, ohne endgültige Zeugenschaft. Im Moment des Todes ist der Verunfallte meist allein. Nur durch den Einsatz der Technik – Hubschrauber und Seilwinde von oben – können diese einsamen Räume aufgesucht werden. Es ist, als bilde sich im alpinen Absturz anschaulich das ab, was historisch zu einem Abstraktum geworden ist. An den individuellen Tod des Menschen ist kollektiv nicht mehr heranzukommen, er ist das bestgehütete und verdrängte Geheimnis des Menschen. Je mehr das Wissen um den Aufstieg anwächst, desto mehr scheint das Wissen um das Sterben abzunehmen. Es ist, als nähre sich ersteres vom Vergessen des letzteren. Im Bergsteigen, insbesondere durch seine extremen Formen, wird dieses Vergessen bedrängt. Man geht an die Grenze des Wissens, stößt damit an das Unwissen und geht wider besseres Wissen über die Grenzen zum Vergessen hinaus. Im Zuge dieses Vortastens bricht die Grenze zwischen Wissen und Unwissen immer wieder empfindlich ein. Dieser Einbruch ist wertvoll, er legt die Grenze als eine intakte offen, d. h. der Einbruch verbürgt die Durchlässigkeit zwischen Leben und Tod, wodurch erst Leben Leben und Tod Tod ist. Somit wird der Berg, der Bergabstieg, zum Zeichen für die Porosität des Lebens. Das Leben hält immer ein Tor für den Tod offen, ansonsten verkommt es selbst zur Unlebendigkeit bei Lebzeiten. Ein einziger unbedachter Schritt, und der Grund unter den Füßen verwandelt sich zum Abgrund. Genau diese Nachbarschaft, das Gewahrwerden des haarscharfen Nebeneinanders von Leben und Sterben, schafft jene Intensität, die einen präsent sein läßt, d. h. mittig, in der Mitte zwischen Leben und Tod, zwischen Himmel und Unterwelt als Verbindung zu den Ahnen unserer Vergangenheit. An dieser

Kreuzungsstelle ist nach John Berger des Menschen „Heimat".[49]

Todesahnung

Der Abstieg holt den Abgrund immer näher heran. Er übt den Menschen ein in die alte, längst verdrängte Verbindung von Leben und Tod; man geht an seiner Schwelle und wird ihr dadurch gewahr. Man weiß nicht nur um die Zusammengehörigkeit dieser beiden Welten, man erfährt sie zudem über das Ohr (Gleichgewicht) und die Fußsohle (Orientierung). Wie die Nomaden bildet auch der Bergsteiger eine taktile Sensibilität aus, die ihn unterrichtet. Mit einem Fuß hat er Boden unter den Füßen, mit dem anderen hängt er in der Luft, als erinnere ihn das eine Bein daran, am Leben zu sein, während ihm das andere beständig den nahen Tod vergegenwärtigt. Der Bergsteiger lebt in einem Schwebezustand, obwohl oder gerade weil er sich, mehr als andere, mit Händen und Füßen an das Steinerne stellt und klammert, das – wie er selbst – Leben und Tod in sich trägt.

Kurzum, das Nachdenken über den Abstieg führt hin zum Tod, ungeachtet dessen, ob man diese Verbindung akzeptieren will oder nicht. Der Tod hat wenig mit dem Willen zu tun. Häufig geht er, so wird berichtet, dem Willen voran. Man hat eine Todesahnung, will sich aber vom ursprünglich gefaßten Plan nicht abbringen lassen. Man sieht die Zeichen, um sie zu ignorieren.[50] Dieses Wegsehen trifft weder auf alle Bergsteiger zu, noch war es zu allen Zeiten verbreitet. Philippe Ariès nimmt für das Mittelalter in Anspruch, daß man die Ankündigung der natürlichen Zeichen eines bevorstehenden Todes sehr ernst nahm. Sie gerannen zu etwas, das sowohl der Sphäre des Wunderbaren wie der christlichen Frömmigkeit völlig fremd war: das „spontane Erkennen", wo es kein Mogeln gab, kein Vortäuschen, nichts bemerkt zu haben.[51] Man richtete sich nach dem Erkennen, traf Vorkehrungen, verteilte die irdischen Güter und brachte in Ordnung, was ungeordnet war; dann übergab man sich dem Ritus des Hinscheidens. Für das 17. Jahrhundert räumt Ariès sogar dem unverbesserlichen Don Quichote ein, daß er, als es soweit war, nicht dem Tod entfliehen wollte, im Gegenteil: Die Vorzeichen des Todes brachten ihn endlich zur Vernunft.[52]

Todessehnsucht: zur Rache des verdrängten Todes

Der Bergtod scheint etwas anders beschaffen zu sein. Im Falle eines Absturzes tritt er häufig unvermittelt und abrupt ein. Der Tod wird zum unerwarteten Bruch mit dem Leben, nichts verbleibt von der Vorstellung eines langsamen Hinübergehens in eine andere Welt. Gerade der Bruch wirft ein Licht auf die Verleugnung des Todes. Es ist, als melde sich das Vergessen des Todes über den Bergunfall um so vehementer zu Wort. Der Bergsteiger verweist, insbesondere durch das Absehen von den Zeichen, auf ein Allgemeines: Man sucht das Verlorene förmlich auf und sehnt sich danach, einen kulturgeschichtlichen Verlust persönlich wiedergutzumachen. Mit anderen Worten: Den Bergsteigern wird eine Todessehnsucht unterstellt. Aber was heißt das schon? Weder Wissen noch Unwissen um den Tod kann ihn abwenden, er geschieht trotzdem. Untergründig knüpft sich eine Kette unheilvoller Handlungen, die unweigerlich in die Katastrophe führen. Das eigene vorausgeahnte Ende wird, indem der Bergsteiger nicht von seinem Vorhaben abläßt, gleichsam wissentlich heraufbeschworen. Das Verdrängen des Todes rächt sich in einem Aufruhr des Wissens. Man entscheidet sich in vollem Bewußtsein um die Gefahren für dieses Tun. Doch dieses Wissen rührt einen nicht mehr an, es wendet sich ohne Zutun und mit Gewalt gegen einen selbst und beginnt das Selbst schrittweise zu zerstören. Ein falscher Tritt, und des Menschen Leib wird zertrümmert. Man geht sich im extremen Steigen selbst ans Leben, um zu leben. Harmlos ist das nicht. Kann es sein, daß diese tödliche Sehnsucht nichts anderes will, als endlich zu einer menschenwürdigen Lebendigkeit zu gelangen? Eine Lebendigkeit, die zwischen Leben und Tod vermittelt? Der Mensch, der sich extremerweise in der Vertikalen bewegt, scheint von Anfang an diese Vermittlungsaufgabe anzustreben. Als man damit begann, den Tod sukzessive aus dem kulturellen Gedächtnis zu löschen, gewinnt die Höhe zusehends an Bedeutung. Es ist, als fasse die Vertikale dieses Vergessen einerseits stillschweigend in sich, während sie andererseits, das zeigen die vielen Unfälle, fassungslos gegenüber dieser Verlustanzeige der Kultur bleibt. Die Vertikale fordert ihre Opfer, um, wie es scheint, die Sprachlosigkeit und das Nichtwissen um den Tod zu brechen. Es ist, als suchte man als Extrembergsteiger gerade das, was aus dem Leben gerissen wurde. Nicht nur Reinhold Messner hat dies betont.[53] Wenn man dem Todesverlangen der extremen Bergsteiger Glauben schenkt – und dafür spricht einiges –, wendet sich der Abstieg zu einer Fundgrube vergrabenen Wissens. Hinter dem Bergtod skizziert sich flüchtig eine Tiefenstruktur der Wünsche. Die extremen Bergsteiger wünschen sich, ein Stück Leben über den Nichtausschluß des Todes zu erwirken. Ein bei lebendigem Leib verwaltetes und gesichertes Leben ist ihnen ein Horror.

Der Gegenentwurf zum zivilisierten Menschen wird vorgelegt und, was immer man davon hält und zu welchen Interpretationen man auch greift, eines ist unbestreitbar: Im extremen Bergsteigen verkörpert sich der Wunsch, erneut eine Vertrautheit mit dem Tod zu erlangen. Diese Vertrautheit meint, die Ordnung der Natur anzuerkennen.[54]

Akzeptanz des endlichen Körpers

Zur Ordnung der Natur gehört die Besinnung auf die eigene Geschlechtlichkeit und somit Sterblichkeit. Zwar geben die dem Wahnsinn nahen Taten der Extremalpinisten Anlaß, das Gegenteil anzunehmen,[55] aber das ist Oberfläche. Unter dieser treten die Einbrüche und der Respekt vor der Natur hervor, die allemal gewaltiger als man selbst ist. Diese Lücken an der Grenze zwischen Leben und Tod werden zu eindringlich erlebt, und die Öffnungen zum Abgrund lassen sich nur um den Preis des Lebens übergehen. Zwar, das ist zuzugeben, wiederholen die Extremen bis zur bitteren Neige die traumatische Erfahrung des Selbst-Einbruchs bis hin zur völligen Selbst-Vernichtung, aber gerade diese ungeheuer angestrengte Wiederholung äußert nur um so deutlicher ein letztlich unbezähmbares, unkontrollierbares Verlangen, die individuell wie gesellschaftlich vorgegebene Schizogenität unter Einsatz aller Kräfte zu beheben, sie zumindest für wenige Momente ungeschehen zu machen. Um so schmerzlicher die Rückkehr für viele. Sie verschreiben sich dem Grenzverkehr zwischen Leben und Tod nicht in sitzender Erkenntnis, sondern durchaus im ursprünglichen Sinne der räumlich ergangenen Erfahrung. Man will die Grenzen auch physisch erfahren. Die Grenze zwischen Leben und Tod ist in letzter Konsequenz eine des Körpers. Der Körper vergeht, und man lernt, damit umzugehen.

Subjektgrenzen gegen S-O-Spaltung

Die Allgegenwärtigkeit des Todes zieht dem Subjekt Grenzen ein. Das Subjekt ist eines und zugleich keines. Es erlebt sich angesichts eines Wettersturzes oder bei Windgeschwindigkeiten über 100 km/h auf 7000 m Höhe als mehrfach gebrochenes bis im Selbst-Willen zerbrechendes. Das Subjekt hält extremen Bedingungen, wie sie in der Natur natürlicherweise vorkommen, nur beschränkt bis überhaupt nicht stand, hat ihnen auch wenig bis nichts entgegenzusetzen. Der extreme Bergsteiger erlebt sich immer wieder setzungslos, die Spaltung zwischen Subjekt/Objekt ist aufgelöst. Was ihn am Leben hält, ist das Gehen. Wenn man sitzt und wartet, wird die Ungewißheit zur Verzweiflung. Die Bewegung ist das Sicherste. Im Abschreiten der Grenze zwischen Leben und Tod bleibt die Grenze offen. Setzt man sich hin und rastet, kühlt man aus, und die Welt des Todes kann sich unbemerkt über einen legen. Weitergehen, um weiterzuleben, ist der einzige Ausweg des Subjekts.[56]

Wunsch gegen Vernunft

Das Leben soll also über den Einsatz des Lebens wiedergewonnen werden. Man will das Leben über den Umgang mit dem Tod erfahren. Drückt sich hier nicht eine Perversion aus, wenn der Tod zum Schlüssel für das Begreifen und Erfahren des Lebens wird? Ähnlich verhält es sich mit der Vernunft, deren Schlüssel das Irrationale ist. Und tatsächlich, wenn man die Wünsche, Ängste, Sehnsüchte und Träume der Menschen nicht nur dem Besonderen zuschlägt, schimmert ein Allgemeines durch. Dieses Allgemeine ist zunächst leer und abstrakt, denn es hat sich über den Ausschluß konstituiert. So hat man z. B. die Wünsche der „Allgemeinheit der Vernunft" geopfert.[57]

Dadurch kommt das Reden über die Wünsche, erst noch zu bestreiten, einer Weigerung gegen die Vernunft als das Maßgebliche gleich. Die Überkreuzung ergibt ein anderes Maß: Der Tod durchquert die Vernunft, wie das Leben den Wunsch beschneidet. Doch die Wiederkehr des Verdrängten erfolgt nach eigenen Gesetzen und ist nicht zu unterbinden.

Ein Beispiel dafür sind die extremen Bergbesteigungen. Sie gelten als verrückt und sind nicht einmal mehr vorstellbar. Aber in dieser Zuschreibung spricht sich zumindest ebenso deutlich der Ort aus, von wo aus die Zuschreibung erfolgt: vom spastischen Gebilde der Vernunft. Die Vernunft ist längst selbst zur Unvernunft verkommen. Dabei ist die Unvernunft ein Ergebnis des Vernünftigwerdens. Die Verkehrung ist von Angst begleitet. Bisweilen versucht man der Vernunft, die keine ist, Sinnlichkeit gegenüberzustellen. Dabei übersieht man allzu leicht, daß sowohl „die Sinnlichkeit angegriffen" als auch „der Verstand verworren" ist.[58]

Das Setzen auf die Sinnlichkeit bringt nichts, wie die Beibehaltung der Trennung in Vernunft und Sinnlichkeit vermutlich beide vollends zerstören würde.[59] Wenn eine Kritik der Logik nur logisch möglich ist, wie Dietmar Kamper meint, ansonsten alles andere beim alten bleibt, dann müßte man, falls der Kritik nach Lyotard noch Änderungsfähigkeit zugetraut wird, das Logische im Unlogischen erkennen.

Dem Tod entgeht man unvernünftig

Was ist beim Bergsteigen, respektive beim Absteigen, logisch? Die Antwort ist wider Erwarten einfach: Logisch ist zunächst alles, was der Unlogik vorangeht, es ist deren Voraussetzung. Die Unlogik ist die Konsequenz aus der Logik, das Verbotene die Folge aus dem Erlaubten. Beides wohnt dem extremen Tun am Berg inne. Es ist kaum ein durchorganisierteres, perfekter vorbereitetes Unternehmen denkbar als eine Himalaya-Expedition. Die Planungen laufen über Monate, mitunter bei Großexpeditionen über Jahre hinweg. An alles wird gedacht, selbst auf Live-Übertragungen wird neuerdings nicht mehr verzichtet. Das aber kann nicht schon der Anlaßgrund für ein solches Unternehmen gewesen sein; das Motiv, auf hohe und gefährliche Berge zu steigen, scheint gerade die Logik zu unterlaufen. Vermutlich verhält es sich so, daß, je rationaler die Vorbereitung und je logischer die Begründungen ausfallen, desto sicherer im Kern sein Gegenteil angenommen werden kann. Denn einerseits muß das Unlogische als Verbotenes getarnt werden, während sich andererseits der Einsatz der ins Spiel gelangenden Kräfte mit dem Ausmaß des sich Widersprechenden erhöht.

Beim Extrembergsteigen bzw. bei Expeditionen scheint die allgemeine Schizogenität bis zur äußersten Reißfähigkeit vorangetrieben. Der fehlerlosen Planung folgt schlechtes Wetter, und mit ihm erfolgt eine unplanmäßige Entscheidung zugunsten eines Gipfelangriffs trotz erhöhten Risikos. Zwar ficht man in sich lange den Kampf zwischen Vernunft und Besessenheit aus, aber in der Mehrzahl der Fälle liegt der Sieg auf seiten der Besessenen.

Hans Kammerlander hat wiederholt gesagt, daß man auf keinen Achttausender käme, wenn man immer vernünftig wäre. Die Unvernunft trägt eine andere Ordnung, durch die ein Auf- und Niedersteigen in diesen unmenschlichen Regionen möglich wird. Dem Tod ist folglich nicht via Vernunft, sondern unvernünftig zu entgehen. Ein Tod, der anfänglich mit allem Verstand verhindert werden will, stellt sich nachträglich als ein Projekt heraus, dem gerade über die Logik in die Hände gearbeitet wird.

Unter dem Zwang einer fixen Zielsetzung kann nicht mehr klar gedacht bzw. situationsspezifisch entschieden werden. Das Ziel – als das Allgemeine der Vernunft – ist der Gipfel und als solcher für den Menschen lebensgefährlich.

Wünschen zwischen Leben und Sterben

Es ist, als säße der Vernunft das Sterbenwollen im Genick, gerade weil sie mit dieser Tatsache nichts zu tun haben will. Doch das Wollen ist eine pathische Kategorie: Man will, was man nicht hat. Verlangen ist Erleiden, der Wille, den Tod zu überwinden, wird zu einem Leidensakt am Leben. Der extreme Bergsteiger will etwas. Um eine besonders schwierige und gefährliche Route zu begehen, darf er den Tod nicht ausschließen, im Gegenteil, erst dann wird er frei und damit sicher steigen, wenn er den Tod ins Leben einbezieht.

Wenn er die Vernunft an die Unvernunft zurückbindet, dann erhöht sich die Chance, am Berg zu überleben. Im extremen Bergsteigen haken große Themen wie selten wo ineinander: Leben und Tod, Tod und Leben. In dieser Koexistenz liegt eines seiner Motive. Das Tun ist nicht zu definieren, d. h. zu begrenzen, denn Leben wie Tod sind heute das, was ihre Geschichte aufzeigt: ein seit langem verdrängtes Zusammengehöriges.

Bei beidem handelt es sich um dasselbe, das eine ist im anderen und umgekehrt. Leben und Sterben bewirken einen sowohl be- als auch entgrenzenden Zustand, wobei das Wünschen zwischen Leben und Tod vermittelt, zugleich aber auch deren Schicksal – den Aufschub und das Vergessen – teilt.

So wie der Tod nach Foucault die Geheimnisse des Lebens enthüllt,[60] könnte für die Wünsche reklamiert werden, daß sie, noch nicht zu Bedürfnissen degradiert, ein Motiv auf seinem Grunde skizzieren. Über die Wünsche wäre dem extremen Bergsteigen ein Stück näher zu kommen, wenngleich es um mehr geht als nur darum, wieder zu wünschen.

DRITTES FUNDSTÜCK

(**a**) Empedokles – Arzt, Wunderheiler, eklektizistischer Naturphilosoph – stellt erstmals die vier Elemente (Feuer, Wasser, Luft und Erde) gleichwertig nebeneinander und begründet sie, wird bei Hölderlin verewigt, stürzt sich ca. 440 v. in den feurigen Ätnakrater, der aber, so das Volk, den letzten Willen des Empedokles, jede Spur seines Todes möge getilgt werden, nicht akzeptiert und einen seiner Schuhe wieder ausspeit. Damit konnte die Legende vom spektakulären Tod Empedokles' ihren Abstieg nehmen.

(**b**) 1538 steht ein spanischer Mönch, Blas de Castillo, am Kraterrand des Massaya in Nicaragua, um sich dann, angeblich um Gold zu finden und an Ketten gefesselt, bis zur Sohle des brodelnden Kraters hinabzulassen.

(**c**) Südfrankreich 1984: Jerry Moffat, ausgezeichneter englischer Sportkletterer, parkt sein klappriges Auto am Rand der Verdonschlucht. Er rüstet sich und steigt entschlossen über das Geländer, das vor dem Abgrund schützt, und seilt sich mehrmals in die Tiefe ab. Dann, inmitten der Wand, richtet er einen Standplatz ein und macht sich für den Aufstieg fertig. Die Route heißt „Papi on sight", und sie gelingt ihm, mit dem Schwierigkeitsgrad 7c+ beurteilt (entspricht unserer Bewertung von IX+), als erstem frei, d. h. ohne Benützung technischer Hilfsmittel.

BEFUND 3

Beschleunigtes Absteigen

Das Interesse an Vulkanen, unterschiedlich motiviert, taucht in der alpinen Literatur früh auf. Was aber hat die Verdonschlucht mit Vulkanen zu tun? Sie ist mittlerweile von zig Sportkletterrouten überzogen, in denen Menschen wie Ameisen umherkrabbeln. Ursprünglich war diese Schlucht ein Innen, das sich im Zuge elementarer Erosionsarbeit zu einem Außen kehrte. An ihm findet nun die abenteuerlichste Form des Sportkletterns statt. Aber es ist mehr, was diese drei Beispiele miteinander verbindet und auch trennt. In Anlehnung und Fortführung der vorigen Befunde liegt in allen Fällen kein gewöhnliches Absteigen vor, sondern ein Hinabstürzen, ein Hinablassen und Abseilen.

Diese Methoden erweitern die Tradition, Abstiege abzukürzen. Dieser beschleunigten Art abzusteigen kommt die Schwerkraft zugute. Mit wenig körperlicher Anstrengung kann man rasch von oben nach unten gelangen. Wie sich jedoch die Ankunft am Ziel bzw. auf dem Grund gestaltet, hängt weitgehend vom jeweiligen Beweggrund ab und korreliert mit der Wahl der Methode. Man kann dabei in freiem Fall oder ein paar Mal aufschlagend sterben; aber auch, reich an Schätzen und berühmt geworden, zum Ausgangspunkt zurückgelangen.

Im Krater sediert Verdrängtes

Der spanische Mönch wollte zu Gold kommen, was bedeutet das? Übrigens, er war nicht der einzige, der sich in dem Absteigen in einen Krater übte.[61] Hartmut Böhme hat über den Bergbau eine wertvolle Spur gelegt. Für ihn gibt es, sich auf Mircea Eliade berufend, zwischen Alchemie und Chemie keine Kontinuität. Es handelt sich um einen Bruch, der das Heilige vom Profanen trennt. Dieser Bruch manifestiert sich auch im Wissen. „Vielleicht sind die katastrophalen Effekte und Gefahren heutiger Technikformen auch als eine historische Unreife zu verstehen, die aus der Nichtbewältigung dieses singulären epistemologischen Bruchs resultiert."[62]

Die Durchsetzung des Profanwissens war mit einer ungeheuren Verdrängung verbunden, d. h. der sakralkulturelle Umgang mit Natur mußte ausgeschlossen werden. Diese Zensur stempelte das vormoderne Wissen zu einem irrationalen, bezeichnete es als Schein, Täuschung und Aberglaube. Erst als die Materie entheiligt war, konnten sich die empirische Wissenschaft und die Technik konstituieren. Böhme ist der Auffassung, daß das verdrängte Wissen jedoch nicht auszumerzen sei. Es wirkt u. a. in der affektiven Wertbesetzung im Inneren der Wissenschaft unbegriffen weiter: „Das zeigt sich an den geheimen Omnipotenz-Phantasien des wissenschaftlichen Rationalismus ebenso wie an dem unheimlichen Fortwirken der Träume der Alchemisten in der neuzeitlichen, ja allerneuesten Technik."[63]

Noch tiefer steigen: Wissen um des Lebens Grund

Mit dem Bergbau ist noch etwas anderes im Blickfeld. Bereits bei Dantes Abstieg unter die Erde, aber auch im Abstieg von Blas de Castillo in den Krater des Massaya werden die Ebenen gewechselt; man steigt weiter hinunter als nur von einem Berg herab. Dante hat seine jenseitige Wanderung bereits vom Talgrund aus absteigend unternommen, für Blas de Castillo, Philotheo oder Empedokles ist der Gipfel selbst zum „Talgrund" geworden. De Castillo steigt nicht normal an der Außenseite des Berges ab, sondern er wählt das tiefe Innere der Materie als seinen Weg.

Der ausgesetzte Mensch steigt im Schutze der Materie ab, aber je weiter er in die Tiefe gelangt, desto gefährlicher wird es. So wie es in Richtung Gipfel immer klarer und heller wird, erweist sich die Tiefe der Erde bzw. das Innere des Berges zunehmend als Dunkelheit. Die Dunkelheit führt zum Feuer. So wie der Mensch in großer Höhe an Kälte zu leiden hat, muß er in großer Tiefe verbrennen.

Dantes Abstieg eröffnet noch etwas: den Kreislauf von unten und oben, auch wenn er ihn selbst nicht geschlossen hat. Sein Abstieg endet über dem Gipfel, ohne wieder nach unten zu führen. Anders die Wiedergeburtsmysterien beispielsweise der ägyptischen Nachtmeerfahrt. Dort steigt man – Jesus ist übrigens auch zu den Toten abgestiegen – nach Sonnenuntergang in die Dunkelheit der Unterwelt hinunter, um dann im Morgengrauen wiedergeboren zu werden und den Lauf über den Tageshimmel anzutreten. Das Leben hört nicht auf, wenn man von einem Berggipfel abgestiegen und im Tal angekommen ist, im Gegenteil, genau an dieser Stelle beginnt die zweite Hälfte, die zum Leben gehört: das Sterben. Der Tod ist nicht starr, auch er hat seine Bewegung; wie das Leben beschreibt er den Zirkel des Werdens und Vergehens. Der Tod ist da, um leben zu können, und umgekehrt. Es gibt keine Unterbrechung, das eine hält das andere in Gang.

Diese Kreisbewegung macht nicht nur die Vorstellung des Todes erträglich, sie weiß um den Raum, in dem die Erde gründet, und nimmt ihn als einen an, der zwar geheimnisvoll, aber unabwendbar ist. Man weiß um den Grund, der das Leben wahrt, es ist derselbe Grund, der den Tod bewegt.

Wie oben so unten, wie unten so oben. Nach den hermetischen Gesetzen ist das Ende immer nur ein Übergang. Das Leben ist kein Stau, es fließt, und mit dem Fließen löst sich auch die Angst vor dem Tod, die Todesangst, von der so viele Extrembergsteiger berichten.

Wissensumbruch:
Streben nach Unvergänglichkeit

Kehren wir zu unserem spanischen Mönch zurück. Blas de Castillo steigt also in den Krater. Er wird an Ketten in den Schlund gelassen. Hier liegt eine mehrfache Deutung nahe, die an einer Stelle zusammenläuft: im Umbruch von Wissen. Dieser Umbruch hat sich vor allem im Umgang mit der Erde manifestiert, „in der Symbolgeschichte menschlicher Machtergreifung kann das Bergwerk als umgekehrter Turm von Babel gelten".[64] Der Mönch hat sich also zum Ziel gesetzt, einen umgekehrten Turm zu besteigen. Seine Besteigung ist daher kein Aufstieg, sondern ein Abstieg. Wie die Bergleute beim Bergbau, interessiert auch de Castillo das Innere des Berges. Er nähert sich ihm in der Absicht, einen seiner Schätze zu entnehmen: Gold. Das Besondere ist, daß sich der Mönch diesem „Kind der Sehnsucht", wie Eliade das Gold umschreibt, von oben herab nähert, er wird über den Kraterrand zu ihm abgeseilt und gräbt sich nicht in horizontaler Linie von außen nach innen an das Gold heran. De Castillos Weg scheint rascher und direkter zu funktionieren, da weniger Aufwand an technischen Hilfsmitteln vonnöten ist. Mut und eine Eisenkette genügen, um zum „wahren Produkt" zu kommen, dessen religiöse Sättigung auf seiner Vollkommenheit beruht, „Ziel und Ruhepunkt zugleich der Zeit zu sein: erreichte Unvergänglichkeit und Erlösung".[65]

Das Gold gilt als Stein der Weisen und Elixier des Lebens, das auf die Vervollkommnung der Natur abzielt. Damit ist in erster Linie eine Entbindung von der Zeit gemeint, ein Unsterblichwerden in der Unendlichkeit. Dem Alchemisten bedeutet Gold alles. In seinem Labor ahmt er die Schwangerschaft der Erde nach, um sie zu beschleunigen: Das Gold wächst wie ein Embryo. Es wird wie die Magna Mater selbst gehandelt, wobei die Alchemisten und Bergleute zu den Kulturträgern zählen, die versuchen, den Zusammenhang von Kultur und der Ordnung des Heiligen aufrechtzuerhalten. Sie stehen aber bereits am Übergang, an der Schwelle, von der an die Natur zu etwas Berechenbarem wird, zu etwas, das vom Göttlichen in ein Maschinenhaftes überwechselt.

Der spanische Mönch sucht nach diesem ersehnten Metall, das soeben in seiner Bedeutung eine Veränderung erfährt. Somit wird er Zeuge dieses Wandels, mehr noch, er läßt sich mit Leib und Seele auf diesen Umkehrvorgang ein. Er seilt sich von oben nach unten bzw. von außen nach innen ab und durchfährt somit Schicht für Schicht das Seditative des Berges. De Castillo passiert das Innenleben des Berges, als durchwandere er eine Seele, die sich verkörpert hat. Sein Forschergeist durchreist das Innen des Berges und zieht das Denken nach innen und unten. Jeder Winkel scheint von diesem Wissenwollen berührt und in Stein verankert, während das alte Wissen ebenso buchstäblich ins Unbewußte sinkt.

Buchstabieren des Vergangenen

Hier setzt ein nächster Deutungsversuch ein: Beim Abfahren in den Kratergrund streift de Castillo jenen Wissensfundus, der im Begriffe ist, ausgeblendet zu werden und sich als irrationaler Rest im Inneren des Berges/der Seele abspeichert. An der Schwelle zur Neuzeit brechen einige Sonderlinge auf und suchen beinahe gleichzeitig die Orte des Verdrängens auf, um sich ihrer zu entsinnen, als sichere das Erinnern Bestand. Mitte des 16. Jahrhunderts, als, wie Michel Foucault gezeigt hat, der epistemologische Bruch auf der Ebene der Zeichen strukturell wie universell vollzogen wurde,[66] spürt man diesen Bruch auf, um ihn zu bestätigen und auch hintanzuhalten. Das Prinzip der Ähnlichkeiten wird nach und nach von dem der Nachbarschaft der Dinge abgelöst, d. h. Dinge, die räumlich nebeneinanderstehen, einander nahekommen und aneinander grenzen, schaffen im Austausch neue Ähnlichkeiten. Dieser Austausch geschieht durch das Bewegtsein, die Grenzen überlappen sich, wodurch es zu Berührungen kommt. In dieser Berührung entsteht eine Kommunikation der verschiedenen Wesen untereinander, man bleibt miteinander in Verbindung. So gesehen ist das Eintauchen des Mönchs in die Semantik der Kraterwelt eine Art Buchstabieren dessen, was im Entschwinden ist. Denn Vulkane sind bewegte Gebilde, deren Grenzen sich verschieben und überfließen. Vulkane sind Orte, an denen alles im Austausch, wo im Fließen ein Kommunizieren gesichert bleibt. De Castillo sucht genau diesen Ort auf. Es ist, als wollte er die Wandlung in der Ordnung der Dinge und des Wissens mit den eigenen Sinnen mitvollziehen. Er betritt diesen Ort des Umbruchs mit den eigenen Füßen, wie man auch früher wandern und pilgern mußte, um erfahren zu sein. In diesem spanischen Mönch hallt etwas nach, dem Bedeutung zukommt: der Umstrukturierung des Wissens leiblich ansichtig zu werden. Mit diesem Wissen öffnet sich ein Innen mit unabsehbaren Folgen. Dieses Innen nennen wir heute Seele. Es birgt das, was abgespalten und verdrängt wurde, als falte sich ab dem 16. Jh. das Außen in ein Innen, und dieses ist nur mehr von innen her begreifbar.

Dafür nimmt dieser Mönch eine Reihe von Gefahren auf sich, denn die Erforschung des Irrationalen ist kein Kinderspiel. Wobei es für unsere Überlegungen unerheblich ist, ob de Castillo all das „bewußt" beabsichtigt hat oder nicht, befinden wir uns doch in einer Zeit, die diese Art, zwischen Wirklichkeiten zu unterscheiden, so nicht kannte.

Selbstsuche und „unnatürlicher" Tod

Zurück zum aktuellen Fundstück: Etwa 450 Jahre nach Blas de Castillo fängt Moffats Aufstieg mit dem Abseilen an, und zwar nicht, um Gold, sondern um sich selbst zu finden. Er schiebt sich von oben nach unten und von unten nach oben. Längst geht es nicht mehr um religiöse Vervollkommnung oder um ein Berührtwerden durch die Dinge. Man setzt auf den eigenen Körper, der sich in einer geschickten Bewegungsabfolge vom Abstieg zum Aufstieg verlagert. Dieser Körper hängt an einem Seil, das elf und weniger Millimeter stark ist, ein Nichts an Gewicht im Vergleich zu de Castillos schweren Eisenketten.

Der Sportkletterer fühlt sich frei, vogelfrei; er bewegt sich dort, wo sich alles in Luft aufzulösen scheint. Das Leben hängt an einem dünnen Faden, wobei ein Seilriß heutzutage unwahrscheinlich geworden ist. Zu kämpfen hat man mit einem anderen Problem: Das Subjekt, das zur Tiefe schwebt, vergißt bisweilen auf das Ende des Seils. Alljährlich geschehen im Verdon Unfälle mit tödlichen Folgen, weil die Kletterer über das Ziel hinausschießen. Zwar wird das Ziel, d. h. der sichere Standplatz am Ende des Seiles, angepeilt, aber durch eine kleine Unachtsamkeit übersieht man fallweise dieses Ziel. Man sieht vom Seilende ab, und diese Abstraktion führt zum Verhängnis: Aus dem Hängen wird ein Fallen. Mit dem Abstieg ist nicht zu spaßen. Bereits Livius hat die Schinderei und die Gefahren, denen Hannibals Krieger ausgesetzt waren, hervorgehoben, und Polybios gibt ihm recht: Der Abstieg ist schwieriger als der Aufstieg.

Der Tod gehört zur conditio humana, so wie Geburt, Geschlecht und das Altern. Doch da der Umgang mit dem Tod skandalös geworden ist, wird der Eindruck vermittelt, daß niemand an seiner Natur sterbe, daß der Tod doch vermeidbar gewesen wäre. Noch bevor ein Extrembergsteiger seinen Auf- oder Abstieg antritt, ist ihm obige Formel vorausgeeilt. Sein Tod scheint von vornherein nicht natürlich ausfallen zu können, da er etwas macht, das gegen das Leben gerichtet ist. Er gefährdet sich ungebührlich und strapaziert damit jene Logik, die vor lauter Risikovermeidung angesichts dieses Wagemuts der nackte Schwindel befällt. Die reine Vernunft ist von Höhenangst geplagt, nicht ganz zu Unrecht. Eine Reihe berühmter Bergsteigerschicksale begründen diese Angst, und hinter der alpinen Unfallstatistik wird noch etwas erzählt: Je schwieriger der Aufstieg war, je mehr physische Kraft er abverlangt, seelische Ausdauer und geistige Konzentration er verbraucht hat, desto riskanter ist das Absteigen. Die Extremen verunfallen allerdings seltener als die Bergwanderer, d. h. die Extremen steigen sicherer als die „Normalen". Die Vertikale scheint gerade in ihrer weniger extremen Ausprägung gefährlich: Für die Extremen verschärft sich die Gefahr im Abstieg, wenn er einfach und nicht schwierig ist. Ein anspruchsloser Abstieg vermindert die Bereitschaft, alle Kräfte einzusetzen und jene Sorgfalt walten zu lassen, die sonst üblich ist. Der Extreme braucht die Schwierigkeit, um sicher zu gehen. Die Leichtigkeit des Abstiegs verkehrt sich in ihr Gegenteil. Beim Bergsteigen bezahlt man die Rechnung dann, wenn man glaubt, nun sei alles geschafft.

Es wäre aber verfehlt zu glauben, der Bergtod ereile alle großen Bergsteiger. So entschlief z. B. Gottlieb Studer, 86jährig, friedlich in Bern; Tyndall, 73jährig, in London; Weilenmann in St. Gallen. Christian Almer, einer der bekanntesten Schweizer Bergführer, verschied 1898 im Alter von 72 Jahren in Grindelwald; Edward Whymper, 72jährig, 1911 in Chamonix; Hans Dülfer fiel im Krieg. Die Liste ließe sich lange fortführen[67] bis hin zu Wolfgang Güllich, der 1992 im Alter von 34 Jahren bei einem Verkehrsunfall auf der Autobahn Richtung München ums Leben, oder Reinhard Schiestl, der 1995 ebenfalls im Auto zu Tode kam. Diese Extremen sind, wie viele andere auch, weder beim Zu-, Ein- oder Aufstieg, auch nicht im Abstieg, nicht einmal durch Abseilen zu Tode gekommen, sondern „ganz normal" gestorben, falls es das gibt.

VIERTES FUNDSTÜCK

(a) Nachdem die Arche Noah auf dem Berg Ararat gelandet ist, nimmt die Menschheit ihren neuen Ausgang im Abstieg. Moses steigt vom Berg Sinai, um dem Volke Israel die Gesetzestafeln zu überbringen. Jesus, Sohn Gottes, stieg auf die Erde hernieder, um sie, selbst Mensch geworden, zu erlösen. Beim Jüngsten Gericht, so ist es verheißen, wird wieder Gottes Sohn zu den Menschen kommen, um Recht zu sprechen.

(b) Zu Giottos Joachim steigt ein Engel herab, ob Traum oder Wirklichkeit fällt nicht ins Gewicht, um ihn zu beauftragen, wieder heimzugehen. Sich inmitten einer Gebirgslandschaft befindend, ist es naheliegend anzunehmen, daß der Weg zurück zu seiner kinderlosen Frau nur nach unten führen kann (vgl. Abb. 3).

(c) 1581 konnte man sich, für nur einen Teston, das Absteigen aus eigenen Kräften ersparen, allerdings um den Preis – wie Michel de Montaigne meint –, daß dies „ebenso gefahrlos wie langweilig" sei (vgl. Abb. 12).

BEFUND 4

Nur Immaterialität erlöst

Wohlbetuchte können, Verunfallte müssen sich von Pässen und Bergspitzen abtransportieren lassen. Heute fliegt man beide vorzugsweise ab und aus. Sie ersparen sich dadurch reichlich Anstrengung – dank der Technik und des Einsatzes anderer. Gefahrenmomente sind dabei zwar nicht ganz auszuschalten, nehmen sich aber im Vergleich zum eigenständigen Absteigen gering aus.

Voraussetzung für die Sicherheit, die nach Montaigne nicht erstrebenswert ist, bleibt die Immaterialität. Diese allein garantiert das Nichterleben des Todes und der damit verbundenen Ängste und Leiden. Im Auflösen des Materiellen liegt des Menschen Erlösung; in der Analyse des Wissens sein Verschwinden. Man vermutet, daß sich die Seele nach dem Tod aus dem Körper löst, entweder in den Himmel aufsteigt oder zur Hölle fährt.

Lebendige Menschen sind Grenzbewohner

Der lebendige Mensch aber befindet sich zeitlebens in einem Zwischenraum. Das Dazwischen ist seine Bestimmung und die Grenze seines Lebens. Der Mensch ist Grenzbewohner, und je nach seiner Verfaßtheit erscheint ihm dieser Transitstatus, das Vorübergehende seiner Behausung als Hoffnung, aber auch als Bedrohung. Die Endlichkeit kann befreiend wirken, dann aber wiederum Schrecken einjagen, der vertagt werden will. Solange der Mensch lebt, bewohnt er den Tod, dann bewohnt der Tod den Menschen. Menschsein heißt durchlässig sein, so daß der Tod ein- und ausziehen kann und in dieser Bewegung ein Stück Leben enträtselt. Menschsein bedeutet Sterbenmüssen und Lebendürfen.

Beim extremen Bergsteigen übt man sich in diese Durchlässigkeit ein. Der Abstieg weist uns mit jedem Schritt stärker auf die Begrenztheit der Materie hin, man steigt ihr zu. Einmal am Grund angelangt, zieht sie sich in die Horizontale, und man ist zumindest für kurze Zeit froh, die Vertikale hinter sich zu haben.

Der Aufstieg hingegen führt die Grenzenlosigkeit vor Augen. Man steigt Richtung Kosmos. Öffnung und Schließung gehört zum normalen Erleben in der Vertikalen. Maß und Wechsel sind ausschlaggebend. Will man nur aufsteigen, dann geht man in seiner Maßlosigkeit über den Gipfel hinaus und fällt, der Schwerkraft preisgegeben, jenseits des Gipfels, der nicht mehr als Grenze wahrgenommen wird, hinunter.

Umgekehrt – wenn man sich nur dem Abstieg überlassen möchte – erreicht man den Gipfel nicht und verabsäumt die Erfahrung dieser klaren Grenze. Eine Erfahrung, die erleichtert. Währenddessen drängt der Körper nach unten, staut sich und wird gestaucht an der Stelle, wo der Abstieg zu Ende ist. Der Körper fällt in sich zusammen wie der des Melancholikers; er erstarrt bis hin zur Unbeweglichkeit. Beides ist vonnöten: Begrenztheit und Öffnung. Beides gehört in seiner Verschiedenheit zusammen. Das eine ist nicht ohne das andere.

Im Absteigen rückt das Leben näher

Absteigen ist ein Einüben in den Ausgang. Es führt zur Begrenzung, zurück zur Materie, die ihrerseits beim Verlassenwerden die Aufwärtsbewegung einleitet. Das Immer-wieder-Berühren des Grundes hält den Zyklus des Lebens aufrecht und zusammen; das Nicht-mehr-Berühren setzt der Lebendigkeit ein Ende.

Die Abstraktion fördert in ihrer fortschreitenden Aufwärtsbewegung das Verlustiggehen des Grundes, sie lebt nahezu von diesem Verlust. Eine Verlassenheit, die selbstzerstörerisch ist, denn mit ihr verliert sich auch das Wissen um die Unhintergehbarkeit der Vergänglichkeit.

Der Abstieg ist, vermittels des Todes, eine Art Wiedergewinnung des Konkreten. Das Sterbenmüssen zwingt, im Unterschied zur Abstraktion, sich der eigenen Endlichkeit zu entsinnen. In sie ist das Geheimnis des Lebens eingelassen. Mit der Anerkennung der eigenen und der Begrenztheit anderer rückt das Leben näher.

Das Leben mischt sich überall ein, ist nicht außerhalb, im Gegenteil. Der Abstieg führt mitten ins Leben, weil der Tod nicht mehr auszuschließen ist. Manchmal ist diese Erfahrung zuviel. Man versucht, sich der ungebrochenen Präsenz des Lebens zu entledigen, sucht Abstand und bricht zum Aufstieg auf. Er schafft Abstand zur Materie, Aufsteigen heißt der Dichte entfliehen, hinauf zum Licht gehen, dort, wo nur mehr ein schmaler Grat, der Gipfelgrat, den Einfall des Kosmos aufhält.

Gründen bedeutet Abstraktsein

Zurück zu den Fundstücken: Die Menschheit nimmt erneut ihren Ausgang vom Berg Ararat. Sie wird oben geboren, d. h. an der Stelle, wo sich die Materie beinahe aufgelöst hat. Demnach hieße eine Rückkehr zu den eigenen Wurzeln, die Materie weit hinter sich zu lassen. Gründen bedeutet Enterden. Moses empfängt die Schrift als Logos der Entkörperung ebenfalls oben und trägt ihn nach unten. Rückkehren hieße eine doppelte Entkörperung zu leisten: nur mehr dem Logos zu dienen und diesen weiterhin von unten nach oben zu tragen, dorthin, woher er kommt. Das Hinauftragen entleibt einen selbst.

Jesus muß beim Abstieg in eine materielle Hülle schlüpfen, damit er seine Mission erfüllen kann. Die Erde duldet keine Geister. Aber er darf sie, das heißt dann Erlösung, wieder zurücklassen und steigt schwerelos auf zu seinem Vater. Der Tod ermöglicht diesen Aufstieg. Er öffnet den Durchgang zwischen Körper und Körperverlust.

Selbst das Recht, das beim Jüngsten Gericht gesprochen werden soll, wird von oben nach unten gebracht. Das Recht ist kein Kind der begrenzten und begrenzenden Materie. Es kommt aus der Ewigkeit und will sich auf Erden ewig einrichten. Es gilt mehr als alles, was auf Erden richtig ist. Das Recht wird richten, und zwar die Lebenden und die Toten. Das Recht steht sogar über dem Tod, es ist universal und transversal.

Abstraktes diszipliniert

Joachim ist oben, um sich das Wissen einzuholen, was unten zu tun ist. Er weiß sich selbst keinen Rat. Der schwerelose Engel berät ihn und heißt ihn, nach Hause zu gehen. Sein Heim ist unten, dort, wo seine Frau ist. Er hat seinen irdischen Auftrag unten vergessen und wird nun von oben beauftragt. Dieser Beauftragung leistet er Folge. Im Abstieg soll er an seine Geschlechtlichkeit erinnert werden, denn schließlich bestand Joachims Problem darin, daß er mit seiner Frau keine Kinder zeugen konnte. Im Niedersteigen verbindet er sich mit den Gesetzen der Materie, bindet sich an die Vergänglichkeit. Ihr ist er entstiegen, als fehlte der Materie jeder Geist. Mit dem Geist von oben taucht er in die Materie ein. Der Geist oben war selbst ein geschlechtsloses Wesen, aber seine Kunde hat gewirkt. Abstraktes diszipliniert wirksam.

Exkurs:
Die „marrones" sichern den alpinen Transit

Ganz anders Montaigne am Beginn der Neuzeit: Er ersetzt das Absteigen durch ein Getragenwerden. Dieser simulierte Abstieg ist so neu nicht, wie man meinen könnte. Als sich Montaigne zu Allerheiligen 1581 über den Mont Cenis tragen ließ, hießen die zuverlässigen Träger immer noch so wie im 10. Jahrhundert und verrichteten mehr oder weniger auch noch dieselbe Arbeit wie ehedem.

Eine der drei geographischen Merkmale alpinen Lebens ist es, neben Grenze bzw. Barriere und Ort des gemeinsamen Siedelns und Lebens vor allem Zone der Durchgänge zu sein.[68] Um den Durchgang zu sichern, waren Genossenschaften tätig, die den externen Fernhandel zwischen den Stadtregionen Flandern, Rheinland und der Po-ebene regulierten. Eine dieser Transportgenossenschaften, die mehrmals ihre Satzungen änderte, waren die sogenannten „marrones". Sie sind am ehesten unseren Bergführern vergleichbar und verrichteten ihre Dienste unter extremen Bedingungen. Sie arbeiteten am Alpenübergang des heutigen Großen St. Bernhard, den man im 11. Jahrhundert noch als „mons Jovis" bezeichnete, auf einer Seehöhe von bis zu 2472 Meter. Obwohl die schriftlichen Indizien dürftig sind und keinerlei Auskünfte bezüglich Organisation und Rechtsverhältnisse enthalten, konnte Borst dennoch ein gutes Beispiel ausfindig machen, um die Arbeit dieser Bergführer zu dokumentieren. Im folgenden halte ich mich an Borsts Darstellung: Der Abt Odo von Cluny erwähnt nach 925 in der Lebensbeschreibung des frommen Grafen Gerald von Aurillac die „marucci" als kraftstrotzende Alpenbewohner, die nichts für einträglicher hielten als den Transport von Geralds Gepäck über die Bergrücken des mons Jovis. Offenbar wußten sie, daß sie es mit einem freigebigen Herrn zu tun hatten. Man sieht eine ausgesuchte Gruppe von kräftigen Männern am Werk, durchwegs Ortsansässige von nahegelegenen Bergdörfern und arme Hirten. Für ihre Dienste forderten sie ein Entgelt, wobei nicht genau auszumachen ist, ob sie dieses bereits nach festen Tarifen berechneten. Zweifellos bediente man die freigebigsten Reisenden am liebsten, und man kannte offenbar seine Kunden. Die Truppe der „marucci" war ständig in Bereitschaft, hatte einen eigenen Namen, dessen Herkunft noch nicht befriedigend geklärt ist, der sich aber eher von der braunen Tracht der „marrones" ableiten läßt, als daß er mit den Mauren selbst etwas zu tun hat. Aus der Hilfeleistung an Abt Odo von Cluny bei seiner Rom-Reise aus dem Jahre 942 werden diese Transportgenossenschafter in ihrem Namen zum erstenmal bestätigt.[69]

Es wurden aber nicht nur vornehme Pilger mit Handgepäck oder auch Kaufleute mit schweren Lasten über die Alpenpässe gebracht, sondern auch Karren, soweit es die Saumrosse schafften. Der lothringische Abt Gerhard von Brogne führte z. B. um 940 einen Karren voller Porphyrsteine aus Rom heim. Sie waren für den Hochaltar seiner Klosterkirche bestimmt. Aber am mons Jovis stürzte der Karren samt Fahrer ab. Einer der „marrones" barg gegen Lohn Fahrer und Transportgut. Keine Hilfe wurde hingegen dem Kirchenreformer Petrus Damiani zuteil, als dieser 1063 von Oberitalien zum Kloster Cluny reiste. Die „marrones" hatten vermutlich Weisungen und Grundsätze, die ihnen verboten, bei jedem Wetter loszumarschieren. Jedenfalls erstieg der Greis Damiani die abschüssigen Berge allein und wurde „von keinem sogenannten Marronen unterstützt".[70]

Der ausführlichste Bericht über die „marrones" hinterließ der Abt Rudolf von Saint-Trond. Er unternahm 1127 eine Rom-Reise, und einer seiner Mitreisenden notierte, daß man bei der Rückreise am 1. Januar 1129 nach Étroubles gelangt sei, ein kleines Dorf am Fuße des mons Jovis. Von dort kam man nur mit Hilfe der „marrones" weiter. Aber es herrschte akute Lawinengefahr, viele Menschen waren bereits durch den Abgang von Lawinen getötet worden, und so wartete man tagelang auf bessere Bedingungen. Saint-Rhémy, das nächstgelegene Dorf, war von Fremden bereits überfüllt. Nun aber konnte die mönchische Reisegesellschaft die „marrones" gegen schweren Lohn dazu bringen, doch mit ihnen den Aufstieg zur Paßhöhe anzutreten.

An dieser Stelle erfährt man Genaueres über die Ausrüstung dieser Bergführer. Sie sollen sich mit Pelzmützen und Pelzhandschuhen vermummt haben, zogen gegen das Glatteis Schuhe mit eisernen Nägeln an und stocherten mit langen Stangen im Tiefschnee nach dem Weg. Aber noch vor Reiseanbruch wurden zehn von ihnen durch Lawinen verschüttet. Daraufhin reagierten die Dorfbewohner verstört, und erst am 7. Jänner gelang dann der Übergang, wobei man auf dem Hospiz übernachtete und erst am nächsten Tag gekräftigt weiterzog.

Die Gründung eines Hospizes um 1050 ergab nur dann Sinn, wenn sowohl der Aufstieg zum als auch der Abstieg vom Hospiz durch Ortskundige gesichert war. Diese Bergführer waren zu dieser Zeit mit Sicherheit bereits genossenschaftlich organisiert. Jedenfalls blieb das Hospiz über Jahrhunderte hinweg der höchste ständig bewohnte Platz Europas, und zwar nicht in Form einer Schutzhütte für Wanderer, sondern in erster Linie als Standort einer Genossenschaft, die aus Geistlichen und Laien bestand. Das Hospiz setzte die Gastlichkeit der benediktinischen Klöster fort, aber hauptamtlich. Die Gästebetreuung muß tatsächlich professionell gewesen sein, denn 1154 wurde beispielsweise ein Abt aus Island so gut aufgenommen und bewirtet, daß er dies in voller Anerkennung bemerkte. Das Hospiz hatte auch andere Bewunderer, und so erhielt es Schenkungen von Grundstücken zwischen England und Sizilien. Das Hospiz am Großen Sankt Bernhard galt als jenes Besitztum, das seine Besitzungen innerhalb des mittelalterlichen Verbandes am weitesten verstreut hatte.[71]

Weshalb dieser Exkurs auf den mons Jovis? Zum einen ist dadurch Einblick in eine Zeit zu gewinnen, die ansonsten im dunkeln liegt: das Mittelalter. Und zwar in ein Gewerbe, das heute noch mit ähnlichen Problemen – wenn aus den Pässen auch höhere und hohe Berge bzw. steile Kletterwände geworden sind – wie damals zu kämpfen hat. Die Bergführer von heute werden von ihrer Klientel auch bei schlechtem Wetter zu Diensten gedrängt; sie arbeiten nach einer klar festgelegten Gewerbeordnung und mit festen Tarifen. Die „marrones" waren nicht nur die Prototypen der jetzigen Bergführer, sie brachen vor allem – gemeinsam mit den Kanonikern im Paßhospiz – den Bann von Angst und Aberglauben, der über den Hochalpen lag. Durch sie sind die Berge bewohnbar und vor allem passierbar geworden.[72]

Wichtiger als der Gründungsakt durch den Adeligen, nach dem der Paß schließlich benannt wurde, Sankt Bernhard aus dem Aosta, war die Genossenschaft der Namenlosen, die für die Sicherung des Durchgangs in der Höhe sorgten, für den Auf- und für den Abstieg. Und wenn Montaigne im 16. Jahrhundert für gutes Geld über den Paß heruntergetragen wurde, dann ist er ganz und gar kein Einzelfall. Man weiß, daß, als Heinrich IV. mit seiner Frau Bertha, der Schwiegermutter und dem anderen Gefolge mitten im strengen Winter über den Mont Cenis zog, Einheimische und vom König gemietete Bergführer mithalfen und den Weg durch die verschneiten Steilhänge bahnten. Die Frauen sollen in Schlitten aus Ochsenhäuten hinübergezogen worden sein. Daß dieser Transport klaglos und vor allem so prompt durchgeführt wurde, hatte weitreichende politische Konsequenzen: Der schnelle Übergang öffnete dem deutschen König in der Lombardei viele Türen und zwang den Papst, sich auf die Burg Canossa zurückzuziehen. Man wußte ein für allemal, daß sich die Alpenpässe nicht sperren ließen, da man sie überschreiten, notfalls auch umgehen kann. Alpenstraßen sind Hebel, nicht Angelpunkte stabiler Herrschaft.

Absteigen ist unumgänglich

Über de Montaigne konnten Lebensbedingungen in extremer Lage zur Sprache kommen und das Wissen, daß unter diesen ungewöhnlichen Umweltverhältnissen weder Arbeitsteilung noch Verallgemeinerung möglich ist. Man ist im Gegenteil mehr als anderswo auf die Kenntnis des Besonderen und auf die Praxis des Zusammenarbeitens angewiesen, wobei der Einklang zwischen religiösem und sozialem Verhalten in der Alpenregion inmitten Europas über eine – im Vergleich zum außeralpinen Raum – längere Zeitspanne hinweg angenommen werden kann.[73] Da sich der Abstieg meist gefährlicher als der Aufstieg gestaltet, war man gerade beim Absteigen auf fremde Hilfe angewiesen. Der Abstieg, ob getragen oder ergangen, ist auch heute jene Wegstrecke, die ein besonderes Zusammenhalten erfordert, man denke nur an die Rettungsaktionen. Im Regelfall wird der Verunfallte heruntergetragen und nicht hinaufgeschleppt. Zwar setzt man in der überwiegenden Zahl der Fälle Helikopter ein, die die Bergungen vornehmen, doch bei Schlechtwetter oder in besonders entlegenen Berggebieten, aber auch, wenn die Beschaffenheit der Unfallstelle ein Landen des Helikopters nicht zuläßt, muß heute noch der Verunfallte via Tragbahre bzw. Akja ins Tal gebracht werden. Eine Aktion, die den Einsatz aller und ein zusätzliches Unfallrisiko bedeutet. Nicht selten verunfallen die Retter selbst.

Nicht oben am Berg, sondern unten im Tal ist medizinische Hilfe zu erwarten, bis dorthin muß u. U. eine weite Strecke an Nichtzivilisation überwunden werden. Der Abstieg ist nicht nur mit dem Rätsel des Todes in Verbindung, sondern auch mit dem Wiedergewinnen von Leben. Das gilt vor allem bei Unfällen, aber selbst ohne Unfall ist das Tal der Ort der Hilfe und Regeneration, vor allem bei großer Erschöpfung und Verausgabung am Berg. Das Absteigen ist, wie bei Reinhold Messner 1970 vom Nanga Parbat, die einzige Chance, ins Leben zurückgerufen zu werden. Obenzubleiben hieße Sterbenmüssen. Dieses Wissen ist so selbstverständlich wie die reale Umsetzung bisweilen unmöglich.

Mit dem Abstieg trägt man sich, angesichts des Todes, hinein in ein neues Leben. Der Abstieg hat auch, wie der Aufstieg und vor allem der Gipfel, ein Doppeltes. Er erinnert den Menschen daran, daß nicht oben, sondern unten sein Ort ist, auch wenn er diesen immer wieder flieht und aufwärts strebt. Kommt ein/e Bergsteiger/in nicht mehr zurück, wie z. B. Wanda Rutkiewicz im Mai 1992 vom 8586 m hohen Kangchendzönga, dann gehört er/sie nicht mehr zur Welt der Lebenden, auch wenn sein/ihr Verbleib bis heute ungeklärt ist.

Die Höhe ist nur begrenzt erträglich, der Abstieg eine Unumgänglichkeit des Lebens.

ANMERKUNGEN

1 Young 1926, 135
2 Zsigmondy/Paulcke 1922, 261f
3 Vgl. ebd. 30ff
4 Vgl. Oelkers/Thenorth 1991, 13, 16
5 Vgl. ebd. 17
6 Vgl. Borst 1990
7 Vgl. ebd. 473
8 Vgl. ebd. 483
9 Vgl. ebd. 484
10 Vgl. Studie 2, 1. Teil: Einschub 1
11 Vgl. ebd. 483
12 Ebd. 483
13 Vgl. Abb. 5
14 Vgl. Zak 1995
15 Vgl. Oelkers 1991, 213ff; Oelkers/Tenorth 1991, 28
16 Vgl. Oelkers/Tenorth 1991, 23
17 Blumenberg 1988, 394f
18 Vgl. ebd. 395
19 Ebd. 395
20 Ebd. 397
21 Vgl. Macho 1994, 423
22 Steinitzer 1913, 10
23 Beatrice hat Dante übrigens im 30. Gesang des Paradieses den künftigen Thron Heinrich VII. gezeigt, von dem sich Dante die Rettung Italiens erwartet hatte, und verkündet ihm zugleich den Sturz des Papstes Clemens V., der Bonifaz VII. in die Hölle folgen wird. Dantes Hoffnung wurde enttäuscht, leider starb, wie wir wissen, Kaiser Heinrich eines viel zu frühen Todes.
24 Vgl. Seitz 1987, 172
25 Vgl. Steinitzer 1913, 44
26 Vgl. ebd. 43, 44, 48, 49, 53
27 Vgl. Oppenheim 1974, 141
28 Vgl. u. a. Steinitzer 1913, 165, 195, 199, 304, 315; Zsigmondy/Paulcke 1922, 252ff; Young 1926, 135–144
29 Vgl. Messner „Alleingang ..." o. J., 132–161
30 Vgl. die Darstellung Merkl und Welzenbachs Tod von 1934 in ebd. 136
31 Vgl. dazu „Chomolungma-Aufstieg für den Abstieg" von Messner „Der gläserne ..." 1981, 232–303; sowie die Minimalbeschreibung eines weiteren Abstiegs vom Mount Everest von Messner „Die Freiheit ..." 1991, 280f.
32 Z. B. „Journal de Genève", „Der Bund" und „Sonntagspost" in Bern, „Neue Züricher Zeitung", „L'Illustration" in Paris, Londoner „Times"; vgl. dazu Müller 1965, insbes. 1–29.
33 Vgl. Clark 1965, 247
34 Vgl. Perfahl 1984a, 84
35 Vgl. Clark 1965, 199–289
36 Vgl. Whymper 1922, 482–498
37 Ebd. 494
38 Ebd. 484
39 Ebd. 494; vgl. dazu Oppenheim 1974, 192
40 Vgl. Senger 1945, 305
41 Aufgeheiztes Medieninteresse und unterkühlte Berichterstattung Whympers; Präzision in der Rekonstruktion des Tathergangs durch die Behörden und moralisierende Grundsatzdiskussionen bei Fachkundigen und Laien; Bergsteigen als sportliche Hochleistung und als kriegerische Logistik bzw. nationales Konkurrenzieren; usw.
42 Schockzustände; Gefahren für die Bergung der Leichen; Komplikationen für die spätere behördlich-juridische Aufklärung usf.
43 Bestattungen innerhalb der Bannmeile der Stadt waren streng untersagt; vgl. Ariès 1976, 25f
44 Vgl. u. a. Messner 1991, 137ff
45 So sind manche Berganstiege – z. B. die Zustiege in den Nordtiroler Kalkkögeln – förmlich mit Gedenktafeln übersät.
46 Vgl. Macho 1994, 418
47 Vgl. dazu Renggli 1992, 106f; Ariès 1976, 34ff
48 Die Jahre 1986–1992 verzeichnen lt. Auskunft von DDr. M. Burtscher, ÖAV Innsbruck, 1045 Unfalltote am Berg, wovon neben einem schwer zuordenbaren Rest 437 dem Aufstieg und 365 den Abstiegen zufallen. Rechnet man die Kreislauftoten, alle ausnahmslos im Aufstieg einem plötzlichen Herzversagen erlegen, sowie die Hütten-Unfälle ab, dann ergibt sich ein anderes Verhältnis: 247 Aufstiegs- und 298 Abstiegstote. Heute sind noch, wenn auch nicht mehr so drastisch wie früher, die Todesfälle beim Absteigen in der Überzahl, vorausgesetzt, man berücksichtigt in erster Linie die traumatisch verlaufenden Bergunfälle.
Einbezogen in die Zählung sind Wanderungen, Schitouren und das Felsklettern. Untersucht man letzteres genauer, so ergeben sich 110 Tote beim Auf- und 52 Unfalltote beim Abstieg. Das verwundert, denn der Abstieg gilt auch oder gerade beim Felsklettern als Unfallrisiko Nummer eins.
Der Wandel läßt sich folgendermaßen erklären: Die Abstiege werden in den heutigen Routenbeschreibungen genauer angegeben; sie sind besser markiert und gesichert; neben der Vervollkommnung der Ausrüstung, insbes. des Schuhwerks und der Seiltechnik, ist es vor allem der allgemeine Trainingszustand, der sich bei den Felskletterern offensichtlich verbessert hat, wodurch Aufstiege in kürzerer Zeit absolviert werden können. Dadurch hat man für den Abstieg Zeitreserven und ist weniger erschöpft, was das Unfallrisiko erheblich herabgesetzt hat.
49 Vgl. Macho 1994, 418
50 Vgl. u. a. Pause 1977
51 Vgl. Ariès 1976, 20
52 Vgl. ebd. 21

53 Vgl. Studie 1, 1. Versuch
54 Vgl. Ariès 1976, 31; Kamper 1977, 26f; von Braun 1988, 89
55 Man denke z. B. an die Besteigungen der Manaslu-Südwand, die klassischen Nordwände der Westalpen im Winter und allein, Annapurna-Nordwestwand, Everest-Nordwand, Gasherbrum I und II Überschreitung und die Trango Türme.
56 Vgl. Sting 1994 (a), 232–244
57 Vgl. Kamper 1977, 13
58 Vgl Janßen/Fleischer in Kamper 1977, 120
59 Vgl. ebd.
60 Foucault bezieht sich hier auf den Anatomen Xavier Bichat und dessen Grundzüge medizinischer Pathologie um 1800.
61 Philotheo z. B. besteigt 1533 den Ätna, liefert eine genaue Beschreibung des Kraters, wiederholt 1540 die Besteigung mit mehreren Begleitern, nächtigt auf dem Gipfel und unternimmt dann den gefährlichen Abstieg in den Kratergrund. 1545 besteigt er den Ätna abermals (vgl. Studie 2, 1. Teil: Einschub 1).
62 H. Böhme 1988, 89
63 Ebd.
64 Ebd.
65 Ebd. 92
66 Vgl. Foucault 1974, inbes. 46–74
67 Vgl. Senger 1945, 289–291
68 Vgl. Borst 1990, 521
69 Vgl. ebd. 497
70 Zit. n. Borst ebd. 497
71 Vgl. ebd. 497ff
72 Vgl. ebd.
73 Vgl. ebd. 503

3. Teil: Aufstieg

Vorbemerkung 211

Zielsetzung Höhe 220

Die Höhe wird Gegenstand 220

Wer war Petrarca? 220
Biographisch: ein Kind der Flucht 220
Philosophiegeschichtlich: ein „Fremdling" 221
Petrarca fordert Selbstverwirklichung 221
Denken in Zerrissenheit 221
Petrarcas Naturverhältnis: zwischen Weltverfallenheit und Heilssorge ... 221
Petrarcas Bergbericht gründet in einer Paradoxie 221

Zur Ergründung eines Paradoxons 221
Verlangen als Erleiden 221
Disziplin verknotet Wille mit Freiheit 222
Anstrengung hält den Knoten leidenschaftlich zusammen 222
Leidenschaft, ein Leiden zwischen Größe und Elend 222
Intensität, die Sprache des Leidenschaftlichen 222
Das Leiden hält sich über die Zielsetzung aufrecht: zeitlebens im Purgatorium ... 223
Inkurs: Lionel Terrays Kreuzweg zur Annapurna 223
Die Höhe war Petrarcas Ziel 224

Höhe und Abstraktion: Raum gegen Zeit 224

Das Selbst erfahren: Fortschreiten oder Höhersteigen? 224
Der Pilger entscheidet für den Geist 224
Hintergrund: Aufbruch und Resignation im 14. Jh. 224
Exkurs: zur Geburt weltlicher Kunst – frühe Berglandschaften 224
Pilgerfahrten: Prozession der Schriftzeichen 225
Vom gespaltenen Pilger-Subjekt 225

Stein des Anstosses ist das Konkrete dem Abstrakten 226
In der Höhe Vorstellungen buchstabieren 226
Faber und Petrarca: Zeit versus Raum 226
Petrarca, der radikale Pilger 227

Wissen um Höhe und Abstraktion 227

Zur Formalisierung von Wissen 227

Hintergrund: 15. Jh. als Zeit des Übergangs 228
Der Mensch, der sich selbst denkt 229
1492: Antoine de Ville – ein selbsterdachtes „Ich" in Atemnot und Schwindel ... 229

Technik und Technikverzicht: Prothetisierung und Bearbeitung des Körpers ... 230
Bild 1: Reinhard Karl unter der Sauerstoffmaske am Everest 230
Exkurs: Besteigungsgeschichte des Mount Everest 231
Bild 2: Wolfgang Güllich ohne Seil in „Separate Reality" 232
Bildervergleich: zwei Formen härtester Selbst-Disziplinierung 232

Technikgeschichte: zur Entwicklung von Ausrüstungsgegenständen mit sukzessivem Gewichtsverlust ... 232
Etymologisch: Aus-Rüstung 232
Diskursivierung der Bergausrüstung: Perioden 232
   a) 1863–1875: Unsystematische Sammlung/Grundsatzdiskussion 232
   b) 1876–1885: Ausdifferenzierung und Ordnung 232
   c) 1886–1895: Ausrüstungsboom und Belehrungen 233
   d) 1886–1904: Die Bergausrüstung macht den Bergsteiger 233
Zwischenbetrachtung: Technik inkorporiert sich als perfektible Bewegungstechnik ... 233

WENIGER IST MEHR: DER KÖRPER SELBST STEHT AUF DEM SPIEL 234
   Man rüstet den Körper ein 234
   Das leidige Problem mit dem Körpergewicht: Fasten 234
   Den Körper buchstabieren: Klimmzugbalken „Alpinreferat Scherer" 235
   Selbstqual und Schmerz: konkrete Empfindungen zu abstrakten Verbindungen 235
DER GELEHRIGE KÖRPER: ZUR HERSTELLUNG PÄDAGOGISCHEN WISSENS 235
   Handlungsanweisungen: Belehren durch Gefahren-Klassifikation 236
   Zur Herausbildung eines Dispositivs der Sorgfalt 236
   Formierung von Wissen über den tunlichen Umgang mit Gegenständen 237
      a) Steigeisen 237
      b) Seil und Haken 238
         Inkurs: Klettern ohne Seil – Solo und Bouldern 239
      c) Biwak 239
   Resümee: Doppelgesichtigkeit pädagogischen Wissens –
        Handlungswissen ist Theorie und Theorie Moral 240

DENKRAUM UND RAUMDENKEN: IMAGINATIVES ANDENKEN 242

ZUM VERHÄLTNIS VON INNEN UND AUSSEN 242
   Petrarcas Mont Ventoux/John Longs „Reine Gotteslästerung" 242
   Die Seele verschiebt sich auf den Körper: Glaube vs. zuviel Wissen 242
NATURERLEIDEN VERSUS NATURINVENTUR 243
   Die Seele: Grund des Körpers 243
   Der Mensch: Schnittstelle zwischen Geist und Körper 243
HÖHE EMPFINDEN UND HÖHE MESSEN 244
   J.-H. Fabre erklärt die sinnliche Wahrnehmung naturwissenschaftlich 244
LEIBDENKEN DES LEBENDIGEN: DIE „ERSTE" SIGNATUR 245
   DER KÖRPER STÄRKT DAS GEMÜT: GESNER/PARACELSUS 245
   Kreuzungspunkt Berg: sinnliches Wahrnehmen erweitern und unterwandern 246
   Die Höhe belichtet den Menschen: Empirie als Durchwirktsein 246
   Zwischenbetrachtung: Das Denken der Höhe beleuchtet das Denken selbst 247
TOPOGRAPHISCHE KARTEN ERFASSEN RÄUMLICHES FLÄCHIG: DIE „ANDERE" SIGNATUR 248
   „TATSACHENBERICHT" KARTE: ZUR FORMALISIERUNG DES RAUMES 248
   Die Welt als Körper, der Körper als Grundriß 249
   Einen Willen zur Macht beurkunden: Projektion als Expansion 250
   Angst: Schlüssel zum Rätsel von Raum und Zeit 250
   Inkurs: Verknotung von Logos und Leidenschaft 251
UNWIRKLICHWERDEN DES ERDRAUMES: SKIZZE ZUR ERD-BILDUNG 251
   Codierung der Erde als Kugel 251
      a) Der Abstand als räumliche Distanz formiert sich zur Linie als zeitliche Bewegung 251
      b) Erdgröße: Das Netz, das die Erde einfängt 251
      c) Benennen: Übersetzen als Verortung im neuen Netz 252
   Darstellung der Höhe: Ptolemäus 252
   Rückfall zum Erdbild: mittelalterliche Mönchskarten 252
      a) Weltbild als inkorporiertes Leiden: Ebsdorfer Weltkarte 253
      b) Markieren von Weltgrenzen: Portulankarten 253
   Wissen expandiert: Vervielfältigungsverfahren 253

DAS KREUZ MIT DEN BERGEN 254

VOM BUCHSTABEN ZUR ZAHL: CUSANUS UND DAS NUMERISCHE 254
   Maulwurfshügel und Bergschraffuren: Apianus und Rauh 254
   Schablonenhaft starr: Ägidius Tschudi 254
ZUR SELBSTAUFLÖSUNG DER VERTIKALEN: PHILIPP-FLAMM, EIN BEISPIEL 255
   Die Felswand doppelt codieren: Benennen und Erleben 255
   Der Körper vermittelt zwischen Wand und Text 256
   Klettern ist Erinnern 256

    a) Zur Reaktivierung der Sinne gegen die Schrift 257
    b) Das Topo als alpine Episteme:
       Buchstaben des Kletterlebens und die Sympathie zum Steinernen 257

Zur Darstellung des Steinernen: von Nuzi bis „Stay Hungry" 258

Situation und Orientierung als Problem 258
Das Unterbrochene als Ungewißheit 258
Vergewisserungen: Kunstwände 259
Kletterrouten als Itinerare 259
Fluchtlinien in Stein: mythenbeladenes Alpinklettern 259

Das Gelände zwischen numerischer Präzision und gestalterischer Anschaulichkeit 260
Der Berg ist widerständig 260

Der Überhang und das überspannte Subjekt 260
Zur Geschichte einer Signatur: der Halbmond als Berg und Überhang 261
Tonplättchen von Nuzi, 3800 v. 261
Babylonische Weltkarte, 500 v. 261
Herodots Weltbild, 450 v. 261
Erathostenes' Bergkörper, 240 v. 261
Ptolemäus' Bergbänder, 160 n. 261
Bei Kosmas fällt der Berg ins Wasser, um 550 n. 261
Mittelalterliche Radkarten: die „alpes" in Gestalt betender Mönche, 11. Jh. ... 262
Maritianus Capella und die Formenvielfalt der Berge, 12. Jh. 262
Ptolemäus' Wiederentdeckung und die Dominanz der Alpen, 1482 262

Übersetzungen 263
Von Ptolemäus zur kopernikanischen Wende 263
Exkurs: die Kunst als „Lernung der Vernunft" 263
Fortschritt der Seefahrt, Rückschritt in der Bergdarstellung 263
Mercator: Der Fels vermittelt zwischen Utopie und Topographie 264
Tycho de Brahe: der Himmel als Technik-Geburt 264
Johannes Keplers Weltgeheimnis: Der Grund ist reine Quantität 264
Gottfried W. Leibniz behauptet den Grund als vernünftigen Satz 265
Isaac Newtons Gravitationsgesetz und der Streit um die Erdform 265

Zwischenbetrachtung: Der Berg ist mehr denn je ein Darstellungsproblem ... 265
Das Geoid: Der Körper wird Instrument, Instrumente Körper 267
Der vermessene Berg verliert Standort und Halt 267
Ein Gebirgsland zerfällt in Höhenkoten 268

Die Bergdarstellung wird verrechnet: zur Formalisierung der Form 269
Institutionalisierung der Bergform: Alpenvereinskartographie 269
Form-Formalisierung: die „normale Geburt" 269
Kartographen ersitzen die formale Form: ein Akt der Übersetzung 270
Zwischenbetrachtung: der Berg, ein unökonomischer Gegenstand 270

Bergerlebnisse sind unzweckmässig, jenseits des Formalismus: Paccard und Saussure ... 270
Im Gegenzug: Georg Winklers leidenschaftliche Rückgewinnung von Bergwirklichkeit 271

Überhänge erklettern: Vergewisserungen des Grund-Verlustes 271
Otto Ampferer stößt oben auf das, was unten verlorengeht:
Materielle Grenzen sind aufgestiegen 272

Der Abbruch ist programmiert: Die Kraft der Schwere steht auf dem Spiel ... 273
Zur Leidenschaft der Langsamkeit: Errettungsversuche des Zeitraumes/der Raumzeit 274

Die Namen: Identität, Disziplin und Selbstreferenz 275
Geschichtliches zur Namensgebung: Benennen ist Trennen 275
Nubische Goldminenkarte um 1290 v. 275
Bezeichnetes erhält reale physische Existenz bei de Fermat 275
Descartes und die Verallgemeinerung der Orte 275
Simlers alpine Enzyklopädie 276
Inkurs: Unterrichten als Zerkleinern – Belon und Gesner 276

DER LEBENDIGE MENSCH WIRD FORMALISIERT: ZUR HERSTELLUNG DES „NATÜRLICHEN" 276
Lavater und Kant 276
Rousseaus Konzept der Untrennbarkeit pädagogischer Beziehungen 277
Itard macht aus dem „Wilden von Averyon" einen Menschen namens „Victor" 277
Bergsteigen/Forschen als Selbsterziehung: Alexander von Humboldt 277
Inkurs: Humboldts „Kosmos" und die Grenze der Bezeichnung von Dingen 278
IST DIE SPRACHE DER NATUR EINE SPRACHE AUS DER PERSPEKTIVE DES ANDEREN? 279
Pittoreske Berge: sprachlicher Rest der Kunst 279
Zwischenbetrachtung: Zersetzen ist Synthetisieren 279

„NAMELESS TOWER": VOM SUBJEKT ZUM PROJEKT UND DIE KUNST DES AUSSETZENS 280
DER INHALT DES PROJEKTS MANIFESTIERT SICH IM TOPO 280
Exkurs: „America" – Benennen ist Besetzen, Aufteilen und Ersetzen 281
DAS TOPO: VORSCHRIFT UND VORBILD DER SELBSTAUSLÖSCHUNG 281
Selbstverlust: Parameter zur Vergewisserung eines sich auflösenden Subjekts 282
Angst erneut als Schlüssel: Im ausgesetzten Subjekt kündet sich eine neue Verbindung an 283
Die Verbindung, die immer auch bricht 284
Schlußbemerkung, die nichts schließt:
Das Kreuz mit den Bergen ist immer auch ein Kreuz mit den Menschen 284
NOCH IMMER KEIN ENDE: „STAY HUNGRY" ODER DIE SELBSTREFERENZ DES „MENSCHLICHEN" 285
Die Schwerkraft wirkt konkret und weiterhin als Faszinosum 286
Fragmentarisches als Paradigma 286
Zurücktreten des Menschen und seines Denkens als Akt der
„Menschwerdung": sich selbst gegenüber kritisch werden 286

ANMERKUNGEN 288

3. Teil: Aufstieg

Vorbemerkung

1. Petrarcas Sendschreiben an den Cardinal Colonna ist nicht der erste Bergbericht, wie wir heute wissen. Zumindest seit dem 10. Jahrhundert gibt es Berichte über Bergbesteigungen: Erinnert sei an die Aufzeichnungen aus dem Kloster Novalesa am Mont Cenis; an das Jahr 959, als der Erzbischof Aelfsige von Canterbury zum Papst nach Rom ritt, „in den Alpenbergen kam er in größte Schwierigkeiten mit dem Schnee, der ihn mit solcher Eiseskälte umfing, daß er ermattete und starb";[1] oder an den Brief des John von Salisbury vom Paß des St. Bernhard.[2]

Aber keine dieser Aufzeichnungen hat in der alpinen Geschichte den Widerhall gefunden wie Petrarcas Sendschreiben. Es wird mehrheitlich als das erste Zeugnis des frühen Alpinismus gewertet. Das ist der Grund, weshalb ich diesen Text der Geschichte des Aufstiegs voranstelle. Zwar wird normalerweise Petrarcas Gipfel-Erlebnis referiert, ausführlicher beschreibt er jedoch seinen Aufstieg. Petrarcas Bergbericht weist bereits alle strukturierenden Merkmale des Aufstiegs auf. Daher sind Textpassagen aus diesem frühen Dokument der rote Faden, der sich bis zum Ende durchzieht.

Zu Beginn steht Petrarcas Biographie; ihr folgt eine Beschreibung der Zeit, in der er lebte. Mit dem 14. Jahrhundert setzt zwar die Aufstiegsgeschichte ein, aber nicht, ohne immer wieder weit zurückzugehen, und zwar bis ins 4. vorchristliche Jahrtausend.

2. Vorweg: Der Aufstieg ist ein gewagtes Unternehmen, schon allein deshalb, weil er sich durch unterschiedlichste Zeit-Räume zieht. Das Thema des Aufsteigens durchdringt die europäische Kultur- und Geistesgeschichte. Der Aufstieg ist ein steiler Anstieg. Das hängt mit der Grundaussage des Aufstiegs zusammen. Der Aufstieg sagt dem Grund das Ende an.

So wird nicht nur die alpine Geschichte vom Aufstieg dominiert. Das hat mit einer einfachen Natur-Tatsache zu tun: Die Alpen, Gegenstand der Aufstiegsgeschichte, liegen quer in der Mitte des Abendlandes.

Somit fordert dieser breite, mächtige Gebirgsstock nicht nur die Bergbewohner heraus. Jeder Reisende, ob von Nord nach Süd oder von Ost nach West, ist mit diesem steinernen Faktum konfrontiert und hat sich in irgendeiner Form mit ihm auseinanderzusetzen.

Alles Bewegliche ist im Kern oder am Rande mit dem Aufsteigen in Berührung. Die Geschichte lebt von der Beweglichkeit ihrer Gegenstände.

Ganze Völker, Hannibal, die Kreuzfahrer und Pilger, Gelehrte, Päpste und Kaiser, frühe Reisende, Handwerker, Händler, Feldherren, Alpinisten und die heutigen Touristen bewegen sich und haben sich über Jahrhunderte durch Europa bewegt, ohne an den Alpen vorbeikommen zu können. Die Alpen sind sowohl Barriere als auch Sicherung des Durchgangs. An den Alpen staut sich das Denken, wie es über sie hinwegführt. Berge sind mehr als nur Vergnügen für wenige Extrembergsteiger, sie sind Kreuzungspunkt für eine spezielle Art nachzudenken.

3. Mit dem Aufstieg schreibt sich eine Geschichte der Höhe. Die Höhe wird maßgebliche und herausfordernde Raumachse, um aufzusteigen. Diese Höhe war lange Zeit fremd und wird es wieder, wie ich zeigen werde. Die Höhe ist nicht nur, aber auch mit der Abstraktion gleichzusetzen: Die Abstraktion ist ein Absehen vom Konkreten und Besonderen, d. h. eine Absicht wider das Materielle.

Zur Fremde der Höhe gehört in erster Linie das Fremdwerden der Materie. Nichts ist materieller als ein Berg. Die Eroberung und Überwindung der Berge ist ein Vorgang der Ent-Materialisierung. Die Bewegung in die Höhe ist eine Bewegung hin zum Immateriellen. Das Immaterielle aber gründet in der Materie, aus der es sich entbindet. Diese Entbindung ist mit Verlusten von Bezügen und dem Vergessen verbunden. Der Verlust schließt sich als negative Verbindung zur Abstraktion zusammen. Dieser Zusammenschluß geht aus dem Ausschluß hervor und erwirkt ein Schrumpfen an Lebensfreude und -wissen.

Mit dieser Negation der Bindung als neue, abstrakte Verbindung schwindet der Raum. Denn der Raum lebt vom Bezogensein, vom Konkreten und vom Erinnern der Geschichte(n), die einen Raum durchwirken. Mit der Höhe wird man die Schwere los. Um so schwerer die Rückkehr. Daher kehrt man nicht zurück, sondern richtet sich in die Vorstellung ein, welche die Höhe eröffnet hat. In der Vorstellung werden Räume selbst hergestellt, andere Räume, die entbunden sind von den Gesetzen materieller Räumlichkeit.

Das Folgende nimmt divergente Spuren der Enträumlichung durch die Zeit(en) auf. Das alpine Material ist Ausgang, Verankerung und Rückkehr. Es tangiert in seiner Dichte gleich mehrere Disziplinen, geht durch das Disziplinäre und darüber hinaus. Wie bei den Alpen gibt es auch im Denken des Alpinen neben Hindernissen Durchgänge, Überschreitungen oder Umgehungen.

4. Damit sind Schwierigkeiten des Denkens der Höhe umrissen: Die Geschichte der Höhe bringt den Raum genuin hervor, wie sie ihn mit dem Her-

211

vorbringen wieder verschwinden läßt. Dieses Verschwinden hängt, so die These, mit der spezifischen Art des Wissens zusammen, das über die Höhe hergestellt wurde und wird. Das Höhen-Wissen ist nicht nur vielschichtig, sondern in letzter Konsequenz auch unbestimmbar. Denn Höhe ist immer auch Tiefe zugleich.

Der Aufstieg ist von einem Ort aus geschrieben, der dieser Zweigesichtigkeit der Höhe ausgesetzt ist. Berge sind in Tirol – wo ich schreibe – eine Selbstverständlichkeit. Der Berg aber ist noch einmal etwas anderes als das Bergsteigen. Zwischen „Berg" und „Steigen" mag sich ein ebenso abgründiger Bruch auftun, wie er von Eliade für die Alchemie und Chemie markiert wird. Dieser Bruch ist ein epistemologischer Bruch, der in seinen Auswirkungen bis heute nicht verarbeitet ist.

Steht der Berg seit altersher mit dem Kult und dem Sakralen in Verbindung, so ist das Bergsteigen dem Profanen zuzuschlagen, auch wenn das Religiöse und Erhabene einer Bergbesteigung immer wieder beschworen wird. Diese Beschwörung kommt nicht von ungefähr: Das Bergsteigen setzt historisch an der Stelle ein, wo der Bruch zwischen vormodernem und modernem Denken unwiderbringlich vollzogen wird, nämlich in der Zeit zwischen dem 15. und 16. Jahrhundert. Petrarca war ein Vorbote dieses Bruchs und hat ihn selbst am Gipfel des Mont Ventoux schmerzlich erlebt.

5. Lange Zeit wurde der Berg nicht gesehen. Mythen, Sagen und Legenden haben die Berge vor Zudringlingen geschützt. Dann bricht der Bann jedoch, aber nicht auf einen Schlag: Ab dem 14. Jahrhundert scheint sich das Interesse am Berg immer rascher zu verbreiten.

Nach der Häßlichkeit und Scheußlichkeit der Alpen, wie sie Hannibals Krieger noch wahrnahmen, erhielten die Berge nach und nach ihren Selbst-Wert und mit ihnen die Menschen, die sie besteigen. Der Wechsel in der Haltung zu den Bergen kam nicht dadurch zustande, daß man am Fuße des Berges saß und sie weiter bestaunte oder fürchtete: Im Höhersteigen ändert sich die Haltung des Körpers; der aufsteigenden Körperhaltung entspricht eine spezifische Mentalität.

Der Berg beginnt Erfahrung und die Erfahrung Sprache über den Berg zu werden. Einheimische, Hirten und Mönche mögen immer schon ihre Sprache mit den Bergen gepflogen haben, aber jetzt, wo man aus freien Stücken beginnt, auf Berge zu steigen, ohne vordergründig ökonomischen Nutzen aus einer Besteigung zu ziehen, ändert sich auch der Berg in den Augen derer, die ihn mit eigenen Füßen betreten haben. So nach und nach dringt etwas von dieser gewandelten Haltung in die Mentalität der Ortsansässigen ein, ohne jedoch deren Beziehung zu den Bergen gänzlich zu überformen. Auch heute noch merkt man den Unterschied zwischen den Bergsteigern, die von weit angereist einen Berg besteigen, und einem Bauern oder anderen Bergbewohner, der nur vom Vieh oder von den Touristen am Fuße des Berges lebt. So haben viele Einheimische beispielsweise niemals ihren Hausberg bestiegen.

6. Petrarca hatte offensichtlich auch Probleme, seinen Hausberg zu besteigen. Sowohl der Aufstieg wie auch der Gipfel bereiteten ihm große Schwierigkeiten. Dabei war Petrarca mit Sicherheit nicht der erste Mensch auf diesem Berg. Wie man weiß, war zumindest ein alter Hirte vor ihm oben. Aber die Erfahrung des anderen ersetzt nicht die eigene.

Petrarca brachte, trotz vieler Schwierigkeiten, diese Bergfahrt zu Ende. Das wird honoriert. Es sich nicht leicht, sondern so schwer wie möglich zu machen, ist die Devise der alpinen Tat. Durch die Berge führt kein gerader Weg. Gefordert, herausgefordert, ja überfordert sind damit auch die heutigen Bergsteiger. Man denke nur an Achttausender-Besteigungen oder an das Durchklettern des El Capitan im Yosemite Valley.

Aus Schwierigkeit wird Leidenschaft. Schmerz und Qual können gar nicht groß genug sein, um für einen Berg nicht doch in Kauf genommen zu werden. Man nimmt den Berg als Problem, und schon werden daraus Weltanschauung und Lebenssinn.

Die Motivationen haben sich geändert. Wollte Petrarca in erster Linie die Höhe kennenlernen, so suchten 650 Jahre später Reinhold Messner oder Reinhard Karl vor allem sich selbst durch die Höhe. Was für diese Selbstsuche eingesetzt wird, ist zwar nach wie vor das Leben, aber nicht mehr der Gipfel ist das unbedingte Ziel, ein „flash"[3] – eine Stelle im zehnten Schwierigkeitsgrad – befriedigt auch.

7. Ziel ist Absicht. Durch das Ziel gelingt das Absehen.

Unten, das ist unsere Raumvorstellung, ist der Grund, das Tal oder der Boden. Beim Aufstieg setzen wir uns vom Grund ab. Wir ersetzen den Grund durch den Abgrund. In ihn kann hinabgesehen werden. Je mehr man sich der Höhe anvertraut, desto weiter zurück bleibt der Grund, d. h. desto fremder wird er einem.

Heute steigen viele Menschen in die Berge, das Fliehen des Grundes ist normal.

8. Der Aufstieg kann den Tal-Grund nicht aufheben. Er muß ihn belassen, wo er ist. Das macht den Grund aber nicht zu einem Nichts. Je mehr man den Grund übergeht, desto bedrohlicher liegt er unter einem. Er ist nicht leer, sondern voller Gefahren. Die Gefahr liegt in einem Absehen vom Grund. Dadurch erhält er immer mehr Raum, in den das Leben fallen kann. Diese Angst beflügelt den Aufstieg: Unten ist die Leere als Fülle des vermeintlichen Todes, oder – auch umgekehrt – unten ist die Fülle eines vermeintlich leeren Lebens.

Man lernt mit der Bedrohung des Grundes durch die Höhe umzugehen und legt sehr viel Wert auf Sorgfalt. Eine falsche Bewegung, und die Anstrengung, Höhe zu gewinnen, wäre umsonst. Der Aufstieg unterliegt einem strengen Reglement. Man hat vieles zu bedenken, noch bevor man ihn antritt. Nicht nur die Ausrüstung und der Proviant, vor allem der Ort muß genau ins Auge gefaßt werden. Man muß wissen, wie weit, wie hoch, wie schwierig und wie mühsam der Aufstieg werden wird.

9. Man ist froh um Informationen über die Höhe. Neben dem Topo sind vor allem Erzählungen, Bücher, Fachzeitschriften, Fotos und Karten hilfreich. In ihnen ist das Geheimnis der Höhe verwahrt. Um sich selbst zu sichern, erkundigt und orientiert man sich.

Die Information hat den Berg, respektive den Aufstieg, vorweggenommen. Man übt sich im Verstehen dieser Vorwegnahmen ein. Der Berg besteht aus Zahlen, Buchstaben, Punkten und Höhenlinien. Berge liegen dem die Höhe Suchenden als präzisierte Abstraktion vor. An ihr richtet sich der Bergsteiger aus, und die Abstraktion richtet sich in ihm ein. Er braucht nun nur mehr in die Höhe zu steigen und zu schauen, ob die Vorstellung, die er sich durch Informationen vom Berg gemacht hat, mit dem Berg, den er vorfindet, übereinstimmt. Ist das der Fall, so befindet er sich auf dem richtigen Weg.

Der Bergsteiger ist auf Fremdwissen angewiesen. Diese Hilfe war nicht immer vorhanden. Petrarca mußte sich mit einer vagen Wegweisung durch einen Hirten zufriedengeben. Er hatte Glück, daß dieser Hirte bereits aus eigener Erfahrung den Berg kannte. Alle Berge aber wurden einmal das erstemal bestiegen. Schwierige Berge sind nicht in einem Zug oder an einem Tag zu ersteigen. Immer wieder versuchte man, ein Stück höher zu kommen, man denke nur an den Mont Blanc. Der zweite profitiert von der Erfahrung des ersten. Man erzählt sich den Hergang, markiert schwierige Stellen; manchmal verschweigt man auch sein Vorhaben, damit einem andere nicht zuvorkommen.

10. Mit dem speziellen Code der alpinen Information wird der Bergsteiger zur Abstraktion erzogen; und das nennt man alpine Sicherheit. Der geschulte Bergsteiger weiß, was „A4" bedeutet, es heißt, lieber gleich keinen Haken schlagen. Ein Haken ist bei einer A4-Stelle so schwer unterzubringen, daß einen vorher die Kräfte verlassen. Also meide „A4". Aus dieser Tatsache heraus hat sich eine neue Generation entwickelt: die Rotpunkt-Generation. Man belastet diese A4-Stellen gar nicht mehr mit dem eigenen Körper, sondern klettert, mit vereinten Körperkräften und nach einschlägigen Regeln der Kletterkunst, souverän über sie hinweg.[4]

Die Vereinigung der Körperkräfte schafft Sicherheit. Sicherheit ist das Ergebnis äußerster Disziplin, zu der der Körper Tag für Tag angehalten wird. Man fleischt sich ausgefeilte Körper-Technik ein. Das hat auch moralischen Wert: So riskiert man weniger das eigene und auch nicht das Leben anderer. Ein Sturz ist mit einem perfektionierten Körper eher unwahrscheinlich. Je weniger Körper, desto größer die Sicherheit.

11. Gerade weil der Abgrund mit dem Verlassen des Grundes allgegenwärtig ist, ist die Sicherung des Lebens Thema Nummer eins. Dazu werden Lehrbücher verfaßt. Alpine Lehrschriften koordinieren Ausrüstungsgegenstände und Verhaltensnormen. Das alpine Wissen hat, wie anderes Wissen auch, eine ungeheure Ausdifferenzierung erfahren. Allein auf dem Sektor der Eispickel existieren mindestens zehn Typen, die zu unterschiedlichen Zwecken eingesetzt werden können. Es gibt nicht nur das richtige Gerät für jede Situation, sondern es muß auch noch genau zum jeweiligen Benutzer passen. Dieser individualisierten Technik steht der Alpinist bisweilen ratlos gegenüber.

Alpines Wissen ist ein kulturgeschichtlicher Fundus, der, wie ich meine, zu den Grundfesten der Wissensformen des Abendlandes zählt, wenn diese nicht überhaupt erst durch alpines Wissen aufgebaut sind.

Alpines Wissen ist kein Sonderwissen wie das, einen Computer richtig zu bedienen. Es ist grundlegender. Im alpinen Wissen hat sich die Erinnerung an Extremes gehalten, an das, was nicht zum Menschen gehört, was ihm äußerlich ist. Er kann das, was ihm äußerlich ist, nur begreifen, wenn er selbst nach draußen geht. Er hat sich selbst auszusetzen. Das, was der Mensch außen vorfindet, ist aber nicht er selbst. Er gehört ihm bestenfalls an. Im Extremsein findet der Mensch andere Zugehörigkeiten. Die Natur ist unabhängig vom Menschen da. Sie ist immer auch dort gewesen, wo der Mensch nicht selbstverständlicherweise war. Teil um Teil hat der Mensch sein Recht der Natur abgerungen, besonders in der Höhe ist und bleibt das ein Kampf.

12. Ein Faktor der Höhe ist die Verdichtung. Mit der Höhe erschwert sich die Fortbewegung. Ein Mensch kann ohne Zuhilfenahme der Technik 1000 m Höhe nicht in derselben Zeit überwinden, in der er 1000 m auf der Ebene hinter sich bringt. Bestenfalls benötigt ein Alpinist für diese Strecke, je nach Beschaffenheit des Geländes, 1 bis 1 1/2 Stunden. Das ist knapp gerechnet. Einen Kilometer im Tal kann man ohne besonderen Einsatz in weniger als einem Fünftel dieser Zeit zurücklegen. Der Weltrekord im 1000-m-Lauf liegt derzeit bei 132 Sekunden.

Die Höhe bewirkt eine Verlangsamung. Diese Verlangsamung nimmt absurde Formen an. Mit einer 1000 m hohen Felswand im IX. Schwierigkeitsgrad in Patagonien, Alaska oder im Karakorum kann man Tage und Wochen, sogar monatelang beschäftigt sein.

Aber gerade darin liegt das Erlebnis. Die Abgeschiedenheit, das Risiko, bei einem Unfall nicht sofort geborgen zu werden, die Unberechenbarkeit des Wetters und der Eislawinen, die Belastbarkeitsgrenze der Träger und die Begrenztheit der Lebensmittel, die zu solchen extremen Orten geschleppt und nicht erneuert werden können, steigern das Erleben. Die Höhe ist zuallererst eine Dimension der Verdichtung. Auf einen Berg zu steigen heißt, sich auf ein anderes, obsessives Dasein einzulassen.

13. Für diese Geschichte des Aufstiegs habe ich völlig unterschiedliche Bergerlebnisse herangezogen und darauf geachtet, daß sie nicht, wie in der Alpingeschichte üblich, bezuglos bleiben. Ich gab die punktuell verstreuten Textstücke einem kulturgeschichtlichen Kontext zurück. Der Kontext bildet sich unter der Frage, wie sich das Wissen um die Höhe gewandelt hat. Dadurch formiert sich ein „alpines Wissen". Es handelt sich, soviel sei vorweggenommen, um ein Wissen, das mehr verbirgt und in sich birgt, als es zeigt. Das alpine Wissen scheint von einer seltsamen Ordnung des Aufschiebens[5] geprägt zu sein, als könnte die Lösung nie oder immer erst später eintreten; später, wenn sich etwas und erneut ein anderes dazwischenschiebt. Dadurch entsteht Druck, der in diesem Wissen wirkt. Auch die extremen Bergsteiger scheinen von einem enormen Druck aus zu agieren, den sie selbst als Zwang oder auch Sucht bezeichnen.

Dieses seltsam alpine Wissen soll skizziert und in seiner bildungsgeschichtlichen Bedeutung aufgewertet werden, denn es bringt sich vor allem über den Aufstieg hervor und scheint dort weiterzusprechen, wo die Sprache abbricht. An die Bruchstellen heftet sich ein Ahnen des Grundes. Dieses Ahnen entsteht und steht vor dem Abgrund. Dort, wo die Diskursivierung fragmentarisch wird, wirkt der Bruch. Dort, wo die Sprache aussetzt, wirkt ihre Aussagekraft nach. So schreibt sich zwischen den Zeilen eine Wirkungsgeschichte der Höhe.

14. Der extreme Bergsteiger ist mit Haut und Haar in der Natur. Er berührt sie mit dem eigenen Körper. In diese Berührung geht das ein, was im Laufe der Zeit aus der Natur gemacht wurde: Natur-Geschichte. Vom schrecklichen Kampf gegen die Natur hören wir bei Whymper, Oscar Erich Meyer hingegen empfindet die Natur als ein Erhabenes, und Leo Maduschka romantisiert sie.

Das Sprechen über Natur hat etwas Willkürliches. Jenseits des Sprechens hat man mittels des Körpers in der Höhe zu bestehen. Es ist nicht vermessen zu behaupten, daß sich im Bergsteigen ein spezielles KörperDenken ausbildet, das sich vernünftigerweise jenseits der Vernunft hält. Alpines Wissen ist also nicht nur eines, das über Körper und Verträglichkeit der Höhe Auskunft gibt, es verhält sich selbst wie ein Körper, der sich ständig gefährdet. Alpines Wissen ist eines, das sich nie sicher weiß.

15. Im Aufstieg zeichnet sich ein doppeltes Wissen ab: Es äußert sich im praktischen Tun der Alpinisten und in der Art und Weise, über dieses Tun nachzudenken. In den zweigesichtigen Wissenskörper sind eine Reihe von Theorieelementen eingegangen. Diese hat sich der Alpinist anzueignen: von der Lawinenkunde über die Seilbedienung bis hin zum Lesen eines Topo. Außerdem hat er sich in die Verteidigung seiner ungewöhnlichen Praxis einzuüben.

Wie in Studie 1 wird auch beim Aufstieg der Unfall immer wieder eine Rolle spielen. Der Unfall benennt indirekt das Besondere und die Faszination der Höhe. Extreme werden zur Mitteilung gezwungen. Häufig sind sie dazu nicht in der Lage, schon deshalb nicht, weil sie sich dadurch selbst verraten.

16. Berge waren immer schon Vermittlungsstelle zwischen unten und oben. Sie galten daher als Orte besonderer Erkenntnis, ja sogar Erleuchtung. Vom Berg trug Moses die Schrift. Der Berg ist Geburtsort des Logos und Gegenstand der Bildung. Der Berg ist ein starkes Bild. Als eindrückliche Imagination bildet er sich in den Menschen ein und bildet ihn aus. Der Leib des Menschen ist, wie der Berg-Körper, seit der Mensch aufrecht geht, der vertikalen Raumachse angepaßt. Es ist die Höhe, die im Körper des Menschen wirksam wird. Die Höhe richtet ihn auf, wie sich der menschliche Körper nach der Höhe ausrichtet.

Die Höhe als conditio humana ist Gegenstand des Aufstiegs. Doch ganz so glatt ist es mit dem aufrechten Menschen nicht. Beim Aufsteigen ist der Mensch nicht ganz aufrecht. Er muß sich dem Gelände anpassen, kommt beim Klettern in Schräglagen bzw. steigt mehr oder weniger gebückt nach oben. Diese gebückte Haltung wird zusätzlich durch das Gepäck bedingt, das er zum Selbsterhalt auf dem Rücken trägt. Je schwerer das Gepäck, desto gebückter die Haltung beim Aufwärtssteigen.

Hayo Eickhoff sagt, daß sich der Mensch im Laufe der Kulturgeschichte zu einem homo sedens bzw. zu einem homo sedativus verformt hat. Der Aufstieg auf einen Berg kann nicht ersessen werden. Beim Aufstieg sitzt der Mensch nur, wenn er nicht mehr weiter kann oder will. Er setzt sich, um zu rasten, um sich zu nähren oder zu orientieren. Der Ort am Berg, wo die meisten Menschen sitzen, ist der Gipfel.

Ansonsten hat der Mensch, um aufwärts zu gelangen, zu stehen bzw. voranzusteigen. Der extreme Kletterer hängt vor allem. In einem Überhang, bevorzugter Ort der Extremen, ist er von allem Stand verlassen. Sein Körper hängt über dem Grund und ist dermaßen überdreht und überspannt, daß er jede Sekunde aus der Wand zu fallen droht. Nur im Fallen würde sich der Leib entspannen und käme in seine normale Lage zurück.

17. Der Aufstieg auf einen Berg bringt anschaulich und körperhaft zum Ausdruck, was Abstraktwerden des Menschen heißt. Der Abstraktionsvorgang selbst läßt sich ansonsten, das gehört zu seiner Eigenart, nicht darstellen. Das Höhersteigen auf einen Berg drückt mit jedem Schritt diesen Absichtsvorgang aus.

Die Geschichte der Höhe ist auch eine Geschichte der Naturwissenschaften. Nicht nur, daß frühe Alpinisten auch Naturforscher waren. Das, was in der Horizontalen über riesige Ausdehnungen und große Entfernungen auffindbar ist, z. B. unterschiedlichste Klima- und Vegetationszonen, staffelt sich am Berg in knapper Aufeinanderfolge und auf einem Fleck.

Im 16. und 17. Jahrhundert waren es vor allem Botaniker, die Berge aufsuchten; dann folgten Physiker, Mathematiker, Geologen, Geographen. Parallel dazu traten gegen Ende des 15. Jh.s die Anatomen auf, die in das Innere des menschlichen Körpers vordrangen wie der Bergbau in die Gedärme der Erde. Der Mikro-Blick forciert das Zerlegen des Ganzen in seine Bestandteile und geht mit dem Über-Blick der Höhe einher. Jeder Teil wird gemessen und gewertet. Das Messen wird zur Vermessenheit des Menschen. Der Mensch hat sich nicht von der Natur Maß genommen, sondern hat der Natur ihr Maß genommen. Die Natur wurde Natur-Archiv. Die Inventur nimmt der Mensch vor. Der Mensch wird Mittelpunkt dieser von ihm registrierten Welt, Natur wird Geschichte. Der Mensch ist niemals Zentrum, sondern immer nur Autor dessen, was von der Natur vermessen wurde. Die Anthropozentrik kann sich auf ihre vermessene Abstraktion berufen, auch wenn vorgegeben wird, das vom Menschen Nachgeschöpfte sei die Schöpfung selbst. Mit dieser Verdrehung hat sich der Mensch heute herumzuschlagen.

18. Die Abstraktion liegt quer zur Darstellung. Sie ist der Darstellung verfeindet. Die Darstellung ist nicht dasselbe wie die Vorstellung. Die Abstraktion versucht vielmehr über die Vorstellung, über das Modell, Aussagen zu treffen. Nicht das Besondere und Konkrete ist die Sprache des Abstrakten, sondern das, was aus dem Besonderen und Konkreten in ein Allgemeines übersetzbar ist. Auf diesem Weg wird das Konkrete entstellt. Die Abstraktion entstellt die Dinge, und in der Entstellung werden sie beschädigt. Zumindest werden sie zu etwas anderem. Die Dinge werden fremd, wie der Mensch sich selbst entfremdet, wenn er mit den ihm fremd gewordenen Dinge zu tun hat.

Höhe fördert Fremdheit. Sie verschließt sich dem Verstehen. Man kann sich ihr höchstens nähern. Die Darstellung – der Mensch stellt sich vor den Berg – wird zur menschlichen Vorstellung. Doch der Berg steht auf dem Grund, wurzelt kilometertief in ihm. Er ist Grund und steht fest. Diese feststehende Tatsache wird über- und umgangen. Der Mensch bringt Fakten über den Berg ins Tal. Die Fakten werden für den Berg gehalten, aber der Berg ist ein anderer.

19. Ich habe mir vorgenommen, im Aufstieg dieses Anderssein zu akzeptieren. Ich stieg selbst in die Höhe, um das Abstraktwerden einzusehen. Aber die Betrachtungsweisen liegen nicht jenseits der Abstraktion. Jede wissenschaftliche Methode ist selbst Teil des Absehens und durch die Absicht bestimmt: das Forschungsziel. Ziellos zu forschen ist nicht nur unökonomisch, sondern auch unwissenschaftlich.

Wissenschaft ist selbst ein Unternehmen der Höhe und untersteht genau denselben Gesetzen wie ein Aufstieg auf einen Berg. Sie definiert sich über Ziele. Der kleinste gemeinsame Nenner der Ziele ist, Wissen zu gewinnen, wenn schon nicht mehr Anspruch auf Wahrheit erhoben wird.

Was, wenn nicht einmal dieses Minimalziel erfüllt, ja wenn Wissen suspekt wird? Durch Re- und Dekonstruktion der Höhe ist Wissen für mich fragwürdig geworden. Ist ein Wissen, das immer höher hinaus will, immer mehr vom Grund absieht, sich nicht mehr zur Tiefe zurückbindet, bindungslos geworden ist, noch Wissen? Wenn das Wissen bindungslos ist, gibt es keinen Halt. Es handelt sich um Wissen, das haltlos ist. Haltloses Wissen gründet nicht und muß sich daher ständig begründen. Wissen wird Begründen. Begründung ist zentraler Bestandteil von Wissenschaft. Bisweilen hat man den Eindruck, die Begründung kommt vor jedem Wissen. Ist die Begründung gut, muß die Erkenntnis nicht mehr stattfinden. Mit der Begründung spart man das Erkennen ein. Aus der Begründung ist der Inhalt gewichen. Inhaltslos zu begründen heißt, auf Formen zurückzugreifen, die selbst leer von Inhalten sind.

Werner Ernst hat diesen Rückgriff mit „formloser Form" bezeichnet, denn eine Form, die keinen Inhalt hat, ist ihrer formgebenden Kraft verlustig geworden.

20. Das allgemeine Abstraktwerden von Gegenständen und Methoden macht ein Denken, das den Bezug zum Konkreten halten möchte, schwer bis unmöglich. Das aber ist nötig, um das Abstraktwerden zu „begreifen". Das Abstraktwerden der Höhe darf nicht in Begriffe zerfallen, Begriffe sind selbst ein Allgemeines. Die Höhe soll vielmehr angegriffen werden. Mit Angreifen meine ich Berühren. Mit dem Berühren zersetzt sich etwas. Die Höhe so zu thematisieren, daß sie sich selbst berührt und zersetzt – wie ist das möglich?

Denken selbst steht auf dem Spiel, Denken ist „konstruktiv". Konstruktives Denken baut auf und baut etwas aus. Es lebt vom Aufbau, von dem, was übereinandergelegt wird. Das Übereinanderschichten von Wissen erzeugt Höhe. Höhe ist konstruiertes Wissen.

Wird das Konkrete zuviel, faßt man es in Kategorien und Klassen zusammen. Man strukturiert und ordnet das Wissen wie nach Ebenen in die Höhe. Der allgemeinste Begriff wird als höchste Ebene vorgestellt. Der höchsten Ebene sind niedere Ebenen unterstellt. Dem Höchsten geht das Niedrige voran. Das Niedrige ist Basis für das Allgemeine.

In der Wissenschaftsgeschichte spielt, was den Raum angeht, die Geographie und in ihr vor allem die Kartographie eine entscheidende Rolle. Die Geographie zeichnet den Raum der Erde nach. Sie hat damit sehr früh begonnen, auch wenn die horizontale der vertikalen Raumachse vorgeschaltet war. Die Kartographie arbeitet mit Projektionen. Sie projiziert Orte auf eine Fläche und gibt so dem Ort auf der Fläche eine neue Örtlichkeit. Mit speziellen Mitteln der Darstellungskunst wird der Eindruck erweckt, daß dieser Ort nicht nur ein Ort der Fläche sei, sondern auch eine Räumlichkeit habe.

Raum wird durch die Höhe und mit der Höhe Tiefe erzeugt. Jeder Ort auf der Erde hat tatsächlich eine bestimmte Höhe. Diese Höhe aber mußte man erst berechnen lernen. Die Höhe machte den Geographen und Kartographen größte Probleme. Bis Torricelli 1644 das Barometer erfand, verging viel Zeit. Bis dahin war der Höhe nicht beizukommen. Nichtsdestoweniger oder gerade deshalb war die Höhe großer Anziehungspunkt für die Forschung. Forschung beweist sich an Problemen, und die Höhe ist ein besonderes Problem. Sie ist gut zur Selbstbegründung geeignet.

Wenn die Höhe eines Ortes nicht definiert ist, fehlt ein wichtiger Faktor zur richtigen Zuordnung des Ortes im Raum. Das Verhältnis der einzelnen Orte zueinander konstruiert Raum. Von der Darstellung dieser Verhältnisse lebt eine Karte. Sie ist Abbild der Wirklichkeit, aber es scheint, als gäbe sie Wirklichkeit wirklicher wieder, als diese ist. Eine topographische Karte ist präzise. Sie reduziert einen Berg auf einen Punkt, und dieser Punkt ist metergenau angegeben. Der Bergsteiger kann sich dann mit Kompaß und Bussole selbst im Nebel haarscharf auf diesen Punkt zubewegen und ihn tatsächlich erreichen.

Nicht nur Bergsteiger, die sich auf Gletschern oder weniger steilen Bergen bewegen, brauchen Karten. Auch der extreme Kletterer, der in eine steile bis überhängende Wand einsteigt, braucht eine Karte: das Topo. Das Topo führt dort weiter, wo die normale Karte aussetzt. Es ersetzt Leerstellen der Kartographie.

Die Kartographie sieht die Erde von oben. Die Draufsicht aber verdeckt die Senkrechte einer Felswand, reduziert sie auf einen Strich, so wie der Gipfel eines Berges zum Punkt wird. Natürlich gibt es in der Kartographie auch andere Methoden, aber der Ort des Extremalpinisten bleibt eine große Herausforderung für die Darstellung. Aus der Sicht des Kartographen bewegen sich Bergsteiger der Superlative in einem „toten Raum". Das, was für Extreme alles ist, ist für Wissenschaftler des Raumes ein Nichts. Der Ort des Extremen ist ein Nichtort. Wissenschaftliches Wissen ist dort machtlos, wo Extreme ihre stärksten Erfahrungen machen – eine schwierige Situation für die Forschung.

21. Es ist nötig, die Geschichte der Naturwissenschaften zu skizzieren. Dort, wo die Wissenschaft keinen Sinn sieht, hat auch die Entwicklung der Technik ihr Interesse verloren. Dieser Technikverlust aber ist Voraussetzung für den Bergsteiger. Er will aus eigenen Kräften aufsteigen, verwendet zwar eine gute Ausrüstung und exakte Karten, aber das tatsächliche Erleben liegt außerhalb: in der Technik-Absage. Das beweist u. a. die junge Sportkletterbewegung oder Messners Everest-Besteigung von 1978 „by fair means" (ohne Benützung von Sauerstoffflaschen).

Alpines Wissen nützt die Chance, Intensität aus Verzicht zu gewinnen. Mit jedem Aufstieg geht Unbekanntes verloren. Man sucht immer neue Wege, immer kühnere Anstiege, und als die Berge und Wände alle begangen, mehr noch, jede Wand mehrmals und über verschiedene Routen bestiegen war, wandte man sich großen Steinen zu, um sich an sie zu verschwenden.

Es geht um Ausdehnung. Mit der Expansion reiht sich die Geschichte der Höhe lückenlos in die Entdeckungsgeschichte der Weite ein. Dennoch unterscheidet sich die Höhe existentiell von der Ebene, denn ein falscher Schritt in der Höhe hat andere Folgen als ein falscher Schritt in der Ebene. Dort kann man hinfallen, in der Höhe hinunter. Der Höhe ist die Gefahr für das Leben nicht zu nehmen. Nicht, daß die Ebene sicher wäre, aber man sichert sich anders. Die Höhe ist für den Menschen Kontrapunkt zur Tiefe. Das eine ist ohne das andere nicht zu haben. Die Tiefe bedroht die Höhe, Höhe löst Tiefe aus. Daher muß die Höhe abgesichert werden. Man markiert Wege, versichert das Gelände mit Drahtseilen, erbaut Schutzhütten usw.

Die Höhe ist nicht wirklich des Menschen Ort. Genausogut läßt sich das Gegenteil behaupten: Der Mensch, als ein sterbliches Wesen, ist mit der Höhe gut beraten. Das ist nicht zynisch gemeint, sondern so, daß die Höhe permanent an Verletzbarkeit und Sterblichkeit erinnert. Mag sein, daß diese Erinnerung im Steigen vergessen wird. Aber die Intensität, mit der der Aufstieg bewältigt wird, legt die Vermutung nahe, Wesentliches sei verdeckt. Verdecken als Vermeiden einer Entdeckung? Die Entdeckung vermag die Konstruktionen des Verdrängten offenzulegen. Verdrängungen haben sich als Projektionen erwiesen, die auf das Fremde als das Andere geworfen werden. Die Geschichte der Entdeckungsreisen läßt sich als Geschichte von Projektionen lesen. Der Umgang mit dem Fremden schneidet in der Entdeckungsgeschichte schlecht ab. Sie beweist sich als gewaltsamer Umgang, als ein Ausrotten und Auslöschen. Gerade aber diese Gewalt spricht von sich als einer „Entdeckung" dessen, was man an und in sich selbst auslöschen und vergessen will. Gewalt ist immer auch ein Indiz für das Verdrängen und Vergessen des Eigenen. In der Projektion wird die Selbst-Auslöschung am Anderen vollzogen. Das Andere ist ein Ort symbolischer Selbst- und realer Fremdtötung.

22. Zurück zum alpinen Aufstieg. Er ist, das Bekunden diese Exkurse, mehr als nur eine Geschichte des Bergsteigens von und für Bergsteiger. Im alpinen Aufstieg steckt ein viel umfassenderes Thema: der Umgang des Menschen mit dem Fremden und mit sich selbst.

Der Berg ist Teil der Natur. Die Fremde bezieht sich daher vorwiegend auf die Natur. Wie geht der Mensch mit Natur um, mit einer Natur, die nicht bezähmbar ist, weder real noch für das Wissen. Der extreme Bergsteiger sucht heute noch Orte auf, von denen man wenig bis nichts weiß.

Somit sind Extrembergsteiger Menschen, die aktuell etwas tun, das sonst Geschichte ist, abendländische Vergangenheit. Die Auseinandersetzung mit der Natur wurde, historisch gesehen, für den Menschen entschieden. Er ist aus ihr als Sieger hervorgegangen. Das schlägt sich auch sprachlich nieder. Der Mensch hat sich selbst zu-Grunde-gelegt. Das, was nicht Mensch ist, ist sein Entgegengesetztes. Natur als des Menschen Objekt. Dieser gesetzte Subjektstatus läßt sich nicht halten. Das Subjekt bekommt mit sich selbst Schwierigkeiten. Es muß anfangen, in sich selbst jene Trennungen zu vollziehen, die es vormals außerhalb zog. Das, was nicht man selbst ist, ist das Fremde. Fremd ist demnach alles, was nicht Ich ist. Das Unbewußte zum Beispiel, aber auch der Körper. Die Sportkletterer sagen, daß nicht mehr der Berg oder der Fels der Gegner ist, sondern einzig der eigene Körper, gegen den man trainiert. Er soll besiegt werden. Man hungert und zehrt ihn aus. Der Körper wird durch zahllose Trainingseinheiten sprachlos gemacht. Er deformiert sich unter dem Druck der Verdrängung. Sportkletterer klagen über Wirbelsäulenverkrümmung und Zerrungen der Finger.

Zum Fremden gehört sehr viel mehr als zum Eigenen. Eine seltsame Verdrehung: Je mehr sich der Mensch die Welt angeeignet, d. h. vertraut gemacht hat, desto mehr ist sie ihm auch fremd geworden, und um so weniger verträgt er diese Vertrautheit. Er ist sich selbst gegenüber mißtrauisch.

23. Die Geschichte der Höhe entschichtet. Sie entblößt das Subjekt als mehrfach gespaltenes, aber sie zeigt auch die hartnäckigen und verzweifelten Versuche, diese Spaltung möglichst gering zu halten. Kein Kletterer vermag durch einen Spalt zu klettern, der zu breit, breiter als er selbst ist. Der Spalt muß Riß sein, d. h. Abspaltung in einem menschlichen Maß. Dann gelingt der Aufstieg.

Ist aber der Spalt breit, dann wendet man vorzugsweise die Spreiztechnik an. Der Spalt erhält die Bezeichnung Kamin, durch den man hochsteigt, ein Bein auf der einen, das andere auf der anderen Seite. Man stemmt sich mehr in die Höhe, als man steigt. Der Mensch wirkt aufs äußerste gespannt, seine Schritte sind ruckartig. Es ist, als zerreiße der menschliche Leib mit jedem Schritt.

Heini Holzer mußte sich, da er sehr klein war, in den „Schmuckkamin" an der Fleischbank im Wilden Kaiser legen, damit er höher kam. Er schob sich in horizontaler Lage mit seinem quergelegten Körper durch diesen für ihn viel zu breiten Spalt und schaffte es, oben heil anzukommen. Das ist die Ausnahme. Wenn der Spalt noch wenige Zentimeter breiter gewesen wäre, hätte er nicht aufsteigen können, die Wandseiten links und rechts sind zu glatt und bieten weder Griff noch Tritt.

Normalerweise entscheidet man sich für die Einseitigkeit. Der Spalt läßt sich nicht mehr mit dem Körper überbrücken, man bleibt auf einer Seite. Damit kehrt man der zweiten Hälfte den Rücken. Das Andere wird fremd und als Fremdes ausgeschlossen, damit der Aufstieg doch noch gelingen kann.

Dieses Beispiel veranschaulicht, was die Geschichte der Höhe zutage fördert: nicht nur den Umgang mit Trennungen und Spaltungen als geomorphologisches Problem, sondern die Chance, Geomorphologie und Topographie als Metapher für des Menschen Fortkommen zu nehmen. Kaminklettern ist ein Bild für das, was kaum darzustellen ist: die Abstraktion als Spaltungsprozeß.

Die Alpingeschichte fügt sich ein in die allgemeine Geschichte, die sich als eine des Fortschreitens ausgibt. Aber die Alpingeschichte tut noch etwa anderes: Sie rekonstruiert im rechten Winkel Geschichte im allgemeinen. Die Spiegelung ist gebrochen, eben nur 90 Grad wie die Wände selbst. Am Fraktalen kommt die Trennung des Menschen, seine Gespaltenheit zum Ausdruck. Womöglich ist die Selbstspaltung nur zur Hälfte einsehbar; die andere Hälfte ist weiterhin verdrängt und motiviert.

24. Die Geschichte ist sich selbst fremd, mit der Posthistorie hat sie aufgehört, Geschichte zu sein.

Die Geschichte, die sich selbst nicht sehen will, wird blind, oder, das liefe auf dasselbe hinaus, zu sehr belichtet, wodurch es auch nichts mehr zu sehen gibt. Der Blick bricht und mit ihm das Subjekt, das sich ins Zentrum dieser Geschichte geschrieben hat. Die Geschichte ist eine Geschichte des Subjekts. Mit dem Ende der Geschichte ist auch das Subjekt zwangsläufig zu seinem Ende gekommen.

Sowohl „die Geschichte" als auch „das Subjekt" haben sich aufs neue zu orientieren. Nichts scheint heute schwerer zu fallen als die Orientierung. Orientierung aber hängt mit Raum zusammen. Bergsteiger versuchen, ähnlich den Nomaden, Raum zu ergehen. Die Füße wissen die Richtung.

Und es gibt Utopien. Verzweifelt werden Räume, die weit entfernt sind, aufgesucht: der Weltraum. Oder man bohrt in den Tiefseegraben. Im Himalaya gibt es unbegangene Gipfel. Das Subjekt kann dort noch Erstes sein und seinen Status erretten.

Reinhold Messner hat in seinem Lebenswerk, „Alle meine Gipfel", von den Anfängen in den Geislerspitzen bis zur Besteigung aller 14 Achttausender berichtet. Er kann sich als Subjekt fühlen, da er an Orten war, wo vor ihm keiner stand. Aber Exponenten wie Messner werden rar, und auch ihm selbst fällt es immer schwerer, eine Ersttat durchzuführen. Die letzte zur Arktis fiel buchstäblich ins Wasser. Auch bei Messner zerfällt der Subjekt-Status, um so mehr bei all den Menschen, die ein ganz normales Leben führen, jenseits von Mount Everest, Antarktis und der Wüste Gobi.

25. Die Aufstiegsgeschichte ist eine Skizzierung der Geschichte des Subjekts, jenseits von Luftschiffahrt und Raketentechnik. Die extremen Bergsteiger scheinen mit Ausdauer daran festzuhalten, Subjekte zu sein. Wie sie es Schritt um Schritt geworden sind, ist Gegenstand meiner Nachforschungen. Mit dem Subjektwerden ist das Sein vergangen. Sportkletterer von heute versuchen zwar in der Technik-Askese immer noch Erste zu sein, aber im Grunde weiß man, daß diese Suche vergeblich, die Sucht verspielt ist.

Bisweilen lacht man über das eigene Tun, wie Maurizio Zanolla, Patxi Arocena oder Alain Robert. Eine dieser Kletterarten zum Lachen meisterte vor kurzem Robert mit dem 270 Meter hohen „Canary Wharf" in London, es war sein bislang höchstes Gebäude. Er erkletterte die Glaswände des Hochhauses. Für diese Untat mußte er Wachposten überlisten. Außerdem war eine hohe Geldstrafe zu bezahlen. Robert nahm diese Nachwehen in Kauf, er hatte Sponsoren für seine Solobesteigung, allein und ohne Seilsicherung.[6]

26. Die Dinge, die verschwinden, geben noch einmal ein kräftiges Zeichen. Das war der Ausgang: ein vielfach beschworenes Subjekt, das aus seinem Nachlaß spricht. Wie kommt der Mensch ohne Subjekt-Status zurecht? Wird der Subjekt-Status, wie bei Friedrich Schelling, der Natur zurückerstattet?

Das ist weder vorauszusehen noch Forschungsziel. Es geht um Ausgrabung. Man sucht so weit zurück, wie Quellen und Kräfte reichen, ohne zu wissen, was einen vom Ziel, das man nicht kennt, trennt.

27. Die Höhe charakterisiert das Denken. Mein Denken mußte sich selbst denken lernen. Das Denken war durch ein Aufsteigen in die Höhe der Begriffe geprägt. Die Höhe von innen her begreifen heißt, Begriffe und damit Ordnung und Schemata aufzugeben. Mein Denken ist eines, das durch die Wissenschaft geschult und geordnet ist; der Abstraktion fähig.

Abstraktion zu denken bedeutet, über die Abstraktion hinauszudenken. Über die Abstraktion hinausdenken heißt Wissenschaftstheorie betreiben. Aber das meine ich nicht. Denn ein Denken, das immer noch allgemeiner wird, bedeutet keinen Wissenszuwachs. Ich mußte mich einem Denken anvertrauen, das auch nicht denken kann. Oder anders gesagt, ich begann, den Aufstieg von innen her auszudenken. Die Abstraktion von innen her denken heißt, nicht mehr von den Dingen abzusehen. Abstraktion von innen denken muß das Gesetz der Abstraktion gegen sich selbst anwenden.

Wenn man von der Abstraktion absieht, ohne sie selbst aus den Augen zu verlieren, denn die Geschichte der Abstraktion ist der rote Faden und als solcher Gegenstand der Arbeit, muß ausreichend Material vorhanden sein, um zum einen das wiederzuerinnern, wovon die Abstraktion im Verlauf der Zeit so erfolgreich abgesehen hat; zum anderen darf mit dem Material nicht wieder dasselbe geschehen.

Es muß als Grund und Grundlage des Forschens erhalten bleiben und darf nicht für die Abstraktion fungibel werden. Wird das Material einverleibt, wäre zwar der Vorgang des Abstraktwerdens nachvollzogen, aber eben auf abstrakte Weise.

Ich will die Kehrseite der Abstraktion in einem Denken der Materie hören. In der Abstraktion steckt die Vernichtung der Materie, also muß über die Abstraktion, d. h. über die Besprechung der Höhe, das Vernichtete aufscheinen.

28. Diesen anderen Weg könnte man sich als ein Auslaufenlassen vorstellen. Man hat die Aufstiegsgeschichte so zu wenden, daß das aus ihr rinnt und fällt, was in sie entschwunden ist. Nicht, daß man damit die Dinge als Körper oder gar die Materie selbst erretten könnte. Zum einen sind die Dinge gerade über die Abstraktion entkörpert und entstellt, zum anderen hat sich die Entkörperung des Denkens im Laufe der Zeit selbst verändert und damit unser Verhältnis im Denken der Dinge.

Auf der Ebene des Verhältnisses muß gearbeitet werden. Wie läßt sich das Verhältnis zu den Dingen, speziell zum Berg, in seiner Veränderung darstellen? Wie läßt es sich darstellen, ohne von den Umständen abzusehen? Das Alpine muß mit dem querverbunden werden, worin es lagert und womit es korrespondiert. Das ist das eine. Das andere ist das Wie. Wie konnte etwas, das selbst Produkt eines Abstraktionsvorgangs war, dargestellt werden, ohne sein eigenes Abstraktwerden zu unterschlagen? Abstraktion ist nicht zu thematisieren, ohne zugleich nach Formen zu suchen, die sie darstellbar macht.

Die Form, die selbst keinen Inhalt hat, formlos ist, konnte es nicht sein. Es mußten die Umstände zum Sprechen kommen, das von der Abstraktion Ungehörte. Aber die Suche nach der Form, die Inhalt hat, ist umständliches Suchen. Die Umständlichkeit war größer als erwartet. Nicht nur der Zeitaufwand, sondern die Zerstreutheit machte dem Denken zu schaffen, das auf Systematisierung setzte. Das System gehört zur Abstraktion. Die Abstraktion ist selbst systematisch. Sie schließt aus, was sich ihr sperrt, sie erweitert ständig ihr Fassungsvermögen, um ins System hereinzunehmen, was außerhalb liegt. Das System frißt das Extrem auf. Die Abstraktion duldet Extreme nicht, wenngleich sie ihren Zuwachs dem Extremen verdankt. Immer dann, wenn wieder ein Extrem zum eigenen Innen zählt, ist man im Abstrahieren einen Schritt vorwärtsgekommen. Was das System kennzeichnet, ist die Normalität. Auf dieser einfachen Formel baut jede Häufigkeitsverteilung auf, sie ist das Um und Auf der Statistik. Die Statistik ist zur Grundlage der empirischen Forschung geworden. Aber das ist falsch. Wie kann man etwas zur Grundlage machen, das weit davon entfernt ist, eine Grund-Lage zu sein? Die Statistik arbeitet mit Methoden der Mathematik und stellt sich mit denen der Geometrie dar. Beides sind voraussetzende Wissenschaften, d. h. sie bedürfen der Voraussetzungen, die nicht mehr zersetzbar sind. Diese Nichtzersetzbarkeit kommt nicht daher, weil Zahlen und Formeln das Tiefste sind, auf das unser Denken zu liegen kommt, im Gegenteil, sie sind das Höchste. Als Höchstes läßt es sich nicht zersetzen, weil es bereits das Allgemeinste ist, auf das Konkretes zu bringen war. Denn wäre Konkretes Grundlage der Mathematik, hätte sie ständig mit der Fülle, dem Wandel und vor allem mit der Vergänglichkeit des eigenen Ausgangs zu kämpfen. Nichts ist so vergänglich wie das Konkrete, und nichts ist so konkret wie die Materie.

Mathematik und Physik arbeiten zwar mit der Materie, aber nicht, um sie sprechen zu lassen, sondern um auf eine spezielle Art über die Materie zu sprechen. Das ist ein großer Unterschied, in ihm spiegelt sich der epistemologische Bruch, von dem anfangs die Rede war.

29. Die Folge ist, daß sich hinter Zahlen und Zeichen das zum Sprechen bringt, was entstellt wurde. Der Berg spricht bestenfalls als entstellter. Mein Weg zu hören: durch die Umstände, zwischen den Zeichen. Berge wurden, wie alles andere auch, versprachlicht. Versprachlichung ist eine Bestimmung des Aufstiegs. Es waren unterschiedliche Menschen zu unterschiedlichen Zeiten und in unterschiedlichen Räumen, die ihre Bergbesteigungen verschieden erlebt und berichtet haben. Diese Unterschiedlichkeit war nur über das Material zu sichern. Je genauer das Material, desto mehr Facetten; es ließ sich nicht auf eine Argumentationslinie trimmen.

Material verlangt Zwischenschritte. Man hat sich dem Druck des Materials hinzugeben und es darstellend nachzuahmen, bis es selbst Einlaß gewährt. Das war nicht immer der Fall. Einiges hat sich mir eher verschlossen als geöffnet, anderes ist nicht in den Blick geraten, von wieder anderem konnte ich mich nicht trennen. Mit der Höhe wurde mir das Material zum Schicksal. Es formte das Denken, ohne daß ich viel hätte entscheiden können. Vorwegnahmen waren zwar beruhigend, erwiesen sich aber als Sicherheitsposten, die der Erkenntnis im Weg standen. Dasselbe galt für Thesen und Theorie. Je einseitiger eine Theorie, desto weniger Material erfaßte sie. Ich hatte viel Material, Theorie öffnete sich zur Reflexion.

Konsequenz: Langsamkeit und Erkenntnis über eine dichte Beschreibung des Materials.

30. Der Mensch ist tot. Des Menschen Tod ging das Sterben der Natur und der Tod Gottes voran. Spätestens seit Foucault weiß man, daß man vom Menschen wie von einem spricht, den es so nicht gibt. Dennoch schreibt sich die Anthropologie auch nach dem Tode des Menschen weiter.[7]

Man besinnt sich der Vorgeschichte. Die Geschichte des Aufstiegs ist Anfang eines Endes des Menschen. Als Goethe auf den Brocken stieg, suchte er bekanntlich nicht die Höhe, sondern die Tiefe. Als 1786 erstmals ein Mensch auf dem Mont Blanc stand, traten mit der Selbsterhöhung seine Untiefen hervor.

Übt sich der Abstieg im Schweigen, ist der Aufstieg um so geschwätziger. Man stilisiert den Aufstieg als etwas, an das man sich am besten erinnert. Reinhard Karl hat gemeint, weil der Aufstieg voll der Qualen sei, bleibe er so einprägsam. Das ist nicht alles. Unser Denken ist nach dem Muster des Aufstieges strukturiert. Unser Denken vergißt mehr, als es erinnert. Und es erinnert an das, wonach es selbst strebt. Das Andere ist ihm fremd. Für das Fremde sind die Seele und auch das Denken nicht gemacht. Es sei denn, das Denken denkt sich selbst und käme damit an ein Ende seines Eingeschlossenseins. Werner Ernst spricht von Denkgewalt: Denken, in seinen eigenen Projektionen gefesselt. Diese Vorstellung löst wahrlich Entsetzen aus, eine gute Reaktion. Das Denken müßte sich seiner eigenen Setzungen entledigen.

31. Das Denken des Aufstiegs ist ein Denken der Haftungen. Der Mensch ist in sich verhaftet. Die Verhaftung verdankt sich der Höhe, in die aufgestiegen wird. Es ist ein verstiegenes Denken.

Folgendes lebt daher vom Vergehen und Versteigen. Der Aufstieg erinnert des Menschen Vermessenheit, und diese drückt sich in der Art seines Denkens aus. Die Abstraktion zeichnet den Menschen aus. Auszeichnung drückt sich durch Reduktion aus. 1 und 0. Mit 1 und 0 finden Menschen das Auslangen. Sie denken sich in der Maschine selbst. Strich und Punkt sind jene Zeichen, die im Topo die Kletteroute anzeichnen. Mit Strich und Punkt findet sich der Extremste im Fels zurecht. Der extreme Kletterer ist kein Nicht-Aufsteiger, seine Punkt-Strich-Philosophie Ein- und Ausschluß zugleich.

ZIELSETZUNG HÖHE

DIE HÖHE WIRD GEGENSTAND
WER WAR PETRARCA?

Biographisch: ein Kind der Flucht

Biographisch ist er ein Kind der Flucht. 1304 wird Petrarca in Arezzo geboren, nachdem sein Vater Ser Petrarcco da Parenzo wie Dante wegen politischer Kämpfe die Heimatstadt Florenz verlassen mußte. Unter der alleinigen Obhut der Mutter verbringt er die ersten Lebensjahre, während sein Vater ein unstetes Wanderleben führt. 1313 übersiedelt die Mutter mit den beiden Söhnen, Gherardo wurde 1307 geboren, nach Avignon und läßt sich in Carpentras nieder. Von hier aus hatte Petrarca Tag für Tag den Mont Ventoux vor Augen. 1319 beginnt Petrarca in Montpellier ein Jurastudium, das er 1323–26 in Bologna, gemeinsam mit Gherardo, fortsetzt. Er kehrt nach dem Tode seines Vaters nach Avignon zurück. Einschneidend war, daß Petrarca 1333 in Paris den Frühhumanisten und Augustinermönch Francesco Dionigi (de Robertis) von Borgo San Sepolcro kennenlernt, der spätere Cardinal Colonna, an den Petrarcas Sendschreiben dann gerichtet sein wird. Er lehrt Petrarca an der Sorbonne Theologie und Philosophie, führt ihn in die Gedankenwelt von Augustinus ein. Von ihm bekam Petrarca die „Confessiones" geschenkt.

Philosophiegeschichtlich: ein „Fremdling"

Philosophiegeschichtlich ist Petrarca schwer einzuschätzen. Der Dichter Petrarca hat in der Alpingeschichte seinen festen Platz, während ihn die traditionelle Mittelalterforschung nicht zur Kenntnis nimmt. Petrarca liegt zu einer konventionellen Abgrenzung in Mittelalter und Neuzeit quer und bezeichnet sich selbst als Fremdling. Kurt Flasch nimmt ihn gerade deshalb in seine Philosophiegeschichte auf und meint, daß ohne Petrarca das Bild des 14. Jahrhunderts verarme und „einen seiner lebhaftesten Kontraste verliere". Dadurch bestätige sich das Vorurteil, „nur die ‚scholastische' Philosophie repräsentiere den Geist des späten Mittelalters".[8]

Petrarca fordert Selbstverwirklichung

Petrarcas Denken richtet sich kritisch gegen das zeitgenössische, das er als „windig" bezeichnet, d. h. geschwätzig, schulmäßig und nicht wahr. In Rückgriff auf die Antike sucht er einen neuen Gegenwartsbezug. Es geht ihm um die „Sachen", das sind die individuellen Erfahrungen mit der Forderung nach Selbsterkenntnis und einer Ethik der Selbstverwirklichung.[9] Ihn interessiert die Frage, wie individuelle und kollektive Lebensführung zur Glückseligkeit führen, nicht logische Finessen, sondern die Reflexion über eine Reform der sozialen und politischen Welt. Er begründet Anfänge eines historischen Bewußtseins.[10]

Denken in Zerrissenheit

Die Wurzeln in Petrarcas Denken reichen weit zurück. Nach Ernst Cassirer rang er vergeblich um einen Ausgleich zwischen den antikhumanen und den mittelalterlich-religiösen Forderungen. Er war zerrissen zwischen Cicero und Augustinus, an dessen Leib „der Kampf zwischen Logos und Hysterie tobt".[11] Da der Körper Augustinus die Läuterung versagt, die er ihm aufzwingt, beginnt er im Schreiben Herr über den „Aufruhr des Fleisches" zu sein, die Bekenntnisse entstehen, in die sich Petrarca auf dem Gipfel des Berges schuldbewußt vertieft.

Petrarcas Naturverhältnis:
zwischen Weltverfallenheit und Heilssorge

Über Petrarca wurde viel geschrieben.[12] Der Brief über den Mont Ventoux ist Petrarcas einziger Text, in dem das Verhältnis zur äußeren Natur problematisiert und in die Darstellung seines Lebenskonfliktes einbezogen wird: Weltverfallenheit oder Heilssorge. Je nach Interpretationsstrategien eröffnet das Sendschreiben ein breites Spektrum unterschiedlichster Auslegungen. So sind beispielsweise die Zweifel an der Realität des Erzählten bzw. über den Zeitpunkt der Niederschrift ebenso berechtigt[13] wie die Frage interessant, ob hier ein Dokument vorliegt, das „eine Epochenschwelle in der Geschichte der ästhetischen Naturerfahrung" markiere oder eher das Schema: „Aufbruch ins Neue – Rückfall ins Alte"[14] bzw. „Zeitbezug gegen Raumverhältnis".[15] Oder, daß „nichts Geringeres als die Entdeckung der Landschaft" in Petrarcas Text aufleuchtet,[16] die „den Einbruch des Raumes in seine Seele" bedeutet oder auch „den Ausbruch des Raumes aus seiner Seele".[17] Unbestritten bleibt der „geistesgeschichtliche Wert des Briefes",[18] der an der Schwelle zur Neuzeit steht, einem unsicheren Kreuzungspunkt oder, wie Blumenberg sagt, an „einem der großen, unentschiedenen zwischen den Epochen oszillierenden Augenblicke".[19]

Petrarcas Bergbericht gründet in einer Paradoxie

Trotz Vorbehalte und berechtigter Einwände nehme ich das Erzählte als reales Ereignis und die Bilder als Fakten. Petrarca geht Schritt für Schritt auf den Mont Ventoux und legt eine Reihe von Erfahrungen offen, die für das Aufsteigen am Berg charakteristisch erscheinen. In seinem Brief ist früh und klar gebündelt, was später in der Vielfalt der Bergberichte unscharf wird, sich verschiebt oder auch verlorengeht und durch anderes ersetzt wird.

Petrarcas Berg schrumpft in seiner moralisierenden Rückschau zur Nichtigkeit im Vergleich zur unübertrefflichen Größe der Seele. In einer leidenschaftlich wahrgenommenen Welt, und die kann für extreme Bergsteiger beansprucht werden, zeigt sich bereits an Petrarca ein sonderbar Doppeltes. Der physische Aufstieg entpuppt sich als spiritueller Abstieg, der reale Abstieg wird zum spirituellen Aufstieg.[20] Darin sind die Schwierigkeit des Nachdenkens und das zentrale Thema umrissen: Es geht um den Versuch, der Zweigesichtigkeit von Höhe und Tiefe, Tun und Leiden sowohl in seiner trennenden Unterscheidung von Körper und Geist als auch in seiner einigenden Verbindung näher zu kommen.

ZUR ERGRÜNDUNG EINES PARADOXONS

Verlangen als Erleiden

Gleich zu Beginn nennt Petrarca den Grund, der ihn in die Höhe treibt: Es ist die Höhe selbst, die namhafte Höhe, die er kennenlernen will. Eine gute Weile ist sein Verlangen, aus dem Steinmann ein „ungestümes"[21] und Blumenberg eine „Begierde"[22] macht, herangereift. Die Zeit hat Petrarcas Verlangen gefestigt; er übersteht die Widrigkeiten. Beim genauen Hinsehen aber ist das Verlangen ein gefangenes, festgehalten zwischen zuwiderlaufenden Affekten. Es liegt zwischen Wagemut und Furcht, zwischen Anmaßung und

Selbstbesinnung. Petrarcas Wollen ist eingeklemmt zwischen Dürfen und Können. Der erste große Bergbericht wurzelt somit in einer Paradoxie, die den Aufstieg prägt, aber erst am Gipfel klar zutage tritt. Dem Abstieg folgt die Schrift und mit ihr Petrarcas Selbststilisierung, die den Aufstieg als etwas darstellt, das mit vielen Schwierigkeiten behaftet ist. Er vergeht sich häufig, hat keine Orientierung und wiederholt einen entscheidenden Fehler: Er will die Anstrengung des Höhersteigens möglichst lange hinauszögern. Ein Katalog von Abwehrmechanismen folgt. Ähnlich strukturiert sind neuere und neue Bergberichte, denen eines gemein scheint: Man will immer mehr, als man kann, muß, soll oder darf. „Die namhafte Höhe des Ortes kennenlernen", eine „theoretische Neugier", wie Blumenberg meint, die Petrarca zur Tat schreiten ließ, der er aber nicht ganz gewachsen war. Weder an die körperliche Anstrengung gewöhnt noch in der Lage, sich frei zu bewegen in einer Zeit, wo man den Sinnen nicht trauen durfte und sich mit der Innenschau zu beschäftigen hatte. Aber Petrarca will auf den Berg und bricht auf. Das Zusammenwirken der pathischen Kategorien von Dürfen, Wollen, Sollen, Können und Müssen[23] ist gerade an diesem Beispiel eindringlich wie ungeklärt.

Disziplin verknotet Wille mit Freiheit

In zeitgenössischen alpinistischen Dokumenten verkehrt sich der Wille nicht selten zu argwöhnischem Müssen und wird zum Zwang; der Wunsch steigert sich zur Besessenheit, die Suche wird in der Sehnsucht zur unbändigen Leidenschaft. Plötzlich bedeutet ein einfacher Berg eine ungeheure Herausforderung, und Bergsteigen wächst sich zu einem größenwahnsinnigen Unternehmen aus. Es ist, als trüge gerade das Harmlose die Gefahr. Die Sphäre des Wollens ist in der Neuzeit zu hohem Rang aufgestiegen und hat sich vor allem mit dem Können verbunden, das permanent zu steigern ist. Das Steigern des Könnens gelingt über die Disziplin. Das nennt sich dann „Triumph des Willens", Filmtitel der Olympiade 1936 in Berlin, oder „Das Letzte im Fels", ein vielgelesenes Bergbuch von Domenico Rudatis aus demselben Jahr. Rudatis will die Grenze des Kletterbaren soweit wie möglich hinausschieben, um im Beherrschen des Körpers selbst Herrscher über die Natur zu sein. Diese Intention gibt dem Wollen eine schillernde Färbung. Der Aspekt der Freiheit steht dem des Zwanges gegenüber und nährt sich aus ihm. So gesehen scheint es mit der Freiheit des Willens nicht gut bestellt zu sein. Außerdem weiß man, daß man sowohl das Gute als auch sein Gegenteil wollen kann. Unbestritten ist, daß man etwas will, das nicht ist. Damit erhält die aktive Seite eine passive, leidende. Der Wille ist am Mangel ausgerichtet, an etwas, das fehlt.

Anstrengung hält den Knoten leidenschaftlich zusammen

Petrarca will wissen, was ihm unbekannt ist. Er schreitet zur Tat und muß erkennen, daß der Geist ohne Körper nicht ungestraft wollen kann. Das Kalkül mit dem Mangel ist eine Negation dessen, was ist. Die Negation ist nur durch fortwährende Anstrengung zu halten. Die Anstrengung steigert sich zu unerträglicher Mühsal, in ihr hat der Wille in Leidensfähigkeit umgeschlagen. Petrarca wird sie als Läuterung ausgelegt. Für ihn wie für viele ihm nachfolgenden Bergsteiger ist die Anstrengung der einzige Ausweg, nicht im Stillstand zu verzweifeln.

Leidenschaft, ein Leiden zwischen Größe und Elend

So wird ein Übel gegen ein anderes getauscht, ein Widerspruch verhakt sich im nächsten, der zumindest weiter Bewegung verspricht. Aber, das verrät die Durchsicht von Alpinberichten, es ist eine ganz und gar nicht einfache Bewegung. Sie pendelt zwischen Größe und Elend, wobei Größe nur um den Preis des Elends zu haben ist.

Greifen wir zwei – und gar nicht die schlimmsten – Beispiele heraus: „Diese Kletterei", meint der berühmte französische Alpinist Lionel Terray an einer Stelle, „ist ein wahres Martyrium: Ich habe derart kalte Hände, daß ich sie ständig bis aufs Blut schlagen muß, um sie etwas warm zu bekommen. Um meine Füße kümmere ich mich schon lange nicht mehr – sie sind empfindungslos. Schreckliche Krämpfe in den Waden, in den Schenkeln, im Genick und im linken Arm machen mein Fortkommen noch gefährlicher. Und über allem liegt eine beängstigende Ungewißheit."[24]

Ähnliches berichtet Reinhold Messner beim Aufstieg zum Nanga Parbat: „Ich schleppe mich in eine Müdigkeit, die alles ausfüllt. Speichel, der mir beim Atmen aus den Mundwinkeln rinnt, gefriert am Bart. Die Stirn, auf den Pickel gestützt, ist heiß. Mit verzerrtem Gesicht kauere ich da, selbstvergessen. Wie die Lunge in meinen Ohren röchelt! Wie das Herz hämmert! Es ist schmerzhaft, wenn sich die beiden Geräusche in meinem Kopf überlagern."[25]

Intensität, die Sprache des Leidenschaftlichen

Sowohl bei Terray als auch bei Messner scheint das Außen nach Innen gestürzt, so intensiv, daß damit die Ordnung des Denkens bricht. Keine Sozialwissenschaft kommt ernsthaft mit einer deratigen Verdichtung zurecht.[26] Diese Intensität spielt sich außerhalb des Argumentativen ab, ja sie liegt sogar unterhalb des Sagbaren, das aber, mit Polanyi, die Basis dessen ist, das in der Folge formulierbar wird. Sagbar ist das wenige, das noch übrigblieb und existiert, ident mit sich selbst, einzig Krampf oder Geräusch geworden. Alles Empfinden und Denken ist auf wenige Körperstellen beschränkt. Das Gegenteil ist ebenso der Fall. Der Reduktion auf den Körperschmerz geht eine große Differenz voran. Erst der Schmerz macht diese Differenz sichtbar.

Das Leiden hält sich über die Zielsetzung aufrecht: zeitlebens im Purgatorium

Das Leiden spricht über den Raum, der ihn vom Ziel trennt. Und diese Strecke kann mit Mangel überschrieben werden. Es ist ein Ungenügen, das sich als ein Zuviel an Raum und als ein Zuwenig an Zeit ausweist.[27] Im Mangel drückt sich eine Maßlosigkeit aus, in der sich der Mensch als ein sich Quälender äußert, und zwar immer wieder und immer wieder neu. Die Erfahrung des Mangels zeigt sich beim Bergsteigen eben in erster Linie als ein Problem des Raumes. Wenige Meter unter dem Gipfel scheint man von diesem am weitesten entfernt. Die ungeheure Willensbereitschaft scheint angesichts der Zielnähe vorzeitig nachzulassen, wodurch aber alles Bisherige vergebens wäre. Die Nähe wird zur größten Ferne. In dieser Paradoxie steigert sich in Gipfelnähe das Erleben. Neuzeitliches Denken setzt auf den Mangel als ein unerschöpflich, unendliches Dazwischen. Man könnte es als moderne Auflage des hochmittelalterlichen Purgatoriums auffassen, das ein drittes Land konzipiert, in dem sich die säumigen Seelen aufhalten, bevor die apokalyptische Entscheidung bezüglich ihres Aufenthaltes, Himmel oder Hölle, gefällt wird. Solange man lebt, bewohnt man den Mangel als einen Zwischenraum, der in seiner Vorläufigkeit etwas Provisorisches hat und nicht vollkommen ist. Unter der Unvollkommenheit leidet man, sie weist einem den Platz der Verkümmerung auf der Skala, an deren einem Ende die Unverbesserlichkeit und am anderen Ende die vollkommene Erfüllung angeschrieben steht. Von der Unerträglichkeit des Guten (Gottesschau) leitet sich die Gerade-noch-Erträglichkeit des Mangels als einzige Alternative des Menschen her. Läßt man „das Gute" nicht fallen, wird man vom Leiden nicht im Stich gelassen, es ist einem sicher.

Inkurs: Lionel Terrays Kreuzweg zur Annapurna

Terray hat mit zwölf Jahren seine „schlummernde Berufung zum Alpinisten" erfahren.[28] Das hing mit einem Zufall zusammen: Sein jüngerer Bruder war erkrankt, der Arzt verordnete einen Aufenthalt in der Höhenluft; die Mutter ließ beide Kinder in die Ferien nach Chamonix fahren. Hier erreichte ihn diese Berufung, wie vor ihm Saussure. „Der erste Blick auf die mächtigen Berge wurde zu einer Offenbarung. Ich war hingerissen und von dem Anblick der unter einem Himmel von fast überirdischer Klarheit schimmernden Eismassen wie verzaubert."[29] Als diese „erste Blendung durch den Glanz des Hochgebirges vorüber war, versuchte ich, mich den Wundern zu nähern und diese Traumgipfel zu ersteigen".[30]

Die Annäherung hat viele Facetten. Terray läßt sich zum Berg- und Schiführer ausbilden, um „die Leidenschaft für die Berge erziehend in geordnete Bahnen zu lenken".[31] Unvorstellbare Strapazen nimmt er auf sich, einige Male entrinnt er knapp dem Bergtod. Schwierigkeiten und Enttäuschungen lehren ihn das Leiden, das in der Ersteigung der Annapurna (8091 m) kulminiert.[32] Bereits der Weg zum Basislager verwandelt sich „in kühne Treppen", am Berg selbst leistet Terray „außergewöhnliche Anstrengungen" vor allem, um seine zwei Freunde lebend ins Tal zu retten. Damit riskiert Terray sein eigenes Leben. Unterm Strich legt gerade das seine Größe frei, die aus unzähligen Momenten des beinahe Aufgebens und Verzweifelns zusammengesetzt ist.

Bereits in Lager I beginnt der entmutigende Kampf: „Lasse ich, um atmen zu können, den Kapuzenmantel halb offen, stürzen sich Wind und Schnee in die Öffnung und vereisen mein Gesicht; schließe ich die Kapuze ganz, ersticke ich halb durch Sauerstoffmangel."[33] Schließlich schläft Terray doch ein, den Kopf zwischen zwei Steinen verkeilt. Die nächsten Tage sind eine einzige Plage, es hat geschneit, er braucht fast für jeden Meter eine Minute, was in solcher Höhe „eine aufreibende Arbeit" ist, und obwohl er sich beeilt, muß er „oft lange Sekunden innehalten, Atem schöpfen und das Herz zur Ruhe kommen lassen".[34] Dann im Zelt zusammengedrängt, völlig erschöpft, ohne genug zu essen und schon gar nicht zu trinken, wird auch die Nacht zur Qual. Er hat ständig Angst, daß die „letzten Kräfte verbraucht sind, bevor wir den Gipfel erreicht haben – falls nicht eine Lawine die ganze Angelegenheit auf eine andere Art erledigt".[35]

Weitere Lager folgen, der Kreuzweg wird fortgesetzt. Die Imagination des idealen Punktes am anderen Ende der Skala wirkt so stark, daß Terray unbedingt weiter will, aber die Zeichen stehen schlecht, die Ereignisse überstürzen sich, und schließlich muß er vorzeitig den Rückzug antreten. „Der Traum, den wir gelebt"', resümiert er am Ende, „verweht nach und nach. In einer grausamen Mischung von Schmerz und Freude, Heldenmut und Niedertracht, Sonne und Schmutz, Größe und Kleinlichkeit, kehrten wir langsam zur Erde zurück", was ihn traurig stimmt, denn das Leben im Tal erscheint ihm nicht leichter.[36]

Die Höhe war Petrarcas Ziel

Im Unterschied zu Terray war es für Petrarca keine Selbstverständlichkeit, sich den Anstrengungen des Höhersteigens auszusetzen. Im Gegenteil, er leistete in einer Art Selbstverhinderung beträchtlich Widerstand. Petrarca ist ein früher Vertreter, sich in die Anstrengung als Leidenschaft einzuüben. Er eröffnet das große Programm des alpinen Aufstiegs, das heute noch, Terray ist ein Beispiel, wirksam ist. Der allegorischen Auslegung ungeachtet, in der Groh/Groh[37] dem jüngeren Bruder wegen seines direkten Anstiegs eine raschere Heilserfahrung/Erleuchtung zudenken, ist und bleibt Petrarca selbst die zwiegespaltene, zerrissene Person zwischen zwei Welten. An der Schwelle zur Neuzeit gelten systematische Erfahrungen, sich in die Höhe, d. h. in Felder sozialer Leere und Unproduktivität vorzutasten, die obendrein noch höchst privativ sind, als Ausnahme. Petrarca stieg in die Höhe und lebte in einer Zeit des Umbruchs und allgemeiner Verunsicherung, der unseren nicht unähnlich. Im 14. Jh. war, das zeigen gerade Petrarcas Zweifel, die bevorzugte Dimension nicht die Vertikale, sondern die Horizontale. Petrarca leitet somit einen Bruch ein, eine andere Art, sich zu bewegen und damit einen neuen Raum zu gewinnen. Die Höhe und das Wissen um die Höhe haben Petrarca nach oben geleitet. Das Ziel schrieb die Anstrengung vor, und diese war Leiden.

HÖHE UND ABSTRAKTION: RAUM GEGEN ZEIT

DAS SELBST ERFAHREN: FORTSCHREITEN ODER HÖHERSTEIGEN?

Der Pilger entscheidet für den Geist

In der Figur des Pilgers, ausgedrückt im Bild des verlorenen Sohns von Hieronymus Bosch, läßt Stephan Sting die Geschichte der Subjektbildung beginnen.[38] Konkret beginnt diese Geschichte mit der „Aufbruchsstimmung" des 14. Jahrhunderts. Sting konstruiert den historischen Kontext als einen des Zerfalls jeder verbindlichen Ordnung. Nichts war mehr gewiß, der einzelne, zusehends allein gelassen, hatte einen inneren Kampf, der sich auf die Entscheidung: Welt oder Geist, Böse oder Gut zuspitzte, auszufechten.[39] Der Geist als das „Gute" schien schließlich den Sieg davonzutragen. Das neuzeitliche Subjekt konstituiert sich in Abgrenzung zur sinnlichen Erscheinungswelt und etabliert eine innere, imaginäre Realität. Sie ist ausgefüllt mit den heiligen Schriftzeichen, hinter denen sich der Mensch, abgekoppelt vom Rest der Welt, verschanzt. Die Schrift legt so einen Filter zwischen das Subjekt und dessen Wahrnehmung der Welt außen.[40]

Hintergrund:
Aufbruch und Resignation im 14. Jh.

Dieser Schutz durch die Schrift scheint notwendig in einer von Katastrophen, Kriegen, Pest und Kirchenschisma erschütterten Welt. Über dem lateinischem Westen liegt, von regionalen Unterschieden abgesehen, das Signum der Krise. Die Grenzen des Wachstums sind erreicht, die Bevölkerungszahlen gehen drastisch zurück, die Verteilungskämpfe werden immer härter, was soziale Spannungen und politische Konflikte zur Folge hat, Streiks und Aufstände der Zünfte und Bauern. Die wiederkehrenden Hungersnöte schwächten die Menschen und machten sie für Seuchen anfällig. Das Vertrauen in die Wissenschaft, namentlich in die Medizin, schrumpfte, die Feindbilder blühten: Judenverfolgung, exzessive religiöse Bewegungen.[41] Ohne das Spätmittelalter allzu düster zu malen, muß eine resignative Grundstimmung angenommen werden, die unterschiedlich verarbeitet wird. Die einen stürzen sich, wie M. Villani in seiner Chronik bemerkt, „haltlos in ein unehrenhaftes Leben"; die anderen verharren in einem Zustand passiver Imagination mit „fernschweifendem Blick"; wieder andere aber geben nicht auf, die Welt zu erneuern. Einer davon ist Raimund Lullus, ein unruhiger und origineller Geist. Carl Prantl hält ihn für einen „begabten Querkopf", und er selbst hält sich für einen Narren. Er befaßt sich u. a. mit Astrologie, will die Medizin reformieren und weicht von der abgedroschenen Schulsprache ab, schlägt neue Terminologien vor, die von Zeitgenossen kritisiert und abgelehnt werden, während sie Cusanus beispielsweise nachahmt. Lullus war nicht der einzige, besonders die erste Hälfte des 14. Jahrhunderts weist noch andere Namen auf wie Dante, Giotto, Petrarca, Boccaccio, J. D. Scotus, D. v. Freiberg, Meister Eckhart, W. v. Ockham, N. v. Antrecourt.

Exkurs: zur Geburt weltlicher Kunst –
frühe Berglandschaften

In diese Zeitspanne (1270–1426) fällt auch die Geburt der weltlichen Kunst: frühe Darstellungen von Landschaften, insbesondere der Berglandschaft.[42] Neben „Joachims Traum" (vgl. Abb. 3) sind vor allem Bilder von Duccio, Simone Martini (Agostinotafel) und Ambrogio Lorenzetti zu nennen. Letzterer hat mit „Das gute Regiment auf dem Lande" nicht nur das „erste Landschaftsbild in der Geschichte der Neuzeit" geschaffen,⁴³ sondern auch die „erste panoramische Sicht eines Landstrichs vorgelegt".⁴⁴ Ohne mich auf Details einzulassen,⁴⁵ hat für mich dieser Fresco-Ausschnitt im Rathaus von Siena alpingeschichtliche Bedeutung: Er zeigt Menschen, die sich im Auf- und Abstieg befinden und begegnen. Meines Wissens hat bislang niemand diese Darstellung der Alpingeschichte zugeordnet, obwohl sie zu den wenigen Bildern gehört und das einzig frühe ist, das ein Zusammentreffen von Auf- und Abstieg, also normale Bergsteigererfahrung repräsentiert.

Bei Lorenzetti scheinen die Menschen irgendwie, in späteren Bildern (z. B. „Thebais" von G. Starina, 1410; „Februar" der Brüder Limburg, 1411–16) jedoch zielgerichtet und geordnet unterwegs zu sein, was ihnen eine gewisse Schwere verleiht. In dieser Zeit entsteht neben obigen drei Krisenverarbeitungsformen eine vierte als Massenphänomen: der Mythos des Fortschreitens.

Pilgerfahrten: Prozession der Schriftzeichen

Man verläßt die „Ordnung des Hauses", zurück bleiben Frau und Kind, entflieht den Regelmäßigkeiten des Alltags, der zum sinnentleerten Weitermachen diskreditiert wurde, und bereitet das eigene Seelenheil vor.⁴⁶ Millionen Europäer treten die Pilgerfahrt nach Rom oder ins Heilige Land an, manche reisen sogar noch weiter (z. B. der Minoritenpater Marignola, 1332–1342, über den Landweg durch Zentralasien bis nach China).⁴⁷

Eine große Vision soll sich kollektiv verräumlichen. Wer seinen Blick auf das Jenseits richtete, der sah dort spätestens seit Augustinus eine große himmlische Prozession. Sie diente als Vorlage für eine sinnlich-körperliche Erfahrung des Heiligen, das in der Schrift aufbewahrt war. Das christliche Imaginäre schuf in den Pilgerfahrten einen Lebensraum, in dem Körper und Geist auf eigentümliche Weise nebeneinander hergingen. Eingebunden war nach Gurjewitsch das Pilgern in den „christlichen Topographien", eine Mischung von geographischen Informationen und biblischen Motiven. Auch für die Zielstrebigkeit der Pilger war gesorgt. Ein Katalog genauer Verhaltensregeln verlangte die Isolation des Pilgers vom Rest der Bevölkerung. So entsprach der Nähe zur Schrift eine seltsame Distanz zum tatsächlich durchfahrenen Raum. Man nahm ihn nur in bezug auf den persönlichen Heilsgewinn wahr, der immer auch einen Bruch in der Biographie bedeutete. Die Teilhabe am Wunderbaren war nur dem einzelnen, dem Pilgersubjekt, zugänglich, und wenn man heimkam, blieb man durch die besondere Erfahrung von den Zurückgebliebenen getrennt. Das Erfahrene legte sich in das Innere als ein Gefühl des Einzigartigen ab.

Vom gespaltenen Pilger-Subjekt

Die Pilgerfahrten können als eine Selbstbehauptung des Subjekts gegen die Zumutungen des 14. Jahrhunderts gelesen werden. Das Medium war die reine Schrift, in der die Gesetze Gottes geschaut und in eine gottgemäße Lebensführung übertragen wurden. Die Kirche versuchte den Verlust an Ordnung durch eine „geordnete Mobilität" aufzufangen, bis schließlich das Bild vom Leben als innere Pilgerfahrt ausgestaltet war. Dieses spannte das Leben in einen kontinuierlichen Verlauf. Dieser konstituierte eine Vernunft, die als innere Instanz das göttliche Prinzip in Form eines Aufwärtsstrebens aufnahm, so daß die Illusion einer „Entwicklung" entstand, eines Fortschreitens mit der Zeit zum Besseren hin. Hilfsmittel sind ein angestrengter Arbeitseifer und die Distanzierung vom Körperlichen über den Verstand. Der Hervorbringung des neuen Menschen nach dem Vorbild Gottes geht immer auch eine Spaltung des Selbst voraus. Man denke z. B. an Luther oder an Erasmus, der einen rationalen, vernünftigen, geistigen Kern annimmt und diesen von einem äußeren, mit dem Körper und der Welt verstrickten Teil unterscheidet. Mit der Selbstsuche, die das neuzeitliche Pilgersubjekt im Aufbruch in eine fremde Welt startet, konstituiert es sich selbst als ein in sich abgetrenntes und auf bestimmte Weise auch außen isoliertes Selbst mit.

Maßgeblich ist das Abstrahieren: Zu beachten hatte man den geraden Weg, den Blick immer auf das Ziel gerichtet, keine Pausen, nicht abweichen oder sich verirren, eine ununterbrochene Wachsamkeit, haltloses Vorwärtsdrängen, wobei man mit der Enttäuschung zurechtkommen mußte, daß jede Etappe nur ein Übergang war, eine Vorstufe, von der aus sich das Ziel wieder weit entfernte. Die frühen Pilgerfahrten zeigen bereits die Doppelgesichtigkeit des Fortschritts: Jeder Schritt voran ist zugleich einer weiter weg. Selbst wenn man, wie Bosch, die Vision eines irdischen Zieles entwirft, das Paradies auf Erden, scheint der Pilger doch über alles Irdische hinauszudrängen. Einmal von der Welt distanziert, treibt ihn eine unstillbare Sehnsucht nach der Ferne über alles Sinnliche hinweg. Mag sein, daß dem Mythos des Fortschreitens als endlose Entwicklung eine zaghafte, unsichere Hoffnung nach Unsterblichkeit des Subjekts innewohnt.⁴⁸ Das hieße aber, daß nur über die Sicherung der Unsterblichkeit das Paradoxon des Fortschritts aufzulösen ist; oder anders herum, die Auflösung des Fortschritts geht nur über die Durchsetzung der Unsterblichkeit, und die Unsterblichkeit ist über die Auslöschung des Todes zu haben. Der Tod ist die Begrenzung des Lebens als eines von Körper und Materie. Dem Tod ist nur über Entmaterialisierung und Entkörperung zu entgehen.

STEIN DES ANSTOSSES IST DAS KONKRETE
DEM ABSTRAKTEN

In der Höhe Vorstellungen buchstabieren

Konzeption und Empirie des Pilgerns weichen voneinander ab und scheinen sich gerade dadurch gegenseitig zu stützen. Spätestens nach Felix Fabers Lektüre wird klar: Pilgern ist ein abenteuerlicher Kampf gegen das Konkrete. Nichts übersteigt Fabers Kräfte und Fähigkeiten mehr als der Gang übers Gebirge. Um das Heil zu erfahren, mußte er, wie viele seiner Zeitgenossen nördlich der Alpen, zahllose Strapazen in Kauf nehmen. Das Pilgern verlief nicht so glatt und linear wie die Vorstellung davon. Die Vorstellung war an die vertikale Realität erst noch zu gewöhnen. Knapp vor dem Ziel widerfährt Faber auch prompt die gefährlichste Situation, „an der Grenze des ersehnten Heimatlandes stehend, bannen mich Schneemassen fest". Er ist mit sich allein, seinem Pferd, dem steilen Anstieg, der Kälte, den Schnee- und Wassermassen beschäftigt, so daß Gott, angesichts dieser Massierung von Schwierigkeit, fernab rückt. In höchster Verzweiflung, „wahrhaftig entsetzt" und dabei, die Geisteskräfte zu verlieren, ruft er nicht Gott um Hilfe, sondern besinnt sich auf die eigenen Kräfte. Sie werden zur Selbstrettung mobilisiert, bis er das „liebliche Tal des Inn" erreicht. Dieser Testfall einer Passion wird zur unversiegbaren Quelle der Mitteilung. Fabers Selbstmitteilung ist Anreiz für ähnlich mutige Nachfolger und dient zur Beweisführung eines Überlebenden, daß Anlaß und Motivation des Pilgerns ihre Richtigkeit haben, denn wie sonst könnte so viel Unerträglichkeit durchgehalten werden. Das Konkrete holt die Imagination auf den Boden, reibt sich an ihr, ist aber auch, gerade in seiner nüchternen Detailtreue, erneut ein Grund, um eine geheime Kraft anzunehmen, die alles nährt und zum Guten hin lenkt, obwohl der Mensch dabei Böses erlebt. Das Leiden, von dem Faber durchgängig berichtet, vermittelt zwischen Gut und Böse, indem es das geistig Gute und das materiell Schlechte zusammenhält. Entfiele das Leiden, wäre Gott oder das Leben verloren. Im Pilgern verräumlicht sich diese unausweichliche Bindung in den Verbindungswegen. Wie aber verhält es sich beim Bergsteigen?

Faber und Petrarca: Zeit versus Raum

Petrarca findet keine „christliche Topographie" vor, weder fixe Stationen noch eigens ausgewiesene Wege; sein Gelände ist verwildert, einsam und weglos. Das mag aber auch für die ersten Pilger und Kreuzfahrer gegolten haben. Die Differenz liegt anderswo, die Tücke im Detail. Petrarca hat sich die Höhe des Berges in den Kopf gesetzt, Fabers Ziel liegt hinter den Bergen. Er klagt über die „unüberwindlichen Hindernisse" bis zum Schluß, kann ihnen nichts abgewinnen. Petrarca, die Anstrengung auch nicht gerade suchend, reagiert anders: Er sucht den Fehler bei sich, lädt sich Schuld auf, indem er zugibt, seine Trägheit nur als Vorwand benutzt zu haben, und kommt schließlich durch Selbstverantwortung zu einem anderen Ergebnis. Er geht von der konkreten Beschreibung weg und malt der Imagination des Heilsweges kräftige Farben auf: „Siehe nun, auch die Seligkeit steht auf erhabener Höhe; ein schmaler Pfad muß mit fürsichtigem Schritt gewandelt werden. Auf dem Gipfel ist das Ende und das Ziel des Lebens, auf ihn ist unsre Wallfahrt gerichtet."[49] Petrarca ist nicht der erste, der sich das Pilgern weniger als Fortschreiten und mehr als ein Höhersteigen vorgestellt hat. Seit alters her hatte man Gott räumlich oben gedacht, erinnert seien das Bild der Himmelsleiter, aber auch die Aufstiege über Tempeltreppen. Daß die Gefahr kurz vor dem Ziel, wie John Bunyan für das Pilgern reklamiert, am größten sei, legt neben das Bild der Weite auch das der Höhe berechtigt hin, denn Abgleiten oder Abrutschen wird vor allem dann zum Problem, wenn durch die Höhe ein Abstürzen in Aussicht steht. Es gibt also gute Gründe, Petrarcas Bergbesteigung als Pilgerfahrt zu lesen. Aber das reicht nicht. Bleiben wir im Vergleich zu Faber: Außer der Differenz in der Zielsetzung und dessen Auswirkung auf die Berichterstattung hat Petrarca seine Besteigung genau und selbst vorbereiten müssen. Lange überlegt er sich, wen er dazu mitnimmt, dann aber betritt er ein Terrain, das, mit Ausnahme des Hirten, menschenleer ist. Es existiert auch kein Verhaltenscodex, der ihn im Steigen anleitet. Diesen wiederum hatten die frühen Pilger auch nur spärlich, aber sie bewegten sich nicht in sozial leeren Räumen, auch wenn sie so taten, als gäbe es die Ortsansässigen nicht. Der Imagination ungeachtet existierten die Menschen und mit ihnen ein sozialer Zusammenhang im Tal. Nicht so auf Petrarcas Berg. Bei ihm wird über das Soziale hinausgestiegen und auf ein anderes zugegangen: Natur als Empirie. Sie ist nicht wie die heiligen Pilgerstätten durch ein gemeinschaftstiftendes Signum geprägt. Auf dem Mont Ventoux war man tatsächlich allein, die Besteigung isolierte die Besteiger.

Über die Natur schreibt Petrarca viel weniger als Faber. Petrarca erwartet auf dem Gipfel des Berges keine offizielle Heilsstätte, im Gegenteil. Petrarca muß sich das Heil oben selbst herstellen. In der Isolation schließt er sich mit sich selbst kurz. Petrarcas Schreiben zentriert die Naturerfahrung als eine Heilsergehung des Selbst. Darin übertrifft Petrarcas Schreiben Fabers Darstellung.

Anstelle der Natur und Gottes verdoppelt sich der Mensch als ein zweifaches Selbst, das sich das Heil ersteigt, wie es sich das Heil erschreibt. In diesem doppelten Tun erstarkt der Mensch. Hier könnte man zu Recht einwenden, daß Petraca, wie Groh/Groh ausführen, den Brief erst 1353, also 17 Jahre später verfaßt hat, zu einem Zeitpunkt, wo der Adressat bereits tot war, und mit Mitteln, die die Vermutung eines fiktiven Dokuments, einer idealisierten Autobiographie erhärten. Außerdem habe er nur im Zugriff zu seiner umfangreichen Bibliothek diese dichte Beschreibung herstellen können, und die befand sich ja nicht in der Hirtenhütte. Das mag zutreffen, beeinflußt aber meine Argumentation nicht. Unbestritten ist, daß Petrarca diese Besteigung an einem Tag durchgeführt hat, Faber war über neun Monate auf Fahrt. Trotzdem oder gerade deshalb ist Petrarcas Bericht nicht weniger obsessiv. Sein Bergbericht ist wie ein Bild aufgebaut, Fabers Beschreibung ähnelt einer Abfolge der Schrift. Ein Ereignis reiht sich an ein anderes, bei Petrarca verschachtelt sich das Erlebte ineinander. Faber will von Ulm kommend ins Heilige Land, Berge treten dazwischen und erschweren sein Fortkommen. Petrarca setzt erst an diesen Hindernissen an, Verdichtung ist für Petrarca typisch und schreibt sich im Bericht fort. So gesehen ist Petrarca nur ein halber Pilger, die andere Hälfte bricht mit der Vorstellung des Fortschreitens, indem es genau deren Bruchstelle zum neuen Ausgangspunkt wählt. Er nimmt die Höhe als Ziel in Angriff, beginnt dort, wo die Pilger lieber etwas anderes hätten, die Ebene oder Fläche, wie Faber sagt, das Meer. Es macht weniger Schwierigkeiten.

Zwar hat Petrarca an diesem Bruch zu leiden, aber er vollzieht ihn konsequent. Die Auswege waren wenig attraktiv, hätten sie doch den Verlust des Zieles bedeutet. Man stelle sich das räumlich vor. Wenn man zu einem Berg kommt, kann man wieder umkehren, ziellos umherschweifen oder am Fuße des Berges sitzen wie einer, der resigniert hat, melancholisch die Welt betrachtend. Aber das war nicht Petrarcas Sache. Später findet man noch eine andere Möglichkeit: Der Berg wird durchstoßen. Den ersten Alpentunnel erbaut man 1480 zur „Verkehrserleichterung" in der Gegend des Monte Viso.[50]

Petrarca, der radikale Pilger

Petrarca, so könnte resümiert werden, war kein ganzer oder besser ein ganz und gar radikaler Pilger. Er nahm die Gottesvorstellung beim Wort, stieg in die Höhe und buchstabierte das Imaginäre ohne Umschweif neu im Extrem, d. h. außerhalb des normalen sozialen Rahmens. Im Bruch, als körperlich-bildhafte Konkretisierung versus die schriftorientiert-abstrakte Vorstellung, wird aber diese Differenz erst über Petrarca kenntlich. Er selbst war der Schrift kundig, zieht diese sogar auf dem Gipfel aus der Tasche und vertieft sich in sie. Aber gerade dieser Tatbestand verweist gleichzeitig auf ein anderes. Er muß die Schrift wiedererinnern angesichts dieser ungeheuren Gipfelaussicht, lauter Bilder voll der Farben und Mannigfaltigkeit, ein wahrer Naturgenuß, unvergeßliche Ästhetik. Er bremst sich ein und beginnt an einem Ort zu lesen, der ganz und gar kein Ort zum Lesen, sondern zum Schauen ist. Er hat ihn unter Einsatz aller Kräfte erreicht, lange darauf hingelebt. Ein seltsamer Ausgang, befremdlich für Interpretationen, Anstoß für divergierende Argumentationen und reichlich Stoff für neues Wissen.

Petrarca, der wunderlich frühe Bergsteiger, der zu einer Alpingeschichtsschreibung Anlaß gibt, die im und aus dem Bruch lebt, als Kulturerscheinung an einer Stelle angesiedelt, die ihren Träger, den Menschen, nicht unbedingt sucht, sondern eher vergißt und hinter sich lassen möchte. Unterm Strich aber dann doch wieder eine lange Geschichte über den Menschen vorträgt, so wie Petrarca, mehr als Faber, Einblick in sein Inneres gewährt, als reiche dieses Innen so weit nach unten wie der Berg nach oben. Dantes Trichter des Infernos drängt sich auf und die These, daß die Vertikale jene Dimension ist, an der des Menschen Innenraum zur Verhandlung ansteht. Sein Selbst-Verhältnis wird an der Höhe des Berges, im Stau der Materie diskutiert. Im Verhältnis zum Berg mißt der Mensch seine Leistungsfähigkeit zur Abstraktion. Sie wirft er im Höhersteigen in die Waagschale. Dem Fortschreiten setzt die Materie Grenzen, so wie der Mensch die Grenzüberschreitung vorantreibt. Immer noch ein Stück höher, steiler, ungewöhnlicher, der Schwere zum Trotz. Damit steigt auch die Gefahr des Absturzes, denn mit jedem Schritt höher kann man ein Stück tiefer fallen. Der Aufstieg ein Doppeltes: Er enthebt der Materie, indem man sie flieht, und man wird gerade in der Flucht von der Materie um so stärker angezogen.

WISSEN UM HÖHE UND ABSTRAKTION

ZUR FORMALISIERUNG VON WISSEN

Hinter der Schwere zum Trotz steht noch etwas anderes, das der Höhe abgerungen wird: Wissen. Das Wissen setzt sich aus der Umbenennung der Natur zusammen. Topographische Namen geben dem Höhenwissen eine Ordnung. Petrarca war auch Geograph und Kartograph. Er ließ die früheste Italienkarte entwerfen.[51] Faber benennt ein heute beliebtes Klettergebiet, das Wettersteingebirge, mit „Wettrach". Greifen wir aus der langen Tradition der Naturbezeichnung, einige frühe Beispiele heraus: Herodot soll ca. 445 v. einen Donaufluß „Alpis" geheißen haben; fünfzig Jahre später verfaßt Ktesias von Kuidos die erste Orographie; der griechische Geograph Dikäarchus führt um 300 v. die ersten Höhenmessungen durch, wodurch Raum zur Benennung weiter erschlossen wird; Erathostenes zeichnet 200 v. erstmals die Alpen in seine Erdbeschreibung ein, und ca. 375 n. Chr. entsteht die Tabula Peutingeriana.

Das Wissen um die Berge war eines, das sich der Höhe und damit dem Raum verschrieb. Der Raum mußte erst nach und nach erkundet werden. Diese Erkundung ist eine spezielle Art von Erfahrung. An den Ort gebunden, dehnte sich das Raum-Wissen aus, wie es mit ihm schrumpfte, wenn die Raumgrenzen, meist durch Kriege, verschoben wurden. Das legt die Vorstellung von einem Atmen des Denkens nahe. Krisen scheinen an den Übergängen zu liegen. In Oscar Peschels „Geschichte der Erdkunde" (1877) ist vom Wechsel räumlicher Begrenzung und räumlicher Erweiterung des Wissens die Rede. Die Grenzen müssen als Bewegung leidenschaftlich vorgestellt werden, d. h. in einem Zusammenwirken von Hoffnung und Enttäuschung, Angst und Gefahr, Macht und Gewalt, Gewinn und Verlust. Die Alpingeschichte schreibt sich durch die räumlichen Barrieren der Höhe. Sie sollen überwunden werden: Erinnert sei an Xenophons verlustreichen Rückzug im Winter oder, ebenso im Winter, Alexander des Großen Umgehungen und Überschreitungen entlegenster Hochgebirge im Osten; Hannibals Alpenüberquerung und König Philipps V. Versuch, den Gipfel des Haemus-Gebirges zu besteigen, worauf sich Petrarca auf dem Mont Ventoux besinnt. Nach unglaublichen Strapazen erreicht Philipps Heer am dritten Tag das Ziel – und auch nicht, denn die erwartete Aussicht, daß Schwarzes und Adriatisches Meer, Donau und die Alpen dicht nebeneinander liegen, für Philipps Kriegsplan gegen Rom von Bedeutung, wurde enttäuscht.

HINTERGRUND: 15. JH. ALS ZEIT DES ÜBERGANGS

Das 15. Jahrhundert kann als Konglomerat entgegengesetzter Bestrebungen gezeichnet werden.[52] Die ökonomischen Depressionen des 14. Jahrhunderts halten sich hartnäckig, erst in der zweiten Hälfte steigen die Bevölkerungszahlen wieder. Ungeachtet der Eigenentwicklung Italiens, das zur kulturellen Führung Europas aufstieg, kann mit H. Heimpel das 15. Jahrhundert als eine Zeit vorgestellt werden, in der man vor- und zurückschritt. Es mutet an, als lag man in Spannung und Vorbereitung auf große Ereignisse. Flasch betont, daß, um die Ursprünge der Neuzeit zu verstehen, das 15. Jahrhundert keinesfalls ausgeblendet werden darf.[53] Neue Universitäten wurden gegründet, die Paris den Rang abliefen; man darf auch nicht die internationalen Verflechtungen übersehen, die einer geistigen Wanderschaft zugute kamen. Herausgenommen seien nun einige wenige Denker dieser Zeit, die rückwirkend auf Petrarca ein klärendes Licht werfen, aber auch im voraus wegbereitend sind.

Gregor von Rimini diskutiert zu Beginn des Jahrhunderts freimütig die Ungewißheit der sinnlichen Erkenntnis und verfaßt gleichzeitig neben philosophischen, theologischen und kirchenpolitischen Schriften auch Abhandlungen über Astrologie und Geographie, die, vor allem „Imago mundi" von 1410, Columbus sorgfältig durchgearbeitet hat. Coluccio Salutati, der die Zivilisation in ein aktives Verhältnis zur Vergangenheit setzt und das abstrakte Schulwissen spätmittelalterlicher Philosophie hart kritisierte, griff Petrarcas Polemik gegen die Anmaßungen der Medizin, die Ungewißheiten der Physik und die unnütze Neugier der Naturkunde auf und gab ihr einen konkreteren historischen Sinn. Das führte zu einer Aufwertung des Menschen als Gegenstand des Wissens gegenüber ungewisser Natur.

Lorenzo Valla gab der Rhetorik ihren antiken Sinn zurück und bezog sie auf die juristische, pädagogische und politische Praxis, strich die Selbstbestimmung und die ethisch-regulierte Eigenverantwortlichkeit des Menschen heraus. In seinen frühen Dialogen „Über die Lust", das zu „Über den freien Willen" (ab 1435) umgearbeitet wurde (diese Freiheitsschrift wird von Leibniz wiedergegeben und fortgeführt), zog Valla die boethianischen Grundlagen in Zweifel. Dieses Buch, vielleicht das lebendigste, weil vielseitigste seiner Zeit, löst die Begriffsvermischung des Wortes „gut" von stoischer und platonischer Tradition, die behauptet, daß der Tugendhafte immer auch glückselig sei, zugunsten einer Trennung in Tugend und Glück auf.

Nicht zu unterschlagen Cusanus, der nicht nur die Antike mit dem Kirchenschriftsteller Dionysius synthetisierte, sondern vor allem auch der Naturforschung eine neue Grundlage schuf. Das „Wissende Nicht-Wissen" und die „Mutmaßungen" räumten mit der Zweiteilung des Kosmos auf, die einen Graben zwischen der himmlischen und terrestrischen Physik aufriß, die das Forschen lähmte. Für ihn ging es um die Überwindung der Gegensätze, da die Natur als ein bewegtes Durchdringen zu denken sei, das nur der Verstand (ratio) trennt. Er baut auf die kreative Selbstentfaltung des Menschen, ähnlich wie nach ihm Giannozzi Manetti, ein Freund Leonardo Brunis, der Epikur rehabilitierte. In „Über die Würde und den Vorrang des Menschen" widerlegt Bruni Punkt für Punkt die monastische Lehre über das Elend des menschlichen Lebens, repräsentiert in der Schrift „Über die Verachtung der Welt" von Papst Innozenz III. Bruni entwirft den Menschen in christlich-humanistischer Absicht, d. h. ein Wesen, das für ein vergnügtes, glückseliges Leben geschaffen ist, wobei die Welt das Haus des Menschen sein soll. Neben Cusanus' „Idiota" bildet Manettis Lobpreis des Menschen von 1451/52 ein eindrucksvolles anthropologisches Dokument. Es leitet den Individualismus ein, der zur „Vollendung der Persönlichkeit" drängt.

Leon Battista Alberti, ein Wunderling, der im Gehen, Reiten und Reden untadelhaft sein wollte, bastelte einen Guckkasten, durch den er den nächtlichen Aufstieg des Mondes über das Felsgebirge beobachtete. Gleichzeitig verfolgten ihn Alpträume, Bilder des Grauens und der Absurdität als Kehrseite der allzu drastischen Realitätssicht. Der Zusammenhang zwischen Tugend und Weltlauf, menschlicher Tätigkeit und Natur blieb ihm zeitlebens ein problematischer, erinnert an Beckett und an die Bilder des Hieronymus Bosch.

Neben Marsilio Ficino, durch den die platonische Gesamtkonzeption des Kosmos neue Aktualität erhielt, sowie die Unsterblichkeit der Seele und die Magie, welche als aktive Weltgestaltung (Technik) hervorgehoben wird, ist vor allem Giovanni Pico della Mirandola zu nennen, der, knapp 20 Jahre alt, nicht weniger als 900 Thesen formuliert, zu einem Philosophenkonzil nach Rom einlädt, keine Form des Wissens verachtend, um seine kecken Ansichten zur Diskussion zu stellen. Anthropologisch aufregend ist seine Vorstellung, die Würde des Menschen bestehe darin, daß der Mensch als einziger nicht festgelegt sei, sondern er habe an allem nur teil.

Es wundert nicht, daß dieser für 1486 geplante Kongreß nie stattgefunden hat; die päpstliche Kurie verbot das Treffen, zensierte Picos Thesen, und er mußte vor der Inquisition nach Frankreich fliehen. Im Jahr 1494 starb er, 31jährig, vermutlich durch Giftmord.

Der Mensch, der sich selbst denkt

Die Freigeister des 15. Jahrhunderts, könnte man resümieren, so different sie sind, lassen sich als geistig-körperliche Nomaden vorstellen, vielfach zum Exilieren gezwungen. Sie nahmen das Brüchigwerden nicht nur wahr, sondern suchten mit der Verunsicherung konsequent umzugehen. Nahezu leidenschaftlich übten sie Verbindungen des Inkommensurablen, trennten aber auch durch den Zeitlauf Vermischtes.

Das läßt sie frei erscheinen und macht sie heute lesenswert. Es war ein Sitzen zwischen zwei Stühlen, ohne abzusinken, da immer deutlicher auf sich selbst zentriert. Die Angst vor Selbstverlust kehrt sich in Selbstgewinn unter dem Ziel, ein Wirkliches als Neuordnung von Natur und Welt zu erretten. Dabei kommt der Mensch selbst zur Welt. In dieser frühen, damals schrägen Anthropologie fällt sein Gegenstand bereits paradox aus.

Ein Bild: Der Mensch fängt an, sich in einem Wissen über sich selbst einzuatmen, das ihn ausdehnt, indem er sich verschlingt. Ohne den Menschen, der sich selbst denkt, kann nichts mehr gedacht werden. Der Mensch kann sich selbst aber nicht ausdenken, er bleibt im Nachdenken. Was anfangs als große Befreiung wirkt, stellt sich später als Gefängnis heraus. Mit jedem Einatmen wird das Fremde aufgesogen, im Ausatmen als Eigenes entlassen. Die menschliche Expansion enthält die Schrumpfung als ihr Gegenteil.

1492: Antoine de Ville – ein selbsterdachtes „Ich" in Atemnot und Schwindel

Nachdem das Kap der Guten Hoffnung umsegelt war, aber noch bevor die erste Eintragung in das Bordbuch des Christoph Columbus erfolgt und Spanien zur Weltmacht aufsteigt, unterzieht sich eine kleine Gruppe von Auserwählten in den französischen Voralpen einer Kraftprobe der besonderen Art auf dem Land. Ein Leiternbauer und Steinmetz mußte eigens aus Montpellier anreisen, damit die Erkletterung des Mont Aiguilles, des „mons inaccessibilis", gelingen kann. Antoine de Ville, Gutsherr von Dompjulien, dringt auf Geheiß König Karl VIII. bis auf den Gipfel vor. Dort verfaßt er einen Bericht, der zur „Magna Charta des Alpinismus" aufsteigt und mit dem großen Wort „Ich" anhebt. Dieses Ich setzt sich von Anfang an gegen das gemeine Volk ab, spricht in Superlativen und positioniert sich mit wenigen Mitstreitern zuvorderst auf der Leistungskala.

„Ich mache darauf aufmerksam, daß nur wenige von den Leuten, die uns hier oben sehen werden und auch den Weg erblicken, den wir gegangen, es wagen dürften, unseren Spuren zu folgen, denn es ist der fürchterlichste und grauenerregendste Weg, den ich oder ein Mitglied unserer Gesellschaft je bestritten haben."[54] Angesichts einer solchen Ausrufung gerät der Atem ins Stocken, zudem weiß man, daß die Partie eine halbe Meile auf den schwindelerregenden Leitern aufwärts geklettert ist und dann noch doppelt so weit bis zum Gipfel. Von diesem spektakulären

Ereignis einmal abgesehen, verlangt das Bergsteigen ganz allgemein, respektive der Anstieg, einen außergewöhnlichen Atem. Er muß lang sein, Ausdauer ist alles. Kein langer Atem wäre eine empfindliche Störung für den Gehrhythmus. Je höher man steigt, desto eher verläßt einen der Atem. Wer eine ausgesetzte Kletterpassage angeht, tut gut daran, kurzzeitig den Atem anzuhalten, damit er nicht aus dem Gleichgewicht gerät.

In den frühen Berichten ist da und dort von Atemnot die Rede. Fazio degli Uberti schildert in seiner gereimten Kosmographie (um 1360) die weite Aussicht vom Gebirge Alvernia. Er muß aber, meint Burckhardt, schon viel höhere Gipfel gekannt haben, da er von Blutwallen, Augendrücken und Herzklopfen berichtet, Phänomene, die sich, außer bei völliger Untrainiertheit, erst mit mehr als 10.000 Fuß einstellen.[55]

Den Corno Centrale des Gran Sasso d'Italia erobert 1573 Francesco de Marchi „über solche Felsadern, auf denen das Gehen arg beschwerlich ist".[56] Die Schwierigkeit des Weges korrespondiert mit einer Beschwernis des Atmens. Bisweilen gesellt sich sogar Schwindel hinzu, die Tiefe wächst mit der Höhe, die Sauerstoffzufuhr, den Kopf gegen oben gerichtet, läßt nach, es entsteht Blutleere.

Gabriel Walser weiß Abhilfe: „Wird man aber von dem Schwindel befallen, soll man sich auf den Bauch zur Erde niederlegen." Außerdem warnt er prophylaktisch vor dem Genuß „allzu fetter Speisen" im Gebirge, denn „die Luft ist dünn, und der Magen mag es nicht ertragen".[57] Später bei Saussure geht es nur mehr um das Atemholen. Endlich auf dem Gipfel des Mont Blanc angekommen, spannen die Führer ein Zelt aus und richten einen kleinen Tisch auf, „worauf ich den Versuch mit dem Sieden des Wassers anstellen sollte. Allein da ich mich anschickte, meine Instrumente zurechtzulegen und zu beobachten, fand ich mich jeden Augenblick bemüßigt, meine Arbeit zu unterbrechen und das Atemholen mein einzig Geschäft sein zu lassen."[58] In diesem Beispiel ist aber noch weit mehr ausgesagt. Es handelt von systematischen Versuchen in und mit der Natur, von naturwissenschaftlichen Experimenten, die spezielle Werkzeuge benötigen, und ausgeklügelte Beobachtungsverfahren, die auf ein langes Vorwissen aufbauen. Saussure markiert vorläufig das letzte Glied in einer Kette, die sich bis ins 18. Jahrhundert sukzessiv als facettenreiche Obsession des Natur-Wissen-Wollens verdichtet. Mit dieser Obsession gehen Schwindel und Atemnot einher. Dem Einatmen, als gewaltiges Ausdehnen des Wissens über die Natur, folgt auf dem Fuß die große Ventilation in der Expeditionsliteratur des 20. Jahrhunderts. In ihr setzt eine exzessive Entlüftung des Menschen ein, als ginge ihm gefährlich die Luft aus, an Orten, wo Sauerstoff ohnehin Mangelware ist und mithin zur äußersten Einschränkung menschengerechten Luftholens zwingt. Oder anders gesagt: Im 20. Jh. sucht der Mensch höchstgelegene Orte auf, die das Atmen nicht gewährleisten. Um beim Bild zu bleiben: Es sind Orte, die somit auch der Ausdehnung von Wissen Einhalt bieten. Womöglich wird gerade die Wissensbegrenzung befreiend erlebt.

TECHNIK UND TECHNIKVERZICHT:
PROTHETISIERUNG UND BEARBEITUNG DES KÖRPERS

Antoine de Ville hat den Weg mit Leitern gesichert, Saussure ließ unzählige Meßgeräte auf den Berg schleppen, Messner verzichtet auf Sauerstoffflaschen. Alle drei sind für ihre Mission sorgfältig ausgerüstet. Für jedes Ziel wird die richtige Ausrüstung mitgeführt, bis der Verzicht auf Ausrüstung selbst Ziel wird. Mit diesem Titel betreten wir zweifellos gleich mehrfach ein unübersehbares Feld der Reflexion. Die Alpingeschichte ließe sich allein unter dem Gesichtspunkt der Technik in Form von Ausrüstung neu schreiben, ohne museal zu erstarren. Ich bin gezwungen, mehr noch als sonst, auszuwählen, aber auch dann öffnet sich an jeder erdenklichen Stelle die Möglichkeit, in ein Bündel unterschiedlichster Diskurse zu geraten, ohne diese allerdings ganz entwirren und an wenigen allgemeinen Überlegungen befestigen zu können. Auch wenn das gelänge, wäre man immer noch nicht dessen enthoben, daß die Kraft einer Aussage durch die Analyse eher verliert, als in der Zuspitzung des scheinbar Unvereinbaren gewinnt. Ich konzentriere mich auf eine phänomenologische Sichtweise und beginne mit der Gegenwart.

Bild 1: Reinhard Karl unter der Sauerstoffmaske am Everest

Ein Bild von vielen: ein bis zur Unkenntlichkeit vermummter Bergsteiger auf dem Südsattel des Mt. Everest. Gletscherbrille, weißes Kopftuch, Nase und Mund von einer dunklen Sauerstoffmaske restlos bedeckt. Man wird an eine Intensivstation erinnert. Es handelt sich um Reinhard Karl, der dem Brennpunkt seiner Wünsche entgegensteigt: „Um sechs Uhr verlassen wir beide (der zweite ist Oswald Ölz, HP) das Zelt. Kalter Wind bläst uns ins Gesicht oder was davon noch frei ist. Es ist keine Erlösung, als ich die ersten Schritte mache. Ich weiß, daß ich mich sehr quälen kann, auch dann, wenn es gar nicht mehr geht. Die Sauerstoffsysteme machen einen schönen Lärm. Jeder Atemzug wird zu einem Fauchen verstärkt. Durch die Maske und die Gletscherbrille, die Daunenanzüge, die bleischweren Wärmeschuhe und die 15 Kilogramm Sauerstoffflaschen im Rucksack komme ich mir eher wie ein Mondfahrer oder ein Tiefseetaucher vor, der sich hierher verlaufen hat. Alle Umwelt ist von mir abgeschottet. Ich bin ein keuchendes Ungeheuer, das dumpf einen Schneehang hochstapft."59 Es handelt sich um eine Expedition der Rekorde. Horst Bergmann dreht einen Film, Franz Oppurg erreicht als erster allein den Gipfel. Reinhold Messner ist dabei und Peter Habeler, die denselben Aufstieg anders bewältigen werden, auch oder gerade weil es viele Zweifel gibt vor allem seitens der Medizin: Sie werden die ersten sein, die by fair means den höchsten Punkt der Erde erreichen, auch wenn Habeler kurz vorher einen Rückzieher machen will. Aber Messner bleibt hart: „Peter wäre vorausgestiegen, er hätte gespurt, er hätte die Verantwortung getragen. Er hätte mir Sauerstoff aus der Flasche geben können, wenn mir plötzlich schlecht geworden wäre. Die Ungewißheit, die zu einem solchen Abenteuer gehört, hätte gefehlt. Mein Experiment, den Mount Everest physisch und auch psychisch als Berg zu erfahren, wäre nicht möglich gewesen. Wir hätten uns selbst betrogen. Dann ging ich lieber allein. Entweder wir steigen beide ohne Maske, oder wir mußten uns trennen."60 Man trennt sich nicht, das Vorhaben glückt.

17 Jahre später, genau am 13. Mai 1995 um 12.08 Uhr, grüßt die 33jährige Britin Alison Hargreaves ihren Mann und ihre beiden Kinder via Handy in Schottland: „Ich bin auf dem Dach der Welt und liebe euch von Herzen!"61 Auch sie steigt ohne zusätzlichen Sauerstoff, aber auch ohne die Unterstützung von Ausrüstungsdepots oder Sherpas als erste Frau im Alpinstil auf den Everest. Damit erfüllt sie sich einen „alten Kindertraum", das kleine Farbbildchen fängt ihre Freude ein, ihr Gesicht ist frei von Sauerstoffmaske und Schläuchen, ein Stirnband, Anorak, Rucksack, zwei Eisbeile, strahlendes Wetter und Schnee. Aus dem Text geht nicht hervor, ob diese Aufnahme tatsächlich vom Everest ist, aber das ist nicht entscheidend.

Exkurs: Besteigungsgeschichte des Mount Everest

Hargreaves setzt den Schlußpunkt in einem immer vorletzten Satz der langen Geschichte um den Everest-Gipfel, dessen Anfang fälschlicherweise dem ersten Gipfelsieger, Sir Edmund Hillary, zugedacht wird. Er leitet, 1953, mit 15 Kilo Sauerstofflast am Rücken und nicht allein unterwegs, höchstens ein neues Kapitel im großen Buch des Everest ein und profitiert von all denen, die vorher erfolglos blieben, aber nicht ohne Wissen zurückkamen, jedoch für noch verrückter gehalten wurden: Sir Francis Younghusband, der 1904 in Lhasa dem Dalai Lama die Zusage abringen konnte, daß britische Expeditionen gelegentlich im tibetischen Himalaya bergsteigen durften. Oder Dr. Kellas, der die Möglichkeit studierte, über Darjeeling zum Nordfuß des Everest zu gelangen. John Noel, der unerlaubt als Einheimischer verkleidet nach Tibet reist und bis etwa 60 km an den Gipfel herankam. 1921 brach dann die erste große Expedition auf, dabei die fähigsten Bergsteiger ihrer Zeit: George Leigh Mallory, Finch, Longstaff u. a. Doch diese „Aufklärungsexpedition" war noch zu schlecht vorbereitet, es dauerte zwei Monate, ehe man einen Weg zum Ostrongbuk-Gletscher fand. Dann aber gelang es, bis auf ca. 7000 m Höhe vorzudringen, und man wußte, der Everest kann erstiegen werden. Zurück in London wurde ein „Mount Everest Commitee" gegründet, und man startete weitere Angriffe. Vorher unterzog man sich physikalischen Versuchen; die Tests bewiesen, daß ein Mensch in einer Höhe von 9100 m mit Hilfe von Sauerstoffapparaten überleben konnte. In leichten Stahlzylindern führte man Sauerstoff mit und erreichte 1922 bereits eine Höhe von 8321 Meter: „Wir waren so nahe, daß wir einzelne Steine eines kleinen Geröllhaufens sehen konnten, der genau am Endpunkt lag." Doch sie erlitten „Tantalusqualen" und wagten nicht, weiterzusteigen, „wir kämen nicht lebend wieder zurück". Das Basislager glich mittlerweile einem Feldlazarett, aber Mallory und Somervell wollten nicht aufgeben, sie starteten einen letzten Versuch. Eine mächtige Lawine aber setzte dem Aufstieg ein Ende, sieben Träger waren tot. Das tat dem Interesse an diesem Berg keinen Abbruch, im Gegenteil. 1924 kommen sie wieder, am 6. Juni steigt Mallory, diesmal mit Irving, vom Nordsattel auf. Kurz nach Mittag entdeckt Odell, der allein in das von den beiden verlassene Lager IV nachrückt, zwei winzige Figuren oben auf der Gratschneide. Dann zieht der Nebel wieder zu, und mit ihm bleibt der Rest ein Geheimnis. Die beiden sind nicht wieder aufgetaucht. Odell sucht sie, ohne Sauerstoffzufuhr, vergebens bis auf 8220 Meter. Die folgenden Besteigungsversuche spare ich hier aus.62

Mit der radikalen Reduktion künstlicher Hilfsmittel setzt 1978 dann ein weiterer Abschnitt im Everest-Buch ein, in den sich bereits eine Reihe weiterer BergsteigerInnen eintrugen. Nebenbei möchte ich erwähnen, daß es Wanda Rutkiewicz, die acht Achttausender bestiegen hat, 1986 gelang, gemeinsam mit Liliane Barrat, als erste Frau den viel schwierigeren K 2 ohne Sauerstoff zu ersteigen. Das, was noch vor weniger als 20 Jahren unvorstellbar war, ist heute normal. Ob dieses

Weniger an Technikeinsatz ein Mehr an Erlebnis bedeutet, kann hier nicht entschieden werden. Interessant ist der freiwillige Verzicht auf zusätzliche Künstlichkeit seit den späten siebziger Jahren zweifellos. Diese Umkehrtendenz geht mit dem Aufkommen des Sportkletterns einher.[63]

Bild 2: Wolfgang Güllich ohne Seil in „Separate Reality"

Ein spärlich bekleideter Kletterer hängt am äußersten Rand einer weit ausladenden Dachkante. Kurze bunte Hose, Magnesiumbeutel, Kletterpatschen, kein Helm, kein Hüftgurt, kein Seil. Das rechte Bein in einem Spalt an der Kante fixiert, beide Arme an einem Griff über ihr festhaltend. Es ist eine rasche Bewegung zu erwarten, mit der er sich schließlich stabilisieren wird, noch hängt das linke Bein frei in der Luft. Es handelt sich um Wolfgang Güllich, der am 11. Oktober 1986 solo durch die Route „Separate Reality" steigt, eine der damals schwierigsten Routen im Granit, 200 m über dem Merced River im Yosemite Valley.[64]

Bildervergleich: zwei Formen härtester Selbst-Disziplinierung

Auf den ersten Blick scheinen beide Bilder nichts miteinander zu tun zu haben, außer daß sie Menschen beim Aufstieg zeigen, die auf eine nahezu unvorstellbare Weise diszipliniert sind. Zieht man jedoch ein Stück alpine Geschichte hinzu, rücken beide Darstellungen einander deutlich näher.

Sie sind durch die Tendenz, kontinuierlich an Gewicht zu verlieren, miteinander verbunden. Durch Gewichtsreduktion können immer schwierigere Ziele gesetzt werden. Umgesetzt werden die Ziele über hartes Training und Ausrüstung, die sich genauestens auf die je unterschiedlichen Bedingungen einstellt bis zu dem Punkt, wo der Körper selbst wie ein Ausrüstungsgegenstand funktioniert, d. h. die Technik als Körperbeherrschung in den Leib eingewachsen ist.

TECHNIKGESCHICHTE: ZUR ENTWICKLUNG VON AUSRÜSTUNGSGEGENSTÄNDEN MIT SUKZESSIVEM GEWICHTSVERLUST

Etymologisch: Aus-Rüstung

Etymologisch habe ich das Wort „Ausrüstung" nur unter Entfall des „Aus" finden können, als wäre kein Ende abzusehen. Rüstung bedeutet im 16. Jh. Gerät, Werkzeug, Baugerüst, Schutz- und Trutzwaffe des einzelnen, Bewaffnung, die sich vom mhd. „panzer" herleitet; um 1000 war darunter noch Einrichtung zu verstehen und im 8. Jh. aengl. Schmuck, Schatz und Behänge, Waffen. Ausrüsten scheint mehr auf die Wäsche bezogen zu sein und ist unter „ausstaffieren" und „ausstatten" zu finden.[65]

Diskursivierung der Bergausrüstung: Perioden

Geht man auf die Suche nach alpiner Ausrüstung, dann fällt einem zunächst die Berichtfülle im Ausgang des 19. Jahrhunderts auf. Die Durchsicht der vielgelesenen Fachzeitschrift „Mittheilungen des Deutschen und Oesterreichischen Alpenvereins" legt eine Periodisierung wie folgt nahe.

a) 1863–1875: Unsystematische Sammlung/ Grundsatzdiskussion

Vom erstmaligen Erscheinen der „Mittheilungen" 1863 bis zum Jahr 1875 ist die Ausrüstung kein bedeutendes Thema. Von den insgesamt sieben einschlägigen Berichten überwiegen die „Allgemeinen" mit sechs. Genauer besehen sind unter der Rubrik „Allgemeines" zwei verschiedene Texte zu unterscheiden:

1. Die unsystematische Sammlung von Reise-Utensilien, wie Eispickel, Gletscherseile, Podometer (= Schritt- und Wegmesser), Fleischkonserven, Englische Regenröcke, der Steirische Bergofen u. ä. m. Die Notizen sind kurz, sie beinhalten die Bezugsquellen dieser Gegenstände, d. h. die Angabe des Herstellers und den Ort, wo man den gewünschten Gegenstand erstehen kann. Außerdem erhält man präzise Angaben bezüglich Längen, Größen, Gewicht und Preis.

2. Die anderen Texte sind als Grundsatzliteratur zu werten. Sie versuchen des langen und breiten zu erklären, weshalb es wichtig sei, sich um die richtige „Bekleidung und Ausrüstung der Fußreisenden im Gebirge" zu kümmern, wobei das Gewicht dieser Ausrüstung entscheidet. Loden-Wettermäntel sind beispielsweise absolut nicht empfehlenswert, da sie durch die Nässe furchtbar schwer werden und das Gehen beträchtlich behindern, auch wenn sie ein guter Schutz sein mögen. Man solle generell eher zu leichten Gummimänteln greifen. Diese Ratschläge setzen sich bis hin zur Brille und zum richtigen Zündholz fort.[66]

b) 1876–1885: Ausdifferenzierung und Ordnung

In den folgenden 20 Jahren wird die Ausrüstung ein sehr wichtiges Thema: Im Zeitraum von 1876–85 werden 22 einschlägige Beiträge veröffentlicht, in denen die Fuß- und sonstige Bekleidung der absolute Renner ist (7); ihr folgen die Optischen Geräte (4) und die Medizin, wie Verbandszeug, Medikamente, Hygiene, sowie Laternen u. ä.[67]

c) 1886–1895:
Ausrüstungsboom und Belehrungen

Meinen Recherchen zufolge wurde die Quantität der Texte, die über die Ausrüstung handeln, seitdem nie mehr überboten, zumindest nicht in dieser Fachzeitschrift. Insgesamt erscheinen 61 Notizen zum Thema. Zu den bereits bekannten Gegenständen kommen viele neue hinzu: Nahrung (18), Schneereifen (12), Steigeisen (4), Rucksack in Gestalt eines Tornisters (6), Feldflaschen und Trinkbecher (11), Eispickel und Bergstock (3); aus den bereits früher diskutierten Optischen Geräten wird der Photoapparat gesondert behandelt (4). Auffallend ist, daß bereits drei ausführliche Artikel zur „Geschichte der Ausrüstung" erscheinen. Sie beurteilen das bisher Erfundene und Besprochene, bringen die einzelnen Gegenstände in eine Ordnung, die sich zum alpinen Ausrüstungswissen verfestigt. In dieses Wissen geht die Belehrung in bezug auf Unfallverhinderung ein, die ersten alpinen Lehrschriften entstehen im Zusammenhang mit der Diskursivierung diverser Ausrüstungsgegenstände.[68]

d) 1886–1904:
Die Bergausrüstung macht den Bergsteiger

In dieser Zeitspanne ist eine gewisse Änderung in der Diskursivierung bemerkbar. Zwar werden nach wie vor Ausrüstungsgegenstände vorgestellt und empfohlen, d. h. die Ausdifferenzierung des Angebotes setzt sich fort, zugleich aber beginnt eine Entdifferenzierung. Nach und nach wird die Bergausrüstung unter der Rubrik „Verschiedenes" gesammelt, als gehörte es mittlerweile zur gewohnten Voraussetzung, daß Bergsteiger gut ausgerüstet sind. Zugleich wird von einzelnen Firmen für Ausrüstung geworben, ganz ähnlich unseren heutigen Anzeigen in den einschlägigen Bergzeitschriften. Und noch eines: Man sorgt sich nicht nur um die Fußbekleidung des Bergreisenden, sondern bereits um seinen Fuß. Dadurch eröffnet sich die Möglichkeit, immer noch Spezielleres herzustellen bis hin zur Bergsteigerfußsalbe. Nicht nur, daß darin ein Wichtigwerden des medizinischen Sprechens zum Ausdruck kommt, welches sich allerorten um die Gesundheit einschließlich (und vorrangig) der Prophylaxe des Alpinisten sorgt; durch die Spezifizierung wird der Bergsteiger noch deutlicher von den anderen Menschen abgegrenzt und herausgehoben: Es heißt nicht Proviant, sondern Bergproviant, zu dessen Eigenart vor allem die Gewichtsreduktion bei gleichzeitiger Konzentrierung zählt. Man kann „Touristenbrot" kaufen, das ist ein Trockenbrot, z. B. „Roggenzwieback"; oder auch Dörrgemüse, kondensierte Milch wie die „Allgäuer Trockenmilch". Das Leichtwerden der Nahrung geht einher mit einer bestimmten Art des Verpackens: Büchsenbrot, Fleischextrakt in Zinntuben, sogar auf „Reisekompott" muß nicht verzichtet werden; man stellte auch Marmeladen in Zinntuben her. Der Bergsteiger ist also derjenige, der anders lebt und sich auf eine andere Art und Weise mit seinem Körper beschäftigt. Ein Artikel befaßt sich daher bereits mit dem „Bergsteigen im Zimmer". Um sich selbst gesund zu erhalten bzw. sich in den Bergen vor Krankheiten zu schützen, steckt man sich die „Taschenapotheke" ein u. ä. m. Alles wird leicht, handlich und beweglich.[69]

Zwischenbetrachtung: Technik inkorporiert sich als perfektible Bewegungstechnik

Diese Fakten müßten im einzelnen noch ausgewertet werden. Ich begnüge mich mit diesem Abstecher, da in ihm Wesentliches für meine Argumentation aufscheint.

a) Zum einen werden die Gegenstände immer leichter, was eine Leistungssteigerung zur Folge hat (man vergleiche allein die Erschließung der ersten Kletterwege in den großen Alpenwänden). Man wird schneller, beweglicher und damit sicherer. Genau darauf setzte man als Antwort auf die rapide Zunahme der Alpinunfälle in der letzten Hälfte des vorigen Jahrhunderts. Die Unfälle wurden in den aufkommenden Unfallstatistiken immer genauer nachgewiesen, wodurch, als eine Art Nebeneffekt, erst die Bestimmung dessen, was Bergsteigen ist, möglich war. Mit der Versprachlichung und Verschriftlichung der Ausrüstung, ebenso fixer Bestandteil der alpinen Berichterstattung um die Jahrhundertwende, erreichte man ähnliches. Einerseits koppelte man Unfall mit Ausrüstung, mit der Folge, daß bis heute primär auf einen technischen Diskurs im doppelten Sinn gesetzt wird: Verbesserung der Ausrüstung und Verbesserung in den Methoden, diese Ausrüstung richtig zu gebrauchen und zur Anwendung zu bringen. Im Kopf des Lesers verbinden sich unmerklich zwei zunächst unterschiedliche Vorstellungen von Technik zu einer einzigen. Die Technik des Bergsteigens wird zur Taktik, im richtigen Moment die richtige, durch Ausrüstung mitgeformte Bewegung zu vollziehen. Das nicht zu tun oder zu können, bedeutet immer auch ein moralisches Vergehen: Die exakten Zahlen der Unfallstatistik und die umfänglichen Diskussionen um die Ausrüstung sind Normierungen, sich am Berg richtig, das heißt als „Bergsteiger" zu verhalten. Und umgekehrt, über das richtige Verhalten werden immer noch und immer wieder Abweichungen davon festgestellt, die zu weiteren Unfällen führen, was wiederum die Ausrüstung in ihrer Differenzierung und die Unfallstatistik in ihrer Genauigkeit vorantreibt. So bedingen einander Verhalten, Unfall und Ausrüstung unaufhörlich gegenseitig und binden sich in die Ordnung von Recht, Gesetz und Kontrolle ein.

b) Zum anderen ist die Ausrüstung auch ein Symbolträger. Er grenzt den Bergsteiger vom Nichtbergsteiger ab und zeigt darüber hinaus, wer zu welcher Leistungsklasse gehört. Das aber scheint für heute nicht mehr zu stimmen, ja geradezu das Gegenteil ist der Fall: Die Besten sind am wenigsten beschürzt. In der engen Konnotation von Ausrüstung und Unfall ist der Schuß nach hinten losgegangen. Normalverbraucher und Nichtgeübte sind genausogut, wenn nicht besser als Profis ausgerüstet (auch wenn der Halbschuhtourist auf den Gletschern noch zu finden ist). Nicht die mangelnde Ausrüstung, so neuere und neueste Analysen, sind die Ursache von Unfällen. Eher kann von einem Übergerüstetsein gesprochen werden, d. h. das Problem liegt an einer anderen Stelle. Die High-Tech-Geräte werden in ihrer Kompliziertheit nicht richtig bedient. Die unsachgemäße Anwendung von Steigeisen verursacht, trotz oder gerade wegen ausgereifter Technik, nach wie vor böse Unfälle. Mit ihnen auszugleiten hat ein mehrfaches Überschlagen mit schlimmen Hautverletzungen zur Folge, ärger als das Ausrutschen mit bloßen Bergschuhen. Dasselbe gilt für die Seilbedienung insbesondere in Klettergärten, wobei das Seil, der Hüftgurt und die Kletterpatschen einwandfrei sind, nur eben das Seil falsch in den Karabiner geschnappt wird. Das unrichtige Anschließen von Sauerstoffflaschen kostet wie ehedem so manchen den Gipfelsieg, wie der zur Gänze ausgezogene und vollgefüllte 80-Liter-Rucksack den einfachen Wanderer zu rasch ermüdet und dadurch gefährdet. Der Vervollkommnung der Ausrüstung scheint eine Unverbesserlichkeit des Menschen gegenüberzustehen. Ausrüstung macht diese nicht wett, sie scheint das Unverbesserliche erst hervorzuholen und zu verstärken.

WENIGER IST MEHR:
DER KÖRPER SELBST STEHT AUF DEM SPIEL

Ein Mehr an Technik bedeutet letztlich ein weniger an Sicherheit, wenngleich auf Unsicherheit nach wie vor mit Verbesserung der Ausrüstung reagiert wird. Auch die Presse setzt ungebrochen auf die richtige Ausrüstung als einzige Verläßlichkeit. Die Weltklasse-Bergsteiger und Kletterer belehren uns jedoch anders. Sie lassen immer mehr Ausrüstung weg, auch wenn diejenige, die zum Einsatz gelangt, erstklassig ist. Was Reinhold Messner für das Expeditionsbergsteigen vorgeführt hat, entspricht beim Sportklettern dem Experiment von Wolfgang Güllich. Weniger ist mehr. Die Vervollkommnung liegt anderswo.

Man rüstet den Körper ein

Für die sinnliche Wahrnehmung ist das „mehr" zunächst verborgen. Es scheint erst auf, wenn man der alpinen Avantgarde ins Hinterzimmer folgt, sprich in die Trainingskammern, Orten der Selbstinquisition. Das Weniger an Technik wird in unsäglichen Körper-Torturen mit einem Mehr an Kraft nachgerüstet, so als würde die Ausrüstung in den Leib eingerüstet. Den vollkommen trainierten Körper, der absolut nichts für sich beansprucht, sondern sich restlos in Leistung übersetzt, gibt es nicht. Immer genauere Meßverfahren registrieren jede kleinste Abweichung vom Ideal. Wie aber wird dieses vorgestellt? Michael Larcher, Extrembergsteiger und Spitzenkletterer, resümiert prägnant: „Einerseits muß man das Körpergewicht reduzieren, ideal wäre Körpergewicht ist gleich Null. Und gleichzeitig trainiert man seine Unterarme, seinen Körper, seine Muskeln, um ein möglichst hohes Maximalkraftniveau zu erreichen."[70]

Beginnt man nun, sich diesen Idealleib vorzustellen, kommt man nicht weit. Welcher Körper hat kein Gewicht? Auch wenn man, wie bei elektronischen Maschinen, ein optimales Input-Output-Verhältnis erzielt, ein zumindest geringes Eigengewicht und eine gewisse Störanfälligkeit bleiben. Nichts zu wiegen, keine Masse zu haben, aber alles zu vermögen und können, das liegt nicht im Bereich des Menschlichen, sondern Göttlichen.

Das leidige Problem mit dem Körpergewicht: Fasten

Die Perfektionierung der Körperbeherrschung und der dazugehörigen Affektkontrolle funktioniert so leicht nicht. Beides setzt jedem einzelnen tagtäglich zu. Ein Thema ist allgegenwärtig: Fasten, möglichst nichts essen. Der Sportkletterer Reinhold Scherer erzählt in einem Interview über seine Eßpraktiken, er verzichte montags, dienstags und mittwochs auf die Aufnahme von Nahrungsmitteln. Er steht mit dieser Askese nicht allein da, Michael Fadinger, Claus Candito, Marcus Zeindl kämpfen ebenso tagtäglich gegen ihr Körpergewicht.[71] Reinhard Karl, Protagonist von Bild 1, beschreibt bereits 1982: „Für diese neuen Schwierigkeitsgrade ist Training notwendig, ausgefeiltes, systematisches Training, Diät, keine Hamburger mehr, keine Drogen mehr, analytisches Denken, um die komplizierten Kletterzüge in der richtigen Reihenfolge und mit der richtigen Belastung zusammenzubekommen. Eisenharter Wille und Disziplin – Arbeit ist ein Spiel gegen dieses Training."[72] Doch das Training fruchtet. Diritissimas, die bis vor 20 Jahren noch artifiziell geklettert wurden, werden heute frei gemacht, ohne Sicherungspunkte zum Ruhen oder Fortbewegen zu benutzen. An ein und derselben Route hat sich die Schwierigkeit und damit die Herausforderung beträchtlich gesteigert, aus einer VI+- ist eine VIII-Stelle geworden. Sie wird durch mehr Beweglichkeit, Schnelligkeit und Krafteinsatz gemeistert. Wenn man weniger Kraft zum Halten des Körpers und der Ausrüstung verbraucht, hat man mehr für das Steigen übrig.

*Den Körper buchstabieren:
Klimmzugbalken „Alpinreferat Scherer"*

Jede Prothetisierung des Körpers schützt ihn und erweitert den Aktionsradius, wie sie aber auch zur Last fällt. Damit führt der Weg zur Überwindung immer noch größerer Schwierigkeiten (heute ist man bei XI angelangt) auf ein Doppelgleis: Zum einen ist die Ausrüstung (Klemmkeile, Hexentricks, Friends, Seil usw.) bei Erhöhung der Belastbarkeit immer auch an Gewicht einzuschränken; andererseits muß die Selbst-Disziplinierung lückenlos erfolgen. Nicht nur jeder Körperteil, jedes Fingerglied wird austrainert. Das gelingt an Kunststoffwänden aus Polyester mit mehr Effizienz als am Fels in der Natur. Jeder Griff und Tritt kann dort nach Bedarf und Gebrauch im Handumdrehen ausgewechselt werden, jede Bewegungskombination läßt sich leicht einstudieren. Ein spezielles Instrument zur Disziplinierung ist der Klimmzugbalken „Alpinreferat Scherer". Seine Anwendungsmöglichkeiten sind, wie aus der detaillierten Beschreibung hervorgeht, vielfältigst. So ist beispielsweise der obere Teil des Balkens mit Löchern ausgestattet, die den Gegebenheiten der Klettergebiete in Buoux, Verdon, Lumignano, Frankenjura usw. entsprechen; beansprucht werden vor allem die tiefen Fingerbeuger. Der untere Teil des Balkens hingegen fordert die oberflächlichen Fingerbeuger und ist den Klettergebieten Tirols, Vorarlbergs sowie den gesamten Dolomiten nachempfunden. Jeder Aufleger und jedes Fingerloch ist mit Buchstaben versehen und eröffnet jeweils eine Serie von Varianten. Es ist, als verschmelze der Finger mit dem Kunstgriff wie der Kunstgriff mit dem Buchstaben. Der gesamte Oberkörper wird erfaßt, nichts läßt dieses ausgeklügelte Gerät unbeachtet.[73] Ein Bewegungsablauf nach dem anderen wird in den Körper implantiert. Er wird geformt und deformiert. Irreversible Langzeitschäden treten vor allem im Bereich der Hand, an Ellenbögen, im Schultergürtel und an der Wirbelsäule auf.

Selbstqual und Schmerz: konkrete Empfindungen zu abstrakten Verbindungen

Gegen zuviel Schmerz nimmt man Schmerzmittel samt Nebenwirkungen in Kauf. Dennoch geht die Selbst-Disziplinierung weiter: „Trotz Drang, Druck oder Zwang ist es manchmal sehr schwer, die Konsequenz aufzubringen, an Fingerleisten zum x-ten Mal den x-ten Klimmzug zu machen, bis ich mit aufgeblähtem Rücken und dick angeschwollenen Unterarmen außer Atem vom Trainingsgerät falle."[74] Diese Selbstqual muß immer wieder neu gestartet werden. Michel Foucault hat die Bemeisterung des Körpers, von der Fremd- zur Selbstdisziplinierung voranschreitend, bis in jede Einzelheit zur Sprache gebracht; Gernot und Hartmut Böhme haben am Beispiel Kant gezeigt, wie die kalte Vernunft nur um den Preis der Zerstörung, Verdrängung und Unterwefung der Bewegung des Organischen zu kriegen ist. Franz Kafka malt „In der Strafkolonie" ein schauriges Bild, wie man den Schmerz in den Körper schreibt.

Das faszinierende, luftig-leichte Bild 2 mit Güllichs „Separate Reality" zeigt den Körper als Widerspruch und Antinomie mehr als deutlich. Er ist Mittel des Ausdrucks von Selbstgewißheit und Authentizität ebenso wie Objekt der Bezähmung, Unterdrückung, gesellschaftlichen Kontrolle und Selbstdisziplinierung. Erst im Wissen um sein Werden erzählt dieser schwerelose Körper, der sich in den nächsten Sekunden entschlossen, aber ruhig, ohne abzustürzen über den Rand der Dachkante aus Granit aufziehen wird, mehr, als unmittelbar zu sehen ist. Seine Erzählung steht in einer langen Tradition. In den 20er und 30er Jahren unseres Jahrhunderts gab es eine Reihe namhafter Kletterer, unter ihnen auch die legendäre Paula Wiesinger, die auf den Einsatz vermehrter Künstlichkeit verzichteten, und zwar nicht nur, weil man noch nicht so selbstverständlich darüber verfügte. Vielmehr wurde das Körpertraining forciert (Wiesinger soll mit einem Finger Klimmzüge gemacht haben) und die Ausrüstung erleichtert. Mit Filzpatschen kletterte man durch die Laliderer-Nordwand (Auckenthaler und Rebitsch). Mit Recht gilt Paul Preuß als früher Verfechter des Freikletterns.[75] Auch die ersten Himalaya-Expeditionen zogen mit einfachsten Hilfsmitteln und zunächst ohne Sauerstoffkanister los. Heute schließt man wieder an diese Anfänge an, die künstliche Kletterei der „Hakenrasseln" und die Mammutexpeditionen von früher scheinen ausgereizt. Nicht erübrigt hat sich die Verschmelzung von Ausrüstung und Körper, auch wenn sie bei der heutigen Kletterelite undurchschaubarer geworden ist.

DER GELEHRIGE KÖRPER:
ZUR HERSTELLUNG PÄDAGOGISCHEN WISSENS

Der Normalverbraucher unter den Bergsteigern/Kletterern wird Alpinkurse besuchen, sich wie ehedem von Bergführern ausbilden und durch das Gebirge leiten lassen oder sich im eifrigen

Selbststudium das nötige Know-how am Berg anzueignen versuchen, hängen doch, wie wir bereits wissen und woran das alpine Schrifttum keinen Zweifel läßt, die eigene Sicherheit, Gesundheit und Leben von diesen Spezialkenntnissen ab. Nicht verwunderlich, daß die Belehrungen des Bergreisenden weit zurückreichen, ja zum ersten gehören, das i. e. S. zur alpinen Literatur zu zählen ist.

Handlungsanweisungen:
Belehren durch Gefahren-Klassifikation

Leo Maduschka, Münchner Extremkletterer, geistig an Romantik und Neue Sachlichkeit gebunden, schrieb nicht nur „Junger Mensch im Gebirg", eines der Kultbücher kritischer Bergsteiger zwischen den 30er und 50er Jahren, sondern auch ein Lehrbuch: „Neuzeitliche Felstechnik". Darin zählt er acht Gebote des richtigen Gehens im schweren Fels auf, wobei er immer wieder darauf hinweist, daß jeder seinen eigenen Kletterstil finden muß. Dennoch, es gibt „einige Grundgesetze der dynamisch richtigen und ökonomisch rationellsten Kletterbewegung".[76]

Oberste Regel: „Mit den Augen klettern – und zwar vor dem Handanlegen! Genau sich die Stelle im Kopf zurechtlegen, bevor man anpackt; Finger- und Fußspitzen sollen gewissermaßen nur die Arbeit ausführen, die die Augen bereits im voraus bis ins einzelne geleistet haben ..."[77] Regel 2: „ruhig, sorgfältig, sauber klettern", d. h. im schweren Fels soll man immer drei Haltepunkte haben, jede Bewegung soll fließen und rhythmisch sein, nicht hastig und zuckend, sondern durchdacht. Das gilt insbesondere im brüchigem Fels. Regel 3: „Kraft sparen!" Da die großen modernen Fahrten sehr viel Kraft verlangen, sind Energieschonung und genaue Einteilung vonnöten. „Also Präzision und ‚Automatisierung', Taylorisierung des Gehens." Damit man Reserven behält, hat man sich an Regel 4 zu halten: „Mehr mit den Füßen als mit den Armen klettern!", denn das „Klettern ist eine Fortsetzung des Gehens".[78] In Regel 5 wird das „Spreizen" empfohlen, „das große Geheimnis des guten, eleganten und sicheren Kletterns, das A und O aller Kletterkunst schlechthin". In Regel 6 beruft sich Maduschka auf Paul Preuß: „Klettere möglichst in der Fallinie einer Stelle!", Regel 7 verlangt die höchste Anpassung des Körpers an den Fels: „Sich einfügen in die Felsform und Gegebenheiten einer Stelle", und die letzte Regel ist ein „psychotechnischer Ratschlag: Mach dich frei von allen Hemmungsvorstellungen, wie sie durch Ausgesetztheit und Luftigkeit hervorgerufen werden können".[79]

Etwas erweitert und wenig umformuliert übernimmt der Sicherheitsexperte unserer Tage, Pit Schubert, Maduschkas Leitsätze in seine vielzitierte Lehrschrift „Moderne Felstechnik", zusätzlich illustriert durch eine Photoserie.[80] Schubert resümiert mit einem Plädoyer für die Übung, nur die Übung läßt die Belehrung richtig verstehen. Damit fügt er sich in die Tradition seiner Vorgänger, die wie er auf die Erfahrung pochen. Auch in den Erlebnisberichten ging es um Erfahrung, aber hier, in den alpinen Lehrschriften wird die Erfahrung anders thematisiert.

Früh beginnt man Schemata anzulegen, in denen die alpinen Gefahren klassifiziert werden. Edward Whymper gehört mit zu den ersten; er schlägt in seinem Alpinklassiker „Scrambles amongst the alps", 1872 in London erschienen, eine Unterteilung in positive und negative Gefahren vor, woraus später objektive und subjektive werden. Erstere sind unvermeidlich, weil sie unerwartet und unvorhersehbar auftreten. Whymper zählt hierzu nur den Steinfall.

Zur Herausbildung eines Dispositivs der Sorgfalt

Ohne hier ins Detail zu gehen und ohne Veränderungen und Differenzen im praktischen wie theoretischen Umgang mit der Gefahr zu übersehen,[81] zieht sich eines konstant und quer durch alle Lehrwerke: die Herausarbeitung eines Dispositivs der Sorgfalt. Nichts ist an einem Alpinisten unverzeihlicher als die Unvorsichtigkeit, ihr gebührt der „schärfste Tadel". In diesem Verweis auf die Moral kommt die Pädagogik ins Spiel. Jürgen Oelkers begreift das pädagogische Wissen als eines, das sich im Schema von Gut und Böse konstituiert. Das Eintreten für das Gute setzt jedoch zweierlei voraus: das Defizit und den Habitus der Sorge. „Das künftig Gute wird vom gegenwärtig Defekten, von Fehlbeständen, die moralisch bedenklich sind, her definiert, und das verlangt für die Topoi des öffentlichen Diskurses sowie für die Präsentation des ‚Pädagogen' die Haltung der Sorge, die freilich immer zugleich mit der Hoffnung auf die Überwindung der Defizite artikuliert wird."[82]

Die Hoffnung erfüllt sich nie ganz. Das hat auch damit zu tun, daß der pädagogische Prozeß nicht vollständig kalkulierbar, sondern selbst machtvoll, d. h. von vielen Kräfteverhältnissen abhängig ist. Für Oelkers ist das Wissen, daß immer auch etwas versäumt wurde, was sich hinterher als notwendig herausstellt, konstitutiv für den Habitus der Sorge. Dieses Minus aber fungiert als Plus in Richtung Pädagogisierung. Sie wird vorangetrieben und bleibt unabschließbar. Die Pädagogisierung ist auch deshalb schwerlich zu unterbrechen, da sich zur Sorge, die der Pädagogisierung als zentrales Merkmal eingeschrieben ist, keine Distanz herstellen läßt. Die Sorge motiviert das erzieherische Programm, wie sie seinen Kontext mitbestimmt und hin zur Wirkung vermittelt, wodurch der Sorge auch die Belastung der Verantwortung aufgebürdet wird. Damit aber erhält das Pädagogische erst seine Glaubwürdigkeit, denn pädagogisches Handeln soll immer auch ein verantwortungsvolles Tun sein.

Oelkers gelangt über die Analyse verschiedener Alltagssituationen zum Ergebnis, daß der nie realisierbare und daher immer schon überzogene pädagogische Anspruch zwar ständig bis an die Grenze des Lächerlichen entlarvt, aber deshalb nicht gebrochen wird, ganz im Gegenteil. Die Erfahrung, daß es keine „richtige" oder „verläßliche" Utopie gibt, generiert die Pädagogisierung. Womit das zusammenhängt? Oelkers meint „mit der Selbstreferenz pädagogischen Wissens", denn es ist seine „wesentliche Funktion, daß es selber erzieht".[83]

Auf die Selbstreferenz pädagogischen Wissens setzen auch die alpinen Lehrschriften. Zur Begründung von Neuauflagen oder Neuerscheinungen werden immer wieder und noch immer Alpinunfälle zu Hilfe genommen. Man hofft auf die Wirkung der Belehrung, auch wenn die jüngsten Unfallserien mit Bergführern (z. B. Baumgartner und Fimmel) noch einmal anders liegen. Beide Bergführer kamen trotz perfekter Ausrüstung und Ausbildung zu Fehlentscheidungen mit fatalen Folgen. Beim Abtasten möglicher Gründe geriet man rasch vom rational Erfaßbaren in ein kompliziertes Gefüge irrationaler Faktoren.[84] Davon unbesehen waren alle diese Diskussionen von großer Sorge getragen. Es ist dieselbe Sorge, die dem Zustandekommen von Lehrschriften vorangeht und die Erhöhung der Sorgfalt beabsichtigt. In der Sorgfalt scheint die Sorge ein-, aber vor allem ausgefaltet zu sein, wodurch sich Chancen eröffnen, mit ihr praktisch umzugehen.

Im Wort Sorgfalt, das etymologisch erst viel später als die Sorge auftaucht (17. Jh. versus 8. Jh.), ist bereits das pädagogische Vorhaben umrissen: Achtsamkeit, Vorsichtigkeit, Genauigkeit, Verantwortungsbewußtsein. Die Vorsicht hat in der alpinen Geschichte längst ihren festen Platz. Vergil ermahnt Dante immer wieder zur Vorsicht; Pietro Bembo räsoniert bei seinem Aufstieg zum Krater des Ätna 1494: „Da der Hang sehr steil ist, kann ein einziger unvorsichtig aus seiner Lage gebrachter Stein einen ganzen Geröllhaufen hinabrollen lassen, ja dieser kann auf dich stürzen und dich mit hinunterreißen";[85] Josias Simler machte seinen Aufstieg im Sitzenbleiben und betrachtete es, Theoretiker, der er war, als seine Lebensaufgabe, andere, die tatsächlich zu Berge stiegen, unermüdlich zu höchster Aufmerksamkeit und richtigem Gehen aufzufordern;[86] Johann Jakob Scheuchzer will, daß man gemächlich aufsteigt, um nicht zu rasch zu ermüden und unachtsam zu werden; falls Lawinenhänge zu passieren sind, sei jedes Geräusch und Gerede sofort einzustellen, „damit nicht durch den Ton und folgende Luftbewegung an einer jähen Höhe der Schnee herunterfalle".[87] Schritt für Schritt kann und soll sich der Bergsteiger in Sorgfalt üben. Das geschieht mit Hilfe unterschiedlichster Praktiken, in ihnen entspringen und kreuzen sich eine Reihe von Diskursen, die immer mehr Wissen zur Verfügung stellen, und umgekehrt formt das Wissen die Praktiken mit und um.

Formierung von Wissen über den tunlichen Umgang mit Gegenständen

Aus dem reichen Ausrüstungsfundus nehme ich einige wenige Beispiele heraus:

a) S t e i g e i s e n, das verlangt Paulcke strikt in seinem „Gefahrenbuch", müssen perfekt passen und gut gewartet sein: „Riemenzug, Gurte, Ringe und Zacken vor Antritt der Bergfahrt prüfen. Besonders wichtig ist, daß die Steigeisen gut an die Bergschuhe angepaßt sind. Gurten ziehen sich bei Naßwerden stark zusammen; müssen bei Kälte gelockert werden, da sonst leicht durch Einpressen der Zehen Erfrierungen eintreten."[88] Es ist nicht damit getan, die Steigeisen einmal richtig anzuziehen; sie müssen auch während der Tour immer wieder beobachtet werden. Bei den heutigen Steigeisen erübrigt sich die laufende Kontrolle, sie haben eine feste Platte, eingestiegen wird wie in eine Schibindung. Steigeisen gehören mit zu den ältesten, durch Funde, Schriften und Bilder nachweisbaren Fortbewegungsgeräten. Im Hallstätter Gräberfeld wurden Ende des 19. Jahrhunderts vierzackige Steigeisen aus der Zeit von ca. 400 v. aufgefunden; in Treffendorf bei Kärnten Sechszacker aus Bronze und in Frögg am Wörther See ebenso Sechs- und Dreizacker noch aus vorkeltischer Zeit.[89] In Olaus Magnus „Historia" von 1555 ist der Pferdeführer mit Steigeisen ausgerüstet (vgl. Abb. 11b), und Josias Simler beschreibt, wie Hirten, Jäger und Reisende „eiserne, mit drei spitzen Zacken versehene Sohlen (soleas ferras)" benutzen, und verweist auch noch auf andere Mittel, „um ein Ausgleiten zu verhüten und Trittsicherheit zu erzielen".[90] Als eine der ersten bildlichen Darstellungen von Steigeisen bezeichnet Perfahl die Zeichnung eines Vierzackers in Scheuchzers „Itinera Helvetiae ..." von 1723 (vgl. Abb 14). 1683 werden u. a. Steigeisen aus den Siebenbürger Karpaten erwähnt,[91] und sieben Jahre später findet der Pfarrer von Levin/Davos auf dem 3414 m hohen Piz Linard angeblich ein Paar Steigeisen, das jemand zurückgelassen hat.[92]

b) Seil und Haken sind nicht nur in Bergliedern, sondern auch in der Kletterpraxis unentbehrlich. Kaum bekannt sein dürfte, daß Seil und Haken bereits 330 v. zum Einsatz kamen: Anläßlich der Erstürmung der sodialischen Feste werden bei der Erkletterung der Felswände durch die Soldaten Alexanders „zum ersten Male Mauerhaken und Seile verwendet".[93] Bei Antoine de Ville, 1492, ist ebenso anzunehmen, daß Haken im Gebrauch waren, denn wie sollten sonst die vielen Eisenleitern befestigt worden sein? Den ersten Seilbenutzer auf Bild habe ich erst unter Zuhilfenahme einer Lupe ausmachen können. Um 1500 malt J. Kölderer einen Jäger, der sich an einem Baumstrunk, seitlich hängend, abseilt (vgl. Abb. 5). Es ist wieder Simler, der empfiehlt, insbesondere bei frisch gefallenem Schnee und zugewehten Gletscherspalten, ein Seil anzulegen, damit man, falls ein Sturz unvermeidbar ist, wieder herausgezogen werden kann.[94] Vor derselben Gefahr warnt Gabriel Walser zu Beginn des 18. Jahrhunderts.[95] Auf den ersten Bildern der Mont-Blanc-Besteigungen sind keine Seile, ab ca. 1828 ist beinahe auf jeder Darstellung die Verwendung von Seilen zu sehen.[96] Eine entscheidende Bedeutung erhält das Seil 1865 am Matterhorn. Da es gerissen war, wurde es zum Gegenstand der Rechtsprechung.

Ab 1885 werden mehr oder weniger regelmäßig Artikel über Seile in alpinen Fachzeitschriften abgedruckt. In der Nr. 2 aus dem Jahre 1885 schreibt K. Schulz aus Leipzig in den „Mittheilungen" eine dreiseitige Abhandlung „Ueber die Verwendung seidener Seile bei Hochgebirgstouren".

Der Autor ist mit seinem 21 Meter langen Rohseideseil wider allgemeine Empfehlung nicht zufrieden. Es ist zwar leicht, aber zu dünn, so daß es bei starkem Zug Hände und Oberkörper einschneidet; abgesehen davon nutzen sich Rohseideseile viel rascher ab als beispielsweise die schweren und widerstandsfähigeren Hanfseile. Dazu kommt der Preis: Rohseideseile sind sechs- bis siebenmal teurer als die Seile aus Hanf;[97] außerdem erwecken Rohseideseile bei ihrer Dünne kein Vertrauen, und nach zehn Hochtouren im Wallis waren bereits mehrere schadhafte Stellen an der Außenseite auszumachen. Kurzum, Seile aus Seide sind nach Schulz' Meinung ein Leichtsinn und eine dilettantische Spielerei.

Zwei Jahre später erscheint die erste Analyse über die Tragfähigkeit von Seilen; untersucht werden Manila-Seile, Garn-Seile und das Italienische Hanf-Seil, ein kunstgeflochtenes Langhanfseil, „stets weich und geschmeidig". Aber es hat laut Test den Nachteil, daß es zwar die „größte Zugfestigkeit" besitzt, aber mehr Wasser aufsaugt und Gefahr läuft, von innen heraus zu faulen.[98] Ein Jahr später beginnt man sich mit einem weiteren Kapitel auseinanderzusetzen. Man schlägt bestimmte Anseilarten auf Gletscherwanderungen vor.[99] 1890 läßt man sich gegen die Fäulnis der Seile etwas einfallen. Man soll sie mit „weissem Vaselin" einreiben und mit Hilfe eines Wollappens stückweise behandeln. „Sodann erwärmt man das Seil über einer Spiritusflamme oder einer warmen Ofenplatte, bis das zwischen den Seillitzen haftende Vaselin von den Seilfäden aufgesaugt wird." Danach trocknet man das Seil mehrmals tüchtig nach, und zwar mit einem zweiten Tuchlappen, bis alle Vaseline entfernt ist. Dadurch erhält das Manila-Seil eine schöne, goldgelbe Farbe, bleibt biegsam und sichert es „vollständig vor Fäulniss", wobei öfteres Einfetten „dem Seile durchaus nicht schadet".[100]

Wegen eines Unglücks am Gabelhorngletscher, wo ein Tourist, der angeseilt war, in eine Gletscherspalte einbrach, jedoch aus der Schlinge herausfiel, wird 1897 eine spezielle Anseilart vorgetragen. Sie wird nicht nur abgebildet, sondern, um den Vorgang zu demonstrieren, mit einigen Buchstaben versehen, so als handle es sich um eine hochkomplizierte mathematische Gleichung.[101] Vorher werden wir von einem vorzüglichen Produkt unterrichtet. Herr Fr. Carl Pfaff, Seilwarenfabrikant aus München, soll sein Manilahanfseil an der königl. techn. Hochschule in München einer strengen Prüfung unterworfen und „durchaus sehr befriedigende" Ergebnisse erzielt haben.[102]

Jeder größere Unfall spornt die Seilhersteller an, aber auch die alpinen Praktiker und Lehrer, die um sichere Anseilarten ringen.[103] Bald wird ein zweites „Zusatzgerät" erfunden: der Gletschergürtel. Herr G. Becker aus Karlsruhe ist darüber nicht begeistert – wer will „sich mit so einem Feuerwehrgürtel belasten".[104] Auch hier wird Schritt für Schritt Abhilfe geschaffen, und heute ist der Hüftgurt, außer jemand klettert solo, beinahe das einzige und wichtigste Kletterutensil geworden. Der leichteste, den Rotpunkt 1995 getestet hat,[105] wiegt ganze 278 g, heißt „Competition" und wird von der Firma Cassin hergestellt. Insgesamt ist man mit den 27 Modellen recht zufrieden, empfiehlt eine regelmäßige Pflege mit Feinwaschmittel und lauwarmem Wasser, wobei gutes Austrocknen das wichtigste ist; außerdem soll der Gurt nach jeder Verwendung auf mögliche Beschädigungen hin kontrolliert, eingerissenes Bandmaterial und beschädigte Nähte sollen unbedingt nachgenäht werden. Die Lebensdauer beträgt maximal sechs Jahre, intensiv genutzte Gurte mit vielen Stürzen sollen nach zwei bis drei Jahren ausgetauscht werden.

Das ist aber nicht alles, was zum Seil zu sagen ist, im Gegenteil, nur ein winziger Bruchteil. Pit Schubert belehrt seine Leser viele Seiten über das Bergseil,[106] aber auch seitenweise über Karabiner, Mauerhaken, Cliff-Hänger, Klemmanker, Fiffi, Bongs, Holzkeile usw.,[107] die diversen Seilknoten fehlen ebenso nicht wie die Rettungsknoten und die Anseilmethoden.[108] Er vergißt auch jene spezielle Kommunikation nicht, die das Seil vorgibt. Es bindet zwar Menschen zusammen, auch im alltäglichen Sprachgebrauch wird öfters von „Seilschaft" gesprochen, aber es unterwirft sie gleichzeitig einem Reglement.

So soll die Seilsprache klar und unmißverständlich sein: „Grundsätzlich sollen alle Seilkommandos kurz und klar gegeben werden. Verneinende Seilkommandos in jedem Fall vermeiden, z. B. ‚Nicht ziehen'. Das erste Wort wird häufig vom Wind verschluckt oder vom Seilpartner während der ersten Aufmerksamkeitsphase überhört, und schon reagiert er falsch, entgegen dem Seilkommando. Die eingespielte Seilschaft verwendet deshalb nur direkte Kommandos. Dabei kann ein Mitdenken des Seilpartners vorausgesetzt werden."[109] Wie man beim Steigen den Atem braucht, benötigt man beim schweren Klettern das Schweigen zur Konzentration. Ein Wort zuviel oder mißverstanden kann einer Seilschaft schlagartig die Sicherheit nehmen, besonders dann, wenn wegen Müdigkeit, Gewittergefahr oder langanhaltenden Schwierigkeiten die Nerven ohnehin überspannt sind.

Inkurs: Klettern ohne Seil – Solo und Bouldern. Interessant ist, daß die klassische Zweierseilschaft erst Ende des 19. Jahrhunderts auftritt. Mit dem Zusammenbinden in eine enge soziale Symbiose tritt aber bereits sein Gegenteil auf: Erste Alleingeher steigen durch die Alpenwände. Sie finden zwar kein positives Echo, aber nichtsdestoweniger absolvieren sie ihr Solo bis hin zum spektakulären Alleingang von Wolfgang Güllichs „Separate Reality" oder Reinhold Messners persönlich zweiter Everest- und Nanga-Parbat-Besteigung. Eine spezielle Art des Felskletterns hat sich von vornherein für den Alleingang entschieden: das Bouldern. Verwendet werden höchstens 12 m hohe Felsblöcke, geklettert wird aber auch wenige Zentimeter über dem Boden, gerade dort, wo es am schwersten ist. Fallen kann man nicht weit, zum Schutz werden Matratzen und Decken ausgelegt. Partner braucht man keinen, man macht alles selbst. Abhängig ist man nur noch vom eigenen Willen. Konnte man anfänglich das Bouldern als verkleinertes Projekt des Sportkletterns begreifen, bei dem es nach wie vor einen, wen auch immer, zum Sichern brauchte, ist Bouldern heute ein selbständiges Phänomen höchster Wettkampforientierung. Hier kann man sich maximal zur Schau stellen, auch wenn man sich untereinander nicht mehr kennt und „der Geist des Zusammengehörens verlorenging".[110] Der eingefleischte Boulderer überlegt sich Taktiken, wie eine besonders schwierige Stelle, an der er Tage, Wochen, ja Monate probiert, zu überwinden sei.

Heinz Zak spricht von mystischer Kunstform, auch künstliche Mystik wäre denkbar. Tatsache ist, daß der Boulderer, nicht selten barfuß kletternd, der Ausrüstung enthoben und der Seilschaft entbunden, um so stärker seine Imagination einsetzt, die in einem einzigen Felsblock die ganze Welt vereint. Er unterhält zum Stein, dessen Unebenheiten fallweise mit Zahnbürsten gesäubert werden, damit Finger und Zehen Halt durch Reibung finden, eine intensive Beziehung. Die Kommunikation des Boulderers hat mit der in Seilschaften nichts zu tun. Das „Soziale" hat sich versteinert.

c) B i w a k : Wenden wir uns nun, zumindest für den Blick des Outsiders, einem völligen Gegenstück zu: dem Biwak. Es gilt, trotz mitunter schrecklicher Schilderungen von Expeditionsteilnehmern, als Beziehungsidylle. Zwei Menschen verkriechen sich, kurz nach Sonnenuntergang, in einem Zelt und schlüpfen in den Biwaksack. Abgesehen davon, daß Big-Wall-Climber mitunter Hunderte Meter, mit wenig Reepschnüren befestigt, über dem Abgrund baumeln, während das Restmaterial in der Luft hängt. Da der Fels weit auslädt, gibt es ganz unterschiedliche Arten zu biwakieren. Sommer, Winter, Eis, Schnee, Fels, freiwilliges, vorbereitetes oder Notbiwak, in allem weiß die alpine Lehre den Bergsteiger zu unterweisen.

Ohne Zweifel ist das erzwungene Biwak das größte Problem. Zuerst geht es darum, ein halbwegs geeignetes Plätzchen zu finden, was in ungegliedertem Fels gar nicht einfach ist. Ein Pfeilerkopf, eine Nische oder ein Band wären von Vorteil: „Dabei ist höchst vorsichtig ans Werk zu gehen. Erstes Gebot ist immer, die Abseilblöcke oder Mauerhaken eingehend zu prüfen, bevor ihnen Gewicht und Leben anvertraut wird."[111] Überrascht einen beim Klettern ein Gewitterregen, „gilt es die Kleider trocken zu halten. Am besten ist es, unter einem Überhang Unterschlupf zu suchen, und den Zeltsack überzustülpen".[112] Ein spezielles Problem ist die Blitzgefahr. „Es ist selbstverständlich, daß Grate und Erhebungen zu meiden sind (mindestens 20 Meter absteigen). Ebenso Wasserläufe und Felsstufen, die durch blaugraue, verglaste Blitzspuren gekennzeichnet sind. Eisenteile, wie Mauerhaken, Karabiner und Kletterhammer verwahrt man vorteilhaft in einiger Entfernung oder umwickelt sie mit Stoff. Im übrigen ist jedoch der Blitz unberechenbar. Selbst unter Überhängen und in Höhlen ist man nicht unbedingt sicher. Durchnäßte Kleider sollen angeblich die Blitzgefahr mindern. Der elektrische Strahl blieb schon wiederholt an der leitenden Oberfläche, ohne gefährliche Verbrennungen zu verursachen. Ein nasses Seil dagegen wird zweckmäßig abgelegt, bevor es zum Blitzableiter wird. Im allgemeinen ist die Blitzgefahr im Fels größer als auf Gletschern."[113] Unerläßlich für das Biwak sind wiederum Seil und Mauerhaken: „Erst seit allgemeiner Verwendung von Mauerhaken ist es dem Kletterer möglich, im Notfalle längere Zeit an einer schwierigen Stelle zu verharren. Wenn man wenigstens auf mehr oder weniger guten Tritten stehen kann – und das ist wohl immer der Fall –, besteht die erste Schwierigkeit darin, einen gutsitzenden Haken zu schlagen: Eine unvorsichtige Bewegung bringt Gefahr, darum: Sich selbst sichern!"[114] Die Selbstsicherung beim Biwakieren wird durch die richtige Verwendung des Seiles ermöglicht. Mittlerweile weiß man sich das Biwak zu erleichtern. Nicht nur, daß anstelle von Haken Klemmkeile u. ä. gelegt werden, auch Sitzbretter und vor allem Hängematten stehen vielfach in Gebrauch, besonders dann, wenn keine Tritte mehr vorhanden sind.

Der Morgen ist nach wie vor ein spezielles Problem. Nach einem Biwak ist man normalerweise steif und unbeweglich. Auch dazu gibt es eine belehrende Antwort: „In schwierigem Fels, der feines Gefühl und volle Kraftanspannung verlangt, ist dies sehr unangenehm. Oft ist längeres Reiben und Kneten besonders der Füße nötig, bis ein Weitergehen möglich ist. Nach einem Freilager ist anfangs beim Klettern große Vorsicht nötig, falls einzelne Muskelgruppen vom Krampf befallen werden."[115]

Wenn es sehr kalt ist, schlägt der Autor vor, gleich gar nicht einzuschlafen: „[…] so willkommen der Schlaf sonst ist, um quälend gedehnte Stunden zu verkürzen und erträglicher zu gestalten. Dauernde Kälteeinwirkung führt zu verlangsamter Herztätigkeit und Gedankenträgheit. Ein Einschlafen ist aber unter Aufbietung aller Willenskräfte zu vermeiden. Aus einem solchen Schlaf im Schneesturm und bei sehr niedriger Temperatur gibt es meistens kein Erwachen mehr. Erschöpfte, die nicht mehr gegen Schlafsucht anzukämpfen vermögen, sind äußerst gefährdet."[116]

Neben Vorschlägen zur richtigen Ernährung und zur Mitnahme von Verbandszeug wird man noch ausführlich über das alpine Notsignal unterrichtet. Das erste mir aus der Alpingeschichte bekannte freiwillige Biwak wird für 1492 vermeldet. Antoine de Ville soll drei Tage lang auf dem Gipfel des Mont Aiguilles in einer kleinen Hütte, die dafür errichtet wurde, biwakiert haben. 1533 besteigt Philotheo den Ätna, sieben Jahre später verbringt er sogar eine Nacht auf dem Gipfel, bevor er den gefährlichen Abstieg in den Krater unternimmt.[117] 1541 besteigt Fazellus mit mehreren Begleitern den Ätna und biwakiert unterhalb des Gipfels.[118] Ob 1669 der Sultan Mehemed IV. mit seinen Gefährten auf dem Olymp eine Freinacht verbracht hat, ist nicht ganz sicher, aber sehr wahrscheinlich; waren doch fast alle Mitstreiter schwer erkältet und erkrankt.[119] Dasselbe gilt für König Philipp V. von Makedonien, der 181 n. den Rilo Dagh ersteigt. Den Berg, so wird berichtet, erreichte man erst nach zähem Ringen am dritten Tage. Auch wenn diese Freinächte in der Alpingeschichte nicht aufscheinen, irgendwie mußte man ja ein vorübergehendes Biwak im Aufsteigen aufgeschlagen haben.

Im Unterschied dazu ist das erste Notbiwak auf einem Gletscher genau dokumentiert. Jacques Balmat soll beim insgesamt sechsten Versuch auf den Mont Blanc, 1786, kurz bevor die Erstbesteigung tatsächlich gelang, beim Abstieg in die Nacht gekommen sein, mit seinem Stock eine Spalte entdeckt haben, die morgens noch hart gefroren war, jetzt aber unter den Füßen nachgab, und daraufhin beschlossen haben, vor der Gletscherspalte zu schlafen. Er tat, was er konnte, schob seinen Sack unter den Kopf, die Schneereifen unter seinen Rücken und unternahm allerlei Körperübungen, um im Gletschereis nicht zu erfrieren. Seine Kleider waren naß und daher hart gefroren, sie boten keinerlei Schutz. Aber er hatte die Nacht überstanden und erreichte bereits um acht Uhr früh wieder sein Dorf.[120]

Resümee: Doppelgesichtigkeit pädagogischen Wissens – Handlungswissen ist Theorie und Theorie Moral

Diese beliebig erweiterbaren Beispiele versammeln eine Fülle von Kenntnissen und Wissen, das nahe an der konkreten Erfahrung bleibt. Wer klettert, ins Eis geht oder bereits biwakiert hat, muß zugeben, daß diese Ratschläge stimmen. Das durch die Lehrschrift methodisch-didaktisch aufbereitete Handlungswissen ist zweifellos Bestandteil pädagogischen Wissens. Es befindet sich nahe an der Alltagssprache, einschließlich der damit verbundenen Emotionalität, und es bildet eine Mischung aus Rhetorik, Argument, eindrücklicher Bildsprache und ständigen Moralverweisen, die darauf gründen, nicht das Leben gefährden oder gar verlieren zu sollen. Man setzt auf Vorbeugung, wodurch Wissen kanonisiert wird und sich wie ein Kraftfeld anordnet. Von der Wartung der Schuhe und Steigeisen über die richtigen Nahrungsmittel und Anseilmethoden hin zur Art und Weise, gut eine Nacht im Freien zu überstehen, ist die Unterweisung ausgelegt. Unzählige Details, auf die hier nicht eingegangen werden konnte, wie geologisches Wissen, Wetter- und Lawinenkunde, Trainingslehre, Erste Hilfe, Entspannungsmethoden, Rückzugsmethoden insbesondere nach Unfällen, Ausrüstungslehre zu Steinschlaghelm, Rucksack, Kletterhose, Gamaschen, Karten, Höhenmesser usw., spannen ein Netz, das nicht nur das Bergsteigen als Besonderheit konstituiert, sondern auch wie ein Relais zur Förderung von immer mehr Wissen wirkt.

Alpines Wissen als praktisches Handlungswissen ist nicht nur praktisch. Im Konfliktfall, wenn ein Unfall geschehen ist, wird sich dieses konkrete Wissen als Theorie behaupten und nachweisen können. Das Handlungswissen wird seinen theoretischen Gehalt freilegen und ein Maßstab sein dafür, wer wie wo wann welche Fehler gemacht hat. Das „einfache Alltagswissen" tritt unvermittelt in einen anderen Stand. Es wird zu einem Kriterienkatalog, der über Gut und Böse entscheidet, Schuld oder Unschuld unterscheidbar macht. In der Rekonstruktion des Unfallereignisses tritt die Konstruktion des Praxiswissens klar zutage. Die Konstruktion von Wissen ist die Richtschnur für ein richterliches Urteil.

Hat man den Biwakplatz sorgfältig ausgewählt? Hat man darauf geachtet, daß morgens die Glieder noch steif sind und man nicht sofort mit der Kletterei anfangen darf? Wurde Sorge getragen, daß die Riemen an den Steigeisen nachgezogen bzw. rechtzeitig gelockert wurden? Hat man sich um den Wetterbericht gekümmert, wodurch ein Wettersturz mitkalkuliert hätte werden müssen? Hat man die Nähte seines Klettergurtes vorher auf Beschädigungen geprüft? Wurde das Notsignal richtig gegeben? Hatte man ausreichend Lebensmittel und zu trinken dabei? Wurde der Verwundete fachgerecht erstversorgt? usw., usf.

Auch ohne vor das Gericht treten zu müssen, reichen diese Fragen aus, um sich selbst in eine unendliche Gewissenserforschung zu zwingen. Im nachhinein weiß man mehr. Dieses Mehrwissen war aber bereits vorher da, das beweisen die Fragen, die hinterher plötzlich alle auftauchen. Sie waren im Ziel befriedet, den Notfall zu verhindern. Der Akzent lag auf der Sorge, die Argumentationsweise zielte in Richtung Sorgfalt. Jetzt aber, da das Chaos in die Ordnung eingebrochen ist, der Unfall passiert, dreht sich dieselbe Ordnung um, tritt erst in ihrer Ernsthaftigkeit zutage und wendet sich gegen den, der sie nicht zur Gänze befolgt und rechtzeitig in ihrer Tragweite erfaßt hat. Jetzt erfaßt diese Wissensordnung ihn. Mit derselben Lückenlosigkeit, mit der die Anweisung und Anleitung ausgelegt war, schließt sich jetzt der Kreis der Fragen, die immer auch potentielle Vorwürfe gegen den Betroffenen sind. Er hat das Tun oder Unterlassen zu verantworten. Er weiß, er mußte ja wissen, und dafür ist nun geradezustehen. Daß dieses Wissen aber von vornherein auch das Handeln behindert, das praktische Tun am Berg verunmöglicht, fällt nicht ins Gewicht. Wie bei Dienst nach Vorschrift würde keine Seilschaft die Civetta-Nordwestwand erklettern, wenn sie alle Sicherheitsmaßnahmen beachten würde. Das Klettern lebt vom Vergehen. Von der Ordnung des alpinen Wissens abzuweichen heißt klettern können. Erst wenn es der Zufall nicht gut meint und zum Unfall führt, dann wird diese Abweichung, die im Normalfall zum Ziel bringt, als moralisches Delikt geahndet.

Der Konfliktfall macht es deutlich: Pädagogisches Wissen ist per se eines der Moral, eingetragen in das Schema von Gut und Böse und ausgedrückt in einer Vielzahl gutgemeinter, harmloser Empfehlungen, Unterweisungen, Ratschläge, Belehrungen, Taktiken und Techniken. Mit ihm aber nimmt man auch ihr Gegenteil in Kauf, nämlich die Bereitschaft, ein Selbstverhältnis aufzubauen, das ständig Gefahr läuft, ein lebender Selbstvorwurf zu werden, ein akribisches Suchen nach Abweichung von einer Norm, die immer schon so gesetzt ist, daß sie praktisch nicht eingehalten werden kann und sich von der Übertretung nährt.

Im Ernstfall aber ist die Norm, verkörpert durch die (alpinen) Lehrschriften, das einzig verläßliche Kriterium. Sie kontrolliert die Rede über den Fall. Sie war immer schon der stille Maßstab und wird durch den Konfliktfall zu einem, der an Tauglichkeit zunimmt und sich verfestigt. Erweist sich ein Merkmal als völlig unrichtig, wird es zur Ausnahme, das die Regel bestätigt.

Die Regel ist Teil eines Reglements, das sich in der Lehre verflicht und dem Inhalt als Ordnungsschema unterlegt ist. Es hält das Wissen in Form und in Takt, ja bringt es erst in Gang. Das Wissen selbst erscheint hilfreich und wichtig, das, was ihm eingerüstet ist, bleibt zunächst stumm. Pädagogisches Wissen lebt von der stummen Verpflichtung, von dieser Selbstreferenz, die nichts anderes ist als das ungesagte, aber beständig mitgemeinte Selbsterziehen derer, die in sein Feld treten. Beim Bergsteigen ist man, das konnte gezeigt werden, inmitten eines pädagogischen Feldes, das aber eine spezifische Ordnung des Wissens konstituiert und zugleich legitimiert. Alpines Wissen ist pädagogisches Wissen und Theorie Moral.

DENKRAUM UND RAUMDENKEN: IMAGINATIVES ANDENKEN

ZUM VERHÄLTNIS VON INNEN UND AUSSEN

Petrarcas Mont Ventoux/
John Longs „Reine Gotteslästerung"

Kehren wir zu den Erlebnisberichten aufsteigender Bergsteiger zurück. John Long begeht eine Route am El Capitan namens „Reine Gotteslästerung". An der Schlüsselstelle läuft er Gefahr, aus der Wand zu fallen:

„Der Atem geht keuchend, die Arme, ausgebrannt von den sechshundert Metern, fühlen sich wie Titan-Beefsteaks an. Während ich die Schwarte halte, stelle ich meine Füße höher, um meine Hand in einem seichten Riß verklemmen zu können. Der Riß ist zu seicht, und nur ein Drittel meiner Hand klemmt darin.

Ich stecke fest, habe furchtbare Angst, und meine ganze Existenz konzentriert sich auf einen spitzen Stein, der alles in mir zu verbrennen scheint, wie der glühend heiße Brennpunkt eines Vergrößerungsglases. Beschämt erkenne ich die Gotteslästerung. Willentlich habe ich meine Existenz gefährdet. Das ekelt mich an."[121]

Ähnlich in Inhalt und Sprache sind heute viele Berichte von Sportkletterern. Verwunderlich an Longs Darstellung ist nicht die Intensität, die im Überlebenskampf gründet, der sich zwangsläufig aus der Schwierigkeit der Kletterei ergibt, sondern das Selbstgericht am Ende, das an Petrarca erinnert. Im Unterschied zu Long hat Petrarca keine Angst vor dem Abstürzen, vor Verletzungen, Schmerzen oder in letzter Folge vor dem physischen Tod. Er sorgt sich um das spirituelle Leben und beklagt jedes Vergehen, das ihn aus Gottes Gnade fallen läßt. Long hingegen hält sich auf seiten des realen Körpers und bleibt diesseits der Metapher.

Seine Beschreibung klammert sich an das Wenige, das noch sinnlich wahrnehmbar ist: Atem, Arme, Füße, Hand. Dieser minimale Eigenbestand korrespondiert mit einem ebensolchen Außen: sechshundert Meter Tiefe, Schwarte, Riß. Was das Innen mit dem Außen verbindet, ist das Aktivbleiben: fühlen, sich anhalten, Füße höher stellen, Hand verklemmen, feststecken. Das Tun scheint die einzige Rettung zu sein und kulminiert, angetrieben und gehalten durch furchtbare Angst, in der höchsten Konzentration auf einen spitzen Stein. Einzig er avanciert zur existenzsichernden Kontaktstelle eines bodenlosen Innen.

Aber diese äußerste Reduzierung als maximale Selbstgefährdung ekelt Long an, er sieht darin den Beweis, daß die Route richtig benannt wurde: Gotteslästerung. Petrarca befürchtete ähnliches, als der grandiose Außenraum in seine Seele einzudringen anfing. Er schottet sich noch einmal ab, indem er zur Schrift greift. Long ist bereits zu weit gegangen. Seine Vertikale ist mit der Petrarcas nicht vergleichbar. Glatt und überhängend gelingt kein Lesen mehr, im Gegenteil. Er darf sich zur Selbsterrettung nicht das letzte Loch nach außen verstopfen, sonst fällt er in Panik und aus der Wand. Wie ein Vergrößerungsglas brennt sich sein Denken in den Stein. In ihm liegt jetzt alle Hoffnung.

Die Seele verschiebt sich auf den Körper:
Glaube vs. zuviel Wissen

Der Stein hält, Long kommt durch, aber nicht ohne sich selbst zu überlisten. Der Kampf wurde denkend entschieden: in einem inneren Monolog zwischen Selbstaufgabe und Weitermachen trotz geringster Chance.

Was für Petrarca die Buchstaben sind, ist für Long das Steinerne. Gemein ist beiden das Ausfechten widerstreitender Impulse. Wissen oder Glauben. Den Sieg verbucht, neben aller Differenz, beide Male letzteres. Long mobilisiert alle Kräfte und Sinne, um hoffend zu bestehen; Petrarca entzieht sich den Sinnen und der Vitalität, um im Glauben gefestigt zu bleiben. Hätte sich Long auf sein Wissen verlassen, wäre die Kapitulation eingetreten; Petrarca ist vor dem Wissen noch zurückgeschreckt, das ihm die Höhe des Berges eröffnete. Der eine ist zu präzise über die eigene Lage unterrichtet, so daß er nur mehr zur Verzweiflung getrieben wird; das Wissen des anderen ist zu unsicher und vorsichtig, als daß es Halt gäbe. Dieser Einschätzung liegt das Maß des Außenbezuges zugrunde, das zugleich das Selbstverhältnis innen darstellt. Long ist angesichts der prekären Außensituation in bezug auf seine Fähigkeiten und Leistungsgrenzen genau im Bilde und innerlich wie außen aufs äußerste angespannt. Petrarca erinnern die mitgeführten Confessiones an seine gefährlich abwegige Lage, und er zieht sich vorderhand mit einem Rückzug vom Außen aus der Affäre, ohne aber wirklich befriedet und entspannt zu werden. Bei ihm liegt die Zerreißprobe in der Seele, bei Long im Körper. Die Zuspitzung auf einen so harten Test setzt immer schon ein labiles, wenn nicht bereits gestörtes Verhältnis zwischen Körper und Seele voraus. Was biographisch jeder für sich erfährt, zieht sich historisch als Demarkationslinie über 650 Jahre (den Rückgriff auf die Antike nicht mitgerechnet), in diesen beiden Figuren exemplifiziert, durch die Denkgeschichte des Abendlandes. Petrarca wie Long entscheiden den Konflikt schlußendlich im Kopf, so wie die Leib-Seele-Trennung seit altersher unser Denken geformt und geprägt hat. Es zieht sich, zu Berg geschoben und im Tal gefaltet, vom 14. bis ins 20. Jahrhundert und läßt sich in seiner Bewegtheit nicht fassen. Petrarca scheint ein Anfangs-, Long ein vorläufiger Endpunkt zu sein. Beide Standorte neigen einander zu, ohne dasselbe zu sein, vorstellbar in einer Spirale, die in der Drehung den Anfang berührt, aber eben nicht ganz. Sie bilden zwei Extremposten, das Negativ eines Dia-Positivs, das durch die Zeit ging und daran verändert, eingefärbt wurde, ähnlich, aber nie gleich. Long könnte die ausgereifte, „entwickelte", vielleicht bereits überlebte Fassung Petrarcas sein, noch komplizierter verknotet als dieser, wenn Long zum Schluß sagt: „Meine Angst hat sich selbst verschlungen und läßt mich hohl und krank zurück."[122]

Aber selbst noch als Hülle, oder gerade als solche, gelingt es ihm, das Unmögliche zu schaffen. „Ich ziehe mich langsam höher – der Fuß steht immer noch auf der abschüssigen Leiste – und der große Griff ist in greifbarer Nähe ... Beinahe habe ich ihn – jetzt! Gleichzeitig fetzt meine rechte Hand aus dem Riß und mein linker Fuß rutscht ab; mein ganzes Gewicht hängt an einem geschwächten linken Arm. Adrenalin katapultiert mich auf den nächsten Griff, und endlich kann ich mein Gewicht auf die Füße verteilen. Ich zittere wie Espenlaub."[123]

Das Gewicht ist und bleibt selbst der Hülle größtes Problem, läßt sie aber auch noch irgendwie Körper sein. Jenseits dessen ist sowohl von Long als auch von Petraca wenig zu hören. Wie der Berg gestaltet ist, an dem sich der Konflikt zwischen Körper und Seele, Wissen und Glauben abspielt, wie es den Begleitern ergeht oder die Natur rundum aussieht, das ist für beide nicht Gegenstand der Erkenntnis. Bei Long nicht mehr, müßte man präzisieren, und bei Petrarca noch nicht.

In der angstvollen Ich-Zentrierung ist sowohl die Natur als auch das Soziale aus dem Blick. Das Bedachtnehmen auf die Natur aber ist immer auch sozial. In der mehrfachen Rückbindung und Bezugnahme auf die Natur wird das Ich dezentriert. Das zumindest legt die Logik nahe. Im folgenden wird zu prüfen sein, ob sich diese Logik auch in der Empirie bekundet. Mit anderen Worten: Es ist dem Verhältnis zwischen Körper-Seele-Geist geschichtlich nachzugehen.

NATURERLEIDEN VERSUS NATURINVENTUR

Daß für Felix Faber die gebirgige Natur isolierend war, ist bekannt. Fabers Naturverhältnis steht unter den Topoi der Qual. Sein Natur-Wissen ist schmerzhaft erfahren.

Anders verhält es sich bei Johannes Stumpf, der nicht auf Pilgerfahrt, sondern freiwillig über die Joche geht. Der Geschichte kundig, konfrontiert er überlieferte Vorstellungen mit der eigenen Beobachtung. Sein geschulter Blick heftet sich an Felsen, oberste Gebirgsspitzen, Almen, Firn, Schnee, Wasser, Fische, Pflanzen ebenso wie an die Bauweise der Häuser, die Lebensart der Menschen, befragt ihre Bildsamkeit und studiert die Arbeitsmethoden der Bergbewohner. Es wäre aber falsch, hier von einer „Empirie" zu sprechen, die als Verbund autonomer Tatsachen gilt. Stumpf redet mit den Einheimischen, führt einfache naturwissenschaftliche Messungen durch, fertigt Zeichnungen an und konzentriert seine Alltagsbeobachtungen in einer dichten Beschreibung.[124] Aber Stumpf vergißt dabei nicht, alles Wissen unter die Obhut Gottes zu stellen. Gott ist es, der in einem sicheren Tausch das treue, mannhafte, tapfere Alpenvolk schützt, ihm bis zum heutigen Tage gnädig, helfend und wohltätig zur Seite steht.

Die Seele: Grund des Körpers

Die Empirie des 16. Jahrhunderts ist eine der Ähnlichkeitsbeziehungen. Sie steht in der Tradition der griechischen Philosophie des 5. und 4. vorchristlichen Jahrhunderts und ist bestimmt durch die Hierarchie der Welt, die sich vom Geist über die Seele zu den stofflichen Körpern erstreckt. Im Bild von der „Kette der (Lebe-)Wesen" hat sich dieser Zusammenhang tradiert, er geht über Platon, Aristoteles, Neuplatonismus, spätantikes und mittelalterliches Christentum hin zur Vorstellung, daß Kosmos und Natur eine innere Ordnung und Geschlossenheit bilden.

Der Mensch ist dabei ein besonderes Glied, er befindet sich in der Mitte der Kette und hat als einziges Wesen gleichermaßen Anteil am Körperlichen als auch Geistigen. Als materielles Wesen ist der Mensch mit einer vernunftbegabten Seele ausgestattet. Die Seele aber ist im 16. Jh. der Grund für die Existenz des Körpers und somit Urheberin aller Lebensvorgänge. Nicht der Körper, sondern die Seele bringt alle körperlichen Aktivitäten und Leistungen hervor.[125]

Der Mensch:
Schnittstelle zwischen Geist und Körper

Als göttlicher Abgesandter kommt die Seele vom Himmel und steigt zur irdischen Einkörperung nieder. Lullus hat die „Stufenleiter der Dinge und der Erkenntnis" 1512 abgebildet. In Erinnerung an das einst Gesehene bleibt des Menschen Empfänglichkeit für das Unsichtbare erhalten. Selbst inmitten der stofflichen Welt kann der Mensch die himmlichen Einflüsse erkennen, sich ihnen anpassen und sie sogar nützen. Der Mensch ist ein Scharnier, an dem sich sinnliche und himmlische Welt auf und ab bewegen. Durch die Umkehrbarkeit und Mehrwertigkeit eröffnet sich ein unübersehbares Feld der Analogien, wodurch sich alle Dinge der Welt einander nähern. Bei diesen Durchläufen kreuzen sie sich an einem Punkt: im Menschen. „Er steht", meint Foucault, sich auf Crollius beziehend, „in einer Proportion zum Himmel wie zu den Tieren und den Pflanzen, zur Erde, den Metallen, den Stalaktiten oder den Gewittern. Zwischen den Flächen der Welt stehend, hat er Beziehung zum Firmament (sein Gesicht ist für seinen Körper das, was das Gesicht des Himmels für den Äther ist; sein Puls schlägt in seinen Adern, wie die Sterne nach den ihnen eigenen Wegen ihren Lauf nehmen; die sieben Öffnungen bilden in seinem Gesicht, was die sieben Planeten am Himmel sind); aber all diese Beziehungen wirft er durcheinander, und man findet sie in der Analogie des menschlichen Lebewesens mit der von ihm bewohnten Erde ähnlich wieder.

Sein Fleisch ist eine Scholle, seine Knochen sind Felsen, seine Adern große Flüsse. Seine Harnblase ist das Meer, und seine sieben wichtigsten Glieder sind die sieben in der Tiefe der Minen verborgenen Metalle."[126] Die Sympathie durchläuft Höhen und Tiefen der Welt und verbindet alles mit jedem. Nicht nur daß die Beziehungen zwischen den Dingen ein Gewebe von Ähnlichkeiten bilden, auch die Ordnung der Erkenntnis folgt der Ähnlichkeit. Gott hinterlegt seine Zeichen auf der Oberfläche der Dinge, wodurch sie für den Menschen ablesbar und erkannt werden. Im „Buch der Natur" zu lesen heißt, den Schöpfergott evident zu halten; gleichzeitig suggeriert es die Vorstellung, daß die Natur als ein Ganzes gefaßt werden kann. Ein Buch ist immer endlich. In ihm kann jede Erscheinung einzeln buchstabiert, im Lesen erfahren und zu einer Gesamtheit verbunden werden.

Jetzt zeigt sich aber im Laufe des 16. Jahrhunderts noch etwas anderes. Man fängt an, über die „Buchstabengleichnisse" hinaus die Welt zu erklären.[127] Mit der zeitlichen Entfernung von der Weltschöpfung – Adam soll noch die wahren Namen aller Dinge, Gewächse und Tiere gekannt haben – wurden auch die Bezeichnungen allmählich vergessen. Man suchte nach anderen Signaturen. Man wollte nicht die ganze Welt neu erfinden – dazu stand man zu stark in antiker und arabischer Wissenstradition. Aber die Wahrnehmung begann sich grundlegend umzustrukturieren. Die Erfahrungen der Horizontalen rafften, durch Kreuzzüge, Pilgerreisen und vor allem im Zuge der großen Entdeckungen per Schiff, in kurzer Zeit viel Wissen zusammen.

Das Wissen war nicht nur vielfältig, sondern auch fremdartig. Es konnte nicht mehr eingeordnet werden. Nicht nur durch die Ferne, auch die Nahsicht, der Mikroblick tat das Seine. Zwar bekundet beispielsweise der sezierte Leib auf einem Bild aus dem „Fasciculo di Medicina" 1493 nur die Weisheit der Schrift, mit der er verglichen wird; aber es dauert keine dreißig Jahre, bis Berengario und vor allem Vesal erste Abweichungen zwischen Text und realer Anatomie feststellen.[128] Diese Differenz wurde nicht, wie man heute annehmen könnte, mit Freude beobachtet, sondern mit Furcht. Eine tiefgehende Verunsicherung begleitete diese Entdeckungen. Was die Texte auseinandernahmen, banden die Bilder wieder zusammen. So entstand letztlich der Eindruck, die Dinge seien so, wie sie wirklich sind. Das aber täuscht. Durch die Ausbildung der Zentralperspektive ab dem 15. Jahrhundert war das Malen zu einer komplizierten Sache geworden. Das, was hinterher natürlich aussah, wurde vorher konstruiert, projiziert und neu zusammengesetzt.[129]

So ging langsam das Buch der Signaturen in ein Buch der Geometrie über, bis schließlich im 18. Jahrhundert die Naturwissenschaften nur mehr auf dem Fundament von Mathematik und Physik basierten. Abgesehen davon, daß diese Entwicklung nicht widerstands- und bruchlos ablief, wurde sie mit Sicherheit durch die Erforschung der Höhe nachhaltig beeinflußt.

HÖHE EMPFINDEN UND HÖHE MESSEN

J.-H. Fabre erklärt die sinnliche Wahrnehmung naturwissenschaftlich

„Der aus Splittern und riesigen Blöcken bestehende Trümmerhaufen wächst unmittelbar aus der Ebene empor, ohne Vorgebirge, ohne eine Folge von Stufen, die den Aufstieg gliedern und dadurch weniger mühsam gestalten würden. Der Anstieg beginnt sogleich auf steinigen Pfaden, deren bester etwa einer frisch geschotterten Straße gleicht, und der Aufstieg wird immer steiler bis zum Gipfel auf 1912 Meter über Meer. Frische Matten, fröhliche Bächlein, mit Moos bewachsene Steine, der Schatten hundertjähriger Bäume – kurz, all jene Dinge, die einem Berg etwas Liebliches verleihen – sind hier vollkommen unbekannt. An ihrer Stelle haben wir eine nicht endenwollende Decke von Kalksplittern, die beinahe metallisch klirrend unter dem Fuße wegrutschen. Rieselnder Steinschlag, das sind die Wasserfälle des Mont Ventoux; das Krachen stürzender Felsen ersetzt das Murmeln der Bäche."[130]

Diese detailreiche Beschreibung stammt von dem großen Insektenforscher Jean-Henri Fabre. Er steigt mit sieben Begleitern 1865, im selben Jahr, als Whymper auf das Matterhorn klettert, auf den uns bereits gut bekannten Berg Petrarcas. Es ist die 23. Besteigung des Mont Ventoux, und auf dem Gipfel erwartet die Mannschaft eine „ländliche Kapelle", in der man Obdach sucht. Man hat sich beim Steigen, wie Petrarca, schwer getan und ist erschöpft. Nur die Erklärung für diese Ermattung ist eine andere: „Das Barometer ist um 140 Millimeter gesunken; die Luft, die wir atmen, ist um ein Fünftel weniger dicht, enthält also ein Fünftel weniger Sauerstoff." Eben wegen dieses Mangels an Sauerstoff steigen sie „sehr langsam empor, mit schwankenden Kniekehlen und schwerem Schnauf. Mancher ist gezwungen, alle zwanzig Schritte anzuhalten, um zu verschnaufen."[131] Aber dann, als man endlich oben ist, „einige Schlucke aus der Feldflasche" genommen hat, geht die Sonne auf. Wir bekommen eine wunderschöne Beschreibung dieses Ereignisses. Daß man sich beim Aufsteigen bisweilen unwohl fühlt, ist nicht neu.

Überraschend ist die Selbstverständlichkeit, mit der Ursachen für dieses Unwohlsein angegeben werden. Gründe, die in ihrer Exaktheit überzeugen, obwohl sie selbst nur Ergebnis von Meßvorgängen sind. Sie zu hören, sind in die Natur gesetzte Gewißheiten, Naturgesetze. Weder bei Dante noch bei Petrarca, Faber oder Stumpf hören wir ähnliche Feststellungen über die Höhenluft. Conrad Gesner jedoch verweist extra auf die Luft im Hochgebirge, aber anders und unter anderen Vorzeichen: „Die Luft ist hier viel freier und gesunder und nicht so sehr von schweren Dünsten verseucht wie im Tiefland, (...) durch die Nase zum Hirn gebracht, ist sie nicht nur für die Gefäße, die zu den Lungen führen und für das Herz unschädlich, sondern sie erquickt sie sogar".[132] Außerdem hebt er die wohlriechenden Düfte hervor, die von Pflanzen und Bergkräutern aufsteigen und den Geruchsinn fördern, versucht aber auch bereits eine Kausalkette herzustellen zwischen Ausbreitung der Luft und „unmerkliche Verdunstung der Berggewässer". Daß die Schweizer Bergluft „die reinste von ganz Europa" sei, behauptet Johann Jakob Scheuchzer in einer Polemik gegen D. G. Detharding.[133] Scheuchzer stellt die gute Gebirgsluft in Gestalt eines Engels dar, der fliegend über den Gotthardpaß aus einem Krug Luft fließen läßt.[134]

Der Stellenwert der Höhe, ausgedrückt in der Veränderung der Luft, ist bei Gesner, Scheuchzer und Fabre ein völlig anderer, bzw. anders ist die Art und Weise, wie mit diesem Anderssein verfahren wird. Fabre übersetzt die körperliche Anstrengung in die nüchterne Sprache eines Naturwissenschaftlers. In Gesners Umschreibung drückt sich der Zusammmenhang von Körper und Höhenluft leibhaftiger aus. In dieser Leibhaftigkeit ist eine völlig andere Erkenntnisform zu vermuten.

LEIBDENKEN DES LEBENDIGEN: DIE „ERSTE" SIGNATUR

DER KÖRPER STÄRKT DAS GEMÜT: GESNER/PARACELSUS

1541 bekennt Conrad Gesner, daß er von nun an jährlich mehrere oder wenigstens einen Berg – wenn die Pflanzen in Blüte stehen – besteigen will. Er hält sich an den Vorsatz und wird zu einer Schlüsselfigur für das Verstehen des 16. Jahrhunderts aus der Sicht der Höhe. Neben Vesals „Fabrica" erscheinen in dieser Zeit eine Reihe zoologischer Studien. Rondelet und Giorgio Liberale aus Udine unterrichten uns über die Fische, Turner und Pierre Belon hinterlassen Wissenswertes über die Vögel, und Gesner veröffentlicht seine vierbändige „Historia animalium". In Kombination mit dem „Liber de anima" und „Vom Köstlichen Arzneischatz" wird ein reicher Wissensfundus vorgelegt, der in der Tradition einer Erkenntnis nach Ähnlichkeiten steht. Gesners Schriften sind ein dichtes Verweissystem von Zusammengehörigem, eine Signaturenlehre, die Michel Foucault von der Unterstellung, bloß vorwissenschaftliche Projektionen zu sein, befreit hat und die im Laufe des 16. Jahrhunderts als Episteme zur Krönung und zum Abschluß kommen wird.[135]

Conrad Gesner war Bergsteiger, Biologe, Arzt und Historiograph. Die damals zugänglichen naturwissenschaftlichen Werke des Altertums kannte er genau, gibt sich aber damit nicht zufrieden. In zahllosen Eigenversuchen kontrastiert er die Schrift und sichtet seine Ergebnisse nach Übereinstimmung und Abweichung. Der wichtigste Maßstab ist die genaue Beobachtung der Natur. Wenn Gesner sagt, daß er die Theorien von Paracelsus ablehne, seine Therapievorschläge aber zeitlebens in Anspruch nahm, dann drückt sich zuallererst Gesners methodische Haltung aus. Jedes Vorwissen ist Ausgang zur Prüfung, und jede Anstrengung, Wissen zu prüfen, ist ihm recht, ja lieb. Paracelsus verwehrt sich wie Gesner gegen Spekulationen, beide setzen auf die Erfahrung. Paracelsus' Erkenntnisweg führt, wie Gernot Böhme zeigt, von außen nach innen,[136] denn Grundvoraussetzung der Medizin ist die Astronomie. Jeder Arzt muß am Himmel lernen, bevor er sich dem menschlichen Leib zuwendet. Nicht Selbsterkenntnis, auf die Petrarca setzt, ist vonnöten, sondern der leidenschaftliche Außenbezug. Das Studium des Planetenhimmels ermöglicht analoge Schlüsse über das Zusammenwirken der Organe, wobei Paracelsus vor allem deren „gleichen Lauf" betont. Paracelsus spricht dort von „Übung", wo wir heute Funktion sagen würden. Dasselbe ist für Gesner in Anspruch zu nehmen, wenn er die Funktionsweise der Extremitäten studiert: „Beim Gehen und zeitweisen Springen werden alle Körperteile geschult; alle Nerven und Muskeln werden gespannt und arbeiten, die einen beim Aufwärts-, die anderen beim Abwärtsgehen oder auch bei beidem, wenn der Weg bald eben, bald abschüssig ist, wie er in den Bergen zu sein pflegt."[137] Die Arbeit des Körpers wirkt sich auf die Seele aus, sie stärkt das „Gemüt", da sich die Seele in der Mannigfaltigkeit der Natur wiederfindet; sie spiegelt sich in ihrem ständigen Wechsel. Das erfreut und bedeutet höchste Lust, denn nirgends sonst geschieht so viel Veränderung auf engstem Raum wie in den Bergen.

Kreuzungspunkt Berg: sinnliches Wahrnehmen erweitern und unterwandern

Der Berg wird bei Gesner zu einem paradigmatischen Ort. Einerseits verknoten sich in ihm die alten Verwandtschaftsbeziehungen der Dinge; der menschliche Körper, nie von Sinnen und Seele getrennt, spiegelt als Kreuzungspunkt die „anima mundi". Andererseits eröffnet der Berg ein unabsehbares Forschungsfeld. Und tatsächlich geht Gesner immer wieder bis an die Grenzen der Analogien und läuft Gefahr, von der Wirkung der Berge „über alle Maßen" ergriffen zu werden.[138] Gesner bemüht sich, die Zusammenhänge der vier Elemente in erweiterter Form zu erklären. Der Nebel, die sichtbar sich ausbreitende Luft, nährt und vermehrt sich von der unmerklichen Verdunstung der Berggewässer. Das heißt, daß die sinnliche Wahrnehmung durch eine Abstraktionsleistung unterwandert wird, die das Unsichtbare über die Kausalität ins Sichtbare holt. Dasselbe Prinzip wendet er für das Feuer an, das zwar im Erdinneren verborgen liegt, nichtsdestoweniger aber für die Stabilität der Berge verantwortlich zeichnet. Gesner erkennt darüber hinaus, daß die Kälte in der Höhe zunimmt, wodurch aus Schnee trotz Sonnenglut Eis wird, das nicht vergeht. Die Kälte ist von unten nicht sichtbar, nur wer auf die Berge steigt, bekommt sie hautnah zu spüren. Auch die Bildung der Nebel ist von oben besser einzusehen. Nebel wie Kälte werden in der Höhe zu einem sinnlichen Eindruck, der als Erkenntniskraft zwischen weit Entferntem vermittelt. Mit dem Erreichen der wirklichen Höhe sinkt die Notwendigkeit zur Abstraktion, da sich mit der Meereshöhe das Spektrum der sinnlichen Wahrnehmung erweitert. Was unten schon erdacht werden muß, kann oben immer noch oder erst richtig gesehen werden. Somit wird deutlich, daß für Gesner der Berg kein spekulativer, sondern höchst praktischer Ort war. Sein Wissen war Schritt für Schritt mit dem Steigen angewachsen, durch und durch gespürt und obendrein mit den Augen gesehen. Das Sehen überwindet Ferne und Nähe.

Die Höhe belichtet den Menschen: Empirie als Durchwirktsein

Für die Beobachtung besonders geeignet ist das Bergjoch. Wenn man auf einem Bergjoch steht, legt sich die Halbkugel des Firmaments über einen, und man kann genau die Bewegung der Gestirne verfolgen, insbesondere auf den Gang der Sonne achten, die hier viel früher auf- und viel später untergeht. Für Gesner wie für Paracelsus hat die Mikro-Makrokosmos-Beziehung nicht nur heuristischen Wert, sondern ist zuallererst real. Sie beruht auf dem Wissen, daß auch der Mensch aus den vier Elementen besteht und somit ein Auszug des Kosmos ist. Zwar werden am menschlichen Leib nur zwei Elemente sichtbar, Erde und Wasser, aber Paracelsus weiß, daß die Glieder des Menschen in der Luft schweben, so wie das Feuer das Licht im Menschen ausmacht, des Menschen Geist. Wie sich bei Gesner das vulkanische Feuer indirekt ausdrückt, indem es das Gebirge vor dem Einsinken bewahrt, so durchflutet das Feuer bei Paracelsus als „lumen naturale" den menschlichen Körper und hält ihn für Erkenntnis- und Bildungsprozesse offen. So wie der Mensch den sichtbaren Leib essen muß, um sich physisch zu erhalten, hat er auch das Bedürfnis nach siderischer Nahrung, um geistig am Leben zu bleiben.[139] Die Vertikale ist ein Aufsteigen zum Licht. Die Gestirnnähe erwirkt eine besondere Art, belichtet zu sein, inwendig wie auswendig und in Gottes Reichweite. Indem man der Sonne entgegensteigt, öffnen sich die Sinne und mit ihnen der Leib, der das Leuchten aufnimmt. Im Unterschied zu heutigem Denken, findet noch im 16. Jahrhundert Denken nur im und durch den Leib statt.

Man atmet die Luft und mit ihr das Licht der Erkenntnis ein. Es erfüllt den Leib, macht ihn hell, reinigt und klärt ihn. Beim Abwärtssteigen wird dieses Licht, zu dem wir heute Sauerstoff sagen würden, in jeden Winkel des Körpers geschüttelt, wodurch Schlacken gelöst, die Drüsen angeregt werden und das Zusammenspiel der Organe erfrischt wird. Im Licht wird das Wissen verspeist und unterliegt wie die feste Nahrung der Verdauung. Gesners Anatomie der Sinne ist eine Art von Wahrnehmungspsychologie, die den Körper passiert hat. Ein Wissen, das nomadisch ist, Jöcher und Kuppen kennt und durch die Bewegung in die Haut, die Glieder und Organe eingesunken ist. Mit diesem Niedersinken des Lichts als Kristallisieren des Wissens entsteht eine Art von Empirie, die nichts Abgetrenntes ist, sondern von der Tat in der Sache lebt, die im Durchschreiten das jeweils andere berührt. Das Licht erhellt und erleichtert den materiellen Leib, Bergsteigen wird zu einem Mittel gegen die Melancholie. Gesner fordert gleich zu

Beginn die Menschen auf, nicht wie Säue in den Boden zu starren, sondern das Antlitz gegen den Himmel zu heben. Das muß man beim Aufstieg auf einen Berg zwangsläufig.

Umsonst sucht man bei Gesner die übliche Jammerei über die Qualen des Anstiegs. Lediglich an einer Stelle, gegen Ende in einem fiktiven Dialog, fällt eine Bemerkung, aus der hervorgeht, daß er selbstverständlich um die Gefahren, Unbequemlichkeiten, Mühen und Beschwerlichkeiten des Gehens weiß. Aber das tut nichts weiter zur Sache, er hängt daran keine Litanei von Belehrungen. Im Gegenteil, er zieht sogar aus diesem Wissen noch Freude, indem er im Erzählen, als ein Wiederholen des Erlebten, den Kreis der Signaturen sich schließen läßt, der dann, durch das Steigen, wieder aufgeht. Kehren wir zum Anfang zurück: Auf seinen Wanderungen hat Gesner bis dahin weitgehend unerforschte Alpentiere und -pflanzen katalogisiert und wirklichkeitsgetreu gezeichnet.

Über das Murmeltier schreibt er: „So diese Tier miteinander spielen, so führen sie ein Geschrei wie die Katzen: wo sie aber zornig, oder sonst Änderung des Wetters anzeigen wollen, so haben sie ein scharf, laut Geschrei gleich der Stimm einer kleinen, laut, hoch oder stark geblasenen Pfeifen, welche Stimm dem Gehör der Menschen nicht wenig widrig ist: von solcher scharf und lauttönenden Stimm werden sie von etlichen Mistbellerlein genannt."[140]

Gesners große Pflanzenkunde, die mit 260 Büchern mehrere Folianten hätte füllen sollen, bringt er nicht mehr zum Abschluß. Betrachtet man seine vielen Tiere und Pflanzen, so fällt die Liebe fürs Detail auf, eine erstaunliche Präzision in Beobachtung wie auch Darstellungskunst.

Zwischenbetrachtung: Das Denken der Höhe beleuchtet das Denken selbst

Gesner hat die Hochgebirgsnatur inventarisiert. Diese Art von Benennung und Klassifizierung fehlt Petrarca. Der Wissensfortschritt zwischen Petrarca, Gesner und Fabre ist ernorm, zeigt aber auch epistemologische Brüche an. Petrarca war nicht der erste Bergsteiger, hinterließ auch nicht den ersten Bergbericht. Petrarca ist deshalb so wichtig, weil er den Gegenstand des Aufstiegs selbst klar hervorbringt: die Höhe. Das ist der Ausgang.

Er will die namhafte Höhe des Ortes kennenlernen, ein Motiv, in dem zugleich noch etwas anderes zur Sprache kommt: das Verhältnis von Innen und Außen. Petrarcas Verlangen hat sich als eine pathische Kategorie herausgestellt: Er erleidet den Aufstieg. Das Leiden vermittelt zwischen Größe und Elend und stellt sich als das zentrale Selbstverhältnis des Menschen heraus.

Die Höhe bringt also ein Sprechen über die Seele hervor, in der das Selbst-Verhältnis aufbewahrt ist. Die vertikale Raumachse provoziert die Bestimmung des Menschen als eine Bestimmung des Verhältnisses des Menschen zu sich selbst. In dieser Selbst-Bestimmung des Menschen tritt die Seele als Projektionsfeld hervor. Aus der Bestimmung des Menschen wird somit auch eine Bestimmung des Menschlichen. Diese doppelte Bestimmung überlagert ein anderes Verhältnis: das Verhältnis des Menschen zur Natur. Über dieses Verhältnis ist bei Petrarca erstaunlich wenig zu erfahren. Petrarcas „Natur" ist zur Seele geworden.

Die Geschichte der Höhe schreibt somit eine Geschichte der Seele als zweite Natur. In dieser Psychohistorie wird nach und nach ein Wissen ausgeformt, das die Dinge leidenschaftlich zueinander ordnet. Im Alpinen wird die Leidenschaft mit der Bereitschaft zur Anstrengung und Selbstqual gleichgesetzt. Die Sprache der Leidenschaft hat eine Intensität, die kaum zu überbieten ist. Lionel Terrays Kreuzweg auf die Annapurna ist ein vorläufiger Schluß dieser Wissensordnung, die sich über das Leiden fügt.

Bei Petrarca, Vorbote der Neuzeit, ist der Mensch einer, der sich selbst zu denken beginnt. Die Höhe fordert in ihrer Fremdheit und Verdichtung diesen anthropologischen Regreß. Terrays Körper ist dermaßen überfordert und steckt in nahezu unüberwindbaren Schwierigkeiten, daß er einen Menschen verkörpert, der sich selbst nicht mehr denken kann. Er scheint einer Bewußtlosigkeit des Leidens anheimgefallen zu sein.

Zwischen Petrarcas Mühe, mit der Anstrengung der Höhe fertig zu werden, und Terrays unüberbietbarer Leidensfähigkeit breiten sich Jahrhunderte des Höhersteigens: vom Pilger, der sich an der Schrift als das Gute orientiert, über das Herstellen von Berglandschaften, die den Blick erstmals von oben wagen, bis hin zur Geschichte der alpinen Ausrüstung. Die Anfänge der alpinen Ausrüstung reichen weit zurück. Abgesehen von altsteinzeitlichen Werkzeugen und Kultgegenständen, die auf Bergen gefunden wurden, wurzeln sie im 6. vorchristlichen Jahrhundert. Somit schreibt die alpine Geschichte nicht nur eine Geschichte der Seele mit, sondern ist vor allem eine Technik-Geschichte.

Vormodernes Wissen wies die Seele als den Grund des Körpers aus, der Körper war immer auch Grund zur Aufrüstung. Über die Prothetisierung des Körpers sollte seine Leistungs- und Leidensfähigkeit verbessert werden. Die Alpingeschichte berichtet daher auch über den Stand der Vervollkommnung des Menschen. Sie hat, wie an Wolfgang Güllich gezeigt werden konnte, über den Technik-Verzicht eine seltsame Wende genommen. Petrarca hatte noch Probleme mit der Anstrengung, nach Güllichs lückenloser Selbstdisziplinierung ist die ungeheure Anstrengung seiner präzisen Bewegungen nicht mehr anzumerken. Die Vervollkommnung äußert sich in einer Leichtigkeit, die unsichtbar schmerzhafte Körper-Torturen verwahrt. Die Vervollkommnung zeichnet eine Abstraktionsleistung, in der die Körpergeschichte als eine Geschichte der Selbstdisziplinierung und -kontrolle scheinbar verschwindet.

Zur Geschichte der Disziplin gehört auch der Umgang mit den Gegenständen. Die Höhe ist der Gegenstand des Aufstiegs, aufgestiegen wird mittels konkreter Ausrüstungsgegenstände. Sie zeichnen sich durch eines aus: den Gewichtsverlust. Mit dem Leichterwerden der Ausrüstung werden die Aufstiege immer kühner und verstiegener. Der Entkörperung der Ausrüstung entspricht ihre Versprachlichung. Im ausgehenden 19. Jahrhundert ist eine Ausrüstungsexplosion zu vermerken, die sich auch schriftlich niederschlägt. Hinter der Diskursivierung der alpinen Ausrüstung verbergen sich eine Reihe struktureller Momente pädagogischen Wissens. Zu fassen sind sie in der Sorgfalt. Diese ist das Um und Auf im Umgang mit den alpinen Gegenständen. Ausrüstung muß gepflegt, gewartet und richtig angewendet werden. Handlungswissen erweist sich im Ernstfall immer auch als Theoriewissen: Was die praktische Anleitung zum alpinen Tun konstituiert, ist immer auch eine Konstruktion von Wissen, das bei einem Unfall über Recht und Unrecht, Schuld und Unschuld entscheidet. In einem so harmlosen, ganz und gar praktischen Wissen steckt immer schon der Grund der Pädagogik: die Moral.

Die Geschichte der Höhe, so könnte resümiert werden, bringt gerade über den Diskurs des Konkreten das zutage, was diesen Diskursen immer schon vorangeht und in ihnen vorausgesetzt ist: die Abstraktion, welche die Moral birgt. Im Bergen der Abstraktion, in der Thematisierung der Höhe, wird die Moral als zentrales Ordnungsprinzip des Wissens ausgehoben.

Im Rückgriff auf das Konkrete, sprich auf die alpine Erfahrung, verliert das Wissen ganz allgemein seine „Neutralität". Das Wissen stellt sich über den Umweg der Empirie als eine Positivität heraus, d. h. als etwas, das immer schon vieles unbesehen voraussetzt. Eine wesentliche Voraussetzung ist die Moral.

In der „Sorgfalt" drückt sich die Sorge konkret aus, die Sorgfalt wird zum Dispositiv alpiner Lehre. Die alpine Lehre ordnet sich um den Unfall und die Gefahr. Aus dem „Wissen des Lebendigen" wird vor allem ein Wissen um die Vermeidung, das eigene Leben zu verlieren. Aus einem Wissen, das über Ähnlichkeitsbeziehungen strukturiert war, formiert sich ein Wissen, das von Ähnlichkeiten absieht und von Angst geprägt ist. Die Angst, das Leben zu verlieren, strukturiert alpines Wissen. Bereits im 16. Jahrhundert kümmert sich Josias Simler nur um Belehrungen, die von der Angst bestimmt sind. In die Angst greift die Vernunft ein, welche sich in der Meßbarkeit der Natur, im Vermessen der Höhe zu erkennen gibt. Das Numerische ist immer auch eine Bekämpfung der Angst, die Vernunft geht aus diesem Kampf hervor.

Der Grund der Vernunft ist einer, der selbst keinen Halt hat, außer dem, der gesetzt wird. Dieser gesetzte Halt ist, wie zu zeigen war, einer der Moral, der auf einer Trennung von Gut und Böse, richtig und falsch beruht. Die Trennung ist des Menschen Moral, die Moral trennt den Menschen. Die Trennung strukturiert ein Wissen, das sich am Beispiel des Alpinen in seinen Grundfesten als ein erzieherisches erweist. Die Höhe bringt die Tiefe, den „Grund" der Pädagogik ans Licht. So gesehen ist die Geschichte der Höhe auch eine Geschichte der Disziplin und der Disziplinierung.

Zur Disziplinierung gehört nicht nur die Zurichtung des Körpers, sondern vor allem die Formierung des Wissens. Ein Mittel ist die Belehrung, ein anderes die Benennung als ein In-Besitz-Nehmen der Dinge. Gesner erreicht in der Benennung der Natur bereits eine Meisterschaft und verbindet die Schrift mit dem Bild. Über die Kunst der bildlichen Darstellung verdichtet sich die Information. Information bildet Wissen im Menschen. Sie formt ihn innen aus. Die Vorstellung des Menschen baut sich aus Informationen zusammen und drückt sich in den Projektionen als entäußerte Vorstellung aus. Eine spezielle Art von Projektion formt das naturwissenschaftliche Denken. In der Geographie bzw. Kartographie ist die Projektion Grundlage des Erd-Wissens. Das Erd-Wissen nährt sich von der „Ent-Erdung" als Vorgang eines Raumverlusts. In der kartographischen Projektion ist das Verschwinden des Raums gespeichert und mithin ein Wissen um die Höhe, das den Raum öffnet.

Dieses schrittweise Verschwinden des Raumes als projektives Verfahren, um künstlich Raum zu gewinnen, ist Gegenstand des Folgenden.

TOPOGRAPHISCHE KARTEN ERFASSEN
RÄUMLICHES FLÄCHIG: DIE „ANDERE" SIGNATUR

„TATSACHENBERICHT" KARTE:
ZUR FORMALISIERUNG DES RAUMES

Noch bevor Gesner auszog, einen Teil der Alpen zu inventarisieren, werden eine Reihe bergsteigerischer Taten gesetzt.[141] Außerdem fertigt man die angeblich erste Karte der Schweiz an.

Das war 1513; Schmithals kommentiert: „Sie ist nach Süden orientiert, die Berge werden in Seitenansicht mit dreieckigen und gerundeten Umrissen gegeben, Laub- und Nadelwald ist unterschieden, die Ortschaften sind in seitlichem Aufriß eingezeichnet. Das Ganze ein erster, ganz primitiver und lückenhafter Tatsachenbericht, ein Versuch, vom einzelnen Natureindruck zu abstrahieren und sozusagen damit ins Reine zu kommen."142 Ungeachtet, daß der Autor ohne Bedacht den Stand dieser frühen Karte vom Standard des 20.Jahrhunderts her beurteilt, beinhaltet seine Aussage wichtige Feststellungen. Er spricht von einer Karte als Tatsachenbericht, dem die unzählige Fülle des Naturkonkreten gegenübersteht, von dem abgesehen werden muß. Anstelle des Besonderen muß ein Allgemeines gefunden werden. Mittels spezieller Zeichen, Signaturen soll man allerdings auf andere Weise als für die Markierung von Ähnlichkeitsbeziehungen mit der Natur „ins Reine kommen". Das Abstrahieren gelingt, so meint Schmithals, anfangs nur sehr ungenügend und wird im Verlauf der Zeit immer besser. Die Kartographie wird zu einer Wissenschaft, die sich selbst bestimmt als „die Lehre von der Logik, Methodik und Technik der Konstruktion, Herstellung und Ausdeutung von Karten und anderen kartographischen Ausdrucksformen, die geeignet sind, eine räumliche richtige Vorstellung von der Wirklichkeit zu erwecken".143

Da Schmithals auf einen Quellenverweis verzichtet, bin ich nicht sicher, ob die farbige Abbildung bei Gabriele Seitz dieselbe Karte meint, auch sie macht dazu keine genauen Angaben.144 Davon abgesehen, reklamiert Schmidkunz bereits für 1495/97 „eine große Landkarte der Schweiz" von Konrad Türst.145 Trotz dieser Verwirrung bleibt unbestritten, daß Ägidius Tschudi 1538 eine Karte vorlegt, die der obigen Beschreibung sehr nahe kommt, von Seitz' Abdruck aber im Detail abweicht.146 Genauer werden die Angaben später, wenn von Sebastian Münster die Rede ist. Er hat seinen fixen Platz auf der „Zeittafel zur Geschichte der Kartographie".147 Für 1513 scheint auf der Zeittafel nur Martin Waldseemüllers „Straßburger Ptolemäus-Ausgabe" auf. Ich kann also an dieser Stelle die divergierenden Angaben zu besagter Schweizer-Karte von 1513 nicht auflösen. Trotz Vorbehalten erlaube ich mir, Schmithals' Vertextung und Seitz' Bebilderung zusammenzudenken und auf mich wirken zu lassen. Zunächst überrascht, entgegen der Ankündigung, die Detailfülle: Kleine und kleinste Orte sind eingetragen, aber auch Berge, die nur vereinzelt Namen tragen. Es ist nicht zu übersehen, daß die Berge im Kanton Graubünden, auch noch unvergletschert dargestellt, größer und wuchtiger ausfallen als die des Schweizer Unterlandes. Flüsse und Seen gliedern weiter das Kartenbild. Durch die Ausdifferenzierung in Laub- und Nadelwald, was Eingeweihten zusätzliche Informationen über Geologie, Klima, Siedlungs- und Bewirtschaftungsweise, mit dem freien Auge nicht sichtbar, liefert, schichtet selbst diese „primitive" Karte bereits viel Wissen ineinander. Thematisches verbindet sich mit Topographischem zu einer Fülle von Informationen.

Die Welt als Körper, der Körper als Grundriß

Je länger ich die Karte auf mich wirken lasse, desto klarer formt sich ein wunderliches Bild heraus. Ich sehe ein liegendes Schaf, das seinen Kopf hochhält. Dieser Eindruck mag durch die gelblich-braune Einfärbung, die das Gebirge symbolisiert, zustande kommen, wohingegen die Umgebung, in hellerer Tönung gehalten, als Hintergrund zurücktritt. Diese „Verkörperung" eines Teiles der Erde mag etwas befremden, ist aber so kurios nicht, im Gegenteil. Bereits im 6. vorchristlichen Jahrhundert des griechischen Milet wird die Welt als Körper vorgestellt, dessen Kopf und Gesicht dem Peloponnes entsprechen, der Isthmus streckt sich als Rückgrat, und das Zwerchfeld umspannt Ionien, so wie der Hellespont die Schenkel und der Thrakische Bosporus die Füße bildet.148 Anaximander soll der Erde zur selben Zeit die Form eines Zylinders gegeben haben, diese erste Weltkarte aber gilt schon in der Antike als verschollen.149 Vielleicht ist es Zufall, daß der Zylinder verschwand, der Körper erhalten blieb. Aber auch die Welt als Körper ist unzuverlässig. Sie täuscht einen Wirklichkeitsbezug vor, der gerade über das kartographische Darstellungsmittel aufgelöst wird. Die Karte ist „das verkleinerte vereinfachte, inhaltlich ergänzte und erläuterte Grundrißbild von Teilen der Erdoberfläche".150 Sie hält Schrift und Bild zusammen, wobei das Bild dominiert und besser als die Schrift das Über- und Nebeneinander der Dinge im Raum veranschaulicht. Mit der Zeit spricht man jedoch von Karten s c h r i f t und Karten l e s e n , was aber eine andere Entzifferung bedeutet, als nur Buchstaben zu deuten. In die Karte ist immer schon eine spezifische Raumvorstellung eingegangen. Die Karte ist ein regelrechter Wissensstau, der sich über das Papier faltet wie ein Gebirge, so als wäre Wissen immer schon etwas, das sich aufschiebt und aus Verborgenem spricht. Gesichert ist, daß die ältesten kartographischen Erzeugnisse nicht erhalten sind. Einem glücklichen Zufall verdankt sich die Ausgrabung einer Tontafel unweit von Nuzi. Sie wird auf ca. 3800 v. Chr. datiert und stellt den nördlichen Teil Mesopotamiens mit dem Euphrat sowie das Bergland im Osten und Westen dar.¹⁵¹ Andere Funde: der Befestigungsplan von Lagasch der Sumerer, 2400 v. Chr.; die Papyrusrolle mit einer Situationsskizze einer Goldmine in Ägypten aus der Zeit Ramses II.; ein in Ton geritzer Stadtplan von Nipur, 1500 v.¹⁵², usw.

Worüber geben diese Karten Auskunft? In ihnen überkreuzen sich von Anfang an unterschiedliche Diskurse, die im „Weltbild" zur Weltanschauung zusammenfließen. Dieser Bildungsvorgang weist u. a. das Politische als etwas aus, das von Anfang an das vom Menschen Gemachte angestrengt von dem trennt, was aus der Natur kommt. Die Polarisierung von Kultur und Natur aber erweist sich bei genauem Hinsehen als falsch und verdeckt als Umkehrung das tatsächliche Geschehen. Im Niltal z. B. hat sich immer wieder Schlamm abgelagert, so daß die Besitzverhältnisse gestört und regelmäßig verwischt wurden. Darauf reagierte man mit einer forcierten Entwicklung der Feldmeßkunst. Durch die Trennung konnten die steuerlichen Abgaben exakt berechnet, eingetrieben, buchhalterisch verwaltet und kontrolliert werden.¹⁵³ Der Verbund von Mathematik und Geometrie, der triumphale Einzug der Ziffern verhalf aber nicht nur die Rechte des Staates zu sichern, repräsentative Bauwerke wie Festungen und Tempel zu errichten, sondern vor allem auch die Zukunft zu planen. Die Zukunft ist die Perspektive der Herrschenden.

Ist nicht König Philipp II. von Makedonien, aufgefordert, sich an die Spitze Europas zu stellen und Europa gegen die Perser zu verteidigen, auf das Haemus-Gebirge gestiegen, um weiter zu sehen?

Das Sehen beinhaltet eine räumliche wie auch eine zeitliche Komponente. Von oben gelang ein exakterer Einblick und vor allem Überblick auf die räumlichen Gegebenheiten. Die Vor(aus)sicht sollte seinem Kriegsplan nützen, ähnlich wie bei Alexander dem Großen, der zahllose Berge und hohe Pässe des Orients überschritt. Das „erhöhte" Wissen sollte sich als bessere räumliche Orientierung in Form einer Projektion auf Papier künftig strategisch auswirken.

Einen Willen zur Macht beurkunden: Projektion als Expansion

Jede Karte ist eine Projektion. In ihr wird der Wille zur Macht eingetragen. Die Karte simuliert so eindringlich wie unmerklich das Einverleiben dessen, was noch außerhalb der eigenen Grenzen liegt. In den Kartenraum ist der Wunsch nach Expansion eingelassen. Er speichert die Zeit als vergangene, gegenwärtige und vor allem als zukünftige. Die immer nur vorübergehende Gestalt des Raumes scheint mit Zeit angefüllt, Zeit und Raum bedrängen sich in der Karte gegenseitig, ohne Unterlaß und Gewähr. Sieg und Niederlage verräumlicht sich auf Zeit und zeitigt den Raum. Ursprünglich wurde, wie man weiß, die Erde als im Wasser schwimmende Festlandscheibe angenommen. Das gilt auch für die kaum zehn Zentimeter messende, auf ein Tonblättchen eingeritzte Babylonische Weltkarte um 500 v. Das Reich Babylons ist durch eine kreisförmige Fläche dargestellt, um die sich das Weltmeer schließt. Das armenische Bergland befindet sich gemäß der südöstlichen Orientierung unten, der Euphrat zieht wie ein breites Band von unten nach oben, durchmißt die als Rechteck eingezeichnete Stadt Babylon, um dann durch ein langgestrecktes Rechteck am oberen Bildrand, eingetragen als Sumpfgebiet, in den dunklen Bogen zu münden, der unschwer als Persischer Golf identifiziert werden kann. Heinze geht, wenn er den Euphrat als „Kanal zum Kosmos" bezeichnet, nur auf den ersten Blick zu weit. Heinzes Ausweg bezieht sich auf die Tatsache, daß die Baylonier ihre räumliche Erweiterung nur über die Ausnützung dieses Flusses erreichen. Der Euphrat eröffnet ihnen „den Weg ins Außerhalb".¹⁵⁴

Angst: Schlüssel zum Rätsel von Raum und Zeit

Am Außerhalb hängt die Hoffnung, das Innerhalb war zu eng. Nicht erst die mittelalterlichen Zonenkarten, sie gehen auf Krates Mallotes um 150 v. zurück, machten klar, daß das belebbare Terrain kleiner war als die „zona inhabitabilis", von der man umgeben war. Jenseits könnte es anders sein, besser, auch wenn das Neue angst machte, das Alte tat es auch. Stück um Stück näherte man sich dem Außerhalb, das zum Innerhalb wird. Diese Annäherung ist zugleich eine Distanzierung. Sie brachte ein Körperbild der Welt zur Welt, das der Welt immer mehr glich, indem es von ihr abwich. Darin knüpft sich ein Knoten, der bis heute unlösbar ist, bereits Alexander konnte ihn nur mit Gewalt durchtrennen. Der Knoten als Paradoxon besteht im je Halben, das im Inner- wie im Außerhalb steckt. Ein Schlüssel ist die Angst, die in beiden Hälften anwesend ist. Das Außerhalb ängstigt durch die Weite, als unbegrenzte Möglichkeit, so wie das Innerhalb durch begrenzte oder gar verhinderte Möglichkeiten ängstigt. Die Angst hängt mit den (Un-)Möglichkeiten zusammen. Die Möglichkeit kennzeichnet ein Vermögen, eine Gelegenheit. Die Gelegenheit bezieht sich auf die Lage eines Ortes. Die Möglichkeit hängt also immer mit dem Raum zusammen. Das Vermögen drückt die Macht aus, diesen Raum zu verändern, ihn wirksam werden zu lassen bis hin zu seiner Bestimmung und Beherrschung. In der Bestimmung erwachen die pathischen Kategorien, denn nicht alles, was man vermag, will, kann, soll, muß oder darf man tun. Die Möglichkeit wird so eine des Erleidens. Die Angst hält das Leiden aktiv. Die Möglichkeit dreht sich zu einem Knoten im Raum, der dem Raum abgenötigt wurde. Der Umgang mit dem Raum liegt als Rätsel im Kern des Paradoxen. In einem Paradoxon ist etwas stillgelegt und hat aufgehört, sich zu bewegen.

Inkurs:
Verknotung von Logos und Leidenschaft

Die Bewegung ist im Knoten gefesselt. Die Auflösung des Knotens ist nur um den Preis der Angst zu haben, daher bleibt der Knoten verknotet. Die Angst ist ein Angriff gegen den Logos, der sich in der Verzeitlichung des Raumes ausdrückt. Der Raum ermöglicht jedoch Bewegung, die nach V. v. Weizsäcker immer auch Leidenschaft ist. So umschließt – das kann resümiert werden – der Knoten Logos und Leidenschaft, d. h. nichts anderes, als daß im Knoten das Geheimnis von Raum und Zeit aufbewahrt ist. Im 6. Jahrhundert v. wird dieser Knoten aber bereits problematisiert. In dieser Zeit – als die Höhe an Bedeutung zunimmt – macht sich eine Umwandlung bemerkbar, die den Raum in ein Bild überträgt. Die Übertragung ist eine Übersetzung von einem realen Ort in einen künstlich hervorgebrachten Kartenort. Dieser ist nichts anderes als die Aufeinanderfolge von Projektionen. Die Projektion forciert den Raumverlust, durch den aber ein Raumgewinn in Aussicht steht. Man beginnt sich die Verwirklichung eines unwirklichen Raumes zuzutrauen. Der unwirkliche Raum verdichtet sich zur Grundlage und trägt bis heute unser Verständnis des Erdraumes. Unser Raumverständnis ist ein unwirkliches. Cyberspace ist das vorläufige Ende dieser Kette. Wie aber ging historisch dieses Unwirklichwerden des Raumes als verstärktes Wirksamwerden der Zeit („horror vacui") vor sich?

UNWIRKLICHWERDEN DES ERDRAUMES:
SKIZZE ZUR ERD-BILDUNG

Herodot (490–420 v.), Begründer der griechischen Geschichtsschreibung, war zwar noch in der Vorstellung der Erde als Scheibe verhaftet, seine Reisen aber (Ägypten, Babylon, Nordküste des Schwarzen Meeres, Italien, Afrika) dehnten das Erd-Denken vom Kreis zur Ellipse, in die er bereits drei Erdteile, Europa, Asien und Afrika, eintrug. Damit war das Außerhalb zerteilt und festgeschrieben. Herodot war Geschichtsschreiber, und ihn interessierte vor allem die Zeit. Sie legte sich in seiner Erdkarte in der Form nieder, die die Erde erhielt. Die Zeit als Formfaktor, der den Erdraum wandelt.

Man begann alles zu verwerten. Die Reisen der Reisenden wurden von den Zurückgebliebenen verwertet. Immer mehr Schiffe sah man unter- und auftauchen, was sich schließlich zum Wissen verfestigte, die Erdoberfläche müsse gekrümmt sein. Um 500 v. verbreiteten die Anhänger des Pythagoras von Samos, daß die Erde eine Kugelgestalt habe. Der Mathematiker und Astronom Eudoxos (408–355) bestätigte diese Annahme; er konnte in Griechenland Sterne sehen, die am ägyptischen Himmel fehlten. Aristoteles leitete die Erdkrümmung aus der Beobachtung des runden Erdschattens bei Mondfinsternissen ab und lieferte vier schlagende Beweise für die Erde als Kugel. Seiner Logik und Argumentation folgten eine Reihe von weiteren Beobachtungen, verdichtet als neuer Ausgangspunkt eines Erddenkens.

Codierung der Erde als Kugel

Aus dem Erdbild wird nach und nach eine Erdbeschriftung und -bezifferung. Sie summiert sich zur Erdkarte und trägt zur Lesbarkeit der Welt entscheidend bei. In die Erdkarte gehen geodätische und topographische Annahmen über Netzkonstruktionen, bekannt als Projektionen, nach einem sich wandelnden Maßstab ein, bis schließlich die kartographische Wiedergabe erfolgt, die hilft, einen Ort der Erdoberfläche wieder auffindbar zu machen. Der Lokalisierung geht die Befestigung und der Befestigung die Mobilisierung voran. Ein Ort muß beweglich werden, welchen Sinn ergäbe sonst die Fixierung?

a) Der Abstand als räumliche Distanz formiert sich zur Linie als zeitliche Bewegung

Seit dem 5. vorchristlichen Jahrhundert wurde man immer beweglicher. Beobachtung und Messung paßten sich als Denken der Bewegung dem Raum an. Die Bewegung ist und braucht aber immer auch Zeit. Die Zeit drückt sich historisch zuerst als Linie aus. Dikaiarchos (ca. 350–290 v.), ein Schüler von Aristoteles, zog eine Orientierungslinie von West nach Ost. Sie entsprach der Fahrt von Gibraltar nach Persien.

b) Erdgröße: Das Netz, das die Erde einfängt

Einen entscheidenden Schritt weiter ging Eratosthenes (275–214). Er formt die Vorstellung von der Größe der Erde, indem er sie erstmals vermessen hat. Das war revolutionär, das Wissen dreht sich von nun an um das Ganze. Das kam so zustande: An einem 21. Juni sah Eratosthenes die Spiegelung der Sonne in Assuan in einem tiefen Brunnen; zur gleichen Zeit bestimmte er in Alexandria mittels eines Schattenstabes die Sonnenhöhe und erhielt den Zentriwinkel im Erdmittelpunkt. Die Entfernung der beiden Orte, die auf einem Meridian liegend angenommen wurden, schätzte er aus der Anzahl der Tagesreisen zu 5000 Stadien. Eine einfache Proportion ermittelte ihm dann den Erdumfang und Erdradius in Form einer Zahl. Sie betrug 250.000 Stadien und lag als Gesamtumfang der Erde vor ihm auf dem Tisch (diese Berechnung wich im übrigen nur 16% von dem ab, was wir heute als Wirklichkeit bezeichnen). Damit ist das Netz ausgelegt, in das künftig die Erde eingefangen wird. Sie als ein Ganzes zu erfassen, macht künftig ein neues Zueinanderfügen der Einzelteile möglich. In das Gitter aus Zeit und Raum wird jedes Stück Erde sorgfältig eingetragen.

c) Benennen: Übersetzen als Verortung im neuen Netz

Der Ortsname ist das konkrete Resultat eines abstrakten Vorgangs: der Ort als Nullpunkt und Sicherungsstelle im Koordinatenbezug von Länge und Breite. Im Punkt lagert das Wirkliche im Unwirklichen. Je konstruierter der Ort, desto leichter zu identifizieren. Was nach Bezeichnung anmutet, fußt auf einem Umbau von Welt. Strabo (etwa 63 v. bis 20 n.) hat in 17 Büchern die Lehre des Eratosthenes, die er genauestens kannte, aufbewahrt und festgehalten, so auch, daß Geographie nicht von Philosophie zu trennen sei. Weise ist, wer der Erde kundig, sie geschickt beobachtet und abmißt, gelehrig im Beschreiben und Darstellen ihrer Bestandteile und Vorgänge. Raumwissen ist Zeitwissen und umgekehrt. Beides verschmilzt miteinander durch die Vervollkommnung der Projektionslehren, deren erster Betreiber bei einigen Hipparch (180–125), bei anderen Marinos von Tyros (um 100 n.) ist. Unbestreitbar bleibt, daß die sinnliche Wahrnehmung einen immer exakteren Erdentwurf zur unsichtbaren Voraussetzung hat, der das Sehen prägt, wie vormals der Mythos das Erdbild formte. Mathematik und Geometrie ersetzen den Mythos und steigen selbst zu einem Mythos auf. Mit der Zeit wird die Zeit selbst zur Bedingung für Erkenntnis.[155]

Wie aber verhält es sich mit der Höhe? Sie schien das Fortschreiten des Erdwissens nicht zu fördern, sondern eher zu hemmen. Nur zögernd hat man sich fallweise messend an die Berge herangewagt. Nach Schmidkunz war Dikaiarchos der erste, der Höhenmessungen vorgenommen hat, und Heron von Alexandrien soll um 200 v. erstmals trigonometrische Höhenmessungen angewandt haben.

Darstellung der Höhe: Ptolemäus

Keineswegs darf man Claudius Ptolemäus von Alexandrien (um 150 n.) vergessen. Ihm haben wir nicht nur die erste Kegelprojektion zu verdanken, die Wahl der „Glückseligen Insel" für den Nullmeridian, 8000 Namen in einer Anleitung zur Erdbeschreibung, sondern auch und vor allem die erste Geländedarstellung durch schematische Bergprofile. Über viele Jahrhunderte waren seine Schriften die Basis weiterer Arbeiten und Grundlage jeglicher wissenschaftlichen Erdkunde. Im 9. Jahrhundert ließ der Kalif Al Mamun in Bagdad Ptolemäus ins Arabische übersetzen, und von 1475 bis 1600 sind 42 verschiedene Ptolemäus-Ausgaben bekannt.[156]

Rückfall zum Erdbild: mittelalterliche Mönchskarten

In der Zeit dazwischen wird aus der Erdkarte wieder ein Erdbild. Die theologisch-kosmologischen Vorstellungen des Mittelalters prägen seine Kartographie. Zwar gingen die kartographischen Kenntnisse mit dem Niedergang Griechenlands nicht verloren, unter der römischen Herrschaft wurden sie jedoch pragmatischer. So steckten die römischen Heere beispielsweise zuallererst jedes Lager aus, um es dann genau zu messen. Die Römer wiesen sich vornehmlich in der Stadtvermessung aus: 210 n. erfolgt die Neuaufnahme Roms im Maßstab von 1:250, eingraviert auf eine 13 m hohe und 23 m breite Marmorplatte. Straßenkarten in der Art der Itinerarien, Wegweiser, die bereits vor den Kriegszügen der Mazedonier als Routenbeschreibungen angefertigt wurden, sind überliefert. Alle in einer Richtung aufeinanderfolgenden Örtlichkeiten sind durch eine Linie dargestellt, wodurch nur ein verhältnismäßig kleiner Landstrich, einschließlich erheblicher Verzerrungen, zur Aufnahme kam. Kaiser Augustus ordnete überdies eine allgemeine Reichsvermessung an, deren Ergebnisse in den bislang nicht aufgefundenen Commentarii Agrippae vermerkt sein sollen. Trotz aller Feldmeßkunst war man den Bergen gegenüber ohne Erkenntnisinteresse. Man fürchtete sie und fand sie scheußlich. Im 5. und 6. Jahrhundert erloschen mit dem Abstieg der römischen Macht auch deren Handelsbeziehungen und mit ihnen der Ehrgeiz, Reise- und Handelswege auszukundschaften und kartographisch festzulegen.

Friedlose Jahrhunderte mit großen Völkerwanderungen folgten, die christliche Kirche breitete sich aus und begann ein neues Körperbild der Erde zu zeichnen. Hinter den Klostermauern wird die Versteinerung Europas in den Mönchs- oder „Radkarten" nachgebildet. Vorstellungsmäßig schließt diese Form an die Anschauung der Erde als eine vom Meer umgebene Scheibe an. Die Überzeugung, daß die Erde eine Kugel sei, verblaßt und wird von der Markierung neuer Seßhaftigkeiten, dargestellt in Eroberungs- und

Handelslinien, ersetzt. Soziale Erstarrung ist von jeher an der Flächigkeit von Bildern, auch von Kartenbildern erkennbar.[157]

a) Weltbild als inkorporiertes Leiden:
   Ebsdorfer Weltkarte

Das Festland rückt in den Mittelpunkt, das Meer und die Inselvielfalt verlieren sich an den Rand und mit ihr die paradiesischen Orte und Fluchtlinien. Isidor von Sevilla interessieren bekanntlich die Berge, aber auch er reduziert die Erde auf ein flaches T-0-Schema. Der schmale Ozean umspült die drei bekannten, durch das eingelegte T voneinander getrennten Erdteile. Der Bildmittelpunkt ist dort, wo sich die Achsen des T treffen. An ihrem Schnittpunkt als Nullstelle liegt Jerusalem, das Zentrum der Welt. Aus dem T wird die Allegorie des Golgotha-Kreuzes. Der an ihm sterbende Jesus verkörpert die ganze Welt. Dadurch erscheint „die Welt als Sinnbild des Leidens".[158] Dieses Leiden enthält eine seltsame Bewegungslosigkeit, ausgedrückt in der 1235 aufgefundenen „Ebsdorfer Weltkarte". Die Karte – sie wurde im 2. Weltkrieg zerstört – hat zwar einen Durchmesser von 3,5 m, ist aber vergleichsweise den Kartenbildern des frühen Mittelalters an inhaltlicher Fülle weit unterlegen. Die Welt ist als Leib dargestellt, unverhältnismäßig aufgebläht, Arme und Beine sind jedoch winzig und schlaff. Die Karte zwingt den Körper zur Starre, wenngleich er mit unzähligen Bildern übersät ist, so als sei der Leib nur mehr eine Vermittlungszentrale.

b) Markieren von Weltgrenzen:
   Portulankarten

Etwa ab der Mitte des 12. Jahrhunderts entwickelt sich noch ein anderer Kartentyp, die sogenannten Portulankarten (Rumbenkarten, Windstrahlenkarten) heraus. Sie waren meist in den Portulanen (Schifferhandbücher) enthalten und konzentrierten sich vorwiegend auf die Küstenbeschreibungen. Ihre Entstehung und Entwicklung kann mit der Verwendung des Kompasses in Zusammenhang gebracht werden, denn bereits zu Ptolemäus' Zeit benützten die Ägypter und andere Mittelmeervölker Stäbe mit magnetischem Eisen. Erst über den Umweg nach China sollen italienische Seefahrer den Kompaß im 11. Jahrhundert wieder ins Abendland gebracht haben.[159] Die Portulane sind projektionslos, besitzen also keine Längen- und Breitenkreise, sind jedoch nordorientiert und maßstabsgebunden. Eine Besonderheit ist die Geländedarstellung. Felsriffe sind als Kreuzchen bzw. durch kurze Linien mit zwei oder drei Querstrichen eingetragen, die zahlreichen Namen der Örtlichkeiten stehen landwärts dem Küstenstreifen entlang.

Wissen expandiert: Vervielfältigungsverfahren

Im Spätmittelalter begann sich der Gesichtskreis des Abendlandes wieder erheblich auszudehnen. Gerade durch die Seefahrt war ein neues Streben nach wirklichkeitsgetreuer Darstellung ausgelöst worden. Die Kreuzzüge des 11. bis 13. Jahrhunderts brachten den Orient mit Mittel- und Westeuropa in Verbindung, der Aufstieg des Städtewesens und der Geldwirtschaft brachte den Handel in Schwung, was insbesondere der Seekartographie zugute kam. Das 14. Jahrhundert jedoch steht wieder unter anderen Vorzeichen. 1365 hatten die Türken die Dardanellen erreicht, und 1453 eroberten sie Konstantinopel. Dadurch kam zwar der Levantehandel weitgehend zum Erliegen, gleichzeitig gelangten durch die Flucht der Byzantiner in den Westen aber wieder wertvolle Kulturgüter zurück, worunter sich die „Geographie des Ptolemäus" befand. Jacobus Angelius hat sie ins Lateinische übertragen und 1409 beendet. 1478 erfolgte der erste Druck des Kartenwerkes auf Kupferplatten. Die Wiederentdeckung des Ptolemäus war ein Schlaglicht in der allgemeinen Hinwendung zu den Erkenntnissen der Antike. Die technischen Errungenschaften in Form der Nutzung von Druckverfahren zur Vervielfältigung beschleunigten die Informationen. Nach der antiken Holzschneidekunst stand in der ersten Hälfte des 15. Jahrhunderts der Kupferstich und mit Johannes Gutenberg schließlich der Buchdruck in beweglichen Lettern zur Verfügung. Reiseberichte, wissenschaftliche Erkenntnisse und das kartographisch niedergelegte Bild der Erde konnten so einem größeren Personenkreis zugänglich gemacht werden. Nach W. Behrmann sollen um 1500 etwa ein Viertel der Landoberfläche und über ein Fünftel der Meere bekannt gewesen sein.

Die weltweiten Entdeckungsreisen setzen sich im 16. Jahrhundert fort: Magalhaes Erdumsegelung, die Eroberung Mexikos durch Cortez und Perus durch Pizarro; dann vor allem die der Engländer, Holländer und anderer Nationen, die sich insbesondere den nördlichen Polarraum bis Spitzbergen einverleibten.

Die Kartographie des 15. und 16. Jahrhunderts schöpfte also aus zwei Quellen: einerseits die Portulane, andererseits die Werke Ptolemäus'. Aus ihnen zeichnete man immer wieder neue Karten ab und bastelte Teile der Erde zusammen. Fra Mauro, ein venezianischer Mönch, entwarf eine kreisförmige Weltkarte mit 196 cm Durchmesser, in die er eine Fülle von Einzelheiten unterschiedlichen Wahrheitsgehalts eintrug. So wie in der nautischen Kartographie Italiener, Spanier und Portugiesen führend waren, bemühten sich die mitteleuropäischen Länder wie Deutschland, Österreich und die Schweiz um die Darstellung von Gelände und Gebirge.

DAS KREUZ MIT DEN BERGEN

VOM BUCHSTABEN ZUR ZAHL: CUSANUS UND DAS NUMERISCHE

In „De docta ignorantia" schlägt der Cusaner vor, lieber numerisch als buchstäblich zu denken. Damit schafft er die Grundlage zur Neuzeit: sich nicht vor Gott, sondern über die Dinge zu beugen. Diese Beugung schließt die Höhe ein, Cusanus beugt sich ü b e r die Dinge.

1491 legt Cusanus die erste Kupferstichkarte von Deutschland vor. Er, der den Menschen plotinisch als „zweiten Gott" ansah, warf der Scholastik einiges vor: Sie habe weder zum Studium der Natur noch zum Begreifen des Menschen oder zur Erkenntnis Gottes das richtige Verfahren. Außerdem wisse sie nicht oder handhabe ihr Wissen nicht konsequent genug, daß nämlich die Mathematik der einzige Schlüssel zur verstandesgemäßen Erforschung der sinnlichen Erscheinungen sei.[160] Cusanus drängt, wie auch andere Humanisten seiner Zeit, auf einen verstärkten Wirklichkeitskontakt, der durch den Rückbezug auf die individuelle Erfahrung gelingt, wobei im Erkennen Einheit von Ruhe und Bewegung eintritt.[161] Für Cusanus sind die Berge eine Wirklichkeit, die eine Betrachtung lohnen. Er zeichnet eine Karte, in der Berge zu einer wichtigen Tatsache und mithin Ausdruck seiner Philosophie werden. In Fortführung der schematischen Bergprofile Ptolemäus' bildet Cusanus das erhöhte Gelände als „Maulwurfshügel" ab.

Maulwurfshügel und Bergschraffuren: Apianus und Rauh

Das macht Schule: Philipp Bienewitz, Apianus genannt, stellt 1563 in der Karte von Bayern eine Gebirgsdarstellung in verfeinerter Maulwurfsmanier her, J. A. Rauh läßt die Maulwurfshügel in der Karte von Wangen und Lindau 1617 zu Bergschraffen übergehen. Betrachtet man aber den Ausschnitt um Berchtesgaden aus Apianus' Bayrischen Landtafeln von 1568 im Maßstab 1:135.000 genauer, entpuppen sich die Maulwurfshügel bereits als angehende Felszeichnungen, die erst in unserem Jahrhundert durch Ebster, Aegerter, Rohn, Finsterwalder, Brandstätter u. a. perfektioniert wurden.[162] Der Salzburger „Untersperg" erhält bereits im 16. Jahrhundert seine unverwechselbar gestaffelte Formation, in der unschwer seine Steilhänge auszumachen sind.

Schablonenhaft starr: Ägidius Tschudi

Vergleicht man die Kartenkunst des Apianus mit der von Ägidius Tschudi, wirkt letztere seltsam starr. In Tschudis „Mittelschweiz" werden Berge und Ortschaften wie bei Apianus im Aufriß gesehen, Flüsse und Täler fehlen nicht, fallweise sind sogar Wälder eingezeichnet, und dennoch hat alles etwas Schablonenhaftes.

Ein Grund liegt zweifellos im Maßstab. Apianus hat einen größeren als Tschudi gewählt (1:355.000), wodurch viel mehr Details berücksichtigt werden können. Man sieht gehörnte Tiere, vermutlich Geißen, eingezäunt gehalten, Grasbüschel sprießen aus der sumpfigen Umgebung unterhalb Salzburgs, aus einem Haus scheint Rauch aufzusteigen, und daneben befindet sich ein Edelweiß auf einem Wappen.

Auch mit diesem Emblem ist Apianus, nebenbei bemerkt, auf der Höhe seiner Zeit. In B. A. Mattiolis Kommentar zu Dioskoridos kommt im selben Jahr „die erste gedruckte Beschreibung des Edelweiß" vor.[163]

Nichts von alledem bei Tschudi: In seiner Karte bedrängt ein Berg den anderen, dazwischen finden weder Pflanzen noch Tiere Platz. Seine Karte wirkt versteinert und scheint meilenweit hinter Apianus' Können nachzuhinken, der dem Gelände etwas sehr Bewegtes verleiht. Die beiden sind Zeitgenossen, aber diese große Differenz erstaunt. Tschudi war mit Sicherheit kein schlechterer Kartograph, so wie sich nicht jede Differenz nur auf die Wahl des Maßstabs zurückführen läßt. Da ist mehr, Grundsätzlicheres im Spiel. Unzureichend ist auch das Argument, die kartographische Methode habe sich innerhalb weniger Jahrzehnte so sprunghaft entwickelt und entscheidend verändert. Ein Blick auf andere Karten aus dieser Zeit und später zeigt nämlich, daß das Gebirge mit Vorliebe in eine schematische Darstellungsweise eingepreßt wurde.[164]

Es ist vielmehr anzunehmen, daß Tschudi ein außergewöhnlich genauer Kartograph war, bemüht um Wirklichkeitstreue, wodurch eben seine Berge näher als in unserer nicht klar identifizierbaren Schweizer-Karte von 1513 zueinanderrücken.

Letztere beinhaltet um vieles mehr Lücken, die als „tote Räume" gelten. Der Schlüssel zur Klärung der Differenz zwischen Tschudi und Apianus liegt in erster Linie im Raum selbst, der zur Darstellung gebracht wird. Tschudi hat sich eine offensichtlich noch schwierigere Aufgabe gestellt: Tschudis Raum ist das Hochgebirge. Sein Gelände ist bizarr, hochaufragend und daher unübersichtlich, d. h. das Gelände verengt das Blickfeld beträchtlich.

Tschudis Gegenstand ist sperrig, materiell verdichtet und im Vergleich zum Bayrischen Alpenvorland unbewältigbar. Bis heute sind jeder Geländeknick und steile bis überhängende Wände kartographisch nicht wirklich darstellbar. Da hilft auch kein Satellit weiter, weder die Schrägaufnahmen von Skylab 3 noch die von Apollo 7 oder die Senkrechtaufnahmen des ERTS 1. Sie gehen wie vormals Eratosthenes aufs Ganze: Strukturen werden klar, das Netz der Meßpunkte noch feinmaschiger, dennoch, die Eigenheit dieser Erdoberflächenform geht gerade in der Projektion auf die Fläche verloren. Im Höhersteigen sieht man zwar mehr, aber nicht in jeder Hinsicht und um den Preis, das Detail und die tatsächliche Besonderheit aus dem Blick zu verlieren. Der Verlust durch die Technik kann nur über die Erinnerung der Geschichte und die eigene Erfahrung sowie den künstlerischen Ausdruck kompensiert werden.

ZUR SELBSTAUFLÖSUNG DER VERTIKALEN:
PHILIPP-FLAMM, EIN BEISPIEL

Je mehr sich ein Gelände der 90-Grad Grenze nähert, desto weniger ist davon in der Karte zu sehen. Die auf das Hochgebirge spezialisierte Alpenvereinskartographie hat mit einem merkwürdigen Kannibalismus zu kämpfen: Je steiler eine Wand wird, desto rascher fressen sich die einzelnen Isohypsen, die ihren Aufschwung messen, gegenseitig auf. Sie schieben sich so eng aneinander, daß sie ununterscheidbar werden. In der Indifferenz der Senkrechten oder gar des überhängenden Geländes bleibt nichts mehr von der Selbstkennzeichnung über. Im Gegenteil, die höchste Verdichtung hat sich am stärksten aufgelöst; aus massivster Materie ist definitiv Nichtmaterie geworden.

In diesem Nichts, das für den extremen Kletterer alles, d. h. seine ureigene Welt bedeutet, zeigt sich die Maßarbeit des Kartographen. Je weniger von diesen Fluchtlinien des Bergsteigers sichtbar bleibt, desto perfekter war die kartographische Leistung. So gesehen könnte man eine tiefe Feindschaft zwischen Bergsteigern und Kartographen annehmen, aber gerade das Gegenteil ist der Fall. Nichts hat die Entwicklung der Geländedarstellung, von Anfang an das schwierigste Problem der Kartographie,[165] so gefördert und gefordert wie das alpine Tun, und umgekehrt, kaum etwas hat das Bergsteigen so vorangetrieben, geprägt und legitimiert wie die Kartographie. Das drückt sich mehrfach aus. Von Petrarca über Leonardo da Vinci, Johannes Stumpf, J. J. Scheuchzer, Alexander von Humboldt bis zu Hans Kinzl und Helmut Heuberger waren große Geographen/Kartographen immer wieder gute Bergsteiger. Der Alpenverein, Förderer des Bergsteigens und institutionalisierte Form des Alpinismus, hat im § 1 seiner Statuten festgelegt: „Zweck des Vereines ist: die Kenntnisse von den Alpen mit besonderer Berücksichtigung der österreichischen zu verbreiten und zu erweitern, die Liebe zu ihnen zu fördern, und ihre Bereisung zu erleichtern."[166] Verfolgt man die Verbreitung des Alpen-Wissens genauer, stößt man neben textlichen Darstellungen in erster Linie auf Bilder, Panoramen und auf die Karte als das wichtigste Mittel zur Ausformung der Berg-Vorstellung.

Die Karte ist längst kein Privileg weniger mehr, und es gibt unterschiedliche Karten: Jeder Autofahrer führt eine Touringkarte im Handschuhfach mit, in den meisten Brieftaschen befinden sich Kreditkarten, und ohne Identitätskarten sind Staatsgrenzen nicht passierbar. Davon abgesehen profitiert der Bergsteiger zweifellos nach wie vor von „seiner" Karte. Eine etwas entlegene Schitour oder Gletscherwanderung ohne Karte zu unternehmen, grenzt an Fahrlässigkeit. Selbst für den Kletterer ist sie ab und zu nötig, um den Einstieg aufzufinden, aber dann ist es endgültig vorbei: Die Karte setzt aus, wo die Kletterroute ansetzt. Das kartographische Niemandsland ist das Paradies des Extremen. Er bewegt sich außerhalb der Signaturen und verwandelt die kartographische U-Topie in ein ganz spezielles Topo: Aus dem Grundriß wird ein Aufriß. Mittels seines Könnens steigt der Kletterer in das Grund-Wissen des Kartographen hinein und weit darüber hinaus. Der Kletterer orientiert sich an Erzähltem, bzw. er hat sich über lange Zeit an die klassischen Routenbeschreibungen in den diversen Gebietsführern gehalten. Die Routenbeschreibungen fangen da an genauer zu werden, wo die Karte aufhört, exakt zu sein.

Greifen wir ein einziges Beispiel heraus und holen damit etwas weiter aus. Auf Seite 83 des Dolomiten-Kletterführers über die Civettagruppe von Andreas Kubin aus dem Jahr 1981 steht folgendes zu lesen:

Nordwestwand
W. Philipp, D. Flamm, 1957
VI und VI- (Stellen), meist V und V+
einige Stellen A0 und A1

Die Felswand doppelt codieren:
Benennen und Erleben

Das ist wenig Information, ein Extremer unserer Breiten weiß jedoch, worum es geht. Ihm würde bereits die Addierung der zwei Namen Philipp-Flamm ausreichen. Diese Route gehört zu den Klettermythen der Dolomiten.

Die ältere Ausgabe des Civetta-Führers aus dem Jahr 1964 zählt diese Route zu den „wahrscheinlich großzügigsten Freiklettereien der Alpen". Das Wort „großzügig" verrät dem Insider wiederum eine ganze Menge, ja das Wichtigste.

In der Route stecken wenig Haken, wenn man sie trotzdem erklettern will, muß man sich seiner Sache sicher sein. Die Psychologie würde von intrinsischer und hoher Motivation sprechen, unter Kletterern heißt es schlicht und einfach, eine „gute Moral" zu haben.

Vielleicht interessiert den Nichtbergsteiger, auf welchen Gipfel gestiegen wird, denn bei so viel Risikobereitschaft muß der Gipfel ein besonderer sein. Dem ist ganz und gar nicht so. Man steigt beim simplen Vermessungspunkt „Quota IGM 2992" aus, die Zahl verrät die Meereshöhe. Den Philipp-Flamm-Kletterer interessiert der Gipfel, der kein echter ist, sondern eine schwach ausgeprägte Erhebung im Nordgrat des Civettakammes, unweit vom Hauptgipfel entfernt, nicht wirklich, außer daß er froh ist, wenn er die 1100 m Kletterstrecke hinter sich hat. Daß dieses „Gipfelchen" im Sommer 1957 zu „Punta Tissi" umgetauft wurde, weiß der durchschnittlich gebildete Bergsteiger. Er erinnert sich mit der Namensänderung noch an andere Routen, die der Belluneser Attilo Tissi, 1959 am Torre Lavaredo tödlich abgestürzt, erschlossen hat.

Der Körper vermittelt zwischen Wand und Text

Reinhold Messner spricht in seinem Buch „Der siebte Grad" von der „1. Alleinbegehung der Punta-Tissi-Nordwestwand". Aus seinem Erlebnisbericht, er steigt am 2. August 1969 erstmals solo durch die Philipp-Flamm, läßt sich die Topographie nur äußerst bruchstückhaft rekonstruieren. „Der Dolomit an der linken Rißwand war so glatt und poliert, daß er spiegelte. Die regnerische Luft hatte ihn angefeuchtet, so daß die Schuhsohlen nur dann hielten, wenn ich sie auf kleine Leisten oder Simse stellen konnte. Den Rücken stemmte ich gegen die überhängende Wand. Öfters bröckelte Schotter vom kleinsplittrigen Fels hinter mir, auf Druck aber hielten die Griffe gut ..."[167] Es ist schwer, diese Stelle im Gebietsführer zu identifizieren. Sie befindet sich im unteren Wandteil, der „meist unzuverlässiges Gestein" aufweist, Messner spricht von Kleinsplittrigkeit; seiner Stemmarbeit nach zu schließen, befindet er sich in einem der Kamine unterhalb des gelben Schuppendach-Querganges, eine der Schlüsselstellen. Im alten Führer liest sich die vermeintliche Stelle so: „Dann 5 m nach links in die große Verschneidung, 10 m in ihr empor (V), 10 m auf einer Leiste nach rechts (IV+) und weiter durch den erwähnten Riß, der in den gelben Teil der Verschneidung führt (= 7 Seillängen, 220 m, 1 H, IV und V, eine Stelle V+) ... Ein Dach überwindet man links, unterhalb des Daches, 1. Biwak in zwei Nischen (150 m, 16 H, V und VI, eine Stelle A2)." Die Buchstaben-Zahlenkombination öffnet einen Teil des Wandgeheimnisses und gibt Auskunft über die zu bewältigenden Klettermeter, grob über die Ausgabe des Seils abgeschätzt. Der Code benennt die Hakenanzahl und den Schwierigkeitsgrad. Verschneidung, Leiste, Riß, Dach, Nische sind die topographischen Stationen und verweisen auf spezielle Arten, sich darin zu bewegen. Messner wird nicht biwakieren, er ist schnell, auch wenn ihn eine tschechische Seilschaft, die er überholt, aus dem seelischen Gleichgewicht bringt. Für die Erstersteigung benötigten die Wiener Walter Philipp und Dieter Flamm (Physiker und Techniker) 30 Stunden reine Kletterzeit. Das erforderte ein Biwakieren. Messner schafft es ohne Biwak, wenngleich ihm zwischendurch große Zweifel kommen. Aber Messner hält sich an das Motto: „Es ist viel schwieriger, aufzugeben, als weiterzuklettern."[168]

Sollte nun der Eindruck entstanden sein, die Route sei klar und eindeutig beschrieben, sich in ihr zurechtzufinden eine Kleinigkeit, irrt man. Die Schrift ist zu einfältig für die Vielschichtigkeit dieser großen Wand. Selbst wenn man den richtigen Einstieg gefunden hat, eröffnet die Wand unzählige Alternativen, abzuzweigen, auszuqueren, sich zu versteigen. Das Vergehen ist naheliegender als das Nichtvergehen. Und es ist viel Glück im Spiel, wenn man nicht abfehlt. In dieser Fülle von Schuppen, Rissen, Verschneidungssystemen, kleinen und großen Überhängen, Dächern, Felsköpfeln, Leisten, Kaminreihen, Kanten und Platten ist der Überblick schneller verloren, als man wahrhaben will. Nicht fixiert zu sein und doch bestimmt, gelassen und doch konzentriert, ein Zusammenwirken von Erfahrung und guten Nerven ist vonnöten. Denn wenn man aus Angst einer schwierigen Stelle ausweichen oder, umgekehrt, vor lauter Hochform unbedingt die Direkte samt Überhang nehmen möchte, kann man bereits aus der Tour sein. Die Rückkehr ist meist nur mittels gefährlicher Seilmanöver zu bewerkstelligen. Sie kosten Zeit und nagen nicht selten am Selbstvertrauen oder an der Zuversicht des Partners.

Klettern ist Erinnern

Der Grobverlauf der Führe soll vorher eingeprägt werden, Klettern ist Memorisieren. Von der Tissi-Hütte aus ist das Einprägen der Wand gut möglich, je mehr man sich aber dem Einstieg nähert, desto stärker verzerrt sich die Wand, und direkt darunter sinkt sie sogar in sich zusammen. Das Auge irrt, auch durch die innere Spannung und Angst; zugetragene Unfälle kommen einem in den Sinn. Man durchstreift die Wand mit dem Blick eines Kameramanns. Ein Stein surrt durch die Luft, man fühlt sich wieder gut und ist in bester körperlicher Verfassung. Dennoch: Das

Annähern an die Wand birgt auch etwas Unheimliches. Der Partner hat sich extra freigenommen, er will auch hinauf. Man kann jetzt nicht einfach abspringen. Die Spannung steigert sich, die Tour sitzt längst im Kopf. Nachts hat man schlecht geschlafen und von einzelnen Kletterstellen geträumt. Nur noch das Hinaufklettern nimmt den Druck. Anders befreit man sich nicht mehr von der Idee, die zwingend wurde. Man ist von der Wand besessen. Darum geht es jetzt nicht, entscheidend ist allein das Durchfinden. Die Schrift, das ist bekannt, leistet denkbar schlechte Dienste. Sie ist zu geradlinig und abstrakt für die vielen Biegungen und Einzelheiten. Die Schrift versagt kläglich in der ungeheuren Konkretisierung der Materie. Speziell dann, wenn das Gelände feingliedrig wird und Eindeutigkeiten aufhören, wird die Schrift verwirrend. In einem ausgewachsenen Kamin kann man sich schlecht verirren, um so leichter draußen in der Wand. Zweifellos hat auch der Kletterer einen Instinkt, selbst wenn dieser nur Tieren zugeschrieben wird. Im besten Fall wittert er an jeder Verzweigung die vorgeschriebene Richtung, wie Buschmänner Elefantenherden riechen oder der Gourmet Trüffel. Die Nase, das Sehen und zuallererst das Tasten sind ungleich verläßlicher als die Schrift. Die Sinne, insbesondere die Nahsinne, sind das Fundament. Von ihnen hängt nicht nur das Steigen ab, sondern weitgehend auch die Orientierung.

Als Helmut Neswadba und ich 1988 durch die Philipp-Flamm kletterten, hatten wir Glück: Wir verstiegen uns nicht und erreichten nach elf Kletterstunden den Gipfel. Das Wetter war gut, es bestand keine Gewittergefahr – wir hatten uns vorher über die Witterungsverhältnisse beim Hüttenwirt genau erkundigt. Wenn ich etwas länger am Standplatz verweilte, weil Helmut mit der Suche der richtigen Linie befaßt war, hatte ich kalt. Es ist eben eine Nordwand. Aber ich mag Nordwände, sie haben etwas Ernstes und Klares. Beide hatten wir die Route nicht gekannt, zur Sicherheit hatten wir den Text eingesteckt, dazu ein Foto und ein Topo. Letzteres erwies sich als besonders hilfreich. In Kombination von Schrift und Bild waren Zweifel rasch ausgeräumt, wie so manches Rätsel gerade durch die Differenz erst aufkam. Stimmt das Bild oder der Text? Hände und Füße haben entschieden, man stieg zwischen Bild und Text hindurch.

a) Zur Reaktivierung der Sinne gegen die Schrift

Das Topo ist eine junge Erfindung alpinen Wissens, selbst wenn bereits von Gersdorf 1786 die Mont-Blanc-Erstbesteiger durch das Anlegen einer Routenskizze verfolgt und beglaubigt hat.[169] Aber für das Klettern der Masse ist es erst seit gut 15 Jahren in den alpinen Fachbüchern vorzufinden. Es hat längst die Bedeutung der normalen Karte eingeholt und überholt, denn es vereint in seiner Schlichtheit einen äußerst komplexen Zusammenhang: Mit wenigen, eindeutigen Signaturen wird ohne Schrift die Felsoberfläche zu einer Kette von markanten Kletterstellen verbunden. Die einzelnen Kletterstellen werden durch die Symbole für Standhaken, Zwischenhaken, Dach, Pendelquergang, Felsblöcke, Couloir usw. zu einem speziellen Ereignis für den Begeher. Diese Symbole erzeugen mehrere Klicks im Kopf des Routinierten. Er weiß, ein Pendelquergang kann knifflig werden und Zeit rauben, aber womöglich läßt er sich, in Hochform, sogar frei klettern. Für einen Überhang oder gar ein Dach muß Kraft angespart werden. Ein Schlingenstand bedeutet keine zwischenzeitliche Erholung, meist unbequem und ausgesetzt, kostet er zusätzlich Nerven. Wenig Zwischenhaken heißt, vor dem Verlassen des Standes das Klemmkeilsortiment durchzusehen und die Größen, die eventuell gebraucht werden, an den Gurt zuvorderst hängen, damit sie griffbereit sind. Felsblöcke verlangen besondere Vorsicht, da sie zuweilen lose auf Bändern oder Wandgesimsen aufliegen und sich daher jederzeit lösen können. Der Seillauf muß gewissenhaft kontrolliert werden, ein Seilzug am falschen Ort könnte auf fatale Weise die losen Blöcke in Bewegung bringen. Auch das Couloir (Rinne) ist selten angenehm. In ihm ist mit Steinschlag zu rechnen, auch wenn es, nicht ganz so steil, dem Kletterer ein Verschnaufen verspricht. Doch das Seil kann liegengebliebene Steine und Steinchen lösen, wodurch der zweite gefährdet ist. Selbst geht man wie auf rohen Eiern, meist sind Rinnen ausgewaschen und glattpoliert, prägnante Griffe oder Tritte sehr selten.

Was nach so wenig Mitteilung ausschaut, ist in der Tat eine große Fülle. Jedes Zeichen setzt vieles voraus. Der Routinier stellt Vergleiche mit anderen, ähnlichen Kletterpassagen an. Blitzschnell fällt einem die Blockgalerie in der Auckenthaler-Route der Laliderer-Nordwand ein; die plattige Schlüsselstelle in der „Don Quixote", die Freiluftbühne der „Cassin" in der Westlichen-Zinnen-Nordwand, der „Schamott" in der „Frenadametz" der Kalkögel, das Zickzack der „Lacedelli" in der Cima Scotoni usw. Man weiß Bescheid und ist im Bilde. Der Vergleich erleichtert den Umgang mit dem Topo, jede Route ist aber auch wieder anders, keine Stelle ist so, wie man sie kennt.

b) Das Topo als alpine Episteme:
   Buchstaben des Kletterlebens und
   die Sympathie zum Steinernen

Der Minimalismus der Signaturen lagert auf einer langen Tradition auf, die weit über das Klettern und Bergsteigen hinausgeht, aber von der individuellen Bergsteigererfahrung nicht abzukoppeln ist, im Gegenteil. Erst durch sie wird das Zeichen lesbar und zum Handlungsimpuls. Die Signatur trägt das Imaginäre und wächst sich zu einer Bedeutungsvielfalt aus, um zu erwirken, was bewirkt werden soll: Anreiz, Orientierung, Bewegungslust, Schutz und Warnung. Die genormten UIAA-Symbole, Ende der 50er Jahre aus dem Bedürfnis nach objektiven Routenskizzen entworfen, aber lange nicht von der Alpinliteratur angenommen,[170] bedeuten heute die Buchstaben eines Kletterlebens.

Jedes Topo, nahezu jedes Teilzeichen in ihm ist Bestandteil des alpinen Kosmos. Seine Signaturenlehre überkreuzt sich zwischen menschlichem Körper und Felskörper, entspricht dem Kuriosen außen wie den geheimsten Sehnsüchten und Wünschen innen. Die Signaturen sind Ausdruck der alpinen Episteme. In ihnen wird Existenz und Erkenntnis des Extremen geordnet, eingeteilt und abgesteckt, jede Neutour kann sie sprengen, stärken oder auch auslöschen. Der alpine Kosmos ist einer der Annäherung, eine Sympathie mit dem Steinernen.

Im Moment großer Gefahr fühlt man sich selbst versteinert, aber dann wieder im Fluß. Klettern ist Ecos Offenem Kunstwerk nahe und zugleich hermetisch abgeriegelt und nur dem Eingeweihten zugänglich. Sein Code scheint ins Unendliche zu reichen und zugleich unsagbar eng und winzig zu sein. Ein paar Symbole genügen, je nach Stand der Dinge, mit der Bibelsprache vergleichbar, die Friedrich Weinreb nur aufgrund erfahrener Kenntnis und Öffnung als symbolisches Universum darzustellen imstande ist. Linie, Punkt, Kreis und Striche werden, rückgebunden an Eigenleben und Geschichte – i. S. des Raumes, in den das Leben eingelassen ist: die Felswand als Signum –, zu einer lebendigen Form gefügt, in der sich das Heute metamorph ausfaltet. Entwirren wir im folgenden das oben Zusammengebundene noch einmal, um die historische Verankerung der Argumentation einzusehen.

ZUR DARSTELLUNG DES STEINERNEN: VON NUZI BIS „STAY HUNGRY"

Das Topo betrachte ich als eine spezielle Karte. Es ist reduzierter als diese und ergänzt bzw. erweitert sie zugleich. Normalerweise umfaßt ein Topo, wie jede andere topographische Karte, vier Darstellungsbereiche: Situation, Gelände, Namen und Bildrandausstattung.[171]

Gemeinsam strukturieren sie die Karte und ordnen sich zum Kartenraum. Den strukturierenden Merkmalen – Situation, Gelände und Namen – gilt meine Aufmerksamkeit. Der Berg ist eine Spezialform im Gelände – ihm wird ein eigenes Kapitel gewidmet, wobei aus dem Berg nach und nach ein Modellberg wird, den der Überhang verkörpert. Diese Verkörperungen sind immer auch Entkörperungen, ausgedacht in Codierung und Umcodierungen. Mir geht es hier um die Decodierung, d. h. darum, das konkret Erfahrene im Abstraktgewordenen noch einmal hervorzuholen.

SITUATION UND ORIENTIERUNG ALS PROBLEM

„Situation" ist mittlerweile ein Alltagsbegriff. Seinen festen Platz hat dieser Begriff aber auch in den Sozialwissenschaften, respektive in der Handlungsforschung. Die Situation bezog sich ursprünglich nur auf „Lage, Stellung", d. h. sie hatte ausschließlich geographische bzw. militärische Bedeutung. Seit dem 19. Jahrhundert versteht man darunter auch „Verhältnisse, Bedingungen". In der Geographie werden Merkmale einer Situation Diskreta genannt und beinhalten Angaben über Gewässer, Siedlungen, Verkehrswege und Bodenbedeckungen.

Im Topo des Kletterers wird die Siedlung zum Biwakplatz, der Verkehrsweg ist über die Standplätze angelegt, und die Routen werden selten mit etwas anderem als Gestein bedeckt, fallweise mit Flechten überzogen. Sprießt aus einer Ritze dennoch eine Alpenpflanze oder taucht sogar Moos oder Gras auf, ist dem Kletterer nicht gedient. Die Botanik in einer Kletterroute ist als zusätzliche Gefahrenquelle zu werten, ein Ausgleiten ist leicht möglich.

Dasselbe gilt für das Gewässer. Wasserstreifen an einer Wand mindern den Halt der Kletterpatschen, sich durch einen Wasserfall zu tasten ist kein Spaß.

Das Unterbrochene als Ungewißheit

Die Kletterroute ist im Normalfall strichliert gezeichnet, wie im Tal die Wege, Eisenbahnstrecken, die Verwaltungs- und politischen Grenzen. Bisweilen bedeutet jeder Strich genau eine Seillänge. Die gebrochene Linie, der Weg des Kletterers, setzt sich aus zwei Teilen zusammen, die Richtung und die Leere. Die Unterbrechung ist das Nichts, in ihm liegt das Ungewisse.

Vor genau zwei Jahren stürzte Harald Z. aus Hall unglücklich aus der Wand. Er rastete an einem Zwischenhaken, um im Topo nachzulesen, wie es weitergeht. Der Haken hielt seinem Körpergewicht nicht stand, gab nach, und mit ihm kippte der erfahrene Bergsteiger und Bergretter rücklings vom Fels, prallte auf ein 20 m unter ihm gelegenes Geröllband und war sofort tot. Die Zeichen des Topo hätten seine Orientierungslücke schließen können, der lose Haken brachte ein Leben frühzeitig zum Abschluß, das seit über 30 Jahren im Unterbrochenen zu Hause war.

Vergewisserungen: Kunstwände

Weit weniger gefährlich als das Alpinklettern ist das Sportklettern, das Klettern im Klettergarten oder neuerdings das in der Halle. Brüchiger Fels oder schlechte Haken sind mehr oder weniger ausgeschlossen, das Problem der Orientierung hat sich auf das Auffinden dieser Tummelplätze selbst verlagert. Das liest sich so: „Auf der B 1 bis Abfahrt Dortmund-Hörde und auf der Märkischen Straße oder Semmerteichstraße – je nach Fahrtrichtung – weiter. Immer der Vorfahrtsstraße in die Faßstraße folgen. Nun weiter bis zur Kreuzung Hermannstraße und dort linkshaltend zum Stifts-Forum. Die offiziellen Parkplätze sind im Parkhaus gegenüber der Stiftsbrauerei, welches aber momentan noch im Bau ist. Werktags nach 19.00 Uhr sowie am Wochenende darf (...) im Innenhof auf den Parkplätzen von Orthomed und SAT 1 geparkt werden."[172] Gemeint ist ein besonderer Indoor-Tip, der eine der größten und modernsten Kletterhallen Deutschlands vorstellt. Diese Halle heißt „Klettermaxe" und weist „viele Pfeiler, Ecken, Kanten und Dächer" auf, die „für genügend Abwechslung sorgen". Die Raumhöhe beträgt ganze 18 m, die maximale Kletterlänge 22 m, und die Routen sind bis zu 8 m überhängend, da hydraulisch verstellbar. Für das Aufwärmen ist vorgesorgt, man hat in einer separaten Etage eine 25 qm große Boulderwand aufgestellt. An die Halle schließen Umkleideräume, Duschen, Seminarräume und eine Video-Anlage an. Auf insgesamt 70 Routen kann das eigene Können ausgebaut werden, von der Tageskarte bis zum Familienticket ist alles erhältlich.

Mehr als 100 Routen hingegen bietet die Tivoli-Rock-Kletterhalle in Aachen, zusätzlich ein Bistro mit italienischer Küche, Galerie mit Blick auf die Kletterwand, Fußbodenheizung, Fensterfront und Glaskuppel.[173] Die Situation des postmodernen Kletterers ist eine andere als die seiner Vorgänger. Losgesagt von der Natur, braucht er weder Tourenbeschreibungen noch das jeweilige Topo zu studieren. Die Routen in den Kunstwänden werden ohnehin ständig verstellt und automatisch variiert, jeder Griff und Tritt ist jederzeit und beliebig auszutauschen. Das System ist so einfach zu handhaben, daß in Windeseile jeder Teil ab- und neu aufgeschraubt werden kann. Mit dieser Flexibilität hält weder Schrift noch Zeichnung mit. Der Schwierigkeitsgrad und die aktuelle Körperkraft entscheidet allein die Wahl der Tour, vorausgesetzt, sie ist nicht permanent von anderen besetzt. Je besser man klettert, desto weniger stören einen die anderen. Galt vormals dem Topo die Sammlerleidenschaft, so tauscht man heute Adressen und Fahrtskizzen aus, um die paradiesischen Orte in der Ebene heimzusuchen.

Kletterrouten als Itinerare

Trotzdem, es gibt noch die „unverbesserlichen" Relikte aus der Moderne. Die Randfiguren im Kletterzirkus beginnen neue Freuden in den klassischen Alpenwänden zu erleben. In Routen, wo man noch vor zehn Jahren anstehen mußte, kann man sich jetzt fast allein bewegen; überlaufen sind die Dolomiten nicht mehr. So verkehrt man weiter in und mit der Natur, richtet wie ehedem einen Standplatz nach dem anderen ein, was am Ende sich zur Linie schließt, Itinerarien gleich, als „scripta" und schließlich vom 3. nachchristlichen Jahrhundert als „picta" oder Wegroutenzeichnung überliefert. Im 20. Jahrhundert schreiben sich die „christlichen Topographien" der spätmittelalterlichen Pilger fort, denn auch der Kletterer soll seine Route aus Sicherheitsgründen nicht verlassen, außerdem gefährdet jedes Verirren das Erreichen des Ziels.

Der Kletterer kommuniziert mit dem Topo, der antiquiertere unter ihnen mit der Schrift aus dem einschlägigen Gebietsführer. Mit ihm durchzieht er den Raum, nicht wie die Pilger vorzugsweise horizontal, sondern in die Vertikale. In der Vertikalen setzt sich die Vorstellung seines Weltbildes neu zusammen. Im Zentrum steht das Element der Erde, auskristallisiert im Fels. Wenn man ein Topo genauer betrachtet, sieht man nicht mehr als eben diesen Fels. Es erinnert an die Auffassung, die Erde sei eine im Wasser schwimmende Scheibe, anstelle der Meere rundum umgibt den Kletterer die Luft. Auf sie nimmt das Topo keine Rücksicht, sie bleibt unbezeichnet. Diese Fülle der Leere, in der sich der Extreme so leidenschaftlich bewegt, kommt einer Einübung in das Nichts nahe. Die winzige Kontakfläche, Finger- und Zehenspitzen, die sich an verfestigter Materie abreiben, stehen in keinem Verhältnis zu den Flächen, die permanent in der Luft hängen, ja durch sie wird die Grundlage als Schwebezustand erst klar. Der Kletterer ändert seine Körperlage und experimentiert mit ungewöhnlichen Körperstellungen, bis er dann, wenn alles gutgegangen, aussteigt und wieder mit beiden Beinen auf dem Boden steht, zumindest auf festem Grund, denn der Abstieg steht noch bevor.

Fluchtlinien in Stein: mythenbeladenes Alpinklettern

Ein Topo berücksichtigt normalerweise nur eine Route pro Blatt, manchmal muß sie in zwei Teile gegliedert werden, weil die Route zu lang, die Wand zu hoch ist. Der Rest bleibt unbeschrieben, so als wäre er unbewohnt. Und in der Tat, die eingezeichnete Strichlinie bedeutet die „zona habilitabilis", die Umgebung ist meist noch inhumaner. Nur die Sicht ins Tal vergegenwärtigt dem Wandbewohner auf Zeit, daß es irgendwo außerhalb noch etwas gibt, das erstrebenswert ist; je mehr man sich davon getrennt fühlt, desto anziehender wirkt es. Je länger man wieder an diesen normalen Topographien verweilt, die bis ins kleinste vermessen, kartiert und bekannt sind, desto größer wird die Fliehkraft, die zum Ausstand treibt. Man packt zusammen, macht sich auf und steigt ein in eine Situation, die bis heute mehr von den Lücken lebt, von einer schwachen Kartographie, von der Erzählung stärker geprägt als von der Schrift, indem das Bild wertvollere Dienste leistet, als es die Schrift tut. Die Fluchtlinien des Kletterers sind an die Wand aus Stein projiziert, er geht ihnen nach, soweit es möglich ist, und dort, wo es unmöglich wird, sammelt er Indizien, Diskreta, um den Weiterweg doch zu bestimmen. Seine Signaturen nehmen Anleihe aus normalen Karten, und hinter ihrer Normierung fädelt sich eine große Erzählung ein, die man Bergsteigermythos nennt. Der Mythos bestimmt nach wie vor zumindest das Alpinklettern. Er drückt sich in einer Weltanschauung und weniger im Topo als Felskarte aus. Klettern verlangt ein Schauen, das den Zwischenraum zur Gestalt werden läßt, ein Negativ-Sehen, indem die Positivitäten zurücktreten, so als hätten sie immer nur verstellt, was vorher da war. Diese Sichtverkehrung breitet eine andere Karte aus, die der Seelenlandschaft. Darüber schweigt das Topo wie auch die topographische Karte. Die Seelenlandschaft als alter Herzensgrund der Mystiker aber vermittelt zwischen der zona inhabilitabilis und der zona habilitabilis, denn der Kletterer hat an beiden Anteil. Wie Duerrs „hagazussa" steht eines seiner Beine in der Wildnis, wie eines in der Zivilisation steckt. Auch wenn das Herz nur auf einer Seite schlägt, es hängt mit beiden zusammen. Der Erlebnisbericht des Kletterers ist das Herz des Bergsteigens. Er ist eine doppelseitige Situationsbeschreibung: Kartographische Signaturen verschwimmen mit seelischen Topoi, topographische Örtlichkeiten verschmelzen mit den Sinnen und dem Leibempfinden.

DAS GELÄNDE ZWISCHEN NUMERISCHER PRÄZISION UND GESTALTERISCHER ANSCHAULICHKEIT

Der Berg ist widerständig

Mit der zunehmenden Überschaubarkeit des Gegenstandes entwickelt sich im Gegenzug die Literatur über das Gelände ins Unübersehbare (E. Arnberger, L. Brandstätter, F. Ebster, R. Finsterwalder, F. Hölzel, E. Imhof, F. Kranz, W. Pillewitzer u. a.). Wir wissen bereits, daß das Kontinuum der Erdoberfläche zahllose Unstetigkeiten wie den Geländeknick, Wandstufen u. ä. aufweist. Diese sind das Eldorado der kletternden Spezies, aber gleichzeitig auch kartographische Schlüsselstellen.

Es ist schwer, zwei Herren zugleich zu dienen: Die Kartographie soll geometrische Genauigkeit mit körperhafter Anschaulichkeit vereinen. Die rein bildhafte Form der Aufrißzeichnung/Seitenansicht in den alten Karten widerspricht dem Projektionsverfahren als Grundrißdarstellung, und so bedeutete die Entwicklung der Projektionslehren zunächst einen Rückschritt in der Darstellung der Gebirge. Frühzeitig war die Grundrißzeichnung die bevorzugte Sicht der Militärs, denn um Truppenbewegungen durchzuführen oder Schlachten zu bestreiten, müssen uneinsehbare Räume möglichst vermieden werden.[174] Der Berg, insbesondere der steile, entzog sich lange und hartnäckig den Fortifikationskarten. Er gehorchte anderen Vorstellungen und war den Ingenieuren und Offizieren ein Dorn im Auge.

Bezüglich der Raumvorstellung sind zwei Gruppen von Darstellungsweisen in der Kartographie zu unterscheiden, die mittelbare Anschaulichkeit (Höhenkurvenscharen, Farbhöhenstufen, Böschungsschraffen, Böschungsschummerung), welche eines Leseschlüssels bedarf, sowie die unmittelbare Anschaulichkeit, die aus sich heraus einen plastischen Eindruck vermittelt (Schattenschummerung, Böschungsschummerung usw.).[175] Diese Differenzierung der Geländedarstellung reicht aus, um sich wieder dem Topo des heutigen Kletterers zuzuwenden und zu fragen, wo es historisch verankert werden könnte. Auch in ihm scheinen eine Reihe bereits bekannter Geländeformen auf, wie Platte, Band, Verschneidung, Kamin, Riß usw., die in frühen Kartenwerken mit einem anderen Aussagegehalt vorkommen. Aber begrenzen wir uns im folgenden auf eine einzige, und zwar auf eine ganz andere Geländeform.

DER ÜBERHANG UND DAS ÜBERSPANNTE SUBJEKT

Diese ganz andere Geländeform fehlt in beinahe keinem Topo höheren Schwierigkeitsgrades, zieht in freier Wildbahn die Aufmerksamkeit des Betrachters auf sich, gibt Anlaß zu unzähligen Trainingseinheiten und hat überdies den Vorteil, als Spezialzeichen auch vom Laien ohne Geländewissen, bar jeder Klettererfahrung und ohne Kenntnis des Signaturenschlüssels rasch und mühelos identifiziert zu werden. Es handelt sich um den Überhang. Die UIAA-Normsprache schlägt den Überhang als eine Form vor, die einem Halbmond entspricht, von dessen gekrümmtem Rücken

Bergstriche eingezeichnet sind, so als fülle sich der Mond. Sprachlich setzt sich das Wort aus zwei zusammen. Das „Über" meint vielerlei, aber in erster Linie ist es eine Angabe zur räumlichen Lage (vgl. dazu das griechische „meta"); der „hang" bedeutet seit dem 15. Jh. eine abschüssige Stelle und wird für Neigung/Geneigtsein verwendet, in dem auch eine motivationale Aussage steckt: Man mag etwas, fühlt sich hingezogen, hat Sympathien bzw. Schwäche für etwas.

ZUR GESCHICHTE EINER SIGNATUR:
DER HALBMOND ALS BERG UND ÜBERHANG

Weshalb aber ist gerade die Darstellungsform des Überhangs so geläufig, wenn man bedenkt, daß die wenigsten LeserInnen sich jemals eigenhändig über einen Felsbauch hinwegbewegt haben dürften?

Tonplättchen von Nuzi, 3800 v.

Das hängt mit den Sehgewohnheiten zusammen. Unser Auge hat bereits im 4. vorchristlichen Jahrtausend den Halbmond auf dem babylonischen Tonplättchen des nördlichen Mesopotamien auftauchen sehen. Er hat zwar keine Bergstriche, ist aber einschlägig als Berg ausgewiesen. In zwei Gruppen gegliedert, begrenzen das Zagrosgebirge im Osten, entlang des Wadi Harran, und der Libanon oder Antilibanon im Westen beidseitig das Bild. In Form umgeklappter Profile sind uns zahlreiche auf- und absteigende Monde erhalten.

Babylonische Weltkarte, 500 v.

Auf der Babylonischen Weltkarte um 500 v. ist ein einziger großer Halbmond als Nordberg im Quellgebiet des Euphrat eingetragen. Es ist anzunehmen, daß die Kreise, links und rechts des Nordbergs anschließend, die obigen zwei Gebirgsgruppen kennzeichnen, dies geht aber aus den Beschreibungen nicht hervor.[176]

Insgesamt erinnert diese frühe Weltkarte an ein Telefon, der „Bittere Fluss" (Ozean) ringsum trüge den Ziffernkreis, festgemacht ist die Wählscheibe im Zentrum der Stadt Babylon.

Herodots Weltbild, 450 v.

Nach Herodots Weltbild wird aus dem Aufriß des Halbmondes der Grundriß einer Ellipse, die winzige, regelmäßige Striche nach außen zeigt. Bekannt ist Herodot, soweit alle diese Rekonstruktionen zuverlässig sind, der „Hämus" und der „Caucasus", die Alpen fehlen.[177]

Erathostenes' Bergkörper, 240 v.

Eratosthenes wendet die Sägezähnemanier an, d. h. die Darstellung der Berge gleicht den Zähnen einer Säge; er strichelt aber die jeweils rechte Seite des Bergdreiecks einwärts aus, wodurch seine Berge Körper erhalten. Eratosthenes trägt in sein Weltbild bereits die „Pyrenees" ein, den „Caucasius" und den „Taurus".

Dieser zieht sich in einer strengen Horizontalen, zwei- und dreistöckig, dreimal kurz unterbrochen bis zur Einmündung des Ganges in den „Oceanus".[178]

Ptolemäus' Bergbänder, 160 n.

Ptolemäus hingegen setzt sein Gebirge auf einer dünnen, ungebrochenen Linie auf, zeichnet seine vielen spitzen, schmalen, eindeutig in Sägezähnemanier geformten Berge inwendig mit senkrechten Bergstrichen aus und läßt die einstöckige Bergreihe wie ein Band von „Media" quer durch Asien bis auf die Höhe von „Sinae" bereits außerhalb „India extra Gangem" schlängeln. Einmal, in etwa dort, wo wir heute Nepal suchen, macht Ptolemäus' Bergband einen scharfen, rechtwinkeligen Knick gegen Norden. Die Alpen sind in dieser Rekonstruktion nicht vorhanden,[179] dagegen findet man eine andere Bergkette beträchtlichen Ausmaßes südlich des Äquators, genau dort, wo sich in seinem Gradnetz der 10. Breiten- mit dem 60. Längengrad trifft. Nach heutiger Gradmessung fiele Ptolemäus' Gebirge genau in das Maskaranenbecken, östlich der Nordspitze von Madagaskar. Orientiert man sich aber nach den Namen und nach der sonstigen Raumverteilung des Karteninhalts, dann landet man ziemlich genau da, wo tatsächlich Afrikas höchste Berge stehen, in Kenia.

Um vieles später, 1848, wird ein deutscher Missionar erstmals diese Gebiete bereisen. Ihm wird nicht geglaubt, aber 1861 rehabilitiert K. von Decken die kühne Reise des J. Rebmann. Er selbst wagt den ersten Versuch, den Kilimandscharo zu besteigen. Er soll „in der That eine Höhe von 2530 m" erreicht haben, notiert der Innsbrucker Ludwig Purtscheller in seinem 1901 erschienen Buch „Über Fels und Firn".[180] Mit Dr. Hans Meyer und Einheimischen gelingt ihm 1889 die Ersteigung des mächtigen, eisbedeckten Vulkanberges, festgehalten in einem der ersten Expeditionsberichte.[181]

Bei Kosmas fällt der Berg ins Wasser, um 550 n.

In Kosmas Indicopleustes' Erdkarte aus dem 6. Jahrhundert kommt kein Berg vor, im Gegenteil: Das Symbol des Berges wird vom Wasser eingenommen. Drei Buchten, die des Roten Meeres, des Kaspischen Meeres und des Persischen Golfes, drücken in Hügelgestalt gegen das Landinnere. Im Grundriß gezeichnet wird aus dem Berg etwas ganz anderes, es ist, als fiele der Berg in den Riß des Grundes. An drei Stellen reichen dünne Bänder, Nabelschnüren gleich, in das Paradies. Das Paradies ist separiert, d. h. außerhalb und hat die Form eines in die Länge gezogenen, aufgestellten Rechteckes, in dem neun größere und sieben kleine Inseln übereinandergeschichtet liegen. Auch hier kein Berg in Sicht, dasselbe gilt für Sacroboscos Zonenkarte.

*Mittelalterliche Radkarten:
die „alpes" in Gestalt betender Mönche, 11. Jh.*

Anders die Radkarten. Sie weisen allein durch die Grundform zwei voneinander getrennte Halbmonde aus, wobei dem T-0-Schema folgend meist der untere Teil durch den Vertikalbalken des T in zwei Segmente zerfällt. Die restliche Hälfte ist ein einziger großer Hügel. In ihn ist Unterschiedliches eingezeichnet.

Greifen wir zwei Beispiele heraus. In einer Radkarte aus dem Leipziger Kodex des 11. Jahrhunderts[182] besteht die obere Hälfte, die Karte orientiert sich nach dem Heiligen Land, aus Gotteshäusern und Namen. Die Assoziation eines alles überspannenden Firmaments scheint angemessener als die des Hügels. Zwischen den sorgfältig ausgeführten Gebäuden wird ein Gebirgszug mit Namen „Liban" schludrig eingetragen, am linken Kartenrand und in der unteren Kartenhälfte entdeckt man dasselbe, hier sind es die „pirren" (Pyrenäen). Die Berge sind angesichts der heiligen Orte Nebensache, könnte man vermuten, wenn da nicht noch etwas anderes auftauchte: Drei große, mit dem Kopf gegen Norden geneigte Gestalten scheinen den Erdteil „Europa" zu dominieren. Sie wirken wie aufschäumend erstarrte Meereswogen, gleichen mit etwas Phantasie betenden Mönchen oder sogar einer Geisterfamilie. Dieses mehrdeutige Etwas trägt den Namen „alpes". Steil wie die Mauern der Gotteshäuser, aber bewegter, ohne irgendein Detail zu verraten, behaupten die Alpen als Anonymi ihre Stellung im Bild.

Maritianus Capella und die Formenvielfalt der Berge, 12. Jh.

Ganz anders in der Karte des Maritianus Capella im Liber Floridus des Lambert von Saint-Omer aus dem 12. Jahrhundert. Ihr liegt, entgegen der offiziellen Lehrmeinung der mittelalterlichen Kirche, die Kugelgestalt der Erde zugrunde. Aber wie bei der Scheibenvorstellung sind die beiden Erdhälften vom Ozean umflossen. Dieses Mal, eher ungewöhnlich, beinhaltet die linke Seite das gesamte T-0-Schema, wohingegen die rechte ein Text füllt. Das Paradies fehlt auch hier nicht, es ist als Halbkugel ganz oben (Ostorientierung) in Rot eingezeichnet. Seltsam wichtig das Gebirge. Es ist rot und weist unterschiedliche Formen auf, die bekannten Halbmonde, wolkenförmige und flächige Gebilde, einige ähneln Büschen bzw. einer Rebe, und wieder andere sind zu einem Dreieck ausgeformt. Die Berge verteilen sich über die gesamte linke Hemisphäre und sind durch grün eingezeichnete Gewässer miteinander in Verbindung. Zur rechten Hemisphäre ist nicht zu gelangen, denn jenseits des äquatorialen Ozeans „haben die Kinder Adams keinen Zutritt", verrät der Text.

Diese Ansicht stimmt mit der kirchlichen Lehre wieder überein, denn sehr früh nahm man eine unüberwindliche Hitzezone an. Für Augustinus war es keineswegs sicher, wie weit man gegen den Süden segeln konnte. Dort beginne nämlich in der Glut der Mittagssonne das Meer zu verdampfen.[183] Auf der Gegenseite der bewohnten Erde wurden keine Menschen, sondern Gegenfüßler oder Antipoden angenommen.[184]

Ptolemäus' Wiederentdeckung und die Dominanz der Alpen, 1482

Mit Ptolemäus' Wiederentdeckung geht in Ulm 1482 die erste Ausgabe einer Karte nördlich der Alpen in Druck. Zum traditionellen 27-Karten-Bestand kommen wegen der Entdeckungsreisen und regionaler Forschungen fünf neue hinzu. Eingearbeitet wird vor allem das Erdwissen aus den Manuskriptkarten des in Florenz tätigen deutschen Kartographen Nicolaus Germanus, der dem Kreis des Cusaners angehört.

Der Weltkarte liegt eine Kegelprojektion mit gebogenen Meridianen zugrunde, in die Netzkonstruktion ist eine Fülle von Namen und eine Unzahl von Gebirgen eingefügt. Sie sind aus der Draufsicht wiedergegeben, werden zu Bändern, Zellen und wurmähnlichen Fortsätzen angeordnet sowie mit brauner Farbe, je höher, desto dunkler, plastisch hervorgehoben.

Diese Darstellungsweise erinnert an Schülerskizzen im Geographieunterricht. Selbstverständlich sind die Alpen nicht vergessen, im Gegenteil. Sie nehmen zuviel Platz ein und haben ihre reale Lage verlassen, was damit zusammenhängt, daß die Länge der Levanteküste reichlich überschätzt wurde, wodurch ganz Europa, das nach damaliger Kenntnis bis zur Insel Thule nördlich Schottlands reicht, sehr verzerrt erscheint. In Abhebung zu den anderen Erdteilen ist Europas gesamter Grund gebräunt. Vom Kartenrand aus blasen Engel Wind auf die Erdkugel, um sie in Bewegung zu halten.[185]

In seiner Schrift „Almagest" betont Ptolemäus die Kugelgestalt der Erde als Mittelpunkt des Weltalls, was jetzt, nach einem jahrhundertelangen Scheibendenken, wieder zum Aufatmen – in Form eines geistigen Aufbruchs – führt.

ÜBERSETZUNGEN

Von Ptolemäus zur kopernikanischen Wende

1473, neun Jahre vor Ptolemäus' Wiederentdeckung, erblickt Kopernikus das Licht der Welt und macht aus dem Aufbruch einen Umbruch. In sieben Axiomen legt er seine revolutionären Ansichten einer heliozentrischen Astronomie im „Commentariolus" nieder, worin es u. a. heißt: „Alle Himmelkörper oder Sphären haben keinen gemeinsamen Mittelpunkt. Der Erdmittelpunkt ist nicht der Mittelpunkt der Welt, sondern nur der Schwere und der Mondbahn. Alle Bahnen umgeben die Sonne, als stünde sie in aller Mitte, und daher liegt die Weltmitte nahe der Sonne ... Alles, was an Bewegung am Fixsternenhimmel sichtbar wird, ist nicht von sich aus so, sondern von der Erde aus gesehen. Die Erde also dreht sich mit den ihr anliegenden Elementen in täglicher Bewegung einmal ganz um ihre unveränderlichen Pole. Dabei bleibt der Fixsternhimmel unbeweglich als äußerster Himmel."[186] Es dauert noch eine Weile, bis seine Planetentheorie ausgearbeitet und veröffentlicht ist (1529–1532), und erst 1835 erscheint „De revolutionibus" nicht mehr auf dem päpstlichen Index. Der Kampf um die Anerkennung dieser neuen Weltsicht war schwer, Giordano Bruno starb 1600 in Rom auf dem Scheiterhaufen, dem siebzigjährigen Galilei wurde der Prozeß gemacht, zwei prominente von vielen Opfern. Dabei kamen die ersten Zweifel an den Grundlagen des geozentrischen Weltbildes bereits bei Aristarchos von Samos, (280 v.) und in den Alfonsinischen Tafeln des ausgehenden Mittelalters, 1260–1266, auf; Johannes von Gmunden faßt eine Neubearbeitung ins Auge, durchgeführt wird sie dann von Peurbach und Regiomontanus. Die Ergebnisse enthalten die 1472 gedruckten „Ephemeriden", die Columbus an Bord genommen haben soll.

Allerorts wird Wissen zusammengetragen, es ist, als bebe die Erde. Denn das Übersetzen des Denkens aus Buchstaben in Zahlen ist ein gewaltiger Umbruch. Es ist etwas ganz anderes, die buchstäblichen Gottesgesetze oder die numerischen Naturgesetze entziffern zu wollen. Die göttlichen Gesetze sollen in den Algorithmen der Naturgesetze verschlüsselt sein und wiederum entschlüsselt werden. Göttliche Gesetze kann man mittels der Sünde brechen. Naturgesetze können nicht gebrochen, höchstens mittels Technik überlistet werden. Wer Technik treibt, hofft auf den Fortschritt: ein Fortschreiten, das der alten Sünde enthebt und zugleich die Natur beherrscht. Aber durch die Natur-Beherrschung wird der Mensch nicht Subjekt der Natur-Gesetze, sondern deren Projekt.[187]

Exkurs: die Kunst als „Lernung der Vernunft"

Von diesem Umbruch ist die Kunst keineswegs ausgeschlossen. Zunächst gehen sogar Künstler ans Werk: Albrecht Altdorfer, Hans Baldung Grien, Pieter Breughel, Girolamo Muziano, Martin de Vos, Paul Bril, um nur einige zu nennen. Allen voran Albrecht Dürer. Er bildet Berge nach und gibt die Grundlagen seiner Kunst preis. Dürer fordert die „Lernung der Vernunft" durch technisches Können und meint damit das Zusammenwirken von Schöpfungslehre, Geometrie und Selbstausdruck. Die Technik ist ein Mittel zur Selbstvollendung des Menschen. Der Mensch ist nach Gott der zweite Künstler und der göttlichen Schöpfungskraft am ähnlichsten.[188]

Leonardo da Vinci sieht im Methodischen das Neue, Theorie und Experiment sollen sich unter dem Primat der Erfahrung neu verbinden, und dafür sind Mathematik und Geometrie die wichtigsten Disziplinen. „Mich lese, wer nicht Mathematiker ist, in meinen Grundzügen nicht [...] Wer die höchste Gewißheit der Mathematik schmäht, nährt sich von Verwirrung und wird niemals Schweigen gebieten den Widersprüchen der sophistischen Wissenschaften, durch welche man nur ein Geschrei erlernt [...] Proportion ist nicht bloß in den Zahlen und Maßen aufzufinden, sondern darüber hinaus in den Tönen, Gewichten, Teilen und Orten und in welcher Kraft es immer sei."[189] Mit mikroskopischem Blick belebt Leonardo den Stein und fertigt um 1508–1511 seine „Felsstudien" an,[190] geht mehr auf Distanz bei der „Bergkette" von 1511,[191] bis schließlich 1515 die „Große alpine Landschaft bei Sturm und Wetter" entsteht (vgl. Abb. 6).

Fortschritt der Seefahrt, Rückschritt in der Bergdarstellung

Zurück zur Kartographie: Vor den Felsstudien stellt Leonardo da Vinci 1502/1503 bereits die handgezeichnete Toscana-Karte her, eines der schönsten und frühesten Zeugnisse individueller Geländedarstellung, wie Imhof meint. Das Relief wird aus der schrägen Vogelperspektive weitgehend zusammenhängend auf das Blatt gebracht, in die grundrißliche Situation werden die Berge hineingezeichnet.[192]

Ähnliche Karten folgen: Jost Murers Karte des Zürichgaues 1566 oder zwei Jahre später die des Apianus. Er mühte sich wie Stabius und andere Geographen mit Mathematik und Physik ab, um in der Projektionstheorie weiterzukommen und eine bessere Grundlage zur Erdvermessung zu schaffen. Einer dieser Kartographen ist Gerhard Kremer, berühmt als latinisierter Mercator. Sein Verdienst kommt in erster Linie der Seefahrt zugute, 1569 erscheint eine epochemachende Weltkarte, „ad usum navigantium". Der kleine Maßstab bringt jedoch keinerlei Fortschritte für die Bergdarstellung, im Gegenteil. Das Gebirge fällt erwartungsgemäß schablonenhaft aus und steht weit hinter den Darstellungskünsten der Bergzeichner und weniger berühmter Regionalkartographen.

Mercator: Der Fels vermittelt zwischen Utopie und Topographie

Mercator greift auf alte Plattkarten zurück, kennt Etzlaubs Projektionen genau und entwirft seine Erde auf einem Zylinder, wodurch der Schiffskurs als Gerade verläuft. Das erleichtert die Navigation um vieles, ist aber kein Grund, Mercator hier zu erwähnen. Auf einer Nebenkarte zur Weltkarte, die selbständig 1595 erscheint, ist zweifellos Ungewöhnliches zu sehen. In Form einer Radkarte, aber ohne übliches T-0-Schema, auch nicht von Ozeanen umspült, ist der Gegenstand der Darstellung ein Nichts. Es handelt sich um den hohen Norden, der weit über Thule hinausreicht und den niemand kennt.

Im Mittelpunkt steht der Nordpol, um ihn lagern vier große Inseln, die von Pygmäen bewohnt sein sollen und in die einige topographische Details eingeschrieben sind. Hält man den Mittelpunkt für einen Punkt, so irrt man, es ist ein riesiger schwarzer Felsen, von dem strahlenförmig alles weitere ausgeht. Bislang kannte man aus den Radkarten nur heilige Stätten wie Rom, Jerusalem, Santiago als Nabel der Welt. Jetzt ist es der Fels, ähnlich einem Boulderblock. Zwar nährt sich die Vorstellung, der äußerste Erdendpunkt sei ein Fels, aus mittelalterlichen Legenden, die Darstellungsweise ist aber neuzeitlich wie die Motivation, über den Norden einen kriegsicheren Seeweg zu den Reichtümern des Fernen Ostens zu finden.

Der Fels wird, im Dreieck symbolisiert, zum Transmitter von Utopie und Topographie. Er öffnet auf der Basis der Projektion den Übergang vom Bekannten zum Fremden, vom Möglichen zum Unmöglichen. Der Fels avanciert so zum Erdmittelpunkt, ist extrem verrückt, denn was vormals außerhalb lag, verschiebt sich nun ins Zentrum der Weltbetrachtung, als wäre das Extrem die normale Mitte. Um den Nordpol einsehen zu können, bedarf es einer enormen Vorstellungskraft. Sie bezog Mercator einerseits aus dem Mythos, andererseits aus einem imaginierten Beobachtungsposten über dem Pol, um auf ihn herabzusehen.

Tycho de Brahe: der Himmel als Technik-Geburt

Was lange Gott vorbehalten war, wird langsam dem Menschen möglich. Bereits als Lebender nimmt er auf der Himmelstribüne Platz, um die Erde zu untersuchen. Die Himmelsleiter ist erklommen, ausgerüstet mit Rechenbuch, „zirckel und richtscheyt", Kreuzstab, Winkelquadranten u. ä. beginnt man sich im Außerirdischen einzurichten, obwohl man auf der Erde sitzt. Die Besetzung der Gottestelle geht schrittweise vor sich und findet zuerst im Denken statt, maßgeblich sind die Instrumente. Mit ihnen kommt der Himmel zur Welt. Der Himmel wird instrumentell geboren. Auf der kleinen Sundinsel Hven hat Tycho de Brahe eine Himmelsburg errichtet. Mit neuerfundenen, verbesserten Gerätschaften beobachtet er unermüdlich im Sitzen den Himmel. Nach der Kopernikanischen Wende muß die theoretische Astronomie ihre Beobachtungsgenauigkeit steigern. De Brahe stellt Unregelmäßigkeiten in der Mondbewegung fest, legt einen Katalog mit über 1000 Fixsternpositionen vor, verwirft durch die Beobachtung der seltsamen Erscheinungen an der Supernova 1572 im Sternbild der Cassiopeia die aristotelische Vorstellung von der Unveränderlichkeit des Himmels, räumt aufgrund der Beobachtung einiger Kometen die Vorstellung aus, es existierten kristalline Himmelsphären, wie sie noch bei Dante vorkommen. Dort, wo Bilder waren, sind jetzt Zahlen und Begriffe. Die Himmelsmaterie zerfällt in die Immaterialität der Astronomie. Die Unendlichkeit wird Gegenstand komplizierter Rechenvorgänge eines instrumentellen Denkens.

Johannes Keplers Weltgeheimnis: Der Grund ist reine Quantität

Johannes Kepler wollte u. a. die Grenzübergänge zwischen endlich und unendlich beherrschen. 1596 war Keplers „Mysterium Cosmographicum" erschienen. Dieses Weltgeheimnis ist ein großer Entwurf, in dem Spekulationen und naturwissenschaftliche Erkenntnisse ein Bild von der Welt erschaffen, das harmonisch geordnet ist. Kepler, der bei Brahe assistierte und an dessen Totenbett beschworen wurde, für das tychonische Weltbild zu kämpfen, wußte bereits vom Himmel zuviel und mußte passen. Er verwarf jede Form geozentrischer Weltmodelle, sein Glaube schrumpfte mit der Zunahme seiner Experimente.

Wie Archimedes zerlegt Kepler die Kreisfläche in eine Kette gleichschenkliger Dreiecke mit „unendlich schmaler" Basis, um letztlich die Volumina allerlei Rotationskörper berechnen zu können. Das Dreieck wird umgewertet, die Auszehrung des unbewegten Bewegers beginnt.

Kepler bekennt sich in der „Neuen Astronomie" zur Wahrheit der Wissenschaft. „Auf die Meinung der Heiligen aber über diese natürlichen Dinge antworte ich mit einem einzigen Wort: In der Theologie gilt das Gewicht der Autoritäten, in der Philosophie (nach damaligem Sprachgebrauch heißt das: in der Naturwissenschaft) aber das der Vernunftgründe."¹⁹³ Die Vernunft schärft Kepler gerade an der Unvernunft. Noch Brahe hatte ihm aufgetragen, die Planetenbahn des Mars zu berechnen, da sie die größte Exzentrizität aufwies. „Mars wehrt sich ständig", klagt Kepler, gibt nicht auf und kommt, nach unvorstellbar mühsamen Rechnungen, die Logarithmen waren noch unbekannt, zur Erkenntnis, daß die Planeten keine Kreise beschreiben. Damit riskiert er den Bruch mit einer seit Jahrtausenden als unumstößlich gedachten Tatsache. Die Berechnung ist die Grund-Lage des Denkens, die dieses gesetzte Grundlagenwissen neu begründet.

Am 19. April 1597 schreibt Kepler an Mästlin, daß der menschliche Geist erst richtig ermessen werden kann, wenn er einsieht, „daß Gott, der alles in der Welt nach der Norm der Quantität begründet hat, auch dem Menschen einen Geist verliehen hat, der diese Normen erfassen kann. Denn wie das Auge für die Farbe, das Ohr für die Töne, so ist der Geist des Menschen für die Erkenntnis nicht irgendwelcher beliebigen Dinge, sondern der Größen geschaffen; er erfaßt eine Sache um so richtiger, je mehr sie sich den reinen Quantitäten als ihren Ursprung nähert."¹⁹⁴

Die Zahl ist der Ursprung, Einsicht und Bedingung. Mercator sieht mittels einer Projektion den Nordpol als Felsen. Das Steinerne ist Zentrum seiner Fiktion. Kepler will mehr. Im Vermessen und Berechnen der Himmelskörper und anderer Dinge soll die Einsicht ins eigene Denken zu gewinnen sein, ja sogar in die Größe des Geistes, aus dem heraus sich der Mensch gebiert. Befähigt zu erfassen, was Gott begründet, wächst er an ihn heran und sitzend über ihn hinaus.

Die „Gründe" Gottes muten seltsam an. Sie bestehen nur aus dem, was vom Menschen ist. Die Norm kommt nach langen Untersuchungsreihen zustande, angereizt durch das Extrem wie bei Keplers Mars. Von Anfang an ist alles quantifizierbar, wie ließe sich sonst rechnen und vergleichen. Bald werden durch Newtons Fluxion sogar die Extremwerte bestimmbar sein, ein sicheres Bewegen zwischen endlich und unendlich ist garantiert. Die Strecke zwischen Gott und dem Menschen wird zur numerischen Skala.

Gottfried W. Leibniz behauptet den Grund als vernünftigen Satz

Dem Differential und Integral hat sich auch Leibniz verschrieben. Der Optimist unter den Denkern hat aber noch anderes vor. Er behauptet den Grund als Satz¹⁹⁵ und bastelt lange an der Niederschrift der „Scientia infiniti", die nie ganz fertig wird, ähnlich wie „Calculus", eine Symbolschrift, deren Grundelemente Leibniz bis etwa 1676 findet. Was ihm damit vorschwebt, ist, wie bei Lullus, die Herausarbeitung einer allgemeinen Begrifflichkeit, die den wahren Sachverhalt aus der Menge des Denkmöglichen „rechnen" läßt. Das Wahre ist Ergebnis mathematischer Logik, ihr Material ist das denkbar Mögliche, und als Mögliches gehört es der rational geordneten Welt an, die aufgrund ihrer Ordnung perfektibel ist. Die Vernunft ist der Grund – Nihil sine ratione –, und die Vernunft ist Leibniz' Quelle der Daseinsfreude.¹⁹⁶

Isaac Newtons Gravitationsgesetz und der Streit um die Erdform

Nachdem der Grund Vernunft und die Vernunft der Grund geworden ist, formuliert Newton um 1670 die Gravitationsgesetze. Auch andere Physiker hatten Pendelversuche angestellt. Die einen behaupten, die Erde sei an den Polen abgeplattet, die Messungen der Geodäten beweisen aber das Gegenteil. Sie deklarieren die Erde als an den Polen zugespitzt. Der Streit um die Erdform währt über 60 Jahre und wird durch die Empirie beigelegt.

Die 1735 eingeleitete Gradmessungsexpedition nach Peru und Lappland kann sich an Ort und Stelle überzeugen und beweist endgültig die Richtigkeit von Newtons Theorie. Nun hatte die Erde keine Kugelgestalt mehr, sie ist ein Ellipsoid, dessen Rotationsachse die kleine Erdachse durch den Pol ist. Die Bewegung wird faßbar als eine Mechanik, die sich auf komplizierte Weise selbst in Gang hält. Beinahe alle „Kulturländer" stürzen sich auf den neuen Bezugskörper Erde, um seine Bestimmung vorzunehmen, d. h. die Erde endgültig zu definieren.¹⁹⁷

ZWISCHENBETRACHTUNG: *Der Berg ist mehr denn je ein Darstellungsproblem*

Trotz oder gerade wegen der Prozeduren, Qualitäten in Numerisches auf der Basis der Vernunft umzuwandeln, leistet das Gegirge, insbesondere der Steilfels, der sich konstituierenden Naturwissenschaft weiterhin Widerstand. Während man die Erdgestalt eifrig in einen mathematisch definierten Körper übersetzt, um ihn geographisch exakt koordinieren zu können, kämpft die Geländedarstellung nach wie vor bzw. mehr denn je um jeden kleinen Fortschritt. Georg Matthäus Vischer bemüht sich durch Schrägansicht um ein individuelleres Formbild, aber je höher die Berge, desto mehr läßt der Fortschritt auf sich warten. Für deutliche Veränderungen verstreichen über 200 Jahre. Zwischen Ygls erster Gletscherdarstellung von 1604/05 und der Gletscherbearbeitung in der Dufour-Karte, Ausgabe 1864,¹⁹⁸ liegen ebenso Welten wie zwischen Gygers Prättigau-Karte aus dem Jahr 1634 und Waltenbergers Karte der Berchtesgadener Alpen, 1887 erschienen.¹⁹⁹

Ohne die „Bauernkarte", Meisterwerk des Peter Anich und 1765 nach seinem Tod von seinem Gehilfen Blasius Hueber fertiggestellt, schmälern zu wollen, fügt sie sich ungebrochen in den bisherigen Formenfundus ein.

Treten wir einen Schritt zurück: Die Definition des Erdkörpers steht der anhaltenden Schwierigkeit gegenüber, steiles Gelände exakt und zugleich körperhaft darzustellen. In dieser Gegenüberstellung steht die Darstellung selbst zur Verhandlung an. Sie verlangt künstlerische Fähigkeiten, wie sie zugleich von der Perfektion abhängt, Räumliches numerisch zu übersetzen. Die Übersetzung ist die Grundlage der Höhendarstellung, d. h. die Darstellung der Höhe wurzelt in und begründet die Zersetzung der Materie. Diese Zersetzung ist jedoch selbst Ergebnis tiefgreifender Abstraktionsvorgänge. Denn in die Zielsetzung, Höhe darzustellen, ist bereits immer schon die Abstraktion eingegangen. Die Abstraktion konstituiert sich vor allem über die Setzung des Ziels.

Die Darstellung der Höhe ist somit eine seltsame Wendung gegen die Abstraktion, die sie zugleich vorantreibt. Die Darstellung ist ein Akt der Konkretisierung des Abstrakten und des Abstrahierens von Konkretem, das ersterem Vorgang vorausgeht. Damit ist zwangsläufig eine Reihe schwieriger Fragen aufgeworfen, die die Abstraktion selbst zur Rede stellen. Wobei von der Rede des Abstrakten abzuverlangen ist, daß sie nicht abstrakt, sondern anschaulich geführt wird.

Die Plastizität des Geländes, Merkmal guter topographischer Karten, kann nur der fortschreitenden Quantifizierung abgerungen werden. Dieses Abringen geschieht aber wieder mittels technischer Perfektionierung. Das Numerische ist selbstreferentiell, die Rückcodierung von der Zahl ins Bild ist nur über die Potenzierung der Zahl, d. h. durch die noch feinere Punkteauflösung erreichbar, wodurch aus dem Bild ein „Bild" wird.

Dieser Bildungsvorgang setzt weitere Abstraktionen voraus und in Gang. Die Linierung und Punktierung des Geländes muß nach einem strengen Reglement zur leibhaftigen Geländegestalt zusammengesetzt werden. Die Zusammensetzung ist immer auch ein Akt der Disziplinierung, d. h. der Neuordnung des Raumes, der sich anderen Strukturen unterzuordnen bzw. gleichzusetzen hat.

Der Punkt ist das konkreteste und abstrakteste Zeichen. Es ist Ergebnis und Voraussetzung zugleich. Somit hat das neuzeitliche, sprich numerische Denken nicht nur – was gerade die Schwierigkeit einer Dastellung der Höhe zeigt – zu einer sukzesssiven Auflösung des Geländes bzw. der Dinge selbst geführt. Diese Auflösung ist kein isolierter Vorgang. Er wirkt sich auf das Denken aus bzw. erfordert bereits eine spezielle Art zu denken. Das Denken selbst steht zur Diskussion. Die Frage nach der Darstellbarkeit ist somit immer auch eine Frage nach dem Denken selbst. Die Frage nach dem Denken aber läßt den neuzeitlichen Fortschrittsglauben von innen her zerbröckeln. War für das buchstäbliche Denken die Welt und der Mensch e i n Geschehen, so werden Mensch und Welt im numerischen Denken punktuell. Dem Punktuellen, das konnte gezeigt werden, geht immer schon die Zersetzung voran, was nichts anderes heißt, als daß das großartige Unternehmen „Neuzeit", wie Vilém Flusser sagt, „ein mörderisches und selbstmörderisches" ist.[200]

Nicht von ungefähr hat man von Nietzsche über Roland Barthes, Foucault, Baudrillard bis hin zu Kamper und Wulf den Tod des Menschen als Subjekt beschworen. Jetzt zeigt sich im Tod des Subjekts auch der Tod des Humanismus. Dieser Tod ist das Resultat anhaltender Zersetzungsvorgänge, die sich zur Selbst-Zersetzung konzentrieren, wobei die Thematisierung des Denkens immer auch eine mehr oder weniger verzweifelte Absage an die Moderne enthält.

Wir waren auf der Suche nach geschichtlichen Quellen, die den Berg in der Art des Überhangs signieren. Die kulturgeschichtliche Strecke reicht zurück bis Nuzi und hat eine Zeit von beinahe 6000 Jahren ausgespannt, in der sich das Zeichen für den Berg heraus-, über- und umgeformt hat, als umgeklapptes Profil, Bogen, Sägezahn, Band, Welle, Gespenst, Zelle, Maulwurfshügel, Fischschuppe, Bergfigur – leer, gestrichelt, schraffiert, gefärbt, schematisch, individuell, ohne und mit Felszeichnung bis hin zum Felsen als neuer Erdmittelpunkt, wie noch heute dem Extremkletterer der Fels das Zentrum seiner Weltanschauung ist. Auf halbem Weg, im 17. Jahrhundert, eingeleitet durch Snellius Willebords Erfindung der Triangulation, unterbreche ich die Suche. Bis dahin hat die Geländedarstellung, trotz Diskontinuitäten, einen reichen Formenschatz für den Berg aufzuweisen und zweifellos einen hohen Stand in der Darstellungsweise erreicht, der m. E. erst im 19. Jahrhundert durch die Hochgebirgskartographie angemessen fortgesetzt und vervollkommnet wird. Dazwischen mußte viel anderes getan werden, denn die Geländedarstellung setzt, was auf den ersten Blick verborgen bleibt, eine Menge voraus. Ein Kriterium ist die Zugänglichkeit. In der Zugänglichkeit des Geländes drückt sich noch etwas aus. Der Ausweg aus dem Dilemma der Geländedarstellung wird in einer Annäherung der Strukturen gesucht: Die Strukturen der Welt will man den Strukturen des Denkens anpassen. War genau diese Vorstellung nicht schon im Satz des Cusaners verborgen, wenn er sich nicht vor Gott, sondern über die Dinge beugen wollte?

Das Geoid: Der Körper wird Instrument, Instrumente Körper

Mit der Zunahme an Höhe, Steilheit, Entlegenheit und Vergletscherung schrumpft die Gangbarkeit für den Landvermesser am Boden. Außerdem fehlen noch wichtige theoretische Erkenntnisse, die sich 1873 in dem Erdkörper bündeln, welcher der wahren Gestalt der Erde am nächsten scheint und Voraussetzung für eine großräumige Höhenvermessung und geländetreuen Darstellung wird: das Geoid. Bis es soweit ist, werden eine Reihe von Bergen – der Einbruch durch den Dreißigjährigen Krieg ist jedoch deutlich zu spüren – erstiegen und der Blick für die Höhe, die Höhenunterschiede wie bei Sererhard, für den Felsen u. a. durch Hacquet und den Gletscher wie bei Walser oder auch Goethe geschult.[201]

Vor dem Blick wurde und wird die Höhe mit dem eigenen Leib im Leid vermessen, was gerade die frühen Versuche am Montblanc sukzessive demonstrieren.[202] Die Ermattung ist ein durchaus verläßliches menschliches Maß, aber sie ist nicht geeignet, um eine soeben geborene, ehrgeizige Hochgebirgsforschung zu befriedigen. Zwar hat auch der Leib, in dem sich Empfindungen als Qualitäten ausdrücken, zunächst seine Berechtigung, da aus ihm Fragen auftauchen, die das Forschen evozieren. Aber der Leib spricht i. w. aus der Begrenzung heraus, abhängig von Tagesverfassung, Akklimatisierung, Trainingszustand, Wahrnehmungsfähigkeit und dem Mut, Angst und Schwäche einzugestehen.

Zunächst ist man auf 4000 Meter nur unerklärlich schlafbedürftig, mehr nicht und auch nicht jeder. Es hängt vom einzelnen ab, ist subjektiv und bleibt daher weit hinter den Ansprüchen nach Meßgenauigkeit zurück. Erst viel später wird die moderne Höhenmedizin aufgrund subjektiver Differenzen enorme Fortschritte respektive durch die Expeditionen in die Weltberge machen. Vorerst aber geht es um anderes. Man rüstet den Körper zusätzlich aus, verstärkt ihn mittels Gerätschaften, die das Körperempfinden schrittweise ersetzen und das Denken prothetisieren. Zunächst liest sich dieser Vorgang, der immer auch zur eigenen Sicherheit, so heißt es, dient, harmlos und wird immer kurioser.

So schreibt z. B. der Schweizer Geologe Franz Josef Hugi 1830: „Mit großer Sorgfalt wurde auch der übrigen Instrumente bedacht, der Hygrometer, Areometer, Tubus, vorzüglich der trigonometrischen, des Klino- und Kronometers, bis auf Fußeisen, Alpstöcke, Hämmer, Schneebeil, Meißel, Hacken, Stricken, spanische Weinsäcke, Weingeistblasen usw. Diesen ganzen wissenschaftlichen und unwissenschaftlichen Hausrat nahm eine große, lederne Hutte in verschiedene Kammern auf. In einer der zwei großen Abteilungen war ein Pelzmantel und eine wollene Decke, in der anderen der übrige Kleidungsvorrat; unten in einer Seitentasche der ganze Kochapparat mit chemischem Feuerzeug und Zubehör. Daneben eine blecherne Weingeistflasche. In einer obern Seitentasche befanden sich Tubus, Sextant, Bussole, alle Thermometer, Hygrometer, Areometer, farbige Gläser, blaue Brillen, Schleier usw.; gegenüber Meißel, Bohrer, Feilen, Schrauben, Hacken, Nägel, Fußeisen, Draht; ferner eine kleine Reiseapotheke, Heft- und Mutterpflaster, Augenbalsam, Bleiextrakt, Hoffmannstropfen, Fußsalbe aus verbranntem Alkohol und Seife mit Kölnerwasser, Schuhschmiere aus Fischtran usw. Etwa 500 Fuß aus feinstem Garne bereitete Stricke, Schneebeil, die Weinschläuche usw. wurden gewöhnlich einem eigenen Träger zuteil. Auch das obige mußte oft verteilt werden ..."[203]

Die Menge des Mitgeführten hat u. a. eine soziale Ordnung am Berg zufolge, die aus dem Kolonialismus bekannt ist: Herr und Träger. Parallel zu dieser Hierarchie wird der Berg in die Zirkulation des Kapitals miteinbezogen. Zwar hat bereits Petrarca zwei Diener auf den Mont Ventoux mitgenommen, aber erst im ausgehenden 18. und beginnenden 19. Jahrhundert wird die Bezahlung am Berg ein Thema, das die Gemüter erhitzt. Davon abgesehen ist ein Abrutschen mit einem derart seltsam prall gefüllten Beutel im unwegsamen Gelände leicht möglich.

Wir wissen, daß Balmat beim Abstieg ein Barometer in Brüche ging, wodurch Paccards Forschertrieb nicht ganz ausgelebt werden konnte. Saussure hatte auf dem Gipfel des Montblanc mit Atmen so viel zu tun, daß seine geplanten Untersuchungen und die hierfür mitgeschleppten Meßinstrumente nicht effektiv genug zum Einsatz kamen. Man gab nicht auf, im Gegenteil, die anfangs sperrigen Instrumente wurden verkleinert und damit erleichtert, ohne jedoch Einbußen an ihrer Leistungsfähigkeit, sprich Präzision, hinnehmen zu müssen. Jeder Schritt Richtung Gewichtsverminderung erhöht die Anzahl der Untersuchungen und verdichtet das Zahlennetz in der Höhe. Der Berg zerfällt unter einem Mantel immaterieller Punkte, Striche, Linien, Zahlen und Begriffe, die im Genauerwerden den Berg entbergen. In den Karten ab der zweiten Hälfte des 19. Jahrhunderts entschwindet der „Berg" einer sinnlichen Erfaßbarkeit, verliert seine Form, die in den noch so schablonenhaften Abbildungen von füher zumindest erhalten wurde.

Der vermessene Berg verliert Standort und Halt

Den vermessenen Berg ereilt des Grundes Schicksal, auf dem er steht. Wie die Erde verläßt auch ihn seine Gestalt, er wird formlos. Sein

Inhalt ist beliebig erweiterbar; je mehr Höhenfestpunkte ihn halten, desto leichter verliert er seinen Halt. Hinter den Gittern des Koordinatensystems gerät der Berg aus den Fugen, in sie erodiert das Wissen. Die Erosion des Berg-Wissens stellt zählbare Teile her, die neu geordnet, definiert und via komplizierte technische Verfahren auf die Karte projiziert werden. Am Ende liegt wieder ein Berg vor, präziser als der alte. Weiß man Bussole, Kompaß u. ä. zu handhaben, ist man der Karte kundig, dann findet man sich am Berg ohne Berg zurecht. Man orientiert sich an Zahlen, Nummern, Höhenkoten. Der zusammengesetzte Berg wird zum Ziel. Wie ehemals Gott den Berg bewohnte, inkorporiert sich jetzt die Technik in ihm, sie läßt natürlich erscheinen, was von der Natur nichts übrigläßt.

Wie die Erde ist auch der Berg nur eine geometrische Konstruktion, der Mensch hat sich in ihr selbst ausgedrückt und seine Schöpfungskraft perfektioniert. Die Güte der Karte liegt darin, den Menschen ohne das auskommen zu lassen, wovon die Karte ausging, vom realen Berg. Die Karte beglaubigt das Verschwinden des Berges. Vor dem Verschwinden liegt eine Kulturgeschichte, die sich in den letzten gut 200 Jahren wie ein Film rafft, als müßte die Versteinerung durch die Abstraktion künstlich als Bewegtsein erscheinen. Von der Erfindung des Fernrohrs über Mikroskop, Barometer, Tachymeter, Theodolit, Meßtisch, Photographie bis hin zur Luftbildmessung hatte das Gelände keine wirkliche Chance zu entkommen, außer in der Weise, daß es sich unsichtbar machte, hinter allem vorerst verschwand.

Arago, ein französischer Wissenschaftler, sollte sich rückblickend so ausgedrückt haben: „Fünf Mathematiker – Clairaut, Euler, d'Alembert, Lagrange und Laplace – teilten die Welt unter sich auf, deren Existenz Newton enthüllt hatte. Sie erklärten sie nach allen Richtungen, drangen in Gebiete ein, die für unzugänglich gehalten worden waren, wiesen auf zahllose Erscheinungen in diesen Gebieten hin, die von der Beobachtung noch nicht entdeckt worden waren, und schließlich brachten sie – und darin liegt ihr unvergänglicher Ruhm – alles, was höchst verwickelt und geheimnisvoll in den Bewegungen der Himmelskörper ist, unter die Herrschaft eines einzigen Prinzips, eines einheitlichen Gesetzes. Die Mathematik besaß auch die Kühnheit, über die Zukunft zu verfügen; wenn die Jahrhunderte abrollen, werden sie die Entscheidungen der Wissenschaft gewissenhaft bestätigen."[204]

Ein Gebirgsland zerfällt in Höhenkoten

Man ging entschlossen und gezielt vor. 1764 setzt die 1. oder Josephinische Landesaufnahme ein. Sie enthält noch keine Höhenangaben. Die 2. oder Franziszeische dauert von 1806 bis 1869, wobei die erste österreichische Militärtriangulation als Parallelunternehmung läuft, die bereits 1829 zum Abschluß kommt. Die Höhenkoten der trigonometrischen Festpunkte wurden bekannt, und von diesen ausgehend wurde der Reliefunterschied nach Schätzung freihändig zeichnerisch festgehalten. 1860 kamen die ersten Höhenmeßinstrumente für Geländeaufnahmen in Verwendung, wodurch sich die Höhenmessungen rasch vermehrten und zu Höhenlinienentwürfen führten, Grundlage für die Schraffendarstellung des Geländes. Begleitet war diese Neuerung von der raschen Entwicklung der Reproduktions- und Drucktechnik. Um 1810 griff man für die Kartenherstellung auf die Lithographie zurück, und 1878 wurde die Heligravur erfunden, nicht zu vergessen die ab 1850 einsetzende photographische Aufnahme- und Kopiertechnik.

Die Dunkelkammer wird zur Bildungsanstalt der Gebirgsdarstellung. Die technischen Hilfsmittel verfeinerten sich, ab 1810 steht statt des Diopterlineals das Perspektiv-Lineal zur Verfügung, das bereits mit Fernrohr und Fadenkreuz versehen war. Kurzum, ab dieser Zeit war nicht nur der Grundriß, sondern auch die Geländegestalt immer besser meßtechnisch erfaß- und reproduzierbar. Die große Zeit der klassischen Meßtischmethoden in Österreich hat begonnen. Die 3. Landesaufnahme wird von 1863 bis 1908 durchgeführt und mißt, was vergessen oder ungenau gemessen wurde, außerdem sucht sie nach anderen Ordnungen. Sie baut auf einer Reihe neuer Grundlagen auf, im Durchschnitt lagen zwei Höhenmessungen auf 1 km^2 vor, nötig für eine detaillierte Geländewiedergabe. Mit Höhen- und Distanz-Meßinstrumenten schritten die Mappeure dem Berg erfolgreich an den Leib, die Zahl inkorporiert die gesamte Fläche.

Unnütz zu betonen, daß dieses Voranschreiten durch militärische und wirtschaftliche Interessen motiviert war, die Kartensammlung des ehemaligen Kriegsarchivs in Wien spricht Bände. Der Berg wird in ein enges Zahlenkorsett geschnürt, dennoch ungenügend, immer wieder klafften Lücken in der Vermessung.

Dem half schließlich die Fortentwicklung in der Photogrammetrie ab, das stereoskopische Sehen wird durch die Erfindung des Orel-Zeiss'schen Stereoautographen erheblich erleichtert. Setzt man z. B. die Raummarke an vorher auszuwählenden markanten Geländepunkten auf, so vollzieht sich eine punktweise Kotenmessung, indem man an der Höhenskala unmittelbar die absolute Höhe eben dieser Geländepunkte ablesen kann.[205]

DIE BERGDARSTELLUNG WIRD VERRECHNET:
ZUR FORMALISIERUNG DER FORM

*Institutionalisierung der Bergform:
Alpenvereinskartographie*

Die Alpenvereinskartographie spezialisiert sich auf das punktweise Kotenmessen und macht sich diese technische Erfindung früh zunutze. Neben den Hochgebirgskarten der Schweizerischen Landestopographie haben „die sogenannten Alpenvereinskarten bahnbrechend gewirkt und nicht nur in den Alpen, sondern vor allem auch durch die ersten großmaßstäblichen Expeditionskarten außereuropäischer Hochgebirge".[206]

Die Alpenvereinskartographie läßt sich in vier Abschnitte gliedern. Aus der Frühperiode (1862–1891) stammt u. a. die Karte der Berchtesgadener Alpen von Waltenberger; in die Reliefkartenperiode (1892–1900) fallen die Felszeichnung und Schräglichtbeleuchtung. In den Südtiroler Dolomiten, sie sind aufgrund der bizarren Felsformen ein Testfall für die Kartographen, wurde erstmals auch der große Maßstab von 1:25.000 zur Anwendung gebracht. Die klassische Periode (1900–1936) verzichtet wieder auf die Schummerung, erreicht aber durch die Höhenlinienscharung und eine detaillierte Felszeichnung, die auf die petrographischen und tektonischen Verhältnisse des Steilreliefs Rücksicht nimmt, hohe Plastizität. Obiger Maßstab setzt sich allgemein durch, und noch vor dem 1. Weltkrieg erscheinen in dieser Manier nicht nur die Karten der Allgäuer und Lechtaler Alpen, sondern vor allem verschiedenste Teile der Dolomiten, in denen im 1. Weltkrieg heiß gekämpft werden wird. Ab 1915 wählt man für Gebirgsausschnitte „mit besonderem wissenschaflichem Interesse von Fall zu Fall auch größere Maßstäbe".[207]

Die letzte Periode (1936 bis heute) wird durch die vollständige Erhaltung des Höhenlinienplanes auch auf Felshängen charakterisiert, wobei die Felszeichnung in Haarstrichmanier zurücktritt. Erstmals wurde diese Methode an der Gipfelkarte des Nanga Parbat 1935 erfolgreich versucht, sie war eine wertvolle Grundlage für die Kartierungen der Geologen und für die Aufnahme der Vegetation.[208]

Nach dem 2. Weltkrieg und in den ersten Nachkriegsjahren kam es zu einer Unterbrechung der Kartographietätigkeit des Alpenvereins. In Deutschland war der Alpenverein aufgrund seiner Nähe zum NS-Regime bzw. wegen seiner ideologischen Einfärbung über längere Zeit verboten, in Innsbruck wurde er „umgebildet".[209] Ab 1949 brachte der ÖAV wieder jährlich entweder eine Neubearbeitung oder eine fortgeführte Neuauflage von Gebirgsgruppen heraus.

Die Nauderer Berge erhalten 1954 rot eingezeichnete Schitouren. Man nimmt die Tradition aus den 20er Jahren auf, in denen der Schilauf in Österreich die Bedeutung eines Volkssportes erlangt hat. 1921 veröffentlicht man die erste „Ski-Karte" aus den Lechtaler Alpen mit rot aufgedruckten Schirouten und gesonderter Kennzeichnung der Lawinenhänge.[210] Man interessiert sich nicht mehr nur für den Berg als etwas, das fest steht, sondern lenkt den Blick immer genauer auch auf das, was sich am Berg verändert. Man will seine Bewegtheit erfassen.

Anden-Expeditionen vor und nach dem 2. Weltkrieg, deren wissenschaftliche Ergebnisse sich in einer ganzen Reihe von Hochgebirgskarten ausdrückten, gelang es, „die große Gletschersturz-Mure von 1962 in der Cordillera Blanca in einer Karte 1:15.000 zu erfassen".[211] 1964 entstand eine Karte der Gipfelregion des Mount Kenya, und die deutschen Karakorum-Expeditionen von 1954, 1956 und 1959 bringen ein eindrucksvolles Blatt mit dem Gipfelmassiv des Rakaposhi heraus. Österreichische Expeditionen in den Hindukusch liefern Karten des Großen Pamir, von denen weitere geologische, gletscherkundliche und vegetationsgeographische Kartierungen ausgehen. Das war bereits bei den Nepal-Himalaya-Unternehmungen, die sich über viele Jahre hinzogen, der Fall, deren Kartenblatt mit dem Chomolungma – Mount Everest in 1:25.000 intensive Forschungen seitens der Kulturgeographie und Ethnologie bewirken.

Form-Formalisierung: die „normale Geburt"

Die Formalisierung der Form wird als „normale Geburt" ausgegeben, ist aber eine Übersetzung. Rathjens stellt sich die kartographische Neubildung des Gebirges mittels Abstrakta wie eine normale Geburt vor. Er spricht vom „Mutterland" Schweiz,[212] in dem die Wiege der Hochgebirgskartographie steht, welche untrennbar mit den Taten des Oberst Dufour zusammenhängen, mit dessen Namen nicht nur das berühmte amtliche Kartenwerk aus der ersten Hälfte des 19. Jahrhunderts, sondern auch einer der schönsten Berge des Monte-Rosa-Stockes versehen wurde. Es kommt nicht von ungefähr, daß gerade an der Dufourspitze des Berges Herkunft neuerdings vermessen wurde. Sie reicht 15mal tiefer in den Grund als aus ihm hervor, d. h. die „Gebärmutter" dieses Berges ist ungeheuer fest und tief im Erdinnern verwurzelt. Mit dieser Messung wird die Metapher der „Geburt" verfestigt und zugleich selbst den Gesetzen des Numerischen als Vorgang der Formalisierung unterworfen. Dufours Versuchen, Berge aus ihrem angestammten Ort zu heben und in ein mehrfach präpariertes Kartenblatt überzusetzen, so daß aus dem Berg eine meßtechnische Bergung wird, folgen unzählige Transfers. Das Gebirge zirkuliert durch die Meßkammern wie Waren durch die Regale. Nach strengen Konstruktionsregeln baut man das Gebirge wieder auf und neu zusammen, jeden einzelnen Berg, jedes Köpfl und jedes Band nach der Logik der menschlichen Anatomie.

„Gerippelinien" gehören zu den wichtigsten formgebenden Faktoren, sie markieren jede Richtungsänderung des Isohypsenverlaufs.[213] Wo die Haut noch zuviel Risse hat oder spannt, setzt die „Gefügezeichnung" ein. Sie läßt die Neuzusammensetzung perfekt erscheinen. L. Brandstätter charakterisiert: „Als feinstes, geometrisch gewichtloses Liniengewebe hat die Gefügezeichnung die Interpretation der maßstäblich nicht mehr faßbaren Oberflächenrauhigkeiten zu übernehmen. Diese bereits symbolische Felskantenzeichnung schmiegt sich gesteinsnah dem Oberflächenornament an, ohne auf die Scharung bewegend einzuwirken."[214]

Wo die Teile nicht mehr angemessen sind, werden sie mimetisch behandelt. Dadurch erhält man sogar Einsicht in Steilflanken. Man schwebt förmlich an die Schichtung der Wände, an die Platten und Zerrissenheiten heran, wodurch Schutt, Geröll, Geschiebe, Bergsturz, Moränen u. ä. unterscheidbar werden, strukturlose Hänge bleiben frei. Unverzichtbare Dienste leistet die ab 1950 eingeführte Luftphotogrammetrie. Sie kommt in kürzester Zeit dahin, wohin die Beine lange laufen mußten.

Kartographen ersitzen die formale Form: ein Akt der Übersetzung

Die Luftphotogrammetrie stellt weitgehend vollständige Arbeitsunterlagen zur Verfügung, die der Kartopograph nach einzelnen Elementen im Gelände zu verifizieren und zu klassifizieren hat. Der große Vorteil: Er kann sitzen bleiben, während sich der Berg „bewegt" und verändert. Wie der Bergsteiger vom Berg besessen, so wird der abstrakte Berg vom Kartographen besessen. Nur manchmal sind örtliche Erkundungen und Zusatzmessungen im Gelände nötig, um die eine oder andere „Entzerrung" vorzunehmen. Die Automation, die die analytische Aerophotogrammetrie an Boden gewinnen läßt, bringt die neuen Gebirgskörper rasant zum Reifen, in Windeseile ist ein Berg „erwachsen", ungeachtet der Jahrmillionen, die er tatsächlich zur Entstehung gebraucht hat. Die Zeit ist nur für den lesbar, der geologisch gebildet ist. Gebildet heißt: gewöhnt an Abstraktionsvorgänge. Projektion und Übersetzung gehören zu dieser Gewohnheit.

Zwischenbetrachtung: der Berg, ein unökonomischer Gegenstand

Ziehen wir an dieser Stelle den Faden der Argumentation zusammen. Bevor Hugi in den „ledernen Beutel" seinen wissenschaftlichen Hausrat füllt und nachdem Saussure die Besteigung des Montblanc glückt, wird im Auftrag von J. R. Meyer in Aarau die Schweiz von J. H. Weiss und J. E. Müller für den „Atlas de la Suisse" 1:108.000 aufgenommen und gezeichnet. Meines Wissens ist dies die erste grundrißliche Geländedarstellung mittels ungeregelter Schraffuren großen Stils.[215] Hier versinkt der Berg im Tal. Er verliert seine Festigkeit, wie sie bereits bei Anich/Hueber zu schwanken anfing. Unwiederbringlich geht seine alte Körperlichkeit zu Bruch. In winzigen Strichen und Kreuzchen aufgelöst, wird die Formlosigkeit neuer Ausgangspunkt der Kartographen. Dank des Technikeinsatzes stellen sie einen anderen Bergkörper her, der wieder plastisch ist. Diese Anschaulichkeit aber leitet sich nicht von den Sinnen her, sondern ist Ergebnis geometrischer Genauigkeit. Wie in einem Computertomographen wird der Berg optisch Schicht um Schicht zersägt, in Zahlen umgewandelt und zu Höhenlinien codiert, die als Verdichtung neue Berge abgeben. Der Berg aus der Retorte wird noch weiteren Operationen unterzogen. Jede Generalisierung aber schadet dem Gelände. Je kleiner der Maßstab, desto mehr muß das morphologische wie geometrische Formenbild mit Verzerrung und Verfälschung rechnen. Je steiler, bizarrer und sonderbarer der Berg ist, desto stärker seine Allergie gegen die Abstraktion. Er verlangt deren Zurücknahme zugunsten des genauen Blicks auf die Vielgestalt im Konkreten. Die Hochgebirgskartographie ist daher wie sein Gegenstand kurios. Mit kaum überbietbarem Aufwand beliefert sie einen an Menge kaum unterschreitbaren Kundenkreis und liegt beinahe hoffnungslos hinter dem Zeittrend zurück. Erst als auf der Ebene, respektive auf den glatten Meeresoberflächen, bereits das meiste vermessen war, beginnt sich die Hochgebirgskartographie so richtig zu entfalten. Ihr Fortkommen ist ein langsames Höhersteigen, gefahren konnte lange nicht und geflogen erst seit dem ausgehenden 19. Jahrhundert werden. So wie die Hochgebirgskartographie zunächst quer zum allgemeinen Fortschritt lag bzw. diesen vorauszusetzen hatte, um sich selbst konstituieren zu können, beginnt sie ab dem 20. Jahrhundert an diesem Fortschritt eifrigst mitzuwirken.

BERGERLEBNISSE SIND UNZWECKMÄSSIG, JENSEITS DES FORMALISMUS: PACCARD UND SAUSSURE

Es scheint kein Zufall zu sein, daß genau am Übergang von den alten Bergfiguren, dem endgültigen Verschwinden von Sägezähnen und Maulwurfshügeln aus den topographischen Karten, eine Art von Bergbericht auftaucht, der merkwürdig abgekühlt klingt. Scheuchzer, Walser, Hacquet, um nur wenige zu nennen, sind weitgehend sachlich, aber Paccards Gipfelnotiz zum Montblanc übertrifft jede Sachlichkeit: „Angekommen um 6 Uhr 23 Minuten des Abends – wieder fort um 6 Uhr 7 Minuten. Sie sind 34 Minuten oben geblieben."[216]

Etwas mehr erfahren wir durch Saussure, aber auch er bleibt, trotz präziser Selbstbeobachtung, zurücknehmend: „Wenn ich mich ganz ruhig verhielt, verspürte ich kein Unwohlsein, mit Ausnahme von etwas Herzbeklemmung, sobald ich mich aber anstrengte und meine Aufmerksamkeit auf einen Gegenstand heftete, oder mich bückend meine Brust zusammenpreßte, mußte ich mich erst eine Weile ausruhen und wieder Athem gewinnen." Diese Befindlichkeit faßt er auch in Zahlen: „Wir waren Alle so zu sagen im Fieber und selbst nach 4 Stunden unseres Aufenthaltes auf dem Gipfel machte mein Puls noch 100 Schläge in der Minute, der von Peter Balmat 98, der von meinem Diener 112, während ihre Pulsschläge in der Tiefe 49 (P. Balmat), 60 (mein Diener) und 72 der meinige betrug."[217] Nach alledem wäre Saussure der höhenverträglichste. Darum aber geht es nicht, entscheidend ist, daß sich eines kontinuierlich vom Tal auf den Gipfel und wieder retour zieht, nämlich die Messung. Sie dominiert Saussures Denken trotz Ermüdung ohne Unterlaß. Die Messung mißt dem Berg-Erleben eine andere Bedeutung zu.

Im Gegenzug: Georg Winklers leidenschaftliche Rückgewinnung von Bergwirklichkeit

Fast auf den Tag genau 100 Jahre später sind ganz andere Töne zu vernehmen. Im selben Jahr, in dem Waltenbergers Berchtesgadener Alpen erscheinen, nämlich 1887 – ein weiterer bedeutender Schritt Richtung Gebirgsauflösung –, steigt Georg Winkler, wie immer mehr andere, in die Berge, respektive in die Dolomiten. Er scheint wie ein Besessener nach Überhängen zu suchen, sein Tagebuch „Empor!" wimmelt nur so davon.[218] Es ist, als müßte er sich mit eigenen Händen und Füßen des wirklichen Bergkörpers vergewissern. Das Taktile als leibhaftige Vergewisserung. Winkler aber sucht Sicherheit an Orten, die nicht sicher sind, sondern vielmehr das Ungewisse nur zu potenzieren scheinen. Am 18. September 1887 erklettert er die Grohmannspitze in der Langkofelgruppe und schreibt: „... Weiter nach links ragt eine total überhängende Wand empor, dort versprechen einige spärliche Griffe und die geringe Vereisung die Möglichkeit eines Hinaufkommens. Hier also will ich es versuchen: Schuhe und Eispickel werden deponiert, das Seil um den Leib gebunden. Einige Tritte sind noch annehmbar, jetzt aber hängt das Gestein über mich heraus; der nächste Griff ist mir einen halben Meter zu weit oben und Stützpunkte für die Füße fehlen ganz (Winkler ist knapp 150 cm groß, HP). Wo kein Tritt und kein Griff vorhanden, muß der Kletterer solche künstlich herstellen: ich improvisiere also einen Steigbügel. Um den erwähnten Griff über mir lege ich eine Seilschlinge, ergreife das doppelt laufende Seil mit der rechten Hand hoch oben, fasse es mit der Linken unterhalb zu einer Schlinge zusammen und setze vorsichtig den linken Fuß in dieselbe. Der Tritt, den ich mir so schaffe, ist einen halben Meter höher als mein bisheriger Stand. Noch ein Blick um mich, ob kein anderes Hilfsmittel zu finden – naßkalter Nebel weht mir ins Gesicht, noch ein Prüfen meiner Chancen – im nächsten Moment schwebe ich am Seile, mir ist's, als träte ich hinaus ins Leere. In dem Maße, als der linke Fuß sich langsam streckt, schiebt sich der Körper in die Höhe. Ich fasse zuerst mit der Rechten, dann mit der Linken jenen Griff und mit den Beinen frei in der Luft baumelnd, führe ich den Aufzug aus."[219]

Winkler hat für einige Augenblicke keinen Boden unter seinen Füßen. Gerade das aber sucht er, denn ein Überhang zeichnet sich dadurch aus, daß er zwar eine Basis hat, diese aber nicht aufliegt, sondern frei in der Luft hängt. Angewachsen ist der Fels nur oberhalb des Überhangs. Dementsprechend die Signatur des Überhangs als verkehrter Maulwurfshügel, ein nach oben hin ausgestrichelter Halbmond, der nicht seitlich, wie in Nuzi, auch nicht nach oben wie in Babylons Nordberg, bei Tschudi, Ygl oder Vischer, sondern mit dem gekrümmten Rücken nach unten hängt.

ÜBERHÄNGE ERKLETTERN:
VERGEWISSERUNGEN DES GRUND-VERLUSTES

Innerhalb kürzester Zeit – in knapp 100 Jahren – hat sich etwas grundlegend umgekehrt. Zwar ist dieses Zeichen zu Winklers Zeit noch nicht geläufig, die Erfahrung mit dem Bezeichneten greift aber rasch um sich. Nachdem 1865 das Matterhorn erklommen wurde, lockt kein großer Alpengipfel mehr. Die Sache wird ganz einfach umgedreht, nicht mehr der Berg wird zuvorderst aufgesucht, sondern die vielen verkleinerten Berge in ihm. Das sind die Überhänge, Modellberge, die mit dem Rücken nach unten am Berg hängen. An sie drängt man sich mit Leidenschaft. „Die Miniatur ist ein Schlupfwinkel der Größe", schreibt Gaston Bachelard, „vorausgesetzt, man kann sich aus allen Verpflichtungen der Dimensionen befreien, die unsere Imagination charakterisieren."[220] Darin ist ihm zweifellos recht zu geben, ein Kletterer, der einen Überhang real klettert, muß vergessen können, daß der Grund unten ist. Er verläßt den letzten festen Tritt unter ihm, sobald er sich dem Überhang anschmiegt, um ihn zu überwinden. Beim genauen Hinschauen fällt auf, daß der menschliche Körper zum neuen Grund wird, der über dem Abgrund hängt und die Basis des Überhangs sozusagen umarmt. Er hat ihn in Reichweite vor seinen Augen, denn der Überhang ragt ins Leere. Der Überhang hat selbst verloren, worauf er vielleicht einmal gelagert hat. Das, was übrigblieb, ist eine Grundfläche, die nicht getragen ist und nicht trägt, sie muß erhangen werden.

Eine Verschärfung des Überhangs ist das Dach. Es ragt horizontal als Fläche ins Freie, wobei die Stelle, wo das Dach endet und in die Vertikale übergeht, Dachkante genannt, meist die kritische Stelle ist. Kann dieser scharfe Geländeknick vom Körper nachgeahmt werden, ohne aus dem Gleichgewicht zu kippen? Erschwerend kommt das Nichtsehen hinzu, erst im letzten Moment sind die Griffe, falls vorhanden, einzusehen, die sich über der Unterseite des Daches befinden. Erst dann kann der Körper wieder in seine gewohnte Position gebracht werden, in die Senkrechte. Solange er sich inmitten des Daches oder auch im Überhang befindet, wirkt die Schwerkraft auf den ganzen Körper ein, d. h. der Mensch wird von allen Leibesrichtungen her nach unten gezogen, nur die Arme und Finger halten kräftig dagegen. An den grundlosen Grund des umgedrehten Modellberges geklammert, selbst zum Grund geworden, der sich aber mit jeder Bewegung verändert und daher eine unbestimmte Bezugsfläche ergibt. Der Mensch beginnt sich gerade am Überhang im ausgehenden 19. Jahrhundert neu zu definieren als etwas, dessen Bestimmungsmerkmale unbestimmbar sind, seltsam schwebend, so als könnte er in alle Richtungen zugleich stürzen, wobei es, wie Paul Celan meint, eben nicht sicher ist, wo der Grund tatsächlich zu liegen kommt.

Otto Ampferer stößt oben auf das, was unten verlorengeht: Materielle Grenzen sind aufgestiegen

Der Innsbrucker Geologe und Bergsteiger Otto Ampferer hat sich wenig später an der Guglia di Brenta erstmals versucht. Wer diesen Berg kennt, weiß, daß das keine einfache Angelegenheit ist. Am Fuße der Gipfelwand lehnt ein kleiner Steinmann, in dem eine Karte von Garbaris deponiert ist, in der zu lesen steht, daß der Alpinist Garbaris genau an dieser Stelle zur Umkehr gezwungen war. Ampferer mußte zweimal kommen, bis er weiterkam, er schreibt: „Gelbrot, überhängend, in kleinsplittrigen Umrissen hob sich vor uns die Gipfelwand empor. Kein Riß, keine Gesimsung versprach hier irgendwelche Erleichterung, wir sahen nackt und hart die Entscheidung vor uns stehen. Die schwere Stange hatten wir aus den Kaminen zu uns heraufgezerrt und als unnütz zwischen Steinen liegen gelassen. Schweigend zog ich aus dem Rucksack Eisenhaken hervor und begann mit dem Hammer Garbaris einen derselben in eine geringe Spalte am Fuße der Wand zu treiben. Nach kurzem Eindringen krümmte sich die Spitze ab und alles weitere Klopfen war erfolglos. Trotzdem banden wir das Seil daran, Berger verstemmte sich und ich versuchte, an der Wand emporzuklimmen. Mit äußerster Anstrengung hob ich mich langsam etwa 15 m in die Höhe, bis ich mit dem Kopf an einen Überhang stieß. Mühsam tastete ich mit der einen Hand nach oben, vermochte aber keinen Halt zu entdecken. Eine mehrmalige Wiederholung dieses Versuches hatte kein anderes Ergebnis. Nun bildete ich mir ein, mit Hilfe eines Eisenstiftes mehr ausrichten zu können. Als ich ihn nach schwieriger Arbeit befestigt hatte, wurde mein Angriff trotzdem abgeschlagen. So griffen wir zum Mittel gegenseitiger Unterstützung, wobei Freund Berger nach waghalsigen Mühen kaum mehr zurückzukommen vermochte. Nicht zufrieden, versuchte er noch einen unglaublich verwegenen Quergang, der schon hart an der Grenze des Absturzes streifte ..."[221]

Diese kurze Textpassage enthält eine Fülle von Themen und gipfelt in der Umkehr. Man setzt alles ein, Einbildungskraft, Technik, Körper, den Freund ... die Kräfte bündeln sich zum einzigen Motiv, hinauf zu gelangen, dennoch erreicht man das Ziel nicht, noch nicht. Der Zufall kommt zu Hilfe, blitzartig ist Ampferer „noch ein unversuchter Ausweg durch den Sinn gefahren. Ich kletterte einige Felsenstufen hinab, querte rechts an die Kante der Wand hinaus und spähte hinüber. Ein Ruf freudigsten Erstaunens brachte Berger gleich zu mir herunter, wo ich ihm ein schmales, verborgenes Band und darüber silbergrau bis zum Gipfel gangbar scheinende Wandflächen wies. Freilich hing Band und Wand unbeschreiblich über ganz gewaltigem Abgrund. Für heute war zur Vollendung dieser gewagten Unternehmung keine Zeit mehr und ohne Wasser die Nacht in den Felsen zu verbringen uns ein zu schrecklicher Gedanke. Mit befreiter, heiterer Seele beschlossen wir also den Rückzug."[222]

Erster Stein des Anstoßes ist der Überhang, an den Ampferer mit dem Haupt gestoßen und in einen Konflikt mit dem ohnehin beschränkten Raumgefühl des Leibes geraten ist. Er trifft oben an, was unten verlorengeht. Nicht mehr die Füße spüren festen Grund, sondern der Kopf berührt oben die Materie. Reinhard Karl wiederum wird 100 Jahre später auf dem Gipfel das nicht mehr finden, was der Überhang für Ampferer war: eine materielle Begrenzung für seinen Willen, über sich hinauszusteigen. Schließlich besteht die Befreiung für Ampferer und Berger darin, nichts unversucht gelassen und sogar noch kurz vor dem Aufgeben eine letzte Möglichkeit entdeckt zu haben, aber dennoch abzubrechen.

DER ABBRUCH IST PROGRAMMIERT:
DIE KRAFT DER SCHWERE STEHT AUF DEM SPIEL

Heute, 100 Jahre später, ist der Abbruch selbst zum Programm geworden. Die Routen der Sportkletterer sind perspektivenlos, man vermißt den Gipfel nicht. „Es sind nicht mehr die Gipfel, die anziehen, auch nicht die großen Wände, sondern eine Seillänge oder eine Stelle des X-ten Grades an dieser oder jener Wand."[223] Der Raum zieht sich wieder auf die Fläche zusammen, wie in den mittelalterlichen Mönchskarten. Hatte man sich dort die Erde gerundet vorgestellt, zieht sie sich jetzt merkwürdig glatt in die Höhe, beherrscht von Länge, Linie und Punkt. „Rotpunkt" nennt sich das renommierte deutsche Klettermagazin und markiert zugleich eine Lebenshaltung. „Rotpunkt" ist definiert als „sturzfreie Begehung einer bekannten Route; alle Sicherungen werden aus der Kletterstellung plaziert".[224]

Lage und Stellung bedeutet, wie anfangs vermerkt, Situation. Die Situation des Kletterers im ausgehenden 20. Jahrhundert ist so zu kennzeichnen, daß sie aus dem Zwiespalt schöpft. Man hat nur die Sicherheit, die man sich selbst zu geben imstande ist, und das ist nicht viel. Man gibt im Nichtgeben, denn die Hände sind im Fels verkrallt, ließe man los, wäre Nichts. Gott kommt längst nicht mehr ernsthaft in Frage, die Technik nur als Körperkönnen und nicht in Form von Geräten; ihren Einsatz begrenzt man freiwillig und strikt; nicht einmal die Vernunft, Grundfläche des Subjekts und Auffangnetz bei Leibniz, ist anzurufen. Was der X. und XI. Schwierigkeitsgrad abverlangt, überfordert jeden Verstand, man verläßt ja den Stand, um zu hängen, vertraute Dimensionen der Orientierung kommen zu Fall. Je glatter die Platte, je griffloser das Dach und überhängender die Wand, desto mehr setzt das Denken aus und der Körper ein. Er spannt sich als neuer Grund über den Abgrund und gerät mit jedem winzigen Stück Fortbewegung selbst ins Wanken, verschiebt sich, indem er verschoben wird.

Der Überhang, dessen Rücken nach unten hängt, als gäbe der Gipfel seinen Geist auf, verlangt nach körperlicher Wiederbelebung. Nur in perfekter Akrobatik entläßt er den Kletterer nach oben, was sein eigenes Unten ist. Aber, und darin liegt die größere Schwierigkeit, das Ich des Kletternden ist nicht ident mit seinem Leib, der ihm einziger Grund ist, im Gegenteil. Der Leib ist des Kletterers größter Feind geworden.

Für Edward Whymper ist die Sache klar, das Außen ist das Gegen, das Matterhorn hartnäckiger Widerpart, „wehrte sich lange, teilte manchen Schlag aus, und als es endlich (...) besiegt wurde, da nahm es als heimtückischer Gegner, der überwunden aber nicht zermalmt ist, fürchterlich Rache".[225]

Hans Bärenthaler konstatiert etliche Dezennien später die gelungene Verkehrung dieses Sachverhalts: „Endlich sind wir soweit, im Berg nicht mehr den zu erobernden oder zu besiegenden Gegner zu sehen, sondern den Partner, der einem als Teil der Natur dieses spezifische Erlebnis vermittelt."[226]

Dem ist nicht ganz so, wir wissen vom Präparieren, Perforieren und Penetrieren der Materie Fels, wo Bohren die Hauptarbeit wird und Meißeln das Aufwärtssteigen beträchtlich erleichtert; dennoch, die Tendenz stimmt, der Feind ist jetzt anderswo, wie Sepp Geschwendtner weiß: „Der Gegner des Sportkletterers ist nicht der Berg, sondern der eigene Körper, die Kraftlosigkeit der Muskeln und Sehnen, die Steifheit der Glieder, die Psyche, die den Körper einige Meter über der Sicherung lähmt."[227]

In den 50er und 60er Jahren erzwang man die Gangbarkeit einer Führe durch Einsatz mechanischer Mittel, Reinhold Messner hat dies „Mord am Unmöglichen" genannt.[228] Jetzt ist das ehemals Getötete auferstanden und gerade nicht artifiziell kletterbar. Wer was auf sich hält, versucht es ohne. Der Spaß am nackten Bodenlosen kennt keine Grenzen. Das Grenzenlose ist bodenlos, Grenzen setzt nur der Körper, und zwar dort, wo er dem Bodenlosen nicht gewachsen ist. Der Körper selbst muß entkörpert und dadurch grenzenlos werden, in den Trainingskammern gefoltert, aufgespannt in ein enges Zeit- und Raumgitter von Übungseinheiten wie die Erdoberfläche hinter den Gauss'schen Koordinaten bei der Kartenproduktion. Alles am Körper wird zerlegt, gekräftet, geschult und neu zusammengesetzt, um ein Maximum zu erreichen. Elegant und ohne zu zögern schiebt er sich über das Dach hinaus.

Wie die Kartographie der Höhe lange hinter jener der Ebene nachhinkte, beginnt auch der Kletterer viel später als andere Hochleistungssportler seinen Körper mit System zu bearbeiten. Die ersten Trainingspläne erscheinen in den frühen 80ern, und erste Befunde über den Negativeffekt auf die Gesundheit klären uns anfangs der 90er Jahre auf.[229] Man hat es geschafft, die Deformationen können sich ebenso sehen lassen wie der Anschluß an die Logik der Horizontalen, auf den Bildschirmen ist der Kletterweltcup zu verfolgen.

Mit dem Überhang ist man endlich zu einem allgemeinen Ende gekommen und mithin an einen anderen Anfang. Die Verkehrung des Berges nach unten hieß von Beginn an, im Aufstieg abzusteigen. Die Übersetzung des Überhangs von der Erfahrung in die Schrift und seit Mitte unseres Jahrhunderts in eine allgemein verbindliche, internationale Zeichensprache erhebt ihn zum Signum für die Abstraktion. Das Überwinden eines Überhanges läßt die Abstraktion körperlich und damit anschaulich werden, was sonst, wie die Hochgebirgskartographie zeigt, unzählig komplizierte Methoden benötigt. Es ist unmißverständlich spürbar, man hängt in der Luft, gerade weil alles so exakt konstruiert ist. Dieses Moment der Rückgewinnung von realer Erfahrung im Fels durchzieht eine Zeitlang wieder die Bergberichte der Extremen, als könnte hinter Saussures Nüchternheit Gesners Bergbegeisterung noch einmal beschworen, der Geist in der Materie gehört werden. Im Überhang steckt ein kulturgeschichtliches Gedächtnis: Er tritt ab dem Zeitpunkt in die Reichweite des Menschen, als unter der Herrschaft technischer Reproduzierbarkeit seine Sinneswahrnehmung unterminiert und illusionär wird.

Die geometrische Genauigkeit via Photographie bzw. Photogrammetrie hält den Berg zusehends auf Distanz. Anstelle der leiblichen Geländebegehung rückt ein abstraktes Linien- und Punktegemenge, das ersessen wird. Im Gegenzug drängt sich eine kleine Minderheit zunächst verstärkt an den Berg, an den Fels, so als müßte man sich eigenhändig des menschlichen Daseins versichern.

Der Effekt ist aber auch andersherum. Man vergewissert sich seiner selbst als etwas, das ungewiß und unbestimmbar ist. Man riskiert sehr viel. Nicht nur, daß man merkwürdig lächerlich erscheint in einer 1000 m hohen, senkrechten Wand, sondern man macht ernst mit den revolutionären Erkenntnissen vergangener Jahrhunderte. Newtons Gravitationsgesetze stehen erneut auf dem Index, man übt sich unwiderruflich in der Falsifikation, hungert, trainiert und präpariert sich, damit man sich im entscheidenden Augenblick nicht selbst zur Last fällt. Das Taktile arbeitet am Sturz der Axiome, das Konkrete beginnt das Abstrakte anders und gefährlich anzugreifen. Jeder Einstieg in eine Steilwand setzt ein Erinnern und vor allem ein Vergessen voraus. Man geht gewissermaßen hinter die experimentell gewonnenen Theorien zurück und startet das eigene Experiment im strikten Rekurs auf die Sinne. Mit den Händen tastet man sich vorsichtig an eine der zwiespältigsten Erkenntnisse zu Beginn der Neuzeit heran. Kopernikus hat behauptet und erfolgreich nachgewiesen, daß sich die Erde bewegt und daher nicht Mittelpunkt des Weltenkosmos ist. Wenn man sitzt, und das ist die herrschende Körperhaltung des Abendländers, hat man tatsächlich das Gefühl, die Erde bewege sich nicht. Das ist auch dann der Fall, wenn man in den Sessel gedrückt fliegt oder mit dem Auto fährt und über Schienen rast. Das Außen oder Unten gleitet vorbei, aber selbst ist man unbewegt. Der Mensch unbewegter Beweger. Das wissen wir nicht erst seit Virilio, aber er machte aus dieser Tatsache eine Obsession.

Zur Leidenschaft der Langsamkeit: Errettungsversuche des Zeitraumes/der Raumzeit

Die Leidenschaft der Kletterer ist der Obsession der Geschwindigkeit entgegengesetzt. Die Kletterer bewegen sich selber, aber äußerst langsam, je schwieriger, desto weniger rasch. Beim Bewegungsablauf, gerade im Überhang, schreibt der eigene Leib die Sicht auf die Welt vor. Er verdeckt den Tiefblick, wie der Felskörper über ihm die Sicht nach oben zeitweilig verhindert. Dabei steht die Zeit still, je weniger Griffe, desto stiller. Manchmal kippt der Körper leicht aus seiner Lage, das Auge wird über der Schulter oder zwischen den gestreckten Armen des Tales gewahr, und während der Kletterer sich wieder zum Fels dreht, um sich besser festzuhalten, geht das Land unter ihm weg. Hin und wieder sieht er zwischen seinen Beinen Wasser glänzen oder Bäume stehen, Ausschnitte der Wirklichkeit, die sich mit jedem Trittwechsel verrücken. Mit dem Trittwechsel verschiebt sich das Gelände, und mit dem feinen Gefühl der Fingerspitzen bewegt sich nach und nach der Rest mit. Im Stillstehen der Zeit gewinnt der Raum an Beweglichkeit, so als würde gerade vom Steinernen aus wieder jedes lebendig.

Der Kletterer scheint zu den wenigen zu gehören, welcher der kopernikanischen Wende Einlaß in sein Leibgefühl gewährt und sie irgendwie erträgt. Erst in der Langsamkeit ist die Bewegtheit zu spüren und bewegt selbst. Die Langsamkeit rührt am Grundwiderspruch zwischen Wissen und Erleben, hängt im Kletterer schräg zur Zeit und ist so sehr ans Stoffliche geklammert, wie rundum Nichts ist, Luft.

Der Grund-Widerspruch begründet sich in einem Grund, der erst im Tod fest wird und gründet. Das Leben ist porös. Der Leib vereint Zeit und Ort. Er wächst und vergeht. Am schwangeren und gebärenden Leben wird am deutlichsten, was ich meine. Auch im Gordischen Knoten war das Rätsel von Zeit und Raum als ein Verschlungensein von Logos und Leidenschaft verwahrt. Der Überhang ist eine zum Stein gewordene Verknotung. In ihm wächst mit der Selbstvergewisserung das Ungewisse: Der Kletterer, der am Überhang hängt, verkörpert ein Subjekt, so kann resümiert werden, das in seiner Selbstbestimmung abgründig unbestimmbar geworden ist.

DIE NAMEN:
IDENTITÄT, DISZIPLIN UND SELBSTREFERENZ

Ein Kind wird getauft, und mit dem Namen gehört es ab sofort zur Christenfamilie. Geburtsdatum und Wohnsitz ergeben die Zeit-Raum-Koordinaten, in die Vor- und Zuname eingetragen werden; vielleicht noch Augenfarbe, Körpergröße, besondere Merkmale, die Kennungszahl – und die Identität des Staatsbürgers ist hergestellt. Mit der Zusammensetzung von Unterschiedlichem wird Gleiches erzeugt. In der Namensgebung äußert sich das Identwerden.

„Namensgut und beschriftete Objekte", ein Kapitel bei Arnberger/Kretschmer, weniger umfänglich als das über das Gelände. Die Autoren messen der Funktion der Schrift große Bedeutung zu, um den Karteninhalt zu hierarchisieren. Seitenlang wird über Schriftart, -lage, -grad, -stärke, -farbe, -verlauf, ja sogar über das Schriftgewicht nachgedacht.[230]

Die Erhebung der Namen ist nach klaren Vorschriften zu erledigen, denn eine Karte ist ein Zeitdokument und spiegelt die Natur-, Kultur- und Sprachgeschichte eines Raumes wider.[231] Topographie ist somit auch eine spezifische Art von Disziplin. Nach internationalen Konventionen sind die einzelnen Namen zu transkribieren und zu transliterieren, wobei erwartungsgemäß bei Exonymen besondere Probleme auftreten.[232]

Keine Erwähnung finden die Routennamen der Bergsteiger bzw. Sportkletterer. Sie liegen weder im Statistischen Zentralamt auf, wo das übrige Namensgut lagert, noch ist ein guter Teil davon sinnvoll übersetzbar (Woasinet, Rumpelheinzchen, Wer ko, der ko; Lovermat, Slipstick, Hecktisch am Ecktisch usw.).

Unhintergehbare Anweisungen existieren jedoch in bezug auf die Beschriftung von Berggipfelnamen und deren Plazierung auf der Karte. Sie „sollen so gestellt werden, daß durch sie nicht wesentliche Aussagen der Struktur- und Felszeichnung verdeckt werden. (...)

Enge Paßübergänge, Jöcher, Scharten und Paßdarstellungen in kleinen Maßstäben sind wie punkthafte Objekte zu behandeln, und der Schriftverlauf ihrer Namen soll der Übergangsrichtung entsprechen."[233]

Für die Stellung der Kotenzahlen empfiehlt Imhof nach Möglichkeit den Platz rechts neben dem Punkt, referieren Arnberger und Kretschmer. Lagemäßig ist der Kote eines Berggipfels stets der Vorrang vor seinem Namen einzuräumen, und die Zahlen sollen ein möglichst geschlossenes Bild in Form eines Blockes ergeben, d. h. Zahlen mit Ober- und Unterlängen sind ungeeignet.

GESCHICHTLICHES ZUR NAMENSGEBUNG:
BENENNEN IST TRENNEN

Nubische Goldminenkarte um 1290 v.

Die ersten topographischen Namen habe ich in der Nubischen Goldminenkarte aus Ägypten – 1290–1223 v. – entdeckt.[234] Die Umzeichnung nach Lepsius, Ermann und Schäfer durch K. S. Kühn rekonstruiert: Paßweg, Längstal, steinernes Längstal, Gold, Goldwäscherei vermutet, Berge, Brunnen, Häuser, Tempel, Teich, Denkstein Sethos I., Quertal. So die Übertragung der beachtlich reichhaltigen Beschriftung ins Deutsche.[235] Von nun an ist es normal, Objekte nicht nur zu zeichnen, sondern sie auch zu bezeichnen. In der Klosterneuburger Fridericuskarte von etwa 1421, das Original ist verschollen und wird von E. Bernleithner akribisch nachgestellt, wimmelt es nur so von Namen, außer Flüssen und Seen gibt es nichts als Text zu sehen.[236]

Bezeichnetes erhält reale physische Existenz bei de Fermat

De Fermat, Jurist in Toulouse, rückt den Örtlichkeiten analytisch auf den Leib. Nicht die Namen interessieren ihn, sondern der allgemeine Zugriff auf sie durch die exakte Berechnung. De Fermat rekonstruiert Apollonios' Buch VIII der „Konika" und stellt einen Mangel in der Behandlung der geometrischen Orte fest: „Es ist kein Zweifel, daß die Alten sehr viel über Örter geschrieben haben ... Aber wenn wir uns nicht täuschen, fiel ihnen die Untersuchung der Örter nicht gerade leicht. Das schließen wir daraus, daß sie zahlreiche Örter nicht allgemein genug ausdrückten ... Wir unterwerfen daher diesen Wissenszweig einer besonderen und ihm eigens angepaßten Analyse, damit in Zukunft ein allgemeiner Zugang zu den Örtern offensteht."[237]

Descartes und die Verallgemeinerung der Orte

„Isagoge" hieß De Fermats Einführung in die ebenen und räumlichen geometrischen Orte, 1679 aus dem Nachlaß herausgegeben. Mit ziemlicher Sicherheit aber wurde sie bereits vor 1637 niedergeschrieben, bevor Descartes „La Geometrie" verfaßte. „La Geometrie" ist Teil des philosophischen Grundsatzwerkes „Discours de la méthode", das Descartes zum Begründer des Rationalismus und frühen Wegbereiter der europäischen Aufklärung macht.[238] Die Kraft der Vernunft konnte sich in der Verallgemeinerung des Ortes als eine Entbindung vom räumlich Besonderen beweisen. Mit dieser Verallgemeinerung der Orte ist noch etwas anderes ausgedrückt: Obwohl Descartes die Dinge und somit auch die Bergwelt für ausgedehnt hält, nimmt er an, daß sie in Punkten zu analysieren sind. Das Analysieren bedeutet zugleich ein Kalkulieren. Die Analyse als Kalkül ist die epistemologische Basis der Neuzeit. Das numerische Denken hat zwar keine der ausgedehnten Welt adäquate Struktur, ist aber dennoch besser als das buchstäbliche Denken geeignet, um die Dingwelt in den Griff zu bekommen, und zwar über die Zersetzung der Dingwelt in Relationen bzw. Beziehungsfelder.[239] Die Zersetzung der Dingwelt ging nicht überall gleich zügig voran.

Simlers alpine Enzyklopädie

Das Gebirge verschloß sich noch eine Zeitlang dem „allgemeinen Zugang". Das drückt sich in der Anzahl der Benennungen aus. Um 1600 sollen insgesamt erst 42 Alpengipfel bekannt gewesen sein, die aus dem Meer der über 2000 m hohen namenlosen Berge herausragten. Besondere Verdienste hat sich Josias Simler erworben. Er, der kaum einen Schritt außer Haus ging, versammelte die Gesamtheit an Bergwissen des 16. Jahrhunderts in einer alpinen Enzyklopädie, die ihn für den Alpinismus unsterblich macht.

Mit Akribie dividierte er auseinander, was irrtümlich als eins gedacht war: „Ich kann hier die Ansicht des Alciatus nicht übergehen, nach der die Seealpen und Grajischen Alpen dasselbe wären, wobei Ammianus Marcellinus sein Gewährsmann ist. Dieser schreibt: ‚Der Thebanische Herkules habe den Weg durch diese Gegend genommen und ihr den Namen Grajische Alpen gegeben. Auch hätten ihm die Monacesen zum ewigen Gedächtnis Berg und Hafen geweiht.' Indessen können wir diesem vorzüglichen Gelehrten nicht beipflichten, denn wir besitzen zahlreiche Zeugnisse alter Autoren, daß die Grajischen Alpen eine ganz andere Lage haben. Wahrscheinlich waren die Seealpen zuerst wegbar, da auch die Küste zuerst besiedelt wurde ..."[240]

Inkurs: Unterrichten als Zerkleinern –
Belon und Gesner

Simler trennt die Berge, damit ihre Benennung stimmt. Die richtige Benennung soll das Gebirge vergewissern. Trennen ist die Voraussetzung für neues Wissen. Dieses Wissen dringt nicht nur in die Höhe, sondern auch bis ins Innerste vor. Erst wenn alles auseinandergenommen ist, man recht unterrichtet.

Belons „Histoire de la nature des Oyseaux" ordnet jedem Knochen des Skeletts von Mensch und Vogel, beide an einer Schlinge am Scheitel aufgehängt, einen Buchstaben zu. Das Zusammensetzen der Buchstaben ergibt ein neues Körperbild. Das Körperbild ist eine Übersetzung in einen Code und ersetzt die Anschauung des realen Körpers. Es fädelt sich zum Alphabet und mit ihm der Körper zu einem linierten Ganzen.[241] Bei Conrad Gesners Inventur der Alpentiere und -pflanzen war man der Entzauberung der Bergwelt ein Stück näher gerückt, aber Gott war noch der Schöpfer und die Namen nur unter seinem Lichte lesbar. Dann wird der Himmel vermessen, und im Vermessen die Sicht auf die Erde eine andere: Gottes-Grund verblaßt, im exakten Bezugssystem der Geometrie trifft der Mensch nur auf sich selbst.

DER LEBENDIGE MENSCH WIRD FORMALISIERT:
ZUR HERSTELLUNG DES „NATÜRLICHEN"

Lavater und Kant

Unter der bürgerlichen Forderung an den Menschen, dennoch möglichst natürlich zu sein, gibt Johann Caspar Lavater von 1775–1778 die „Physiognomische(n) Fragmente" in vier Bänden heraus. „Stand, Gewohnheit, Besitzthümer, Kleider, alles modificirt, alles verhüllt ihn. Durch alle diese Hüllen bis auf sein Innerstes zu dringen, selbst in diesen fremden Bestimmungen feste Punkte zu finden, von denen sich auf sein Wesen sicher schließen läßt", ist Lavaters Ziel und die Methode der Physiognomik.[242] Das, was noch bei Gesner bzw. Paracelsus zur Signaturenlehre eines lebendigen Wissens gehörte, d. h. zur Tradition der Naturphilosophie, hat sich bei Lavater auf die Problematik zwischen Identität und Rolle verschoben. Das bürgerliche Subjekt zu identifizieren ist zu einer speziellen Kunst geworden. Die handelnden und sich verständigenden Bürger sind in ein interaktives Spiel verwickelt. Sie müssen „im Interesse der Selbsterhaltung und bei Strafe des Untergangs wechselnde Rolleninszenierungen auf ihre wahren Strategien hin entziffern können, während sie sich in der Privatsphäre zu gegenseitig authentischem Ausdruck ihrer ‚Innerlichkeit' verpflichten".[243] Der Kreuzungspunkt der Selbst-Bezeichnung ist nicht der eigene Körper, sondern etwas, das hinter ihm liegt. Bei Kant wird das, was jemand aus sich selbst macht, der „Charakter". Er ist eine Art Selbstzeugung, die man nicht direkt an Zeichen ablesen kann: Der Charakter gehört einer außerkörperlichen Sphäre an, die man der Sittlichkeit zurechnet. Die Sittlichkeit liquidiert den körperlichen Ausdruck, wogegen sich Schiller wehrt und was auch Lavater nicht beabsichtigt hat. Aber der Riß zwischen der Natur, bis ins kleinste beschriftet, ist vollzogen und mit ihr, knapp 200 Jahre später, der zwischen dem Selbst und dem Körper. Moral hat nicht der, der seinem Körper Mitsprache einräumt, sondern der, der ihn charakterfest auszuschalten vermag. Ganz gelingt dies erst, wenn der Tod eintritt. Vorher aber kann sich der Charakter-Mensch in die Unlebendigkeit einüben.

Rousseaus Konzept der Untrennbarkeit pädagogischer Beziehungen

Diese Einübung ist mit einem zwiespältigen pädagogischen Konzept verbunden. Man könnte es die versteckte Sicht- oder die gezeigte Unsichtbarkeit nennen. Wie Philippe Ariès an der Entwicklung des Schulwesens in Frankreich aufgezeigt hat, legte zumindest das Bürgertum großen Wert darauf, das Kind in eine Welt für sich einzuschließen. In dieser Abkapselung soll es nach dem Modell eines menschlichen Idealtypus gebildet werden.[244] Was bei Ariès das Internat, ist bei Rousseau die pädagogische Beziehung. Sie ist perfekt und unteilbar. Der Erzieher verdeckt seinen Einfluß, indem er nahezu verhindert, aktiv einzugreifen. Doch die Macht des Erziehers und demzufolge die Abhängigkeit des Zöglings ist von Anfang an bestimmend. Die Erfahrungen des Zöglings sind nie beliebig oder zufällig, sie finden ausschließlich in einem dafür abgesteckten Raum statt, es gibt kein Außerhalb, deshalb erscheint dem Zögling der künstliche Raum „natürlich".

Sting bringt diese Raumkonstruktion mit der Anordnung von Schriftzeichen und Worten im Text in Verbindung, außerdem mit der Verbilligung der Buchproduktion, der Ausweitung des Buchhandels und der Errichtung des Schulwesens. Voraussetzung ist die Idee. Die Idee steuert die Ordnung zwischen den Personen, Körpern und Geschehnissen und schlägt so ein pädagogisches Feld gleich einem Buch auf. Die Wahrnehmung der Dinge und die Erfahrung der Schriftzeichen werden ununterscheidbar. Rousseau proklamiert ein Lernen nach „Erfahrung", aber es handelt sich immer um eine bereits konstruierte, „gebildete" Erfahrung. Sie hat sich im pädagogischen Raum und mithin in der Beziehung zwischen Erzieher und Zögling inkorporiert.[245]

Vorausgegangen ist die Entdeckung der Kindheit, sie fällt für Ariès ins 17. Jahrhundert. Bald gleicht die Kindheit einer Robinsonade. Das Kind ist auf eine weltabgeschiedene Insel verbannt, auf der der pädagogische Wille vorher angekommen ist, und zwar unsichtbar als „natürliche" Raumordnung, die sich dem Ankömmling zeigt. Die „Unsichtbarkeit" wird nur in der Passivität des Erziehers sichtbar. Emile liest tatsächlich als erstes die Geschichte des Schiffbrüchigen, für Rousseau das Vorbild eines verallgemeinerten subjektiven Fortschreitens.[246]

Itard macht aus dem „Wilden von Aveyron" einen Menschen namens „Victor"

Weitere Philanthropen und Pädagogen treten auf den Plan: Weisse, Schummel, Fröhlich, Wolke, Villaume, Basedow, Campe, Herbart usw. Die frühen Erdvermesser fanden sich in Brants „Narrenschiff" von 1493 wieder, und obige bekamen in der „Schwarze(n) Pädagogik" von Katharina Rutschky ihren Platz zugewiesen. Die Pädagogik konstruiert sich über den Raum, der auf seltsame Weise sichtbar-unsichtbar ist. Darin liegt die pädagogische Macht als Gewalt gegen den Körper. Bernhard Rathmayr kommentiert in seiner Habilitationsschrift den Fall des „Wilden von Aveyron".[247] Er soll vom französischen Arzt Jean Itard erst zu einem Menschen erzogen werden, was sich nicht einfach gestaltet. Aus Itards Gutachten gehen die angewandten Erziehungsmaßnahmen hervor: Es handelt sich um Schockverfahren.[248] Gerade am Wilden soll das Normale als das pädagogisch Richtige hervorgehoben und Erziehung als Disziplinierung legitimiert werden. Aus dem Defizit, definiert als Fehlen von Normalität, formuliert sich das Programm der Disziplinierung als Erziehungskunst. Die Erziehungskunst soll die Disziplin in das „Nichts" einpflanzen, damit dieses „Nichts" etwas wird. Zu diesem Werden gehört der Name, der Wilde wird „Victor" genannt.

Bergsteigen/Forschen als Selbsterziehung: Alexander von Humboldt

Ähnlich verhält es sich mit der Natur als Wildnis, respektive mit dem Berg. Auch er wird ein anderer, wenn er bestiegen wird, jede Ersteigung ist ein Akt der Erziehung, an der jedoch der Erzieher/Bergsteiger vor allem sich selbst erzieht. Am 23. Juni 1801, gerade als Itard sein erstes Gutachten über Victor verfaßt, steigt Alexander von Humboldt Richtung Chimborazzo. Dieser Vulkankegel mißt 6310 m, Humboldt erreicht seine Spitze nicht, aber er hält auf Jahre den Höhenweltrekord mit 5350 m. Der Chimborazzo galt damals als der höchste Berg der Welt. Humboldt schreibt: „Wir fingen nun nach und nach an, alle an großer Übelkeit zu leiden. Der Drang zum Erbrechen war mit etwas Schwindel verbunden und weit lästiger als die Schwierigkeit zu atmen. Wir bluteten aus dem Zahnfleisch und aus den Lippen. Das Bindegewebe der Augen war bei allen ebenfalls mit Blut unterlaufen. Die Nebelschichten, die uns hinderten, entfernte Gegenstände zu sehen, schienen plötzlich, trotz der totalen Windstille, vielleicht durch elektrische Prozesse, zu zerreißen. Wir erkannten einmal wieder, und zwar ganz nahe, den dornförmigen Gipfel des Chimboraso…"[249]

Humboldt beschreibt wie Saussure die schmerzhaften Auswirkungen der Höhe, nur schlimmer, er steigt mehr als 500 m über Saussures Schmerzgrenze hinaus. Wie bei Victor von Aveyron tritt auch bei Alexander von Humboldt Schwindel auf, aber anders. Humboldt hat sich für die Höhe freiwillig entschieden, Victor wird von Itard gezwungen, seine Sprech- und Schreibübungen durchzuführen. Victor lehnt sich auf, bricht zu Wutanfällen aus, die ihm Atem und Besinnung rauben. Erst als Itard befürchten muß, Victor würde zum Epileptiker, sucht er nach anderen Erziehungsmaßnahmen, die jedoch nicht weniger brutal sind. Humboldts Schwindel gründet im Sauerstoffmangel und steht unter der Prämisse wissenschaftlicher Erkenntnis; Victors Schwindel sind im Zusammenhang mit Itards wissenschaftlichen Erkenntnisinteressen eingetreten. Victor zahlt für seine „Zivilisierung" über die Alphabetisierung einen hohen Preis, beinahe verliert er sein physisches Leben, vom seelischen und geistigen ganz zu schweigen. Denn man glaubt fest daran, daß die Wahrheit der Wilden im Diskurs der Nichtwilden formulierbar ist. Wilde sind, weil sie „Natur" sind, nicht wahrheitsfähig, ein Argument, das der Kolonialismus für seine Unterdrückungspolitik verwendet.

Victor erfährt einen massiven Fremdzwang, um zum Sprechen gebracht zu werden; Humboldt spricht über die Natur und unterwirft sich, um das tun zu können, einem beachtlichen Selbstzwang. Die Höhe bietet eine vorzügliche Kraftprobe, und sie lohnt sich für Humboldt auf mehrfache Weise. Er zählt zu den Vätern der Physischen Geographie, schlägt die Darstellung der Vegetation nach Höhenstufen und Klimazonen durch Profile vor, die heute noch Vorbild diverser Atlanten sind, und er schreibt nach der Rückkehr aus Südamerika 1834 seinen „Kosmos", dem ein 35bändiges Reisewerk mit 1300 Kupferstichen folgt. Zum Titel „Kosmos" mußte er sich verständlicherweise erst durchringen. Er trat in regen Briefkontakt mit vielen anderen Wissenschaftlern und feilte an diesem „wohlgeordneten Ganzen" bis zu seinem Tode.

Bereits in der Einführung gibt er seine Absicht preis: Im „Kosmos" soll ein „Naturgemälde" entworfen werden, das „von der ungeballten, zerstreuten Materie des Weltalls an bis zur geographischen Verteilung der Moose und Steinflechten in unserem Zeitalter als Bestand von Thatsachen angenommen wird". Dieses Naturgemälde als ganze Welt werde so wirken, „wie die ferne Landschaft tut, die man von dem Gipfel eines hohen Berges in einzelnen Punkten von Nebel enthüllt sieht".[250] Humboldt will methodisch umsetzen, was er selbst beim Aufstieg auf den Chimborazzo erfahren und gesehen hat. Sein Weg wird zur Metapher für die Erkenntnis. Bei einem derart großen Vorhaben muß der Zusammenhang stimmen, und er vermerkt, daß es darum gehe, „die gute oder schlechte Verkettung einzelner Theile einer Lehre zu prüfen".[251]

Allein das „Register" des Kosmos spricht Bände. Um sich im Kosmos zurechtzufinden, mag Humboldt selbst des öfteren in „größte Verlegenheit" geraten sein, denn sein Werk enthält „das Resümee von 9000 bis 10.000 darin citirten Werken". Ein Register ist unerläßlich, „ohne welches so viele wichtige Dinge im Labyrinth des vieltaschigen Kosmos versteckt bleiben".[252]

Inkurs: Humboldts „Kosmos" und die Grenze der Bezeichnung von Dingen

Das Register strukturiert die Dinge, und in der Ordnung der Dinge werden diese erst hervorgebracht. Das Register wächst zu einem Band von 1146 Seiten an, wird von E. Buschmann bearbeitet und posthum in Band V 1862 herausgegeben. In ihm wird deutlich, wie sehr es Humboldt verstand, die Natur zum Sprechen zu bringen, denn, so meint Blumenberg, noch ist es nicht die Natur, die sich ausspricht und alles tut, um nicht unausgesprochen zu bleiben.[253] Dennoch verkennt Humboldt seine Grenzen nicht, greifen wir eine Stelle aus dem Band II des Kosmos heraus. Was ansonsten implizit bleibt, bringt er hier direkt zum Ausdruck: Humboldt spricht vom „Totaleindruck einer Gegend".[254] Was ist damit gemeint? Humboldt geht zwar an die Grenze seiner Sprachfähigkeit, um der Mannigfaltigkeit der Natur annähernd gerecht zu werden und sie weitgehend zu beschriften, aber gerade dadurch kommt er an seine Grenzen. Er weiß, daß die Herstellung eines Totaleindrucks einer Landschaft nicht dem Wissenschaftler gelingt: „Diesen aufzufassen und anschaulich wiederzugeben, ist die Aufgabe der Landschaftsmalerei. Dem Künstler ist es verliehen, die Gruppe zu gliedern, und unter seiner Hand löst sich (wenn ich den figürlichen Ausdruck wagen darf) das große Zauberbild der Natur (...) in wenige einfache Züge auf."[255] Die Kunst geht dort weiter, wo die Wissenschaft aufhört. Nebenbei bemerkt, verfolgte Humboldt mit seinem Kosmos denselben Plan, den zuvor Goethe in den 80er Jahren gefaßt hatte: Er wollte einen „Roman über das Weltall" schreiben. Aber die Darstellbarkeit des Ganzen in einem Stück muß unvermeidlich als Fragment den Ausdruck in einer Differenz zur Unendlichkeit finden.[256] Trotz allem ist die Absicht interessant, wieder ein Ganzes herstellen zu wollen. Dazu stehen, kurz gefaßt, Geometrie und Phantasie als zwei mögliche Weisen, mit Welt umzugehen und sie zu konstituieren, zur Verfügung.[257] Humboldts Kosmos, der ohne den Umgang mit Lichtenberg, Forster, Goethe sowie mit den Schriften Herders nicht gedacht werden kann, liegt meines Erachtens zwischen beiden Möglichkeiten. Gerhard Hard vertritt die These einer zumindest „latenten Ästhetik der klassischen Geographie", welcher Humboldt zweifellos führend angehört.²⁵⁸

Götz Großklaus positioniert Humboldt am Übergang zu einer neuen Sehweise. Sein Code bricht mit dem alten, gliedert das Wahrnehmungsfeld grundsätzlich anders, wählt anders aus, ordnet andere Bedeutungen zu.²⁵⁹ Dieser Übergang vollzieht sich etappenweise, Großklaus skizziert ihn in vier Phasen.²⁶⁰ Humboldts Platz befände sich in diesem Datierungsbild dort, wo die lang ausgleitende Talkurve auf den Tiefpunkt um 1860 zusteuert. Bezugsfeld ist die Intensität des „kollektiven Kultur-Interesses am ‚Gegen'-System der Natur".²⁶¹ Inhaltlich anders, aber räumlich gleich verortet ihn Blumenberg, „insofern gehört Humboldt in die Absetzbewegung von der Naturphilosophie, deren idealistische Hypertrophie ihm als ‚Mißbrauch der Kräfte (...) eines rein ideellen Naturwissens' erschien".²⁶² Humboldts Abwendung aber war behutsam, da er das Subjekt in der Naturanschauung nicht verspielen will, in der die Außenwelt mit dem Innersten im Menschen gedanklich und empfindungsmäßig verschmilzt. Das bedeutet aber nicht, daß der Betrachter das Naturgemälde nur auf sich wirken lassen kann, im Gegenteil. Er durchläuft die Methodik der Erkenntnis, jedoch in umgekehrter Richtung. Humboldt sagt selbst, „die hier geschilderte naturbeschreibende Methode ist der, welche Resultate begründet, entgegengesetzt".²⁶³ Es ist ein komplizierter Vorgang, Humboldts Natur-Sprache zu lesen. Sie ist ein feines Gewebe von Imagination, Wahrnehmung, Bezeichnung, Erklärung, Bebilderung und Kommentierung, folgt jedoch der Idee des absoluten Buches. Ein Detail am Rande: Diesterweg, der den Naturkundeunterricht lernpsychologisch ausrichtet, beruft sich mehrmals auf Humboldts „Kosmos". Die Natur sei von sich aus redlich und bedürfe keiner religiösen Verbrämung. Humboldts Naturforschungen enthalten das Resümee aller Begründungen für die Notwendigkeit eines Naturstudiums. Alexanders Bruder Wilhelm erkennt den „Kosmos" als für die Pädagogik bedeutsam an, da in seinen Grundzügen die Formulierung eines realistischen Bildungsideals angelegt ist.²⁶⁴

IST DIE SPRACHE DER NATUR EINE SPRACHE AUS DER PERSPEKTIVE DES ANDEREN?

Hegel erklärt, daß die einzige Wahrheit der Materie sei, keine Wahrheit zu haben. Schelling denkt paracelsisch und weiß, daß Natur unsichtbarer Geist, Geist unsichtbare Natur ist; Jacob Böhme meint, jedes habe seinen Mund zur Offenbarung, und Goethe läßt Montan zu Wilhelm sagen, daß die Natur nur e i n e Schrift hat.²⁶⁵

Jetzt hat der Mensch alle Erdwinkel aufgespürt, die höchsten Gipfel, tiefsten Meeresböden und die Antarktis sind ihm nicht fremd. Er hat sie erforscht, vermessen, bezeichnet und registriert, was soviel heißt, daß sein Sprechen mit der Natur ein Monolog geworden ist. Adorno sieht den Ausweg aus diesem Monolog in der Kunst, „ein Nachbild des Schweigens, aus welchem allein die Natur redet".²⁶⁶ Das scheint nicht so einfach zu sein, auch die Kunst konnte sich im Zuge der Verwissenschaftlichung nicht schadlos halten. Boileau-Despréaux hat bereits beklagt, daß die cartesianische Philosophie der Poesie die Kehle durchgeschnitten habe. Die Anlehnung an die Mathematik trockne den Geist aus und gewöhne ihn, schreibt Rousseau in einem Brief vom 24. Juli 1715 an Brossettte, „an die materielle Zielgerichtetheit, die mit der – sagen wir – metaphysischen Zielgerichtetheit des Poeten und Rhetoren nichts gemein hat".²⁶⁷

Pittoreske Berge: sprachlicher Rest der Kunst

Die Wissenschaft entzog der Kunst und Poesie das „Wissen über die Natur"; für sie blieb das Pittoreske übrig.²⁶⁸ Man schlägt sich mit Fragen herum, wie man die Natur mit illusionärer Treue darstellen könne und wie sie dem Betrachter am besten gefalle. Mehr als banale Orte suchte man die ungewöhnlichen auf. Zum Ungewöhnlichen zählten die Berge. Sehr hohe und vor allem schneebedeckte Berge vermögen eine beachtliche Fernwirkung zu erzielen, was dem Maler von Nutzen und dem Betrachter angenehm erscheint. Man schätzt nicht nur die Mannigfaltigkeit des Gebirges, sondern fängt an, Regeln ihrer Darstellung aufzustellen. Edward Norgate rät z. B., daß die Landschaft niedrig liegen solle, und zwar unterhalb des Auges, dann sei sie anmutiger und vor allem natürlicher. Im anonymen Werk „Book of Drawing" von 1652 ist der Vorschlag nachzulesen, daß es am besten sei, eine Landschaft so zu malen, als wäre sie vom Gipfel eines Berges aus gesehen.²⁶⁹ Dasselbe meinen die Schriftsteller: Idyllische Haine und Gärten besiedeln die Texte des 17. Jahrhunderts. Der Possenreißer d'Asoucy begeisterte sich an der Weite der Landschaft wie an der Perspektive des Abendmahls, die er nachahmend empfinden wollte, indem er irgendwelche Erdaufhäufungen mühevoll bestieg, während ihm ein Diener die Fersen kratzte. Die theoretische Neugier, die sich im Interesse am Kuriosen ausdrückt, dreht sich ins Komische.

Zwischenbetrachtung:
Zersetzen ist Synthetisieren

Ähnlich komische Beispiele gäbe es viele, wagen wir aber an dieser Stelle den Sprung in die Gegenwart. Bis hierher brachten wir den Namen mit allerlei in Zusammenhang: Taufe, nationale Identität, allgemein zugängliche Orte, Entortung kraft der Vernunft, Simlers erste alpine Enzyklopädie, Buchstabierung des Skelettes und Neuordnung des Körperbildes am Toten, Rolle versus verhülltes Innerstes; die Kunst, das bürgerliche Subjekt zu identifizieren, Training ins Unlebendige, das Internat und die pädagogische Raumkonstruktion, seltsame Verdrehtheit von sichtbar und unsichtbar, der wahrheitsunfähige Wilde, die Konstatierung des Normalen aus der Fiktion der Abwesenheit, Bergbesteigung als Akt der Selbstbezwingung, des Schwindels Doppeltheit, Register des Kosmos, Code-Bruch der Wahrnehmung, Kunst als Retter und das Pittoreske in der Landschaftsmalerei des 17. Jahrhunderts. Dazu kommt, daß der Name etymologisch mit dem „Ansehen" in Verbindung steht und seit dem 18. Jahrhundert jemand, der den gleichen Namen trägt, ein „Namensvetter" ist. Was aber hat das alles mit dem modernen Bergsteigen oder gar mit dem Sportklettern zu tun? Eine ganze Menge, wie zu zeigen sein wird.

Bouldern wird als „die Seele des Felskletterns, die faszinierende Synthese von Mensch und Fels" definiert, „eine persönliche Kunstform, bestehend aus Turnen, Akrobatik und Dynamik".[270] Man klettert auf Steinen herum, deren Schwierigkeiten von einer spezifischen Raumanordnung abhängen, unsichtbar für Outsider, aber im Kopf des Bouldereres sorgfältig registriert. Ein einziger Felsblock artet ohne diese imaginäre Geordnetheit zum Chaos aus. Jeder Zentimeter hat seine Bedeutung. Wie bei Humboldts Natursicht verschmelzen Gedanke und Empfindung und ergeben hier die Synthese von Mensch und Fels, Steinernes vermenschlicht, Menschliches versteint.

In dieser Versteinerung aber entsteht Kreatives. Dafür geben die neuen Namen, in das Steinerne gelegt, Auskunft. Mehr noch, es vollzieht sich ein bedeutsamer Wandel, der theoretisch schwer festzumachen ist. Es handelt sich um ein schrittweises Zurücktreten einer Denkform, die eine andere Praxis hervortreten läßt und mit ihr eine Schnittstelle anzeigt. Diese Schnittstelle beinhaltet eine seltsame Mischung von fortschreitender Abstraktion bei gleichzeitig zunehmender Konkretisierung. Eine neue Verknotung kündigt sich an. An der Autobahnraststätte der französischen A 7 bei Montelimar setzt sich „Entre-Prises" ein Denkmal. Die Firma, die „Dein persönliches Klettertraining programmiert", implantierte einen acht Meter breiten und fünf Meter hohen Kunststein in den trockenen Boden, umgeben von Kies und künstlichem Rasen. Vor dem Run auf das WC kann gebouldert werden.[271] Die Simulation des Organischen ist eine Alternative, die aus der Sportkletterbewegung der letzten Jahre hervorgegangen ist. Die implantierten Kunstwände zersetzen die Haltung des klassischen Konzepts des Bergsteigers, in die Höhe zu steigen. Diese Zersetzung bedeutet aber auch ein Freiwerden für neue Vorstellungen und Projektionen. Es kommt nicht von ungefähr, daß die Kletteravantgarde vorzugsweise in „Projekten" denkt. Darin kommt ein Paradigmenwechsel des Denkens zum Ausdruck: Der Mensch beugt sich nicht mehr, wie bei Cusanus, über die Dinge, sondern die Dinge beugen sich über den Menschen. Mit dieser Bewegung geht etwas anderes einher: Der Mensch selbst wird übersetzt. Diese Übersetzung hängt mit dem Umgang der Höhe/Abstraktion zusammen bzw. ist aus ihm hervorgegangen.

Wie bei Kunststeinen und Boulderblöcken die Höhe schrumpft, konkretisiert sich in ihnen das Menschliche als Menschwerdung auf eine spezielle Art und Weise. Kunstwände stehen mittlerweile auch in Großkaufhäusern oder Schulen; Klettern ist in. Decartes' kalkulierbares Denken beginnt sich auf eigentümliche Weise zu verkörpern und mit dieser Verkörperung Punktelemente, neue Linien und Flächen zu bündeln. In dieser Bündelung kündigen sich angehende Körper an, die sich von den vormaligen unterscheiden. Die Unterscheidung drückt sich in einem anderen Kletterstil aus, der dort praktiziert wird, wo sich die alte Form des Bergsteigens noch am längsten gehalten hat: in den hohen Bergen des Himalaya. Dort war das menschliche Subjekt ungebrochen unterwegs, hat seine Selbstermächtigung am nachhaltigsten erprobt und unter Beweis gestellt. Genau aber dort beginnt eine Praxis um sich zu greifen, in der die Zersetzung des Subjekts und mithin ein Zersetzen des Subjekt-Denkens immer klarere Konturen annimmt. Der Kletterer projiziert sich nicht nur auf Kunstwände in Hallen, sondern sucht nach wie vor und dennoch ganz anders hohe und große Wände aus, um den Subjekt-Status an die eigene Projektierung abzutreten. Das Subjekt wird Objekt seines Projekts.

„NAMELESS TOWER": VOM SUBJEKT ZUM PROJEKT UND DIE KUNST DES AUSSETZENS

DER INHALT DES PROJEKTS MANIFESTIERT SICH IM TOPO

Geklettert wird weiterhin und erneut an Orten, die nicht allgemein zugänglich sind. Allein um die Wände mit freiem Auge zu sehen, sind unsägliche Strapazen in Kauf zu nehmen. Zuerst diverse Transportmittel, dann noch ein über 100 Kilometer langer Fußmarsch zum Basislager, bis die Traumwand aus echtem Fels vor einem steht. Die Rede ist von einer Expedition, die 1989 zur „gewaltigsten big-wall der Erde – ein nahezu strukturlos glattes und erdrückendes Felsgemäuer" – aufbricht. Man will in einsamer Himalaya-Atmosphäre steilwandklettern. Dafür wurde die „geometrische Schönheit" der Trangotürme als „Felskulisse" ausgesucht. Das Ziel ist ohne Namen, sagt der Autor, was nicht stimmt, denn das Ziel heißt „Nameless Tower" und verspricht ein großes Abenteuer zu werden, denn „die meisten 8000er erscheinen im direkten Vergleich als einfache Wanderwege".272 Man gewinnt den Eindruck, die vier Kletterer besteigen ein Bild, klettern real durch eine Imagination. Die Natur ist Kulisse, anstelle der Leinwand der Fels, die Bewegungen des eigenen Leibes ersetzen den Pinsel und zeichnen sonderbare Linien in die Materie, das Motiv drückt sich im Routennamen aus.

Kurt Albert setzt zusammen mit anderen einen „Markstein" in der Geschichte des Felskletterns. Schritt um Schritt wird dieses Grenzland erobert. Zuvor ergreift der Blick vom Fremden Besitz, „Der Blick aus nächster Nähe, durchs Fernglas, bestätigt unsere Hoffnungen. Ein feines Rißsystem, inmitten kompakter Granitplatten, kennzeichnet die Linie unseres Projekts und zieht direkt zum Gipfel hoch."273 Man hat sich vorausentworfen, eine Utopie, die durch die Praxis eingeholt werden muß. Einerseits durch das Klettern und andererseits durch die Umwandlung in eine Topographie, die überdauert. „Der nächste Morgen beschert uns einen herrlichen Sonnenaufgang. Die Wand über uns glüht rot im frühen Morgenlicht, wie eine lodernde Flamme. Spontan sind wir uns über die Namensgebung der Route einig: ‚Eternal Flame' – die ewig brennende Flamme – soll unser Weg heißen."274

Exkurs: „America" – Benennen ist Besetzen, Aufteilen und Ersetzen

Kurz nachdem Amerika entdeckt wurde, erhielt es seinen Namen, so als wäre vorher nichts gewesen. Wie Itard Victor die Normalität eingepflanzt hat, damit er ein Mensch werde, soll ein ganzer Erdteil erst Teil der Erde werden, indem er einen neuen Namen erhält. Martin Waldseemüller: „Da sowohl Europa als Asien ihre Namen von Frauen erhalten haben, sehe ich nicht, wie jemand mit Recht dagegen sein könnte, diesen Teil nach dem Entdecker Americus, einem Mann von scharfsinnigem Verstand, ‚Americe', gleichsam Land des Americus, oder eben ‚America' zu benennen."275 Mit der Benennung geht eine Urheberschaft einher und noch etwas anderes vor sich. Im Tordesillas-Vertrag zwischen Spanien und Portugal von 1494 wird die Welt aufgeteilt. „... weshalb sie zum Nutzen und Frommen von Frieden und Eintracht und zur Erhaltung der schuldigen Liebe untereinander Ihre Bevollmächtigten beauftragt haben, durch den Ozean eine gerade Linie von Pol zu Pol zu ziehen, nämlich vom arktischen zum antarktischen Pol, das heißt von Norden nach Süden, dreihundertsiebzig Meilen westlich der Kapverdischen Inseln, so daß alles, was bisher von dem König von Portugal und von seinen Schiffen gefunden und entdeckt worden ist oder künftig gefunden und entdeckt werden wird, sowohl Inseln als auch Festland (...) dem König von Portugal und Seinen Nachfolgern für immer verbleiben und gehören soll ..."276

Künftig gehört der Nameless Tower und in ihr die Eternal Flame den Erstbegehern; sie werden samt ihres Besitzes in die alpine Chronik und in Fachzeitschriften aufgenommen. Ein Nichts ist zu etwas geworden und zieht andere Hochmotivierte an.277 Auch sie werden selbst, bevor sie den Einstieg erreichen, wie Kurt Albert „total ausgebrannt" sein, wenn sie den Dunge-Gletscher queren und die Serakbedrohung über sich als „Russisch-Roulette empfinden, das die Psyche zermürbt". Diese Zermürbung scheint eine notwendige Voraussetzung für das Kommende zu sein. Sie ersetzt den ungebrochenen Willen eines Subjekts, das sich selbst zu bestimmen vorgibt. Das Subjekt aber ist ausgebrannt und erloschen, noch bevor es richtig zur Tat schreitet. Ein zweifellos seltsamer Gedanke. Nichtsdestoweniger hat er Kraft. In ihm kommt etwas Neues zum Ausdruck.

Das Randgebiet, bislang übersehen, rückt in den Mittelpunkt der alpinen Aufmerksamkeit und beherrscht kurze Zeit die Diskussionen der Fachwelt. Über das Projekt wird Abstraktes konkret. Im Hirn des Extremen ordnet sich der Raum neu. Das, was klettermöglich scheint, wird dem Archiv zugeschlagen, in dem bereits x andere Routen verzeichnet sind, akribisch genau in allen Einzelheiten. Das, was außerhalb der projektierten Möglichkeit liegt, wird einfach ausgeblendet und existiert nicht. Von Pol zu Pol, die Linie vom basecamp bis zum Gipfel teilt den Turm entzwei. Befragt nach seiner Motivation, gibt Albert eine klare Antwort: „Eine Erstbegehung in dieser menschenfeindlichen Gegend war der Anreiz, sich den immensen Strapazen des Höhenbergsteigens zu unterwerfen."278

DAS TOPO: VORSCHRIFT UND VORBILD DER SELBSTAUSLÖSCHUNG

Die 1000 m hohe Wand wird mit 29 Seillängen ausgewiesen, verkörpert in Strichen, und dort, wie bei einem Satz, wo ein Punkt gesetzt ist, war der Stop, der Standplatz. Natürlich ist das alles nicht in einem Zug zu begehen, und vor allem mußte das nötige Gepäck von zirka 180 Kilogramm – Verpflegung für zehn Tage, Kletter- und Eisausrüstung, ein Porterledge und 400 Meter Fixseile im „Drecksac" – auf 5500 Meter hochgezerrt werden. Damit hat man längst Klettergelände erreicht, bei dem man die Hochträger nicht einsetzen kann, wodurch „dieser ständige Pendelverkehr" einer „Sträflingsarbeit" gleicht.[279]

Um die Zwangsarbeit durchzustehen, setzt man sich künstliche Teilziele, „und zwar bis in kleinste Einheiten herunter: der 50er Schritt-Rhythmus im Eiscouloir und später der 25er Rhythmus beim Jümaren". Dazu kommen noch Schnee- und Eislawinen und ein Bergsturz. „Gleich in der ersten Nacht veranlaßt uns ein Riesenbergsturz an der l. Kathedrale – Luftlinie vielleicht 200 Meter entfernt –, aus den Schlafsäcken zu springen. Wir starren auf ein Feuerwerk aus Funken, eine Staubwolke und permanenter Schwefelgeruch setzen sich im basecamp fest."[280] Beim Lesen der Lektüre entsteht der Eindruck, das Unternehmen bestehen nur aus Kontext, d. h. aus vielen Einzelteilen, die sich irgendwie ordnen. Wo aber ist die tatsächliche Besteigung? Sie beginnt mit einer Enttäuschung: Eine Rotpunkt-Erstbegehung war der Vorsatz, die grifflose Granitplatte gleich zu Beginn verhindert das. Man entscheidet rasch und plaziert einen skyhook, bringt einen Bohrhaken an, belastet ihn, d. h. „Freikletterregel Nr. 1 wird gebrochen".[281] Anspruchsvolle Fingerrisse, Piazrisse, überhängende Hand- und Faustrisse folgen. Die Kletterer beschließen, „daß jede Seillänge ihren eigenen Namen bekommen soll".[282] Die namentliche Registrierung wird immer penibler und mit ihr die Neuzusammensetzung dieses Stückes Fels perfekter. Fast scheint der Fels durch die Vertextung ersetzt. Im Ersatz drückt sich die psychische Belastung als Verdrängung aus. Man projiziert Namen dieser Verdrängung auf das Gegenüber. Bevor man aufbrach, hatte man aus dem Karakorum die Trangos ausgewählt, dann aus ihnen den „Nameless Tower" erkoren, aus ihm die Südwand und aus ihr das Rißsystem genommen. Jetzt wird in 40- bis 50-Meter-Abständen Teil für Teil beschriftet. Der Titel dieser Route ist übrigens vom sentimentalen Song „Eternal Flame" der Bangles inspiriert. Am Ende fügt sich aus den Teilen ein neues Ganzes: die Erstbesteigung. In der Erstbesteigung wird nur das Beschriftete der Zusammenfügung als zu den Trangos gehörig wahrgenommen, alles andere ist davon abgetrennt, ausgeschlossen und daher fremd. Das Topo ist pur, es hat keine Umgebung. Die Umgebung als das Ausgeklammerte vermittelt höchstens der Erlebnisbericht. Wolfgang Güllich zieht sich beim Erklettern der Eternal Flame einen Innenbandriß am linken Sprunggelenk zu, er klettert weiter. Güllich will mit Kurt Albert die Expedition zwei Wochen verlängern, um die Ideallinie zu Ende zu führen. Noch fehlen 200 Meter bis zum Gipfel. Das Wetter ist nicht immer gut, ein eisiger Wind zwingt sie zurück ins Lager. Beide Kletterer sind total unterkühlt, die Lunge schmerzt, die letzten Seile werden fixiert. Der nächste Tag, „der sechste Tag bringt den Erfolg".[283] So wie Gott am sechsten Tag den Menschen erschaffen hat, haben sich die zwei Männer mittels der Route selbst- und neugeschöpft. Die Selbstzeugung findet an der Grenze der Selbstauslöschung statt: „Ich stürze und enthäute dabei die Finger der rechten Hand. In kurzer Zeit ist alles mit Blut verschmiert. (...) Überstreckt erreiche ich einen Untergriff, suche verzweifelt nach Haltepunkten für die Füße, fünf Meter über Wolfgang hängend, ein Stopper, meine einzige Sicherung!, fällt aus dem Riß heraus. Die Aussichten sind äußerst bedrohlich – ein zehn-Metersturz Faktor 2 – meine schon ziemlich kraftlosen Unterarme fordern eine schnelle Entscheidung. Die rechte Hand tastet einen unsichtbaren Riß, Friend 1,5 jagt es mir durch den Kopf. In Sekundenschnelle lege ich blind einen Friend, klinke das Seil – stürze – der Friend hält! Das war knapp. Man stelle sich vor: Wolfgang mit Bänderriß, ich auf 6000 Meter hängend, in dieser einsamen Gegend? (...) Der nächste Anlauf klappt. Der folgende Handriß ‚The flame' läßt uns schnell an Höhe gewinnen. Die letzte Seillänge ist die Krönung unseres Weges. Unmittelbar an der Pfeilerkante klettert man in ausgesetzter Position mehr als 2000 Meter über dem Dungegletscher. Ich stürze noch zweimal, dann erreichen wir geneigtes Gelände. Und hasten in Höchststimmung am zehn Jahre alten Fixseil des Erstbesteigers Bogsen vorbei zum Gipfel."[284]

Selbstverlust: Parameter zur Vergewisserung eines sich auflösenden Subjekts

Der Aufstieg ist geglückt. Man ist bis in das Mark des Steinernen vorgedrungen und hat die Schwachstellen der Wand entdeckt, das Unten mit dem Oben verbunden. In dieser Verbindung steckt der Nachweis dessen, daß man ist, was man kann und daß man sein kann, was man projizierte.

Die Sprache des Nachweisens ist doppelt: Schmerzen und Freude, Angst und Faszination; Buchstaben und Zahlen, Wörter und Sätze wie z. B. „You belong with me", „A whole life so lonely", „Ease the pain", „I don't wanna loose this feeling", „I watch you when you are dreaming" usw., Stücke aus dem Titelsong, Zeugnisse der Befindlichkeit zwischen Eisgrat, Absatz, Band, Mulde, kurze Kaminreihe, Platte, seichte Rißspur, Hangelkante usw., Bezeichnungen, die nach der normierten Schwierigkeitsskala der UIAA eingestuft und in römische Ziffern übersetzt werden: VI, VII, VIII, IX-, IX+ beträgt der Schwierigkeitsgrad der Schlüsselstelle der Route und soll in Erinnerung bringen, was man nicht weiß. Man weiß nicht, wer man ist, wodurch der Name zum Identitätsnachweis wird. Die Schlüsselstelle ist demzufolge betitelt mit „Say my name". Mit dem Erklettern der Schlüsselstelle wurde eine Antwort gegeben. Man hat sich über die höchste Schwierigkeit – Schlüssel des Projekts – verkörpert. In diesem Akt der Verkörperung drückt sich weniger ein Identitätsgewinn aus – die Schlüsselstelle trägt eine Bitte nach Namensgebung – als vielmehr der beglaubigte Identitätsverlust. Indem einem die Route Griff um Tritt gehört, verliert man sich selbst. Somit ist es auch befreiend, durch eine extrem schwierige und gefährliche Wand zu klettern. Wenn nicht die Stürze wären, wüßte man nicht, daß man ist. Erst die offenen Finger, das verschmierte Blut holen einen zurück. Die Rückkehr markiert die Vergewisserung dessen, worin man sich aufgelöst hat.

Angst erneut als Schlüssel: Im ausgesetzten Subjekt kündet sich eine neue Verbindung an

Das Abenteuer am Trango läßt mehr Lesarten zu. Bisweilen hat man das Gefühl, die Sätze – als Fragen nach sich selbst – sind an den Berg gerichtet; man kreuzt an seiner Oberfläche Natur und Seele. Zwei Naturen gehen einen seltsamen Bund ein, der bindet und trennt. Die vom Kletterer gesetzten Signaturen scheinen aus der Wand selbst hervorgebracht, unlösbar mit ihr verbunden; der Bezeichner selbst hat sich aus dem Bezeichneten entfernt, sobald die Arbeit getan ist. Zurück bleibt eine reichliche Topographie, die den Portolankarten des ausgehenden Mittelalters oder den Weltkarten der Kosmographen eines Martin Waldseemüller oder Sebastian Münster im 16. Jahrhundert gleichen. Die imaginäre Linie der „Eternal Flame" formt sich zu einem Küstenstreifen. Dem Küstenstreifen, als Grenze zwischen dem Festen und dem Flüssigen, entspricht in der Höhe die Grenze zwischen dem Festen und dem Luftigen. Die Linie zwischen beiden verläuft unsichtbar, ist hauchdünn wie unberechenbar. In der Ausgesetztheit unter dem Gipfel scheint das Subjekt auszusetzen, eine andere Figuration abzugeben, die dem höchsten Punkt des „Nameless Tower" selbst namenlos zugeht. Und tatsächlich, das letzte Stück bleibt im Topo – Vorschrift des Projekts – leer, der Pfeil setzt genau sieben Millimeter unter der Spitze aus. Der Gipfel ist wie in alten Karten skizziert, winzig klein, ja unbedeutend im Vergleich zum Vorher. Er ist aus der Linie gerutscht, so als gehöre er nicht zum Weg.

Das hebräische Alphabet kennt einen Buchstaben, der wie alle Buchstaben zugleich einen Zahlenwert hat: „WAW", was soviel wie „Haken" heißt und der Zahl Sechs entspricht. Das alte Hieroglyphenzeichen „He" ist die Gestalt des Menschen. Der kletternde Mensch hat sich mittels Haken durch den „Nameless Tower" geschoben.

Friedrich Weinreb: „Jetzt, wo mit He die Vollkommenheit erreicht ist, wo die Menschenform reif ist, sucht sie ihr Ebenbild im Himmel, so wie das Himmlische sich sehnt, den irdischen Menschen in seiner Vollkommenheit zu erkennen. (...). Aus dieser Sehnsucht von unten nach oben und von oben nach unten entsteht jetzt die Verbindung. Die Beziehung schlägt die Brücke zwischen Erde und Himmel. Heißt nicht deshalb das Zeichen, das uns jetzt auf unserem Weg durch das Leben, dem Weg durch die Paläste, durch die himmlischen Hallen begegnet, WAW? (...) Bedenket, d o r t steht der Mensch. E r verbindet Himmel und Erde, er verbindet damit alles, was als Gegensatz erscheint, er kann Leben und Tod verbinden. Wie gewaltig ist sein Geheimnis! Dort liegt der Sinn seines Lebens. Er verbindet das Kleinste, Winzigste, das Wertloseste des Alltags mit dem größten Fürsten der Heerscharen. Der Mensch ist wichtig, weil alles ihn braucht auf dem Weg zur Einheit. Er bringt die Scherben der zertrümmerten Gefäße zusammen, er hält das Haus Gottes zusammen."[285]

Gottes Wohnstätte besteht aus zehn Zelttüchern, zusammengehalten mit Schleifen aus violettem Purpur, sie sollen einander entsprechen, und „du sollst auch fünfzig Goldhaken machen und die Zelttücher mit den Haken verbinden, eines mit dem anderen; so soll die Wohnstätte ein Ganzes bilden".[286] Sowohl das Topo als auch das Himmelszelt wird aus vielen Einzelteilen zu einem Ganzen gefügt, nur beim ersteren fehlt ein Stück. Die Leere trennt den künftigen Kletterer, der sich anhand eines Namenregisters den Weg von unten nach oben sucht, vom Oben. Die Brücke hat einen Riß.

„Wenn ich nun aber diese Spalten und Risse als Buchstaben behandelte, sie zu entziffern suchte, sie zu Worten bildete und sie fertig zu lesen lernte, hättest du etwas dagegen?" fragt Goethes Montan Wilhelm.

Die Antwort kennen wir bereits: „Die Natur hat nur e i n e Schrift", und so entdeckt Montan, Geologe und Montankundiger, „daß in der Menschennatur etwas Analoges zum Starrsten und Rohesten vorhanden ist".[287]

Weinreb weiß, daß es „für das Zeichen W a w aber keine Namen (gibt), die mit diesem Buchstaben anfangen. Man sagt deshalb, daß jeder

Mensch sich selber, wie immer er auch heißen möge, seinem intimen ‚ich' nach, auch als W a w , als Verbindung, als ‚und' betrachten könne. Dann erfahre er erst die Freude des Lebens."[288] Das „ich" hat keinen Namen. Das „ich" läßt sich nicht herauslösen, ja es verhält sich nahezu umgekehrt: Dieses „ich" ist das, was es nur über die Verbindung gibt.

Die Verbindung, die immer auch bricht

Es ist, als fehle im Topo das „n" des „u[n]d", als handle es sich um eine immer gebrochene, unterbrochene Freude oder um etwas, das eine andere Art von Freude meint. Aus Erfahrung weiß man, daß kurz unterm Gipfel, so wie auf Graten, Jöchern und Sätteln, der Wind besonders stark aufkommt. Er hört sich wie Sprache an, eher wie eine fremde, die man selbst nicht sprechen kann. Dennoch hat jede Sprache etwas mit dem Wind gemein. In einer Thora-Rolle, handgeschrieben, fehlen Komma und Punkt, nur durch den Tonfall merkt man, wenn ein Vers zu Ende geht. Diese Melodie, die jedem Wort seinen Ton gibt, heißt im Hebräischen „neschamah". Sie beginnt mit unserem verlorengegangenen „n" und ist das, was Gott dem Menschen bei der Schöpfung einhaucht. Es ist das Göttliche im Menschen, eine von mehreren Facetten der Seele: Dank ihrer kann sich der Mensch in Sprache ausdrücken. In ihr sind alle Elemente anwesend, die Melodie ist frei, man kann sie singen, wie man will, im Unterschied zu den Konsonanten (nefesch), die feststehen, und den Vokalen (ruach), die im großen und ganzen auch feststehen. Ruach, was mit Wind und Bewegung umschrieben werden kann, ist dasjenige, was aus der Polarität zwischen neschamah und nefesch zustande kommt.

Es ist die Bewegung, die beiden innewohnt. Nefesch zieht hinunter, neschamah hinauf. Ruach ist die Resultante dieser gegensätzlichen Kräfte. Er ist wie der irdische Wind eine Bewegung von der einen zur anderen Seite. Er hat eine Richtung: Norden, Süden usw. Im allgemeinen wird Ruach mit „Geist" übersetzt.[289] Der Wind kann sich zum Sturm auswachsen, einem den Atem, die Sprache rauben. Sowohl der Sturm als auch der Nebel verschlucken das Wort. Der Sturm erschwert das Weiterkommen. Man bleibt stecken wie im Konsonanten, unterbricht die Melodie, nichts mehr, kein Komma, kein Punkt, keine Seillänge, kein Standplatz, keine Orientierung, richtungslos, ausgesetzt. Die doppelte Lesart, die dem Topo innewohnt, „ein Nachbild des Schweigens, aus welchem allein die Natur redet", und ein Vorbild des Sprechens, aus welchem allein der Mensch redet, der, wie es scheint, auf ungewisse Weise ausgeredet hat.

Schlußbemerkung, die nichts schließt:
Das Kreuz mit den Bergen ist immer auch ein Kreuz mit den Menschen

1704 hat der Oberjäger A. Schöttl auf der Westlichen Karwendelspitze vermutlich das erste Gipfelkreuz errichtet.[290] Im Schnittpunkt der Vertikalen und der Horizontalen mag das Schweigen mit dem Sprechen verknotet sein. Im Knoten hat sich die Zeit um den Raum geschlungen, das Etwas aus dem Nichts, aber auch ein Nichts hat sich zu einem Etwas verschlungen. Was bleibt, ist eine Verknotung, das Unentschiedene: richtungslos und somit all-gerichtet.

Der Knoten als Signum für den Namen eines Menschen, der abgründig unbestimmbar, grundlos bestimmend, längst nicht (mehr) selbstbestimmt ist. Im Knoten liegt eine Umcodierung des Menschen. Der Name steht seit der Taufe für Zugehörigkeiten. Mit dem Erwerb des Reisepasses erhält der Staatsbürger auch eine räumliche Identität.

Benannt und katalogisiert wird nicht nur derjenige, der lebt. Auch das Tote, das Skelett, erhält seinen Code, damit es sich als neue Imagination des Körpers in den Kopf einpflanze. Das Kreuz ist Geometrie, es beinhaltet in der Mitte das abstrakteste wie zugleich konkreteste Zeichen, den Punkt; mit ihm läßt sich punktgenau ein Ort angeben, man denke an das Fadenkreuz im Fernrohr, an die Gerade auf einer topographischen Karte. Am Kreuz wurde auch gestorben: Das Leiden kommt zur Welt, und mit der Erlösung wird das Leiden aus dem Körper entlassen. Das Leiden entkörpert.

Mit der Sprache haucht der Mensch sein geschenktes Leben ein und aus. In Humboldts Kosmos macht die Kunst weiter, wo die Sprache versagt. Der Namenlose Turm hat am Ende seinen Anfang verloren. Mit dem Verlust des „n" ist aus dem Namen[losen] ein Amen[loses] übriggeblieben. Wenn man das im Amen noch erhaltene „n" an den Anfang stellt, ist auch das vermeintliche So-sei-es erneuter Anfang eines Vorgangs, der nicht aufzulösen ist. Es ist, als wäre der Name in all seiner Doppeltheit ein einziges großes Zeichen für den Menschen: Der Mensch ist selbst Zeichen geworden. Er zeichnet aus und ist selbst ein Ausgezeichneter. Als Ausgezeichneter ist der Mensch nicht mehr weiter zu bezeichnen. Die Bezeichnung „des Menschen" hat sein Ende. Anstelle „des Menschen" kann das weiterhin bedacht werden, was aus ihm hervorkam: „Menschliches". Im Topo liegt die Lücke vor. Zwischen der Linie liegt die Lücke als eine Hürde ohne Bezeichnung. Milan, einer der vier am Nameless Tower, hat unter der Lücke kehrt gemacht, aus dem Text geht nicht hervor, weshalb. Die beiden anderen haben weitergemacht und diese seltsamen Leerstellen des Menschlichen hinterlassen. Die Leerstelle des Menschlichen als neue Herausforderung für den Menschen, den es nicht mehr gibt, ist ein Schluß, der nichts schließt. Im Gegenteil, eine Lücke ist eine Öffnung, etwas, das ein- und ausläßt. Der Mensch hat sich aus dem Menschlichen entlassen und sich selbst ausgelassen. Das Projekt ist die Verlassenschaft des Menschen. In ihm spricht das Menschliche aus seinem Nachlaß. Dabei gäbe es viel anderes über Namen und vor allem Routennamen zu sagen. Ich wollte es vorher unterbringen, aber der Namenlose hat sich aufgedrängt. Es erging mir wie Rousseaus Emile, dieser Turm hat sich um mich aufgebaut und die Ordnung wie unsichtbar vorgeschrieben, so als müßte an ihm gelernt werden. An ihm mußte gelernt werden, aber es ist so schwer, aus „dem Menschen" das Menschliche zu lösen. Deshalb denkt man immer wieder weg, auch ich am Ende.

NOCH IMMER KEIN ENDE: „STAY HUNGRY" ODER
DIE SELBSTREFERENZ DES „MENSCHLICHEN"

Reinhold Messner grenzt in einem Interview, nach der Besteigung aller Achttausender, das Expeditionsbergsteigen/Alpinklettern vom Sportklettern ab: „Ich schätze die Fähigkeit, sich in ungewisses Gelände zu wagen und dort sicher zu klettern, wesentlich höher ein. Das Sportklettern ist eine künstlerisch hochwertige Arbeit, aber es hat mit Abenteuer nichts mehr zu tun."[291] Das Künstlerische zeigt sich auf mehreren Ebenen, z. B. in der Namensgebung einer Route, die erst als real gilt, wenn sie benannt ist.

Nach der Benennung ist die Kletterroute zweifelsfrei ein Kunstwerk. Sie hat einen Erstbegeher (Autor/Urheber), es wird Wiederholungen geben (vergleichbar dem Lesen eines Textes, den Aufführungen eines Theaterstückes, einer Oper u. ä.), sie weist eine Bewertung auf (Feststellung seiner Qualität/Schwierigkeit nach klaren Kriterien, Kritik in der Fachliteratur), sie entspricht ästhetischen Forderungen (Graphik der Linienführung, Art der Fortbewegung: frei, technisch, dynamisch, statisch usw.), und sie erhält einen Titel.[292]

Das Abenteuerliche als Ungewißheit und Wagnis, das Messner im Sportklettern nicht sieht, taucht anderswo auf: in Wort und Text.[293] In den Routennamen scheint sich eine Umcodierung des Menschen abzuzeichnen. Eine strenge Systematisierung der Namen ist aufgrund von Mehrdeutigkeiten unmöglich, aber dennoch einen Versuch wert:[294] Da sind zunächst die Namen, die sich auf das wichtigste Werkzeug des Sportkletterers konzentrieren: Fingerbeißer, Fingertango, Butterfingers, Superfinger, Heiße Finger – je nachdem, wie gut oder schlecht sie gehorchen und funktionieren. Eine Fülle Namen kreist um das große Thema der Kräfte, die man hat oder die einem ausgehen, vor allem, wenn man Angst oder zuviel gehungert hat: Anxiety Neurosis, Energiekrise, Laxi, Kein Wasser Kein Strom, Tarzan go home, Agip, Atomic Café, Bizepsfreuden, Muffensausen, Hosenscheißer, Herzflimmern, Wadenbrenner, Powerplay, Blackout. Der Energieverknappung benachbart sind die Sturzmotive, man fällt, wenn einen die Kräfte verlassen: Air Voyage, Fallout, Flugkontrolle, Schleudersitz, Hyperfreiflug.

Bisweilen spielt auch die Witterung in der Bezeichnung eine Rolle: Sturmwind, Hagelschauer, Kein Wasser Kein Mond.

Dem Kletterer sind Kindergeschichten wichtig: „Das Tapfere Schneiderlein", „Peter Pan", „Max und Moritz", „Tischlein deck dich", „Pippi Langstrumpf", „Krieg der Knöpfe", „Die Unendliche Geschichte". Literarische Klassiker, Buch-, Musik- und Filmtitel nehmen viel Platz ein: „Der letzte Mohikaner", „Das Bildnis des Dorian Gray", „Moby Dick", „Don Quixote", „Ulysses", „Lord of the Flies", „Down by law", „Die Monstranz", „Über den Wolken", „Rambo", „Nosferatu".

Eine Besonderheit im Namensregister stellen die Verdrehungen von Wörtern oder Sprichwörtern dar: Rumpelheinzchen, To bolt or not to be, Eile mit Keile, Modern chalking, Slipstick, Ohnmacht, und die Namen, die sexuell bis sexistisch konnotiert sind, wuchern: Venushügel, Lovermat, smooth deflorator, oben ohne, Weg durchs Puff, Damenwelt, tittes und peers, Stöhnerarie, Stehproblem, Entsafter, Zitterpartie, Masos Geliebte, Lustgarten, Wer ko der ko, Sex Pickel.

Wie hochmotiviert Kletterer sind, zeigt sich am „Dschungelfieber" und an „stay hungry", von den zwei schwierigsten Kletterrouten im Dschungelbuch, ungeachtet der vielen Projekte. Die Projekte sind entworfene Kletterpläne und warten auf ihre Verwirklichung.

Der Körper hat das einzuholen, was der Kopf längst erledigt und die Bohrmaschine präpariert hat. Man studiert das „Projekt" tage-, wochen-, monatelang ein, bis man die Utopie irgend einmal faktisch umsetzen kann, d. h. nach speziellen Kletterregeln begehen. Bis dahin bleibt der Entwurf im Besitz des Planers. Es ist sein Objekt, aber man gewinnt den Eindruck, daß der Kletterer zum Objekt seines Projekts geworden ist.

Man lebt nach dem „Prinzip Hoffnung" – eine weitere Routenbezeichnung –, und man kennt „Marquis De'sade"; Castaneda ist mit Mescalito, Magic Mushroom und Separate Reality beinahe altes Eisen. Ist man in den 80er Jahren unter Drogeneinfluß über die eine oder andere Route geklettert, so ist das heute out. Man greift zu Bodenständigem, benennt, ohne selbst Grund unter den Füßen zu haben, was den Alten noch alles bedeutete: Berg Heil! Die Gams, Das letzte Edelweiß. „Nackte Tiroler" bevölkern das „Dschungelbuch" und andere Herren auch: Mister Inzing, Mister Romanistik, King Louis, Dr. Sommer, Der keusche Josef, Junge Römer, Lieber Augustin, Nick Knatterton und Homo habilis. Außerdem findet man Frauennamen: Herta, Rita, Claudia, Miss Easy, Madame Butterfly, Kleopatra, Susi Alpin, Sugarbaby.

Freude an der Geomorphologie des Felsens wird ausgedrückt: Gekörntes, Reibeisen, Plattenzauber, Henkelparade, Parade ohne Henkel. Man stößt auf Titel, die ein Unwissen ausdrücken: Woasinit, Keine Ahnung, aber auch solche Namen existieren, die Mut machen: It's easy, Take it easy, denn immer wieder herrscht die Angst: Flugzeuge im Bauch, Inferno, Apokalypse, Panische Zeiten, Weg der Zukunftsangst, Das Letzte, Ziag O, I fliag. Namen, die weniger Sinn als Klang ergeben: Eppi-Leppi, Hammti Dammti, Umme dumme, Tilga-Tolga, Kotitscha Kotoscha, Kunnt Kumma, Saggradi, Fidel-Didel.

Längst ist nicht alles zugeordnet, die Zuordnung ist aussichtslos: Kanal im Rücken, Buntschillernde Seifenblase, Oho, Electric Africa, Kamekazi, ASP-60, Link the butler, Necronomicon, Hangdog Flyer, Freak out, Galerie der Irrtümer, Tschai-Hil usw., usf.

Die Schwerkraft wirkt konkret und weiterhin als Faszinosum

Die „Schiefe Welt" der Kletterer scheint eine „Wunderbare Welt der Schwerkraft" – ebenso zwei Routennamen – zu sein. Die Kletterer haben im Dschungelbuch und anderswo etwas gefunden, das sie fasziniert. Das Faszinosum Schwerkraft wird Text, und diese Übersetzung ist kreativ.

Die sprachlose Sprache der Natur bringt heute unendlich kleine Kunstwerke hervor. Das gibt zu Optimismus Anlaß. Im Gegenzug heißt Benennen Besitzen, das Andere aufzuteilen und auszulöschen in einer Fabrikation des Nichts der Natur. Das heißt „Projekt" und soll in Folge den omnipotenten Schöpfermenschen als jemanden ausweisen, der aus der Natur Kunst und schließlich völlige Künstlichkeit macht. Das bedeutet die Liquidierung der Natur, jeder ist seines Felsens Schmied. Es gibt keine „Terra Novo",[295] nur eine „Terra homo", die aber eben in alle Bestandteile zerfällt, nicht nur in der Analyse, auch materiell, bis der letzte Stein aus Kunststoff hergestellt ist. Die Neuzusammensetzung und Ersetzung der Höhe erscheint machbar. Diese Machbarkeit ist eine Form der Konkretisierung. In der Konkretisierung drückt sich ein letzter Aufbrauch als Erneuerung aus.

Fragmentarisches als Paradigma

Das Sportklettern erobert jedes noch so unscheinbare Gemäuer, macht selbst keinen Halt vor dem Brüchigen: Steinbrüche und Schottergruben sind die beliebtesten Aufenthaltsorte für Sportkletterer, auch das Dschungelbuch bei Innsbruck ist die Verlängerung eines solchen. Stück für Stück wird von links nach rechts abgetragen, die Kletterer protestieren, polemisieren, wollen das, was ihnen kostbar ist, erhalten. Mit mehr oder weniger Erfolg, aber der Fels beginnt abzubröseln, sie sind ihres Territoriums nicht sicher. Selbst die Seiten aus Stein halten dem Fortschritt der Abraumtechnik nur sehr bedingt stand. Das Dschungelbuch droht auseinanderzufallen. Noch aber behaupten die Kletterer ihr Recht auf einen Raum, der ihnen nicht gehört, aber in dem sie ihre Art zu leben ausgestalten. Die Sportkletterer als Felsbesetzer, als wunderliche Künstler und zugleich harte Techniker, Selbsttechniker. Sie beherrschen ihren Leib wie nie zuvor in der Alpingeschichte und spielen mit sich und dem, was sie tun. So kreativ ihre Namen, so normiert ihre Körper, die durch Routensignaturen steigen. Man kämpft mit „Heiße(r) Sohle" und „Heiße(n) Finger(n)", bis man nicht mehr kann. Keine Nostalgie, nichts Sentimentales, es ist, was es ist, und das ist schillernd. Als man mit Josias Simler die Berge erstmals mit Namen belegt, enzyklopädisch sammelt, nach und nach immer mehr Namen auftauchen,[296] war nicht vorauszusehen, daß knapp 400 Jahre später beinahe jeder größere Stein im Alpen- und Voralpengebiet verzeichnet und „wiederbelebt" ist, so wie es jetzt nicht einschätzbar, was nach den Steinen und Felsen kommt außer das, was bereits ist: Kunstwände.

Zurücktreten des Menschen und seines Denkens als Akt der „Menschwerdung": sich selbst gegenüber kritisch werden

Vielleicht ist die Frage, was kommen wird, gar nicht wichtig und entscheidender das, was tatsächlich an diesen Steinen passiert. Denn es ist, bei allem Vorbehalt und aller Kritik, unübersehbar, wieviel Spaß es den Menschen macht, sich diesen seltsamen Namensregistern entlang in der Senkrechten zu erleben.

Wer das Dschungelbuch oder andere Klettergärten und „Alpenmagazine" kennt, weiß, daß da, neben allem Ernst und hinter äußerster Disziplin, viel gelacht wird, so als müßte der Körper sich anders unterhalten mit dem, was nicht bezeichenbar ist. Man lacht vor allem, wenn der Körper streikt, wenn er nicht tut, was man will, denn die Spannung ist so groß, daß er aussetzt, immer wieder, was beim Sportklettern normalerweise keine bösen Folgen hat.

Anders in den Alpenwänden oder im Himalaya, da ist und bleibt das Versagen des Körpers lebensgefährlich. Es scheint im Alpinismus vieles gleichzeitig zu geben, so daß der Überbegriff hohl wirkt und nichts mehr klärt. Seine Abberufung wurde gerade von den Sportkletteren mehrmals eingeklagt, aber noch hält er sich, als wäre er als einziger fest. Er versteinert das Bergsteigen zu einer Institution von Bewegungslosen.

Noch bevor alle Wände zumindest durch einen Weg (Normalweg) erschlossen waren und nachdem alle Berge Namen trugen, ging man daran, das Inhaltsverzeichnis jedes halbwegs klettertauglichen Berges zu erweitern. Jede Wand, jeder Grat und jede Kante erhielt Erstbesteigungen und unzählige Wiederholungen. Im 19. Jahrhundert, als der Run auf die steilen Wände einsetzte, hieß der Berg nicht mehr einfach Berg, sondern hatte einen Süd-Ost-Grat, eine West-Wand, später die berüchtigten Nordwände. Ab etwa den 20er Jahren unseres Jahrhunderts zerfiel die Südwand oder der Ostgrat in eine Südwest-Verschneidung oder in einen nordöstlichen Pfeilerkopf. Mit der Zeit gab es so viele Führen auf einen einzigen Berg, daß es verwirrend erschien, diese nur mehr über Himmelsrichtungen einzuordnen. Man begann die Felswege auf ewig mit den Sterblichen zu verbinden; Preuß-Riß, Dülfer-Kanzel, Winkler-Turm, Delago-Kante, Innerkofler-Kamin usw. Nicht nur jede Führe, sondern sogar einzelne Stellen in ihr wurden mit den Erstbegehern verschmolzen, so daß heute allein das zusammengesetzte Wort „Hinterstoisser-Quergang" genügt, um an die vielleicht aufregendste Berggeschichte des Alpinismus zu erinnern: die Begehung der Eiger-Nordwand.[297] Man hat Filme gemacht und Bücher geschrieben; jede Wandstelle besiegelt Schicksale und markiert life events. Viele Biographien – Lebensläufe am Abgrund – haben hier oder anderswo[298] unter unglücklichen Umständen aufgehört, sich fortzuschreiben. Das Leben ist aus der Beschreibung gewichen und ließ eine leblose Bezeichnung zurück.

Der Übergang von der Bergbezeichnung in eine originelle Selbstentäußerung vollzog sich rasch. 1901 wurde z. B. die Südwand an der Marmolada – übrigens von einer Frau – erstmals bestiegen, heute heißt diese Neutour „Alter Weg". Daneben eine Reihe berühmter Bergexistenzen: Micheluzzi(pfeiler), Gogna, Vinatzer, Messner, Conforto(riß), Castiglioni. Diese Kletterer haben sich in die Wand als Individuen eingeschrieben. Mitte der 70er Jahre kamen Heinz Mariacher, Luisa Jovane, Reinhard Schiestl, Maurizio Zanolla u. a. Sie kletterten in neuen Kletterschuhen mit glatter Sohle über den sechsten Schwierigkeitsgrad hinaus, stiegen in fünf und weniger Stunden durch Routen, wo man vorher ein und mehr Tage benötigte, und erfanden Namen, die man bis dahin in den Alpen kaum kannte: Neben dem „Polenausstieg" liegt die „Abrakadabra", neben dem „Südostpfeiler" die „Zulum Babalu", neben dem „Elfenbeinpfeiler" das „Tohuwabohu", und dem „Barbier" folgt die „Hatschi-Bratschi" zur Rechten. „Nachdem der Regen kam" ist eine weitere der Neutouren, ebenso „Der Weg durch den Fisch" sowie „Moderne Zeiten", eine Hommage an Charlie Chaplin, eine der bis heute schwierigsten Dolomiten-Neueröffnungen. Man hinterläßt anstelle seines Namens Bruchstücke eigener Weltanschauung. In den Wänden herrscht heute ein Nebeneinander von Altem und Neuem, Mythen und vielen kleinen Erzählungen, ein Gemisch aus Geometrie und Phantasie.

Die Wände, so kann resümiert werden, sind ein Signum für das Imaginäre. Routen sind unsichtbar, nur ihre Namen zaubern Bilder hervor. In diesen Bildern scheint der Raum zurückzutreten. Erst im Zurücktreten kommt etwas zur Sprache, das zu buchstabieren ist als Indiz für die Übersetzungen des Menschen und sein Denken über sich selbst. Nicht nur, aber vor allem in den Nonsens-Bezeichnungen steckt eine Gewißheit:

Der Mensch bzw. das, war für den Menschen gehalten wird, ist sich selbst gegenüber kritisch geworden.

ANMERKUNGEN

1 Zit. in Borst 1990, 475
2 Vgl. Woźniakowski 1987, 76f
3 D. h. der Kletterer ist die Route vorher nicht geklettert, hat aber durch Zuschauen bzw. Erklärung von Griffabfolgen wichtige Informationen erhalten, welche die Bewegung erleichtern (vgl. Zak/Güllich 1987, 208).
4 Im Klettern kennt man A0–A5; das bedeutet „Künstliche Kletterei"; dabei werden Sicherungspunkte zur Fortbewegung benützt (vgl. ebd.).
5 Eine gedankliche Assoziation: Die realen Alpen werden auch vom Süden her durch einen anhaltenden Druck weiter zusammengepreßt, was die Entfernung zwischen Lugano und Schaffhausen ständig verringert. Gleichzeitig wachsen die Alpengipfel im Jahr ca. 1 Millimeter in die Höhe. Das interessiert vor allem die Landvermessung.
6 Vgl. Zak 1995, 109
7 Vgl. Kamper/Wulf 1994
8 Flasch 1986, 496
9 Vgl. ebd. 503
10 Vgl. ebd. 499
11 Von Braun 1988, 326
12 Vgl. u. a. Koerting 1878; Burckhardt 1930; Stierle 1979; Eppelsheimer 1980; Steinmann 1995
13 Vgl. G. Billanovich 1966 und in Fortführung Groh/Groh 1992
14 Groh/Groh 1992, 290f
15 Blumenberg 1988, 143
16 Gebser 1966, 17
17 Gebser 1992, l.Bd., 44
18 Steinmann 1995, 48
19 Blumenberg 1984, 142
20 Vgl. Steinmann 1995, 66
21 Ebd. 5
22 Blumenberg 1988, 142
23 Vgl. von Weizsäcker 1956, 60-87
24 Terray 1975, 73
25 Messner 1979, 129
26 Vgl. u. a. Baudrillard 1992; Heinze 1994
27 Vgl. Bahr 1994, 25
28 Terray 1965, 12
29 Ebd.
30 Ebd.
31 Ebd. 13
32 Ebd. 223ff
33 Ebd. 225
34 Ebd. 227
35 Ebd. 228
36 Ebd. 244
37 Groh/Groh 1992, insbes. 297
38 Vgl. Sting 1991
39 Vgl. Sting 1994a, 232
40 Vgl. ebd.
41 Vgl. Flasch 1986, 363–371
42 Vgl. in „Frühe Zeugnisse" 1986, 19
43 Woźniakowski 1987, 80
44 Ebd. 30 (sich auf J. White 1962, 94 beziehend)
45 Vgl. Woźniakowski 1987, 81f
46 Vgl. Sting 1994a, 232
47 Vgl. Studie 2, 1. Teil: Einschub 2
48 Vgl. Sting 1994a, 238
49 Vgl. Studie 2, 1. Teil: „Petrarca"
50 Vgl. Studie 2, 1. Teil: Einschub 2
51 Vgl. Burckhardt 1930, 213
52 Vgl. Flasch 1986, 504–559
53 Ebd. 506
54 Vgl. Studie 2, 1. Teil: Einschub 2, Anm. 166
55 Vgl. Burckhardt 1930, 215
56 Zit. in Ardito 1993, 18
57 Vgl. Studie 2, 1. Teil: Einschub 2
58 Vgl. Studie 2, 1. Teil: „Saussure"
59 Karl o. J., 118
60 Messner 1991, 276
61 Anonym, „Everest". 1995. 6
62 Vgl. Messner 1981, 35–104
63 Vgl. u. a. zur Geschichte des 7. Grades, Zak/Güllich 1987; Messner 1973, 9–20
64 Vgl. Zak/Güllich 1987, 64 und die Abb. 3a
65 Vgl. Etymologisches Wörterbuch des Deutschen 1993, Bd. 2, 1151f, Bd. 1, 80
66 Vgl. M 1875, 24, 54,140, 59–63 u. a.
67 Vgl. M 1875 204–211, 241; M 1879 101–104, 106; M 1880 144; M 1882, 186; M 1883 182f, M 1884 133f, 216 ; M 1885 26, 63–65, 90f, 147, 167, 251; M 1887 94.
68 Vgl. M 1887 94, 134, 148; M 1888 9, 109, 120, 146, 184f, 121, 94: M 1889 39, 102, 144, 162, 251f; M 1890 133, 161, 173, 211, 262; M 1891 123, 65f, 147, 282; M 1892 77f, 105f, 211, 2398f; M 1893 66, 104f, 142, 155, 286; M 1894 73f, 43–45, 132f, 300; M 1895 121, 195f, 241, 287f u. a.
69 Vgl. M 1896 164f, 264; M 1897 155-157, 147, 164f, 221, 244f, 247; M 1898 229, 276; M 1899 47f, 48, 289, 190, 201, 247; M 1900 108f, 229; M 1901 109, 119, 156, 158; M 1902 162, 172, 246f; M 1903 121-125, 136, 160, 226; M 1904 43–46, 70f, 125, 58f; M 1905 84, 182, 195f, 206, 220, 232f, 241, 243, 253, 287f, 8, 20f
70 Zitat aus: „stay hungry", Video 1991
71 Vgl. weitere Interviews in ebd.
72 Karl 1982, 125f
73 Vgl. Grüner 1991, insbes. 76ff

74 Eisendle 1985, 12
75 Vgl. den „Mauerhakenstreit" in „Freiklettern ..." 1986, 31–46
76 Maduschka 1937, 21
77 Ebd. 22
78 Ebd. 22f
79 Ebd. 23f
80 Vgl. Schubert 1978, 163-169
81 Vgl. Ittlinger 1910; Kruck 1910; Zsigmondy/Paulcke 1922; Paulcke 1942; Young 1926; Eidenschink 1950; Rabofsky 1986
82 Oelkers 1991, 214
83 Ebd. 228
84 Vgl. Gutachten und div. Pressemeldungen in den Lokalzeitungen
85 Vgl. Studie 2, 1. Teil: Einschub 2
86 Vgl. Studie 2, 1. Teil: „Simler"
87 Scheuchzer, zit. in „Die Alpen" 1929, X
88 Paulcke 1942, 55
89 Vgl. Schmidkunz 1931, 311
90 Vgl. Studie 2, 1. Teil: „Simler"
91 Vgl. Studie 2, 1. Teil: Einschub 2
92 Vgl. ebd.
93 Schmidkunz 1931, 311
94 Vgl. Studie 2, 1. Teil: „Simler"
95 Vgl. Studie 2, 1. Teil: Einschub 2
96 Vgl. Steinitzer 1913, 48, 49, 50, 52, 53
97 Vgl. den schönen Ausrüstungskatalog von Mizzi Langer, Wiener Sportartikelhändlerin um die Jahrhundertwende, insbes. S. 21 (im Alpenvereinsmuseum Innsbruck ausgestellt)
98 Vgl. M 1887, 134
99 Vgl. M 1888, 146
100 M 1890, 133
101 Vgl. M 1897, 243f
102 Ebd. 222
103 Vgl. M 1899, 18f u. a. m.
104 M 1899, 161
105 Anonym, „Just ..." 1995, 62–69
106 Vgl. Schubert 1978, 42–58
107 Vgl. ebd. 58–75
108 Vgl. ebd. 86–111
109 Ebd. 169
110 Godoffe 1987, 149
111 Schmitt o. J., 48
112 Ebd. 38
113 Ebd. 54
114 Ebd. 50f
115 Ebd. 54
116 Ebd. 58f
117 Vgl. Studie 2, 1. Teil: Einschub 2
118 Vgl. ebd.
119 Vgl. ebd.
120 Vgl. Studie 2, 1.Teil: Einschub 3
121 Long, zit. in Zak/Güllich 1987, 88
122 Ebd. 88
123 Ebd. 90
124 Vgl. Studie 2, 1. Teil: „Stumpf"
125 Vgl. Sonntag 1989, 72
126 Foucault 1974, 51f
127 Vgl. Blumenberg 1989
128 Vgl. Sonntag 1989, 67ff
129 Vgl. u. a. Dürers „Der Zeichner und das liegende Weib" von 1525
130 „Jean-Henri Fabre ..." 1977, 99
131 Ebd. 180
132 Vgl. Studie 2, 1. Teil: „Gesner"
133 Vgl. Studie 2, 1. Teil: „Scheuchzer"
134 Vgl. Abb. in Seitz 1987, 91
135 Vgl. G. Böhme 1989, 45
136 Vgl. ebd. 46f
137 Vgl. Studie 2, 1. Teil: „Gesner"
138 Vgl. ebd.
139 Vgl. G. Böhme 1989, 49ff
140 Gesner 1550, zit. in Seitz 1987, 78
141 Vgl. Studie 2, 1. Teil: Einschub 2
142 „Die Alpen" 1929, IX
143 Arnberger/Kretschmer 1975, Bd.1, 21
144 Vgl. Seitz 1987, 80
145 Schmidkunz 1931, 326
146 Vgl. Abb. 9
147 Vgl. Hirt 1966, I, 4
148 Vgl. Heinze 1994, 335ff
149 Vgl. Arnberger/Kretschmer 1975, Bd.1, 3
150 Ebd. 27
151 Vgl. Abb. 1 in Arnberger/Kretschmer 1975, Bd.2
152 Vgl. Abb. 2, ebd.
153 Vgl. u. a. Ifrah 1986
154 Heinze 1994, 336
155 Vgl. Blumenberg 1988, 646
156 Vgl. Arnberger/Kretschmer 1975, Bd.1, 5f
157 Vgl. Heinze 1994, 336
158 Ebd. 337
159 Vgl. Arnberger/Kretschmer 1975, Bd.1, 8
160 Vgl. Flasch 1986, 542f
161 Vgl. ebd. 544
162 Vgl. Arnberger 1970
163 Schmidkunz 1931, 328
164 U. a. Johannes Stumpfs „Historische Karte" 1548; Antonio Salamancas Karte aus dem Jahr 1555; diverse Blätter aus dem Atlas „Theatrum Orbis

Terrarum" von Abraham Ortilius 1570; Warmund Ygls Vergletscherung der Ötztaler und Stubaier Alpen 1604/05; vgl. Oppenheim 1974, 118f

165 Vgl. Arnberger/Kretschmer 1975, Bd. 1, 259

166 Zit. in Arnberger 1970, 6

167 Messner 1973, 88

168 Ebd. 89

169 Vgl. Grimm 1987, 107

170 Vgl. Schubert 1978, 260ff

171 Vgl. Arnberger/Kretschmer 1975, Bd. 1, 235

172 Anonym, „Indoor ..." 1995, 48

173 Vgl. ebd. 49

174 Vgl. Arnberger/Kretschmer 1975, Bd. 1, 262

175 Ohne auf zuviele Details einzugehen, seien noch die neun Darstellungsmanieren aufgezählt, die im Laufe der kartographischen Geschichte wiederholt auftauchen (vgl. Arnberger/Kretschmer 1975, Bd. 1, 260–263). Die älteste Geländedarstellung sind in die Ebene umgeklappte Bergprofile. Ihr folgen die Bogen-, Wellen- und Ornamentenmanier, die Sägezähnemanier, die Backenzahn- oder Schollenmanier, Maulwurfsmanier, Bänder- und Wulstmanier, Steinwall-, Platten- und Tafelmanier, Fischschuppenmanier und die Bergfigurenmanier. So wie einige dieser Manieren bereits mit Strichen zusätzlich ausgestattet wurden, sind verschiedene Arten von Bergstrichmanieren zu unterscheiden: die Fuchsschwanzmanier, Raupenmanier und die Tannenzweigmanier, eine Abart der Raupenmanier (siehe Abb. aus Arnberger/Kretschmer 1975, Bd. 2, 96 und 97).

176 Vgl. Abb. 4 a,b in Arnberger/Kretschmer 1975, Bd. 2, 4

177 Vgl. Abb. 5, ebd.

178 Vgl. Abb. 6, ebd. 5

179 Vgl. Abb. 7, ebd.

180 Purtscheller, zit. in Reprint 1987, Bd. II, 316f

181 Vgl. ebd. 316–349

182 Vgl. Abb. 12 in Arnberger/Kretschmer 1975, Bd. 2, 9

183 Vgl. Heinze 1994, 336

184 Vgl. Abb. in Zögner 1984, 65

185 Vgl. Diercke-Universalatlas 1984, 68–69

186 Kopernikus, zit. in „Geschichte der Naturwissenschaften" 1987, 196f

187 Vgl. Flusser 1994, 9f

188 Vgl. H. Böhme 1988, 14f

189 Leonardo da Vinci, zit. in „Geschichte der Naturwissenschaften" 1987, 198f

190 Vgl. Abb. 21 in Woźniakowski 1987

191 Vgl. Abb. 22, ebd.

192 Vgl. Arnberger/Kretschmer 1975, Bd.1, 261

193 Kepler, zit. in „Geschichte der Naturwissenschaften" 1987, 241

194 Kepler, zit. in Blumenberg 1988, 457

195 Vgl. Studie 2, 2.Teil: „Spurensicherung"

196 Vgl. dazu Merchant, die Leibniz' dynamischen Vitalismus als Gegenposition zum mechanischen „Tod der Natur" rezipiert, 1987, insbes. 272ff

197 Vgl. Arnberger/Kretschmer 1975, Bd. 1, 66

198 Vgl. Abb. in Arnberger/Kretschmer 1975, Bd. 2, 14 und 106

199 Vgl. Abb., ebd. 117

200 Flusser 1994, 15

201 Vgl. Studie 2, 1. Teil: Einschub 2

202 Vgl. Studie 2, 1. Teil: Einschub 3

203 Hugi, zit. in Seitz 1987, 94

204 Arago, zit. in „Geschichte der Naturwissenschaften" 1987, 248f

205 Vgl. Arnberger/Kretschmer 1975, Bd. 1, 96

206 Rathjens 1982, 26

207 Ebd. 27

208 Vgl. Abb. in Arnberger/Kretschmer 1975, Bd. 2, 134

209 Vgl. Arnberger 1970, 120

210 Vgl. ebd. 132

211 Rathjens 1982, 29

212 Ebd. 26

213 Vgl. Arnberger/Kretschmer 1975, Bd.1, 273

214 Brandstätter, zit. in ebd. 310

215 Vgl. Grosjean 1971 und 1970; siehe Ausschnitt des „Vierwaldstadter Sees" in Arnberger/Kretschmer 1975, Bd. 2, 18

216 Vgl. Studie 2, 1. Teil: Einschub 3

217 Saussure, zit. in Grube l875, 43

218 Vgl. „Empor!" o. J., 10, 11, 68, 81, 104, 146, 155, 247 usw.

219 Ebd. 10

220 Vgl. Bachelard 1975, 184

221 Ampferer, zit. in „Empor!" o. J., 141

222 Ebd. 142

223 Eisendle l985, 10

224 Zak/Güllich 1987, 209

225 Whymper 1909, 495

226 Bärenthaler, zit. in Schubert 1986, 243

227 Gschwendtner, zit. in Zak/Güllich 1987, 120

228 Messner 1981, 141

229 u. a. Hochholzer/Keinrath 1990, 57–60 und 63–67; vgl. Rotpunkt Nr. 1 und Nr. 3 (1991), 47–49 und 62–65

230 Vgl. Arnberger/Kretschmer 1975, Bd. 1, 214–218

231 Vgl. ebd. 337

232 Vgl. ebd. 342

233 Ebd. 347

234 Vgl. Abb. in Arnberger/Kretschmer 1975, Bd. 2, 3

235 Vgl. ebd. 2

236 Vgl. ebd. 11

237 De Fermat, zit. in „Geschichte der Naturwissenschaften" 1987, 229f
238 Vgl. ebd. 230
239 Vgl. Flusser 1994, 16
240 Simler 1984, 95
241 Vgl. Abb. in Sonntag 1989, 70
242 Lavater, zit. in H. Böhme 1989b, 167
243 Ebd. 167
244 Vgl. Ariès 1980, 403
245 Vgl. Rousseau, zit. in Sting 1991, 166
246 Vgl. Sting 1991, 167
247 Vgl. Rathmayr 1987, 4ff
248 Vgl. Malson zit. in ebd. 5f
249 Von Humboldt, zit. in Perfahl 1984a, 57
250 Von Humboldt, zit. in Engelmann 1970, 26
251 Von Humboldt, zit. in ebd. 23
252 Von Humboldt, zit. in ebd. 38
253 Vgl. Blumenberg 1989, 223f
254 Hard 1970, 54
255 Kosmos II, 92f, zit. in Hard 1970, 54
256 Vgl. Blumenberg 1989, 223f
257 Vgl. Binder 1988
258 Hard 1983, 152
259 Vgl. Großklaus 1983, 179
260 Vgl. ebd. 173
261 Ebd. 173
262 Blumenberg 1989, 294
263 Zit. in ebd.
264 Vgl. Schöler 1970, 213, 325f
265 Vgl. H. Böhme 1988, 38f
266 Adorno 1970, 115
267 Rousseau, zit. in Woźniakowski 1987, 170
268 Vgl. ebd. 171
269 Ogden 1955,II,63, zit. in ebd. 179
270 Gill, zit. in Karl 1982, 111
271 Vgl. Hepp 1989, 44–48
272 Albert 1990, 22
273 Ebd. 26
274 Ebd.
275 Waldseemüller, zit. in Bitterli 1980, I, 43
276 Zit. in Reibstein 1958, n. Bitterli ebd. 46
277 Vgl. Bongard 1993, 80–86
278 Albert 1990, 23

279 Ebd. 25
280 Ebd. 24
281 Ebd. 26
282 Ebd.
283 Ebd. 27
284 Ebd.
285 Weinreb 1990, 71f
286 2. Buch Mose, 26, 6
287 Zit. in H. Böhme 1988, 39
288 Weinreb 1990, 73
289 Vgl. Weinreb 1986, 60ff
290 Vgl. Schmidkunz 1931, 333
291 Messner, zit. in „R. Messner ..." 1987, 36
292 Vgl. Klarer 1990, 94
293 In der Erfindung von Routennamen setzt sich der Routenbesitzer aus, legt ein Stück Seele frei, markiert Haltungen. „Prozessionstyroler" und „Jungschütz" heißen zwei Routen im „Sektor F, Oberer Stock" des „Dschungelbuches", Klettergarten bei Innsbruck, versehen mit Nummer 20 des Kletterführers, bewertet mit 8/8+.
Sind das Reminiszenen an das „Heilige Land Tirol", ein karikierender Beitrag? Was ist der Sportkletterer für ein Mensch? „Kein Ende in Sicht", so heißt eine Route, an der „Chinesischen Mauer", bewertet mit 9+, ein wunderlich-komisches Legat aus vielerlei (vgl. Marschner 1992, 109).
294 Im folgenden beziehe ich mich auf eine Sammlung von Routennamen aus dem „Dschungelbuch" in Zirl bei Innsbruck, einschließlich einiger Klettergärten in Südtirol und Bayern.
295 Routenbezeichnung vgl. Mayr 1986, 47
296 Z. B. 1606 der Mont Maudit, 1643 der „Glöckner mons", der 1583 bereits „der Glogger" war, das Matterhorn um 1680 und der Feldkopf, Weißzint, Hochfeiler im Zillertal bei Peter Anich 1774, um vieles vorher spricht Faber bereits von „Wettrach", und um 200 v. werden die Alpen als „arkynisches Gebirge" bei Eratosthenes eingezeichnet (vgl. Schmidkunz 1931, 312).
297 Wer hat von der „Weissen Spinne", dem „Bügeleisen", dem „Todesbiwak" und vom „Zerschundenen Pfeiler" noch nie gehört (vgl. Harrer 1958, 231)?
298 Z. B. am „Leichentuch" in der Solleder-Lettenbauer an der Civetta-Nordwestwand (vgl. Maduschka 1932) oder im Freney-Pfeiler am Mont-Blanc (vgl. Studie 2, 2. Teil: Spurensicherung).

3. Teil: Gipfel

Vorbemerkung	295
Material/Exkurse	299
Gipfel 0 • Hoffnung auf Begrenzung *(Mont Blanc)*	299
Exkurs: Gipfelbilder in der alpinen Geschichte	299
Gipfel 1 • Aufatmen und Angst *(namenlos)*	301
Gipfel 2 • Ziele statt Angst *(Leerstelle)*	301
Gipfel 3 • Freude über die Aussicht *(Grüntalspitze)*	302
Exkurs: der Blick von oben	302
Gipfel 4 • Sehnen als Selbstbedrängnis *(Gipfellos)*	303
Gipfel 5 • Angst-Recycling *(Große Zinne)*	304
Gipfel 6 • Selbst-Reflexion	305
Gipfel 7 • Ein Gipfel als Lücke *(Dru)*	306
Gipfel 8 • Todesangst *(Aiguille du Plan)*	307
Gipfel 9 • Hast *(Grandes Jorasses)*	307
Gipfel 10 • Neues Ersatzprojekt *(Jungfrau)*	308
Exkurs: Mutterloser Gipfel	308
Gipfel 11 • Verschiebung *(Gletscherhorn)*	309
Gipfel 12 • Das Verdrängte *(Droites)*	309
Exkurs: Schmerzflucht ist Glück	310
Gipfel 13 • Der gipfellose Berg *(Eiger-Nordwand)*	310
Gipfel 14 • Bild, Reflexion und Wiederholung *(Dru)*	311
Exkurs: Entbilden	312
Gipfel 15 • Sonnenaufgang *(Mont Blanc)*	313
Exkurs: das Licht und die Berge	314
Gipfel 16 • Formal perfekt *(El Capitan)*	315
Gipfel 17 • Nur ein Vorgipfel *(Half Dome)*	316

GIPFEL 18 • GRIFFCHEN
        (Dezemberweg) 317

GIPFEL 19 • SELBST-HERSTELLUNG
        (ohne Gipfel) 317

GIPFEL 20 • IN ETAPPEN
        (El Capitan) 318

GIPFEL 21 • DAS ENDE DES STEIGENS
        (Mount Everest) 319

GIPFEL 22 • AUSSICHTSLOS: DIE FRAU
        (Gasherbrum II) 319

GIPFEL 23 • ZUR WIEDERGEWINNUNG DER HORIZONTALEN
        (Boulder) 321

GIPFEL 24 • NICHT WIRKLICH DER GIPFEL
        (Cerro Torre) 321
        Exkurs: sitzend den Berg denken 322

        NACHBEMERKUNG 324

        ANMERKUNGEN 325

3. Teil: Gipfel

Vorbemerkung

1. 1869 hat Gottlieb Studer mit „Ueber Eis und Schnee" nicht nur das Standardwerk zur Erschließungsgeschichte der Schweizer Alpen verfaßt, sondern auch interessante „Gipfelstudien" gezeichnet.[1] Die stattliche Zahl an Panoramen und Gipfelansichten, sein Verzeichnis umfaßt 700 Nummern, erstaunt angesichts der Tatsache, daß die Schrift den Gipfel eher spärlich berücksichtigt. Dem Gipfel schenkt man, ähnlich wie dem Abstieg, wenig Aufmerksamkeit. Diese sprachliche Zurückhaltung überrascht um so mehr, als von vielen Menschen der Gipfel für das Wichtigste gehalten wird. Vor allem Nichtbergsteiger hegen die Ansicht, der Gipfel sei des Bergsteigers liebster Ort.

Weshalb sollte ohne höchste Freude am Ziel der Aufstieg auf sich genommen werden? Bekannt ist die Rede vom „Gipfelglück", allerdings ist kaum zu eruieren, ob es dieses besondere Glück gibt und worin es besteht.

Naheliegend und durchaus zutreffend ist an dieser Stelle die schöne Aussicht zu zitieren. Nicht nur Goethe zeigte sich vom Ausblick auf dem höchsten Gipfel des Jura, die Dôle, über alle Maßen beeindruckt: „Es sind keine Worte für die Größe und Schöne dieses Anblicks ...", notiert Goethe am 27. Oktober in den Briefen aus der Schweiz. Ihn hat der Gipfel sprachlos gemacht. Auch Philipp V. hat bereits 181 v. die weite Sicht von der Spitze des Berges gesucht. Anders motiviert als Goethe, sollte die Gipfelaussicht strategischen Zielen dienen. Er bestieg den Rilo Dagh, weil er dem Gerücht Glauben schenkte, vom Gipfel aus zwei Meere sehen zu können.

Die Gipfelaussicht hat Goethe überwältigt, wie sie Philipp schließlich enttäuscht hat; auf die Aussicht allein ist kein Verlaß.

Es mag also noch andere Gründe für die Anziehungskraft des Sprachlosen geben, das sich vornehmlich auf dem Gipfel einstellt. Lange Zeit lebten die Menschen in der Vorstellung, auf den Gipfeln der Berge wohnten die Götter oder andere Geisterwesen. Man durfte sie deshalb nicht betreten. Nebel versperrt mitunter nicht nur die schöne Gipfelaussicht, er schützt die Jenseitigen auch vor den Blicken der Menschen.

Weil Gipfel am höchsten in den Himmel ragen, sind sie am häufigsten von Nebeln umgeben, und dichter Nebel verschluckt bekanntlich auch das Wort.

2. Die alpine Literatur nimmt vorzugsweise jene Bergbesteigungen auf, die über den Gipfel führen, zumindest solange die Besteigung des Gipfels noch von Bedeutung ist. Zu den frühesten Gipfelereignissen werden die Besteigungen des Rilo Dagh gerechnet. Um 10 n. soll eine Besteigung des Argaios im Taurus erfolgt sein, und unvergessen bleiben Kaiser Hadrians Ätna-Besteigung um 130 n. sowie die des Mons Casios durch Julian im Jahre 362 n.

Es könnten noch sehr viele Gipfel genannt werden, z. B. die Besteigung des Monte Maggiore in Friaul durch den Langobardenkönig Albuin 569 n., wobei einigermaßen erstaunt, daß diese Kulminationspunkte in der Mehrzahl mit mächtigen Herrschern in Verbindung stehen; ebenso erstaunlich ist, daß gerade die Notiz der letztgenannten Besteigung sich auf einen vergleichsweise niedrigen Berg bezieht: Der Monte Maggiore ist nicht höher als 1615 m.

Die Höhe des Gipfels könnte ein Kriterium sein, um Platz in der alpinen Geschichte zu finden. Dem ist nicht so. Im alpinen Schrifttum konnte ich die Besteigung des 3537 m hohen Rocciamelone aus den 70er Jahren des 10. Jahrhunderts nur in einer Randnotiz finden.[2] Ich räume ein, es ist sehr unwahrscheinlich, daß sich eine reale Gipfelbesteigung zugetragen hat, auch wenn man sie so erzählt; aber auch andere Besteigungen werden ausgebreitet und mit einem „vermutlich" oder „möglicherweise" versehen.

Der springende Punkt liegt anderswo. Ohne ihn genau benennen zu können, entnehme ich Arno Borst einige Textpassagen zur Besteigung des Rocciamelone und gebe sie hier wieder, schon deshalb, weil mir diese „Geschichte" gefällt. Der Bericht findet sich in der Chronik des Benediktinerklosters Novalesa, einer fränkischen Gründung aus dem Jahr 726.

Der Bergbericht, von dem nun die Rede sein wird, wurde vor 1027 verfaßt und ist in einem fehlerhaften Latein geschrieben, das nahe an der Volkssprache liegt. Südöstlich vom Mont Cenis steht der Rocciamelone, und westlich des Berges liegt das Kloster in 824 Meter Seehöhe. Der Chronist, so Borst, hat den größten Teil seines Mönchslebens in der Poebene verbracht, wohin der Konvent von Novalesa vor den Sarazenen ausgewichen war. Er hat allerdings etwa drei Jahre in Novalesa, im Schatten des Bergriesen, gelebt und meinte, wie auch die Hirten der Umgebung, daß dieser Berg höher als alle benachbarten Gipfel sei. Wiederum andere erklärten den Rocciamelone für den höchsten Alpengipfel, aber niemand konnte dies nachprüfen, denn niemand war auf seinem Gipfel gestanden. Man wußte nur zu berichten, daß ganz oben am Gipfel wilde Narden wachsen, ansonsten sei er von ähnlichen Tieren bevölkert – Bären, Steinböcke, Gemsen und anderes Jagdwild – wie der Monte Maggiore oder der Mont Cenis.

Selbstverständlich wußte man, daß man diese Tiere am ehesten an einer salzhaltigen Quelle fangen kann, denn sie brauchen Salz, um zu überleben.

Kommen wir zur Sache: Die Hirten der Umgebung erzählen Merkwürdiges vom Gipfel des Berges. Ein schwer leprakranker König namens Romolus habe einst im Sommer am Gipfel-See Erfrischung gesucht. Nach Meinung des Volkes soll der König immer noch oben wohnen. Chronist und Volk erzählen gemeinsam, Romolus habe auf dem Gipfel einen gewaltigen Schatz gehortet, der noch dort liege; deshalb könne niemand den Gipfel erreichen.[3]

Unweigerlich denkt man bei Romolus an den Gründer Roms, denn die Anwesenheit altrömischer Vergangenheit wäre hier nicht befremdlich. Man mag auch zu Recht diese Geschichte als eine Legende abtun; dennoch beinhaltet sie etwas, das dem Schweigen über den Gipfel auf der Fährte bleibt. Der Gipfel ist ein merkwürdiger Ort, ein Ort, wo man sich Gutes erhofft, beispielsweise Genesung, aber auch Reichtum; wie man weiß, wurde auf der Spitze ein gewaltiger Schatz gehortet. Auf dem Gipfel liegt ein großes Geheimnis. Wenn man den Gipfel erreicht, dann kann man dieses Geheimnis selbst tragen bzw. von diesem getragen sein.

Diese Geschichte hat eine Fortsetzung. Ein alter Mann, der dem Chronisten offenbar sehr viel von diesem seltsamen Ort erzählt hat, erinnerte sich, daß er eines Morgens, als der Himmel ganz klar war, in aller Frühe aufstand und zusammen mit einem Grafen namens Clemens, von dem sonst nichts weiter berichtet wird, schnell Richtung Gipfel steigt.

Ganz nahe am Gipfel aber zogen Wolken auf, und es wurde finster. Vor Angst beeilte man sich mit dem Abstieg und faßte sich hilfesuchend an den Händen. Kaum konnten sie den Abstieg finden, und es war ihnen, als würde von oben mit Steinen nach ihnen geworfen.[4]

Selbst der habgierige Markgraf Arduin III. hatte kein Glück, obwohl er es sehr geschickt anpackte. Er wollte 972, wie Borst annimmt, spätestens aber 976 den Gipfelschatz bergen. Um die Bergdämonen zu beschwören, nahm er Geistliche mit, die mit Kreuz und Weihwasser ausgerüstet waren. Beim Aufstieg zum Gipfel mußten sie einen Prozessionshymnus und Litaneien anstimmen. Aber alles half nichts, auch sie mußten unverrichteter Dinge zurückkehren. Der Mönch, der die Niederschrift bewerkstelligte, scheint mit Genuß zu bemerken, daß dieses Unternehmen mit Schimpf und Schande zu Ende ging.

Die Berge mußte man in Kauf nehmen, aber auf den Gipfel zu wollen, das war nicht rechtens und völlig unverständlich. Wenn jemand einen Schatz holen wollte, dann hatte man eine einleuchtende Begründung, aber es widersprach der Moral der Bergbewohner.

Denn die Berge waren ein Tummelplatz für heidnische Götter; am Mont Cenis hatten die Römer einem Gott Cacus, also „Jupiter", einen prächtigen Tempel errichtet. Auf den Gipfel selbst zu wollen, geziemt dem Menschen nicht; ein Christenmensch blieb im Tal bei seinesgleichen, das war die Meinung des Mönches.[5]

3. Der Gipfel ist in der Welt des Mittelalters ein für den Menschen hybrider Ort. Etwa 300 Jahre nach Romulus will Petrarca die Höhe des Mont Ventoux kennenlernen und hat Probleme mit der Tatsache, diese Höhe tatsächlich gesehen zu haben. Er schweigt bis ins Tal.

Diese Stille über den Gipfeln bricht lange nicht, und heute gibt man vor, den Gipfel selbst nicht mehr besteigen zu wollen. Man seilt sich vorher ab. Sportkletterer lieben die gipfellosen Pfade durch die Wände. Man geht nicht mehr bis ans Ende, denn das Bergende ist nicht unbedingt das Ende der körperlichen Leistungsfähigkeit. Ein Boulder kann einem mehr Probleme aufgeben als eine 500 Meter hohe Wand im 6. Schwierigkeitsgrad, die auf einem Gipfel endet. Anders verhält es sich beim Expeditionsbergsteigen, da zählt der Gipfel nach wie vor.

Gleichgültig, was man auf dem Gipfel vorfindet, „Nuß-Schalen, Roß- und Menschen-Haar, und Hobelschnitte"[6] oder 1683 bereits ein Gipfelbuch in den Siebenbürger Karpaten, ein Gipfelkreuz 1704 auf der Karwendelspitze und einen Steinmann auf dem Hochvogel 1767, der Gipfel ist und bleibt ein rätselhafter Ort.

Die Ankunft auf dem Gipfel wird besonders markiert; man denke an Paccard oder die Wimpel, die man in den Gipfelschnee der Achttausender rammt. Gerade weil dieses Ankommen so betont wird, ist es nicht abwegig anzunehmen, daß man sich der Ankunft nicht sicher ist. Hat man wirklich den Gipfel erreicht, wenn man ihn betritt? Ist man wirklich ganz oben, wenn man oben angekommen ist? Ist der Gipfel ein Ende? Der Gipfel ist kein wirkliches Ende für den Menschen, sondern nur die Stelle, die vom Tal am weitesten entfernt ist. Der Gipfel ist ein einsamer Ort.

4. Etymologisch kommt man nicht gleich auf den „Gipfel", im Gegenteil, diese Bezeichnung ist nach Otto Stolz erst in der neuhochdeutschen Schriftsprache aufgekommen.[7] Oswald von Wolkenstein redet vom Gipfel am Krimmler Tauern, der drei Länder scheidet. Es handelt sich um die Dreiherrenspitze. Guarinoni spricht allgemein

von den Gipfeln des Hochgebirges, aber in der Mundart des Bergvolkes war dieser Ausdruck noch lange nicht heimisch. Man kannte an seiner Statt andere, präzisere Namen, die die Form des jeweiligen Berges berücksichtigten. Im Markenbeschrieb des Gerichtes Itter aus dem 17. Jahrhundert finden sich der „Kogl oder Gupf des Hohen Rettenstains", wobei der „Gupf" nichts anderes bedeutet als den obersten Teil eines spitzen Hutes.[8]

Die Leute im Fersental „heißen die Scheitel der Berge nicht die oberste Hehe (Höhe) oder Gipfel, sondern Vart (Wart), was ein sehr altes deutsches Wort ist. (...) Der Name ‚Hohe Warte' kommt übrigens auch in Nordtirol für auffallende Bergspitzen öfters vor".[9]

Die ursprünglichen und in der Mundart heute noch üblichen Ausdrücke für die höchsten Teile des Gebirges sind nach Stolz aus einer im Jahre 1002 verfaßten Beschreibung der Marken zwischen den Grafschaften im Nori- oder Eisacktal und im Pustertal überliefert: „iugum Eline et inde usque ad spiz Eline montis", was soviel heißt, wie das Ellner Joch und der Spitz dieses Joches.[10] Das Ellner Joch befindet sich heute als Grabner Berg östlich von Brixen.

Zwischen „Joch" und „Spitz" ist zu unterscheiden. Das Joch ist der „Höhenrand" des Gebirges, der eher gleichmäßig verläuft; der „Spitz" ist die „ruckartige Erhebung über denselben".[11] Jöcher, könnte man sagen, sind halbe bzw. kleine Gipfel, und vor allem sind sie Übergänge. Nicht jeder Gipfel ist ein Übergang. Zu manchen Gipfeln führt auch heute noch nur ein einziger Weg. Man steigt wieder da ab, wo man aufgestiegen ist.

Reiht man die einzelnen Gipfel einer Gebirgskette aneinander, so spricht man von einem Gebirgskamm. Die „Kammlinie" wird in der Literatur häufig genannt, denn sie markiert einen klaren Grenzverlauf. In den ältesten lateinischen Texten wird von „summum" oder „summitas alpium" gesprochen, das ist die Höhe des Gebirges. In den deutschen Texten wird seit dem 14. Jahrhundert aus dem „summum" ein „Grat" (Grad), eine „Schneide" oder „Höhe" (Herche). Vereinzelt kommt auch der Ausdruck „Rigl" (Riegel) oder „Ruggen" (Rücken) vor.[12]

Selbst der „Stein", er bedeutet eine scharfkantige Bergform, wird immer wieder in Grenzbeschreibungen verwendet. Die älteste Anwendung dieses Begriffs auf einen Berg, meint Stolz, taucht in einer Grenzbeschreibung zwischen den Bistümern Brixen und Trient aus dem Jahre 1100 auf. In ihr heißt es vom berühmten Dolomitengipfel des Latemar: „ad apicem silicis, qui vocatur Crispa de Laitemar" – auf den Gipfel des Steins, der Latemar genannt wird.[13]

Der Begriff des Felsens ist jung und hat seine Wurzel in der Bezeichnung „ruppes", worunter ein ödes, unbewachsenes Steingebirge zu verstehen ist. Das Wallfahrtskloster St. Georgenberg im Stallental/Nordtirol steht laut Urkunde aus dem Jahre 1261 bzw. 1267 in „solitudine montium", d. h. in der Einöde des Gebirges. Das Kloster ist kühn auf einem Felsvorsprung errichtet und wirkt selbst wie ein Gipfel. Bekannt ist auch der Ausdruck „Schrofen" für Felsen. Normalerweise versteht man heute noch unter einem Schrofen einen weniger hohen Felsen. Allerdings soll das Gebirgsmassiv des Solsteins bei Innsbruck und der Rosengarten in den Dolomiten ebenso Schrofen genannt worden sein.

Wolkenstein berichtet vom „Gericht Tyrs ... So hats ein fürnembes Gamsengebürg, ein hocher blosser Schroffen und ist der mererteil im Jar schnebedeckht, ist genadt der Rosengarten, den man kann in allenthalben durchstaigen und (kan) durchgangen werden und wirdt durch Bozen aus gar praidt gesehen."[14]

Zurück zum Gipfel: Seit dem 14. Jahrhundert kehrt der Ausdruck „Horn", „Kogel" oder „Kugel" immer wieder. Es gibt eine Reihe von Gipfelnamen, die eines der drei Bezeichnungen in Zusammensetzung mit sich tragen, z. B. Weißkugel, Brunnenkogel oder Kitzsteinhorn. Noch eine Bezeichnung ist ganz und gar nicht selten: der „Kopf" und der „Kofl" wie Grubenkopf und Patscherkofel. Kurzum, der Gipfel ist ein Ort der Trennung und Verbindung. Er tritt historisch zuallererst als Grenze auf. Die Geschichte des Gipfels zu schreiben, hieße immer auch eine Geschichte der Grenzziehung zu schreiben bzw. den Versuch zu unternehmen, herauszufinden, ob diese Grenze des Gipfels als Begrenzung des Menschen anerkannt und eingehalten wird.

5. Aus persönlichen Erzählungen sind mir einige wenige Fälle bekannt, wo Menschen auf einem Gipfel gestorben sind. Mir ist bis jetzt aber kein Fall in der Alpinliteratur untergekommen, wo ein Bergsteiger unmittelbar auf dem Gipfel verstorben wäre.

Das ist erstaunlich, und ich habe meine Recherchen weiter angestrengt. Hannelore Schmatz ist bei ihrer Everest-Besteigung knapp unter dem Gipfel ums Leben gekommen, und der ebenfalls aus Deutschland stammende Extrembergsteiger Albrecht Ammann fand am 19. Mai 1995 etwa 50 Meter unter dem Gipfel des Dhaulagiri den Tod.

Das war alles, was ich durch den Schweizer Expeditionsleiter Norbert Joos in Erfahrung bringen konnte, mehr wußte er selbst nicht. Die Todesursache war eine Überanstrengung, der Puls hatte sich nicht mehr gesenkt, das Herz setzte aus. Worüber informiert dieses Faktum? Der Gipfel ist weder ein Ort zum Leben noch einer zum Sterben; zumindest auf der Spitze hat beides keinen Platz. Ganz oben scheinen andere Gesetze zu herrschen, die weder der Ordnung des Lebens noch der des Todes angehören. Es ist, als ginge an der obersten Stelle eine Ordnung lautlos in eine andere über und umgekehrt. Leben und Tod berühren einander, aber die Berührung setzt die Ordnung beider auf seltsame Weise außer Kraft.

Es ist auch das Gegenteil denkbar: In der Berührung fallen Leben und Tod ineinander und stellen dadurch die höchste Intensität her, die für den Menschen gerade noch verkraftbar ist. Lange hält man es auf keinem Gipfel aus, er ist da, um wieder verlassen zu werden. Verläßt man ihn nicht freiwillig, wird man, besonders in großer Höhe, von allen guten Geistern verlassen. Halluzinationen trüben das Bewußtsein, und der Körper verbraucht rapide seine Kräfte.

Der Gipfel ist ein Ort, an dem der Mensch ganz besonders gut hören muß. In der Stille des Gipfels hört er seinen Atem. Diese kleine Bewegung des Atmens unterrichtet aber das Große von Leben und Tod. Es ist ein Leiden, wenn der Atem aufhört und nicht aufhört. Geburt wie Tod machen sich in dieser kleinen Bewegung bemerkbar. Der Gipfel ist weder ein Ort des Sterbens noch ein Ort des Lebens, hatten wir vorhin gesagt. Genausogut ließe sich das Gegenteil behaupten: Der Gipfel ist sowohl ein Ort des Lebens als auch des Sterbens. Aber im Aufeinandertreffen beider entgegengesetzter Bewegungen – dem Ein- und dem Ausatmen – kann weder ganz gelebt noch wirklich gestorben werden. Es ist ein Zwischenzustand, der einem auf dem Gipfel widerfährt: das Staunen.

Der Gipfel ist ein Drittes zwischen dem einen und dem anderen. Wenn man auf einem Grat entlang geht bzw. klettert, dann übt man sich in diese Zwischenlage ein. Ich habe die Entscheidung getroffen, mit dem Gipfel und nicht mit dem Abstieg aufzuhören. Das Gipfelende, das kein Ende ist, entspricht dem Zustand des heutigen Subjekts. Es befindet sich in einem Zustand des Aus-Setzens.

Dante ist für sein Seelenheil zuerst nach unten gestiegen, hin zum untersten Punkt. Petrarca hat das Gegenstück in Angriff genommen, den obersten Punkt. Für beide waren diese extremen Orte Stellen der Umkehr. Weder der eine noch der andere ist an diesen Orten verblieben. Die Schrift hat den einen Ort mit ins Tal gebracht, den anderen hinauf zum Talgrund geholt.

Beide Male erleben wir eine Rückkehr, d. h. man hat diesen zwei extrem ausgesetzten Orten den Rücken gekehrt. Mit der Abwendung vom einen geht die Zuwendung zum anderen einher, dazwischen ist eine kleine Unterbrechung. Weder Petrarca noch Dante haben für längere Zeit an dieser Unterbrechung verweilt. Der Gipfel ist eine Bruchstelle, an der eine Entscheidung zu fällen ist.

6. Der Gipfel ist das Ende der Materie. Der Gipfel zeigt die Begrenztheit des Menschen auf. Beim Aufstieg ist man der Materie entstiegen, am Gipfel würde man sie endgültig verlassen. Man hat sich im Höhersteigen von der Materie schrittweise getrennt, oben ist einem die Trennung vertraut geworden.

In dieser Vertrautheit drückt sich die größte Fremde aus. Die Höhe bedeutet das Fremdwerden der Materie. Die Geschichte der Höhe ist eine Geschichte der Fremde, wobei die Fremde einer Geschichte der Trennungen unterliegt.

Nach Abstieg und Aufstieg habe ich mich gefragt, wie eine Geschichte des Gipfels zu schreiben sei. Da auf dem Gipfel das Ende der Geschichtetheit eines Berges ist, habe ich mich dieses Mal für eine andere Form der Darstellung entschieden: Ich betrachte nicht die Geschichte von Gipfelbesteigungen, sondern die Geschichte eines Menschen, der vorgibt, sich den Gipfeln verschrieben zu haben.

Diese eine Gipfelschrift ist von keinem Bergbewohner verfaßt. Reinhard Karl wurde in Heidelberg geboren und ist immer wieder an diesen Ort zurückgekehrt. Nicht der Haupt-, sondern der Untertitel seines Gipfel-Buches sagt uns, was er auf dem Gipfel gesucht hatte: „Zeit zum Atmen".[15]

Atmen erfordert Zeit; mit der Bezwingung der Höhe hat Karl seine Zeit verloren. Reinhard Karl wird zum zeit- und atemlosen Gipfelmenschen. Der Gipfel war für Karl kein wirklicher Ort. Er hat mit der Zeit auch seine Räumlichkeit verloren. Der Gipfel war für Karl schließlich keine Grenze, worin eine Tragik zum Ausdruck kommt. Er konnte den Gipfel nicht als Begrenzung wahrnehmen, sondern hat den Gipfel in seiner Grenzenlosigkeit aufgeschoben.

Karl hat viele Anläufe gemacht, den Gipfel als Gipfel zu begreifen, aber „Wirklich oben bist du niemals" heißt es an einer Stelle in seinem Buch. Das hatte für ihn jedoch keine Konsequenzen, er ging immer weiter und rascher nach oben.

Ich bin Karls Text gefolgt, von einem Gipfel zum anderen. Dabei spinnt sich ein Faden: Wie hängt Karls Leben mit diesen Gipfeln zusammen? Diese Gipfelstudie begrenzt sich auf einen „Fall", erarbeitet die Psychodynamik eines Extrembergsteigers. Karl beantwortet die Frage – Wie hat sich der Gipfel auf ihn ausgewirkt? – selbst.

An einzelnen Stellen ist mein Kommentar über Karls Antworten auf seine eigenen Fragen hinausgegangen. Ich fühlte mich gezwungen, die Radikalität dieses Bergtextes zu mildern, indem ich ihn assoziativ mit anderen Texten zu verbinden suchte. Karls Ausgesetztheit und Einsamkeit tat mir weh. Es war nicht auszuhalten, worauf diese Gipfelgänge hinauslaufen. Karl markiert durch den Einsatz seines Lebens die Auswirkungen einer Kultur, die sich extrem riskiert. Karls Gipfel-Bericht ist kompromißlos. Er zeichnet konsequent den Weg eines Denkens nach oben und endet in einem Ende ohne Ende, d. h. in einem Nichts.

MATERIAL/EXKURSE

GIPFEL 0 • HOFFNUNG AUF BEGRENZUNG
(Mont Blanc)

Eine Schneekuppe ragt über den Horizont der Bildmitte hinaus. Auf sie leitet ein schmaler, ausgestapfter Pfad, an dessen Ende sich ein Mensch befindet. „Der letzte Schritt zum Gipfel – Montblanc", so lautet der Text unter dem Bild. Es ist nicht das erste Bild in Karls Buch, dieses fängt mit dem Abstieg an. Das Titelfoto zeigt einen Bergsteiger im Gegenlicht, der sich abseilt. Aber dieser eine Mensch, der nur einen einzigen Schritt zum Höhepunkt zu machen hat, steht einem Text „Das endlose Gewinde" gegenüber. Mit dieser Überschrift fängt Karls Schreiben an.

> „Ich habe mich für den Beruf des Automechanikers entschieden. Warum? Die Technik, Fahren, weit weg mit meinen Händen etwas machen, waren vielleicht die Gründe, unter den Traumjobs als 14jähriger den dreckigsten und miesesten zu wählen. Mein Leben damals war ziemlich trostlos und ich war unglücklich, unzufrieden und hoffnungslos." (Karl o. J., 18)

Lange bevor Karl zu schreiben anfing, hat er Autos repariert. Er schätzt seine Lage als trostlos ein, in seiner Freizeit liest er Technikbücher über Autos, Flugzeuge, Eisenbahnen, Schiffe, Stauseen und Fabriken.[16] Auf einem Tanzkurs, wohin ihn seine Schwester mitnimmt, schämt er sich, denn der Dreck in der Haut und der penetrante Ölgestank bleiben.[17] Einen Lichtblick findet er in der Reiseliteratur, als ihn die Technik mit ihren Möglichkeiten zu erschlagen droht: Seereisen, Abenteuergeschichten und Bergbesteigungen.[18] Unter ihnen waren Hermann Buhls „Achttausend drunter und drüber" und Sir Edmund Hillarys Buch über die Mount-Everest-Besteigung. Beides jedoch machte auf ihn einen abschreckenden Eindruck, und er konnte den schrecklichen Absturzschilderungen ebensowenig abgewinnen wie den Selbstqualen, sich irgendwo auf einen Schneeberg hinaufzuwühlen.[19] Es gab einen einzigen Menschen, der ihm damals Hoffnung und Kraft gegeben hat: seine Mutter.[20] Sie brachte ihn zum lokalen Alpenverein, obwohl damals in Heidelberg Bergsteigen der seltsamste Sport war, den man sich denken kann.[21] Hermann nahm ihn zum erstenmal in den Battertfelsen mit, und Karl dachte, plötzlich die Chance zu haben, ein Kletterer zu werden.[22] Plötzlich befand er sich unter anderen Leuten, unter Studenten, ausgelassen und voller Vorfreude auf das Wochenende.[23] Das erstaunte ihn, denn er hatte sich aufgrund seiner Lektüre genau das Gegenteil erwartet: Mit den Abstürzen und den vielen Toten war er eigentlich bereit, mit seinem Leben abzuschließen.[24] Nichts dergleichen geschieht in der Realität der nächsten paar Stunden. Man parkt das Auto, teilt sich in Gruppen auf, bindet Karl ins Seil ein und erklärt ihm, wie er sich mit den Händen halten und sichern soll. Aufgeklärt wird er über die Seilkommandos: Wenn der Seilerste oben ist, hat er „Stand", d. h. „das Seil ist aus", und „du kannst kommen" zu rufen. Der Nachkommende beschränkt sich auf ein einfaches „ich komme".[25]

Karl ist nicht richtig ausgerüstet, er klettert in Straßenschuhen und erschreckt zutiefst, wenn er zwischen seine Beine nach unten blickt. Ihm stockt der Atem, er hält sich mit aller Kraft fest, „zitternd am ganzen Körper. Angst, Angst, Angst".[26] Es könne ihm nichts passieren, beruhigt ihn der Seilpartner, er halte ihn ja fest am Seil. Karl aber findet einen anderen Trick, um nicht in den Abgrund sehen zu müssen, er hat seine Augen auf eine Distanz von etwa zwei Metern eingestellt.[27] Mit diesem winzigen Ausschnitt von Wirklichkeit kommt er schließlich zurecht.

Exkurs: Gipfelbilder in der alpinen Geschichte

Halten wir fest: Karls Einstieg in die Berge war zunächst ein fiktiver. Für einen Nichtalpenbewohner mag der Zugang zu den Bergen über die Schrift und das Lesen durchaus normal sein. Historisch keine Selbstverständlichkeit ist jedoch das Photo, das er seinem eigenen Schreiben voranstellt: Es zeigt jemand, der (fast) auf der Spitze eines Berges ist, ein „Gipfelphoto" – in diesem Fall ein Alpinist, der dem Betrachter den Rücken kehrt. Lange muß man in Steinitzers Standardwerk blättern, bis das erste Gipfelbild auftaucht, auf dem auch ein Mensch abgebildet ist.[28] Der Mensch erreicht den Höhepunkt, der Alpinist steht auf dem Gipfel eines Berges, das ist ein auffallend spätes Sujet in der Verbilderung des Bergsteigens. Die Schrift nimmt den Gipfel in seine Betrachtung um vieles früher auf, man denke nur an Kaiser Hadrian und Julian.

Auf den ersten Gipfeln in Steinitzers Bilder-Buch stehen keine Menschen. Zwar sieht man

Menschen dem Gipfel zusteigen, aber ganz oben steht lange keiner.[29] Das erste Lebewesen, das einen Gipfel wirklich bevölkert, ist eine Gemse.[30] Der ersten Gemse, übrigens in Maximilians Theuerdanck von 1517, folgen Bäume, die bis zur Spitze der Berge reichen. Das ist u. a. bei einem Bergbild von 1572 der Fall.[31] Gemsen kommen immer wieder vor.[32] Den Bäumen folgen Rauch- und Feuerwolken, die Glut des Erdinneren tritt bei A. Kirchers „Typus montis Vesuvii" aus dem Jahre 1678 genau auf dem Gipfel aus.[33] Neben den Rauchwolken umspielen immer wieder auch normale Wolken die Berggipfel, so z. B. auf dem Titelbild von Scheuchzers Naturgeschichte aus dem Schweizerland von 1746.[34]

Überraschend sind allerdings die nächsten Gipfelbewohner: Es sind weder Tiere, Pflanzen noch Wolken, sondern Buchstaben. Auf Herrlibergers „Rheinwaldgletscher" um 1773 tummeln sich Kleinbuchstaben, um die Gipfel in einer nachgereichten Legende voneinander unterscheidbar zu halten. Die Gipfel sind da, um sie zu bezeichnen und zu benennen. Neben den Klein- werden auch Großbuchstaben für denselben Zweck eingesetzt,[35] z. B. in der Darstellung „Die Eisgebirge und Gletscher des Strubels im Cant. Bern" aus dem Jahr 1778.[36] Man fängt an, nicht nur die höchsten Punkte, sondern auch spezielle topographische Gegebenheiten, wie Kämme, Flanken und Übergänge, zu alphabetisieren.[37]

Noch immer kommen keine Menschen auf den Gipfeln vor, zuerst fliegen noch Vögel knapp über die Alpengipfel hinweg.[38] Dann aber ist es soweit: Das erste Gipfelbild mit einem Menschen, das Steinitzer aufgenommen hat, zeigt eine Frau als Gipfelsiegerin. Sie hat allerdings auf dem Gipfel ihren Boden verloren und ihn durch die Schultern starker Männer ersetzt. Es ist Henriette d'Angeville, die höher als der Mont Blanc steht und dem Betrachter mit der erhobenen Rechten zuwinkt. Das war, wie wir wissen, im Jahre 1838.[39]

Dann wird es schwierig mit der Ordnung, da die alpinen Ereignisse, von denen die Bilder erzählen, nicht immer zeitgenössisch berichtet werden. Das war auch Steinitzers Problem bei der Reihung seiner Bilder. Dennoch halte ich mich an seine Vorgaben: Für das Jahr 1804 ist das lyrische Intermezzo aus „Parthenaeis oder Die Alpenreise ..." zu entdecken. Auf einer Felsplatte sitzt ein junger Mann, der erschrocken den Anblick einer schönen jungen Frau registriert, die selbst nichts sieht. Ihre Augen sind verbunden. Es geht in den Versen um Eros und Schwindel; es ist anzunehmen, daß der Schauplatz für dieses romantisch-allegorische Ereignis ein Gipfel ist.[40]

Ein anderes Beispiel ist der „Bedauerliche(r) Tod des Herrn J. A. Meuron", er findet in den Gletschern des Grindelwalds statt und ist ein Holzschnitt von ca. 1820. Die Darstellung verrät, daß das Unglück weit oben geschehen ist, dennoch ist man vom Gipfel einiges entfernt.[41] Noch bevor ein einzelner Mann auf einem Gipfel zu sehen ist, bekommen wir eine alpine Gesellschaft zu Gesicht: Männer wie Frauen auf dem Gipfel des Buet, aus dem Jahre 1859.[42] Dann folgen wieder Buchstaben und Zahlen in großen Mengen. Die Gipfel scheinen nahezu wie Marionetten an ihnen zu hängen.[43] Die Buchstaben sind häufig bereits zu topographischen Namen zusammengesetzt, und das „Panorama vom Parion im Chamonix Thal" von Johann Caspar Horner, aufgenommen zwischen 1816–1829, verwendet eine zusätzliche Meßskala am oberen Bildrand, um den Abstand der einzelnen Gipfel voneinander auszumessen.[44]

Eine Spezialität für sich ist die Darstellung der „Jungfrau", eines schönen Berges im Berner Oberland. Die Darstellung ist dreigeteilt und wurde 1842 als Titelbild für ein Buch verwendet. Bildteil 1 skizziert den topographischen Ort samt namentlicher Angabe der Jungfrau, Bildteil 2 besteht aus drei Männern, die den Gipfel der Jungfrau gerade besteigen. Der erste hält zum Sieg eine Fahne in der Hand und rammt sie in den höchsten Punkt. Bildteil 3 zeigt die Jungfrau in der Draufsicht: Es ist ein schmaler Spalt, der nach vorne etwas breiter gehalten ist und Großbuchstaben enthält: A B B. Es ist laut Autor E. Desor ein „Plan von Figur 2", und Figur 2 ist die „Höchste Spitze der Jungfrau".[45]

Ein seltsamer Gipfelfund sticht einem auf dem „Mer de Glace" von J. D. Forbes 1843 ins Auge: Ein riesengroßer Stein liegt auf der Spitze eines Gletscherberges und scheint diesen unter sich zu begraben.[46] Ein anderes Bild zeigt eine Gruppe von Männern unter sich: Sie stehen eng aneinandergedrängt 1865 auf dem Gipfel des Großvenedigers.[47] Auf der gegenüberliegenden Buchseite wird die Erstbesteigung des Großvenedigers am 3. September 1841 dargestellt: Insgesamt 27 Männer erklimmen gerade den Gipfelaufschwung in eleganter Manier.[48]

Auf der Suche nach dem ersten Mann, der allein auf einem Gipfel steht, bin ich auf den Jäger von Kalwang 1824 gestoßen[49] und auf den lustigen „Hanni", der das Deutsche Hausbuch aus dem Jahr 1846 schmückt. Er steht genaugenommen nicht auf der Spitze eines Berges, sondern hat die höchste Höhe eines Felszackens keck erobert.[50]

Ganz anders Erzherzog Johann auf dem Hochgolling 1819. Er steht über seinen Berggefährten bzw. Führern auf dem höchsten Stein des Gipfels und überragt sie alle beinahe um seine ganze Körperlänge.[51]

Dann ist lange kein Gipfelbild mehr zu sehen. Mit der „Ascension du Mont Cervin – 14. Juillet 1865" beschließe ich diesen kleinen Streifzug durch Steinitzers Buch.[52] Es zeigt die sieben Erstbesteiger; Whymper hat bereits in stolzer Pose den Gipfel erreicht. Betrachten wir vielleicht noch ein Foto, das mit „Totenkirchl" angegeben ist, was nicht stimmen kann, wenn man diesen Gipfel kennt: Ich vermute viel mehr, daß es sich um den „Predigtstuhl" handelt. Das ist jedoch weniger von Bedeutung als die Tatsache, daß die „Jubiläumspartie", 1906 photographisch aufgenommen, elf Männer abbildet, die sich auf dem Gipfel gruppierten, und am linken unteren Bildrand, zu Füßen der Männergruppe, eine einzige Frau postiert hat.[53]

GIPFEL 1 • AUFATMEN UND ANGST
(namenlos)*

Nach dem Aufstieg über die Kletterroute stehen Karl und sein Kletterpartner auf einer kleinen Plattform, die der Gipfel bedeutet.

> „Tiefes Atmen, aufatmen von der Anstrengung und der Angst. Ängstliches Hinaufschauen und Verweigerung, in die Tiefe zu sehen." (Karl o. J., 22)

Im Normalfall gehört zu einem Gipfel, in diesem Fall ist es das Ende eines kleinen „Felstürmchens", ein Dreifaches: das Gewahrwerden der Höhe des Himmels über sich, die Einsicht in die überwundene Tiefe und die Weite als Panorama, das sich öffnet. Karl aber fürchtet sich vor dem Hinaufschauen, verweigert den Blick in die Tiefe, und für die Weite bleibt keine Zeit. Ernst, sein Kletterpartner, hat bereits ein nächstes Ziel vor Augen: „... wir werden jetzt abseilen und dann den Bockgrat klettern." Karl will den Bockgrat nicht, unkontrollierte, verkrampfte Angst stellt sich ein. Doch Ernst redet wie ein Buch auf ihn ein und drängt ihn fast brutal mit den Füßen über die Kante in die Tiefe hinab.[54]

Irgendwann steht Karl wieder auf ebener Erde, wie er da heruntergekommen ist, weiß er nicht.[55] Er ist froh, wieder unten zu sein, und hat nur einen Wunsch: nie wieder so etwas zu machen.[56] Diese Wunscherfüllung versagt sich Karl selbst, denn noch am selben Tag klettert er mit Hermann den Bockgrat hinauf.

> „Bis zwanzig Meter Höhe geht es ganz gut, aber dann stellt sich bei mir wieder diese totale Verkrampftheit ein. Was doch die Tiefe für eine Anziehungskraft hat! Förmlich merke ich die Schwerkraft, die an meinem Körper und noch viel mehr an meinen Nerven zieht." (Karl o. J., 24)

---

* Karl gibt zu diesem Endpunkt keinen Namen an; dieses erste Gipfelerlebnis bleibt bezeichnenderweise anonym.

Mit der Höhe entdeckt Karl die Tiefe als Ambivalenz zwischen Faszination und Angst. Die Tiefe veranlaßte offensichtlich auch Goethe, im Dezember 1777, den Brocken zu ersteigen. Die Sicht auf die „Gegend von Teutschland" ist ihm, wie er im August 1778 an Merck schreibt, keine gewöhnliche Angelegenheit, sie ist „das Abenteuerlichste natürlich". Selbst der Förster, der am Fuße des Berges wohnt und für eine Besteigung erst „mit Mühe persuadirt" werden mußte, war „vor Verwunderung außer sich". Dieser Anblick der Weite und Tiefe hatte für Goethe keine geringe Auswirkung, er zog sich zurück, um zu verarbeiten, was er gesehen hatte. „Da war ich vierzehn Tage allein, daß kein Mensch wußte, wo ich war."[57] Für die Erfahrung mit der Vertikalen mußte erst ein Ordnungsschema geschaffen werden. Als Goethe zwei Jahre später, am 13. November 1779, den „Gipfel" des Gotthard erreicht, scheint er der Höhe und Tiefe bereits gewachsen zu sein und gibt eine sachliche Beschreibung des Weges, der hinter ihm liegt. Anders verhält es sich mit Hippolyt Guarinoni: Ihm schien die Tiefe 1609 wenig anzuhaben, er sucht mit seinem Blick sofort die umliegenden Gebirge daraufhin ab, was noch alles in kurzer Zeit zu besteigen wäre.

GIPFEL 2 • ZIELE STATT ANGST
(Leerstelle)

Karls Seilpartner Ernst möchte sofort die nächste Besteigung anschließen. Karl will nicht, tut es aber doch. Das einzige, woran er sich klammert, ist das Seil. Es fungiert als Nabelschnur vom Grund zum Gipfel, wobei von Karls zweitem Gipfelort nichts zu hören ist. Anstelle einer Gipfelbeschreibung steht ein Dialog.

> „‚Wenn du als Seilerster vorkletterst, dann mußt du 100prozentig sicher sein, daß du das kannst.' – ‚Das kann ich nie.' – ‚Ich bin froh, wenn ich das ohne Angst nachklettern kann', antworte ich, froh, lebend dem Abgrund wieder entronnen zu sein. ‚Du wirst es schneller können, als du es jetzt glaubst', sagt Hermann bestimmt." (Karl o. J., 24)

Nicht die schöne Gipfelaussicht, sondern die Vervollkommnung der eigenen Fähigkeiten wird in Aussicht gestellt. Man ermuntert sich im Erlernen, dem Abgrund durch das Eigenvermögen zu entgehen; nicht der Gipfel, sondern der Umgang mit der Tiefe steht im Zentrum. In den Gipfel übt man sich über die Vorstellung ein, den Weg bis dorthin durchzustehen. „Oben, mein Junge, ist der Gipfel, und da willst du hin", sagt Hermann zu Karl, als ihm dieser seine Ängste anvertraut.[58] Die vorgestellte Zielsetzung ist ein abstraktes Mittel, um die eigenen Empfindungen zu übergehen und die Strecke zwischen Ausgang und Ziel erfolgreich hinter sich zu bringen.

GIPFEL 3 • FREUDE ÜBER DIE AUSSICHT
   (Grüntalspitze)

Ein paar Wochenenden nach seinen ersten Kletterversuchen fährt Karl mit Hermann in die Mieminger Berge, für ihn das Größte, was er bis dahin in seinem Leben gesehen hat.[59] Karl kann sich nicht vorstellen, so einen Gipfel zu erreichen: Atmen, keuchen, Schritt für Schritt höher, hinabblicken, schauen und atmen.[60] Er keucht sich in die Höhe, aber dieses Keuchen gibt ein starkes Lebensgefühl. Die Frische der Bergluft schmerzt in seinen Lungenflügeln, und die Beine werden weich von dem Geröll, das bei jedem Schritt nachgibt.[61] Probleme hat er nur mit dem Gipfel, die Tiefe ist nicht dramatisch, es geht nicht steil hinunter.[62] Das Ziel jedoch scheint sich immer mehr zu entfernen, anstatt näher zu kommen.

> „Dachte ich von dieser Bergschulter ‚Jetzt ist der Gipfel ganz nah, jetzt ist der Berg zu Ende', dann kam ein neuer noch größerer Aufschwung. Es gibt keinen speziellen Weg, jeder von uns arbeitet sich auf seinem eigenen Weg höher, die Geröllhalde wird oben auf dem Gipfel enden. Ich werde immer schneller, weil ich merke, daß die Endlosigkeit der Schritte für mich ein Ende haben muß." (Karl o. J., 27f)

Das Ende täuscht, es kommt selten dann, wenn man es sich wünscht, und dann auch nicht so, wie man es sich vorgestellt hat. Karl ist ungeduldig und beeilt sich, nicht um auf dem Gipfel zu stehen, sondern um dem endlosen Steigen ein Ende zu bereiten. Doch dabei gerät er aus dem Gehrhythmus, verlangsamt sich und ermüdet. Hermann holt ihn ein und rät ihm, nicht auf den Gipfel zu schauen, sondern sich nur auf den jeweils nächsten Schritt zu konzentrieren. Er selbst geht wie eine guteingestellte Maschine.[63] Karl analysiert und meint, daß Hermann im Unterschied zu ihm weiß, daß er auf den Gipfel kommt; von daher rührt seine Langsamkeit, die aber beständig nach oben führt. Die letzten Schritte zum Gipfel, auf dem ein großes Gipfelkreuz steht, sind für Karl genauso wie dieses „Berg Heil" der Schlüssel zum Licht.[64] Karl schaut als erstes auf die topographische Karte und liest „Grüntalspitze", sie ist mit 2580 Meter Höhe vermessen. Nun weiß er, wo er ist, und ist außer sich vor Freude.[65] Hermann ist ruhig und entspannt, schaut die Landschaft rundum an, und auch Karl entdeckt die Gipfelrealität. Um ihn herum sind Hunderte von Gipfeln, und beim Hinuntersteigen faßt er den Vorsatz, wiederzukommen und alle diese Gipfel zu besteigen. In den Panorama-Blick ist die Perspektive als größenwahnsinnige Zielsetzung eingegangen.

Der Anblick der Berge währt kurz, ist weniger ästhetisch als herrschaftlich. Er wird zum Überblick aus der Distanz heraus, der die Gipfel mengenmäßig abschätzt. Die Natur wird im Sehen symbolisch angeeignet. Das ist nicht neu, bereits Georg Forster hat in seiner „Reise um die Welt" nicht nur die Stadt zu seinen Füßen betrachtet, sondern sogar „die regelmäßigen Abtheilungen der dabei liegenden Gärten", die wie Kinderspielzeuge aussahen.[66] Für Karl wirken die Berge von oben gesehen kleiner und weniger bedrohlich. Sie werden zu Objekten seines Begehrens.

Exkurs: der Blick von oben

Für die Antike wie für das Mittelalter gibt es eine eigentümliche Hemmung, die Welt von oben zu betrachten oder sie als vom Menschen betrachtet zu denken. Der natürliche Aufenthaltsort des Menschen ist nicht oben, sondern unten, und seine konstitutive Blickrichtung ist die von unten nach oben, die des „contemplator coeli".[67]

Der Blick von oben war den Göttern reserviert. Bereits Zeus hat in der Ilias vom Gipfel des Gebirges die Wolken vertrieben, damit sich der großartige Anblick der unter ihm liegenden Welt auftut. Die Sonne bescheint die Gipfel mit ihren ersten und letzten Strahlen, von ihnen strömen aber auch Bäche und Quellen hernieder, und an ihnen sammeln sich die Gewitter. Die Gewinnung des Blicks von oben gehört zu den großen Innovationen der Neuzeit.[68]

Der Blick von oben hat den Aufenthalt auf dem Gipfel nicht einfacher gemacht. Sich auf einem Gipfel aufzuhalten heißt, sich in einer seltsamen Verstrickung zu befinden, deren Los das Unlösbare ist. Der Gipfel fordert den Menschen auf, sich selbst in ein Verhältnis zur Verwirrung zu bringen, d. h. sich zwischen verschiedenen Möglichkeiten zu positionieren. Reinhard Karl suchte seinen realen Gipfel auf der topographischen Karte, las den Namen und die Höhenangabe, um zu wissen, wo er sich befand. Die abstrakte Schrift wies ihm erst den konkreten Ort zu. Es scheint, als könne der zersetzte Gipfel-Ort nur dann mit Freude empfunden werden, wenn es gelingt, dem Ich als Selbstgefängnis für Momente zu entrinnen. Wieder findet auf dem Gipfel die Konkurrenz zwischen Innen und Außen, zwischen Welt und Seele statt.

Petrarca hat, wie wir wissen, seine Aufmerksamkeit schließlich der Schrift zugewandt; Karl vermag erst zu sehen, als er sich von der Kartenschrift löst. Dann staunt er selbstvergessen, aber die Freude währt kurz. Der Abstieg steht bevor und mit ihm der Vorsatz, alle gesehenen Berge zu besteigen. Die Zielsetzung bringt ein Ich hervor, das sich zu beweisen hat und von einem Gipfel zum nächsten entwirft. Der Gipfelangriff wird zum Credo des menschlichen Fortschreitens. Der Entwurf als utopisches Denken ermächtigt den

Menschen, die „Vermenschlichung" der Welt selbstschöpferisch voranzutreiben. „Es ist ein großes Schauspiel", schreibt Rousseau 1750 in seinem Discours, „den Menschen sozusagen aus dem Nichts durch seine eigenen Anstrengungen hervorgehen zu sehen".[69] Doch wenn er von seinen Anstrengungen nicht abzugehen vermag, wird ihm das Erreichte nicht zur Freude, der Gipfel nicht Erleichterung sein.

GIPFEL 4 • SEHNEN ALS SELBSTBEDRÄNGNIS
   (Gipfellos)

Der dritte Gipfel brachte Reinhard Karl nicht nur das erste „Gipfelgefühl", sondern vor allen Dingen eine andere Einstellung zum Alltag. Von nun an bedeutete ihm das Auto, an dem er Tag für Tag hantierte, nicht mehr die Begrenzung von Freiheit, sondern es ermöglichte ihm, eine Sache zu tun, die er machen wollte.[70] Der Wille wird mit Freiheit gleichgesetzt, um ihn durchzusetzen braucht er dreierlei: Hermann, den VW und sich.[71] Was Karl motiviert, war eine seltsame Suche, es war ein Suchen unter Steinen.[72]

Karl taucht am Wochenende hinter der Schwärze der Autoseele hervor, setzt sich in den eigenen Pkw und folgt Hunderte von Kilometern der schnurgeraden Autobahn, bis ihm die Augen zufallen.[73] Er will nur eines: wegfahren, weit weg; sein Ziel wurden die Alpen.[74] Auf diesen langen Fahrten versucht er über sein Tun nachzudenken, die Reflexion verschwimmt mit dem Faktischen in der Darstellung seines Wissens über den Gipfel.

> „Eigentlich ist alles nur ein Sehnen auf die letzten Meter. Dann sieht man schon den Gipfel, du weißt, du bist gleich oben, erstaunlich leicht fällt jetzt das Atmen; das Kopfweh, das sich gewöhnlich bei mir in der Höhe einstellt, ist verschwunden. Diese letzten Schritte, ja die tun richtig gut. Und dann ist man oben. Zeit zum Atmen, Zeit zum Sehen, Zeit zum Staunen. Der lange Schatten des Gipfels, der die Dunkelheit der kommenden Nacht anzeigt." (Karl o. J., 30f)

So stellt man sich das Obensein vor, der Puls des Höhersteigens läßt nach, und die Anstrengung hört auf. Der dritte Gipfel hat Karl gefreut, der vierte gab ihm das Gefühl, Zeit zu haben. Liest man jedoch seinen Text weiter, dann kommen Zweifel auf.

> „Die Nacht verbringen wir nach Abstieg von Gipfel und Hütte wieder auf der Autobahn, wir bewegen uns nicht mehr in Kilometern, sondern in Schlaf- und Rastphasen. Die Augen, noch vom Glanz der Berge geblendet, müssen jetzt Löcher in die Dunkelheit bohren. [...] Wir rasen durch die Nacht, damit wir von ihr noch etwas abbekommen. Rasen, damit ich heute wieder pünktlich unter dem Auto liegen kann. Gegen 4 Uhr morgens erreiche ich zerschlagen mein Bett. Schnell noch 3 Stunden schlafen, dann ist die Freiheit wieder zu Ende." (Karl o. J., 32)

Karls Sehnen wächst sich zur Jagd aus, seine Zeit ist ein Gehetztsein:

> „Zum Nachdenken finde ich keine Zeit, nicht mal auf dem Gipfel, nicht mal nach Feierabend; dazu bin ich zu müde."[75]

Den Rest der Woche verwendet er zum Erholen, und die Gedanken sind nur Pläne für das nächste Wochenende; für den nächsten Berg, die nächste Reise.[76]

Karl will, das fällt auf, immer wieder etwas anderes, als er dann tatsächlich tut.

> „Hermann und ich fuhren für ein paar Wochen in die Dolomiten. Drei Wochen Sommerurlaub. An sich wollte ich lieber zu den Schneebergen in die Schweiz."[77]

Es ist, als lebe er vom Aufschieben seiner Wünsche, das hält ihn zwar in Gang, aber nicht in seinem Rhythmus, aus dem er, unter dem Diktat der Beschleunigung, geraten ist. Die Geschwindigkeit ist ein Ersatz für den Aufschub dessen, wonach sich Karl sehnt; die Sehnsucht ist das Ergebnis und die Folge seiner Selbst-Täuschung. Er hat sich in einer Schlinge von Furcht und Verlangen verfangen, die sich immer mehr zuzieht, ihm immer weniger Spielraum läßt, d. h. Karl ist dabei, über die Forcierung der Zeit seinen Raum zum Erleben zu verlieren. Mehr noch, er scheint sich in einen beinahe bewußtlosen Zustand zu manövrieren. Er findet keine Zeit mehr zum Denken, höchstens zum Planen. Nicht die Gegenwart, nur die Zukunft zählt.

Khalil Gibran hat sinngemäß gesagt, es liege ein Raum zwischen der schöpferischen Einbildungskraft eines Menschen und dem, was ein Mensch erreicht, den er nur durch seine Sehnsucht durchschreiten kann. „Der eingebildete Mensch" von Dietmar Kamper beginnt mit einem Zitat von Blaise Pascal, der übrigens 1648 die erste barometrische Höhenmessung vorgenommen hat: „Was für ein Hirngespinst ist (...) der Mensch? Welche Neuerung, was für ein Unbild, welche Wirrnis, was für ein Ding des Widerspruchs, was für ein Wunder! Beurteiler von allem, törichter Erdenwurm, Verwalter der Wahrheit, Schlammfang der Ungewißheit und der Irrheit, Ruhm und Auswurf des Universums. Wer wird diese Verwirrung entwirren? (...) Der Mensch übersteigt unendlich den Menschen."[78]

Karls Sehnen wird zur Selbst-Bedrängnis, die sich auf ein Chaos zubewegt. Leonardo da Vinci hat dies so ausgedrückt: „Wie in Erwartung eines Festes sehnt sich der Mensch ständig nach dem Frühling, nach dem ihm folgenden Sommer, er sehnt sich nach den kommenden Monaten und

Jahren; immer scheint es ihm, daß die Dinge, auf die er wartet, zu langsam kommen; er versteht nicht, daß er sich nach seinem eigenen Verfall sehnt." Im Codice Atlantico meint er: „Der Mensch ist ein Abbild der Welt. (...) Jeder Teil sehnt sich danach, sich erneut mit dem Ganzen zu verbinden, um seiner eigenen Unvollkommenheit zu entfliehen."[79]

Karl flieht in der Sehnsucht seinen Alltag in der Autowerkstatt. Er möchte der Stadt als Zivilisation entkommen, um draußen in der Natur, oben in den Bergen und auf den Gipfeln Zuflucht zu finden. Christina von Braun problematisiert diese Suche als eine endlose Flucht, als Versuch, sich aus dem „Reich der Mütter" zu befreien, wobei sie davon ausgeht, daß „der Logos die ‚Mutter Natur' durch die ‚Mutter Zivilisation' ersetzt (hat)".[80] Diese aussichtslose Flucht, bei der es letztlich nur mehr um das ständige Fortbewegen geht, zeigt von Braun am Beispiel Reinhold Messners, dem es in Wirklichkeit nie gelingt, dieses Reich zu verlassen. „Wohin er auch flieht – zur ‚Mutter', zur Frau, zur Mutter Natur oder zur Mutter Zivilisation –, immer führen ihn seine (nicht geringen) Anstrengungen in die Bewußtlosigkeit zurück. Seine Flucht vor der Bewußtlosigkeit ist eine Flucht in die Bewußtlosigkeit, weil es auch eine Flucht vor der Existenz der Frau ist."[81] Wenn die Autorin recht hat, dann müssen auch bei Reinhard Karl Indizien zu finden sein, die sein Sehnen als Fliehen vor dem Weiblichen begreifbar machen. Und tatsächlich, es gibt eine Reihe von Anhaltspunkten.[82]

GIPFEL 5 • ANGST-RECYCLING
(Große Zinne)

Karl ist also wider Willen mit Hermann in den Dolomiten unterwegs. Das Ziel ist die Comici-Führe durch die Nordwand der Großen Zinne, 550 Meter hoch und vollkommen senkrecht.[83] Doch wenn er sie durchstiegen hat, dann gehört er zu den Extremen. Die Wand ist mit dem Schwierigkeitsgrad VI bewertet und ein Klassiker, durch die sich Emilio Comici, der beste Kletterer der damaligen Zeit, hochgearbeitet und ein Denkmal der Unsterblichkeit gesetzt hat, ehe er abstürzte, das war 1933.[84] Wenn man diese Führe wiederholt, hat man an der Unsterblichkeit teil, denn man kann sagen: „Ich habe die Comici gemacht." Doch Karl hat Probleme mit der Wand, sie ist so steil, daß er das Gefühl hat, nach hinten abzustürzen. Sein Gleichgewichtssinn ist durch die sich vergrößernde Tiefe ebenso gestört wie sein inneres Gleichgewicht.[85] Er zittert am ganzen Körper, die Furcht macht ihn tonnenschwer und scheint ihn in die Tiefe zu ziehen, dennoch, die Hände halten sich krampfhaft am Fels fest.

„Wenn ich manchmal von einem Haken wegklettern muß, erscheint mir das wie ein Abschied vom Leben. Der nächste Haken, dieser 2 Zentimeter große Eisenring, ist der Rettungsring, den es zu erreichen gilt. Es ist meine Flucht nach oben, bei der ich Liter von Angstschweiß verliere [...] Nach 6 Seillängen legt sich die Wand etwas zurück. Die Erde, der Boden ist in den Wolken verschwunden. Die Tiefe gibt es nicht mehr, ebenso kein Oben. Das einzige, was sich in dieser Grauheit scheinbar wohl fühlt, sind die Bergdohlen, die schreiend umherfliegen und die Gipfelnähe anzeigen. Ich hätte nie gedacht, daß ich jemals heil dort oben ankommen würde, aber es ist mir überhaupt nichts passiert. Ich bin körperlich so unversehrt wie die Wanderer, die in rotweißkarierten Hemden, roten Strümpfen und im Filzhut laut randalierend auf dem Gipfel ihre Brotzeit machen." (Karl o. J., 34)

In der Steilwand orientiert sich Reinhard Karl an den Bergdohlen, sie zeigen an, daß der Gipfel naht. Entgegen seinen Befürchtungen gelangt er unversehrt nach oben, stellt einen Vergleich mit denen an, die nur wandern. Der Vergleich ist eine Abgrenzung gegenüber den Wanderern, denn Kletterer haben ein anderes Outfit, andere Eßgewohnheiten und nehmen den Gipfel nicht durch Geschrei, sondern gelassen zur Kenntnis. Kaum hat Hermann Karl für sein Klettern gelobt, liegt das nächste Ziel vor ihnen. „Morgen werden wir die Cassin-Führe an der Westlichen Zinne machen, da wird dir Hören und Sehen vergehen, so steil ist das."[86] Kaum hat Karl den Gipfel betreten und die Anspannung der gekletterten Route abgelegt – der Tonnenkloß, den er gerade auf dem Gipfel verlor –, wird neue Angst produziert. Man gönnt sich keine Ruhe. Karl hofft, daß das Wetter anderntags schlecht sein möge, er will die „Cassin" nicht klettern. Alles geht zu schnell, er hat keine Zeit, die soeben bestandene Initiation wirken zu lassen, denn eigentlich müßte er jetzt ziemlich stolz sein, ein Extremer zu sein.[87] Extrem sein heißt in diesem Fall, die eigene Angst zu übergehen und gegen den eigenen Wunsch zu handeln. Es ist eine Art Selbst-Vergewaltigung. Nur was erneut erwartet wird zählt. Vom Abstieg ist nichts zu hören. Unten ersteht Karl sofort eine Ansichtskarte, die er mit der realen Wand vergleicht.

„Ich grüble, welche Ansicht stärker auf mich wirkt: die 10 mal 15 Zentimeter große Postkarte oder die maßlose Wirklichkeit? Die 2 Quadratzentimeter rechts auf der Postkarte beunruhigen mich sehr. In Wirklichkeit sind diese 2 Postkartenquadratzentimeter 500 Meter hoch und 50 Meter überhängend, gelber Fels." (Karl o. J., 35f)

Das Foto bewegt ihn mehr. Das Kleine birgt das Große, Karl läßt das Abbild zu neuem Leben auferstehen. Im ersten Licht gehen sie dann zum Einstieg und sind ganz still.[88] Karl überlegt krampfhaft Ausreden, um nicht klettern zu müssen; schließlich gesteht er, daß ihm ganz elend vor Angst sei.[89] Hermann überredet ihn, Karl hat ein schlechtes Gewissen, Hermann verspricht, alles vorzusteigen, Karl weiß, daß man nach drei Seillängen nicht mehr umkehren kann, weil es zu überhängend ist, aber er ist zu schwach, um nein zu sagen.[90] Dieses Mal aber macht ihm die Tiefe erstaunlich wenig aus, er arbeitet sich an den wackeligen Haken und dem brüchigen Fels hoch, tut als Seilzweiter seine Pflicht, damit Hermann seine Tour klettern kann.[91] Mehr ist über diese Route nicht in Erfahrung zu bringen.

Erst als Karl wieder unten ist, erlebt er seine soeben gekletterte Route und erzählt den anderen Bergsteigern, daß er die „Cassin" an der Westlichen Zinne gemacht habe. Er genießt ihre Bewunderung, denn bei so viel Angst, die er hatte, konnte er den unverdienten Ruhm ruhig genießen.[92]

Die Nacherzählung scheint jene Lücke zu füllen, die durch die Projektion immer wieder entsteht. Es fehlt die Zeit, die Erfahrung wirken zu lassen, sie muß im nachhinein durch die Sprache beschworen und vergewissert werden. Im Versprachlichen scheint das Erleben zu gerinnen und der Körper zu bekommen, was vorher verdrängt, durch die Angst und den Widerwillen unter Verschluß gehalten wurde. Auf sicherem Boden ist dieser Selbst-Schutz unnötig geworden, das Sprechen weicht auf und stellt posthum Intensität her. Karls Selbststilisierung gründet in einer Künstlichkeit, die unter dem Zwang zur Wiederholung steht.

Als Reinhold Messner mit Friedl Mutschlechner im Frühjahr 1982 den Kangchendzönga besteigt, obwohl der Sturm, der mit über 100 Stundenkilometern über den Grat fegt, sie zu ersticken droht, handelt sich Friedl schwere Erfrierungen an Händen und Füßen, Reinhold einen Amöbenabszeß in der Leber ein. Todkrank überstehen sie dennoch den Rückmarsch.[93]

In dieser Lage, die hart an seine Leidensfähigkeit ging, wollte Messner das Expeditionsbergsteigen endgültig an den Nagel hängen. Messner erholt sich für drei Wochen in Ladakh, um dann, ähnlich wie Karl, entgegen seinem Vorsatz weiterzumachen und den großen Achttausender-Hattrick zu Ende zu bringen. Er überschreitet in einem Stück den Gasherbrum II und den Broad Peak. Nach diesem großen Erfolg stieg Messners Bekanntheitsgrad in der Öffentlichkeit, ein vorderster Rang in der Alpingeschichte war ihm gesichert, sein Sprechen und Schreiben nahm an Umfang zu, seine Himalaya-Aufenthalte wurden länger.

Im gleichen Monat desselben Jahres, Mai 1982, als Messner Richtung Gasherbrum II steigt, – „Gigantische Tiefblicke! Alle Täler und Berge wirkten in dieser wie vom Weltgeist angehauchten Luftglocke wie unter einem Vergrößerungsglas"[94] –, will Reinhard Karl den Cho Oyu besteigen. Aber bis dahin ist es noch ein langer Weg.

GIPFEL 6 • SELBST-REFLEXION

Als Hermann und Karl die Drei Zinnen gegen die Civetta austauschen, regnet es, und das Klettern in den Alpen ist für diesen Bergsommer vorbei. Zurück in Heidelberg beantragt Karl unbezahlten Urlaub. Er will nach Chamonix, aber mit nur drei Wochen Urlaub kann er nicht viel anfangen.[95] Karl erreicht, was er wollte, und bekommt im nächsten Jahr sechs Wochen Urlaub.[96] In der Zwischenzeit übt er wie ein Besessener; er ist auf der Jagd, ein guter Bergsteiger zu werden.[97] Was ein guter Bergsteiger ist, bestimmt längst seine Vorstellung und hat sich zu einer Definition verdichtet: „Ein guter Bergsteiger ist derjenige, der die großen drei Nordwände gemacht hat. Die Matterhorn-Nordwand, die Eiger-Nordwand und den Walkerpfeiler der Grandes Jorasses."[98] Und so ist es eine Frage der Zeit, bis er selbst zu den Großen zählt; auf dem Plan steht der Eiger. Als er Hermann davon berichtet, wehrt dieser ab, die Eiger-Nordwand sei viel zu gefährlich, das sei was für Psychopathen, wenn man lese, was da alles passiere, sei das richtig ekelerregend.[99] Aber Karl wird längst vom Eiger bestimmt. Er gesteht, daß der Eiger etwas ist, das auch Nichtbergsteiger kennen, und wenn er diese Nordwand erstiegen hat, dann werden ihn endlich auch jene anerkennen, die ihn für eine komische Figur halten.[100] Karl beginnt sich selbst zu präparieren, vertieft sich in Bücher und Fotos, auf denen u. a. der Walkerpfeiler wie eine Himmelsleiter aussieht, mit Eis und Schnee überzuckert.[101] Schrift und Bild stehen gegen die Realität.

> „Wenn man die Bücher der Erstersteiger liest, kann man sich eigentlich nicht vorstellen, daß jemand außer Jesus an diesen Wänden überhaupt eine Chance hat, den Gipfel lebend zu erreichen." (Karl o. J., 38)

Gelänge es einem aber doch, dann schöpft man das Leben als Passion zur Gänze aus, mehr noch, ein Sterben bewirkt eine Auferstehung, die als Entmaterialisierung Erlösung und Allmacht verspricht. Hermann und Karl beschließen, den Walkerpfeiler zu klettern. Nachdem Karl zu den Extremen zählt und das nächste große Ziel vor Augen hat, erinnert er seinen alpinen Werdegang.

> „Meine Wunschträume überschlugen und erfüllten sich in phantastischer Geschwindigkeit! Zum ersten Mal klettern. Zum ersten Mal

einen Dreier vorsteigen, einen richtigen Berg besteigen, mit allem Drum und Dran: mit Gipfelkreuz und Handschlag, mit ‚Berg Heil' und dem Gefühl, oben zu sein, die Aussicht, die Farben, die Sonne." (Karl o. J., 38)

Karls Reflexion überrascht. Die große Angst, die Beschlüsse, sich nie mehr der Tiefe auszusetzen, die Ausreden beim Einstieg – von alledem ist nun nichts mehr zu hören. Ziele löschen negative Erfahrungen und Empfindungen aus dem Gedächtnis. Das Kalkül duldet keine Ambivalenz. Dann kommt der August und mit ihm Regenwetter. Man sitzt unter seinem Wunschtraum und wartet.

„Jeden Morgen bauen wir uns wie Murmeltiere vor unserem Zelt auf und schauen zu unseren Bergen. Denn die Dru und der Walkerpfeiler waren unser Eigentum. Die vielen schaulustigen Touristen konnten sie nur bestaunen, wir aber wollten die Berge anfassen." (Karl o. J., 39)

Die Berge zu berühren, sie anzugreifen wird zur Obsession. In der Leidenschaft wird er von den Bergen besetzt, er ist ein Bergbesessener.

„Ich spüre zum ersten Mal so etwas wie Besessenheit, eine Kraft, die unheimlich stark macht, aber auch gar keine andere Möglichkeit läßt, als ihr zu folgen." (Karl o. J., 39)

Wenn man unter dem Berg sitzt, ihm sehr nahe ist, zerfällt seine ästhetische Anziehungskraft. Übrig bleibt ein zerfurchter Steinhaufen. Die Ästhetik der Berge scheint in der Distanzierung verwahrt, dem verkürzten Blick fällt sie zum Opfer: „Der Gipfel, buchstäblich nach hinten gekippt, ist nicht mehr sichtbar."[102]

Für den Extremen scheint das ästhetische Empfinden Anreiz, aber nicht Motiv des Tuns zu sein. Primat des Kletterns ist und bleibt das Taktile, wobei neben dem Sehen auch die anderen Sinne – Hören und Riechen – eine wichtige Rolle spielen.

„Wenn ich den Berg nicht ‚richtig', das heißt in dem Postkarten-Idealblick gesehen hätte, nie wollte ich da hinaufsteigen. Nach oben zieht ein Couloir zu dem Beginn des Pfeilers. Steine donnern herab, es riecht nach Schwefel und nach Tod." (Karl o. J., 40)

Im extremen Klettern bringt sich ein kultureller Verlust der Sinne wieder in Erinnerung. Es ist sogar so, daß sich die Nahsinne gegen den Fernsinn des Sehens verbünden. Diese zweierlei Sichten scheinen sich nicht mehr zu berühren. Aber gerade ihr Auseinanderfallen erwirkt Karls Weitermachen.

„An sich bräuchte ich da gar nicht mehr hinauf: Die Schwierigkeiten, die Zeit und die Route und wer da schon vor mir diesen Berg bestiegen hat, alles ist schon bekannt. Selbst wie das zu Erwartende aussieht, weiß ich schon von Fotos, nur eben nicht, ob ich das schaffe. Das ist für mich noch nicht bekannt." (Karl o. J., 40)

Das Abenteuer wird bei Karl aus der Sinnes-Trennung evoziert und entfaltet sich in der Trennung. Die Trennung intensiviert das Erleben. Auf der einen Seite befindet sich das Wissen, auf der anderen Seite steht das Erlebnis. Letzteres ist unabsehbar, weder prognostizierbar noch zu funktionalisieren. Das Erlebnis widersetzt sich der Einfügung in eine festgelegte Ordnung. Es zeichnet sich gerade durch die Abweichung von der Zielsetzung aus, unterliegt aber einer hohen Erwartung: Man möchte Besonderes und Großes erleben. Nicht selten steigern Erlebnisse die Unerfüllbarkeit von Wünschen. Das Erlebnis hat eine subversive Kraft. Erlebnisse überschreiten die Grenzen des Guten und Schlechten, sie zersetzen die Moral.

Karl wird vom noch Unbekannten versucht. Das Unbekannte ist die Dru. Dieser Berg ist keine Millionenauflage eines Autoersatzteiles, er sichert ein einmaliges Erlebnis.[103] Aber das Erleben hat strenge Regeln. Durch häufiges Wiederholen höhlt sich das Erlebnis aus, daher steigert man die Erlebnisse durch Erhöhung der Schwierigkeiten. Dieses Mal soll es nicht gelingen. Die ganze Nacht knallen Steine das Einstiegscouloir herunter, und am Nachmittag gibt es ein fürchterliches Gewitter.[104] Man hat Angst und flieht den Ort.

Im Tal beschließt Karl, dem Autoreparieren, das für ihn nicht der Sinn des Lebens sein kann, langfristig ein Ende zu setzen. Er entscheidet sich für den Besuch der Abendrealschule.

„7.30 Uhr Arbeiten bis 17.00 Uhr. Nach Hause, waschen, Kaffeetrinken, 18.30 Uhr Schule, Unwissenheit beseitigen bis 23.00 Uhr. Zu Hause ins Bett, jeden Tag. Am Wochenende Klettern ..." (Karl o. J., 41)

Die Schule ist für ihn die zweite Hoffnung auf Erlösung; sie stellt er sich wie einen Tunnel vor, an dessen Ende mit dem Abitur Licht in Sicht kommt. Die Schule wird Mittel zum Zweck, die Kletterei Mittel, um diese Zeit bis zum Ende erträglich zu halten.

Mittel, Ziel und Zweck gehen eine feste Verbindung zueinander ein, mit dem Ergebnis, noch aktiver und schneller zu werden. Karls Leben wird abstrakter, an Erfahrungen ärmer. Er läuft dem Erlebnis nach, während sich dieses verflüchtigt.

GIPFEL 7 • EIN GIPFEL ALS LÜCKE
(Dru)

Drei Wochen nach der Dru-Enttäuschung fährt Karl mit einem anderen Seilpartner, Robert, wieder zur Dru. Von der Tour ist wenig, vom Gipfel nichts zu hören.

„Alles klappt. 3 Tage harte Kletterei, 3 mal Biwakieren, kein Stein im Couloir. Unsere härteste Klettertour. Und ich bin das meiste vorgeklettert." (Karl o. J., 42)

Der Gipfel wird ausgespart. Karl übergeht ihn wortlos. An seine Stelle tritt die Frage: Wie kann ich besser werden? Karl weiß zu Recht, daß ein guter Seilpartner seine Perfektionierung nicht fördert. Im Zweifelsfall steigt der bessere voran, die Verantwortung ist ihm leicht abzugeben. Mit Robert ist Karl der bessere.

> „Und dann kämpfte ich mich hoch, meine Angst wich dem Gefühl ‚Mir kann nichts passieren'. Und es passierte mir nichts, und ich konnte alle Schwierigkeiten überwinden, weil ich von mir überzeugt war. Zum ersten Mal war ich von mir überzeugt. Allerdings nur bis ins Tal." (Karl o. J., 42)

Karl wächst an der Schwäche Roberts und hält sich für unverwundbar. Karls Unverwundbarkeit beschränkt sich auf den Berg. Damit konstruiert er einen Gegensatz zwischen Berg und Tal. Karl fühlt sich im Tal verletzbar und den Erfordernissen nicht gewachsen. Daher steigt er immer wieder und immer öfter auf den Berg, um dieses Minus auszugleichen. Die Rechnung geht nicht auf: Je mehr er hinaufsteigt, desto schwerer fällt ihm das Talleben. Das Verbindenwollen der zwei Welten zerreißt ihn selbst. Mit Baudrillard könnte man sagen, daß bei Karl eine „negative Intensität" entstehe.[105] Voll des Wollens nimmt er den Gipfel kaum noch wahr.

In der Anstrengung, das Leben zu intensivieren, wird er den Grenzen des Lebens gegenüber gleichgültig. Der Gipfel ist eine Grenze. Hier setzt eine seltsam unheimliche Drehung von Widersprüchen ein: Karl zirkuliert an einem Abgrund, und der Sturz ins Leere kann nur noch durch die konkreten Gefahren hintangehalten werden. Sie ziehen Karls Aufmerksamkeit auf sich. Steine, die durch Einstiegscouloirs knallen, sind konkrete Wirklichkeit und erinnern die Endlichkeit des Lebens.

Die Gefahr ist Karls einzige Sicherheit. In der konkreten Gefahr bindet er sich an die Sinne und zurück in den Körper. Die Suche von Gefahren ist ein Ausweg aus der Verwirrung des abstrakten Wollens. Damit ist den Gefahren etwas Positives abzugewinnen. Aber dieser Gewinn ist kaum erstrebenswert, denn das Wollen schreitet weiter voran, und zugleich müssen die Gefahren immer größer werden.

GIPFEL 8 • TODESANGST
(Aiguille du Plan)

Den Winter über füllt Karl mit Lernen, da eine seiner Traumbesteigungen in Erfüllung gegangen ist. Nächstes Jahr kommt der Walkerpfeiler dran.[106] Es ist Juli, man erreicht die Leschauxhütte, Ausgangspunkt für den Walkerpfeiler. Der Wetterbericht verspricht nichts Gutes, dennoch will man es versuchen. Vorher absolviert man eine Eingehtour durch die Nordwand der Aiguille du Plan und hat ein schreckliches Erlebnis.

> „Im oberen [...]Hängegletscher machten wir einen grausamen Fund. Zwei Bergsteiger baumelten am Seil über einem senkrechten Eisbruch. Ich sehe die Leichen zuerst: Tränen laufen mir über das Gesicht, ich kann es nicht glauben, daß die Körper, die sich leicht im Wind bewegen, leblos sind." (Karl o. J., 43)

Hermann reißt Karl aus seiner starrkrampfigen Lethargie und meint, daß man da nicht mehr helfen kann. Sie klettern von Todesangst getrieben auf den Gipfel, den sie schon im ersten Licht erreichen.[107] In den nächsten Tagen grübeln beide darüber nach, daß auch sie eine Eislawine hätte töten können.

GIPFEL 9 • HAST
(Grandes Jorasses)

Bereits einen Tag später versucht man den Walkerpfeiler: Um 1 Uhr nachts verlassen sie die Hütte und suchen im Schein der Taschenlampe den komplizierten Weg über das von Gletscherspalten zerrissene Eislabyrinth.[108] Es ist sehr kalt, die Sterne funkeln, und Hermann hat keine Probleme, den Anstieg durch diesen Irrgarten auf Anhieb zu finden. Vor ihnen baut sich die Wand auf, schwarz und immer größer werdend. Doch „wir zwei Taschenlampenlichtlein sind voller Auftrieb".[109]

Beim ersten Tageslicht stehen beide am Pfeilerfuß, und alles rundum ist vergessen. Ihre Erlebniswelt besteht nur noch aus „oben" und „weiter".[110] Beinahe jede Passage dieser Kletterroute hat einen Namen: Rébuffat-Riß, die 75-Meter-Verschneidung, die Schwarzen Platten, der Rote Kamin usw. Man weiß, wo man sich befindet, und durchklettert ein Verzeichnis. Plötzlich, es ist erst 5 Uhr nachmittags, wird es Nacht.

> „Blitz, Donner, Schneesturm, explosionsartiges Donnergetöse. Taghelles Aufleuchten für den Bruchteil von Sekunden. Heulender Schneesturm. Wir finden ein winziges Band, wo wir mehr hängen als sitzen können. Wir sind im Zentrum eines apokalyptischen Gewitters. Unser Leben scheint keinen Pfifferling mehr wert zu sein. Die Blitze erzeugen jedesmal Todesangst in uns. Immer kürzer wird die Zeitfolge zwischen Blitz und Donner. Immer kanonenschlagähnlicher der Donnerknall. Durch die Lawinen wird unser Sitzplatz immer kleiner. Den Schnee wegzuräumen wird immer anstrengender. Schließlich ist mir alles egal. Zitternd warte ich auf das Ende: Trifft uns der Blitz? und falls nicht – wann ist endlich diese Nacht vorbei?" (Karl o. J., 44)

Als das Gewitter gegen 4 Uhr morgens endlich nachläßt, schneit es. Hinunter kann man nicht mehr, man zittert vor Kälte dem Tag entgegen und schließt sich mit zwei Franzosen zusammen, die man am Vortag überholt hat.

„Um 3 Uhr erreichen wir den Gipfel, keine Zeit für irgendwelche Gefühle. Aus Angst vor weiteren Gewittern machen wir uns sofort an den Abstieg." (Karl o. J., 44)

Gefühllos erreichen sie den Gipfel. Im Tal ist nichts mehr vom Gipfel übrig, die Bergtour verschwindet, wie der Berg im Schneesturm, 13 Buchstaben bleiben: „Walkerpfeiler".[111]

GIPFEL 10 • NEUES ERSATZPROJEKT
(Jungfrau)

Es geht nonstop weiter, nun kommt der Eiger dran.[112] Man baut unterhalb der kleinen Scheidegg sein Zelt auf, Karl geht zur Zahnradbahnstation und mischt sich unter die Leute, die beim Fernrohr Schlange stehen, um einen Todeskandidaten aus Kilometerentfernung hautnah zu beobachten.[113] In der Wand aber gibt es nichts zu sehen, die Verhältnisse sind schlecht. Karl kokettiert mit möglichen Schlagzeilen.

„,Zwei Bergsteiger in der Eiger-Nordwand im Sommer erfroren.' Die Mutter eines Verunglückten: ,Mein Sohn wollte es den Arbeitskollegen zeigen, daß auch ein Automechaniker aus Norddeutschland bergsteigen kann. Er war mein einziger Sohn, aber ich war sicher, daß ihm nichts passieren kann.'" (Karl o. J., 46)

Dieser Berg ist nicht einmal schön, es ist ein steiler Kohlehaufen, aber der heißt Eiger.[114] Dennoch setzt Karl in diesen Berg größte Erwartungen, er glaubt, daß sich sein Leben wirklich verändern werde, wenn er diese Wand mache.[115]

Den Eiger kennt jeder. Bereits für Heinrich Harrer bedeutete dieser Berg den Absprung in ein anderes Leben. Doch der Versuch endet früh, es regnet. Man weicht auf einen anderen Berg aus, die „Jungfrau", durch den „Mönch" vom Eiger getrennt. Die Jungfrau ist „das wirkliche Gegenteil eines gefährlichen Kohleberges: Weiß, harmonische Formen, die zwei busenähnlichen Silberhörner und der eisige Bauch des Berges, das ist das Leben".[116]

Mit dieser erotischen Besetzung der Berge setzt Karl eine lange alpine Tradition fort.[117] Während die Erstbesteigung der Jungfrau umfänglich zur Darstellung kam,[118] erfährt man bei Karl sehr wenig vom Gipfel. Die Jungfrau dient lediglich als Brückenkopf.

„Trotzdem, vom Gipfel der ,Jungfrau' schaue ich zum Eiger: Über den Tod zum Leben hochzusteigen ist doch ein anderes Lebensgefühl als eine todsichere Sache hochzusteigen und müde oben anzukommen." (Karl o. J., 46)

Exkurs: Mutterloser Gipfel

Hier liegt eine seltsam sich verkehrende Metaphorik vor. Den Eiger setzt Karl mit dem Tod gleich, der im Durchstieg überwunden wird. Am Ende, d. h. auf des Eigers Gipfel, ist man zu neuem Leben erweckt, zu einem besonderen Leben: Man hat es sich selbst gegeben. Voraussetzung war die Gefahr und das Risiko. Beides ist bei der „Jungfrau" nicht gegeben; sie ist so sicher, daß es langweilig und ermüdend ist, sie zu besteigen. Die „Jungfrau" ist eine Sache, die nicht reizt. Hingegen stellt der Eiger etwas Großes in Aussicht, die Selbst-Geburt. Der Bergsteiger entbindet sich selbst, seine „Mutter" ist der Tod, konstruiert als Gegensatz zum Ich. Die Geburt vollzieht sich, indem die „Mutter" hinter sich gelassen wird, je mehr, desto lebendiger fühlt man sich. Der Gipfel trägt die Hoffnung, den Geburtsvorgang zum Abschluß zu bringen. Diese Vorstellung erinnert einerseits an Initiationsriten,[119] andererseits wirft sie die Frage auf, welcher Logik der Bergsteiger folgt, wenn er den Eiger mit einer toten Mutter vergleicht, der er sich entwindet. Gibt es auch eine Mutter außerhalb des Totenreiches? Darauf gibt Christina von Braun eine überraschende Antwort: Nein, eine solche Mutter gibt es nicht. „Der Logos hat die ,Mutter Natur' durch die ,Mutter Zivilisation' ersetzt."[120] Der Berg ist leer und mutterlos, daher weder fruchtbar noch tragend. Anders die Zivilisation, die vom Staat getragen wird. „Der Staat als das wiedergefundene Paradies: ein Paradies, das nach den Gesetzen des Logos erschaffen wurde und als totalitärer Staat oder als sozialer Wohlfahrtsstaat die synthetische Mutter schlechthin darstellt."[121] Der Ort, den der Bergsteiger verläßt, ja nahezu flieht, um zum Berg zu gelangen, ist der des Logos, der sich die Gebärfähigkeit der Frau wie ihre Mütterlichkeit angeeignet hat. Das gelang, indem die Frau als Sexualwesen verschlungen und als abstraktes Gebilde, als Kunstmutter, wiedergeboren wurde. Sie wird mit den Erfüllungen moderner Industrie- und Sozialstaaten beleibt und zur „Übermutter". Als solche bringt sie eine Reihe von Institutionen hervor, „Körperschaften", die „ihre Kinder" festhält, kontrolliert, schützt und sichert. Gerade diesen Sicherheiten will der Bergsteiger entgehen, wenn er sich wie Karl in die Eiger-Nordwand begibt. Aber er flieht, so scheint es, halbherzig. Auf einem großen bzw. schwierigen Berg holen ihn erneut strenge Reglements ein, um überleben zu können; dennoch spricht der Bergsteiger von „Freiwilligkeit".

Es bleibt das Rätsel, weshalb der Eiger tot vorgestellt wird. Wenn sich der Mensch als autonomes Wesen denkt, dann ist es konsequent, den Ort der Selbstschöpfung als einen toten zu imaginieren: Wenn man sogar den Tod überwindet, kann einem das Leben nichts anhaben. Die eigene Unsterblichkeit rückt in den Bereich des Möglichen. Damit wäre, auch weil man sich aus dem Nichts fabriziert hat, die eigene Entsexualisierung eingeleitet. Der Andere verliert seine Andersartigkeit, das Fremde gibt es nicht. Man ist mit allem ident geworden. Nichts stört das Idente, da seine Voraussetzung das Zu-Tode-Konstruierte ist. Das vergängliche „Ich" ist zum unvergänglichen, omnipotenten „ICH" avanciert, das sich gewaltsam an den Logos bindet.[122] Der Logos „entleibt" den Geist gewaltsam.

Reinhard Karl schwankt zwischen diesen beiden Ichs; er erzählt nichts darüber, wie es auf dem Gipfel der Jungfrau wirklich ist, man hört nichts über Kälte, Wärme, Wind oder Schnee; man weiß nichts Genaues über den Auf- und Abstieg. Eines jedoch ist sicher: Man wird so rasch wie möglich durch die Eiger-Nordwand steigen. Um diesen Plan zu fassen bzw. endgültig zu besiegeln, ist man die Jungfrau hochgestiegen. Sie war Mittel zum Zweck, ein Instrument für das nächste Projekt, ein Testfall. Die Jungfrau als Bestätigung des männlichen Logos.

GIPFEL 11 • VERSCHIEBUNG
(Gletscherhorn)

Für dieses Jahr ist es vorbei, aber man schwört, daß man wiederkomme. Hermann hat ebenso wie Karl Feuer gefangen, und die Kraft des Satzes „Ich habe die Eiger-Nordwand gemacht" hat beide überwältigt.[123]

Ein Jahr später reisen sie erneut an. Es ist August, und nichts hat sich verändert, die ganze grausame Atmosphäre ist geblieben, der Nimbus dieser Wand als Mordwand hat nichts von seiner Abschreckung eingebüßt.

> „Die Wand ist auch noch genauso hoch – 1600 Meter. Über grüne Rasenflächen schaffen wir die Rucksäcke nachmittags zum Einstieg hoch. Unser Ziel soll das Schwalbennest werden. Dort wollen wir biwakieren und dann in einem Tag zum Gipfel klettern. Abrupt hören die Blumenwiesen auf. Splittriger Fels, nicht besonders schwierig, führt in die Höhe. Schlagartig verändert sich mein Empfinden. Ich bin nicht mehr freier Bergsteiger mit einem Ziel. Ich bin ein gehetztes, ein gejagtes Wesen, das so schnell wie möglich einen 1600 Meter hohen steinwerfenden Schutthaufen hochrennt." (Karl o. J., 57)

Karl reflektiert sein Befinden, registriert seine Veränderung zum Negativen, ändert aber nichts. Er bleibt ein Gejagter. Doch das Wetter ist wieder schlecht. Man steigt ab und sucht ein Ersatzziel: Gletscherhorn-Nordwand. Sie steht neben der Jungfrau. Im Hüttenbuch auf der Rothtalhütte haben sich Günther und Reinhold Messner eingetragen: Gletscherhorn-Nordwand, Ebenefluh N-Wand. Lange schon wollte Karl die beiden kennenlernen, jetzt hat er sie wenige Tage verpaßt.

> „Die beiden Eiswände rauf und runter gelingen uns gut. Ohne Zwischenfälle und eigentlich schnell." (Karl o. J., 57f)

Karl verliert kein Wort über den Gipfel. Er ist die Lücke zwischen rauf und runter. Wieder ist nichts aus dem Eiger geworden. In der Schule steht Karl auf der Abschußliste, finanziell ist er längst abgestürzt, und nach der Probezeit fahren sie über ein Wochenende zur Droites-Nordwand nach Chamonix.[124] Was außerhalb des Bergsteigens liegt, wird zumindest sprachlich in Verbindung zum Bergsteigen gebracht. Karls Verhalten gleicht dem eines Drogenabhängigen.

GIPFEL 12 • DAS VERDRÄNGTE
(Droites)

Auf der Argentière-Hütte hört Karl, daß Reinhold Messner gestern im Alleingang und in nur neun Stunden die Droites-Nordwand geklettert sei; es ist die vierte Begehung insgesamt. Erneut ist er zu spät gekommen (1978 wird Karl mit Messner zum Everest fahren). Am nächsten Tag jedenfalls macht man die Eiswand. Sie ist steil, nur schwer können Standstufen in das harte Wassereis geschlagen werden. Dann bricht Hermanns Eispickel ab, Karl verliert seinen Hammer.

> „Trotz alledem erreichen wir gegen Mittag den Gipfel, und abends gibt der Wirt auf der Couvercle-Hütte ein Festessen für uns Deutsche, die die Droites-Nordwand gemacht haben." (Karl o. J., 60)

Der Gipfel wird mit einem Halbsatz erwähnt, die Aufmerksamkeit gilt dem Nachher. Als Karl stockbetrunken im Mondlicht vor die Hütte tritt, holt ihn das Übergangene mit Todesangst ein.

> „Im Mondlicht und im Sternengefunkel sehen der gegenüberliegende Montblanc und die vielleicht hundert Granitnadeln wie ein riesiges Tier aus, das auf mich zugerast kommt und mich verschlingen will. Entsetzt, in Todesangst, renne ich den Berg hinunter und verstecke mich unter einem großen Stein im Schatten des Mondlichtes ..." (Karl o. J., 60)

Man ist an Scheuchzers Drachen erinnert, die Karls Unbewußtes in Aufruhr versetzen. Es ist, als begänne der Berg wider Willen in ihm auszubrechen. Karl hat längst keine Zeit mehr zu empfinden, was er erlebt hat. Er hastet von einem Ziel zum nächsten. Das Verdrängte ist wie Sondermüll: weder aufzulösen noch sicher zu lagern. Karl wirkt wie ein defekter Atomreaktor, seine Seele ist leck geworden, körperliche Anspannung und Überanstrengung haben diese Seele anfällig gemacht. Einerseits immunisiert sie sich gegenüber Schmerzen; andererseits legt sich in ihr ein gefährliches Archiv unbestimmbaren Materials ab: Es ist unberechenbar losgelöst von Karls Denken und Tun.

> „Mir laufen die Tränen herunter. Meine Angst und Unrast der vergangenen Tage sind einem Gefühl der Erschöpfung und Gelassenheit gewichen. Das erste Licht der Berge, wie weich, wie rötlich, welche Kraft. Für einen Moment habe ich das Gefühl, wunschlos zu sein, ich glaube man nennt das Glück." (Karl o. J., 60)

Exkurs: Schmerzflucht ist Glück

Glück bedeutet Erlösung von Angst, Getriebensein und Schmerz. Karl rührt dabei an eine Grundfrage der Ethik. Ob Epikur, die Stoa, Schopenhauer, Bentham, Mill oder Singer, den Messner häufig zitiert, nach Jörg Zirfas ist ihnen eines gemein: Diese Ethiken basieren auf einer anthropologischen Basis, die darauf aus ist, Schmerz zu fliehen bzw. Leiden zu vermeiden, aufzuheben oder zu lindern.[125] Daß das empfindsame Wesen Schmerz und Angst flieht, ist unmittelbar einsichtig und wird dem Allgemeinheitsanspruch von moralischen Normen in besonderer Weise gerecht. Der Mensch sucht in erster Linie nicht Glück, sondern versucht dem Schmerz zu entkommen. Glück ist ein Nebenprodukt dieser Fluchtbewegung und stellt sich im besten Fall nach der Erschöpfung ein. So teilt es uns zumindest Karl mit. Im Leiden ist der Mensch, wie der Pessimist Schopenhauer sagt, auf sich selbst zurückgeworfen. Das bringt ein Problem des Nichtkommunizierens mit sich. Der Schmerz gehört zur privatesten aller Erfahrungen, da er unser Realitätsgefühl raubt und uns dermaßen ausfüllt, daß es erleichternd ist, ihn möglichst rasch zu vergessen.[126] Vielleicht könnte man ohne dieses Vergessen gar nicht mehr weiter empfinden oder miteinander sprechen.

In der Alpinliteratur sprechen Selbstqualen und Schmerzen vor allem aus Expeditionsberichten. Viel seltener werden Wunschlossein oder eben das Glück behandelt; häufiger ist vom Mitleiden die Rede.[127]

Hume vertritt den Standpunkt, daß man sich nur deshalb um die Schmerzen anderer kümmert, weil es eine Erweiterung dessen sei, sich um das eigene Leid zu sorgen. Wie immer, das subjektive Prinzip des Leidens ist nicht aufzuklären, im Gegenteil. Es ist ein integrativer Bestandteil des Subjekts, und über die Steigerung des Schmerzes bis zur Bewußtlosigkeit konstituiert sich das alpine Subjekt.

Der Schmerz trennt von außen. Er legt sich im Menschen so zugrunde, daß dieser nicht umhin kann, sich mit sich selbst zu befassen, sich selbst zum Mittelpunkt der Realität zu machen. Diese Isolierung treibt die Selbst-Reflexion voran und in einem weiteren Sinne das Lernen, ein Ich zu sein (das sich möglicherweise erneut zum ICH erhöht, sobald es den Schmerz überstanden hat).

GIPFEL 13 • DER GIPFELLOSE BERG
(Eiger-Nordwand)

Die Kletterer geben nicht auf, ein Wochenende später stehen sie wieder unter dem Eiger. Im „Hinterstoisserquergang" verliert Hermann den Eispickel. Das bedeutet Rückzug, zwei Wochen danach versuchen sie es erneut.

> „Alles ist grau, selbst das erste Morgenrot am Himmel kann diese düstere Stimmung nicht erwärmen. Das erste Eisfeld, dann das lange zweite Eisfeld, kleine Steine pfeifen von oben auf uns herab. Einer von diesen vielen kleinen trifft mich am rechten Zeigefinger. Bleiben nur noch 9 Finger zum Klettern – es reicht." (Karl o. J., 61)

Karl meint, daß sie sich zwar nicht in einer Mordwand, aber in einer toten Zone bewegen. Gegen Mittag erreichen sie das „Todesbiwak", Zeit für eine Rast. Dann der brüchige „Götterquergang", plötzlich kommt ein Gewitter auf, zieht aber rasch weiter. Die Strahlen der Nachmittagssonne erwärmen die Wand, sie wandelt sich zum Vulkan, Steinregen prasselt auf die beiden herab. Endlich erreichen sie einen steinschlaggeschützten Platz von der Größe eines Quadratmeters, sie biwakieren.[128] Andertags ist es nicht mehr weit zum höchsten Punkt, es fröstelt sie.

> „Um 9 Uhr erreichen wir den Gipfel, und um 3 Uhr schwimmen wir bereits im Thuner See, um uns den Angstschweiß von der Seele zu waschen." (Karl o. J., 62)

Im Anschluß vergleicht Karl, der erkennen muß, daß sich durch die Eiger-Besteigung Welt und Leben nicht verändert haben,[129] das Leben mit dem Berg.

> „Das Leben erscheint mir mehr und mehr der gipfellose Berg zu sein. Nie werde ich oben sein. Die Jagd nach dem Ziel, ein guter Bergsteiger zu werden, war zu Ende." (Karl o. J., 62)

Das Leben ist ein gipfelloser Berg, gibt es das überhaupt? Endet nicht gerade in der Vertikalen die Materie irgendwann immer? Aber Karl hat den Gipfel nicht aufgesucht, um diese Begrenzung zu finden. Der Gipfel ist da, um sich selbst, seine Fähigkeiten und Projekte ständig zu erweitern. Er ist ein Ziel, das nur wieder auf andere Ziele verweist. Ein endloser Vorgang, eine Maschinerie gegen den Gipfel. Die Vorstellung war Karls Gipfel, die Gipfel-Wirklichkeit war höchstens der Anlaß, nicht sein Motiv. Es ging um den Logos, der Karl antrieb, „Der Geist, war er ein Gespenst gewesen, ohne Inhalt?"[130] Der entkörperte Geist war Karls Gipfel, jetzt erscheint er ihm leer und unheimlich. Die geistlose Materie ist wie der körperlose Geist zur formlosen Form verkommen, eine Form, die nichts zusammenhält. Karl erkennt diese Untat als Selbst-Täuschung. Er reflektiert seinen Ausgangspunkt als schizogen: materieller Gipfel hier, Gipfelidee dort, und beide treten immer weiter auseinander, scheinen nichts miteinander zu tun zu haben. Die realen Gipfel-Beschreibungen sind längst hinter die Reflexionen zurückgetreten und zum Ersatz geworden. Was macht Reinhard Karl mit dieser Einsicht?

GIPFEL 14 • BILD, REFLEXION UND WIEDERHOLUNG
(Dru)

Im folgenden befaßt Karl sich mit dem Ausgangspunkt seines Tuns.

> „Der erste Berg, den ich sah, ebenso die erste bewußt gesehene nackte Frau, waren auf einem Foto. Ohne Foto hätte ich vielleicht nie etwas von der Existenz der Berge erfahren. Mein Leben wäre flach verlaufen, wie das der meisten, die ihre Zeit in den Niederungen verbringen, ohne auch nur zu ahnen, daß es solche Höhen gibt." (Karl o. J., 64)

Kletterte Karl früher, um eine bestimmte Wand zu machen, so war es jetzt, weil man in ihr gute Photos schießen konnte. In der Miniatur wollte er das Große auflösen, und diese Absicht verändert Karl weiter.

> „Mit Hilfe der Fotografie lernte ich sehen. Oben war nicht einfach nur der Gipfel, sondern ich sah, daß von oben verschiedene Wege zurück ins Tal führen. Nach jedem Oben wurde ich ein anderer unten ..." (Karl o. J., 69)

Sein Freund Hermann fährt zum Nanga Parbat. Karl ist auch eingeladen, verzichtet aber, um sich auf das Abitur vorzubereiten. Hermann hat den Gipfel nicht erreicht; Karl zieht nach Frankfurt. Er studiert Geographie und Chemie, die Universität wird seine dritte Welt, die anders ist als die Autogarage und die Berge. Erstmals hört er vom Hauptwiderspruch zwischen Arbeit und Kapital, von Ausbeutung und Selbstverwirklichung, von Manipulation und Frustration.[131] Er beginnt sich politisch zu engagieren, am Höhepunkt der Studentenbewegung macht er bei Straßenschlachten und Demonstrationen mit.

> „... mit endlosen Teach-in's über die Befreiung des Menschen von allen Zwängen, die man sich überhaupt vorstellen kann. Ich hatte keine Zeit mehr, um so einer lächerlichen Sache wie Klettern nachzugehen.
> Alle kämpften für die Freiheit. Freiheit für Vietnam, Freiheit für Grönland, für „Weg mit dem Packeis". Ich kämpfte für meine Freiheit von der Fremdbestimmung und die Freiheit von der Arbeit. Ich hatte keine müde Mark in der Tasche, aber ich fühlte mich unheimlich frei oder was ich dafür hielt. An jedem Ende des sozialen Spektrums scheint es die totale Freiheit zu geben.
> Damals glaubte ich allen Ernstes, ich würde nur Bergsteigen, weil meine Arbeits- und Lebensbedingungen so frustrierend waren. Wenn alle Widersprüche und Zwänge der Gesellschaft ausgeräumt wären, dann bräuchte ich auch nicht mehr als Kompensation diese schrecklichen und gefährlichen Bergtouren zu machen. Dann könnte ich gemütlich und friedlich wie die normalen Bürger einem ruhigen Leben nachgehen." (Karl o. J.,70)

Bergsteigen ist jedoch, wie sich bald herausstellt, nicht nur Kompensation.

> „Als mir klar wurde, daß ich das nicht wollte und daß Bergsteigen doch ehrlicher ist und mehr vom Leben erklärt als der ganze Gesellschaftsverbesserungskäse, der mit 20 Sätzen die ganze Welt erklärt, da ging es wieder zum Klettern." (Karl o. J., 70)

Als Extremer ging man zu Demonstrationen, Karl als extremer Kletterer auch, das paßte in sein Selbstbild. Er hatte Angst, von der Polizei geschlagen oder festgenommen zu werden, so daß er sich feige drückte.[132]

Auch um die Selbstachtung nicht zu verlieren, entscheidet er sich wieder für Chamonix. Außerdem glaubt er, über diesen Polit-Umweg genauer zu wissen, welche Art von Bergsteigen er betreiben wolle.

> „.... schwierige, sichere, großzügige Westalpentouren mit Eis und Granit. Mit schöner Linienführung in perfektem Fels an einem schönen Berg. Ein großzügiges Abenteuer, in gutem Stil ohne Todesangst und ohne Katastrophen. Der schärfende Blick durch die Fotografie, meine große Angst und der Theoriematsch Frankfurts hatten seine Wirkung gezeigt. Die Angst, die mir so viel zu schaffen gemacht hatte, stellte sich rückblickend als ungeheuer kreative Angst heraus. Denn wer viel Angst hat, überlegt sehr viel." (Karl o. J., 72)

Daß Angst zum Denken anregt, ist einleuchtend, genausogut aber kann Angst unbewußt machen.[133] Das wollte Karl unterbinden, er faßt den Vorsatz zur Selbstergründung. Er wird sich selbst der Gipfel.

> „Ich werde jetzt meine Touren für mich machen, nur für mich selbst, um mehr von mir kennenzulernen. – Meine Bewußtlosigkeit ist zu Ende, ich bin ein bewußter Bergsteiger geworden." (Karl o. J., 72f)

Das Reflexionsintermezzo, so lange wie nie vorher, geht zu Ende, der nächste Gipfel kommt in

Sicht, Karl will die „Hemming-Robbins" an der Dru-Westwand klettern, sie ist schwierig, aber schön.[134] Nach ein paar Seillängen beginnt erneut die Dramatik: ein Bergsturz.

> „Plötzlich bebt der ganze Berg. Rechts von uns donnert ein gewaltiger Bergsturz durch das Eiscouloir des Bonattipfeilers. (...) Nach einer Ewigkeit verebbt der Donner. Schwefeldämpfe ziehen umher, Stille. Doch – da ist ein Rufen, ein Hilferuf, ganz schwach. Unter uns die Engländer – sie seilen ab. Ich klettere weiter. Ich weiß, daß weiter oben ein Band kommt, das man vielleicht bis in das Couloir verfolgen kann. Eine Grabesstille herrscht am Berg ..." (Karl o. J., 72,76)

Nach dem Bergsturz, sich selbst äußerst gefährdend, erreicht Karl schließlich den abgestürzten Kletterer. Er wurde über 300 Meter in die Tiefe geschleudert, das Seil hielt der Wucht der Steine nicht stand und riß. Aber der Verunglückte lebt noch. Er hat zahlreiche Knochenbrüche, der Schnee ringsum färbt sich rot, röchelnd und Blut spuckend liegt er vor ihm. Man kann nicht helfen. Einer der Kletterer ist nach Montenvers gerannt, um den Hubschrauber anzufodern.

> „Wir können gar nichts tun, als hilflos auf den Hubschrauber zu warten. Es tut sehr weh, nichts machen zu können." (Karl o. J., 77)

Dieses Mal ist das Erleben der Ohnmacht Karls Gipfel. Betroffen und in tiefer Traurigkeit verlassen beide den Berg. Aber nicht für immer, sondern um wiederzukommen, gleich zwei Tage später.

> „Diesmal mit dem festen Vorsatz, nichts mehr zu hören und zu sehen, was um uns herum vorgeht. Wir haben schon genug an diesem Berg gefühlt und gelitten: Der Berg revanchiert sich mit 2 Tagen schönstem Kletterabenteuer." (Karl o. J., 78)

Weder vom Aufstieg noch vom Gipfel ist etwas zu hören. Man hat die Route gemacht, das erfährt man aus wenigen Sätzen, als man im Tal an der Bar sitzt.

> „Danach sitzen wir gemütlich in der National-Bar beim Bier und überlegen, was wir mit dem weiterhin guten Wetter anfangen sollen. Die Musikbox juggelt Pink Floyd's ‚Dark side of the moon' ..." (Karl o. J., 78)

Exkurs: Entbilden

Frau und Berg haben bei Karl eines gemein: den Ausgang. Beide kommen ihm erstmals auf synthetischem Weg, via Zelluloid, zu Gesicht. Würde man den Vergleich ausreizen, könnten die Erfahrungen in der Vertikalen mit dem Verhältnis der Geschlechter zueinander in Verbindung gebracht werden. Ich verfolge hier etwas anderes: Karl sieht den ersten Berg auf einem Bild, später steigt er real auf Berge. Es ist, als ginge er dem Bild auf den Grund. Der Aufstieg durch eine senkrechte Wand oder auf einen hohen Berg ist ein ergründendes Tun. Im Steigen löst man sich vom Bild, ein Vorgang des Ent-Bildens beginnt. Erleben zersetzt Bilder.

Bei Karl kann man davon ausgehen, daß er zu seinem ersten Bergbild eine Freundschaft unterhielt. Mit Wolfgang Wackernagel ist ganz allgemein eine Art „Liebe zwischen dem Medium und dem Muster – ein als Abbild, Abdruck oder ‚Kuss' sich zu eigen gemachtes Urbild, Vorbild oder Modell" – anzunehmen.[135] Abgesehen von der Konvertierbarkeit imago/amigo ist eine philologische Verwandtschaft zwischen „bilde" und „philos" denkbar, bislang aber weder endgültig bewiesen noch verworfen.

Meister Eckhart soll eine Ethik der „Bildergründenden Entbildung" entworfen haben. Er erwähnt oftmals eine andere, etymologisch nicht haltbare Verbindung zwischen filius und philos, und zwar in der Form, daß der Sohn und auch der Freund von der Liebe („philos") komme. Bei Petrarca war die Rede, daß der oberste Teil eines Berges, der Gipfel, „filiolum" genannt werde. Denkt man beides zusammen, so käme man auf eine grundlegende Einsicht früher Bildlehre. Die Gleichstellung von Sohn und Bild hieße nichts anderes, als daß der Sohn das Ebenbild des Vaters sei, zumindest nach Auslegung der trinitären Theologie. Petrarca meldete Zweifel an und meinte, daß der Gipfel eher wie der Vater selbst ausschaue. Ob der Gipfelaufbau mit dem Vater oder dem Sohne gleichgesetzt wird, ist meines Erachtens ein Problem der Zeit, das im Bilden steckt. Es ist die Frage, ob (Gottes-) Sohn bereits bei seinem (Gott-) Vater angelangt ist oder nicht. Der Aufstieg ist als ein Zum-Ebenbild-Werden zu lesen.

Es gibt genügend Hinweise im alpinen Schrifttum für diese Überlegungen, so auch bei Karl. Bergsteigen ist ein Versuch, Gott ähnlich oder vom Göttlichen berührt zu werden.

Nicht nur Halluzinationen auf den Achttausendern berichten von diesem Berührtwerden als ein Loslösen vom Ich. Man läßt sich gehen (nicht mit Nachlässigkeit zu verwechseln). Das Gehenlassen im Sinne einer Gelassenheit könnte die Grundlage für eine Symbiosophie sein. Die Weisheit des Zusammenlebens besteht darin, daß sie nicht vereinnahmt. Ent-binden ist ein Lösen von den Zielsetzungen, das nicht destruktiv ist, sondern die Vielfalt wahrt.

Der Ausgang war Karls erstes Bild eines Berges, wofür er sich empfänglich zeigte. Konzeption und Rezeption hängen zusammen, Karl rezipiert dieses Bild körperlich. Sein Blick überkreuzt sich in der Bewegung des eigenen Leibes, womit er eine doppelte Zugehörigkeit erwirbt: zur Ordnung der Objekte wie zur Ordnung der Subjekte. Er selbst wird in seiner Passion zu einem Kreuz(ig)ungspunkt, zu einer Nahtstelle der Realität. Sein Tun trägt die Grammatik des Bildes.[136] In Karl entbrennt ein Wettstreit der Täuschung, und darin verbindet sich die Erfahrung des Trugs mit einer seltsamen Reflexion: Sein Körper, der den Blick trägt, sieht über sein Sehen hinaus. Entgegen jeder Erwartung scheint gerade das Sehen Karl blind zu machen.

> „Eigentlich war es verwunderlich, warum wir uns überhaupt da hinauf verlaufen hatten. Meist zählte der Gipfel gar nichts – es war nur die Tour, die zählte. Die 400 Meter senkrecht bis überhängende Wand, wie der Tofanapfeiler, die 750 Meter Lalidererverschneidung oder die 1000 Meter der Courtes-Nordwand und wie sie alle heißen (...). Niemand interessierte es, nicht mal richtig mich selbst. Ich war fremdbestimmt. Ähnlich wie ich früher Autos reparieren mußte, so mußte ich jetzt die Bergtour X,Y oder Z machen. Eine unheimliche Kraft steckte dahinter. Morgens um 7 Uhr in die Firma zum Arbeiten, was spürte ich da für eine Müdigkeit. Aber um 1 Uhr nachts über den Gletscher zu laufen, zu einer Eiswand und sich den ganzen Tag daran hochzuarbeiten, was war das erst für ein Zwang, der die Freiheit bringen sollte." (Karl o. J., 64f)

Karl verschwendet sich an den Berg und bindet sich immer mehr in die Bild-Produktion ein.

> „Mit meinen begrenzten finanziellen Mitteln komme ich mir vor wie ein Maler ohne Farbe und Leinwand. Ich habe ein Bild im Kopf, aber ich kann es nicht ausführen. Kein Geld, keine Filme und Objektive, ich kann fast keine überzeugenden Fotos erzielen. Trotz allem: ein paar gute Bilder oder was ich dafür halte, kommen dabei heraus." (Karl o. J., 65)

Karl hofft, über das Photographieren eine andere Haltung zum Berg auszubilden. Seine Unruhe und das Gehetztsein soll das Bild kompensieren, auf ihm steht die Zeit still. Um abzudrücken, muß Karl stillstehen, zumindest für Momente. Das, was er real nicht mehr empfinden kann, weil alles immer so blitzartig rasch verläuft, soll das Photo leisten.

> „Aber auch ein neues Gefühl nach der Bergtour: Ich hatte nicht nur Erinnerungen übrig. Ich hatte danach in den Händen – ein Stück Film: mein Erlebnis, mein Werk, meinen Berg, konserviert auf den 24 x 36 Millimetern des Negativs." (Karl o. J., 65f)

Karl begibt sich auf die Suche nach dem Punkt X. Das ist jene geheimnisvolle Stelle, wo sich alle Kraft, jedenfalls die photographische, vereinigt; das Zusammenziehen und die Konzentration auf wenig in der Flut von Sinnesreizen, in der Karl treibt. Er beginnt das Licht zu studieren, muß aber bald erkennen, daß der imaginäre Idealpunkt immer wieder nicht vorhanden ist.

> „Nein, bei Bergbildern ist die Wirklichkeit und die Wahrheit nicht auf den Fotos. Die Tiefe, die 100 oder 1000 Meter, die einem so furchtbare Angst einjagen, lassen sich nicht zweidimensional ausdrücken. Klettern ist eine Dimension mehr." (Karl o. J., 67f)

Erlebnisse der Tiefe sind nicht via Photo darstellbar, dennoch hofft Karl auf ein scharfes Sehen. Bewußtes Sehen ermöglicht bewußtes Erleben.[137] Wenn man genügend Einzelbilder hat und sie dann sorgsam zusammensetzt, sieht man von der Wirklichkeit mehr als bei einem rahmenlos verschwommenen, grenzenlosen Bild.[138] Karls Bergsteigen hat, wie er selbst immer wieder sagt, die Konturen verloren. Es ist entgrenzt. Durch die photographische Synthetisierung soll eine begrenzte Wirklichkeit rückgewonnen werden, und anfangs stellt sich auch Freude ein.

> „Wenn ich nach einer guten Tour noch ein gutes Bild herausbekam, dann war ein gesteigertes Erlebnis die Folge, eine konstruktive kreative Bergtour das Ergebnis." (Karl o. J., 68)

Aber das hält nicht lange an: Rasch verkehrt sich diese Art stillzuhalten erneut in ein unaufhaltsames Getriebensein.

> „Bald war ich aber nicht mehr auf der Jagd, der beste Bergsteiger zu werden, ich war jetzt auf der Jagd nach der Ästhetik des Hochgebirges. [...] Fotografierte ich am Anfang noch die Wirklichkeit, den Kletterer in der Wand, so war es dann nur noch die Ästhetik, die mich interessierte. Manchmal starben mein Erlebnis, mein Gefühl unter technischen Details." (Karl o. J. 68)

GIPFEL 15 • SONNENAUFGANG
(Mont Blanc)

In jungen Jahren hat Karl über die tragische Erstbesteigung des Freneypfeilers gelesen, bei der vier Bergsteiger erfroren sind. Karl sträubt sich gegen den Mont Blanc. Er läßt sich aber überreden, und um 21 Uhr abends erreichen sie die Biwakschachtel am Cól de la Fourche. Die winzige Hütte ist zum Bersten voll, die Bergsteiger wollen alle das gute Wetter nützen. Man schmilzt Schnee, stört sich beim Schlaf. Es herrscht eine Atmosphäre wie auf einem Schiff während des Untergangs.[139] Zu viele Individualisten wollen sich an den wilden Granitzapfen um den Mont Blanc herum selbst verwirklichen.[140] In der Dunkelheit, genau um 1.30 Uhr, brechen die beiden auf, hasten über einen riesigen Lawinenkegel und seilfrei durch eine steile Eisrinne hinauf. Kurze Rast am Pfeilereinstieg, Karl hat immer noch

Angst, den Schwierigkeiten und Anstrengungen der Route nicht gewachsen zu sein, dennoch gehen sie los, nächstes Ziel ist die „Chandelle". Es wird ein Klettern an der physischen Leistungsgrenze, man erreicht den angepeilten Biwakplatz. Er ist eine phantastische Aussichtskanzel hoch über den Wolken.[141]

> „Diese Sonnenaufgänge in der großen Höhe sind wunderschön, wenn das schräge Licht der ersten Sonnenstrahlen die Berge wie Riffe in einem riesigen Wolkenmeer erscheinen lassen. Die normale Welt, die unter den Wolken liegt, läßt sich nur noch erahnen. Mein Magen hat sich beruhigt, ich fühle mich wieder einigermaßen stark. Wir haben es geschafft. Die Schwierigkeiten sind zu Ende, wir müssen nur noch zwei Stunden zum Gipfel laufen." (Karl o. J., 82)

Karl liebt diese Minuten zwischen dem Erwachen und Aufbrechen.

> „Steif und kalt sitzt man im Biwaksack in sich zurückgezogen. Wegen der Kälte ist an Schlaf nicht mehr zu denken. Man döst so vor sich hin. Man ruht und versucht, die Kräfte wiederzufinden. Dann das erste Licht, das Genießen der wenigen Wärme. Die Augen sind noch an die Dunkelheit gewöhnt. Hell scheint die Sonne ins Gesicht, die Lebensgeister beginnen sich zu regen." (Karl o. J., 82)

Genau diese wenigen und kurzen Momente umschreibt er als Glück.

> „Am Einstieg: die Angst, das Ungewisse. Nach einer schweren Seillänge: keine Entspannung. Die Nerven sind noch angespannt, man ist verkrampft von den Schwierigkeiten und der Anstrengung. Der Gipfel: Man ist oben, kaputt, der schwierige Abstieg wartet. Im Tal: Das erste Bier raubt einem nach den vielen Anstrengungen die Besinnung. Aber solche Momente der Ruhe, das Gefühl, es geschafft zu haben, oben zu sein, man spürt den Hauch des Glücks, für einen Moment! Der Wunsch ist erfüllt, aber er ist noch nicht Vergangenheit." (Karl o. J., 82)

Exkurs: das Licht und die Berge

Das Licht in den Bergen war immer schon ein besonderes, ja heiliges Ereignis. „Sende Dein Licht und Deine Wahrheit, damit sie mich leiten; sie sollen mich führen zu Deinem heiligen Berg."[142] „Man tut nichts Böses mehr und begeht kein Verbrechen auf meinem ganz heiligen Berg, denn das Land ist erfüllt von der Erkenntnis des Herrn."[143]
Die göttliche Erkenntnis wird als Erleuchtung vorgestellt. Auf Berge fallen die ersten und letzten Sonnenstrahlen. Gipfel können somit als Orte gelten, die einen Kampf zwischen Licht und unaufhaltsamer Finsternis ausfechten.[144] Goethe schilderte einst einen Sonnenuntergang mit Blick in die Richtung, wo Karl den Aufgang der Sonne erlebt.[145]

Der Sonnenaufgang und der Sonnenuntergang erzählen von einem Wandel. Sie umschließen durchaus ambivalente Empfindungen. Der Sonnenaufgang kündet vom Aufbruch des Tages und dem Nahen des Lichts; der Sonnenuntergang verweist auf das Vergehen und das langsame Absterben des Tages. Man verfolgt diese Erscheinungen mit Gefühlen zwischen Angst und Lust, Faszination und Erschrecken. Früher vollzog man rituelle Handlungen, um dieses Auf und Ab in seiner fundamentalen Wirkung zu bannen; in der „Morgenröte der Moderne", die Zeit zwischen 1775 bis 1825, treten Touristen und Bergsteiger auf, um das Zeitschauspiel von oben, losgelöst von einer ortsgebundenen Lebenspraxis, zu genießen. Aus dem Ritual wurde eine spezifische ästhetische Wahrnehmung.

Bis zu den ersten Ballonfahrten (ca. 1880) konnte man einzig von den Berggipfeln die Weite, Tiefe und Größe der Erd- und Himmelsräume sehen. Wir wissen, daß bereits Kaiser Hadrian um 126 n. den Ätna in der Absicht bestieg, den Sonnenaufgang zu erleben, da von dort oben aus die Farben des Regenbogens besonders schön schillern.

Wenn Oettermann an die frühneuzeitlichen Reisenden, wie Goethe, Herder, Lenz, Klopstock u. a., denkt, so spricht er von einer „Sucht nach Überschau",[146] denn wohin immer sie gekommen waren, stiegen sie beispielsweise auf einen Turm, um mehr zu sehen. Forster stürmt auf seiner Weltreise 1772 sogar eilends den Tafelberg; gegen Ende des 19. Jahrhunderts kollektiviert man diese Sucht durch das Aufstellen von Aussichtstürmen.[147]

Zurück zum Sonnenaufgang: Neben der unbewegten Raum-Kulisse ist es das Bewegte der Sonne, das anlockt. Gerade unter dem Diktat der mechanischen Zeit, in der Tilgung von Fremdheit jeglicher Gestalt fortschreitet, ist mit dem Interesse an Sonnenauf- und Sonnenuntergängen eine Gegenläufigkeit festzustellen, die sich im romantischen Blick konstituiert.[148] Aber bald steht die Morgen- oder Abendröte, wie bei Heinrich Heines Sonnenuntergang auf dem Brocken, bereits unter Trivialitätsverdacht.[149] Im alpinen Schrifttum kann statt Heine Friedrich Simony zitiert werden, der am 15. September 1843 eine Nacht auf dem Dachsteingipfel verbringt, ein großes Feuerwerk veranstaltet und den Sonnenaufgang schildert, der in Stifters „Nachsommer" nachhallt.

Kann der Sonnenuntergang als Begrenzung des Lichts reflektiert werden, so ist der Sonnenaufgang ein Erlebnis der Unbegrenztheit und des Anfangs. Wir wissen, daß die Aufklärung auch als

„siècle des lumières" bezeichnet wird. Aber viel früher, bereits bei Augustinus, begegnet uns das Bild der Morgenröte über den Gipfeln. „Dies sind Berge, die Gott erleuchtet: sie empfangen als erste die Klarheit, damit sie von ihnen dann in die Täler dringe." An einer anderen Stelle meint Augustinus: „Wenn die Sonne aufgeht, umkleidet sie mit Licht zunächst die Berge, und von ihnen steigt das Licht in die Niederungen herab."[150]

Der Gipfel ist Träger der Klarheit und der Erleuchtung, was aber nur zur Hälfte stimmt. Man darf nicht unterschlagen, daß Augustinus eine Einteilung in gute und schlechte Berge, vermutlich analog zur Einteilung in Civitas Dei und Civitas Terrena, vornimmt. In seinen Psalmenkommentaren „Ennarrationes" ist von den montes malis und tumor superbiae, aber auch von den montes amabiles, montes excelsis, praedicatores veritatis die Rede. Die Berge sind Erdgeschwüre und himmlische Erhebungen, ein unversöhnlicher Gegensatz. Letzere erinnern aber immer an ihren Schöpfer, er verleiht ihnen Würde.

Für Karl bedeutet der Moment Glück, wo ein Wunsch erfüllt, aber noch nicht vergangen ist. Dieser Moment berührt die Ewigkeit. Glück heißt somit Teilhabe an der Unbegrenztheit bzw. sich in einem Zustand des Aus-der-Zeit-Seins zu befinden. Der Sonnenaufgang trägt diese Hoffnung in sich, der Sonnenuntergang beendet sie. Nicht von ungefähr kommt es, daß Karl knapp unterhalb des realen Gipfels dieses Glück empfindet, dort, wo alles unentschieden ist. Dieser naturräumliche Zusammenhang korrespondiert mit dem der Naturzeit. Es ist die Morgenröte, die ihn eine kosmische Dimension gewahr werden läßt, und diese bezeichnet Karl als Glück. Auf dem tatsächlichen Gipfel ist Karl physisch ausgelaugt, kaputt, wie er selbst sagt. Der Gipfel ist ohne Glück, er markiert das Ende ohne Aufschub und den Aufschub ohne Ende. Karl ist in ängstlicher Erwartung dessen, was der Abstieg von ihm fordert.[151]

GIPFEL 16 • FORMAL PERFEKT
(El Capitan)

Fou-Südwand, Petites-Jorasses-Westwand, Blaitière-Westwand, Aiguille Verte, Peuterey-Grat usw. Karl unternahm noch viele Bergtouren in Chamonix.

> „Aber irgendwie war die Luft aus den Bergen heraus. Das Bergabenteuer war zur Routine geworden. Mochte die Kletterei noch so schwierig sein, mit dem Nachlassen meiner Angst vor der Tiefe und meiner Routine, die Berge immer perfekter zu kennen und zu besteigen, verloren die Gipfel für mich ihre Spannung. Ein Biwak, früher eine ernste Sache, die mir noch jede Menge Angst und Schrecken einjagte, wurde nur ein unangenehmes Schnattern, es war eine Schande, daß wir die Wand nicht in einem Tag durchsteigen konnten. Die Wand und der Berg wurden nach einer Richtzeit durchstiegen. Eben weil ich ein perfekter Bergsteiger war. Meine Perfektion veränderte meinen wilden Kampf mit den Bergen zu einem formalisierten Abenteuer." (Karl o. J., 83)

Die Perfektion im Technischen befriedet Karls leidenschaftlichen Kampf mit den Bergen. Schließlich erreicht er einen „Gipfel" am El Capitan, es ist aber nur eine kleine Plattform, ähnlich dem Gipfel 1.

> „Der Riß wird jetzt etwas breiter, ich bekomme meine Füße besser rein, setze meine noch vorhandene Kraft besser ein. Ich erreiche eine kleine Plattform – unser Gipfel. Ich bin ausgelaugt, meine Hände sind verschrammt und bluten. Wir setzen uns hin und schauen zu den Zuschauern hinunter, die von der Straße zu uns heraufschauen." (Karl o. J., 91f)

Damit findet Karl das Auslangen. In der Selbsterhöhung ist der Mensch auf seltsame Weise selbstgenügsam. Bis zum wirklichen Gipfel wären es noch zwei oder drei Tage blutiger Kletterei; man läßt es vorher auf sich beruhen. Für Karl ist der Trip in die Senkrechte eben ein Trip, zumindest dieses Mal: „Hinein in die Angst meiner Seele und heraus aus den Ängsten der horizontalen Welt."[152]

Aus dem Ringen mit dem Berg ist ein „formalisiertes Abenteuer" geworden. Der Weg dorthin ist die halbe Strecke und wurde mit der Bild-Produktion forciert, der sich Karl verschrieb. Das formalisierte Berg-Abenteuer besteht aus Zeitangaben, Schwierigkeitsgraden, Höhendifferenzen usw. Karls Welt zerfällt in Striche und Punkte. Karl erfährt biographisch, was historisch längst im Gange ist. Descartes ist ein gutes Beispiel: Die Methode der analytischen Geometrie ist eine der Übersetzung. Das Problem besteht darin, daß numerisches Denken der Dingwelt nicht angemessen ist. Dieses Denken ist klar und deutlich, aber zwischen den Zahlen klaffen Intervalle, durch die die Dinge durchzuschlüpfen drohen oder unbedacht bleiben.[153] Ähnlich verhält es sich mit Karls Erleben, es liegt zwischen den Ziffern. Karls Erleben ist ähnlich dem numerischen Denken: Anstelle auf Grund zu stoßen, geht es ins Leere. Dieses Denken hat „die Dinge zu Nebelschwaden aufgelöst, die im Nichts schweben. Aber das ist noch nicht das Entscheidende. Während es sich über die Dinge beugte, hat es sich selbst zu im Nichts schwebenden Nebelschwaden aufgelöst. Dieser gespenstische Vorgang wird beschönigend ‚Aufklärung' genannt, wobei man Nebel mit Klarheit verwechselt. Das numerische Denken hat sich selbst erklärt, indem es die Dinge erklärte, und es gibt nichts mehr – nur noch das Nichts –, was etwa noch aufzuklären wäre."[154]

Karl nennt seine Sicht auf die Dinge: „Der neue Blick". Dieser neue Blick ist photographisch und steht für die Auflösung des Konkreten, womit er zur Fabrikation des Nichts beiträgt. Karl sucht geeignete Orte für seinen neuen Blick und findet sie, wie soll es anders sein, in Amerika. Er kratzt das wenige Geld, das er noch hat, zusammen und fliegt nach Californien: Ziel ist das Yosemite Valley, genauer die Felsen des El Capitan.

> „Die Felsen: Unsere Phantasie kann ihnen menschliche Gestalt verleihen. Jedes Massiv fordert seinen eigenen Rhythmus und Stil. Das eine ist eine malerische Vision aus viktorianischer Zeit, das andere moderne graphische Architektur. Für mich sind alle diese Gebiete großartig und jede einzelne Formation ist eine selbständige, eigenwillige Skulptur. Ihre größte natürliche Schönheit erhalten Felsen für mich, wenn sie von einem gefühlvollen Kletterer geklettert werden. Erst dann wird ihre Vielseitigkeit und eigenwillige Formung durch dessen Haltung und Bewegung erkennbar." (Dawes, zit. in Zak/Güllich 1987, 51)

Karl fliegt also dorthin, wo die Natur über die Kultur definiert wird. Nach der Egologik des Subjekts wird die Natur zu etwas gemacht, das „natürlich" ist. Gemeint ist eine Zweitnatur. Es ist, als gäbe es keine Natur ohne den Menschen.

Mit anderen Worten: Die Natur ist ein Nichts, erst durch den Menschen wird sie schön und nützlich. Erst der Kletterer macht durch sein gefühlvolles Klettern aus der Natur etwas, das sich durchaus mit den großen Leistungen des Fortschritts messen kann. Nicht die Natur ist das erste, sondern das, was aus ihr hervorgegangen ist und von ihr wegführt. Karl hebt hervor, daß der El Capitan das höchste Gebäude der Welt dreimal überragt; sein Kletterziel wird am World Trade Center gemessen.

> „Die Amerikaner hatten neben ihrem Cadillac und den Türmen des World Trade Center auch in der Natur ihren Superlativ gefunden – das Yosemite Valley." (Zak, zit. in Zak/Güllich 1987, 61)

Bei 40 Grad Celsius trampt Karl Richtung Wandfuß, wo er sich so klein wie eine Maus fühlt.[155] Dieses Gefühl währt nicht lange, bald steigt er in die überdimensionierte Wandflucht ein. Diese riesengroße Wand ist für ihn das Ende der Welt.[156]

Von nun an gilt nicht mehr der Berg als Ziel. So ein Ungeheuer muß in seine Einzelteile zerlegt werden, um es bewältigen zu können. Was zählt, ist die einzelne Kletterstelle. Um sich in diesen vielen Teilen noch zurechtzufinden, ist eine ausgeklügelte Technik zu entwickeln. Mit ihrer Hilfe steigt man durch die endlosen Risse, die nach oben führen. In ihnen orientiert man sich vor allem durch Zahlen.

Beinahe jede Passage ist mit einem Code belegt, der den Fels nach Schwierigkeit in Plus und Minus dividiert. Dazu die exakten Kletterregeln, denen man sich zu unterwerfen hat. „Klettern ist für mich nur ‚Free climbing', alles andere ist uninteressant."[157] Karl unterwirft sich der amerikanischen Insider-Philosophie: Nieder mit der Technik, es leben die eigenen Fähigkeiten![158]

Nicht daß man ohne künstliche Hilfsmittel klettern würde, ganz im Gegenteil. Man hängt sich Unmengen Klemmkeile, nuts, friends, Bandschlingen u. ä. an den Hüftgurt. Worauf es ankommt, ist der Umgang mit dieser Technik. Sie darf eben nur nach ganz bestimmten und äußerst strengen Vorschriften eingesetzt werden. Man entbindet die eigenen körperlichen Fähigkeiten aus der Technik und perfektioniert den Körper in seiner Bewegungstechnik.

GIPFEL 17 • NUR EIN VORGIPFEL
(Half Dome)

In Big-Wall-Technik faßt man das nächste Ziel ins Auge. Auf technisch komplizierte Art bewegt man sich durch diesen Granitpanzer. Karl kommt sich wie ein Teenager vor, der bei seinen ersten Liebesversuchen noch in dem Handbuch Liebe für Anfänger herumblättert. Doch das Liebesabenteuer verwandelt sich im Nu zu einer Galeerensträflingsarbeit, die nur ein paar Seillängen auszuhalten ist.[159] Teamwork ist alles, man jümart sich mittels künstlicher Steigklemmen die Wand hoch:

> „Die Abhängigkeit von der Technik ist perfekt. Wenn man jedoch mit einem Auto fährt, ist man genauso lebensabhängig von der Technik. Denn wenn ich bei 100 km/h auf die Bremse trete, verlasse ich mich darauf, daß das Auto bremst. Wenn es nicht bremst, dann passiert für mich genauso eine Katastrophe, wie wenn das Seil reißt oder die Jümars brechen. Es ist eben doch alles eine Sache des Glaubens." (Karl o. J., 92)

Woran Karl glaubt, wird nicht ausgeführt, wohl aber sein Gipfel-Erlebnis: eine simple topographische Beschreibung des Vorgefundenen und das Bekenntnis, daß es doch nur der Vor-Gipfel war.

> „Nach zwei Tagen erreichen wir den Gipfel. Der Half Dome ist sicher der schönste Berg von Yosemite. Eine Berggestalt, die man nur einmal findet. Die Hälfte des Riesenbusens aus Granit haben die Gletscher der Eiszeit mitgenommen. Aus dem stehengebliebenen Rest ist unsere Nordwestwand geworden – 550 Meter hoch. Doch für Kletterer ist der fast 100 Meter Fläche bedeckende ebene Gipfel nur der Vorgipfel. Der richtige Gipfel ist der El Cap." (Karl o. J., 93)

Karl unterscheidet in richtige und unrichtige Gipfel. Diese Route wird ein Weg der Trennung.

> „Niemand klettert außer uns, wir haben nur noch 5 Tage Zeit, dann muß Hermann wieder zurück ins Labor und zur Familie. Wir schaffen es, aber es war das Schwierigste, was wir jemals geklettert sind. Für Hermann der Höhepunkt als Kletterer und für mich ein neuer Ausblick. Es ist unsere letzte gemeinsame Tour, unsere Wege trennen sich nach dem Gipfel." (Karl o. J., 94)

GIPFEL 18 • GRIFFCHEN
(Dezemberweg)

Der fotogene Granitpanzer des El Capitan ist verglichen mit den Dolomiten seltsam abstrakt. Seine Wände sind glatte Flächen, auf denen das Auge keinen Halt findet; außer man ist in Hautkontakt mit dem Granit. Darin besteht Karls neuer Ausblick, den er im Yosemite entdeckt. Er liegt im Kleinen, in der Mikrowelt.

> „Richtig habe ich mir diese Felsen nie angeschaut. Richtig bedeutet, eine Reise in die Mikrowelt zu tun. Eine Felsfläche auf kleinste Griffe und Tritte abzusuchen. Wo man sich vielleicht noch festhalten kann. Früher habe ich den Fels als Ganzes betrachtet, vielleicht etwas verschwommen als angstmachenden Berg. Jetzt sehe ich den Fels als Sportgerät, das ich rational auf Griffe und Tritte und Sicherungsmöglichkeiten absuche. In Gedanken mache ich eine Input-Output-Analyse. Die Schwierigkeiten, wie tief kann ich fallen. Gut, da ist ein Bohrhaken, also die 100%ige Sicherheit. Sehr gut, diesen Kletterzug kann ich 100mal probieren ohne Gefahr. Der nächste Klimmzug scheint möglich ..." (Karl o. J., 95f)

Der Mikroblick als Ausblick speist sich von der Erweiterung der Welt durch das Zerlegen in viele Einzelteile. Karl testet die Teile auf ihre Belastbarkeit unter der Voraussetzung, daß ihm selbst keine Risken erwachsen. Der Vorteil des Teils besteht darin, daß er sich berechnen läßt. Was man kalkuliert, tritt ein. Zur Logistik des Kletterns gehört, daß man sich dem Ziel in winzigen Schritten nähert. Die Übungseinheiten werden wie das Ziel selbst zerteilt. Dieser Teilung folgt die Körperteilung auf dem Fuß.

> „Der nächste Kletterzug scheint möglich: wenn ich meinen linken Fuß da ganz oben hin bringe und stark nach unten abwinkle, den rechten Fuß auf Reibung gegen die glatte Wand presse, mit der linken Hand mich an dem Untergriff festhalte und mit der rechten Hand das kleine winzige Griffchen erreiche, das immer noch 45 Zentimeter von mir entfernt ist. Jetzt komme ich gleich hin. Mein Herz pumpt wie wahnsinnig Blut in meine Muskeln. Mein Blick konzentriert sich nur auf das 2 Quadratzentimeter-Griffchen, mein Ziel ..." (Karl o. J., 96)

Der Körperteilung geht ein Denken voran, das sich in Trennungen einfügt. Karls Körperdenken ist eine atomistische Mikrowelt. Durch Trennen sind hohe Schwierigkeitsgrade bewältigbar, die aufgrund von Teilungen hervorgebracht wurden. Diese merkwürdige Logik des Spaltens ist eine Unlogik. Zur Unendlichkeit der Teilbarkeit gehört die Begrenztheit der Zusammensetzung. Immer wenn eine Kletterstelle bewältigt wird, ist die Trenn-Logik bestätigt. Im Nachdenken entdeckt man Schwachstellen in der Zusammensetzung, die Bewegungsfolge hätte präziser ausgeführt, ein Griff besser belastet werden können. Das Zusammenwirken der Kräfte hat ausgereicht, war aber nicht perfekt. Der Perfektionismus findet die Lücken, in die trainiert werden muß. Diese Lücken sind Öffnungen im Fortschreiten des Spaltens, und der Fortschritt lebt davon, daß die Lücken niemals zu schließen sind, weil sie von Anfang an auf der Logik des Trennens beruhen.

> „Ich probiere es wieder, diesmal gelingt es mir, das kleine Griffchen zu erreichen, ich bin am Ziel, aber mich an den zwei Quadratzentimetern festzuhalten, gelingt mir noch nicht. Ich weiß jedoch, daß ich eines Tages diese 5 Quadratmeter Kletterfläche von ihrem ‚unmöglich‘ befreien werde, ob das diesen kleinen Sandberg interessiert oder nicht. Ich werde den ‚Dezemberweg' A. F. schaffen, die Kletterführe am Rötelstein." (Karl o. J., 96)

Das Ersetzen des Unmöglichen durch das Mögliche ist nur ein Vorantreiben eines nächsten Unmöglichen.

GIPFEL 19 • SELBST-HERSTELLUNG
(ohne Gipfel)

Sich selbst zu verwirklichen, meint Karl, gelingt wohl am besten durch eine Erstbesteigung. Aber dort, wo sie für ihn in Frage kommt, ist sie nur durch Gärtnerarbeit möglich.

> „Dem senkrechten Pflanzengarten ein Stück jungfräulichen Fels zu entreißen. Wer zuerst kommt, mahlt zuerst. Wenn wir diese Touren richtig als Erstbegeher von unten ausgeführt hätten, dann hätten wir Rechen und Hacke zum Klettern gebraucht. Klettern wäre ein Krampf gewesen. Da seilten wir uns lieber von oben ab, putzten die Route, betonierten Betonbohrhaken genau an der richtigen Kletterstelle." (Karl o. J., 98)

Man macht sich eine Route nach Maß, richtet sie nach den eigenen Vorstellungen ein, die Erstbesteigung wurde für Karl „eine kreative Sache".[160]

> „Wenn wir ein Stückchen Fels gefunden hatten, dann wollten wir die schönstmögliche Route kreieren. Wie monumentale Landschaftskünstler." (Karl o. J., 98)

Was dabei herauskam, waren Kletterrouten, die so schwierig wurden, daß sie fast niemand klettern konnte.[161] Die Künstlichkeit spitzt sich zu, man meißelt Routen förmlich in und aus dem Fels, das nennt sich „Routen-Tuning".[162] Der „Gipfel" ist die Verschmelzung von Naturfels und Kunstgriff. Dadurch erweitert sich das Betätigungsfeld: Man ist Kletterer und Künstler-Ingenieur in einem.

GIPFEL 20 • IN ETAPPEN
(El Capitan)

Der Stil ist alles. Karl ist 1977 an einer großen Erstbesteigung beteiligt, die einen Paradigmenwechsel im Klettern bedeutete: Wilder Kaiser, Pumprisse, erste VIIer Route frei geklettert. Es wird zu einem Gang an der Sturzgrenze.[163]

1 Dann verschlägt es ihn wieder ins Yosemite Valley zum El Cap. Die Kletterei dauert Tage. Es ist ein Tarzan-Spiel, ein leicht aussehender Riß wird zum Vorhof der Hölle, man bewegt sich mit der Angst im Nacken, aus diesem Horrorspalt herauszufallen, den Pendelquergang zurückzufliegen und gegenüber an die glatte Wand zu klatschen.[164] Schließlich kommt man am Endpunkt der ersten Etappe an.

> „Wie ich es dann doch geschafft habe, diesem Fegefeuerriß zu entkommen, ist ein emotionaler Alptraum. Oben fange ich an zu weinen, doch es kommen keine Tränen. Kein Tropfen Wasser ist mehr in meinem Körper." (Karl o. J., 105)

Etappe 1 endet mit dem Versiegen der Körperflüssigkeit, alles scheint aufgebraucht. Man fühlt sich ausgedörrt, die Gefühle können nach dieser Erschöpfung nicht mehr ausgedrückt werden. Man hat sich den ganzen Tag stumm die Wand hochgearbeitet, und jetzt versagt die Kommunikation des eigenen Leibes. Langsam tankt man wieder Kraft, der Himmel ist immer noch rot, und man fühlt sich wie ein Junkie nach einem Schuß Heroin.[165]

2 Am nächsten Tag geht die Sisyphusarbeit weiter, gegen Nachmittag erreichen sie den El-Cap-Spire, einen verrückt herausstechenden Felsturm in dieser glatten Wand, oben flach und so groß, daß man Tischtennis spielen könnte.[166] Die unsägliche Hitze brennt erbarmungslos in die Wand. Man biwakiert das zweitemal, eine Big-Wall-Seilschaft ist ein komplizierter, schwerfälliger Apparat.[167]

> „Einer arbeitet sich nach oben und versucht, Höhe zu gewinnen. Der zweite steht sich die Beine in den Bauch, und der Sack hängt herum und wartet, bis er hochgezogen wird. Wir haben drei Feinde, die immer um uns herum sind: der Durst, der immer größer wird; der Nachziehsack, der wegen des Durstes immer leichter wird; und uns selbst, die wegen Feind Nr. 1 und Nr. 2 immer schwächer werden und sich selbst diesen senkrechten Irrgarten hochquälen. Am Abend erreichen wir eine winzige Plattform. Wir wissen nicht, daß sich nur eine halbe Seillänge über uns der ‚Block', eine wunderbare Plattform befindet. Es wird eine lange Nacht." (Karl o. J., 106f)

Etappe 2 endet mit Sitzbeschwerden, man hat kaum Platz zum Schlafen. Am darauffolgenden dritten Tag ist der Auftrieb erlahmt, die Anstrengung zeigt Spuren. Man fühlt das Herankommen eines Psyching Out, worunter man ein einfaches Austicken versteht.[168]

3 Karl muß auf der Hut sein, um nicht durchzudrehen, zu groß war die Nervenanspannung. Der neue Ausblick ist einem müden Blick gewichen. Man arbeitet mit Selbstbetrug, das Wasser reicht nur mehr für einen Tag, heute muß man bis zum Gipfel kommen. Die Maschinenarbeit hebt erneut an.

> „30 Haken und 30 Klemmkeile, die Jümars und die zwei Seile, da hebt man fast nicht mehr ab. Doing, doing, doing. Haken schlagen, Karabiner einhängen, Trittschlinge rein, vorsichtig belasten ..." (Karl o. J., 110)

50 Meter höher zu gelangen kostet oft Stunden. Das Leiden verdichtet sich. Über ihnen befindet sich ein Felsdach, das die Aussicht zum Gipfel versperrt. Danach aber wird er sichtbar: Er sieht wie eine versteinerte, über ihnen zusammenbrechende Pazifikwelle aus und ist goldgelb.[169] Man empfindet sich selbst wie eine IBM-Maschine, stupide und cool hämmert man sich die Risse empor und staunt, wie perfekt alles arbeitet.[170] Die dritte Etappe führt schließlich ans Ziel.

> „Richard ist oben. Ich komme nach. Der Gipfel ist eine karge Hochfläche mit wildgeformten Sequoia-Bäumen." (Karl o. J., 110)

Endlich oben zu sein, bedeutet für die Kletterer ein Gehen über weites Land, bedeutet keine Angst zu haben, und das ist soviel wie Glück.

> „Das stinknormale Laufen wiederzuerleben bedeutet glücklich zu sein. Natürlich hätten wir auch ganz einfach den breiten Weg in 5 Stunden bis hierher hochwandern können. Der Endpunkt wäre der gleiche, aber wir wären nicht die gleichen." (Karl o. J., 110)

Der Gipfel macht das Glück nicht aus; entscheidend ist, wie man den Gipfel erreicht. Die Differenz zu den anderen sichert das Glücksgefühl. Das Extrem schützt Karl vor der Gleichsetzung. Das Verkomplizieren des Aufstiegs treibt einen bis an die Grenze der Existenz. An der Grenze trifft man auf sein Double, das „zugleich es selbst ist und sich doch nie gleicht und von ihm heimgesucht wird wie ein kleiner und ständig heraufbeschworener Tod".[171] An der Grenze des gerade noch Erträglichen, ohne genau zu bestimmen, wenn man ausklinkt, entfaltet sich der eigene Schatten, in dem man sich weiterbewegt. Fremdheit und Intimität des Subjekts reiben aneinander, und erst am Gipfel wird diese Reibung spürbar, und zwar in dem Moment, wo sie aufhört. Der Gipfel ist das Ende der Reibung, der Ort, an dem sich das Subjekt als ein aufgeriebenes wahrnimmt.

GIPFEL 21 • DAS ENDE DES STEIGENS
(Mount Everest)

1978. „Also, du kannst mitgehen" – dieser Satz, man suchte einen Photographen, ausgesprochen vom Innsbrucker Expeditionsleiter Wolfgang Nairz, brachte eine ganze Wunschlawine ins Rollen.[172] Bis jetzt hatte er sich zweimal einen Knoten in seine Persönlichkeit gemacht, um wichtige Ziele zu erreichen: die Lehre, das Abitur, und jetzt der Everest. Jedesmal hatte es sich rentiert, aber immer hatte Karl danach ein schlechtes Gefühl. Der Unwille wurde jedesmal größer – so gegen seine Natur zu handeln.[173]

Karl beschreibt die Torturen des Aufstiegs und fühlt sich der Natur ausgeliefert: „Gletscher sind komische Wesen. Ihre Seele ist weiß, weißer geht's nicht, weiß wie der Schnee, manchmal fließen sie ruhig dahin, aber hier ist der Gletscher vom Teufel geritten."[174] Karl legt sich eine Unverletzlichkeits-Philosophie zu, um weitermachen zu können. Reinhold Messner und Peter Habeler haben vor ihm den Gipfel erreicht, sie sind schneeblind, total erschöpft und ausgepumpt; sie sind aber auch euphorisch und glücklich, haben schreckliche Angst, für immer blind bleiben zu müssen.[175] Im Unterschied zu Messner/Habeler steigt Karl mit Sauerstoffflaschen Richtung höchsten Punkt. Es ist ein Horrortrip:

> „Wir erreichen den Südgipfel, 8710 Meter. Der richtige Gipfel ist zum Greifen nah. Emotionen kommen wieder auf. ‚Wir schaffen es.' Es ist erst elf Uhr. Nur fünf Stunden waren wir bisher unterwegs. Phantastisch schaut der überwächtete Grat aus [...] Der Hillary Step, ein steiler Eisaufschwung, ist rasch überwunden. Wir sehen schon das Stativ, das die Chinesen 1975 als Siegeszeichen zurückgelassen haben. Ich bewege mich plötzlich langsam wie eine Schnecke, weil mein Sauerstoffgerät Schwierigkeiten macht. Ich sauge mit aller Kraft Luft an, trotzdem bekomme ich nicht genug Sauerstoff. Das Ansaugen ist unheimlich anstrengend." (Karl o. J., 119)

Die letzten Meter vor dem Gipfel lesen sich wie das erste Anlegen eines Säuglings an die Mutterbrust. Die Milch ist der künstliche Sauerstoff, den anzusaugen und einzuatmen größte Anstregung bedeutet.

> „Oswald wartet 3 Meter vor dem Gipfel auf mich. ‚Geh du zuerst. Du hast fast alles gespurt.' – ‚Nein, wir gehen zusammen.' Die letzten Schritte bewältigen Oswald und ich Arm in Arm. Wir sind oben. Wir fallen uns um den Hals. Es ist 12 Uhr mittags. Wir sind am Ziel unserer Wünsche, kurz unter dem Himmel. Oswald ist total euphorisch. ‚Wir sind oben, wir sind oben', schreit er fassungslos hinter seiner Atemmaske. Ich bin glücklich, daß der Gipfel das Ende des qualvollen Steigens bedeutet. Der Gipfel bedeutet, keinen Schritt mehr nach oben tun zu müssen. Ich kann es selbst noch nicht richtig fassen. Mein Wissen sagt mir ‚Das ist der höchste Punkt der Erde'." (Karl o. J., 119)

Nach dem Erreichen des Gipfels wird der Gipfelerfolg zum Beweis konserviert.

> „Wir machen Gipfelfotos für das Familienalbum: Ich, [...] der Gipfelsieger. Ich, der Übermensch. Ich, das atemlose Wesen. Ich, der Reinhard auf einem Schneehaufen. Langsam kommen mir die Kälte, der Wind und meine Erschöpfung zu Bewußtsein. Langsam kommt nach der Freude die Traurigkeit, ein Gefühl der Leere: eine Utopie ist Wirklichkeit geworden. Ich ahne, daß auch der Everest nur ein Vorgipfel ist, den wirklichen Gipfel werde ich nie erreichen." (Karl o. J., 119/129)

GIPFEL 22 • AUSSICHTSLOS: DIE FRAU
(Gasherbrum II)

Nach dem Everest war Karl emotionslos und kam mit den Anforderungen des Alltags nicht zurecht. Er schwor, nie wieder einen Berg zu besteigen.[176] Es dauert wenige Monate, und Karl bricht seinen Vorsatz erneut, im Winter sieht er schon wieder alles positiv.[177] Karl hat die Möglichkeit, mit Hans Schell zum Gasherbrum II zu fahren, der 8035 m hoch im Karakorum liegt. Karl überlegt nicht lange und willigt ein. Die Expedition, ohne Sponsoren, ist teuer, jeder Höhenmeter kostet mehr als eine Mark.[178] Kurz vor dem Abflug kommen Zweifel auf, Karl erinnert sich an das Müderumhängen in Lagern, das apathische Keuchen und die Leere in seinem Kopf in großer Höhe, den Streit mit den lieben Bergkameraden usw.[179] Dennoch, er bricht auf, 8000 ist ja auch eine große Zahl, die gibt schon etwas her.[180] Zwischen zermürbenden Reflexionen steht ein Satz zum Gipfel:

> „Wir bestiegen fast alle den Gipfel trotz schlechten Wetters." (Karl o. J., 132)

Im nachhinein rollt Karl die Besteigung auf und äußert sich kritisch gegenüber der Art und Weise, wie die einheimischen Träger behandelt werden, als Eselersatz oder Arbeitstier;[181] daran schließt eine knappe Beschreibung über den Lebensstil der Baltis, man erfährt, daß sie barfuß mit 30 kg auf dem Rücken über das geröllbestückte Gletschereis gelaufen sind.[182] Je mehr man sich dem Berg nähert, desto sprachloser wird man.

> „Die Stille der Berge raubt einem wirklich die Sprache. Ich schreie irgend etwas in die Geräuschlosigkeit der Landschaft, um mich von meinem Leben zu überzeugen." (Karl o. J., 138)

Wird der Mensch in der Bergnatur ein homo tacitus? Ich überspringe die Darstellung des Aufstiegs, er ist wie immer Plackerei, und man glaubt nicht mehr ernsthaft an den Gipfel. Nur eine Chance wittert man, und gegen die Entscheidung des Expeditionsleiters geht man den Gipfel im letzten Moment und eigenmächtig an. Vor Karls Abflug aus Frankfurt fomuliert er das ungeschriebene Gesetz am Berg:

> „Die Expedition ist eine Gemeinschaft, aber eine Interessensgemeinschaft mit dem Ziel, daß ich selbst den Gipfel erreiche. Die Expedition ist für mich nur dann erfolgreich, wenn auch ich auf dem Gipfel war." (Karl o. J., 130)

Karl weiß, daß man jetzt nicht zögern darf, zu dritt steigen sie Richtung Kulminationspunkt, mutlos machen sie sich an den Aufstieg.[183] Aufgeben können sie nicht, dann wäre alles umsonst gewesen. Karl kämpft mit schrecklichen Magenkrämpfen und bricht Galle. Es ist, als haßte er sein Tun und den Gipfel, der so weit weg ist. Immer wieder ist man kurz vor dem Umkehren.

> „Es ist einfacher, sich vorzunehmen, nur noch 2 Stunden zu spuren, wenn man schon nicht mehr kann, als so lange zu spuren, bis man wirklich nicht mehr kann. 5 Minuten vor drei zerstört ein furchtbares Keuchen die Gipfelstille. Ich habe gewonnen. Ich bin oben. Das ist alles, denn ich kann gar nichts sehen, ich bin in den Wolken. Hilmar kommt, dann der Karl. Wir sind glücklich, weil wir es geschafft haben. Wir allein sind ganz oben – Achttausendundfünfunddreißig Meter hoch. Von der Aussicht her könnten wir auch auf einem Berg im Allgäu stehen. Aber wie gesagt, das Geheimnis liegt in dem Satz: ‚Ich habe den Gasherbrum 2 gemacht.'" (Karl o. J., 143f)

Das Ich ist ein keuchendes, das die Stille eines Ortes unterbricht. Und dieses Ich ist über den Wolken.[184]

Nach einer so außergewöhnlichen Erfahrung ist man zu einem anderen geworden. Die Pilger des ausgehenden Mittelalters waren nach ihrer Rückkehr nicht mehr dieselben. Ihre Erfahrung hat sie zeitlebens von denen unterschieden, die nicht gepilgert sind.[185]

Im Gegensatz zur Veränderung, die Erfahrungen damals wie heute bewirken, ist das Motiv, auf Berge zu steigen, ein anderes geworden: Zwar zählt – wie bei Petrarca – auch für Karl die Höhe, aber für ihn ist die Sicht nicht entscheidend. Er steht auf dem Gipfel des Gasherbrum II und sieht nichts. Der Berg ist von Wolken eingehüllt, man assoziiert Bilder über das Jüngste Gericht. Karl fühlt sich dennoch glücklich. War es im Umbruch und zu Beginn der Neuzeit das Sehen, das die Höhe zum Faszinosum machte, ist es jetzt die Tatsache, daß man die Marke 8000 geschafft hat.[186]

Der eigene Plan hat sich durch geeignete Maßnahmen verwirklicht. Die Selbstinstrumentarisierung ist ein, der zweite Aspekt, daß man damit eine Unterbrechung des Abstrakten unternimmt, indem man den eigenen Körper riskiert und die Erfahrung wiederum verräumlicht. Die Erkenntnis wird aus der Erfahrung gewonnen. Sie ist eine des Gehens, nicht nur eine, die im Sitzen gemacht wird.[187] Ein extremer Alpinist ist höchstens zur Hälfte ein Homo sedens.[188]

Wie ergeht es Karl nach dem Gipfel? Er denkt nur an eines: Jetzt möchte er wieder unten sein.[189] Aber das reicht nicht, das Wollen geht weiter und endet bei Karl in der Frau:

> „Jetzt möchte ich zum ersten Mal wieder auf einem richtigen Weg laufen, dann möchte ich wieder unter Menschen sein, dann möchte ich wieder in einer Stadt sein, dann wieder zu Hause, und dann möchte ich bei meiner Frau sein." (Karl o. J., 144)

Die Frau, zu der sich Karl sehnt, ist nicht das erste, sondern das letzte, in dem sich seine Wünsche erschöpfen. Und sie wird wieder das erste sein, von dem es ihn wegzieht.

Die Frau steht hier für das, was fehlt und wie ein Vakuum anzieht und abstößt. Karl wünscht sich das Abwesende: zuerst die Lebensmittel, dann ein Auto, um selbst nicht laufen zu müssen bis hin zur Frau, um nicht sofort zum nächsten Gipfel getrieben zu sein. Die Frau ist ein Zwischengipfel. Man hat sie wie den realen Gipfel zu verlassen, um nicht umzukommen.

Die Frau ist das Entrückte, die große Projektionsfläche und das, was enttäuscht, wenn man real und körperlich mit ihr konfrontiert ist.

Allgemeiner formuliert ist der Gipfel das Andere, welches einem „in der Hölle des Gleichen" Rettung verspricht.[190] Aber das Fremde erscheint bei naher Betrachtung, Körper an Körper, wiederum als das Eigene. Es ist nur der Spiegel, in dem sich das eigene Bild reflektiert. Das Projekt wirft sich am Ende gegen das Subjekt, das Subjekt wird zum Objekt der eigenen Projekte. Über das Projekt verabschiedet sich der Mensch als Subjekt: Er vereint sich mit dem Wahn eigener Größe und Unsterblichkeit. Der Gipfel ist der Ort, wo sich diese Selbsterhöhung als Selbstverneinung ausdrückt.

Nach der Freude folgt die Trauer und mit ihr die Leere als Utopieverlust. Man beklagt letztlich das, worauf alles abgezielt war: die Selbstverwirklichung. Bei Petrarca ist dieses Motiv erstmals aufgetaucht, bei Karl ist es pervers geworden.

Gipfel 23 • Zur Wiedergewinnung der Horizontalen
(Boulder)

Als Karl nach Hause zurückkehrt, fehlt seine Frau. Sie ist nach Amerika verreist. Noch von den Strapazen des Himalaya gezeichnet und völlig abgemagert, bricht er ein drittes Mal ins Yosemite auf, wo er sie trifft.

> „Im Tal sieht man alles so eng. Wir fahren hoch nach Tuolomme Meadows. High sein, frei sein, auf einem Dome sein. Diese Berge dort oben haben menschliche Formen, Riesenbusen aus Granit, daran gibt es phantastische Reibungsklettereien. [...] Wenn ich schon einmal vom Boden abgehoben habe, hier ist es mir passiert." (Karl o. J., 147f)

Seine Frau heißt Eva, und mit ihr erreicht er schließlich den Gipfel eines Granitberges:

> „Die Sonne scheint warm, gerade mit der richtigen Intensität. Der Wind bläst etwas, so daß man dieses befreiende Gefühl hat, an der frischen Luft zu sein. Wenn man mit nacktem Oberkörper steht, geht ein unheimlich befreiendes Lebensgefühl durch die Adern. Was gibt es Schöneres, als mit einem guten Gefühl auf dem Gipfel zu schlafen." (Karl o. J., 148)

Diese Passage ist beinahe kitschig: Adam und Eva erschlafen ihr Paradies als Gipfelglück im Wilden Westen. Karl kontrastiert sein Gipfelglück mit dem eines anderen, des Boulderers.

> „Daß die Größe des Berges für das Erlebnis vollkommen uninteressant ist, ist mir da richtig aufgegangen. Eines Tages schafft John sein Problem. Oben, nach 3 Metern, freut er sich bestimmt so wie ich auf dem Gipfel des Mt. Everest. Er hat sein Problem gelöst. Niemand außer ihm hat das vorher gemacht. Und wahrscheinlich niemand außer ihm auf der ganzen Welt kann das auch nachmachen, diese 3 Meter ..." (Karl o. J., 149)

Die Hauptsache ist, daß man sich Einzigartigkeit beweisen kann, und selbst wenn sich diese grandiose Individualität nur auf eine Fläche von drei Metern erstreckt. Am Ende resümiert Karl:

> „Nur über den Gipfel führt der Weg wieder zu den Hamburgers und zu unseren Frauen." (Karl o. J., 156)

Um welchen Gipfel es sich auch handelt, er ist nötig, um das Gewohnte zu überschreiten. Die extreme Vertikale ist da, um die normale Horizontale wiederzugewinnen. Die Frau gilt als beliebiger Einsatz in diesem Spiel: Einmal steht sie für den Gipfel, dann wieder für das Tal. Die Materie wird mobil und austauschbar vorgestellt, was bedeutet, daß Materie für Karl ein Abstraktum ist, mit der Konsequenz, daß weder reale Gipfel noch reale Frauen Karl begrenzen.

Gipfel 24 • Nicht wirklich der Gipfel
(Cerro Torre)

Seit Tagen warten Karl und sein Kletterpartner in einer ausgeschaufelten Eishöhle von fünf Kubikmetern Größe am Fuße des Cerro Torre in Patagonien. Draußen heult der Schneesturm. Man hat Zeit, über den Sinn des Gipfels nachzudenken.

> „Oder sind wir nur hinter dem Übergefühl her, auf das alle Adrenalinfreaks scharf sind, das sich leider nur auf dem Gipfel einstellt? Auf diesem sinnlosen Quadratmeter mit so tiefer Bedeutung? Seien wir doch ehrlich: Wir müssen hinauf. Wir haben den Berg gesehen, und wir stehen unter Zwang, da hinaufzuklettern. Wir sind Süchtige mit nur begrenztem Einsichtsvermögen, eben Bergsteiger." (Karl o. J., 160)

An einer anderen Stelle meint Karl, daß es der Sonnenaufgang am Cerro Torre ist, der einen in die unerbittliche Lage versetzt, hinauf zu müssen. Der Aufgang der Sonne gehört mit zu den Schätzen, die der Gipfel beherbergt.

> „Der Berggipfel, das Ziel unserer Sehnsucht, erscheint uns wie eine Schatztruhe. Wenn wir sie öffnen, werden wir das Essen darin finden! Denn noch ist unser Motto: ‚Der Weg ins Tal führt nur über den Gipfel.'" (Karl o. J., 161)

Das ist die eine Erklärung für die Sucht, aber in Wirklichkeit, meint Karl, gleichen Bergsteiger Roulettespielern, die nicht mehr aufhören können, obwohl sie schon fast alles verspielt haben, was sie besitzen.[191] Dieser Berg ist für Karl der subjektive Superlativ geworden, und er ist seiner Anziehungskraft ebenso erlegen wie 1761 bereits Saussure dem Mont Blanc. Dabei ist der Cerro Torre auf den Landkarten als ein kleiner Punkt eingezeichnet,[192] er bedeutet nichts Besonderes. Ein Punkt ist wie viele Punkte, aber Punkt ist nicht gleich Punkt.

> „Die ganze Masse des Berges scheint sich auf diesen einen Punkt zu konzentrieren. Daneben steht eine Zahl, von Null bis 8848, die die Größe des Berges angeben soll. Auch die Gefühle konzentrieren sich auf diesen mystischen Punkt. Aber dieser Punkt, dessen Höhe auf der Landkarte mit 3200 Metern bezeichnet ist, soll der schwierigste Berg, der am schwierigsten zu erreichende Punkt auf der Erdoberfläche sein? Nur ca. 200 Meter höher als unsere Zugspitze? Wie ist denn das möglich?" (Karl o. J., 161)

Als erstes verortet Karl den Berg, der nur 100 km vom Kap Hoorn entfernt liegt, über dem Inlandeis Patagoniens, an der Grenze zwischen Chile und Argentinien, an der Südspitze Südamerikas. Der höchste dieser vielen Felszacken, die da herumstehen, ist der Fitz Roy; nach einem englischen Seefahrer benannt, der nichts mit den Bergen zu tun hatte. Und fünf Kilometer südwestlich vom Fitz Roy steht der Cerro Torre, ein 1500 Meter hoher, nach allen Seiten gleichmäßig verlaufender Granitkegel, dessen Spitze mit Eis überzogen ist, das durch die hohe Luftfeuchtigkeit des Windes, der vom Pazifik über das Inlandeis geblasen wird, entsteht. Die Luftfeuchtigkeit friert durch die Kälte des Berges an ihm fest.[193]

1959 wurde dieser abschreckende Berg von einem Italiener, Cesare Maestri, erstmals bezwungen. Die Geschichte dieser Besteigung ist bis heute unklar. Tatsache bleibt, daß der zweite, Toni Egger, beim Abstieg von einer Eislawine getötet wurde. Maestri hatte sich gegen den Sturm im Schnee vergraben, wurde halb wahnsinnig und nach sechs Tagen von einem Expeditionsteilnehmer aufgefunden. Karl beschreibt genauer den vermuteten Hergang,[194] denn was die Fachwelt in Aufregung versetzte, war weniger die Tragödie, die sich am Berg abspielte, als vielmehr die Frage, ob Maestri wirklich den Gipfel erreicht habe, denn es gab keinen Zeugen. Mit diesem Zweifel ließ es Maestri nicht bewenden. 1970 kam er wieder und bohrte sich förmlich durch die Wand bis zum Gipfel, gesponsert durch eine Kompressorfirma. Mit dieser Gewalttat rehabilitierte er seine Glaubwürdigkeit, wie er zugleich seinen Ruf als seriöser Bergsteiger ruinierte. Es war eine monatelange Bohrarbeit, gesichert vom Seil der Kameraden und durch ein Kabel mit dem Generator verbunden, getrieben, um sich selbst und den Zweiflern sein Können zu beweisen bzw. nachzuweisen, daß er bereits schon einmal auf dem Gipfel stand. In das Pfeifen des Sturms mischte sich für etliche Wochen das Geräusch des Generatorzweitaktmotors. Ganz anders das Vorhaben Karls und seines Partners, seit zwei Monaten warten sie auf besseres Wetter: Man will Maestris Route möglichst ohne Technikeinsatz klettern.

Alle scheinen vom sogenannten „Patagonien-Syndrom" beherrscht zu sein. Man kommt so oft zu diesen Bergen, bis es einmal gelingt, auf den Gipfel zu steigen, auch wenn man sich mehr als einmal schwört, diesen Platz, ähnlich eisig wie ein Tiefkühlfach, nie mehr aufzusuchen: Man pilgert, mit über 40 kg schweren Rucksäcken beladen, voll der modernsten Technologieprodukte, um sich an der reinen Natur zu versuchen.[195]

Ein seltsames Paradoxon, meint Karl. Außerdem referiert er den psychologischen Wirrwarr, der produziert wird, um das Tun der Bergsteiger zu erklären.

> „... wie starke Mutterbeziehung, Vaterproblem, Todestrieb, Autoritätsschwierigkeiten und weiß der liebe Gott noch, was die Psychologen alles für Phänomene fanden oder erfanden, die als Motivation dienen sollen, nur um einfach einen Berg besteigen zu wollen. In Wirklichkeit weiß es niemand, und es ist auch vollkommen uninteressant." (Karl o. J., 168)

Das Überführen eines extremen Phänomens in die Logik des Normalen scheint zwingend wie aussichtslos; für die Extremen selbst ist diese Übersetzung ohnehin uninteressant.

Exkurs: sitzend den Berg denken

Der Extreme erkennt zwar den Wahnsinn seiner Unternehmung, führt sie aber trotzdem durch. Die Einsicht ist eine begrenzte, oder anders formuliert: Die Einsicht existiert, aber ihre Durchsetzung gelingt nicht. Sie soll gar nicht gelingen. Der Bruch zwischen Denken und Handeln ist normal: Nicht daß zuwenig oder gar nicht gehandelt wird, im Gegenteil. Die Handlungen sind in einer Weise intensiviert, daß sich die Frage andersherum stellt: Welche (Un)Logik führt zu soviel Handlung? Das Handeln der Extremen kann weder gestoppt noch rückgängig gemacht werden, durch keine noch so diffizile Vernunft und Berechnung. Gerade die Unvernunft provoziert dieses Tun, wie es die Vernunft blockiert.

Eine Eigendynamik, die außer Kontrolle einzelner gerät, herrscht. Die Kehrseite der Vernunft, die Unvernüftigkeit ist es, die sich hier dergestalt äußert. Sie will zu ihrem Recht kommen. Die Unvernunft arbeitet wie die Vernunft, schier unbegrenzbar in den Folgen. Zum Risiko gehören ebensoviel Planung und Kalkül wie umgekehrt. Es ist, als wäre beides dasselbe: Unberechenbarkeit und Berechnung; beides erweist sich als gefährlich.

Geht man der Un-Logik des extremen Bergsteigens nach, hat man die Logik zu prüfen. Denken wird zu einem Grenzgang. Es zerfällt in Punkte, wie Orte und Gipfel zu Punkten aufgelöst wurden.

BergDenken ist ein Ereignis, das unvermittelt wirkt, aber im Sitzen geschieht. Das Sitzen widerspricht der Bewegtheit des Denkens. Es reduziert die Bewegung und Beweglichkeit dermaßen, daß auch die sinnliche Wahrnehmung sehr stark herabgesetzt ist. Das hat zur Folge, „daß geistige Funktionen im Sitzen so weit spezialisiert werden können, daß sie sich in paradoxen Figuren gegenseitig stillegen und das vitale Wollen untergraben".[196]

Wenn ich über das extreme Bergsteigen schreibe, dann immer auch unter der Voraussetzung, daß es in der vertiefenden Disziplinierung des Sitzens geschieht. Der Lahmlegung entkomme ich nicht.

Das extreme Phänomen fesselt. Aus dieser Stilllegung konnte ich mich erst lösen, als ich aufgab, nur e i n Argumentationsmuster zu suchen. Die „Natur der Sache" ist in einem doppelten Sinne widersprüchlich und läßt sich durch den Logos nicht beruhigen.

Ein Beispiel für die Perversion des Logos: Karl setzt seinen Bergtext mit einer Metapher fort: „Ich allein mit den Traumbergen und niemand vor mir war da schon oben. Ich allein raube den jungfräulichen Gipfeln das Hymen."[197]

Auf dem Gipfel ist das Jungfernhäutchen ausgespannt, der Aufenthalt auf ihm wird zum Geschlechtsakt, bei dem die Frau ihre Unschuld verliert und der Mann sich als Herrscher manifestiert. Es gibt kaum mehr Gipfel, die unerstiegen sind. Daher wird das Hymen gedehnt und riesengroß, es muß sich über ganze Wände ziehen, tausend und mehr Meter hoch, um den Herrschaftsakt weiterhin zu ermöglichen. Immer wenn ein Unternehmen scheitert, reizt die Wand noch mehr, selbst der Einsatz von gewaltsamen Mitteln ist legitim, wie Maestri bewiesen hat.

Karl ersitzt sich seinen Bergtext zwischen den Besteigungen; sein Nachdenken beruht auf starken Erfahrungen, die das Sitzen nicht auslöscht.

Zurück zu seinen Erfahrungen: Karl und die anderen nützen jeden Schönwettertag, doch immer wieder müssen sie umkehren, Sturm und Nebel treibt sie ins Zelt zurück, lange sehen sie keinen Berg mehr.[198] Man hat mit Eisregen, Sturmböen, Gletscherspalten, Lawinen und Zweifeln am eigenen Tun zu kämpfen.

> „Martin und ich sind noch voller Hoffnung und rennen wieder die 8 Stunden zum Berg hinauf. Langsam dämmert mir, daß logisches, analytisches Denken manchmal falsch sein kann, denn so gut und so plausibel unser Plan auch ausgetüftelt zu sein scheint, er ist immer falsch. Ohne Plan wäre das Ergebnis das gleiche: Abstieg im Regen." (Karl o. J., 170)

Warten, warten, sitzen, lesen, erzählen, Tagebuch schreiben und wieder warten; dazwischen aus wildem Rhabarber ein perfektes Frühstück fabrizieren, Beeren einkochen, die reichlich wachsen. Die alte Frage taucht auf – Warum wir so unbedingt auf den Gipfel müssen? Cerro Torre, das sind doch nur Buchstaben![199] –, und immer wieder gibt es keine klare Antwort, nur die, weiterzumachen, als sei dies der einzige Ausweg aus dieser Paradoxie.[200] Es gilt, die Befreiung durch den Berg zu enttäuschen, aber damit der eigenen Vorstellungen und Vorwegnahmen entbunden zu werden.

> „Eigentlich habe ich mir das hier als eine Symbiose von El-Capitan-Klettern und Achttausender-Bergerleben vorgestellt. Das Big-Wall-Klettern am alpinen Superberg." (Karl o. J., 171)

Monatelanges Schlechtwetter ist am Cerro Torre Realität. Die Zeit läuft, die Kälte übertrifft die am Mount Everest, selbst die in einer Tiefkühlhalle:

> „Bevor ich seinerzeit zum Mt. Everest gefahren bin, habe ich meinen Daunenschlafsack getestet. Das heißt, ich habe mich in der Tiefkühlhalle im Schlachthaus von Heidelberg über Nacht zu den steifgefrorenen Rindfleischbergen einschließen lassen. Morgens erschienen dann die Arbeiter wieder an ihrem kalten, todstrotzenden Arbeitsplatz: mürrisch, müde, apathisch. Genauso mürrisch müde, apathisch beginnen wir hier jeden Tag unsere Frühschicht: Schnee schmelzen, Hinunterwürgen des Haferflockenfrühstücks, Herrichten der Bergausrüstung.
> Wir sehen genauso müde aus wie die Schlachthausarbeiter. Wo liegt da der Unterschied?" (Karl o. J., 171)

Kurz vor dem endgültigen Abbruch klart das Wetter auf.

> „Endlich, blutrot geht am Morgen die Sonne auf, unsere letzte Möglichkeit für den Gipfel." (Karl o. J., 172)

Man beginnt im ersten Dämmerlicht aufzusteigen. Karl führt einen inneren Monolog, um ja nicht aufzugeben, der Wind bläst ihnen die Seele aus dem Leib. Sie haben furchtbar kalte Finger, aber die Kletterei ist so schwierig, daß sie sich beide ohne Handschuhe an dem vereisten Fels nicht festhalten können.[201] Am Abend erreicht man einen Biwakplatz.

> „Trotz allem, am Abend erreichen wir den letzten Absatz, 250 Meter unter dem Gipfel. Wo der Gipfel sein soll, können wir nur noch erahnen, wir sehen höchstens 3 Meter weit. Der Schneeorkan macht uns fast blind. 4 Eisschrauben halten uns auf unserer kleinen Plattform fest, die wir mit letzter Kraft aus dem Eis herausgehackt haben. Wären wir auf dem Meer, mit unserem Biwakzelt würden wir wahnsinnig schnell segeln und vielleicht besser SOS funken. Hier jedoch müssen wir alles daransetzen, um nicht vom Berg fortgeblasen zu werden. Eine ganze Nacht lang." (Karl o. J., 174)

Aus Gründen der Gewichtsersparnis hat man keine Schlafsäcke mitgenommen, jetzt unternimmt man alles mögliche, um nicht zu erfrieren: Eng umschlungen, um sich gegenseitig zu wärmen, warten sie auf die Bewegung des Uhrzeigers.[202] Am nächsten Tag – Zittern macht warm – versucht man doch noch den Gipfel zu erreichen, umsonst, man ist heilfroh, den Abstieg zu bewerkstelligen.

> „Das Spiel ist noch nicht ganz aus: Überhängende Wandpartien, noch dazu mit schräger Linienführung, gehören zu dem Schwierigsten, was es gibt. An vereisten Seilen mit diesen

schweren Rucksäcken sich abseilen, was für ein unbeschreibliches Spiel. Es gelingt uns, weil uns gar nichts anderes übrigbleibt. Trotz Schneesturm (...) erreichen wir den flachen Gletscher. Mit den Kräften – mit den Nerven am Ende." (Karl o. J. 175)

Reinhard Karls Erlebnisbericht endet an dieser Stelle. Das Buch des Gipfels hört mit einer Niederlage auf. Der Gipfel wurde nicht erreicht: „Denn vielleicht ist eine Niederlage genauso konstruktiv wie die Angst. Zeit zum Denken – Zeit zum Atmen".[203]

Obwohl Karl mit den Nerven am Ende ist, hört er nicht auf, „positiv" zu denken und weiter zu bauen, aufzubauen. Die Angst ist konstruktiv, sagt er. Sie steht als Schlüssel am Ende seiner Reflexion. Gipfel 4 sollte eine „Zeit zum Atmen" sein. Atmen ist das leidenschaftlichste Geschehen im Leben. Wenig später ist das Leben von Reinhard Karl vorüber. Er stirbt am 19. Mai 1982 in seinem Zelt. Ein Ausläufer einer Eislawine hat ihn erschlagen. Karls Atem setzt auf einer Höhe von ca. 5400 m endgültig aus, am Fuße des Cho Oyu im Mittelosten Nepals; er war 36 Jahre alt.

NACHBEMERKUNG

Wer kommt schon gerne an ein Ende, das keines ist?

Mit dem Gipfel kam ich nicht zu Rande. Er hinterläßt ein Gefühl der Leere und bleibt rätselhaft. Reinhard Karl hat das Geheimnis des höchsten Punktes für mich nicht gelüftet. Aber er hat vorgeführt, wie radikal es ihn bedrängte. Er beginnt sein Buch mit der Hoffnung auf Begrenzung. Die Hoffnung wird enttäuscht. Der Gipfel ist nicht nur, aber auch eine Leerstelle in Karls Text.

Noch heute mag sich, wie der mittelalterliche Mönch auf dem Kloster Novalesa überliefert hat, auf dem Gipfel ein Schatz verbergen. Karl war auf der Suche nach ihm. Es war eine Suche nach sich selbst. Wie ein gehetztes Tier bestieg er einen Gipfel nach dem anderen und verstand sein Tun immer präziser zu analysieren. Aber das änderte nichts, selbst nach dem Mount Everest kam er nicht zur Ruhe. Karls Buch endet unter dem Gipfel. Sein Leben hört wenig später am Fuße des Cho Oyu auf. Dem Tod gelang, was die vielen Gipfel nicht vermochten: Karl zur Selbstbegrenzung anzuhalten.

Karls Ziel überschritt den Gipfel. Ihn zu erreichen, erfüllte ihn nicht, aber er fand das Auslangen in der Nichterfüllung. Karl wollte leiden. Er war obsessiv in seinem Tun und Denken, ohne sich letztlich zu nehmen, wofür er sich einsetzte. Er setzte sich für sein Leben ein – ein seltsamer Gedanke. Der Einsatz läßt dort nach, wo der Gipfel ist. Der Gipfel ist das Ende des Steigens und damit das Ende des Leidens.

Der Gipfel ist auch mein Ort nicht. Er fesselt als Ziel, aber was passiert, wenn das Ziel erreicht ist?

Am Gipfel ist man einsam, vom Talgrund am weitesten entfernt. Mit der Höhe nimmt die Fläche des Grundes ab. Die höchste Spitze ist nur ein Punkt. Aber dieser Punkt setzt den Fragen kein Ende. Die Höhe wurzelt in der Tiefe. Die Kenntnis der Höhe fördert das Unwissen dessen, was mit der Höhe hervorgebracht wird.[204]

Mit jedem Gipfel wuchsen Karls Schwierigkeiten, im Tal zu bestehen. Er war ein Gipfelmensch ohne Gipfelglück. Karl liefert, wie auch Studer 1869, Gipfelstudien; aber seine Gipfelstudien skizzieren etwas anderes: die Selbstzersetzung des alpinen Subjekts.

Mit dem Gipfel, einem unerreichten, geht Karls Buch und mit dem Buch der Gegenstand meiner Forschung zu Ende: der Berg, der nicht unten, sondern oben aufhört.

ANMERKUNGEN

1 Vgl. Steinitzer 1913, 205
2 Vgl. Schmidkunz 1931, 319; hier wird die Besteigung allerdings auf ein Jahr vor 1025 festgelegt.
3 Vgl. Borst 1990, 484f
4 Vgl. ebd. 485
5 Vgl. ebd. 486
6 „... worüber wir uns nicht wenig wunderten", schrieb der Pfarrer Nikolaus von Sererhard aus Seewies im Prättigau um 1742, als er 1730 zum erstenmal die Schesaplana bestieg. Nach seiner Version soll der Wind diese Zivilisationsreste nach oben getragen haben. (Perfahl 1984a, 41)
7 Vgl. Stolz 1928, 1. Teil, 12
8 Vgl. ebd. 12
9 Vgl. ebd. 12f
10 Zit. in ebd. 11
11 Ebd.
12 Ebd. 11f
13 Zit. in ebd. 13
14 Wolkenstein, zit. in ebd. 2. Teil, 66
15 Karl, Reinhard, Erlebnis Berg. Zeit zum Atmen. o. J.
16 Vgl. ebd. 18
17 Vgl. ebd. 19
18 Vgl. ebd. 20
19 Vgl. ebd. 20
20 Vgl. ebd. 21
21 Vgl. ebd. 21
22 Vgl. ebd. 21
23 Vgl. ebd. 21
24 Ebd. 21
25 Ebd. 22
26 Ebd. 22
27 Vgl. ebd. 22
28 Steinitzer 1913, 50
29 Vgl. ebd 10, 11, 12
30 Vgl. ebd. 13
31 Vgl. ebd. 15
32 Vgl. u. a. ebd. 18
33 Vgl. ebd. 17; vgl. auch Abb. 16
34 Vgl. ebd. 18
35 Vgl. ebd. 22
36 Ebd. 25
37 Vgl. ebd. 25f
38 Vgl. ebd. 32
39 Vgl. ebd. 50
40 Vgl. ebd. 60
41 Vgl. ebd. 67
42 Vgl. ebd. 74
43 Vgl. ebd. 81, 82, 83, 84, 85
44 Vgl. ebd. 85
45 Ebd. 81
46 Vgl. ebd. 82
47 Vgl. ebd. 88
48 Vgl. ebd. 89
49 Vgl. ebd. 78
50 Vgl. ebd. 90
51 Vgl. ebd. 92
52 Vgl. ebd. 112
53 Vgl. ebd. 147
54 Vgl. Karl o. J., 23
55 Vgl. ebd.
56 Vgl. ebd. 24
57 Goethe, zit. in Blumenberg 1988, 399f
58 Karl o. J., 26
59 Vgl. ebd. 27
60 Vgl. ebd.
61 Vgl. ebd.
62 Vgl. ebd.
63 Vgl. ebd. 28
64 Vgl. ebd.
65 Vgl. ebd.
66 Vgl. Forster 1967, 90
67 Vgl. Blumenberg 1988, 397
68 Eines der frühestens Zeugnisse ist Albrecht Altdorfers „Alexanderschlacht" von 1529. Im Gegensatz dazu eine Reihe von Bildern, die den Berg von unten betrachten: Dürers „Arco" (vgl. Abb. 8), Altdorfers „Alpine Landschaft" oder „Petri Fischzug" von Konrad Witz; man denke auch an andere Maler wie: Hans Leu, Matthias Grünewald, Hieronymus Bosch, Justus van Gent, Joachim Patinir, Pieter Breughel, Jan van Scorel, Herman Saftleven, Matthias Merian, Salvator Rosa, Felix Meyer; später: Salomon Gessner, Caspar Wolf, Ludwig Hess u. a. (vgl. Woźniakowski 1987, Abbildungen). Das vielleicht eindrucksvollste Bergbild an der Schwelle zur Neuzeit hat meines Erachtens Leonardo da Vinci geschaffen. „Große alpine Landschaft bei Sturm und Wetter" (vgl. Abb. 6) fiel wohl deshalb so wirklich aus, da er selbst mehr als einmal Berge bestieg und um den Erkenntniswert des grenzenlosen Blicks von oben wußte. Um der Unbegrenztheit nicht völlig ausgeliefert zu sein und damit der Melancholie zu verfallen, hält sich da Vinci an die Dimension der Zeit, die als Maß der Vergänglichkeit Halt gibt: „Zeit, o eiliger Dieb des Geschaffenen." Zu allgemeinen Regeln der Malerei formiert sich das Einbeziehen des Zeitlichen in den Raum. Die Gebirgsnotizen von da Vinci, wesentlicher Bestandteil seines „Traktat(s) über die Malerei", werden erstmals als Lehrbuch an der 1648 gegründeten Pariser Akademie der schönen Künste in Gebrauch genommen. Die „kolorisierten Grundsätze" enthalten u. a.

die Bestimmung des Hell/Dunkel-Verhältnisses. So zeigen sich z. B. die Gipfel der Berge stets dunkler als die Bergbasis, weil die Gipfel in dünnere Luft vordringen. Diese Tradition wurde lange durchgehalten, erst Turner und Friedrich werden sich dagegen auflehnen (vgl. Woźniakowski 1987, l00f). Da Vinci beobachtete, daß die blaue Luft ferne Berge blau aussehen läßt; wenn aber die Sonne untergeht und die Wolken am Horizont rosa färbt, dann verfärben sich nach und nach die blauen Berge rötlich, was der Landschaft Zauber und Fröhlichkeit verleiht. Von alledem ist in der unheimlich wirkenden Gewitterlandschaft nichts zu sehen. Die Wolken haben sich über einem kleinen Bergdorf aufgetürmt, auf das der Regen peitscht. Das Bild drückt höchste Bewegtheit aus, eine Leidenschaft des Atmosphärischen. Bereits Ficino hat verkündet, daß es für den Menschen keinen Zeitpunkt gebe, in dem er ausruhen, keinen Ort, an dem er stillstehen könne, entgegen dem augustinischen Verlangen eines Ruhens in Gott. Im Gebirge scheint dieses Ruhen nahezu aussichtslos zu sein, sogar die Geologie zeitigt eine unentwegte Dynamik. Zeitlebens interessierte sich da Vinci für Felsformationen, hat ihre Oberfläche nach den Erdschichten hin untersucht, die an ihr brechen, denn an der Stelle, wo der Fels durchgebrochen ist, offenbart sich auf erschreckende Weise der alte Untergrund, worauf die Lebewesen ihre unsichere Existenz führen. Die Erde ist nicht fest, schon gar nicht das Element der Luft. Urplötzlich mischt sich Luft zu Feuer, und spätestens seit Horaz ist bekannt, daß dieses Feuer in Form von Blitzen vorzugsweise in Gipfel einschlägt. An jenem Ort, auf den seit altersher nur Gott ein Recht auf Besitz hat – „Und es wird geschehen in den letzten Tagen, da wird der Berg mit dem Hause des Herrn festgegründet stehen an der Spitze der Berge und die Hügel überragen", sagt Jesaja über Jahwe (Jes. 2, 2) –, ist der Mensch höchstens geduldeter Gast. Beginnt er jedoch, sich auf Gipfel einzurichten (vgl. Wetter- und Seilbahnstationen), dann setzt er sich an Gottes Stelle. Ohne Schutz bleibt der Grat und vor allem der Gipfel eine ständige Bedrohung für die Souveränität des Menschen. Allein ein Gewitter kann sie vernichten. Hartmut Böhme kommentiert das Feuer bei Lukrez als Zorn, der etwas Sprengendes hat, etwas über den Körper Hinwegstürmendes. Gefühle und Wetter kommen zueinander und erschließen sich gegenseitig über die Form der Elemente, die in der Sprache erhalten ist. Der Zorn, in Blitz und Donner ausgedrückt, meint zweierlei: Feuersturm und Vulkanausbruch, Leidenschaft und Liebesglut (vgl. H. Böhme l993). Immanuel Kant unterscheidet die Natur in eine schöne und in eine erhabene Natur, wozu die am Himmel auftürmenden Donnerwolken zählen, die mit Blitzen und Krachen einherziehen; der ebenso grenzenlose Ozean, ein hoher Wasserfall eines mächtigen Flusses, die zerstörende Gewalt des Vulkans sowie die überhängenden Felsen gehören dem Erhabenen an. Es zeichnet sich durch seine Unbezähmbarkeit aus, ist gefährlich und sprengt durch seine Größe die menschliche Vorstellungskraft. Hartmut Böhme vertritt die These, daß die Ästhetik des Erhabenen eine Konzeption ist, um sich in einer vor- und außertechnischen Dimension – nämlich mit der Angst/dem Imaginären – auseinanderzusetzen (Böhme 1989, 122). Gerade der Fortgang des Bergsteigens bestätigt diese These ausnahmslos und überführt sie in eine unauflösbare Zwiespältigkeit: Im 19. Jahrhundert wird der überhängende Fels Programm der Bergsteiger. Das ehemals Erhabene wird durch das Können des Menschen verdrängt, überwältigt und ersetzt. Bis heute ist die Faszination des Überhangs nicht abgerissen, aber er macht auch angst und läßt den Bergsteiger scheitern. Das Erhabene ist dehnbare Grenze des Menschenmöglichen, es dient zur Messung und Bestimmung dessen, was der Mensch an Selbst-Vervollkommnung zu leisten vermag. Wie das Gewitter ist der Überhang dem menschlichen System zugeordnet, das Erhabene existiert nicht mehr außerhalb, sondern wird zur Zielsetzung innerhalb. Benjamin Franklin beweist, daß der Blitz eine elektrische Erscheinung ist, und erfindet um 1750 den Blitzableiter. Die Sorge um Funktionstüchtigkeit und rechte Wartung des Gerätes beginnt die alte Angst, das Gewitter sei etwas übermenschlich Gewaltiges und die Strafe Gottes für das menschliche Vergehen, zu ersetzen. Die Fremdbegrenzung weicht der Selbstbegrenzung. Falls diese nicht gelingt, folgt die Selbstbestrafung, die „automatisch" eintritt, wenn die Sprache der Natur nicht gehört wird: sich auf einem Gipfel aufzuhalten, wenn ein Gewitter in Verzug ist; eine Nordwand im Frühsommer zu klettern, wenn noch alles naß oder stellenweise vereist ist; in eine lange Tour nachmittags einzusteigen oder zur Firnzeit mit den Schiern zu spät abzufahren.

Das, was einen über andere „erhebt", kann im Handumdrehen Selbstvernichtung sein. Die Freude des Oben kann genauso rasch und stark in ihr Gegenteil umschlagen, der Berg duldet wenig Fehlentscheidungen. Er verlangt nach einem Wissen um Qualitäten und erfordert Konsequenz; d. h. Wissen allein genügt nicht, man hat danach zu handeln. Leonardo da Vinci mußte selbst, um diese großartige Gewitterstimmung festzuhalten, einen relativ hoch gelegenen Ort aufsuchen, sich der unberechenbaren Natur, die ihm eine Werkstatt war, aussetzen. Dabei formte er Bilder von den Bergen, die unsere Wahrnehmung prägen und jene Furcht erinnern, die ein Gewitter an ungeschützten Orten auch heute noch schürt. Die Quintessenz der Natur sei die Sehnsucht nach dem ursprünglichen Zustand des Chaos, nach dem Verfall, meinte da Vinci (vgl. Woźniakowski 1987, 97). Der Aufenthalt auf einem Gipfel zur falschen Zeit kann rasch zu einem menschlichen Chaos werden, was für Berge allgemein gilt. Nachdem Dr. John Lightfoot das Datum der Welterschaffung mit dem 26. Oktober des Jahres 4004 v. Chr. um 9.00 Uhr früh exakt errechnet hatte (Charley 1964, 10; zit. in Woźniakowski 1987, 310), machte der einflußreichste Schriftsteller des 17. Jahrhunderts – Thomas Burnet (1635–1715) – die Berge zum Prüfstein der Debatte um die Sintflut. Immer wieder fragte man sich, ob der über Kain verhängte Fluch sich nur auf das Verbrechen des Menschen allein bzw. auf die menschliche Arbeit beziehe oder auf die gesamte Erde. Anders formuliert, es galt herauszufinden, ob die Erde ursprünglich eine andere Gestalt besaß. Burnet vertrat die pessimistische Version: Anfangs gab es keine Berge, die Erde mußte eine vollkommene, geometrische, dem rationalen Gefallen des großen Mechanikers angemessene Gestalt gewesen sein. Erst infolge der Sintflut erhielt sie ihr heutiges Aussehen. „Damals gab es keine Berge, und die Welt war schön." Durch die Zerstörung der friedlichen Erde entstanden die Berge und zeugen als Trümmer vom Untergang einer besseren Welt. Die Optimisten dagegen behaupten, daß es die Berge seit den Tagen der Weltschöpfung auf der Erde gab, denn Gott bringe seine Macht vor allem durch die unbegrenzte Vielfalt der Schöpfung zum Ausdruck. Die Berge haben die Sintflut überstanden, von ihrer Spitze kam das neue Leben zur Welt herab. Auf einem Gipfel zu verweilen heiße, sich in einer seltsamen Verknotung des Imaginären zu befinden, dessen Los das Unlösbare ist. Man steht an einer Stelle, die von einem Verlust als Gewinn berichtet; man hält sich an einer Grenze auf, die unruhig ist und sich verschiebt, gerade im Begriffe, aus dem Erhabenen ein Schönes, aus dem Unendlichen ein Definierbares zu machen. Man besiedelt die Ruinen einer paradiesischen Welt, die vom Frieden zeugt und umgekehrt dessen Untergang mahnt. Ein Denkmal als Mahnmal, der Gipfel ist ein seltsam zersetzter Ort.

69 Rousseau, zit. in Weigand 1983, 7
70 Vgl. Karl o. J., 30
71 Vgl. ebd.
72 Vgl. ebd.
73 Vgl. ebd.
74 Vgl. ebd.
75 Ebd. 32
76 Vgl. ebd.
77 Ebd.
78 Zit. in Kamper 1994a, 273
79 Zit. in Woźniakowski 1987, 97
80 von Braun 1988, 300
81 Ebd.
82 Vgl. Gipfel 10, 22, 23
83 Vgl. Karl o.J., 33
84 Vgl. ebd.
85 Vgl. ebd. 34
86 Ebd. 35
87 Vgl. ebd.
88 Vgl. ebd. 36
89 Ebd.
90 Vgl. ebd.
91 Vgl. ebd.
92 Vgl. ebd.
93 *„Ausgehöhlt von Wind, Kälte und den Strapazen war ich von Selbstzweifeln erfüllt. Ich konnte keinen Sinn in solchen Expeditionen sehen. Es waren weniger Müdigkeit und Resignation, die meine Begeisterung für unser Vorhaben dämpften, es war meine Krankheit. Vor allem war es das Mitansehenmüssen, wie Friedl litt. Während des Aufstiegs hatte ich mir die Frage nach Sinn oder Unsinn gestellt; durch den Einsatz, durch dieses mein Steigen, war ich mir selbst die Antwort gewesen."*
(Messner, „Überlebt ..." 1987, 127)
94 Ebd. 124
95 Vgl. Karl o. J., 36
96 Vgl. ebd. 37
97 Vgl. ebd.
98 Ebd.
99 Vgl. ebd.
100 Vgl. ebd.
101 Vgl. ebd. 38
102 Ebd. 39
103 Vgl. ebd. 40
104 Vgl. ebd. 41
105 Vgl. Baudrillard 1992, 24
106 Vgl. Karl o. J., 43
107 Vgl. ebd.
108 Vgl. ebd.
109 Ebd.
110 Vgl. ebd.
111 Vgl. ebd. 44
112 Vgl. ebd.
113 Vgl. ebd. 45
114 Vgl. ebd. 46
115 Vgl. ebd.
116 Ebd.
117 Vgl. Peskoller 1989, 1990
118 Vgl. Perfahl 1984a, 60f; Tyndall 1875, 160–169; Grube 1875, 140–157; Steinitzer 1913, 81
119 Vgl. Duerr 1985
120 Von Braun 1988, 300
121 Ebd.
122 Ebd. insbes. 91
123 Vgl. Karl o. J., 46
124 Vgl. ebd. 59
125 Vgl. Zirfas 1994, 145f
126 Vgl. Arendt 1987, 50
127 Vgl. z. B. den Bericht Terrays über die Erstbesteigung der Annapurna (1965) oder Messners Darstellung über die Tragödie am Manaslu.
128 Vgl. Karl o. J., 62
129 Ebd.

130 Ebd.
131 Vgl. ebd. 70
132 Vgl. ebd. 72
133 Vgl. Erdheim 1984
134 Vgl. Karl o. J., 73
135 Wackernagel 1994, 184
136 Vgl. Boehm 1994, 11–38
137 Vgl. Karl o. J., 68
138 Vgl. ebd.
139 Vgl. ebd. 78
140 Vgl. ebd.
141 Vgl. ebd. 81
142 Ps. 43, 3
143 Jes. 11, 9
144 Vgl. u. a. die Bergstimmungen von Matthias Grünewald
145 „Wir kamen mit Sonnenuntergang auf die Ruinen des Fort de St. Cergue. Auch näher am Tal waren unsre Augen nur auf die Eisgebirge gegenüber gerichtet. Die letzten, links im Oberland, schienen in einem leichten Feuerdampf aufzuschmelzen, die nächsten standen noch mit wohl bestimmten roten Seiten gegen uns, nach und nach wurden jene weiß, grün, graulich. Es sah fast ängstlich aus. Wie ein gewaltiger Körper von außen gegen das Herz abstirbt, so erblaßten alle langsam gegen den Montblanc zu, dessen weiter Busen noch immer rot herüber glänzte und auch zuletzt uns noch einen rötlichen Schein zu behalten schien, wie man den Tod des Geliebten nicht gleich bekennen, und den Augenblick, wo der Puls zu schlagen aufhört, nicht abschneiden will. Auch nun gingen wir ungern weg."
(Goethe, zit. in Großklaus 1983, 187)
146 Oettermann 1980, 25
147 Vgl. Großklaus 1983, 187
148 Vgl. Eichberg 1983, 199–201
149 Vgl. ebd. 190ff
150 Zit. in Woźniakowski 1987, 75
151 Karl o. J., 82
152 Ebd. 92
153 Vgl. Flusser 1994, 10
154 Ebd. 11f
155 Vgl. Karl o. J., 84
156 Vgl. ebd. 88
157 Tom, zit. in ebd. 91
158 Vgl. ebd.
159 Vgl. ebd. 92
160 Ebd. 98
161 Vgl. ebd.
162 Vgl. Klarer 1990, 98
163 Vgl. Karl o. J., 101
164 Vgl. ebd. 105

165 Vgl. ebd. 106
166 Vgl. ebd.
167 Vgl. ebd.
168 Ebd. 108
169 Vgl. ebd. 110
170 Vgl. ebd.
171 Baudrillard 1992, 131
172 Vgl. Karl o. J., 111
173 Vgl. ebd. 112
174 Ebd. 113
175 Vgl. ebd.
176 Vgl. ebd. 130
177 Vgl. ebd.
178 Vgl. ebd.
179 Vgl. ebd.
180 Vgl. ebd. 132
181 Vgl. ebd. 133
182 Vgl. ebd. 136
183 Vgl. ebd. 142
184 Allesandro Gogna gibt eine ähnliche Beschreibung aus der Gipfelregion des K 2:
„Ich blicke (es war der 12. Juli 1979 um 16.40 Uhr, HP) hinab auf die überschatteten Bergrücken, die sich vom Fuße des K 2 über Hunderte von Kilometern nach Norden und Osten erstrecken. Die Welt da unten reizt mich und weist mich in ihrer Kühle gleichzeitig ab; mehr noch der Schatten des K 2, der weiter wächst und auf dem ich selbst zu stehen scheine. Ich schaue wieder auf meine Füße, die den Schnee durchwühlen. Langsam steige ich in die Welt hinab, zu der ich gar nicht mehr gehöre."
(Messner/Gogna o. J., 125)
185 Vgl. Sting 1994a, 234
186 Reinhold Messner legt eine Fährte, um die motivationale Veränderung besser zu begreifen:
„Wir haben alles Ausgedachte möglich gemacht und so unserem sinnlosen Hiersein einen Sinn gegeben. Das sind die Empfindungen bei einem letzten kurzen Rückblick zum Gipfel." (zit. in Messner/Gogna o. J., 127)
187 Vgl. Eickhoff 1993, 18ff
188 Es geht um das tatsächliche Tun und wirkliche Erfahren. Geoffrey Winthrop Young meinte:
„Der Erfolg einer Besteigung ist nicht wichtig, der Genuß einer Gipfelstunde vergeht schnell; das Bemühen um ihn ist es, das im menschlichen Wesen lebendig bleibt."
(zit. in Messner/ Gogna o. J., 125)
189 Vgl. Karl o. J., 144
190 Baudrillard 1992, 131ff
191 Vgl. Karl o. J., 161
192 Vgl. ebd.
193 Vgl. ebd. 162

194 Vgl. ebd. 162f

195 Vgl. ebd. 167

196 Eickhoff 1993, 14

197 Karl o. J., 168

198 Vgl. ebd.

199 Vgl. ebd. 171

200 Vgl. Sting 1994

201 Vgl. Karl o. J., 174

202 Vgl. ebd.

203 Ebd. 175

204 Erst vor kurzem konnte eine Schweizer Forschergruppe die Tiefen-Mächtigkeit der Alpen erfassen. Mittels Schallwellen, die von den Gesteinsschichten im Untergrund reflektiert und an der Erdoberfläche aufgefangen wurden, konnte die 4634 m hohe Dufourspitze im Wallis meßtechnisch ergründet werden. Sie reicht nicht weniger als 60 Kilometer tief in das Erdinnere. Ihr Gesteinsaufbau ist kompliziert und die Gebirgsbildung noch nicht abgeschlossen. Was über die Höhe in Erfahrung zu bringen ist, ist höchstens die Spitze des Eisberges, die um vieles mehr verbirgt, als sie zeigt. Nach der Geschichte der Höhe wäre konsequenterweise eine Geschichte des Grundes bzw. der Tiefe zu schreiben.

LITERATUR – ALPIN

ALBERT, Kurt, Eternal Flame. in: Rotpunkt. Klettermagazin Nr. 1 (1990), 16–27

„Albrecht von Haller, der Dichter der Alpen." in: Senger 1945, 36–42

AMPFERER, Otto, Aus den Erinnerungen an die Erstbesteigung der Guglia di Brenta. in: EMPOR! ... o. J., 133–142

Anonym, Just hangin' around. IN: Rotpunkt Nr. 4 (1995), 60–68

Anonym, Indoor tip. IN: Rotpunkt Nr. 4 (1995), 48f

Anonym, Everest. IN: Rotpunkt Nr. 4 (1995), 6

ARDITO, Stefano, Gipfel des Ruhms. Berge der Welt und ihre Bezwinger. Rosenheimer Verlag: Rosenheim 1993

AUF DER MAUR, Josef, Die Erstbesteigung des Mont Blanc. IN: Die Alpen (1986) Heft 1, 28–36

AUFMUTH, Ulrich, Risikosport und Identitätsproblematik. Überlegungen am Beispiel des Extrem-Alpinismus. IN: Sportwissenschaft 3 (1983), 249–270

– ders., Die Lust am Aufstieg. Was die Bergsteiger in die Höhe treibt. Drumlin: Weingarten 1984

– ders., Risikosport und Identitätsbegehren. Überlegungen am Beispiel des Extrem-Alpinismus. in: Hortleder/Gebauer 1986, 188–213

– ders., Zur Psychologie des Bergsteigens. Fischer TB: Frankfurt a. Main 1988

BAUMGÄRTNER, Dr. med., Das Bergsteigen in hygienisch-sanitärer Beziehung. IN: M 1895, 231–284

BECK, Th., Lesslie Stephen's Ansichten über die Gefahren des Alpenwanderers. In: J. d. S.A.C. 1866, 562–565

BECKER, Gustav, Hochalpenunfälle. IN: M 1902, 84–86;107–108

„Berge der Welt". Hrgg. von der Schweizerischen Stiftung für alpine Forschung. Büchergilde Gutenberg: Zürich 1965

BÖHM, August, Ueber die Berechtigung des Bergsports. IN: Z 1880, 230–244

– ders., Alpenvereine und führerlose Touristik. IN: M 1885, 98

BONGARD, Xaver, The Grand Voyage. IN: Rotpunkt. Klettermagazin Nr. 4 (1993), 83–86

BROWN, T./de BEER, Graham und Gavin, The first ascent of Mont Blanc. London 1957

BUHL, Hermann, Große Bergfahrten. Nymphenburger: München 1974

CLARK, Roland W., Als das Seil riss. Die Erstbesteigung des Matterhorns im Jahre 1865. Orell Füssli Verlag: Zürich 1965

COOLIDGE, William Augustus Brevoort, Was ist eine „Erste Besteigung?" Wien 1893

„Das große Buch der Berge". Hrgg. von B. Moravetz. Hamburg 1978

DENT, E.T., Hochtouren. Ein Handbuch für Bergsteiger. (Übers. aus dem Engl. von Walther Schulze) Dunker + Humblot Verlag: Leipzig 1893

„Der Traum und der Tod". IN: Alpin Nr. 8 (1992), 8–9

„Des Chronisten Johannes Stumpf Reisebericht und ‚würdiger Thaten Beschreibung'", von G. Meyer von Knonau. in: Frühe Zeugnisse ... 1986, 149–157

„Die Alpen". Hrgg. von H. Schmithals. Fretz + Wasmuth Verlag: Zürich 1929; 350 Fotos

„Die Entdeckung der Alpen – Eine Sammlung schweizerischer und deutscher Alpinliteratur bis zum Jahr 1800". Ausgew. und bearb. v. Richard Weiss. Verlag Huber & Co: Frauenfeld/Leipzig 1934

„Die Reisen des Felix Faber durch Tirol in den Jahren 1483 und 1484". in: Frühe Zeugnisse ... 1986, 57–83

„Die Welt der Gebirge". Hrgg. von Baumgartner/Bibelriether/Dyhrenfurth/Grötzbach/Heierli/Hiebeler/Schweizer. Bucher Verlag: München/Luzern (1977), Sonderausgabe 1983

DYHRENFURTH, Norman, Gebirge und Mythologie. in: „Die Welt der Gebirge" 1983, 184–191

– ders., Das Gebirgsbild im Wandel der Zeit. in: „Die Welt der Gebirge" 1983, 192–197

ECKARDT, Fritz, Die sportliche Seite des Alpinismus. IN: M 1903, 81–84

EGGER, Carl, Pioniere der Alpen. 30 Lebensbilder der großen Schweizer Bergführer von Melichor Anderegg bis Franz Lochmatter 1827 bis 1933. Verlag Amstutz, Herdeg & Co: Zürich 1946

– ders., Michel-Gabriel Paccard und der Montblanc. Verlag Gaiser & Haldimann: Basel 1943

EIDENSCHINK, Otto, Richtiges Bergsteigen. Die Technik im Fels. 1. Bd. München 1959² (1950)

– ders., Richtiges Bergsteigen. Die Technik im Eis. 2. Bd. München 1967⁵

EISENDLE, Hans Peter, Geschichten und Szenen. IN: Sturzflüge Nr. 12 (1985), 10–13

„EMPOR! Georg Winkler's Tagebuch. In Memoriam". Hrgg. von Erich König. Verlag Grethlein & Co: Leipzig o. J.

ENGEL, Claire-Eliane, Early lady climbers. London 1943

ERTL, H., Bergvagabunden. Büchergilde Gutenberg: Frankfurt a. Main 1952

– ders., Meine wilden dreißiger Jahre. Bergsteiger, Filmpionier, Weltenbummler. Herbig: München 1982

FENDRICH, U., Der Alpinist. Ein Führer in die Hochgebirgswelt. Stuttgart 1911²

„Francesco Petrarca besteigt den Mont Ventoux." in: Frühe Zeugnisse ... 1986, 23–50

FRANZ, Leonhard, Menschen und Gebirge in zwei Jahrtausenden. In: Jahrbuch des ÖAV 1967, 199–203

„Freiklettern mit Paul Preuss". Hrgg. von R. Messner. BLV: München/Wien/Zürich 1986

„Frühe Zeugnisse. Die Alpenbegeisterung". Vorgestellt von Helmuth Zebhauser. Hrgg. vom Deutschen Alpenverein. Bruckmann: München 1986 (Alpine Klassiker Bd. 5)

„Fussbekleidung zum Schutz gegen Erfrieren der Füße". IN: M 1888, 144; 1889, 102; 1893, 155

GODOFFE, Jacky, Fontainbleau – Kunst in der Vertikalen. in: Zak/Güllich 1987, 147–149

GRIMM, Peter, Montblanc: I. Kapitel des Alpinismus. Die überfällige Revision des Geschichtsbildes. In: Berg '87. Alpenvereinsjahrbuch 1987, 103–111

GRUBE, A. W., Alpenwanderungen. Fahrten auf hohe und höchste Alpenspitzen. Nach den Originalberichten. Verlag Eduard Kummer: Leipzig 1875

GRÜNER, Wolfgang, Das Diktat der Vertikale. Von der Naturaneignung im Alpinismus zur Disziplinierung und Deformierung des Körpers im Sportklettern. Diplomarbeit am Institut für Erziehungswissenschaften, Innsbruck 1991

GSCHWENDTNER, Sepp, Leistungssport, der Spaß macht. in: Zak/Güllich 1987, 120–125

„Güllich Wolfgang. Ein Leben in der Senkrechten". Hrgg. von T. Hepp/Th. Ballenberger. Rosenheimer Verlag: Rosenheim 1993

GÜSSFELDT, Paul, In den Hochalpen. Erlebnisse aus den Jahren 1859–1885. Verein für Deutsche Literatur: Berlin 1886.

HABELER, Peter, Der einsame Sieg. Goldmann: München 1979

HARRER, Heinrich, Die weisse Spinne. Die Geschichte der Eiger Nordwand. Ullstein: Berlin 1958

HEPP, Tilmann, Kunst an der Wand. IN: Rotpunkt Nr. 5 (1989), 44–48

HIEBELER, Toni, Lexikon der Alpen. Bertelsmann: Gütersloh 1977

HOCHHOLZER, Thomas/KEINRATH, Christoph, Soweit die Hände greifen (1)/(2). IN: Rotpunkt Nr. 5 (1990), 63–67/Nr. 6 (1990), 57–60

HOFMANN, Hugo, Was soll der Mensch da oben? IN: Z 1887, 246–253

ITTLINGER, Josef, Handbuch des Alpinismus. Leipzig 1910

„Johann Jakob Scheuchzer, der erste Praktiker". in: Senger 1945, 30–36

KARL, Reinhard, Erlebnis Berg. Zeit zum Atmen. Mit 175 Abbildungen. Knaur TB: München/Zürich o. J. (Erstdruck Limpert Verlag: Bad Homburg 1980)

– ders., Yosemite. Klettern im senkrechten Paradies. Limpert Verlag: Bad Homburg 1982

KEENLYSIDE, Francis, Berge und Pioniere. Eine Geschichte des Alpinismus. Orell Füssli Verlag: Zürich 1976

KIESS, Michael A., Rotkreis? Rotpunkt! IN: Rotpunkt Nr. 4 (1987), 15

KLARER, Mario, Locker vom Hocker – Die Benennung von Sportkletterrouten. In: Berg '90. Alpenvereinsjahrbuch 1990, 91–98

– ders., Götter, Berge und Gelehrte. IN: Mitteilungen des ÖAV, Jg. 46 (1991) Heft 5, 4–8

„Konrad Gesner verherrlicht die Berge und besteigt den Montefrakt". in: Frühe Zeugnisse ... 1986, 133–148

KRUCK, Gustav, Über die Gefahren der Berge. Ratgeber für Bergsteiger. Bd. 1. Zürich 1910

KUBIN, Andreas, Dolomiten. Civettagruppe. Rother: München 1981

KÜRSTEINER, Dr. med., Kritik der alpinen Unglücksfälle von 1891 bis 1900. IN: J. d. S.A.C. 1900, 277–296

LAMMER, Eugen Guido, Jungborn. Bergfahrten und Höhengedanken eines alpinen Pfadsuchers. Verlag des Oesterr. Alpenclubs: Wien 1922

– ders., Ueber fuehrerloses Alleingehen im Hochgebirge. IN: M 1884, 284–287

LEHNER, Wilhelm, Die Eroberung der Alpen. München/Leipzig/Zürich 1924

LENK, Hans, Bergsteigen – Abenteuer der Würde. Erhabenes und Eigenleistung im Naturerleben. In: Berg '84. Alpenvereinsjahrbuch 1984, 195–205

L. G. (anonym), Ueber die Freude an der Natur und am Bergsteigen. IN: Z 1881, 323–326

LONG, John, Reine Gotteslästerung. in: Zak/Güllich 1987, 84–90

LUDWIG, J. M., Der Tod des Grafen de La Baume. IN: J. d. S.A.C. 1883/84, 536–543

MADUSCHKA, Leo, Junger Mensch im Gebirg. München 1932

– ders., Neuzeitliche Felstechnik. Bergverlag Rother: München 1937⁴

MANN, Ulrich, Überall ist Sinai. Die heiligen Berge der Menschheit. Freiburg im Breisgau 1988

MARIACHER, Heinz, Dolomiten. Marmolada Hauptkamm. Rother: München 1983

MARSCHNER, Timo, Rotpunkt Sportkletterführer Österreich. Verlag Rotpunkt: Weinstadt/Benzach 1992

MAYR, Rudi, Klettergarten – Eiswasserfälle. Zwischen München, Bregenz und Bozen. Steiger: Berwang 1986

MESSNER, Reinhold, Der 7. Grad. Extremes Bergsteigen. Technik – Training – Erlebnis. BLV: München/Bern/Wien 1973

– ders., Alleingang Nanga Parbat. Knaur TB: München/Zürich o. J. (Erstdruck BLV: München 1979)

– ders., Der gläserne Horizont. Durch Tibet zum Mount Everest. Knaur: München o. J. (Erstausgabe BLV: München 1981)

– ders., Überlebt: alle 14 Achttausender. BLV: München/Wien/Zürich 1991[5] (1987)

– ders., Die Freiheit, aufzubrechen, wohin ich will. Ein Bergsteigerleben. Piper: München, Zürich: 1991[2]

– ders., Alle meine Gipfel. Das alpine Lebenswerk. Herbig: München 1993

– ders., 13 Spiegel meiner Seele. Piper: München/Zürich 1994

„Reinhold Messner. Überlebt – Alle 14 Achttausender". Interview. IN: Rotpunkt Nr. 4 (1987), 34–38

MESSNER, Reinhold/ GOGNA, Alessandro, K 2 – Berg der Berge. Knaur TB: München/Zürich o. J. (Erstdruck BLV: München 1980)

MEYER, Erich, Oscar, Die Braut des Montblanc. Union Deutsche Verlagsgesellschaft: Berlin o. J.

– ders., Das Erlebnis des Hochgebirges. Union Deutsche Verlagsgesellschaft: Berlin 1932

MEYER, G. von Knonau, Eine Schweizerreise eines Gelehrten im XVI. Jahrhundert. IN: J. d. S.A.C. 1883, 417–457

MODLMAYR, Hans, Bergsport und Alpinismus. IN: M 1893,182–184; 206–208

– ders., Bergsport und Alpinismus. IN: M 1898, 182–184

– ders., Eine religiös-ethische Beurtheilung des Alpinismus. IN: M 1903, 297–280

MÜLLER, Richard Hans, Die Erstbesteigung des Matterhorns im Spiegel zeitgenössischer Berichte. in: „Berge der Welt" 1965, 1–33

MÜLLER, Wolfgang, Am Ende des Regenbogens. „Odyssee" – der IX. Grad in der Fleischbank-Ost. In: Berg '86. Alpenvereinsjahrbuch 1986, 71–74

NEF, Jürg, Haftplicht und Versicherungsschutz des Bergsteigers. Schulthess Verlag: Zürich 1987

OPPENHEIM, Roy, Die Entdeckung der Alpen. Verlag Huber & Co AG: Frauenfeld/Stuttgart 1974

PAULCKE, Wilhelm, Gefahrenbuch des Bergsteigens und Skilaufs (Katechismus für Bergfreunde im Sommer und Winter). Union Deutsche Verlagsgesellschaft: Berlin 1942 (1933)

PAUSE, Walter, Der Tod als Seilgefährte. Eine Schule alpiner Gefahren. München 1977[4]

PERFAHL, Jost, (a) Kleine Chronik des Alpinismus. Rosenheimer Verlag: Rosenheim 1984

– ders., (b) Die schönsten Bergsteigergeschichten der Welt. Delphin Verlag: München/Zürich 1984

PESKOLLER, Helga, GÖTTERBERGE – BERGGÖTTER. Wahnsinnsunternehmen Tiamat bis Güllich – eine feministische Denkskizze. IN: Wiener Zeitung vom 5. 12. 89, Lesezirkel 6 (1989) Nr. 42, 3–5

– dies., Alpinismus – vertextet und montiert. In: Berg '90. Alpenvereinsjahrbuch 1990, 57–65 [und IN: Das FENSTER. Tiroler Kulturzeitschrift Jg. 23 (1989) Heft 45, 4455–4469]

– dies., (a) Frau: Berg = Mythenzerstörung. IN: Mitteilungen des ÖAV, Jg. 46 (1991) Heft 3, 4–5

– dies., (b) Neue Spielformen des Bergsteigens und Schifahrens: learning by do-ing? In: Sicherheit im Bergland, Jahrbuch. Hrgg. vom Österreichischen Kuratorium für alpine Sicherheit. Wien 1991, 74–83

– dies., Wanda Rutkiewicz – ein Nachruf. IN: Mitteilungen des ÖAV, Jg. 47 (1992) Heft 6, 14–15

– dies., (a) ... zerstückelt und allein. Zur Abbildung zeitgenössischer Berghelden. IN: Mitteilungen des ÖAV, Jg. 48 (1993) Heft 5, 6–7

– dies., (b) „Der Bergfilm ist kein anderer Film". Interview mit Erich Lackner. IN: Mitteilungen des ÖAV, Jg. 48 (1993) Heft 5, 16, 18–21.

PROCHAZKA, Stephan, Die Berge bei den arabischen Geographen des Mittelalters. IN: Mitteilungen des ÖAV, Jg. 46 (1991) Heft 5, 9–10

PURTSCHELLER, Ludwig, Über Fels und Firn. Bd. I. Ostalpen. Hrgg. vom Deutschen Alpenverein. Bruckmann: München 1987 (Alpine Klassiker Bd. 7, kommentierter Reprint von 1901)

– ders., Über Fels und Firn. Bd. II, Westalpen und außereuropäische Fahrten. Hrgg. vom Deutschen Alpenverein. Bruckmann: München 1987 (Alpine Klassiker. Bd. 8, kommentierter Reprint von 1901)

RABOFSKY, Eduard, Zum Unfallgeschehen in den österreichischen Bergen 1983/84. In: Sicherheit im Bergland, Jahrbuch. Hrgg. vom Österreichischen Kuratorium für alpine Sicherheit. Wien 1986, 114ff

RÉBUFFAT, Gaston, Montblanc. Die Geschichte seiner Entdeckungen. Bruckmann: München 1988 (übers. von Matthias Wolf; i. frz. O. 1987)

RENZLER, Robert/SCHERER, Reinhold, Sportklettern. Training, Kraftraumgestaltung, Klettergarten, Kletterwände, Wettkampf. Eine Broschüre des Österreichischen Alpenvereins zum Thema Sport und Wettkampfklettern. Hrgg. vom ÖAV-Verwaltungsausschuß: Innsbruck 1989

RICHTER, Eduard, Über die Triebfedern der Bergsteigerei. IN: M 1903, 54–55

RUDATIS, Domenico, Das Letzte im Fels. Gesellschaft Alpiner Bücherfreunde: e.V.: München 1936

SAUSSURE, Horace-Bénédict de, Bericht über die Besteigung des Mont Blanc (3. August 1787). in: „Die Entdeckung der Alpen ...", 1934, 179–190

SCHEFFELS, Victor von, Des Franzesco Petrarca Sendschreiben an den Kardinal Giovanni Colonna, die Besteigung des Mont Ventoux betreffend. Sonderausgabe. Gesellschaft Alpiner Bücherfreunde e.V.: München 1936

SCHEUCHZER, Johann Jakob, Naturgeschichte der schweizerischen Gebirge. in: Die Entdeckung der Alpen ... 1934, 21–27

SCHMIDKUNZ, Walter, Alpine Geschichte in Einzeldaten. in: Alpines Handbuch Bd. 1. Hrgg. vom D und OeAV, F. A. Brockhaus: Leipzig 1931, 307–449

SCHMITT, Fritz, Bergsteiger Biwak. Bergverlag Rudolf Rother: München o. J.^{2}

– ders., Berühmte Alpenwände: die Erstbegeher erzählen. München 1984

SCHUBERT, Pit, Moderne Felstechnik. Lehrschrift Nr. 2 des OEAV. Bergverlag Rudolf Rother: München 1978

– ders., Bohrhaken im Widerstreit der Meinungen. In: Berg '86. Alpenvereinsjahrbuch 1986, 234ff

SCHULTZE, Walther, Die alpinen Unglücksfälle des Jahres 1893. IN: M 1894, 66–67; 81–83

SCHULZ, Karl, Ueber die Verwendung seidener Seile bei Hochgebirgstouren. IN: M 1885, 63–65

SCHWARZ, Theodor, Über Fels und Firn. Die Bezwingung der mächtigsten Hochgipfel der Erde durch den Menschen. Leipzig 1884

SEITZ, Gabriele, Wo Europa den Himmel berührt. Die Entdeckung der Alpen. Artemis: München/Zürich 1987

SENGER, Max, Wie die Schweizer Alpen erobert wurden. Büchergilde Gutenberg: Zürich 1945

SIMLER, Josias, Die Alpen – De Alpibus Commentarius. Carta-Verlag: Pforzheim 1984 (Alpine Klassiker Bd. 1)

SOMMER, Hugo, Die Bedeutung der landschaftlichen Schönheit für die menschliche Geistescultur. IN: M 1889, 110–113

„stay hungry", Video über das Sportklettern von H. Peskoller u. M. Stark, 1991

STEINITZER, Alfred, Der Alpinismus in Bildern. Mit 700 Abbildungen. R. Piper & Co: München 1913

STEPHEN, Lesslie, Der Spielplatz Europas. Aus der großen Zeit des Alpinismus. Verlag Amstutz–Herdeg: Zürich, Leipzig 1942 (ältere Ausgabe: Der Tummelplatz Europas. Hrgg. und übersetzt von W. Rickmer–Rickers; Gesellschaft Alpiner Bücherfreunde: München, o. J.)

STOLZ, Otto, Anschauung und Kenntnis der Hochgebirge Tirols vor dem Erwachen des Alpinismus. 1. Teil. 2. Teil: „Die Gletscherwelt". Hrgg. vom D. u. ÖAV: München 1928; Sonderabdruck aus der Zeitschrift des Deutschen und Österreichischen Alpenvereins 1927 u. 1928 (58 u. 59 Bd.); München 1929

STUDER, Gottlieb, Ueber Eis und Schnee. Die höchsten Gipfel der Schweiz und die Geschichte ihrer Besteigung. I.–III. Abtheilung. Buchdruckerei von K.J.Wyss: Bern 1869 und 1883

„Unfall auf der Grivola". IN: M 1892, 227*

– „Zum Unglück an der Grivola". IN: M 1892, 274

– „Eine für Alpenreisende wichtige gerichtliche Entscheidung". IN: M 1895, 50, 97, 176

– „Zur Kritik neuer alpiner Unglücksfälle". IN: M 1888, 263–268

– „Zur Verhütung von Unfällen". IN: M 1888, 179

– „Zur Beurtheilung alpiner Unglücksfälle". IN: M 1895, 113, 125, 174

TERRAY, Lionel, Große Bergfahrten. Nymphenburger Verlagshandlung. München 1975

– ders., Vor den Toren des Himmels. Buchgilde Gutenberg: Frankfurt a. Main 1965 (1961)

TYNDAL, John, In den Alpen. Verlag Friedrich Vieweg und Sohn: Braunschweig 1875^2

WHYMPER, Edward, Berg– und Gletscherfahrten in den Alpen in den Jahren 1860 bis 1869. Deutsche Bearb. von Friedrich Steger. Georg Westermann: Braunschweig/Hamburg 1922^4 und 1909 (1872; Reprint 1982)

YOUNG, Geoffrey Winthrop, Die Schule der Berge. F. A. Brockhaus. Leipzig: 1926^2

ZAK, Heinz, Rock Stars. Die weltbesten Freikletterer. Bergverlag Rother. München 1995

ZAK, Heinz/GÜLLICH, Wolfgang, High life. Sportklettern Weltweit. Rother: München 1987

ZEBHAUSER, Helmuth, Fünf Epochen der Alpingeschichte. In: Berg '85. Alpenvereinsjahrbuch 1985, 253–256

ZIAK, Karl, Der Mensch und die Berge. Eine Weltgeschichte des Alpinismus. Bergland-Buch: Salzburg/Stuttgart 1956, 1981^5 (1936)

ZSIGMONDY, Emil, Die Gefahren der Alpen. Augsburg 1886^2 (1885)

ZSIGMONDY, Emil/PAULCKE, Wilhelm, Die Gefahren der Alpen. Erfahrungen und Ratschläge. Bergverlag R. Rother: München 1922^6

---

* Hier handelt es sich nur um eine kleine Auswahl von Notizen und Berichten – großteils von anonymen Schreibern – zum Thema Bergunfälle. Dasselbe gilt in bezug auf Ausrüstungsgegenstände: Nicht jeder Literaturverweis in den Anmerkungen wurde auch in das Literaturverzeichnis aufgenommen.

LITERATUR – ALLGEMEIN

„Anthropologie nach dem Tode des Menschen". Hrgg. von D. Kamper/Ch. Wulf; edition suhrkamp: Frankfurt a. M. 1994

„Auf geht's", Video zum Verhältnis von Natur, Kommunikation und Geschwindigkeit. M. Stark u. H. Peskoller, 1991

ADORNO, Theodor W., Negative Dialektik. suhrkamp TB: Frankfurt a. Main 1980 (1966)

ANDERS, Gunter, Die Antiquiertheit des Menschen. Bd. 2. C. H. Beck: München 1980

ARENDT, Hannah, Vita Activa oder Vom tätigen Leben. Piper: München/Zürich 1987

ARIÈS, Philippe, Studien zur Geschichte des Todes im Abendland. Hanser: München/Wien 1976

– ders., Geschichte der Kindheit. Hanser: München/Wien 1980

ARNBERGER, Erik, Die Kartographie im Alpenverein. IN: Wissenschaftliche Alpenvereinshefte (1970) Heft 22. Hrgg. vom Deutschen und vom Österr. Alpenverein: München/Innsbruck 1970

ARNBERGER, Erik/KRETSCHMER, Ingrid, Wesen und Aufgaben der Kartographie. Teil 1/Textband, Teil 2/Abb. Franz Deuticke Verlag: Wien 1975

BACHELARD, Gaston, Poetik des Raumes (1975). Fischer Wissenschaft: Frankfurt a. Main 1994

BAHR, Hans-Dieter, Der Raum des Guten. in: „Anthropologie nach dem Tode des Menschen" 1994, 25–43

BAUDRILLARD, Jean, Amerika. Matthes & Seitz: München 1987

– ders., Kool Killer oder der Aufstand der Zeichen. Merve: Berlin 1978

– ders., Transparenz des Bösen. Ein Essay über extreme Phänomene. Merve: Berlin 1992

BENDSZEIT, K., „Grund". in: Historisches Wörterbuch der Philosophie. Hrgg. von Joachim Ritter. Bd. 3, Darmstadt 1974, Spalte 902–910

BENJAMIN, Walter, Das Kunstwerk im Zeitalter seiner technischen Reproduzierbarkeit. Drei Studien zur Kunstsoziologie. edition suhrkamp: Frankfurt a. Main 1977 (1963)

BERR, Marie-Anne, Technik und Körper. D. Reimer Verlag: Berlin 1990

BILLANOVICH, Giuseppe, Petrarca und der Ventoux (1966). in: Petrarca. Hrgg. von August Buck. Darmstadt 1976, 444ff (Wege der Forschung 353)

BINDER, Klaus, Geometrie und Phantasie – Zwei Welten des Weltumgangs, der Weltkonstitution. in: Kulke 1988, 117–128

BITTERLI, Urs, Die Entdeckung und Eroberung der Welt. Dokumente und Berichte. Bd. I und II. C. H. Beck: München 1980 und 1981

BLUMENBERG, Hans, Der Prozeß der theoretischen Neugierde. suhrkamp: Frankfurt a. Main 1984[3]

– ders., Die Legitimität der Neuzeit. Suhrkamp: Frankfurt a. Main 1988[2]

– ders., Die Lesbarkeit der Welt. suhrkamp TB wissenschaft: Frankfurt a. Main 1989

BOEHM, Gottfried, (Hg.) Was ist ein Bild? Fink: München 1994

BÖHME, Gernot, Der offene Leib. Interpretation der Mikrokosmos–Makrokosmos–Beziehung bei Paracelsus. in: Kamper/Wulf 1989, 44–58

BÖHME, Hartmut, Natur als Subjekt. edition suhrkamp: Frankfurt a. Main 1988

– ders., (a) Das Steinerne. Anmerkungen zur Theorie des Erhabenen aus dem Blick des „Menschenfernsten". in: Das Erhabene: zwischen Grenzerfahrung und Größenwahn. Hrgg. von Christina Pries; VCH – Acta Humaniora: Weinheim 1989, 119–141

– ders., (b) Der sprechende Leib. Die Semiotiken des Körpers am Ende des 18. Jahrhunderts und ihre hermetische Tradition. in: Kamper/Wulf 1989, 144–181

– ders., Welt aus Atomen und Körper im Fluß. Gefühl und Leiblichkeit bei Lukrez. in: Rehabilitierung des Subjektiven. Festschrift für Hermann Schmitz. Hrgg. von M. Großheim/H.-J. Waschkies. Sonderdruck. Bouvier Verlag: Bonn 1993, 413–439

– ders., Höhe und Tiefe: herausfordernde Raumachse. Die Gebirge und die Kultur. IN: Neue Züricher Zeitung vom 5./6.Nov. 1994 Nr. 259, 65–66

BÖHMER, Otto A., Sternstunden der Philosophie. Schlüsselerlebnisse großer Denker von Augustinus bis Popper. Beck'sche Reihe: München 1994

BORST, Arno, Barbaren, Ketzer und Artisten. Welten des Mittelalters. Piper: München/Zürich 1990

BOURDIEU, Pierre, Satz und Gegensatz: Über die Verantwortung des Intellektuellen. Wagenbach: Berlin 1989

BRANT, Sebastian, Das Narrenschiff. Übertragen von H. A. Junghans. Reclam: Stuttgart 1993

BRAUN, Christina von, NICHT ICH. Logik Lüge Libido. neue kritik verlag: Frankfurt a. Main 1988

BRENNER, Peter J., (Hg.) Der Reisebericht. Suhrkamp TB materialien: Frankfurt a. Main 1989

Brockhaus Enzyklopädie in 24 Bänden. Dritter Band. Brockhaus: Mannheim 1987 (darin: „Bild" und Wortzusammensetzungen mit „Bild": S. 301–313 und 319–321; „Bildung" S. 313–319)

Brockhaus Enzyklopädie in 20 Bänden. Brockhaus: Wiesbaden 1966 (darin: „Alpinismus" 1. Bd., S. 380, und „Bergsteigen" 2. Bd., S. 553)

BUCHHOLZ, Michael B., (Hg.) Metaphernanalyse. Vandenhoeck und Ruprecht: Göttingen 1993

BURCKHARDT, Jacob, Die Kultur der Renaissance in Italien. Hrgg. von W. Kaegi, Bd. 5. Basel 1930 (1860)

„Christoph Kolumbus Bordbuch". Mit einem Nachwort von F. Gewecke und zeitgenössischen Illustrationen. Insel Verlag: Frankfurt a. Main 1981

„Dante Alighierie: Die Göttliche Komödie". Übers. von H. Gemelin. Reclam: Stuttgart 1966

„Das Alte/Neue Testament". In der Einheitsübersetzung der Heiligen Schrift. Österr. Kathol. Bibelwerk: Klosterneuburg 1982 (Schulbuch Nr. 4101)

DELEUZE, Gilles, Nietzsche. Ein Lesebuch. Merve: Berlin 1979 (1965)

DELEUZE, Gilles/ FOUCAULT, Michel, Der Faden ist gerissen. Merve: Berlin 1977

DEVEREUX, Georges, Angst und Methode in den Verhaltenswissenschaften. suhrkamp TB: Frankfurt a. Main 1992 (1967)

„Diercke – Universalatlas". Westermann: Braunschweig 1984

Duden. Das große Wörterbuch der deutschen Sprache in sechs Bänden. Mannheim 1976 (darin: „Berg", 1. Bd., S. 353, und „steigen", 6. Bd., S. 2487)

Duden. Etymologie. Herkunftswörterbuch der deutschen Sprache. Mannheim 1963 (darin: „Grund", 7. Bd., S. 239)

DUERR, Hans-Peter, Traumzeit. Über die Grenze zwischen Wildnis und Zivilisation. Syndicat: Hamburg 1978/edition suhrkamp: Frankfurt a. Main 1985

EICHBERG, Henning, Stimmung über der Heide – Vom romantischen Blick zur Kolonisierung des Raumes. in: Großklaus/Oldemeyer 1983, 197–234

EICKHOFF, Hajo, Himmelsthron und Schaukelstuhl. Die Geschichte des Sitzens. Carl Hanser: München/Wien 1993

ELIAS, Norbert, Über den Prozeß der Zivilisation. Soziogenetische und psychogenetische Untersuchungen. 2. Bd. Wandlungen der Gesellschaft. Entwurf zu einer Theorie der Zivilisation. suhrkamp TB: Frankfurt a. Main 1976

ENGELMANN, Gerhard, Alexander von Humboldt über seine Arbeit am „Kosmos". IN: Geographische Zeitschrift. Beihefte (1970) Heft 23, 23–49

ERDHEIM, Mario, Die gesellschaftliche Produktion von Unbewußtheit. Eine Einführung in den ethnopsychoanalytischen Prozeß. suhrkamp TB: Frankfurt a. Main 1984

ERNST, Werner, Zur Psychoanalyse der Denkgewalt. In: texte. psychoanalyse ästhetik kulturkritik. 11. Jg (1991), Heft 3, 290–307

– ders., (a) Zu einer Phänomenologie von „Fest"-Setzung und „Gegen"-stand. in: Vernetztes Denken, gemeinsames Handeln. Hrgg. von Helmut Reinalter; Kulturverlag: Thaur 1993, 195–205

– ders., (b) Formale Form als Rechtsgewalt. In: Ehtica 1 (1993), 163–184

– ders., (c) Zur Analyse der moralischen Denkform. In: Sapientia papers 3 (1993), 1–15

– ders., (a) Zur Einleitung – Bemerkungen zur herrschenden Auffassung positiver Wissenschaften. in: H. Barta/W. Ernst/H. Moser, (Hg.) Wissenschaft und Verantwortlichkeit. WUV–Universitätsverlag: Innsbruck 1994, 21–36

– ders., (b) Der Beitrag ‚disziplinarer' Wissenschaft zur Zerstörung der Welt. in: H. Barta/W. Ernst/H. Moser, (Hg.) Wissenschaft und Verantwortlichkeit. WUV-Universitätsverlag: Innsbruck 1994, 357–372

– ders., Metapsychologie und „Egologisches Subjekt". Innsbruck 1995 (hektograph. Manuskript, 33 Seiten)

FABRE, Jean-Henri, Das Offenbare Geheimnis. Aus dem Leben des Insektenforschers". Hrgg. und übers. von K. Guggenheim/A. Portmann. Frankfurt a. Main 1977

FEMMEL, Gerhard, Corpus der Goethezeichnungen. Bd. 1, Nr. 1–318; Veb. E.A. Seemann Buch- und Kunstverlag: Leipzig 1958

FLASCH, Kurt, Das philosophische Denken im Mittelalter. Von Augustinus zu Machiavelli. Reclam: Stuttgart 1986

FLUSSER, Vilém, Ins Universum der technischen Bilder. European Photography 1992^4

– ders., Vom Subjekt zum Projekt. Menschwerdung. Bollmann: Bensheim/Düsseldorf 1994 (Bd. 3 der Vilém Flusser Schriften. Hrgg. von Stefan Bollmann und Edith Flusser)

FOUCAULT, Michel, Die Ordnung der Dinge. Eine Archäologie der Humanwissenschaften. suhrkamp TB wissenschaft: Frankfurt a. Main 1974 (1966)

– ders., Überwachen und Strafen. Die Geburt des Gefängnisses. (Übers. von U. Raulff und W. Seitter); suhrkamp TB: Frankfurt a. Main 1977

– „Freiheit und Selbstsorge: Interview 1984 u. Vorlesung 1982, Michel Foucault." Hrgg. von Helmut Becker; Materialis Verlag: Frankfurt a. Main 1985

– ders., Sexualität und Wahrheit Bd. 1: Der Wille zum Wissen (WzW). Suhrkamp: Frankf. a. Main 1986 (1976)

– ders., Sexualität und Wahrheit Bd. 2: Der Gebrauch der Lüste. Suhrkamp: Frankfurt a. Main 1986

„Francesco Petrarca: Die Besteigung des Mont Ventoux". Hrgg. und übers. von Kurt Steinmann; Reclam: Stuttgart 1995

GEBAUER, Gunter, Auf der Suche nach der verlorenen Natur – Der Gedanke der Wiederherstellung der körperlichen Natur. in: Großklaus/Oldemeyer 1983, 101–120

GEBAUER, Gunter/ WULF Christoph, Mimesis in der Anthropogenese. in: „Anthropologie nach dem Tode des Menschen" 1994, 321–334

– diesn., Mimesis. Kultur–Kunst–Gesellschaft. rowohlts enzyklopädie: Reinbek b. Hamburg 1992

GEBSER, Jean, Ursprung und Gegenwart, Fundamente und Manifestationen der aperspektivischen Welt. Stuttgart 1966^2

- ders., Ursprung und Gegenwart, 1. und 2. Teil einschl. Kommentar; dtv: München 1992[4]

GEERTZ, Clifford, Dichte Beschreibung. Beiträge zum Verstehen kultureller Systeme. suhrkamp TB wissenschaft: Frankfurt a. Main 1994

„Geschichte der Naturwissenschaften". Hrgg. von H. Wußing/S. Brentje u.a.; Aulis Verlag Deubner & Co: Köln 1987[2]

GINZBURG, Carlo, Spurensicherung. Die Wissenschaft auf der Suche nach sich selbst. Wagenbach: Berlin 1995

GROH, Ruth/ GROH, Dieter, Petrarca und der Mont Ventoux. IN: Merkur. Deutsche Zeitschrift für europäisches Denken 46 (1992) Heft 4, 290ff

GROSJEAN, Georges, Kartenkunst und Kartentechnik vom Altertum bis zum Barock. Hallwag: Bern/ Stuttgart 1970

- ders., 500 Jahre Schweizer Landkarten. Orell Füssli: Zürich 1971

GROSSKLAUS, Götz, Der Naturraum des Kulturbürgers. In: Großklaus/Oldemeyer 1983, 169–196

- ders., Reisen in die Fremde – Zur Fremdwahrnehmung im Kontext der bürgerlichen Aufstiegsgeschichte. in: Großklaus/Oldemeyer 1983, 265–276

GROSSKLAUS, Götz/OLDEMEYER Ernst (Hg.), Natur als Gegenwelt. Beiträge zur Kulturgeschichte der Natur. von Loeper Verlag: Karlsruhe 1983 (= Karlsruher Kulturwissenschaftliche Arbeiten)

HARD, Gerhard, Begriff und Geschichte der „Natur" in der Geographie des 19. und 20. Jahrhunderts. in: Großklaus/Oldemeyer 1983, 139–168

- ders., Der „Totalcharakter der Landschaft". Re-Interpretation einiger Textstellen bei Alexander von Humboldt. IN: Geographische Zeitschrift. Beihefte (1970) Heft 23, 49–73

HAUSER, Susanne, Bilder der Armut. Zu einer Zeichnung von George Grosz. IN: Werkstatt Geschichte, 4. Jg. (1995), Heft 10, 42–54

HAUSHOFER, Marlen, Die Wand. Roman. Mit einem Nachwort von Klaus Antes. Ullstein TB: Frankfurt a. Main/Berlin 1990 (1985)

HEIDEGGER, Martin, Der Satz vom Grund. Neske: Pfullingen 1957

- ders., Identität und Differenz. Neske: Pfullingen 1957

HEINZE, Theodor T., Verdammte Weltlichkeit. Zur Kartenkunst zwischen europäischer Antike und American Express. IN: Paragrana. Internationale Zeitschrift für Historische Anthropologie, Bd. 3 (1994), Heft 2, 335–346

HERRMANN, Ulrich, Vervollkommnung des Unverbesserlichen? Über ein Paradox in der Anthropologie des 18. Jahrhunderts. in: „Anthropologie nach dem Tode des Menschen" 1994, 132–153

„Hirt's Kartographie in Stichworten". Hrgg. von Herbert Wilhelmy. F. Hirt: Kiel 1972[2]

HIRZEL, Ludwig, (Hg.) Albr. v. Hallers Gedichte. In: Bibliothek älterer Schriftwerke der deutschen Schweiz und ihres Grenzgebietes. Verlag von J. Huber: Frauenfeld 1882

„Historische Anthropologie. Zum Problem der Humanwissenschaften heute oder Versuch einer Neubegründung". Gebauer, G./Kamper, D./Lenzen, D./Mattenklott, G./Wulf, Ch./Wünsche, K.; Rowohlt TB: Reinbek b. Hamburg 1989

HORKHEIMERR, Max/ ADORNO, Theodor W., Dialektik der Aufklärung. Philosophische Fragmente. Fischer Wissenschaft: Frankfurt a. Main 1992

HORTLEDER, Gerd/GEBAUER (Hg.), Gunter, Sport – Eros – Tod. edition suhrkamp: Frankfurt a. Main 1986

IFRAH, Georges, Universalgeschichte der Zahlen. Campus: Frankfurt a. Main 1986

JANSSEN, Jantje/FLEISCHER, Axel, Zum Verhältnis „Wunsch und Verbot". Vier Versuche einer Annäherung. in: Kamper 1977, 115–129

JUNG, Carl Gustav, (Hg.) Der Mensch und seine Symbole. Walter Verlag: Olten 1980 (Sonderausgabe)

KAMPER, Dietmar (Hg.), Über die Wünsche. Ein Versuch zur Archäologie der Subjektivität. Hanser: München/Wien 1977

- ders., Zur Soziologie der Imagination. Hanser: München/Wien 1986

- ders., Ästhetik und Hermeneutik. Oder das Denken des Außen. In: DAS HEIMLICHE UND DAS UNHEIMLICHE. das über-denken der postmoderne. (1. Wintersymposium im Kulturgelände Nonntal, 4.–6. Dez.1987), Tagungsbändchen o. S.

- ders., Narzißmus und Sport – Einige Überlegungen zur Macht des imaginären Todes, nach Lacan. in: Körper- und Einbildungskraft. Inszenierungen des Helden im Sport. Hrgg. von G. Gebauer; D. Reimer: Berlin 1988, 116–122 (Reihe Historische Anthropologie, Bd. 2)

- ders., (a) Der eingebildete Mensch. in: „Anthropologie nach dem Tode des Menschen" 1994, 273–278

- ders., (b) Das Epistemologische Minimum einer Historischen Anthropologie. Fauzan, Gründonnerstag 1994 (hektograph. Manuskript, 2 Seiten)

- ders., Unmögliche Gegenwart. Zur Theorie der Phantasie. Fink: München 1995

KAMPER, Dietmar/WULF, Christoph (Hg.), Das Schwinden der Sinne. edition suhrkamp: Frankfurt a. Main 1984

- diesn., (Hg.) Transfigurationen des Körpers. Spuren der Gewalt in der Geschichte. D. Reimer: Berlin 1989

KITTLER, Friedrich, Grammophon – Film – Typewriter. Brinkmann & Bose: Berlin 1986

KOERTING, Gustav, Petrarca's Leben und Werke. Leipzig 1878

KOSELLECK, Reinhart, Kritik und Krise. Suhrkamp TB wissenschaft: Frankfurt a. Main 1992 (1959)

KULKE, Christine (Hg.), Rationalität und sinnliche Vernunft. Frauen in der patriarchalen Realität. Centaurus–Verlagsgesellschaft: Pfaffenweiler 1988

LENZEN, Dieter, Melancholie, Fiktion und Historizität: Historiographische Optionen im Rahmen einer Historischen Anthropologie. in: „Historische Anthropologie" 1989, 13–48

– ders., Kunst und Pädagogik. Erziehungswissenschaft auf dem Weg zur Ästhetik? Wissenschaftliche Buchgesellschaft: Darmstadt 1990

– ders., Pädagogisches Risikowissen, Mythologie der Erziehung und pädagogische Méthexis. Auf dem Weg zu einer reflexiven Erziehungswissenschaft. IN: Zeitschrift für Pädagogik 27. Beiheft. Beltz Verlag: Weinheim/Basel 1991, 109–125

LUMPE, Adolf, Der Terminus „Prinzip" (arché) von den Vorsokratikern bis auf Aristoteles. in: Archiv für Begriffsgeschichte. Band 1, 1955, 104–116

MACHO, Thomas, Todesmethapern. Zur Logik v. Grenzerfahrungen. edition suhrkamp: Frankfurt a. M. 1987

– ders., Vom Skandal der Abwesenheit. Überlegungen zur Raumordnung des Todes. in: „Anthropologie nach dem Tode des Menschen" 1994, 417–434

MERCHANT, Carolyn, Der Tod der Natur. Ökologie, Frauen und neuzeitliche Naturwissenschaft. C. H. Beck: München 1987

MORIN, Edgar, Die Unidualität des Menschen. in: „Anthropologie nach dem Tode des Menschen" 1994, 15–24

MOSER, Manfred, Der Wanderer und sein Schatten. IN: Paragrana. Internationale Zeitschrift für Historische Anthropologie. Bd. 3 (1994) Heft 2, 230–241

NIEDERMAIR, Gunther, REISEN – eine Fahrt ins (N)Irgendwo. Beiträge zur Kulturgeschichte des Reisens. Diplomarbeit am Institut für Erziehungswissenschaften, Innsbruck 1990

NIERAAD, Jürgen, „bildgesegnet und bildverflucht": Forschungen zur sprachlichen Metaphorik. Wissenschaftliche Buchgesellschaft. Darmstadt 1977

OELKERS, Jürgen, Topoi der Sorge. Beobachtung zur öffentlichen Verwendung pädagogischen Wissens. IN: Zeitschrift für Pädagogik 27. Beiheft. Beltz Verlag: Weinheim/Basel 1991, 213–231

OELKERS, Jürgen/ TENORTH, H.-Elmar, Pädagogisches Wissen als Orientierung und als Problem. IN: Zeitschrift für Pädagogik 27. Beiheft. Beltz Verlag: Weinheim/Basel 1991, 13–35

OETTERMANN, Stephan, Das Panorama. Die Geschichte eines Massenmediums. Syndicat: Hamburg 1980

PANOFSKY, Erwin, IDEA. Ein Beitrag zur Begriffsgeschichte der älteren Kunsttheorie. Wissenschaftsverlag Volker Spiess: Berlin 1989

PESCHEL, Oscar, Geschichte der Erdkunde bis auf Alexander von Humboldt und Carl Ritter. Verlag v. R. Oldenburg: München 1877

PESKOLLER, Helga, Vom Klettern zum Schreiben – ein Versuch, sich zur Gänze zu verwenden. Monographie einer Dissertationsgeschichte als erzählte Wissenschaft. Dissertation am Institut für Erziehungswissenschaften, Innsbruck 1988 (Hauptband und 2 Materialbände)

„Petrarca, Dichtungen, Briefe, Schriften". Auswahl und Einleitung von H.W. Eppelsheimer. Klostermann: Frankfurt a. Main 1980

PLESSNER, Helmuth, Homo absconditus. Philosophische Anthropologie heute. München 1972, 37–50

– ders., Conditio humana. Neske: Pfullingen 1964

RATHJENS, Carl, Geographie des Hochgebirges. Bd. 1: Der Naturraum. Teubner Studienbücher der Geographie: Stuttgart 1982

RATHMAYR, Bernhard, Studien. Zur Theorie und Praxis kulturaneignender und kulturkritischer Erziehungs– und Lernprozesse. Habilitationsschrift. Innsbruck 1987

– ders., „Gegenwartsgeschichte" – Methodologische Aspekte der Historischen Anthropologie. Texte und Materialien zur LV am Institut für Erziehungswissenschaften, Innsbruck im SS 1994

REBSTEIN, E., Völkerrecht. Eine Geschichte seiner Ideen in Lehre und Praxis. Ausschnitt in: Bitterli 1980, Bd. l, 46–47

RENGGLI, Franz, Selbstzerstörung aus Verlassenheit. Die Pest als Ausbruch einer Massenpsychose. Zur Geschichte der frühen Mutter-Kind-Beziehung. Rasch und Röhring: Hamburg 1992

RITTER, Joachim, Landschaft. Zur Funktion des Ästhetischen in der modernen Gesellschaft. Münster/Westfalen 1963

„Rousseau. Schriften zur Kulturkritik". Hrgg. von K. Weigand. Hamburg 1983, 1–59

SCHADENDORF, Wulf, Zu Pferde, im Wagen, zu Fuß. Tausend Jahre Reisen. Prestel Verlag: München 1959

SCHELLING, Friedrich Wilhelm Josef von, Über das Verhältnis der bildenden Künste zur Natur. Gedanken über Malerei. Hrgg. und eingel. von Ludwig Kuhlenbeck. Reclam: Leipzig 1956 (1807)

SCHÖFFEL, Georg, Denken in Metaphern. Zur Logik sprachlicher Bilder. Westdt. Verlag: Opladen 1987

SCHÖLER, Walter, Geschichte des naturwissenschaftlichen Unterrichts im 17. bis 19. Jahrhundert. Walter de Gruyter & Co: Berlin 1970

SCHOPENHAUER, Arthur, Über die vierfache Wurzel des Satzes vom zureichenden Grund. Dissertation Jena 1813

SEXL, Martin, Sprachlose Erfahrung? Michael Polanyis Erkenntnismodell und die Literaturwissenschaften. Peter Lang: Frankfurt a. Main/Berlin/Bern/New York/Paris/Wien 1995 (Europäische Hochschulschriften, Reihe 1)

SONNTAG, Michael, Die Zerlegung des Mikrokosmos. Der Körper in der Anatomie des 16. Jahrhunderts. in: Kamper/Wulf 1989, 59–96

STAROBINSKI, Jean, Die Embleme der Vernunft. Hrgg. u. mit Vorwort versehen von F. A. Kittler. UTB Schöningh: Paderborn/München/Wien/Zürich 1981

– ders., Die Erfindung der Freiheit. 1700–1789. S. Fischer Verlag: Frankfurt a. Main 1988

STIERLE, Karlheinz, Petrarcas Landschaften. Zur Geschichte ästhetischer Landschaftserfahrung. Krefeld 1979

STING, Stephan, Der Mythos des Fortschreitens. Zur Geschichte der Subjektbildung. D. Reimer: Berlin 1991 (Reihe Historische Anthropologie Bd. 16)

– ders., (a) Fortschreiten als Aus-Weg des Subjekts. in: „Anthropologie nach dem Tode des Menschen". 1994, 232–244

– ders., (b) Die Dunkelkammer als Bildungsanstalt. IN: Paragrana. Internationale Zeitschrift für Historische Anthropologie Bd. 3 (1994) Heft 2, 406–418

STRATEN, Roelof van, Einführungen in die Ikonographie. D. Reimer: Berlin 1989

VIRILIO, Paul, Fahren, fahren, fahren ... Merve: Berlin 1978

– ders., (a) Krieg und Kino. Logistik der Wahrnehmung. München/Wien 1986

– ders., (b) Ästhetik des Verschwindens. Merve: Berlin 1986 (1980)

„Von der Natur zur Kunst". Eine Ausstellung der Wiener Festwochen (3. Mai–15. Juli 1990). Katalog von P. Weiermair. Wien 1990

WACKERNAGEL, Wolfgang, Submaginale Versenkung. Meister Eckharts Ethik der bild-ergründenden Entbildung. in: Boehm 1994, 184–208

WAGNER, Monika, Das Gletschererlebnis – Visuelle Naturaneignung im frühen Tourismus. in: Großklaus/Oldemeyer 1983, 235–263

WALDSEEMÜLLER, Martin, Cosmographiae Introductio. Ausschnitt in: Bitterli 1980, Bd. 1, 43

WEIGEL, Sigrid, Die nahe Fremde – das Territorium des „Weiblichen". Zum Verhältnis von „Wilden" und „Frauen" im Diskurs der Aufklärung. in: Th. Koebner/G. Pickerodt (Hg.), Die andere Welt. Studien zum Exotismus. Frankfurt a. Main 1987, 171–191

WEINREB, Friedrich, Buchstaben des Lebens. Das hebräische Alphabet. Thauros Verlag: Weiler 1990

– ders., Zahl – Zeichen – Wort. Das symbolische Universum der Bibelsprache. Thauros Verlag: Weiler 1986[2]

WEIZSÄCKER, Victor von, Pathosophie. Vandenhoeck & Ruprecht: Göttingen 1956

WERLHOF, Claudia von, Männliche Natur und Künstliches Geschlecht. Texte zur Erkenntniskrise der Moderne. Reihe Frauenforschung Bd. 15, Wiener Frauenverlag: Wien 1991

WOŹNIAKOWSKI, Jacek, Die Wildnis. Zur Deutungsgeschichte des Berges in der europäischen Neuzeit. Wissenschaftliche Sonderausgabe. Suhrkamp Verlag: Frankfurt a. Main 1987

WULF, Christoph, Das gefährdete Auge. Ein Kaleidoskop der Geschichte des Sehens. in: Kamper/Wulf 1984, 21–45

ZIRFAS, Jürg, Glück als Relais von Ethik und Anthropologie. in: Einführung in die pädagogische Anthropologie. Hrgg. von Christoph Wulf; Beltz Grüne Reihe: Weinheim/Basel 1994, 141–165

ZÖGNER, Lothar, Der Wandel des Weltbildes. in: Diercke Universalatlas. Westermann: Braunschweig 1984, 64–65

Abbildungsverzeichnis

Titelbild auf Buchumschlag: Helmut Eberhöfer

1   Eingangsbild zur Studie 1, Helmut Eberhöfer [S. 19]

2a Wolfgang Güllich in „Separate Reality". 1986 klettert er solo durch einen Handriß eines 6 Meter ausladenen Granitdaches, 200 Meter über dem Merced River im Yosemite Valley (Zak/Güllich 1987, 64–65) [S. 53]

2b Horace-Bénédict de Saussures Besteigung des Mont Blanc im August 1787. Kolorierte Radierung von Christian Mechel, 1790 (Seitz 1987, 115) [S. 53]

2c Zug Heinrichs VII. mit seiner Gemahlin und einem deutsch-burgundischen Heer. Im Oktober 1310 steigen sie vom Mont Cenis nach Italien ab, wo er 1311 zum lombardischen König, 1312 zum Kaiser gekrönt wird. Kolorierte Federzeichnung aus dem Codex Balduineus, 1. Hälfte des 14. Jahrhunderts (ebd. 28) [S. 53]

3   „Joachims Traum" von Giotto; aus dem Freskenzyklus in der Arenenkapelle in Padua (Oppenheim 1974, 27) [S. 81]

4   Heinrich der VII.; hier als Bergüberschreitung dargestellt, d. h. als Auf- und Abstieg (vgl. 2c) [S. 81]

5   Erste Darstellung des Kletterns mit dem Seil, um 1500. Vermutlich aus der Werkstatt des Tiroler Künstlers Jörg Kölderer (Seitz 1987, 101) [S. 81]

6   „Große alpine Landschaft bei Sturm und Wetter" von Leonardo da Vinci, vor 1515. Zeichnung in der Kgl. Bibliothek zu Windsor Castle (Steinitzer 1913, 11) [S. 82]

7a Der besondere Gebrauch von Alpenstangen auf der Gemsenjagd. Holzschnitt aus: Kaiser Maximilian, „Die Ehr und mannliche Thaten ... des Streitbaren Ritters und Edlen Helden Theuerdanck", 1517 (Seitz 1987, 103) [S. 82]

7b Frühe Darstellung des Kletterns mit Steigeisen. Holzschnitt aus dem Theuerdanck, 1517 (ebd. 102) [S. 82]

7c Lawinenabsturz auf einem Alpenpaß. Holzschnitt aus dem Theuerdanck, 1517 (ebd. 36) [S. 82]

8   Albrecht Dürers Ansicht von Arco (Oppenheim 1974, 30) [S. 82]

9   Ein Ausschnitt aus Ägidius Tschudis Karte, 1538 (ebd. 118) [S. 83]

10 Drache. Holzschnitt aus Johannes Stumpfs „Gemeiner loblicher Eydgnoschafft ... Chronik", 1548 (Seitz 1987, 75) [S. 83]

11a Lappen tragen ihre Kinder auf Skiern zur Taufe. Holzschnitt aus Olaus Magnus, „Historia ...", 1555 (ebd. 173) [S. 83]

11b Passieren eines steilen Schneehanges auf Fellen. Holzschnitt aus Olaus Magnus, „Historia ...", 1555 (ebd. 36) [S. 83]

12 Im Tragsessel über dem Mont Cenis. Holzschnitt aus Thomas Coryat, „Crudities", 1611 (ebd. 40) [S. 84]

13 „Draco Montanus 1660"; aus: „Itinera par Helvetiae alpinas regiones" von J. J. Scheuchzer (Steinitzer 1913, 19) [S. 84]

14 Eine der ersten bildlichen Darstellungen von Steigeisen; aus: „Itinera ..." von J. J. Scheuchzer, Leiden 1723 (Perfahl 1984a, 39) [S. 84]

15 „Typus montis Vesuvii"; aus: „Athanasii Kicheri e Soc. Jesu Mundus subterraneus", 1678 (Steinitzer 1913, 17) [S. 85]

16 „Der Gletscher auf Bernina in Bünden"; Zeichnung von Gabriel Walser, 1760 (Perfahl 1984a, 42) [S. 85]

17 Das wohl erste Panorama der Alpen. 1754 zeichnete J.-B. Micheli du Crest die Ansicht der Alpenkette in seinem Gefängnis von der Festung Aarburg aus (Oppenheim 1974, 130) [S. 86]

18 Das 360°-Panorama nach Marc-Théodore Bourrit. Die Idee zu diesem ersten Horizontalpanorama soll Saussure 1776 auf dem Gipfel des Buet gefaßt haben (ebd. 136) [S. 86]

19 „Scheideblick nach Italien" vom Gotthard. Gezeichnet von Goethe während seiner 1. Schweizer Reise 1775. Bleistift mit Tuschlavierung (Femmel 1958, 19b) [S. 86]

20 Paccard und Balmat im Abstieg vom Montblanc. Gouache eines englischen Künstlers in Privatbesitz, Chamonix (Egger 1943, 8)[*] [S. 103]

---

[*] Die Angaben zu den Abbildungen, im Original z. T. in Farbe, sind ohne Gewähr. Sie weichen in unterschiedlichen Quellen der alpinen Literatur voneinander ab, und zwar in bezug auf die Zeit ihrer Entstehung, die Bezeichnung der Titel, die Beschreibung der angewandten Techniken und die Zuschreibung an bestimmte Künstler. Hinweise, wo diese Bilder heute aufbewahrt sind, fehlen weitgehend.

PERSONENVERZEICHNIS

Aberli, Johann Ludwig 143
Adelpret von Trient 130
Adorno, Theodor Wiesengrund 279
Adrein, P. 31
Aelfsige von Canterbury 211
al Mamun, Kalif 252
al-Qalquschandi 125
al-Qazwini, Zakariyya Ibn Muhammad 125
Albert, Kurt 230ff, 281f, 290
Alberti, Leon Battista 229
Alboin, König der Langobarden 129, 295
Alciatus 276
Alembert, Jean le Rond d' 268
Alexander der Große 18, 127, 228, 238, 250
Almer, Christian 200
Altdorfer, Albrecht 78, 263, 325
Altherr, Heinrich 73
Altmann, Johann Georg 77
Americus (Amerigo Vespucci) 281
Ammann, Albrecht 297
Ammianus Marcellinus 132, 276
Ampferer, Otto 272f
Anaximander 249
Andrade, Antonio 73
Angelius, Jakobus 253
Angeville, Henriette d' 156f, 159, 300
Anich, Peter 79, 135, 142, 266, 270
Antrecourt, N. von 224
Apianus (auch Apian, Philipp Bienewitz oder Bennewitz) 75, 254, 263
Apianus, Peter 72
Apollonius von Perge 275
Arago 268
Arbeo, Bischof von Freising 186f
Archimedes 264
Ardito, Stefano 144
Arduin III., Markgraf von Ivrea 296
Ariès, Philippe 195, 277
Aristarchos von Samos 263
Aristoteles 37, 243, 251
Arkadius 129
Arnberger, Erik 275
Arnold, P.A. 73
Arocena, Patxi 218
Artemidor von Ephesus 130f
as-Suyuti 125
Asoucy, Charles Couppeau d' 279

Atkins, H.M. 159
Attila 129
Auckenthaler, Matthias 257
Aufmuth, Ulrich 41
Augustinus 10, 220f, 262, 315
Augustus 128, 252
Autharis 131

Bachelard, Gaston 271
Badier, Simone 172
Balmat, Peter 75, 267, 271
Balmat, Jacques 92ff, 107f, 117, 146, 149, 151, 153ff, 175, 190, 240
Balvasor, Joh. W. Frh. von 73
Balzac, Honoré de 144
Barenius, Bernhard 76
Bärenthaler, Hans 273
Barrat, Liliane 231
Barthes, Roland 266
Basedow, Johann Bernhard 277
Baudrillard, Jean 266, 307
Beaufoy, Mark 159
Beccaria, Cesare Bonesana de 77
Becker, Gustav 28, 238
Beer, Gavin de 148
Behrmann, W. 253
Belon, Pierre 245, 276
Bembo, Pietro (Bembus, Petrus) 72, 78, 237
Benedikt von Nursia 65
Benjamin, Walter 180
Bentham, Jeremy 310
Berengar II., Markgraf von Ivrea 130f
Berengario, Jacopo da Capri 244
Berger 272f
Berger, John 195
Bergmann, Horst 231
Bernhard, St. von Aosta 203
Bernleithner, E. 275
Besson, Henry 143, 147
Bich, F. 31
Bienewitz, Philipp s. Apianus
Bjarni 77
Blair 149
Blake, William 138
Blakie, Thomas 148, 151
Blas de Castillo 72, 197ff
Blumenberg, Hans 107, 221f, 278f
Boccaccio, Giovanni 190, 224
Bodmer, Samuel 76

Böhme, Gernot 245
Böhme, Hartmut 170, 198, 326
Böhme, Jakob 279
Boileau-Despréaux, Nicolas 279
Bonifaz VIII. 205
Bonstetten, Albert von 78, 135
Borda 76
Bordier, A. C. 77, 147
Borgonio 77, 147
Borst, Arno 18, 132, 186f, 202, 206, 295f
Bosch, Hieronymus 224, 229, 325
Botsch, Katharina 72, 144
Bouguer 77
Bourdieu, Pierre 170, 178
Bourrit, Marc-Théodore 75, 77ff, 88, 93, 95, 104f, 147, 149f, 152ff, 158
Bouvier, Marc 75
Brahe, Tycho de 264f
Brandis, Regina von 72, 144
Brandstätter, Gerhard 270
Brandt, Sebastian 51, 277
Braun, Christina von 42, 304
Breughel, Pieter 263, 325
Brevoort, Margaret Claudia 133
Briançon, Graf von 89
Bril, Paul 263
Brock, G. 31ff, 47, 191
Brocke, Barthold Heinrich 74, 79
Brogne, Gerhard von 202
Brown, T. Graham 148
Bruni, Leonardo 229
Bruno, Giordano 263
Brutus Decimus 128
Brymont-Payrsberg, Jakob von 73
Bubendorfer, Thomas 42
Buchholz, Georg 73
Buhl, Herrmann 173, 194, 299
Bunyan, John 226
Burckhardt, Jacob 230
Burklechner, Matthias 76
Burnet, Thomas 76, 89, 327
Buschmann, E. 278

Cachat, Jean-Michel 105, 108f
Caelius 137
Caesar, Gaius Julius 10, 18, 128, 137
Calzolari 72
Campe, Joachim Heinrich 277
Campell, Ulrich 75
Candito, Claus 234

Capella, Maritianus 262
Capeller, M. A. 74
Carrier, Joseph 149, 155
Cassian 131
Cassin, Ricardo 238, 304f
Cassini, Giovanni Domenico 76
Castiglione, Valerianus 73
Caswell, J. 76
Catani, J. B. 74f
Catulus 128
Cessini, Dominique 76
Chaplin, Charlie 287
Cicero, Marcus Tullius 221
Clairaut, Alexis-Claude 268
Claudionaus 65
Claudius Claudianus 65, 128, 131, 133, 135
Clemens V. 205
Clifford 158
Clusius (Charles de L'Ecluse) 73, 75
Colbanus, Simon 73
Colonna, Kardinal 211, 220
Columbus, Christoph 228f, 263
Comici, Emilio 304
Conforto, Umberto 287
Cook, James, 74, 77
Coolidge, William Augustus 89, 133
Corberon 76
Corbinian 186
Cornelius Balbus 128, 130
Cornelius Nepos 137
Cortez, Hernando 253
Cottius 137
Couteran, Jean-Nicolas 147f
Couttet, Jean-Marie 149f, 152
Couttet, Marie 93
Crest, J. B. Micheli du 79
Cuidet 152
Cullock, John 77
Cusanus (Nikolaus von Kues) 228f, 254, 262, 266, 280
Cysat, Renward 73, 78
Czirbesz, Andreas 74

Dalai Lama 231
Danmaker, Chr. 72
Dante Alighieri 10, 15f, 58f, 65, 70f, 78, 119f, 130, 138, 187ff, 198, 205, 224, 227, 237, 264, 298
Decken, K. von 261
Delago, Hermann 287
Deleuze, Gilles 179
Descartes, René 37, 166, 275, 280, 315

Personenverzeichnis

Desor, E. 300
Detharding, Gg. 134, 245
Devereux, Georges 176
Diesterweg 279
Dikaiarchos (Dikäarchus) von Messina 228, 251f
Dionysius der Bauernkönig 228
Disiderius 129
Dopler 75
Douglas, Lord 192
Drusus 128
Du Choul, Joh. 72, 78
Duccio 224
Duerr, Hans-Peter 25
Dufour, Guillaume-Henri 269
Dülfer, Hans 200, 287
Dürer, Albrecht 78, 88, 263, 325
Dyhrenfurth, Norman 143

Eckhart, Meister 224, 312
Eco, Umberto 258
Egger, Carl 93, 107f, 110, 145ff, 159, 190
Egger, Toni 322
Eggert 77
Eichholz 75
Eickhoff, Hayo 215
Eliade, Mircea 198
Elias, Norbert 43
Emmanuele II. 73
Empedokles 130, 197f
Enville, Duc d' 147
Epikur 229, 310
Eratosthenes von Kyrene 228, 251f, 255, 261
Erdheim, Mario 42
Ermann 275
Ernst, Werner 37f, 105f 158, 216, 220
Ernstinger, Hans Georg 73
Espinaha, d' 74
Etzlaub 264
Eudoxos von Knidos 251
Eugen-Maaser, Josef 148
Euler, Leonhard 268

Faber, Felix (auch Fabri) 61ff, 75, 78, 175, 226f, 243, 245
Fabre, Jean-Henri 244f, 247
Fabri-Schmid s. Faber, Felix
Fabricius, Johann (Montanus) 72
Fadinger, Michael 234
Fatio, Ric. 76
Fazellus 72, 240

Fercourt, de 76
Fermat, Pierre de 275
Feuillée, Louis 76
Ficino, Marsilio 229, 326
Finch, William 231
Finke 185
Flamm, Dieter 255ff
Flasch, Kurt 221, 228
Flaubert, Gustave 144
Flusser, Vilém 266
Folliguet, François 153
Forbes, James David 300
Forster, Georg 75, 278, 302, 314
Foucault, Michel 26, 34, 43, 167, 199, 220, 244f, 266
Franklin, Benjamin 326
Franz, Leonhard 131f, 144
Franz von Assisi 132
Freiberg, D. v. 224
Frenadametz, Hans 257
Friedeck, von 73
Friedrich I., Barbarossa 130
Friedrich II., der Staufer 130
Friedrich, Caspar David 326
Fröhlich, David 73, 277

Galilei, Galileo 263
Galvano, Antonio 72
Garbari 272
Garibald I., Herzog der Baiern 131
Gebauer, Gunter 170
Gent, Justus van 325
Gerold von Einsiedeln 90
Gersdorf, Adolf von 94, 98, 102, 110, 257
Gervais, François 152
Geschwendtner, Sepp 273
Gesner, Conrad 10, 63ff, 72, 78, 120, 124f, 127, 133, 143f, 175, 245ff, 274, 276
Gessner, Salomon 143, 325
Gibran, Khalil 303
Ginzburg, Carlo 163
Giotto di Bondone 78, 138, 200, 224
Godin 77
Goes, Benedikt 73
Goethe, Johann Wolfgang von 38, 74, 77ff, 88, 107, 142, 148f, 157, 170, 220, 267, 278f, 283, 295, 301, 314
Gogna, Alessandro 287, 328
Gombrich, Ernst 178
Gregor von Rimini 228
Gregor von Tours 65

Grenville 74
Grien, Baldung Hans 263
Grimm, Peter 94, 100, 102, 141ff
Groh, Dieter 224, 227
Groh, Ruth 224, 227
Großklaus, Götz 148, 279
Grube, A. W. 93, 95, 108, 146ff, 154ff
Gruber, S.J. 73
Grüner, Wolfgang 96
Gruner, Gottlieb Sigmund 77, 79, 141, 158
Grünewald, Matthias 325, 328
Gryphius, Christian 73, 79
Guarinoni, Hippolyt 10, 73, 79, 140, 297, 301
Guericke, Otto von 76
Güllich, Wolfgang 133, 247f, 232f, 239, 282
Gundelsheimer 76
Gurjewitsch, Aaron J. 225
Güßfeldt, Paul 185
Gutenberg, Johannes 253
Gyger, Hans Konrad 76, 135, 265

Habeler, Peter 231, 319
Hacquet, Belsazar 74f, 78f, 135, 142, 267, 271
Hadrian 18, 128, 130, 143, 295, 299, 314
Haller, Albrecht von 38, 69, 74, 77, 79, 107, 120, 134, 142f
Hamilton, Duke of 74
Hannibal 10, 18, 65f, 127, 133, 137, 144, 200, 212, 228
Hard, Gerhard 278
Hargreaves, Alison 231
Harrer, Heinrich 308
Hasdrubal 127
Hauser, Caspar 177
Hauser, Susanne 178
Haushofer, Marlen 9
Hiebeler, Toni 137
Heberden 76
Hegel, Georg Wilhelm Friedrich 279
Heidegger, H. 158
Heidegger, Martin 164ff
Heine, Heinrich 314
Heinrich das Findelkind 89
Heinrich II. 130
Heinrich III. 130
Heinrich IV. 130, 203
Heinrich V. 130
Heinrich VI. 130
Heinrich VII. 78, 87, 130, 190, 205
Heinze, Theodor T. 250
Hennin, P. M. 77

Herbart, Johann Friedrich 277
Herder, Johann Gottfried von 278, 314
Herodot 131, 228, 251, 261
Heron von Alexandrien 252
Herrliberger, David 141, 300
Herrmann, Ulrich 164, 167ff
Hesiod 118
Hess, Ignaz 148
Hess, Ludwig 325
Heuberger, Helmut 255
Hillary, Edmund 231, 299
Hipparch 252
Hoffmanova, Zusanna 172
Hofmann, Hugo 27, 43f
Holzer, Heinrich 218
Holzwurm 76, 89
Horaz 65, 326
Horner, Caspar 300
Horrebrus 77
Hottinger, J.H. 76
Hoyos, Ernst Graf 77
Hueber, Blasius 77, 79, 135, 142, 266, 270
Humboldt, Alexander von 112, 255, 277ff, 284
Humboldt, Wilhelm von 107, 168, 279
Hume, David 310

Imhof, Eduard 263, 275
Innerkofler 287
Innozenz III. 229
Irving, Andrew Comyn 231
Isidor von Sevilla 144, 253
Itard, Jean 277f, 281

Jaquet, J. B. 151
Johann, Erzherzog 300
Johannes von Gmunden 263
Johannes XXIII. (Gegenpapst) 71, 78
John von Salisbury 211
Jolanthe von Savoyen 71
Joos, Norbert 297
Jordan, Jean 133
Jorge, Juan 77
Josef II. 74
Jovane, Louis 287
Julian 129f, 143, 295, 299
Jussieu 77

Kalbermatten 133
Kammerlander, Hans 197
Kamper, Dietmar 162f, 180ff, 206, 266, 303, 326

343

Kant, Immanuel 107, 276, 326
Karl, Reinhard 10, 16, 41, 194, 212, 230, 234, 272, 298f, 301ff, 315ff
Karl der Dicke 129
Karl der Große 129, 131
Karl VIII. 144, 229
Karoschez, Lukas 142
Kellas, Dr. 231
Keenlyside, Francis 93, 95, 97, 143, 146ff, 154, 157
Kepler, Johannes 264f
Kinzl, Hans 255
Kircher, Athanasius 76, 79, 88, 140, 300
Klaus, Dr. 74
Klopstock, Friedrich Gottlieb 314
Koelbl, Herlinde 25f, 36, 42
Kohlmann, Pierre 174
Kölderer, Jörg 78, 87, 238
Konrad II. 130
Konrad III. 130
Konrad IV. 130
Konstantin der Große 128f
Kopernikus, Nikolaus 263, 274
Kos, Matthäus 142
Krates Mallotes 250
Kremer, Gerhard (Mercator) 135, 263ff
Kretschmer, Ingrid 275, 290
Ktesias von Kuidos 228
Kubin, Andreas 255
Kühn, K.S. 275
Kunter, Heinrich 89
Kunz, Peter 72
Kurz, Toni 181, 194
Kyros d. J. 18

La Baume, Graf de 44f
La Condamine, Charles-Marie de 77
La Roche, Marie-Sophie 158
Lacadelli, Gino 257
Lagrange, Joseph Louis 268
Lamanon, de 75
Lambert von Saint-Omer 262
Lambien 135
Lammer, Eugen Guido 39, 47, 182
Langer, Mizzi 289
Laplace, Pierre Simon de 268
Larcher, Michael 234
Latz, Wolfgang (Lazius) 75
Lavater, Johann Caspar 276
Lehner, Wilhelm 137
Leibniz, Gottfried W. 166, 180, 228, 265, 273

Lenz, Jakob Reinhard Michael 314
Lenzen, Dieter 178
Leonardo da Vinci 72, 78, 87, 139, 144, 255, 263, 303, 325f
Lepsius 275
Leu, Hans 136, 325
Liberale, Giorgio 245
Lichtenberg, Georg Christoph 278
Lightfoot, John 326
Limburg, Paul Jan Hermann 225
Linné, Carl von 107
Livius 65f, 200
Lodron, Paris Erzbischof 90
Lombard 149f, 152
Long, John 242f
Longstaff, Tom 231
Lorenzetti, Ambrogio 78, 224f
Lothar I. 129
Luc, Jean André de 77, 79, 147
Lucumon 137
Ludwig der Deutsche 129
Ludwig der Fromme 129, 131
Lukrez 17, 326
Lullus, Raimundus 224, 243, 265
Luther, Martin 225
Lyotard, Jean-François 196

Macho, Thomas 194
Maduschka, Leo 214, 236
Maestri, Cesare 322f
Magalhaes, Gabriel 253
Mallory, George Leigh 231
Manetti, Giannozzi 229
Marchi, Francesco de 230
Marcius Philippus 127
Mariacher, Heinz 127, 287
Marignola 71, 225
Marinos von Tyros 252
Marius von Avenches 65
Marquez 73
Martel, Pierre 77, 92, 145
Marti, Benedict (Aretius) 72
Martini, Simone 224
Mästlin 265
Mattioli, B.A. 254
Mauro, Fra da Murano 75, 253
Maxime 152
Maximilian I. 17, 71f, 78, 88, 127, 139, 186, 190, 300
Maximilian II. 75

Maximius Thrax 128
Mayr, Chr. 70, 89
Mehemed IV. 240
Mehemed IV. 73
Mentzel, Christian 73
Mercator s. Kremer, Gerhard
Merian, Matthias 76, 325
Merkator, Gerhard s. Kremer, Gerhard
Merkl, Willi 205
Messner, Günther 191, 309
Messner, Reinhold 15, 18, 25f, 36, 42, 48, 118, 144, 181, 191, 193, 195, 204, 212, 217f, 222, 231, 234, 239, 256, 273, 285, 287, 304f, 309f, 219, 327f
Meuron, J.A. 300
Meyer, Felix 325
Meyer, Hans 261
Meyer, J. R. 270
Meyer, Oscar Erich 214
Meyer, Rud. 135
Michael, Johann 73
Micheluzzi, Luigi 287
Middleton Chr. 74
Mill, John Stuart 310
Millonitzer 78f
Mirandola, Giovanni Pico della 229
Moffat, Jerry 197, 200
Moll, K. E. von 79
Montaigne, Michel de 79, 88, 140, 144, 201f
Montezuma 70, 72
Moore, J. 74
Moricos von Pordenone 71
Morin, Edgar 163
Müller, J. E. 270
Müller, Johann 72f, 78, 89
Münster, Sebastian 75, 78, 249, 283
Murer, Jost 263
Mutschlechner, Friedl 181, 305
Muziano, Girolamo 263

Nairz, Wolfgang 319
Needham, J. F. 77
Nero 131
Neswadba, Helmut 257
Newton, Isaac 265, 268, 274
Niépce, Nicéphore 177
Nietzsche, Friedrich 163, 165, 179, 266
Nikolaus Germanus 262
Noel, John 231
Norgate, Edward 279

Ockham, William von 224
Odell, N. E. 231
Odo von Cluny 202
Oelkers, Jürgen 178, 236f
Oettermann, Stephan 314
Olaus, Magnus 78, 88, 127, 190, 237
Ölz, Oswald 230
Oppenheim, Roy 143, 145, 147, 150ff, 157
Oppurg, Franz 231
Orellana, Franc. de 72
Oriville, d' 73
Ortaz, Diego de 70, 72
Ortilius, Abraham 290
Otto II. 130
Otto IV. 130

Paccard, Michel-Gabriel 75, 92ff, 107, 110, 112f, 117, 143f, 147ff, 175, 190f, 267, 271, 296
Paracelsus, Theophrastus Bombastus 37, 124, 245f, 276
Paradies, Marie 156f
Pascal, Blaise 303
Patinir, Joachim 325
Paulcke, Wilhelm 237
Penna, Orazio della 74
Perfahl, Jost 145, 191, 237
Perreaux, Pierre 151
Peschel, Oscar 228
Pestalozzi, Johann Heinrich 167f
Petrarca, Francesco 10, 51, 59ff, 63, 71, 78, 120ff, 125, 138, 143f, 175, 177f, 182, 188f, 211f, 220ff, 226ff, 242f, 244ff, 255, 267, 296, 298, 302, 312, 320f
Peurbach 263
Pfaff, Fr. Carl 238
Pfyffer, Franz Ludwig 74, 77, 79, 90, 142
Philipp II. von Makedonien 130, 250
Philipp V. von Makedonien 130, 228, 240, 295
Philipp, Walter 255ff
Philotheo 72, 198, 205, 240
Pico della Mirandola, Giovanni 229
Pictet, M. A. 149
Pippin, König der Langobarden 129, 131
Pirkheimer, Willibald 90
Pius II. Piccolomini 71, 143
Pizarro, Francisco 253
Placidus a Spescha 75, 135
Platon 243
Platter, Felix 73
Plessner, Helmuth 169
Pococke, Richard 38, 93, 146

Poliers de Bottens, M. 74
Polibios 65, 131f
Pompejus, Gnäus 128
Ponas, Johannes 76, 79
Pontisella 72
Pool, Lucius 74f
Pornet, Henri 151
Prantl, Carl 224
Preuß, Paul 287
Proment, L. 31f
Ptolemäus 252f, 261ff
Puigré 76
Purtscheller, Ludwig 261
Putte, van de 74
Pythagoras 251

Rainer, Adam 70, 89
Ramses II. 250
Rathjens, Carl 269
Rauhwolf, Leonhard 73
Rebmann, Hans Rudolf 79, 140
Rebmann, J. 261
Rébuffat, Gaston 92, 100ff, 104, 145ff, 307
Rebus, Jakob 17
Regiomontanus 263
Regnard 76
Rey, Emile 29
Ribel, M. 74
Robert, Alain 218
Roberts, A. C. 28
Romolus 296
Rondolet 245
Rosa, Salvator 325
Rosenroth, Rudolf von 74
Rosizh 142
Rotario, Bonifacio 71, 144
Rousseau, Jean Jacques 38, 79, 107, 134, 144, 167, 277, 285, 302
Rudatis, Domenico 222
Rudolf II. 73
Rudolf von Saint-Trond 203
Rutkiewicz, Wanda 204, 231
Rutschky, Katharina 277

Sacrobono 262
Saftleven, Herman 325
Salamanca, Antonio 289
Salutati, Coluccio 228

Saussure, Horace Bénédicte de 10, 15, 38, 51, 70, 74f, 78f, 88, 93ff, 102, 105, 107ff, 120, 143f, 146f, 149ff, 158f, 230, 267, 270f, 274, 277, 321
Schäfer 275
Schallenberger, Christoph 73
Schell, Hans 319
Schellenberg, J. U. 39
Schelling, Friedrich Wilhelm von 279
Scherer, Reinhold 234f
Scheuchzer, Johann Jakob 16, 38, 68f, 74, 76, 79, 107, 140, 144f, 134, 237, 245, 255, 271, 300, 309
Schiestl, Reinhard 200, 287
Schiller, Friedrich 169, 276
Schilling, Diebold 78
Schmatz, Hannelore 297
Schmidkunz, Walter 143f, 147ff, 249, 252
Schmithals, H. 249
Schopenhauer, Arthur 310
Schöpf, Thomas 75, 79, 136, 140
Schöttl, A. 74, 90, 284
Schrank, F. v. P. 75
Schubert, Pit 236
Schultze, Walther 28f
Schulz, K. 238
Schummel 277
Scopoli 77
Scorel, Jan van 325
Scory, Edmund 73
Scotus, J.D. 224
Séguier, Jean-François 74
Seitz, Gabriele 144, 146ff, 157f, 190, 249
Senger, Max 137, 143
Sererhard, Nikolaus von 74, 79, 114, 141, 267, 325
Sforza, Ludwig, Il Moro 71
Shokako En-no 130
Shuckburgh, Georg 78, 149
Sigbert von Gembloux 144
Simler, Josias 65, 67f, 75, 78f, 90, 132f, 135ff, 143f, 175, 178, 237f, 248, 276, 280, 286
Simond (Simon), Pierre (Peter) 93, 147
Simony, Friedrich 314
Singer, Charles 310
Sitticus, Marcus 90
Snellius, Willebord 266
Soluzzo, Markgraf von 90
Somervell, M. E. 231
Sonnenberg, Jak. von 90
Sonnenschmidt, F. 74
Sonnini 74
Sprecher, von 135

Stabius (Johann Stab) 263
Stagnoni 77, 147
Starina, G. 225
Steinitzer, Alfred 155, 190, 299ff
Steinmann 221
Stephan III. der Große 131
Stifter, Adalbert 314
Stilicho, Flavius 129, 131
Sting, Stephan 164, 224, 277
Stocker 75
Stolz, Otto 296f
Storr, Gottlieb Konrad Christian 79, 142f
Strabon von Amaseia 131, 137, 252
Strein, Richard 73
Studer, Gottlieb 200, 295, 324
Stumpf, Johannes 39, 62f, 75, 78, 88, 123, 134, 175, 243, 245, 255, 289
Sulzbach, Prinz von 93

Tassilo, Herzog von Bayern 129, 186f
Taugwalder, Peter 192f
Telorus, Joh. 72
Tenorth, H.-Elmar 178
Terray, Lionel 222f, 247, 327
Thaler, Georg 73
Theodebert 129
Theodelinde 131
Thevet, André 73
Tiberius, Claudius Nero 128
Tissai, Victor 147
Titus Livius 132, 137
Torricelli, Evangelista 216
Tournefort, Pitton de 76
Tournier, Alexis 105
Tournier, Jean-Michel 153, 155
Tremblay, J. 149
Tsai-Tsung 130
Tschudi, Ägidius 75, 78, 88, 134f, 249, 254f
Turner, William S. 326
Türst, Konrad 75, 135, 249
Tyndall 200

Uberti, Fazio degli 230
Ugone 72
Ulloa 77
Ulrich, Herzog von Württemberg 72

Vadian s. Watt, Joachim
Valentin 131

Valla, Lorenzo 228
Vallot, Gabrielle 157
Vergil 188
Vesal 244f
Vespasian 128
Vidalik, Zh. 76
Villani, M. 224
Villaume 277
Ville, Antoine de 70f, 78, 139, 144, 229f, 238, 240
Vinatzer, Johann Baptist 287
Vincent am Bühl 133
Virilio, Paul 274
Vischer, Hensl 17
Vischer, Matthias Gg. 76, 265
Vischer, Peter der Ältere 51
Vitellius 128
Vos, Martin de 263

Wackernagel, Wolfgang 312
Wagmann 135
Wagner, Monika 145
Walcher, Josef 74, 143
Waldseemüller, Martin 281f
Walker, Lucy 157
Walser, Gabriel 77, 79, 88, 135, 141, 230, 267, 271
Waltenberger 265, 269, 271
Watt, James 107
Watt, Joachim von 72, 123
Weid, von der 135
Weilenmann, Johann Jakob 200
Weinreb, Friedrich 258, 283
Weiss, J. R. 270
Weisse 277
Weizsäcker, Victor von 164, 170, 172ff, 176, 251
Welf, Herzog von Bayern 130
Welzenbach, Willo 205
Werlhof, Claudia von 37
Whymper, Edward 39, 46, 191ff, 200, 205, 214, 236, 244, 273, 301
Winkler, Georg 271, 278
Wirt von Abondance 75
Witz, Konrad 78, 325
Wolf, Caspar 38, 79, 142, 325
Wolf, Nicolas 133
Wolke 277
Wolkenstein, Oswald von 17, 297
Wulf, Christoph 170, 266
Wulfen, Freiherr von 77
Wyndham 38, 93, 145f
Wyttenbach, Samuel 79, 58

Personenverzeichnis

Xenagoras 131
Xenophon 127, 134, 228

Ygl, Warmund 265, 290
Young, Geoffrey Winthrop 185, 328
Younghusband, Francis 231

Zadrell, Jon Klos (Lienhard) 74, 90
Zak, Heinz 39, 205, 239, 288ff, 316

Zankl, Fab. 77
Zanolla, Maurizio 218, 287
Zebhauser, Helmuth 145
Zeindl, Marcus 234
Ziak, Karl 143, 146ff, 159
Zingg, Adrian 79
Zois, Baron 142
Zsigmondy, Emil 46, 185

WERNER EICHBAUER VERLAG
VERLAG FÜR WISSENSCHAFTLICHE LITERATUR – WIEN

NEUERSCHEINUNGEN

HELGA PESKOLLER (INNSBRUCK)
BergDenken
EINE KULTURGESCHICHTE DER HÖHE

Die Autorin geht in ihrer innovativen kulturanthropologischen Studie von der einfachen Frage aus: Warum steigen Menschen in extremer Art auf Berge? Die Tiroler Extrembergsteigerin und Erziehungswissenschaftlerin legt mehrere Motivschichten frei und wendet sich in der Folge der historischen Dimension der Frage zu. Sie kommt so zu dem Begriff „BergDenken": Dabei handelt es sich um eine Erkenntnisart, die weit über Rationales hinausreicht und nicht nur nach dem Menschen, sondern nach dem Menschlichen fragt.

ATS 698,–, DM 98,– • ISBN 3-901699-04-X
NOVEMBER 1997. 360 SEITEN, LEINEN, MIT ABB.

❖

GERALD TRIMMEL (WIEN – KREMS)
HEIMKEHR
STRATEGIEN EINES NATIONALSOZIALISTISCHEN FILMS

Der Film „Heimkehr" war einer der übelsten Propagandastreifen des Dritten Reichs und – so der Autor Gerald Trimmel – um einiges perfider und wirkungsvoller als etwa der berüchtigte „Jud Süß". Der Wiener Filmhistoriker analysiert anhand der verschiedenen Drehbuchversionen und einer Fülle bislang unveröffentlichter Dokumente aus aller Welt die Produktions- und Rezeptionsgeschichte dieses rassistischen Films, den Goebbels zur „Wunderwaffe" machen wollte. Die Schauspielerin Paula Wessely verhalf ihr durch die perfekte Gestaltung der weiblichen Hauptrolle zu besonderer „Durchschlagskraft".

ATS 398,–, DM 56,– • ISBN 3-901699-06-6
DEZEMBER 1997. 360 SEITEN, ZAHLREICHE ABB.

❖

JOE BERGHOLD (WIEN – KLAGENFURT)
ITALIEN – AUSTRIA
VON DER ERBFEINDSCHAFT ZUR EUROPÄISCHEN ÖFFNUNG

Das Verhältnis Österreichs zu Italien war lange Zeit ein neuralgischer Punkt der europäischen Friedensordnung. Der Sozialpsychologe Berghold untersucht mit einer klugen Kombination von historischen Methoden und Interviews mit Italienern und Österreichern den schrittweisen Abbau der Feindschaft bis hin zur wachsenden gegenseitigen Wertschätzung. Diese Überwindung alter nationalistischer Feindbilder ist ein exemplarischer Fall, der nicht nur in Europa – man denke an die Explosionen am Balkan, auf Zypern oder in Nordirland – als Vorbild dienen könnte und der bei der Beilegung des Konflikts um die ungarischen Minderheiten in Rumänien beiden Streitparteien explizit als Vorbild diente.

ATS 498,–, DM 69,– • ISBN 3-901699-05-8
OKTOBER 1997. 320 SEITEN, BROSCHIERT

❖

IN DER REIHE

JÜDISCHE DENKER
HERAUSGEGEBEN VON ARTHUR HERTZBERG

BAND 2
PAMELA VERMES (OXFORD)
MARTIN BUBER
ATS 298,–, DM 42,–
ISBN 3-901699-01-5
FEBRUAR 1998. 168 SEITEN, BROSCHIERT

BAND 3
RITCHIE ROBERTSON (OXFORD)
HEINRICH HEINE
ATS 298,–, DM 42,–
ISBN 3-901699-03-1
DEZEMBER 1997. 168 SEITEN, BROSCHIERT

BAND 4
DAVID SORKIN (MADISON, WISCONSIN)
MOSES MENDELSSOHN
ATS 398,–, DM 56,–
ISBN 3-901699-02-3
MÄRZ 1998. 240 SEITEN, BROSCHIERT

BAND 1 (BEREITS ERSCHIENEN)
STEVEN BELLER (CAMBRIDGE)
THEODOR HERZL
ATS 248,–, DM 34,–
168 SEITEN, BROSCHIERT • ISBN 3-901699-00-7